| 강력범죄 수사 및 분류 표준시스템 |

FBI 범죄 분류 매뉴얼

| 강력범죄 수사 및 분류 표준시스템 |

FBI 범죄 분류 매뉴얼

존 더글러스 · 앤 버제스 · 앨런 버제스 · 로버트 레슬러 | 배상훈 대표번역

김지민 · 변정인 · 성가경 · 우주연 · 이미라 · 최민지 · 최영희 옮김

Crime
Classification
Manual

앤로피

일러두기

■ 본문 [   ]와 하단에 들어간 각주는 모두 옮긴이의 해설이다.

1세대 프로파일러들의 땀과 눈물의 기록

한 사회의 범죄 양상은 그 사회를 반영한다. 한국에서 현재 벌어지고 있는 범죄들은 결국 우리의 자화상인 것이다. 대학에서 범죄학을 가르치면서 요즘처럼 우리 사회에 범죄학이 절실하게 필요한 기초학문임을 절감한 적이 없다. 그러나 우리가 우리의 범죄를 제대로 보고 다루고 있는가 생각하면 매 순간 회의감이 든다. 적지 않은 대중매체, 사법 관료, 정치인들은 본질적이고 체계적인 범죄 분석은 외면한 채, 자극적이고 대중對症적인 접근으로만 일관하고 있지 않은가. 어떻게 보면 범죄로써 사회를 통제하려는 의도가 아닌가 하는 생각까지 든다.

 더 큰 희극은 그런 범죄 분석이 애당초 가능하지 않았을 수도 있다는 점이다. 과거에는 화성연쇄살인사건이었던 이춘재 연쇄살인사건이 이춘재의 자백으로 그 전모가 밝혀지는 과정을 보면서 오랫동안 품었던 의문이 확신으로 바뀌는 기분이었다. 고문으로 무고한 사람을 8차 사건의 범인으로 몰고 9차 사건 피해자 시신을 은폐 조작했던 (진짜 범죄)자들은 당시 경찰들이었고, 지금도 현직 경찰들 뒤에 숨어 퇴직 경찰의 지위를 누리며 아무런 처벌도 받지 않고 잘살고 있다. 무려 30년 넘게 영망인 경찰 기록을 믿고 엉뚱한 범인만 찾고 있었다. 그렇다면 합리적인 의심을 해 볼 수 있다. 이춘재 연쇄살인사건에서 그들이 8차와 9차만 조작했다고 볼 수 있을까? 1차부터 10차 그 외 다른 강간사건들은 어떨까? 이춘재가 모두 몰아서 자백했다고 하면 끝인가? 그것을 확인한 것도 그 경찰들의 후배 경찰들 아닌가? 경찰이 아닌 제3의 전문가들이 그 기록 전체를 교차검증해 본 적이 있는가? 이춘재 연쇄살인사건의 기록 전체에 대한 신뢰가 무너지는 느낌이다.

나간 김에 더 나가 보자. 지난 수십 년 동안 한국에서 발생한 수많은 강력사건들을 그것을 수사한 사람들이 아닌 제3의 전문가 집단에게 교차검증받아 본 적이 있는가? 독재정권이나 권위주의 정권에서는 할 수 없었다 쳐도 그 이후에는 가능하지 않았을까? 그 기록들이 모두 잘못되었을 것이라고 생각하지는 않지만, 혹시 놓친 것이 있을 수 있다는 의구심이 진하게 든다.

그 기록의 신뢰성을 보증하는 것이 당시 수사한 사람들의 진정성뿐이라면 문제는 심각하다. 왜냐면 지금도 현재형으로 적지 않은 의문사와 재심 요구, 미제 사건들이 제기되고 있기 때문이다. 인간이기에 발생하는 오류와 실수는 얼마든지 있을 수 있으며, 그것이 사회 시스템과 연동된 것이라면 더더욱 현재적이다. 더군다나 군사독재와 권위주의 잔재를 거의 털어 내지 못한 현재 경찰의 모습이라면 경찰이 스스로 검증을 자청해야 하지 않을까? 만약 범죄사건의 본 모습이 잘못 기록되었다면 결국 그 사건의 정의는 아직 실현되지 않은 것이다.

미국 연방수사국 FBI에는 국립폭력범죄분석센터(NCAVC)라는 부서가 있다. 미국 전역에서 벌어지는 강력사건을 (범인의 검거 여부와 무관하게) 연구 분석하는 부서이다. 수사관도 인간이기에 실수할 수 있다. 그래서 시스템에 의한 교차분석이 반드시 필요하다. 그 기초이자 틀이 바로 CCM Crime Classification Manual, 범죄분류매뉴얼이다. 범죄분류는 한 사회 범죄 시스템의 기초이자 근간이다. 그렇기에 프로파일링의 전제가 된다. 과거 한국의 경찰은 수사의 주체가 아닌 보조자였기에 수사를 기록할 필요가 없었을지 모른다. 어차피 수사의 주체는 검찰이니 그들에게 수사/기소할 초벌 자료만 제공하면 되었다. 굳이 완전을 기할 필요도 그래서 기록할 필요도 없었을 것이다. 그러나 이제는 경찰이 수사의 주체이다. 그 자체로 정의를 향한 완결적인 행위를 해야 한다. 이 지점에서 한국 사회에 맞는 범죄분류, 이른바 KCCM Korean Crime Classification Manual의 필요성이 제기된다.

본 번역서는 대표 역자가 팟캐스트 방송을 하면서 진행했던 프로파일링 강연에서 시작되었다. 2016년 2월부터 팟캐스트 〈크라임〉을 하면서 6개월, 1년 주기로 프로파일링 및 범죄 분석 강연을 했는데, 그 강연의 청중이었던 몇몇 분들이 더 깊은 공부를 하길 원했고 그러면서 시작된 스터디가 6개월 혹은 3년 넘게 진행되었다. 스터디 모임을 진행하면서 가장 아쉬웠던 점이 프로파일링을 체계적으로 공부할 수 있는 한국어 교재가 부족하다는 점이었다. 무릇 한 영역의 교재(교과서)라고 하면 핵심을 관통하는 체계와 개념, 방법론 등은 물론이거니와 그에 맞는 역사성과 사례가 담겨 있어야 한다. 그런데 적당한 한국어 교재가 없다 보니 스터디가 연쇄살인범에 대한 단편적인 사례 분석이나 영화 및 드라마에 나오는 사건 분석에 머물러 한계에 부딪히곤 했다. 그럴 때마다 프로파일링 교재(교과서)의 필요성을 절감했고, 그러다가 생각난 것이 바로 CCM이었다.

사실 이 책은 대표 역자인 내가 경찰청 범죄분석 1기로 특채가 되면서 경찰학교에서 동기들과 공부하려고 같이 복사해 둔 여러 프로파일러 교육 학습자료 중 하나였다. 10여 년 뒤에 다시 찾고 보니 그 내용이 얼마나 중요한 것인지 새삼 깨달았다. 그렇게 CCM 초판을 번역하고, 또 같이 스터디하는 분들과 토론을 통해 수정 번역하면서 더 많은 내용이 축적되었다. 당시에는 번역서 출간보다는 스터디용 교재를 직접 만들어야겠다는 생각이 더 강했다. 2019년 전반기 즈음, 시판되는 프로파일링 관련 서적은 여전히 열악한 상황인데 프로파일링을 공부하려는 사람들은 더 많아졌다. 그 즈음에 다시 강연을 하게 되고 몇몇 분들의 요청도 있고, 기왕 번역한 것이 있으니 좀 더 노력하면 번역서 출간도 가능하겠다는 생각이 들었다. 이 책을 정식으로 번역하면서 같이 공부할 스터디 팀원을 모집했고, 그 덕에 3판의 번역본이 빛을 보게 된 것이다.

1년이 넘는 기간 동안 매주 일요일 오전마다 각자의 어려움을 극복하고 꾸준히 번역에 임해 준 스터디 구성원들과 스터디와는 별도로 고생한 분들에게 감사의 뜻을 전한다. 매주 개인적인 일정을 뒤로한 채 홍대 앞 스터디룸에서 땀 흘려 가며 빡빡하게 번역을 진행했다. 스터디를 하면서 여러 에피소드가 있지만, 우선 스터디를 하는 엄마를 따라온 초등생이 생각난다. 통번역사, 전문 번역가 분들도 떠오르고, 일반 직장을 다니면서 모임을 같이해 준 분들도 있다. 모두 이분들의 성과이자 업적이다.

이 책 CCM의 가치는, FBI 프로파일러들과 범죄수사관 및 범죄학자들의 정의를 향한 역사와 궤를 같이한다는 점이다. 그들의 열정과 헌신은 깊은 감흥을 준다. 당연히 이 책이 프로파일링의 전부는 아니다. 그러나 그들은 범죄에 대응하는 초석을 놓았고, 비판할 지점이 없지 않지만 그 결과물이 바로 CCM이라는 것은 명백한 사실이다. CCM은 FBI 프로파일링의 역사적 기록이며, 초창기 미국 프로파일러들과 강력범죄 수사관들의 각고의 노력을 담은 노작勞作이다. 거기에는 양들의 침묵, 마인드 헌터가 들어 있다. 초창기 1세대 프로파일러들의 땀과 눈물이 들어 있다.

프로파일링을 체계적으로 공부하려는 학생들에게 우선 이 책을 권한다. 물론 프로파일링에 관심이 있는 일반 시민들도 크게 어렵지 않게 읽을 수 있다.

대표역자 배상훈

차례

3부
법적 사안들

표 목록

2012년 미국에서 진행된 형사재판 사례들을 보자. 펜실베이니아 주립대학 미식축구 팀의 보조 코치였던 제리 샌더스키가 아동성학대 혐의로 유죄판결을 받았고, 해당 대학교에도 여러 건의 제재가 내려졌다. 드류 피터슨은 세 번째 아내인 캐틀린 사비오를 살해한 혐의로 기소되어 유죄판결을 받았다. 이 판결은 사비오의 죽음과 직접 관련된 물리적 증거가 아니라, 피터슨이 그녀를 죽이겠다고 위협했다는 주변 증언을 근거로 내려졌다. 2010년 3월 30일 23세 네덜란드 남성 요란 반더 슬럿은 경영학을 공부하던 21세의 페루 여성 스테파니 플로레스를 살해했다고 자백했다. 플로레스는 슬럿이 사용하는 노트북을 보고 슬럿이 2005년 5월 아루바에서 발생한 나탈리 홀로웨이라는 18세 여성의 실종 사건과 연관돼 있음을 눈치챘다. 슬럿은 홀로웨이가 자신의 사생활을 침해했기 때문에 살해했다고 진술했다.

끔찍한 총기 난사 사건도 발생했다. 2012년 7월 20일은 영화 시리즈 '배트맨'의 최신작이 개봉하는 날이었다. 자정이 되어 영화 상영이 시작되고 얼마 지나지 않아 콜로라도 오로라시에 위치한 센츄리16 상영관 안에서 여러 발의 총성이 울렸다. 밝은 오랜지색으로 머리를 염색한 남성은 전투복 차림으로 총을 난사했다. 일부 관객은 영화 같은 상황이 연출되고 있다고 여겼다가 이내 현실을 파악했다. 12명이 사망하고, 58명이 부상을 입었다. 24세의 범인 제임스 홈즈는 몇 분 후 영화관 바깥에서 체포되었다. 경찰은 그의 집 안에 설치된 여러 개의 폭발물도 찾아냈다.

2012년 8월 6일, 40세 남성 웨이드 마이클 페이지는 위스콘신주 오크 크리크에 위치한 시크교 사원에서 무차별 총격을 가했다. 그가 일주일 전에 구매한 9미리 권총을 채 사용하기도 전에 6명이 사망했고, 3명은 심한 부상을 입었다.

2012년 12월 14일, 20세 남성 애덤 란자는 자신의 집에서 어머니를 살해하고 코네티컷주 뉴타운에 위치한 샌디 훅 초등학교를 찾아가 20명의 아이들과 어른 6명을 총으로 쏘고 경찰이 도착하기 전 자살했다.

본 저작은 범죄 분류에 대한 내용을 담고 있다. 전문가들은 자신이 연구하는 학문을 체계화하고 분류하는 방식으로 학문을 개발하고 진전시킨다. 세부 내용을 일반화하고 내부 요소들 간의 유사점을 깨닫고 외부 개념들과의 차이점과 유사점을 이해하면서 해당 학문의 본질을 드러낸다. 관찰로부터 시작해 그 결과를 범주로 묶고 비교·분류하는 작업을 진행한다. '분류'란 정해진 특징에 따라 범주화되는 데이터를 수집 및 분석하는 것이다.

범죄수사학investigative science은 지난 40년간 상당한 발전을 이루었다. 1980년대부터 꾸준히 진행된 FBI의 연구를 통해 성적 살인자, 강간범, 아동성범죄자, 납치범, 방화범 등이 저지르는 범죄의 주요 특징을 설명하고 식별해 냈다. 범행의 주요 특징은 우선 프로파일링 기법에 활용되었다. 그 밖의 활용 사례는 이 책 속에 자세히 소개되어 있다. 기술과 법과학이 등장하면서 범죄를 해결하는 수사 기법은 한층 더 발전하였다.

CCM-III으로 더 잘 알려진 본《범죄분류매뉴얼》은 이번으로 세 번째 개정되었다. 3차 개정판은 FBI 프로파일러, 법집행관(경찰 등), 교정 직원, 정신건강 전문의, 법과학 및 형사사법 전공자들의 도움을 받았다.

본 매뉴얼은 다음의 네 가지를 목적으로 한다.

① 형사사법 영역에서 쓰이는 용어의 표준화
② 형사사법 영역 내의 소통 및 형사사법과 정신건강 영역 간의 소통 촉진
③ 형사사법 체계와 현재 대중을 상대로 벌어지는 범죄 종류에 대한 교육
④ 수사 연구를 위한 데이터베이스 구축

본 매뉴얼은 무엇보다 범죄의 주요 의도(혹은 동기)를 근거로 범죄를 분류하였다. 의도는 크게 ① 금전적 이득, ② 사적인 이유, ③ 성적 의도, ④ 집단동기로 나뉜다. FBI아카데미 내 국립폭력범죄분석센터(NCAVC)의 수석요원들이 이끄는 특별 전담 조직이 초판의 범죄 범주를 수정 및 정리하였다. 매뉴얼의 예비 초안을 자문위원회에 제출하여 위원회의 의견도 반영했다.

CCM 2판에는 각 분야 전문가가 참여하여 3종의 신규 범주가 추가 분류·구성되었다. 법정신의학박사 마이클 웰너 교수는 종교적 동기 살인 및 신생아 살해, 전 FBI 행동분석팀의 수석요원인 마크 사파릭은 고령 대상 성적 살인, 앨런 버제스는 컴퓨터 살인을 맡아 주었다. 3판에는 이

밖에 인터넷의 영향, 기술과 법과학, 지역·연방·국제적 기관과 글로벌 범죄 등 3개 장이 새롭게 포함되었다.

정의

본 저작의 목적에 따른 각 범죄의 정의는 다음과 같다.

살인은 타인이 어떤 사람을 의도적(비과실)으로 죽이는 행위다. 모든 범죄 분류와 각 분류 내 다른 범행을 포함하여 살인의 분류도 재판의 판결이나 의료 전문가, 검시관, 배심원 또는 여타 사법 관계자의 판단이 아닌 경찰의 수사 결과에 기반한다. 가중처벌의 대상이 되는 과실치사·자살·사고사, 정당살인, 살인미수·상해치사는 살인에 포함되지 않는다.*

2011년 12월, FBI의 제6대 국장 로버트 뮬러는 80년간 고수해 오던 통합범죄보고Uniform Crime Reporting(UCR)에서 정한 강간의 정의를 새롭게 수정하였다. 뮬러 국장의 승인에 따라 UCR 프로그램에서 인정한 **강간**의 새로운 정의는, 피해자가 동의하지 않은 상태에서 신체 일부나 사물을 질 또는 항문에 삽입(삽입 정도와 무관), 또는 타인의 성적 기관을 구강에 삽입하는 것이다. 2013년 1월부터 FBI는 이 새로운 정의에 따라 데이터를 수집하기 시작했다.

UCR이 정의하는 **방화**는 거주 주택, 공공건물, 자동차 또는 항공기, 타인의 재물을 상대로 한 의도적이고 악의적인 방화 또는 방화미수(강도행위 유무와 관계없이)를 의미한다. 폭탄공격도 분류에 포함되었다.

---

* 고의가 아닌 실수이지만 그 실수가 심각한 피해를 초래한 경우에 가중처벌한다. 예를 들어 방화는 아니지만 실화로 사람이 사망한 사례. '정당살인'이란 사람을 죽였지만 이후에 정당방위가 인정된 경우이다.

컴퓨터범죄란 컴퓨터가 대상이거나 범행 수단인 경우, 컴퓨터 이용자를 상대로 하는 범죄를 가리킨다. 인터넷상에서 이루어지는 범죄나 범행에 인터넷이 사용된 범죄도 포함된다.

이 책의 구성

본 책《범죄분류매뉴얼》3판은 3부로 구성되었다. 범죄분석과 수사에 대한 다섯 개 장이 1부를 이룬다. 2부는 살인, 방화/폭탄공격, 강간 및 성적 공격, 비치명적 범죄, 컴퓨터범죄, 글로벌 범죄, 대량살인, 연쇄살인, 무기로 쓰이는 독극물과 생물무기에 대한 분석을 담고 있다. 마지막 3부는 조사, 심문, 자백, 오심 등 법적인 문제들을 다룬다.

우리의 성과는 범죄 수사를 책임지는 법집행 인력뿐만 아니라 범죄와 관련된 문제를 다루는 타 분야의 전문가에게도 시사점이 있다. 범죄의 법적인 측면을 다루는 사법 전문가, 범죄자를 감독하고 사회로 돌려보내는 결정을 책임지는 교정 시설 관리자와 직원, 범죄자를 치료하고 범죄에 노출된 피해자와 그 가족을 지원하는 정신건강 전문가, 청소년들을 상대로 폭력성의 초기 징후와 특징을 발견하고 이들을 범죄행위로부터 보호하는 청소년 사회복지 담당자, 폭력범죄 문제를 연구하는 범죄학자, 정책적 결정으로 문제 해결을 도모하는 공공정책 입안자 등이 이에 해당한다. 범죄의 특성과 범죄를 저지르는 개인에 대한 이해를 구하는 각 분야 전문가 및 일반인들에게 이 책이 도움이 되길 바란다.

감사의 말

수년간 많은 분들이 이 프로젝트에 도움을 주었다. 행동과학부의 초창기 범죄 수사 연구 프로젝트를 지지해 준 고故 윌리엄 H. 웹스터 FBI 국장, 존 E. 오토 행정 부국장 보좌관, 그리고 지원을 아끼지 않은 윌리엄 S. 세션스 국장에게 감사의 말을 전한다. 또한, 범죄 분류 프로젝트를 장려해 준 앤서니 대니얼스 FBI 훈련부 국장 보좌와 국장 부보좌에게도 감사한다.

특히 금전적인 지원을 아끼지 않은 법무부에 감사를 표한다. 연쇄 아동성추행범, 유괴범, 살인범 연구를 위한 연구비 지원에 도움을 준 로버트 W. 스위트 Jr., 청소년 사법 및 비행예방사무소 행정관을 비롯한 많은 법무부 관계자들, 그리고 범죄 프로파일링 개념과 폭력범검거프로그램VICAP · Violent Criminal Apprehension Program을 믿어 준 로버트 O. 헥에게 감사를 전한다.

이 책의 초판 제작에 큰 도움을 준 코린 M. 먼 분류조정관 · 공동 연구원, 분류위원회 의장인 SA 제임스 라이트, SA 저드슨 레이, SA 그렉 맥크래리, 데이비드 아이코브 박사의 노고도 잊을 수 없다.

마지막으로 본 3판에서 범죄 통계 연구 및 새로운 3개 장의 구성에 도움을 준 스테판 트레퍼스, 원고와 연구 지침 준비를 도와준 사라 그레고리안, 그리고 사례 수집에 도움을 준 모든 분들께 감사의 인사를 전한다.

1부

범죄 분석과 수사

1장

범죄 분류: 과거와 현재

2011년 7월 23일, 32세의 노르웨이인 앤더스 베링 브레이빅의 범죄 사실은 몇 시간 만에 인터넷으로 퍼져 나갔다(나중에 그는 77명을 살해했다고 자백했다). 브레이빅은 자신의 행동이 "극악"했지만 "꼭 필요한" 일이었다고 주장했다.

범행이 일어난 섬으로 들어가는 마땅한 교통수단이 없어 경찰이 브레이빅의 학살을 진압하기까지 한 시간 이상이 걸렸다. 목격자들은 경찰 제복을 입고 무장한 남자가 상당 시간 동안 아무런 제약 없이 총격을 가했고, 어린 청소년들은 공포에 질려 뿔뿔이 흩어지거나 육지로 헤엄쳐 가려고 호수로 뛰어들었다고 증언했다.

브레이빅은 자신이 학살범임을 순순히 인정하고 투항했다. 희생자들은 대부분 청소년과 청년들로, 당시 노르웨이 집권당 노동당이 우퇴이아섬에서 개최한 청년조직 여름캠프에 참가 중이었다. 우퇴이아는 노르웨이의 수도 오슬로에서 북서쪽으로 약 30킬로미터 떨어져 있는 튀리피오르덴호에 있는 섬이다. 브레이빅은 학살을 벌이기 몇 시간 전, 오슬로 정부지구에서 7명의 목숨을 빼앗은 폭탄테러 혐의도 받았다.

브레이빅이 유튜브 웹사이트에 올린 영상에는 본인의 사진도 몇 장 있었는데, 그중에는 그가 해병대식 스쿠버다이빙 복장을 하고 자동화 무기를 겨누고 있는 사진이 있었다. '템플기사단 2083'이라는 제목의 영상에는 "우리는 성전聖戰을 시작하기 전에 우선 문화적 마르크스주의를 제거함으로써 의무를 다해야 한다!"는 자막이 있었다. 그리고 브레이빅이 썼다고 하는 1,500쪽에 달하는 전자 선언문이 링크되어 있었다.

금발에 키가 큰 브레이빅은, 브레이빅 지오팜이라는 유기농 회사를 운영하고 있었다. 그는 이 회사를 통해 비료를 구입했고, 그 비료로 오슬로 테러에 사용한 폭탄을 제조했을 가능성이 컸다. 2012년 8월 23일,

노르웨이 법정은 앤더스 베링 브레이빅이 77명을 폭탄테러와 총기 난사로 살해할 당시 정신이 온전했다고 판단하고, 그의 "테러 행위"에 대해 최대 21년형을 선고했다(Criscione, 2012).

생존자들의 증언은 학살자의 계획적이고 의도적이며 끔찍한 행동과 그로 인한 지독한 공포와 패닉을 생생히 전한다. 이러한 유형의 반정부적 투사는 브레이빅만이 아니다. 1995년 11월, 티모시 맥베이(33세)는 오클라호마시에서 트럭 폭탄테러를 시도해 생후 4개월에서 73세 사이의 시민 168명을 살해했다. 텍사스 킬린 인근의 포트 후드〔미 육군 군사기지〕에서는 35세의 조지 헤나드가 픽업트럭을 몰고 루비 카페테리아 식당 창문으로 돌진해 23명을 총으로 사살한 후 자살하는 사건이 벌어졌다. 부상자도 20명이나 되었다. 2009년 11월 8일에는 39세의 미군 정신과의사 니달 말리크 하산 소령이 텍사스 포트 후드 내에서 총을 난사해 13명이 숨지고 30명이 다쳤다.

희생자 수를 세어 보면, 이 네 명의 대량 학살범들이 총 281명의 생명을 앗아 갔다. 사망한 희생자들 외에도 훨씬 더 많은 이들이 신체적 중상을 입었고, 그 가족들이 갖게 된 트라우마는 아마 오랫동안 지속될 것이다. 극단주의자의 살인으로 분류되는 이 같은 국내 테러리즘은 증가 추세다.

살인과 강간 같은 폭력범죄에 대한 우려는 계속 커지고 있다. 이러한 범죄들은 **중대한 대인 공격 행위**serious interpersonal assaultive behaviors로, 법집행관들은 하루속히 범인을 체포하라는 여론의 압력을 받게 된다.

예로부터 법집행관들에게는 살인 등 가장 폭력적인 범죄가 검거 또는 해결하기가 상대적으로 쉬웠다. 그러나 지난 수십 년간 폭력범죄의 성격 자체가 변하면서, 최근 몇 년간 법집행관들의 검거 능력은 눈에 띄게 저하되었다. 특히 살인사건이 그러한데, 1980년에서 1996년 사이에 완전히 해결된 살인사건 비율은 전국적으로 7퍼센트 이상 감소했다(Brown & Langan, 2001).

FBI의 통합범죄보고Uniform Crime Reports(UCR)에 따르면, 살인murder and nonnegligent manslaughter사건의 검거율은 1961년 93퍼센트에서 1993년 65퍼센트로 크게 감소했다. 30년 전 가장 흔한 살인사건 유형은 피해자가 가해자를 어떤 식으로든 알고 있는 지인 간 살인이었다. 면식범에 의한 살인사건의 검거율은 전반적으로 높아지고 있는 반면, 비면식범stranger-to-stranger에 의한 살인은 그렇지 않다. 총과 마약 등 사회적 스트레스 요인의 범주가 넓어진 것도 비면식범에 의한 살인사건이 증가하는 원인이다. 수사관들은 미결로 남게 될 확률이 높은 유형의 살인사건들에 직면한 것이다(Richardson & Kosa, 2001).

1970년에서 1980년 사이 샌디에이고의 살인사건 동향에 대한 연구(Gilbert, 1983)에 따르면, 실제로 비면식범에 의한 살인사건이 크게 증가한 것으로 나타났다. 전체 살인사건 중 면식범에 의한 살인은 1970년 64퍼센트에서 1980년 34퍼센트로 감소한 반면, 중범죄felony 살인, 특히 강도 관련 살인사건의 비율이 현저히 증가했다. 이 연구는 검거율 감소가 비면식범에 의한 살인사건이 증가했기 때문이라고 결론짓고 있다.

역사적 고찰

문명 세계에서도 인간의 행동과 방법론을 이해하는 것은 어려운 문제였다. **위험계급**dangerous class이라는 용어는 역사를 통틀어 법질서에 위협이 된다고 여겨지는 개인들을 묘사하는 데 사용되었다. 원래는 그 사람이 살았거나 살고 있는 환경과 범죄유형을 가리키는 용어였다. 역사적으로 위험계급이 발생한 사례는 15세기 중반 프랑스와의 백년전쟁이 끝나 가던 영국에서 찾아볼 수 있다. 당시 수천 명의 군인이 해산되고, 경제 교역시장의 변화로 농민들이 농촌을 이탈하면서 전국적으로 노숙자homeless 인구가 늘어났다(Rennie, 1977). 그리하여 16세기 헨리 8세 시대에 크고 작은 도둑 7만 2천 명이 교수형에 처해졌다. 그의 딸인 엘리자베스 1세 치하에서는 한 번에 300~400명의 부랑자들이 줄지어 교수형에 처해졌다(Rennie,1977).

이러한 개인들이 범주화된 것은 1838년, 당시 명망 있는 프랑스 도덕정치과학아카데미가 '대도시 인구 중 위험계급과 그들을 개선시키는 방법들'이라는 제목의 논문을 발표하면서부터다(Rennie, 1977). 이때 처음으로 '위험계급'이라는 용어가 범죄자 또는 잠재적 범죄자를 묘사하는 데 사용되었다. 당시에는 대도시의 빈곤층, 노숙자, 실업자를 가리키는 말이었다.

이어서 범죄(자)분류학이 통계학의 일종으로 등장했다. 초기 연구는 범죄 발생과 인종, 연령, 성별, 교육수준, 지역 등의 요소들을 비교했다(Rennie,1977). 이탈리아의 저명한 외과의사 체사레 롬브로소Cesare Lombroso는 범죄학의 과학시대를 열었다고 평가받는다. 1872년, 그는 다윈의 진화론에 기초하여 범죄자들을 태생적 범죄자, 정신이상 범죄자, 열정적 범죄자, 습관적 범죄자, 우발적 범죄자의 5가지 유형으로 분류했다(Lindersmith & Dunham, 1941). 5개 그룹에 대한 조작적 정의가 도출되면서 이후 수사관들은 롬브로소의 공식을 실증적으로 검증해 볼 수 있었다. 롬브로소의 가설과 이론은 대부분 타당하지 않았지만, 이를 시험했다는 것 자체가 과학적 진전이었다(Megargee & Bohn, 1979).

영국인 찰스 고링은 롬브로소의 타락한 '범죄적 인간' 이론을 반박하면서, "범죄의 병인학에서 하나의 필수적인 기질적 요소는 지적 결함"이라고 주장했다(Goring, 1913, p. 369). 이러한 생각은 수십 년간 이어졌다.

1914년 미국 심리학자 헨리 고다드Henry Goddard는 정신박약feeble-mindness에 대한 논문에서 전체 범죄자 중 50퍼센트가 지적 결함이 있다고 보고했으나, 이후 심리측정 기술이 발달하면서 지적 결함에 대한 진단도 바뀌었다. 1928년 머치슨은 "범죄 집단은 제1차 세계대전에 징집된 백인 집단보다 지적으로 우월하다"고 주장했다. 연구가 진전되면서 인격장애(정신질환, 신경증, 인격 문제들)가 정신박약보다 훨씬 더 중요한 범죄 요인임이 밝혀졌다.

수십 년간 낮은 지능subnormal mentality에 초점이 맞춰졌던 범죄 연구는 버나드 글렉(1918)이 뉴욕주 싱싱교도소에서 작성하여 제출한 보고서로 변화의 계기를 맞았다. 1930년대 후반부터 제2차 세계대전을 거쳐 현재에 이르기까지 범죄의 기원에 대한 관심은 정신이상insanity과 지적 결함mental defectiveness에서 성격장애로 옮겨 갔다.

1932년 뉴욕 지방형사법원의 정신병원이 범죄자들을 성격 평가에 따라 분류하기 시작했다. 이로써 정신분석학과 기술적 정신의학descriptive psychiatry, 행동현상학behavioral phenomenology의 통찰이 결합되는 계기가 마련되었다. 유죄판결을 받은 범죄자들은 ⓐ정신병 유무, ⓑ지적 수준, ⓒ 정신병적 또는 신경증적 특징 및/또는 성격 진단, ⓓ신체적 조건이라는 네 가지 범주에 따라 분석되었다.

범죄유형학typologies은 이러한 전통적인 범죄 이해를 근거로 발전했다. 여기서 정신의학적 관점은 범죄를 이해하는 데 두 가지 접근법을 사용했다. 범죄자의 내적(정신적 및 윤리적) 세계를 면밀히 조사하는 것과 그 범죄자가 몸담고 있는 외적인(사회적) 세계를 검토하는 것이다.

이와 관련해 1932년부터 1965년까지 뉴욕시 벨뷰 정신병원에서 진행된 프로젝트 결과는 중요한 시사점을 제공했다. 법원과 보호관찰부가 범죄행동을 분석하고 범죄자 개인의 잠재력과 결함을 평가하는 데에 정신질환이나 지적결함defective에 대한 진단보다 범죄자 개인의 성격 패턴이 훨씬 더 중요하다는 것을 발견한 것이다. 이 프로젝트에서 15가지 성격적 진단이 수립되었다.

범죄에 내재된 심리적 동기와 사회적 스트레스를 조사한 결과, 범죄적 행동에 포함된 행동패턴이 일반적인 행동패턴에서 크게 벗어나지 않는 것으로 드러났다. 다른 일상적 행동들처럼 범죄적 행동도 내적 및 외적인 스트레스에 대한 반응임을 여러 연구들은 보여 주었다. 사회적 압력, 문화적 주안점, 신체적 요구, 하위문화적 생활 패턴 등 정신적 생활의 외적인 실제들external realities이 범죄행동을 촉발한다는 것이다. 신경증적 반응, 충동성, 무의식적 동기, 전의식적 갈망/추구preconscious striving, 유아적 공격성의 분출 등 행동의 내적 실제들은 범죄행위의 전제 조건에 해당한다. 범죄적 행동은 ⓐ파괴적이면서도 탐욕적인 공격 성향, ⓑ수동적이거나 전도된subverted 공격성, ⓒ심리적인 욕구의 세 가지 행동 영역에서 비롯된다고 할 수 있다.

이를 토대로 몇 가지 범죄자 분류 유형학이 개발되었다. 줄리안 뢰벅 Julian Roebuck은 1967년 범죄자들의 범죄 경력 기간 중 범죄 빈도와 최신성에 기반하여 분류하는 규칙을 마련하였다. 이 체계에 의하면, 한 명의 범죄자는 단일한 범죄 패턴으로 분류된다. 뢰벅 유형학의 가치는 치료에 사용되는 진단 체계가 아니라 해석적 이론의 차원에 있다. 범죄자의 체포 이력을 기간에 관계 없이 조사하면, 총 체포 건수와 체포를 유발한 행동 등에서 특정한 패턴을 관찰할 수 있다. 여기서 기본 가정은, 체포

패턴이 행동이나 범죄 경력의 패턴을 나타낸다는 것이다. 범죄 이력 중 가장 빈번한 혐의나 혐의들이 분류의 기초가 되었다(Roebuck, 1967). 그러나 결정적으로, 범죄자에게 정확한 체포 이력이 있어야만 적용할 수 있는 분류법이다.

범죄자 분류는 예나 지금이나 미국 전역의 교정 시설에서 중요한 요소이다. 1973년 미 국가자문위원회National Advisory Commission는 형사사법제도 전반에 범죄 분류 프로그램을 도입하라고 권고했다(Megargee & Bohn, 1979).

그러나 이는 쉬운 일이 아니었다. 교정 시스템은 수용자나 교정 직원은 물론이고, 사회 및 공동체에도 파급력이 큰 복잡하고 광범위하며 비용이 많이 드는 사업이다. 당시 교정 시스템 내부적으로 수감자 수는 증가하고 그에 따른 시설 증가는 미미한 추세였다. 교정 시스템 내부가 에이즈 등 의료적·경제적 문제에 직면한 상태였기 때문에, 비용 대비 효과적이고 효율적인 관리 및 치료 도구가 필요했다. 이때 제시된 것이 범죄 분류로서, 범죄 분류는 다양한 전문가 그룹들이 소통할 수 있는 공통의 언어를 제공했다.

메거지와 본(Megargee & Bohn, 1979)은 연구 프로젝트를 통해 포괄적인 범죄 분류체계에 범죄 인구를 구성하는 각기 다른 요소들도 들어가야 한다고 주장했다. 이들이 주장한 분류 시스템상 중요한 요소는 개별 범죄자의 성격과 행동패턴이다.

1980년대 들어 매사추세츠 브리지워터의 매사추세츠치료센터 내 연구팀은 성범죄자 분류 연구 프로그램에 착수했다(Knight, Rosenberg, & Schneider, 1985). 이들은 유형학 구축과 타당화에 프로그램적 접근법을 적용하여 아동성추행범과 성폭행범 분류 시스템을 만들어 냈다. 아동성추행범 분류는 타당한 신뢰도를 보였고, 특징적인 발달 선행 요인들developmental antecedents과 일관된 연관성을 보였다. 더욱이 25년에 걸친 아동성추행범 상습범죄성 연구 결과는 이 모델의 관점이 중요한 예언적 의미를 갖고 있음을 보여 주었다(Knight & Prentky, 1990).

21세기 인터넷 아동포르노 분류는 공동의 노력으로 점점 더 많은 아동포르노 소지자들이 검거되고 있음을 의미한다. 이를 통해 현재 '완벽한 인터넷폭풍perfect I-storm'[1]이 생성되고 있으며, 그 특징은 전문적인 포르노 조직에 연루된 소아성애자들의 수가 매우 많으며 그 추정치는 대략적이라는 것이다. 전 세계적으로 소아성애자 수는 5만에서 10만 사이로 추정되며, 그중 약 3분의 1이 미국에 있다(Wortley & Smallbone, 2006).

범죄 특징과 범죄 분류 현황

범죄 동세는 공동체의 안선성을 평가하는 사회석 지표 중 하나이다. 1929년 위커샴 위원회Wickersham Commission[2]는 2년간의 연구 끝에 미국 최초로 14권 분량의 범죄 및 법집행에 관한 포괄적 연구 결과를 발표했다. 해당 연구를 토대로 FBI 산하 연방 보고 시스템인 통합범죄보고(UCR) 시스템이 구축되었다. 이 시스템의 내용은 다음과 같다.

---

1 perfect storm은 '(한꺼번에 여러 가지 안 좋은 일이 겹쳐) 더할 수 없이 나쁜 상황'을 의미하는데, 여기에 사이버공간을 의미하는 'I'를 붙여 (실제 공간에서는 고립되어 활동하던) 소아성애자가 인터넷이라는 도구를 (나쁜 방식으로) 효과적으로 이용하여 사이버상에서 광범위하게 조직되어 소아성애자들이 폭증하는 상황을 의미한다.
2 1929년 허버트 후버 대통령이 임명한 법 준수와 집행에 관한 전국위원회의 통칭. 후버는 일반적인 범죄 문제를 해결하기 위해 위원회를 임명했지만, 한편으로는 위원회를 통해 금주법 관련 논란을 잠재울 해결책을 찾으려 했다.

UCR 시스템에 따르면, 범죄 보고서는 다음의 다섯 가지 형식에 따라 작성된다. 경찰이 인지한 범행, 빼앗기거나 회수한 재물, 관련 살인, 체포된 자의 정보(나이·성별·인종·민족), 마지막으로 담당 경찰 정보가 그것이다. 이렇게 매월 FBI나 각 주의 UCR 프로그램에 제출된 보고서를 묶어 매년 책자를 발간한다.

범죄 사건은 범인을 체포하거나 예외적 수단을 통한 방식으로 종결 혹은 종료된다. 사건이 종결되려면 ⓐ 한 명 이상이 체포되고, ⓑ 그 인물이 해당 범행으로 기소되고, ⓒ 재판에 회부되어야 한다.

수사기관의 권한에 속하지 않는 요인으로 가해자를 정식 기소할 수 없을 때에는 예외적 수단을 통해 사건을 종결한다. ⓐ 가해자가 특정되고 ⓑ 체포할 수 있는 충분한 증거가 확보되고 ⓒ 가해자의 위치가 파악되었으나 ⓓ 수사기관의 권한 밖 요인으로 해당 가해자를 체포·기소·재판할 수 없는 상황이 이에 해당한다.

범죄 피해자 분석은 경찰의 수사망에서 빠져나가는 사건을 줄이고자 1960년대 중반부터 범죄학에 도입되었다. 시범적으로 실시한 피해자 조사에 따르면, 흥미롭게도 범죄유형에 따라 수사기관이 UCR 시스템에 보고한 것보다 3배에서 최대 10배 이상의 범죄가 피해자에 의해 보고되었다.

4차 개정판까지 출간된《전미범죄피해자조사National Crime Victims Survey》(NCVS) 보고서[3]는 다음의 네 가지 기본 목표를 갖는다.

---

3 미국 법무부 통계부 사이트(https://bjs.ojp.gov/data-collection/ncvs#documentation-0)에서는 National Crime Victimization Survey(NCVS)로 쓴다. FBI는 미국 법무부가 전국적인 규모로 수집하는 범죄피해조사 데이터에서 '피해자' 데이터만 뽑아서 가공·사용하기 때문에 Victimization이 아니라 Victims이다.

ⓐ 피해자 상세 정보와 범행 경과 구성

ⓑ 경찰에 신고 되지 않은 범행 건수와 유형 추정

ⓒ 범행 유형에 따른 통일된 대응 방법 제공

ⓓ 시기별 · 지역별 비교

NCVS는 시민과 법집행기관에 큰 위협이 되는 기수 혹은 미수의 특정 범죄행위들에 초점을 맞춘다. 개인에 대한 강간, 강도, 폭행, 절도 및 주거침입절도, 단순 절도, 차량 절도가 여기에 속한다. 이와 같은 범죄 분류 정의는 일반적으로 기존 분류 방법 및 FBI가 매년 발행하는《미국의 범죄: 통합범죄보고Crime in the United Steates: Uniform Crime Reports》에서 채택한 분류 방법과 함께 쓰일 수 있다. NCVS 보고서는 피해자 특징, 피해자-공격자 관계, 개인 대상 범죄 가해자의 특징, 범죄 특징을 담는다. NCVS 보고서에 나타난 바에 따르면, 지인 간 범행의 경우 피해자-공격자 관계에 관한 더 많은 정보를 얻을 수 있다.

동기별 범죄 분류

범죄 수사에서 범행의 동기를 밝히는 것은 수사의 기본 절차이다. 일반적으로, 동기를 파악하면 용의자의 범위를 좁힐 수 있다. 범행 동기를 밝히려면 범행 장소에서 관찰되는 범죄행동에 주목해야 한다.

FBI아카데미 수사 분석관들이 주week 단위로 발생한 사건을 연구 분석한 결과, 기존의 범죄 분류가 점차 확대되었다. 이와 관련해 본《범죄분류매뉴얼Crime Classification Manual》(CCM)은 FBI에서 비공식적으로 사용해 온 범죄 분류법을 공식화하고, 형사사법제도 내에서 쓰이는 표현과 용어를 표준화한 것 외에 공격자의 동기에 근거하여 살인 및 방화, 성적 공격, 비살상 범죄행동을 포함하는 강력범죄 가해자와 피해자의 핵심적 특징도 분류하였다.

더글러스와 올쉐이커(Douglas & Olshaker, 1995)가 밝힌 집필 동기를 보면, 과거 미국의 법집행기관은 미정신과협회(APA)가 발행한《정신질환편람Diagnostic and Statistics Manual of Mental Disorders》(DSM)에 근거해 중증 정신병적 사건과 그렇지 않은 사건을 구분하고 정의 내려 왔다. 그러나 FBI아카데미 측은 이 편람이 범죄자 파악에 도움이 되지 않는다고 판단했다. 그래서 별도의 팀을 구성해 행동적 특징에 근거해 강력범죄를 정리 및 구분하기 시작했고, 이를 통해 기존의 정신과적 접근법만으로는 설명할 수 없었던 방식으로 범죄를 규명하기에 이르렀다. 한 가지 예로, O. J. 심슨 사건과 같은 살인 사건 유형은《정신질환편람》에서 찾을 수 없다. 해당 연구팀은 행동적 단서에서 유의미한 것을 가려내고, 이로써 수사관과 사법기관이 범죄와 유관한 행동에만 집중하도록 도왔다(Douglas & Olshaker, 1995, p.347).

전 FBI 특별요원인 짐 클레멘테Jim Clemente는 FBI의 행동분석팀Behavioral Analysis Unit(BAU)이 제시한 인간 행동의 연속성 또는 스펙트럼 관점에 대해 다음과 같은 탁월한 설명을 제시했다. 언제든, 가해자는 행동 스펙트럼 내의 어느 곳에나 존재할 수 있다. 물론 때와 상황에 따라 그 스펙트럼 내에서 위치를 바꿀 수도 있다. 여기서 중요한 것은, 범죄 분류는 단순한 연구 활동이 아니라 수사기관이 이를 사용해 범죄행동과 그 행동 전후를 이해하여 범인을 찾아내고 구속하는 데 도움이 되어야 한다는 점이다.

범죄 분류: 판단 과정

CCM에 의거해 범죄를 분류하려면 수사관들은 피해자, 범행 장소, 피해자-공격자 상호작용에 대한 본질적인 질문을 던져야 한다. 이 질문들에

대한 답을 찾아가며 범행을 판단 · 분류해야 한다. 따라서 CCM 활용의
성패는 범행 관련 정보의 유용성에 달렸다.

주요 특징

범죄의 특징을 정의하는 작업은 최대한 포괄적이고도 완벽해야 한다.
피해자 분석은 범행 동기를 파악하는 데 필수적인 단계이다. 수사관이
피해자 정보를 완벽하게 입수하지 못하면 범행 동기 및 용의자 파악에
단서가 될 정보를 놓칠 수 있다.

　본 저서의 범죄 분류 부분을 보면, 강력범죄의 유형과 동기가 매우 다
양하다는 것을 알 수 있다. 특히 다수의 가해자가 가담한 사건에서 두드
러진다. 즉, 가해자의 수만큼이나 많은 범죄 동기가 존재할 수 있다.

　CCM은 다수의 동기가 존재하는 사건의 경우, 주요한 범행 동기에 따
라 범죄를 분류하는 방식을 택하였다. 예를 들어, 보험금을 타내려고 아
내를 살해하고 이를 방화로 감추려 한 남자가 있다. 그는 불륜까지 저지
른 상태로, 살해된 아내는 이혼 요구를 들어주지 않았다. 이 살인은 금
전적 이익을 위한 범죄(금전적 동기)와 개인적 사유(가정사)라는 두 가
지 동기에 의한 범행으로 분류된다. 방화에 의한 범죄 은폐로도 분류될
수 있다. 그러나 해당 사건은 금전적 요인을 주된 동기로 분류해야 할
것이다. 적용 가능한 다른 분류는 소분류에 해당한다. 이에 따라 다음
과 같이 분류한다. 예를 들어, 107이 '보험 관련 살인'을 의미하고, 소분
류 107.01은 '개인적 이득 살인'을 의미한다. 122는 '가족살인'을 의미하
고, 소분류 122.02는 '스테이징된staging 가족살인'을 나타낸다. 231은 '살
인 은폐 방화'이다. 이를 정리하면 다음과 같다.

107.01 개인적 이득 살인

122.02 스테이징된 가족살인

231.00 살인 은폐 방화

이렇게 분류가 정해지면, 수사관은 각 분류에 따른 사항을 검토하고 수색영장을 요청하게 된다. 검찰이 관련 정보를 확보한 경우에는 검찰의 도움도 받는다. 이후 비슷한 사건을 담당하게 된 수사관들은 이 사건이나 비슷한 분류의 다른 사건을 찾아 참고할 수 있다.

여러 분류에 해당하는 사건(예를 들어, 살인 및 성적 공격 또는 성적 공격 및 방화)을 판단하는 기본 원칙은, 가장 치명적인 범죄를 출발점으로 삼아 구분해 가는 것이다. 이에 따라 살인을 최우선으로, 이후 사건에 따라 방화/폭탄, 성적 공격 순으로 구분한다.

다음은 범죄 분류의 핵심 요소인 피해자 분석, 범행 현장 지표, 스테이징staging 여부, 공통된 포렌식 증거, 수사 주안점에 대한 설명이다.

피해자 분석

피해자 분석은 피해자에 대한 완전한 정보를 확보하는 것을 의미한다. (방화 사건의 경우 피해자(피해 대상)는 목표물이 된 소유물이다.) 피해자 분석은 강력범죄 사건을 분류하고 해결하는 데 가장 효과적인 수사 기법 중 하나이다. 범죄분석에서도 핵심적인 역할을 한다. 수사관은 피해자 분석을 통해 피해자가 강력범죄의 대상이 된 원인을 분석한다. 많은 경우 피해자 분석에서 도출된 질문에 대한 답을 얻는 것만으로도 범행 동기를 파악할 수 있고, 이를 통해 가해자를 지목할 수 있다.

피해자는 가해자와 아는 사이인가? 피해자가 강력범죄의 대상이 될 위험도는 어느 정도였나? 가해자는 해당 사건을 저지르기 위해 어떤 위험을 감수하였나? 수사관은 범죄를 분석할 때 항상 이 질문들을 염두에 두고 있어야 한다.

범행을 분류하고 범행 동기를 특정하려면, 피해자(방화 대상 재물)와 관련된 가해자의 모든 행위를 철저히 이해해야 한다. 성적 공격 사건에서 피해자-공격자 접촉에는 육체적인 성적 행동뿐 아니라 언어적 행동도 포함된다.

성적 공격 사건에서 가해자와 피해자가 나눈 대화의 어조 분석은 해당 사건을 적절히 분류하는 데 상당한 도움을 준다. 저급한 언어나 욕설, 미리 준비한 말투, 미안해하는(비굴한) 말투 등은 특정 강간범 유형에서 전형적으로 나타나는 특징이다.

종합적인 피해자 조사를 하려면 샘플 조사표(가령, VICAP)가 요구되는 피해자 정보를 최대한 많이 확보하여야 한다.

범죄 현장 지표

범죄 현장을 구성하는 요소들 중 범행의 모든 것이 현장에 존재하거나 발견 가능한 것은 아니다. 다음은 수사관들이 범죄 현장을 볼 때 특히 범죄 분류와 관련하여 고려할 점들에 관한 설명이다.

범죄의 단계phase of a crime 범죄는 일반적으로 4단계로 구분된다. 첫 단계는 가해자의 '사전 행동'을 포함하는 '범죄 이전 단계'이다. 이 단계는 시간상 첫 단계이지만, 지식을 습득하는 마지막 단계이다. 두 번째 단계는 범죄의 실질적인 실행 단계이다. 납치, 고문 혹은 강간, 살인 등 범행 자체는 물론이고, 피해자 선정도 이 단계에 해당한다. 세 번째 단계는 시신 처리다. 많은 살인자들이 사체가 발견되지 않도록 애를 쓰지만, 일부 살인자들은 희생자의 사체가 발견되는 것을 전혀 신경 쓰지 않는다. 마지막 네 번째 단계는 범죄 이후 행동이다. 이 단계는 특정 범죄에서 매우 중요한데, 일부 범죄자들은 사건 수사를 방해하거나 범죄를 저지르게 한 판타지를 이어 나가기 위해 해당 범죄와의 끈을 놓고 싶어 하지 않기 때문이다.

범행 현장이 몇 군데인가? 얼마나 많은 범죄 현장들이 범행과 연관되어 있을까? 가령, 집단흥분살인group excitement homicide[4]이 발생할 때처럼 하나의 현장만 존재할 수 있다. 반면에, 제품부당변조product tampering를 한 사람이 해당 상품을 한 장소에서 변질시키고 그것을 여러 상점의 매대에 놓는다면, 피해자가 한 장소에서 상품을 섭취하고 다른 장소에서 사망할 수도 있다. 이 상황에서는 최소 네 개의 현장이 생긴다.

범행 시 여러 장소를 이용하는 것은 수사관에게 가해자의 특징에 대한 중요한 통찰을 준다. 한 장소에서 (피해자와) 대면하고, 공격하고, 살해하고, 사체를 유기하는 비구조화된 성적 살인자도 있지만, 구조화된 살인자는 각각 다른 장소에서 납치하고, 성폭행을 저지르고, 피해자를 살해한 후, 사체를 유기할 수도 있다.

환경, 장소, 시간 범죄 현장의 환경은 범행이 발생한 조건이나 상황을 알

---

4 LA폭동 같은 사건에서 집단흥분 상태에서 폭행으로 살인이 발생하는 경우가 이에 해당한다. 한국의 경우에는 2021년 중반 경기도 의정부시 민락지구에서 발생한 고등학생들의 회사원 집단폭행 사망사건 같은 경우도 이에 해당할 수 있다. https://www.seoul.co.kr/news/newsView.php?id=20210809009017&wlog_tag3=daum

려 준다. 실내인가, 야외인가? 낮 시간대였는가, 아니면 한밤중이었는가? 붐비는 길거리에서 일어났는가, 혹은 사람이 다니지 않는 국도에서 발생했는가? 이 질문들은 범행의 분류에 도움을 줄 뿐 아니라, 이를 통해 가해자 위험도도 평가해 볼 수 있다. 가해자 위험 요소 평가는 가해자의 동기와 행동패턴에 대한 통찰을 제공한다.

일부 공격 사건에서는 범행 장소가 동기와 범죄 분류에서 다른 사건들보다 확연히 많은 시사점을 품고 있을 수 있다. 범죄조직살인을 예로 들어 보자. 일반적으로 조직 간에 갈등이 있는 지역에서는 주행 중인 차량에서 사건이 많이 일어난다. 한편 흥분 동기의 방화와 같은 사건에서는, 수사관이 교육시설을 대상으로 일어나는 반달리즘 방화와 달리 이 유형의 범죄가 주로 일어나는 장소가 주거지역이라는 점을 놓칠 수 있다. 따라서 이 정보를 해당 범죄의 특성에 추가하면 범죄를 분류하고 범행의 동기를 찾는 데 도움을 얻을 수 있다.

얼마나 오랫동안 현장에 머물렀는가? 일반적으로 현장에 머무는 시간은 범죄자가 해당 장소에서 범행을 저지르면서 느끼는 편안함에 비례한다. 범죄자가 도주 전 현장에 여유롭게 머물렀음을 암시하는 증거를 찾는다면, 그것은 범죄자가 현장 인근에 거주 또는 근무하거나 현장 주변 지역을 잘 알고 있다는 증거이다. 따라서 그 지역을 편안하게 느끼는 인물로 범죄자를 특정할 수 있다.

몇 명의 공격자가 있는가? 이 질문에 대한 답을 찾다 보면, 해당 범죄를 금전적 이익 범주 혹은 집단동기 범주로 분류할 수 있다. 금전적 이익 살인의 동기는 금전적 이익이다. 집단 범주의 동기는 가해자들의 신념에 기반한다. 통상 두 범주에 속하는 범행에는 다수의 가해자가 있다.

구조적/비구조적 물리적 증거 무기를 사용한 현장을 구성하는 일반적 조건들은 범죄의 분류에 매우 중요하다. 현장이 집단흥분살인의 경우처럼 즉흥적이고 많은 양의 물리적 증거가 현장에 정돈되지 않은 상태인가? 아니면 하나의 지문이나 물리적 증거도 남기지 않는, 질서 있고 잘 구조화된 공격자의 모습을 보이는가? 후자는 범죄자들을 비교 차별화하는 차원에서 볼 때 구조화된 살인으로 볼 수 있다.

현장이 얼마나 구조화되었는지 비구조화되었는지는 공격자가 얼마나 능숙한지를 말해 준다. 또, 범죄자가 얼마나 피해자를 통제할 수 있었는지, 사전에 어느 정도나 미리 계획하여 범죄를 저질렀는지를 보여 준다. 범죄 현장이 완전히 구조화되었거나 비구조화된 경우는 거의 없다. 실제 범죄 현장은 깔끔히 정돈된 상태와 헝클어진 상태, 두 극단 사이 스펙트럼의 어딘가에 있다.

현장 검증의 다른 요인은 무기다. 무기와 관련하여 수사관이 답해야 하는 질문들은 다음과 같다. 공격자가 미리 선택하여 현장에 가져온 무기인가? 아니면 우연히 현장에서 습득한 무기인가? (방화의 경우에는 화재가 손에 잡히는 물질에서 시작되었는가, 아니면 공격자가 촉매를 현장에 가지고 왔는가?) 무기가 현장에서 사라졌는가, 남아 있는가? 다수의 무기류에 대한 증거가 있는가? 다수의 무기가 언제나 다수의 공격자를 의미하지는 않는다. 한 명의 공격자가 여러 개의 무기류를 사용하는 대표적인 경우는 권위살인과 불특정한 동기의 살인이 있다.

사체 처리 사체가 공개적으로 놓여 있는가? 일부러 발견되도록 놓여 있는가? 아니면 발견되지 않도록 은폐되어 있는가? 공격자가 사체 발견 여부에는 관심이 없는 것처럼 보이는가? 이 의문들에 대한 답은 살인의 분류에 도움이 된다. 비구조화된 성적 살인 등 특정 살인에서는 의도적으로 부자연스럽거나 일반적이지 않은 자세로 사체를 처리하는 경우가 있다. 컬트 집단동기 살인이나 마약살인 같은 경우에는, 일부러 사체를 굴욕적인 자세로 만들어 놓거나 메시지를 전달하기 위해 특정 장소에 유기하기도 한다.

남겨진 혹은 사라진 물건들 현장에서 물건들이 추가되거나 사라지는 것이 수사관들의 범죄 분류에 도움을 주기도 한다. 일상적이지 않은 옛날 물건, 그림, 낙서 등의 물건이나 흔적은 극단주의 살인 혹은 범죄조직살인 등에서 심심치 않게 발견된다. 공격자 커뮤니케이션(인질 요구나 협박 메모 등)은 대부분 납치나 제품부당변조 범죄와 연결되어 있다.

현장에서 없어진 물건들은 중범죄살인, 무단침입, 범죄 은닉용 방화, 강력 성범죄 사건이 일어난 범죄 현장의 지표로 볼 수 있다. 피해자의 개인 물건은 성적 살인 현장에서 종종 사라진다. 사진이나 면허증 혹은 보석류 등의 피해자 유류품을 소위 '기념품'으로 챙겨 가는 것이다. 이런 물건들은 금전상의 가치와 관련이 없다.

다른 범죄 현장 지표 특정 범죄의 경우, 범죄와 범죄 동기 분류에 도움을 주는 공통된 범죄 현장 지표들이 있다. 그 예로는 상처 입은 피해자, 탈출 계획의 부재, 목격자 개연성 등이 있다. 범죄 현장에서 가해자와 피해자 사이에 어떤 일이 벌어졌는가? 그 만남의 특징은 범죄 동기를 규명하고 구분하는 데에 중요하다. 가해자가 피해자를 어떻게 통제하였는가? 현장에서 신체적 구속이 이루어졌는가? 가해자가 피해자를 급습하여 무력화시켰는가?

스테이징

스테이징staging은 범죄 현장을 의도적으로 연출하는 것이다. 예를 들어, 마치 성범죄가 발생한 것처럼 피해자의 옷을 꾸며 놓을 수 있다. 스테이징의 탐지와 특성은 2장에서 다룰 것이다.

포렌식 증거

포렌식 증거는 범죄와 관련된 물리적인 증거, 즉 범죄 발생 사실의 법적인 입증에 쓰이는 증거를 분석하는 것이다. 이 증거는 해당 범행에 특정되는 객관적 사실들을 제공하기 때문에 '침묵의 목격자'라고 불리기도 한다. 물리적 증거의 주요 원천은 공격자, 용의자, 그리고 범죄 현장이다. 부차적으로는 용의자의 집이나 일터까지 포함된다. 이러한 증거들을 수집하기 위해서는 수색영장이 필요하다(Moreau, 1987).

　의학적 보고서도 중요한 증거를 제공한다. 독극물 자료, 엑스레이 필름, 부검 결과 등이 이에 속한다. 살인사건에서 법의학자는 존재하는 사후분석 결과를 규명하고 문서화하며, 해당 사항을 사망 시 상황의 맥락에서 해석한다(Luke, 1988).

사인Cause of Death 사망 매커니즘은 살인을 분류할 때 결정적인 요소이다. 범죄조직살인의 피해자는 거의 대부분 총상으로 사망한다. 극심한 외상은 경쟁 범죄와 극단주의 살인에서 빈번하게 나타나는 포렌식 증거다. 액살(목을 졸라 죽이는 교살)은 가족살인 혹은 성적 살인과 같은 개인적인 동기의 범죄에서 더 일반적으로 나타난다.

트라우마trauma 피해자가 입은 부상의 유형, 정도, 집중된 부위는 수사관들이 범죄를 분류할 때 참조하는 또 다른 중요 요소들이다. 특정 살인 범주와 범행 동기를 추정할 때 쓰이는 포렌식 증거로는 과잉살상overkill,[5] 안면 구타, 고문, 깨문 자국인 교흔bite mark, 신체 절단 등이 있다.

성적 공격sexual assault 피해자의 성기 혹은 신체 구멍에 대한 폭행의 증거는 범행 동기와 분류에 큰 의미를 가진다. 폭행 시점(사망 이전, 사망 도중 혹은 사망 이후)만큼이나 폭행의 유형과 과정도 중요하다.

수사관은 남성의 성기 삽입이 이루어진 것처럼 보이지 않는다고 해서 피해자가 성폭행을 당하지 않은 것은 아니라는 사실을 기억해야 한다. 성폭행은 외부 물체를 삽입하는 것, 퇴행적 시체강간, 그리고 가슴과 엉덩이[6] 및 생식기를 대상으로 하는 수많은 행위들을 포함한다.

수사의 주안점 및 수색영장

일단 범죄(따라서 범행 동기)를 분류하고 나면, 수사 시 고려 사항과 수색영장 청구 등 수사 방향과 지원을 수사관에게 제공할 수 있다. 단, 지금까지 검토한 사항들은 모든 경우에 적용되는 절대적인 지침이 아니라 일반적인 참조 사항임을 잊지 말아야 한다.

일반적으로, 범죄 현장을 수색할 때에는 다음의 열 가지 기본 단계를

---

5   사망에 이르게 할 정도의 폭력을 훨씬 넘어서는 과도한 공격을 가리킨다.
6   현대사회의 사회문화적 코드에서 통용되는 성적인 신체 부위 일반.

거친다.

① 현장에 접근한다.
② 현장을 확보하고 보존한다.
③ 예비조사를 실시한다.
④ 현장을 서술한다.
⑤ 현장의 사진을 찍는다.
⑥ 현장을 스케치한다.
⑦ 잠재된 지문 증거와 다른 형태의 증거들을 평가한다.
⑧ 상세한 증거 검색을 실시하고, 찾아낸 증거를 수집·보존·문서화한다.
⑨ 최종조사를 한다.
⑩ 현장을 떠난다.

머리카락과 섬유, 혈액, 정액, 타액 등 물리적 증거에 대한 포렌식 forensic(법과학적) 분석은 이후 법정에서 결정적인 증거 능력을 갖는다.

〈범죄분류 체크리스트〉(54쪽 참조)는 각 범주의 특징을 설명하는 평가지이다. 각 특징마다 범죄를 분류하는 데 도움이 되는 단서들이 담겨 있다.

유형, 방식, 피해자 수에 따른 분류

범죄는 그 유형과 방식 및 피해자 수에 따라 분류할 수도 있다. 살인 분류를 예로 들자면, FBI 행동분석팀(BAU)이 사용하는 정의는 다음과 같다.

단일살인Single murder 한 명의 피해자를 불법적으로 살해하는 것이다.

이중살인Double murder 연속된 하나의 범죄 사건에서 같은 장소에서 두 명의 피해자를 불법적으로 살해하는 것이다.

삼중살인Triple murder 연속된 하나의 범죄 사건에서 같은 장소에서 세 명의 피해자를 불법적으로 살해하는 것이다.

다중살인Mass murder 몇 분, 몇 시간 또는 며칠이라는 시간 동안 단독 지속된 사건에서 한 장소에서 같은 범인이 네 명 이상의 피해자를 살해하는 것이다.

연쇄살인Serial murder 같은 범죄자가 2건 이상의 독립된 사건에서 두 명 이상의 피해자를 불법적으로 살해하는 것이다(이 단어는 범죄자의 동기 및 의도와 관련된 질적인 용어이다. 연쇄살인 여부는 가해자/피해자의 시간과 상황에 따라 정해지기 때문이다. 시간이 지나면서 피해자의 수가 증가하는 것은 수단으로 이용할 수 있는 피해자가 있고, 취약하며(공격받기 쉬운), 호감(성적인 매력)이 있고, 범인이 의도한 범죄를 수행할 만한 환경이 조성됐기 때문이다. 이에 대한 정의는 사용 가능한 데이터와 목표에 따라 달라질 수 있다). '휴지기cooling off'는 이제 너무 유명한 역사적 용어가 되었다.

연속살인Spree murder 연속되는 기간 동안 두 명 이상의 희생자가 두 곳 이상의 장소에서 살해되는 단독적이고 확장된 범죄 사건을 가리키는 역사적 용어. 선정주의와 검거 회피, 경찰관에 의한 자살(경찰관을 위협하여 발포하게 하는 것) 같은 전형적인 특성을 보인다. 연속되는 기간은 사건마다 다를 수 있는데, 이 범주로 묶이는 결정적인 요소는 범죄의 지속성과 연속성이다. 거리와 이동 시간만 다를 뿐, 일반적으로 하나의 사건이 다음 사건으로 범죄가 꼬리를 물며 이어진다.

연쇄살인Serial killing[7] Title 18 USC. 같은 패턴을 보이는 세 건 이상의 살인사건 중 적어도 한 건 이상을 동일한 범죄자가 미국 내에서 저질렀거나 저질렀을 가능성을 합리적으로 추론할 수 있는 살인사건. 이 법적 정의는 이러한 성격의 사건 수사에 대한 연방정부의 개입 여부를 결정할 때 관할 기준을 설정하고자 미 의회가 만들었다(FBI BAU, 2008).

범죄 분류 넘버링 체제

CCM에서 범죄를 분류하고자 부여한 번호 체계는 3자리 숫자로 되어 있다. 첫 번째 숫자는 주요 범죄 범주를 나타낸다. 향후 수정 가능성이 있으므로 모두 열거할 필요는 없다. 주요 범죄 분류는 살인, 방화/폭탄, 강간 및 성폭행, 비치명적 범죄, 컴퓨터범죄 등 5가지다. 비치명적 범죄와 컴퓨터범죄가 새로 추가되었다. 살인 범죄 범주는 숫자 1(코드 100~199), 방화/폭탄은 숫자 2(코드 200~299), 강간과 성폭행은 숫자 3(코드 300~399), 비치명적 범죄는 숫자 4(코드 400~499), 컴퓨터범죄는 숫자 5(코드 500~599), 글로벌 범죄는 숫자 6(코드 600~699)으로 식별된다.

코드 속 두 번째 숫자는 해당 범죄의 성격으로, 살인은 4개 범주로 나뉜다. 이익 범죄(100~109), 개인적 원인(120~129), 성적(130~139), 집단

---

7 Serial murder는 범죄학자, 범죄 전문가 등이 쓰는 일상 용어이고, Serial killing은 미 연방정부와 의회에서 만든 용어이다. murder와 killing의 차이는 본문의 다른 부분에서 설명한다.

원인(140~149)이 그것이다.

코드의 세 번째 숫자는 해당 범주 내의 특정 분류를 나타낸다. 이 분류 아래에 소수점 두 자리를 추가하여 해당 분류 내의 더 하위범주를 표시한다. 가령, 가족 내 살인(코드 122)은 즉흥적인 가족 내 살인(122.01)과 의도적인 가족 내 살인 (122.02)으로 나뉜다. 피해자 연령에 특이점이 있는 경우에도 피해자 유형(아이, 청소년, 성인 20~59세, 60세 이상 성인)에 따라 코드가 추가된다.

범죄 분류 체크 리스트

I. 피해자 분석: 이 사람은 왜 폭력범죄의 피해자가 되었는가?

Ⓐ 피해자에 대하여

생활 패턴

고용

성격

친구들(유형, 수)

소득(금액, 출처)

가족

알코올/마약 사용 또는 남용

평소 복장

약점

교통수단

평판, 습관, 두려움

결혼 여부

데이트 습관

레저 활동

범죄 경력

자기주장

좋아하는 것과 싫어하는 것

범행 발생 전 중요한 사건

범행 발생 전 활동

Ⓑ 성폭력: 언어 반응

지나치게 저속한 욕설

각본

사과하는 말투

Ⓒ 방화 및 폭탄공격: 표적물

거주시설

상업 시설

교육시설

이동 수단, 차량

숲, 밭

II. 범죄 현장

범죄 현장의 수

환경, 시간, 장소

공격자의 수

조직화organized/비조직화disorganized(구조화/비구조화) 여부

물적 증거

무기

사체 배치body disposition

잔류물 여부

기타(예: 목격자, 탈출 계획, 부상당한 피해자)

III. 스테이징 여부

자연사

사고사

자살

범죄 활동(예: 강도, 강간/살인)

IV. 포렌식 증거

Ⓐ 포렌식 분석

모발/섬유

혈액

정액

타액

기타

Ⓑ 부검 결과

사인

외상(유형, 정도, 사체 위치)

과잉살상overkill

고문

디퍼스날리제이션depersonalization*

교흔(깨문 자국)

절단

성폭행(언제, 어디서, 순서, 삽입, 시간屍姦 여부)

독극물 결과

V. 수사 시 고려 사항

Ⓐ. 수색영장

자택

직장

차량

기타

Ⓑ 목격자 위치 파악 및 인터뷰

---

* 다른 책이나 용례에서는 몰개인화, 탈인격화, 이인화 등으로 번역하지만, 이 책의 용례상 모두 꼭 맞는 용어가 아니어서 그냥 영어 발음대로 '디퍼스날리제이션'으로 통일한다. 여기서는 이성적 판단을 넘어설 수 있는 과잉흥분 상태에서 가해자가 범죄 피해자의 정체를 은폐하거나 극도의 현실부정 상태에서 저지르는 안면 훼손이나 특정 신체 부위에 대한 집중적 과잉폭력을 말한다.

Bromberg, W. (1965). *Crime and the mind: A psychiatric analysis of crime and punishment*. New York, NY: Macmillan.

Brown, J. M., & Langan, P. A. (2001). Policing and Homicide, 1976–98: Justifiable Homicide of Felons by Police and Murder of Police by Felons. Bureau of Justice. Retrieved December 5, 2012, from http://bjs.ojp.usdoj.gov/index.cfm?ty=pbdetail&iid=829

Criscione, V. (2012). Found sane, Norway killer Breivik gets 21 years in prison. *Christian Science Monitor*. Retrieved August 24, 2012, from www.csmonitor.com/World/Europe/2012/0824/Found-sane-Norway-killer-Breivik-gets-21-years-in-prison-video

Douglas, J. D., & Olshaker, M. (1995). *Mindhunter: Inside the FBI's elite serial crime unit*. New York, NY: Scribner.

Federal Bureau of Investigation, Behavioral Analysis Unit. (2008). *Serial murder: Multi-disciplinary perspectives for investigators*. Washington, DC: Author. Retrieved August 22, 2012, from www.fbi.gov/stats-services/publications/serial-murder/serial-murder-july-2008-pdf

Federal Bureau of Investigation, Uniform Crime Reports. (2001). *Crime in the United States, 1976–98*. See also www.ojp.usdoj.gov/bjs/homicide/addinfo.htm

Gilbert, J. N. (1983). A study of the increased rate of unsolved criminal homicide in San Diego, CA, and its relationship to police investigative effectiveness. *American Journal of Police: An Interdisciplinary Journal of Theory and Research, 2*(2) [149–166].

Glueck, B. (1918). 608 admissions to Sing Sing. *Mental Hygiene, 2*, 85.

Goddard, H. H. (1914). *Feeblemindness: Its cause and consequences*. New York, NY: Macmillan.

Goring, C. (1913). *The English convict*. London, England: H. M. Stationary Office.

Knight, R. A., & Prentky, R. A. (1990). Classifying sexual offenders: The development and corroboration of taxonomic models. In W. L. Marshall, D. R. Laws, & H. E. Barbaree (Eds.), *Handbook of sexual assault*. New York, NY: Plenum.

Knight, R. A., Rosenberg, R., & Schneider, B. A. (1985). Classification of sexual offenders: Perspectives, methods, and validation. In A.W. Burgess (Ed.), *Rape and sexual assault.* New York, NY: Garland.

Lindesmith, A. R., & Dunham, H. W. (1941). Some principles of criminal typology. Social Forces, 19, 307–314.

Luke, J. L. (1988). The role of forensic pathology in criminal profiling. In R. Ressler, A. Burgess, & J. Douglas (Eds.), *Sexual homicide.* Lanham, MD: Lexington Books.

Megargee, E. I., & Bohn, M. J. (1979). *Classifying criminal offenders: A new system based on the MMPI.* Thousand Oaks, CA: Sage.

Moreau, D. (1987). Concepts of physical evidence in sexual assault investigations. In R. Hazelwood & A. W. Burgess (Eds.), *Practical rape investigation: A multidisciplinary approach.* New York, NY: Elsevier.

National Commission on Law Observance and Enforcement. (1931). *Guide to federal records in the National Archives of the United States.* Compiled by Robert B. Matchette et al. Washington, DC: National Archives and Records Administration, 1995. Retrieved July 4, 2012, from www.archives.gov/research/guide-fed-records/groups/010.html

Rennie, Y. (1977). *The search for criminal man: The dangerous offender project.* Lanham, MD: Lexington Books.

Richardson, D. A., & Kosa, R. (2001). *An examination of homicide clearance rates: Foundation for the development of a homicide clearance model.* Washington, DC: Police Executive Research Forum.

Roebuck, J. B. (1967). *Criminal typology* (2nd ed.). Springfield, IL: Charles C. Thomas.

Wortley, R., & Smallbone, S. (2006, May). *Child pornography on the Internet. U.S. Department of Justice, Office of Community Oriented Policing Services. Problemspecific Guides Series No. 41.* Retrieved July 4, 2012, from www.cops. usdoj.go

2장

범죄 현장 분석에 쓰이는
범죄 수사 개념

존 E. 더글러스 | 로렌 K. 더글러스

1989년, 출산 수업을 마치고 집으로 돌아오던 척과 캐럴 스튜어트 커플이 키 152센티미터에 몸무게 70킬로그램 정도로 보이는 흑인 남자에게 납치당했다. 범인은 마약 남용과 범죄가 흔하게 일어나는 보스턴의 다인종 지역인 미션힐로 차를 운전하라고 했다. 그리고 금품을 강탈한 후 캐럴의 머리와 척의 복부에 총을 쏘았다. 캐럴은 그날 밤 병원에서 사망했고, 제왕절개로 분만된 아기 역시 17일 후에 죽었다. 미 언론은 이 사건을 대대적으로 보도했고, 아나운서는 척이 어떻게 살아남았는지를 전했다.

수사에 나선 보스턴 경찰은 거리에서 흑인들을 무작위로 불러 세우고 조사하기 시작했다. 사건 발생 며칠 후, 경찰은 비디오 가게 강도 혐의로 윌리엄 베넷을 체포했다. 베넷은 곧 캐럴 스튜어트 살인사건의 유력한 용의자가 되었다. 수사 과정에서 척 역시 베넷을 공격자로 지목했다.

그런데 수사관들이 척의 행적을 조사하면서 상황이 반전되었다. 척은 돈 문제에다 바람을 피우고 있었고, 아내에게 생명보험을 들었다는 소문이 있었다. 수사관들은 납치와 살인에 대한 척의 진술에 의심을 품게 되었다. 척은 경찰조사에서 범인이 차 뒷좌석에서 자신과 아내를 쐈다고 진술했다. 일반적인 자세로는 척의 복부를 쏠 수 없는 각도였다. 척이 죽어 가는 임신한 아내를 돕기 전에 911에 먼저 전화를 걸었다는 사실도 이상했다. 나중에는 척의 형도 척을 진짜 살인범으로 지목했다. 척은 임신한 아내의 머리를 쏘고 나서 마치 제3자가 쏜 것처럼 범죄 현장을 조작했다. 결국 척 스튜어트는 자살했고, 윌리엄 베넷은 석방되었다. 행동은 인성¹을 반영한다. 범죄 현장에서 관찰된 모든 것은 그 범죄에 연

---

1   personality. 범죄 분야에서는 '인격'보다는 '인성'으로 번역하는 것이 관례이다.

루된 미확인 용의자unknown subject(UNSUB)에 대해 말해 준다. 범죄 현장과 포렌식 증거에는 수사관들이 범죄를 해결하는 데 필요한 답과 관련 있는 메시지가 담겨 있다. 범죄를 연구하고, 강력범죄를 저지른 가해자와 대화함으로써 수사관들은 '왜+어떻게=누구'라는 방정식을 적용하고 풀이하는 법을 배울 수 있다. 이 과정에서 수사관들은 증상을 평가해 특정 질병이나 상태를 진단하는 의사와 비슷하게, 현장에서 미확인 용의자가 남긴 단서들을 해석한다. 의사가 경험을 토대로 진단과 치료 계획을 수립하는 것처럼, 수사관은 범죄에서 일정한 패턴을 도출하고 그에 상응하는 분석을 실시한다. 이런 일련의 과정을 통해 범죄 패턴 도출 및 분석 전략이 발전한다.

범죄 현장 분석에서 가장 중요한 것은 인간 행동의 역학 관계에 대한 통찰력이다. 언어 패턴, 글쓰기 스타일, 언어적 · 비언어적 태도, 기타 다른 특징과 패턴이 인간의 행동을 구성한다. 이러한 조합에 따라 모든 개인은 저마다 독특하고 구체적인 방식으로 행동, 반응, 기능 또는 수행한다. 이 행동은 보통 주택을 관리하거나 옷을 고를 때 뿐만 아니라 강간과 살인을 할 때에도 일관성을 유지한다.

같은 원리로, 폭력범죄를 저지르는 것도 우리의 일상 행동처럼 모든 역학을 포함한다. 일상적인 행동을 좌우하는 동일한 힘이 범죄행위에도 영향을 미친다. 그리고 그 행동패턴과 몸짓은 범죄 현장에 남는다. 그 흔적을 찾아내고 인식하는 것이 수사관이 배워야 할 일이다. 수많은 비슷한 범죄들 속에서도 특정 범죄자를 추출해 낼 수 있는 것은 모두 이 개인화된 행동 특성 덕분이다.

본 장에서는 개인화된 행동 특성을 식별하는 기초로서 범행수법과 시그니처, 퍼스네이션, 스테이징 등의 수사 개념을 논한다.

범죄분석 평가 단계에서 던져야 할 질문들

범죄행동패턴의 성공적인 추출과 해석은 아주 작은 단서가 좌우될 때가 많다. 범죄를 수사할 때에는 세부 사항에 주의를 기울여야 한다는 의미다. 세부 사항들은 범죄 현장을 보호하고 보존하는 초기 단계에는 종종 주목을 받지 못한다. 강력범죄는 수사관을 감정적으로 거리를 두게 만들어 범죄 현장에 남겨진 미세한 단서들에 둔감해지도록 만들 수 있다. 같은 이유로, 수사관이 범죄에 대해 객관적인 거리를 확보하지 못해 미세한 단서를 놓치는 것은 두 번째 함정이다. 피해자에게 감정이입이 되어 피해자를 마치 가족구성원인 양 여기게 되면, 거리를 두고 범죄를 바라볼 수 없게 되어 판단이 흐려질 수 있다. 이런 경우, 고화질의 현장 사진을 찍어 놓는 것이 하나의 방법이다.

　범죄분석의 평가 단계는 핵심적인 몇 가지 질문에 답하려는 노력이다. 사건의 순서는 어떻게 되는가? 피해자가 죽기 전이나 후에 성폭행을 당했는가? 절단은 죽기 전이었는가 아니면 사후였는가? 이와 같은 관찰은 범죄자의 성격에 대한 중요한 통찰을 제공할 수 있다. 가해자와 피해자의 만남은 어떻게 이루어졌는가? 범인이 피해자를 급습했는가 아니면 언어적 수단(사기)으로 붙잡은 것인가? 범인은 피해자를 통제하기 위해 끈이나 기타 도구를 사용했는가? 마지막으로, 범인이 현장에 놓고 가거나 가져간 물품은 반드시 세심하게 분석해야 한다.

범행수법

범행수법Modus Operandi(MO)은 학습된 행동, 즉 가해자가 범죄를 저지르기 위해 하는 행동이다. 범행수법은 역동적이어서 가해자의 범죄 경력에 따라 진화하며, 어떤 행동이나 기술이 다른 행동보다 자신에게 더 효과적이라는 것을 깨닫는 순간 바뀔 수 있다.

범행수법은 특히 사건들을 연결지을 때 큰 의미가 있다. 범행수법의 유사성을 근거로 이 사건과 저 사건을 연결짓는 것이다. 물론 범행수법이 다르다고 해서 동일범의 소행 가능성을 아예 차단하는 것도 잘못이다.

그렇다면 범죄자는 왜 특정 범행수법을 사용하게 되는가? 범행수법의 형성에 영향을 미치는 것은 무엇인가? 범행수법은 고정되어 있는가, 아니면 바뀌는가? 이러한 질문들에 답하다 보면, 전혀 다른 두 사건을 연결지으면서 범행수법에만 매몰되는 오류를 피할 수 있다.

범인이 해당 범죄를 저지르는 동안 하는 모든 행동이 범행수법을 구성한다. 범행수법은 범죄자가 나름 효과적인 쪽으로 개발하고 고수하는 일련의 학습된 행동이지만, 역동적이고 가변적이다. 일련의 범죄 경력을 쌓으며, 다양한 상황을 맞닥뜨리며, 범행수법은 범인과 함께 진화한다. 모든 범죄자는 실수를 저지르지만, 대부분 실수를 통해 학습한다. 다음 이야기에서 알 수 있듯이, 범죄자도 시간이 지날수록 더 잘 하려고 노력한다.

어느 늦은 밤, 한 초보 좀도둑이 도둑질을 하려고 지하실 창문을 통해 침입하려고 했다. 창문이 잠겨 있어서 좀도둑은 지하실 창문을 산산조각 냈다. 혹시 유리창 깨지는 소리에 집주인이 깨어날까 싶어 좀도둑은 서둘러 귀중품을 찾아 다녔다. 이 도둑은 다음에 심야 주거침입을 할 때에는 소음을 최소화하면서 자물쇠를 강제로 여는 도구를 가지고 왔다.

그래서 더 여유롭게 도둑질할 시간을 벌었다. 하지만 여전히 집주인과 마주치는 것이 걱정되었다. 그래서 빈집을 노리기 시작했고, 밤보다 오전 시간대로 범행 시간도 바꾸었다. 그렇게 하니 실내가 환해서 훔칠 물건을 찾기도 더 쉬웠다. 이는 추가적인 이점이었다.

범인의 원래 범행수법은 밤에 주택의 창문을 깨고 들어가 귀중품을 훔쳐 달아나는 것이었다. 그런데 경험을 축적하며, 대낮에 빈집의 창문 잠금장치를 강제로 열고 들어가는 쪽으로 범행수법이 진화했다. 범인은 검거될 위험을 낮추고 이익을 증대시키기 위해 침입과 진입 기술을 다듬었다. 이는 재산범죄를 반복적으로 저지르는 범법자들 사이에서 매우 흔한 일이다. 예로 든 범죄자는 자신이 세운 계획에서 난제들을 파악하여 극복할 방법을 알아내고, 그 기술들을 범행수법에 접목시켰다. 그 과정에서 유리창 깨는 소음을 피할 다른 방법을 알아냈는지도 모른다. 예를 들어, 집주인이 숨겨 놓은 현관문 열쇠의 위치를 알아낼 방법을 찾았거나 주거지 대신에 비어 있거나 지키는 사람이 없는 사무실 쪽으로 범행 대상을 바꾸었을 수도 있다.

범죄자도 자신의 실수로부터 문제 해결책을 배운다. 만약 처음 유리창을 깨고 들어간 결과가 체포와 투옥으로 귀결되었다면, 석방 후 다시 범죄를 저지를 때에는 같은 실수를 반복하지 않을 것이다.

한편, 강력범죄의 경우에는 피해자의 대응이 가해자 범행수법의 진화에 상당한 영향을 미칠 수 있다. 만약 강간범이 피해자를 통제하는 데 어려움을 겪었다면, 피해자의 저항을 제압할 수 있는 쪽으로 범행수법을 바꿀 것이다. (배관이나 보일러 연통 등을 연결하는) 덕트테이프나 끈을 미리 가져오거나 흉기를 사용할 수도 있고, 피해자를 급습해 즉시 무력화시킬 수도 있다. 만약 그러한 조치가 효과적이지 않다면, 범죄자는 희생자 살해를 포함한 더 큰 폭력에 의지할 수도 있다.

시그니처

범죄자의 시그니처signature(서명)[2]는 진화할 수 있지만, 급진적으로 변하지 않는다. 시그니처는 가해자가 자기만족을 위해 하는 행동이다. 예를 들어, 총탄 한 방 등으로 끝내는 '깔끔한 살인'은 범행수법으로 간주되지만, 야만적인 '과잉살상'은 시그니처의 요소가 된다.

연쇄 강력범은 종종 그 사람만의 시그니처나 콜링카드calling card[3] 같은 다른 범죄행위 요소를 보인다. 이러한 행위는 범죄를 저지르면서 하는 행위인 범행수법을 넘어서 범인의 독특한 성격을 나타낸다.

범행수법과 달리, 연쇄범의 시그니처는 그 핵심이 절대 바뀌지 않는다. 일부 세부 사항은 시간이 지나면서 다듬어질 수 있지만(범죄가 거듭되면서 피해자 사후에 더 큰 절단을 감행하는 '러스트 머더러lust murderer'〔욕정살인자〕), 시그니처의 기본은 그대로 유지된다(같은 사례에서 사후에 절단을 하는 행위).

그렇다면 시그니처는 어떻게 구성되는가? 범죄 현장 말고 때로는 살아남은 피해자나 증인들이 시그니처의 행동 요소들을 증언한다. 예를

---

2 signature와 signature aspects는 맥락적 의미가 다르다. signature가 '추상'이라면, signature aspects는 '구체'이다.
3 특정한 개인 표식. 탐정영화에서 특정인이 자신의 방문 사실을 일부러 알리려고 포커 카드 같은 카드를 현장에 놓고 가는 행위에서 비롯된 개념으로, 셜록 홈스 시리즈나 애거사 크리스티 작품 혹은 일본 탐정 애니에서 유래된 문화적 코드이다.

들어, 강간범은 폭행의 언어적·신체적 또는 성적 단계에서 지배적·조작적 또는 통제적 행위를 함으로써 시그니처를 드러낼 수 있다.

심하게 저속하거나 모욕적인 언어나 대본을 사용하는 것[4]은 언어적인 시그니처다. 가령 피해자에게 특정한 구두 답변을 요구하는 식이다("나와의 섹스가 얼마나 좋은지 말해 줘" "내가 얼마나 잘하는지 말해 줘"). 아니면, 피해자를 상대로 자신이 정한 순서에 따라 성적 행위 단계나 유형을 고수하며 진행할 수도 있다.

과도한 물리력이 사용된 범행 현장은 현장 자체가 증인이 되기도 한다. 범죄가 발생한 현장 곳곳에서 다량의 피가 발견된다면, 제압(성폭행의 경우)하거나 죽이는 데(살인의 경우) 필요 이상의 물리력을 사용해 피해자를 이리저리 움직였거나 끌고 다녔다는 것을 알 수 있다.

연쇄 공격자가 저지른 범행마다 꼭 시그니처가 나타나는 것은 아니다. 갑작스런 방해를 받았거나 피해자가 뜻밖의 반응을 보이는 등의 예외적 상황이 발생하여 시그니처를 남기지 못했을 수 있다. 그 경우, 공격자의 범행 만족도는 떨어지게 된다.

범죄 만족도가 떨어지는 이유는 무엇인가? 많은 강력범죄는 공격자의 판타지에 기인한다. 연쇄 공격자의 경우에는 더욱 그러하다. 그 환상을 키우고 꿈꿀수록 이를 실현하고자 하는 욕구는 더 강력해진다. 마침내 이를 실행에 옮겼을 때 판타지에 기반한 개인의 고유한 표현이 범행의 일부분에 드러나게 되는데, 이것이 퍼스네이션personation[5]이다. 공격자가 범

---

4   마치 연극을 하듯이, 각본(지문, 대사 등)을 미리 써 놓고 가해자가 피해자에게 그대로 특정한 언어와 행동을 강요하는 범죄행동.

5   개인화된 행위.

행을 반복하면 이 퍼스네이션도 반복되고, 이것이 그 사람의 시그니처가 된다. 시그니처는 그 사람의 환상을 가장 명확하게 표현하는 요소들로 구성된다. 따라서 공격자에게는 이러한 요소들이 큰 의미를 가지게 된다.

연쇄 공격자의 일부 범행에서 시그니처가 나타나지 않는 또 다른 이유는, 수사관에게 생존 피해자나 수사 가능한 범죄 현장이 항상 주어지는 것은 아니기 때문이다. 강력사건의 경우 고위험군(실종 신고를 해 줄 사람이 없는 부류) 피해자에게 흔히 발생하기 때문에 이들을(또는 이들의 시신을) 찾으려는 노력도 이루어지지 않는다. 그런데 많은 경우에 피해자의 시신은 범죄 현장에서 먼 외딴 장소에 버려진다. 그래서 사체가 심하게 부패하게 되고, 피해자의 신체와 옷가지에 남겨진 시그니처 표시도 지워지게 된다. 또, 시체가 멀리 버려진 경우에 실제 범죄가 발생한 현장은 시그니처 표시들과 함께 다른 곳에 위치하게 된다.

범인이 남긴 시그니처나 콜링카드를 찾아내는 것은 쉽지 않지만, 연쇄 공격자를 특정하는 데 중요한 역할을 한다. 피해자가 많아야 시그니처 흔적도 많다는 점은 실로 안타까운 사실이다. 수사관은 하루빨리 연쇄 공격자의 범행을 멈추고 싶지만, 그러려면 다수의 피해자와 여러 범행 현장, 시체 유기 장소, 증인 등이 필요하다. 그렇게 찾아낸 증거에서 시그니처를 식별해 내고, 서로 다른 범죄를 연결지어 한 명의 용의자를 특정할 수 있다.

범행수법인가? 시그니처인가?

어느 강간범이 어떤 집에 침입해 한 여성과 그녀의 남편을 제압했다. 범인은 남편에게 배를 바닥에 대고 엎드리도록 한 뒤 찻잔과 찻잔 받침을 남편의 등 위에 올려놓았다. 그리고 남편에게 엄포를 놓았다. "찻잔이 움직이거나 바닥에 떨어지는 소리가 내 귀에 들리면 네 아내는 죽는다!" 그러고는 여성을 옆방으로 끌고 가 강간했다. 또 다른 사건에서는 강간범이 침입해 들어간 집의 여성을 제압한 뒤 전화를 걸어 남편을 빨리 귀가시키게 했다. 범인은 남편이 도착하자 의자에 묶고 아내가 강간당하는 장면을 보게 만들었다.

찻잔을 사용한 강간범은 남편을 통제할 효과적인 범행수법을 고안해 냈다. 자신의 목적을 달성하는 데 방해가 될 장애물을 해결한 것이다. 두 번째 사례의 범인은 단순히 강간에 만족하지 않았다. 여자를 강간하는 것에 덧붙여, 그 남편을 굳이 집으로 불러들여 수치심을 주고 지배해야만 그 환상이 충족되었다. 첫 번째 강간범은 남편이 거기 있었기 때문에 대면한 것이고, 강간에 방해가 되게 두거나 그 장면을 보게 하지 않았다. 그러나 두 번째 강간범에게는 남편이 꼭 있어야 하고 그 장면을 목격해야 한다. 범인의 개인적인 욕구가 이 같은 시그니처를 실행시킨 것이다.

미시간에서 발생한 은행 강도 사건에서는 범인이 은행원들에게 옷을 벗도록 시켰다. 텍사스에서 발생한 은행 강도 사건에서는 은행 직원들을 탈의시키고, 여기에 더해 선정적인 자세를 취하게 하여 사진을 찍었다. 두 건 모두 시그니처가 나타난 것인가?

미시간 사건의 경우, 범인은 자신의 탈출 가능성을 높일 매우 효과적인 방법으로 직원들을 탈의시켰다. 그는 직원들이 경찰을 부르기 전에 옷부터 입으려 할 것이라고 예상했을 것이다. 경찰조사에서 직원들은 당황하여 범인과 눈조차 마주칠 수 없었기 때문에 분명한 증언을 하지 못했다. 이 범인은 아주 영리한 범행수법을 고안해 낸 것이다. 반면에 텍사스 사건의 범인은 은행 강도 범죄에 필요한 행동 이상을 요구했다. 강도 행위를 통해 성심리적 욕구까지 충족하려 한 것이다. 그래서 직원들에게 야한 자세를 취하게 하고 사진을 찍는 의식을 행하여 본인만의 시그니처를 남겼다. 범행수법과 시그니처의 구분은 특정 범인의 범행과 동기를 이해하는 데 큰 도움을 준다.

사건 간의 연관성

1989년 9월 루이지애나주 슈리브포트에서 너대니얼 코드 주니어라는 남자가 살인죄로 재판을 받았다. 배심원단은 1984년과 1987년 사이에 코드가 여덟 명을 살해했다고 결론 내렸다. 이 여덟 건의 살인은 세 개의 각기 다른 사건에서 발생했다. 1984년에 한 건, 1985년에 네 건, 1987년에 세 건이었다. 세 개의 범죄 현장은 범행수법(해당 범죄를 저지르기 위해 범행 중에 공격자가 취한 행동)과 피해자 분석에서 몇 가지 차이를 보였다.

그런데도 세 현장을 한 명의 용의자와 연결지은 근거는 무엇인가? 범행수법과 피해자 분석이 각기 다른 상황에서, 코드와 이 여덟 건의 살인을 연결한 이유는 무엇인가? 범행수법과 피해자 분석은 수사에서 중요한 요소이다. 그러나 다소 일반화되는 경우가 많고, 성격에 대한 세부사항과 궁극적으로 공격자를 추적하는 데 필요한 인신 정보는 충분하지 않은 경우가 있다. 이때 중요한 것이 퍼스네이션, 즉 공격자의 시그니처 또는 콜링카드이다. 퍼스네이션은 공격자의 성격을 구체적으로 특정할 수 있는 개성적인 지표의 모음이다. 동일 또는 연쇄 공격자에 의한 복수의 범죄가 발생하면, 자주 반복되는 퍼스네이션이 만들어진다. 너대니얼 코드의 경우가 그러했다. 그는 그의 시그니처인 재갈과 덕트테이프 그리고 총상을 입고 목이 잘린 시체들을 세 개의 범죄 현장에 모두 남겼다. 이를 통해 코드와 여덟 건의 살인을 연결지을 수 있었다.

현대 법집행에서 우리 사회에 매우 많은 너대니얼 코드가 있다는 점에 이의를 제기하는 사람은 없을 것이다. 폭력범죄의 증가는 법집행기관으로 하여금 새로운 해결책을 강구하게 했다. 여기서 관할권을 넘나드는 연쇄 공격자를 인식하는 문제가 중요한 이슈로 떠올랐다. 연쇄 공격자를 사건 발생 초기에 인식하면 지역과 주, 연방 기관 사이에 업무 협조가 이루어져 사건을 좀 더 빨리 해결할 수 있다. 여러 기관이 찾고 있는 공격자가 동일한 경우, 기관들이 이를 인식하고 서로 협력할 필요성이 제기된 것이다. 그러나 현실적으로 여러 관할 경계를 넘나드는 공격자를 공조하여 수사하기는 쉽지 않다. 피해자와 범죄 현장에 대한 종합적인 포렌식 분석 외에, 생존 피해자나 목격자들을 상대로 용의자의 언어적·비언어적 행위에 대한 세세한 정보를 수집하여 이를 근거로 타 기관이나 관할에 협조를 요청해야 한다.

범행수법은 수사관이 사건들 간의 연관성을 따질 때 일차적으로 살피는 부분이다. 범행수법의 유사성을 근거로 사건 간의 상관관계를 찾는 것이다. 그러다 보니 코드의 사례처럼 범행수법 차이에만 집중해 수사를 벌이다가 범행 목록에서 일부 범행을 누락시키는 실수를 저지를 수 있다. 이를 피하려면 범인의 범행수법을 구성할 때 다음과 같은 질문을 던져야 한다.

범인은 왜 특정한 범행수법을 사용하는가? 이 범행수법 형성에 영향을 준 요인들은 무엇인가? 범행수법이 변화할 여지는 없는가?

여러 사건들 간의 연관성을 찾을 때 범행수법이 중요한 역할을 하는 것은 맞다. 그러나 경험과 학습을 통해 범행수법을 변화·발전시키는 반복적인 공격자의 경우, 범행수법이 수사의 유일한 기준이 되어서는 안 된다. 두 번째 범죄는 첫 번째 범죄와 상당히 다를 수 있다. 바뀌지 않는 것은 시그니처다. 시그니처는 최초의 범죄와 10년 후 범죄가 동일하다. 절차는 진화하지만, 테마는 되풀이되는 것이다.

수사관들 역시 사건을 특정 연쇄 공격자와 연결지을 때 피해자 분석보다 시그니처를 더 면밀히 살핀다(물론 피해자 분석을 무시해서는 안 된다). 예를 들어, 범죄 동기가 분노인 경우 피해자들 간의 신체적 유사점은 중요한 지표가 아닐 수 있다. 이 경우, 시그니처는 피해자 분석보다 수사관들에게 더 많은 정보를 준다.

범죄자 시그니처

로니 셸턴

1980년대에 오하이오주 클리블랜드는 '서쪽 강간범'으로 알려진 남성 때문에 공포에 사로잡혔다. 마침내 체포되었을 때 로니 셸턴은 49건의 강간, 29건의 가중처벌이 가능한 절도, 18건의 중범죄 성폭행, 60건의 심각한 성적 강요, 12건의 유괴, 19건의 협박, 3건의 전화선 절단, 2건의 절도, 27건의 가중처벌이 가능한 강도 등의 혐의를 받고 있었다. 그는 총 220건이 기소되어, 오하이오 역사상 가장 긴 3,198년형을 선고 받았다.

셸턴의 범행수법은 창문 또는 우거진 숲에 면한 스페인식 정원, 또는 수풀을 통해 피해자의 주거지로 들어가는 것이었다. 그는 스키 마스크나 스타킹 또는 스카프를 착용했다. 그는 처음에는 폭력적인 행동으로 기선을 잡았다. 피해자를 위협하거나 바닥에 내동댕이치고, 목에 칼을 들이대기도 했다. 그런 후에는 "난 단지 돈을 원할 뿐"이라며, 자신은 강간이 목적이 아니라 도둑질이 목적이라며 피해자를 안심시켰다. 그렇게 피해자를 통제하고 나면 다시 폭력적으로 돌변했다. 셸턴은 "눈을 내리깔고 있어", "눈을 가려", "날 보지 마" "널 죽이지는 않을 거야"와 같은 문구를 사용하곤 했다. 그리고 떠나기 전에 "경찰에 전화하지 마, 전화 하면 다시 돌아와 널 죽일 거야" 같은 경고로 피해자를 협박했다.

셸턴의 시그니처는 저급한 언어와 성폭행이었다. 그는 언어적으로 유난히 저속했다. 그러면서 "남자친구와 함께 있는 너를 본 적이 있다", "주변에서 너를 본 적이 있다", "내가 누군지 알잖아" 등의 말로 피해자를 위축시켰다. 그는 강간한 후 피해자의 배나 가슴에 사정했다. 그러고 나서 곧잘 피해자 위에서 혹은 피해자의 가슴 사이에서 자위행위를 했다. 피해자의 옷을 이용하기도 했다. 많은 피해자들에게 구강성교를 시키고 자신의 정액을 삼키도록 강요했다. 자위할 때 피해자의 손을 사용하기도 했다. 이러한 행위들의 조합이 셸턴의 시그니처였다.

그런데 문제가 있었다. 셸턴의 초기 피해자들은 강간범의 성기에 혹이 있다고 진술했다. 그런데 어느 시점 이후부터 혹 이야기가 사라진 것이다. 하지만 이처럼 서로 다른 피해자 진술에도 불구하고, 그가 저지른 다수의 범행을 관통하는 시그니처는 그를 범인으로 지목하고 있었다. 만약 그 시그니처가 인정되지 않았다면, 셸턴은 그토록 긴 형벌을 선고받지 않았을지도 모른다. 미스터리의 실체는 단순했다. 긴 범행 기간 도중에 셸턴은 생식기 사마귀 제거 수술을 받았던 것이다.

연쇄살인자 시그니처

스티븐 펜넬

스티븐 펜넬은 최소 세 명의 피해자를 살해한 가학성애자였다. 그의 특징적 범행수법은 피해자를 고문하고 통제할 때 덕트테이프와 끈을 사용한 것이다. 그리고 망치로 피해자들의 머리를 내리쳐 살해했다(Douglas, 1989).

펜넬의 시그니처는 피해자들이 입은 상처에서 찾을 수 있었다. 그는 피해자의 둔부와 가슴 부위를 망치와 플라이어 같은 도구들로 꼬집어 상처를 냈다. 이 과정은 피해자들이 살아 있는 상태에서 이루어졌다. 즉, 피해자들의 고통스러운 반응에서 성적 만족감을 느꼈던 것이다.

피해자들의 사인은 머리에 가해진 둔기 공격이었지만, 피해자들의 목 주변에는 삭흔索痕(압박흔)도 남아 있었다. 펜넬은 교살絞殺에 근접할 정도로 피해자의 목을 끈으로 조르는 것을 즐겼다. 그러나 고문 과정에서 피해자들이 살아 있는 것은 물론이고 의식을 유지하길 바랐기 때문에 이 방법으로 피해자들을 죽이지는 않았다. 교살은 그의 범행수법이 아닌 시그니처 중 하나였다. 자신의 가학적 판타지를 충족시킬 극단적 고통을 가하는 방법이었던 것이다.

피해자들의 사체를 처리하는 방식은 유사했다. 펜넬은 사체가 완전히 외부에 노출되도록 길가에 무심히 유기했다. 범행에 대한 후회의 부재가 사체 처리 방식에서 드러나는 것을 펜넬의 콜링카드 중 하나로 볼 수 있을 것이다.

펜넬의 의식ritual이 강화되고 판타지가 무르익으면 폭력성도 고조되었다. 마지막 피해자는 사망 전에 극심한 외상을 입고 사후절단을 당했다.

이때도 펜넬은 가슴 부위를 주요 목표점으로 삼았다. 다만, 마지막 피해자는 사망 이전이 아니라 사후에 가슴을 절단당했다. 이 사실을 놓고 이 피해자의 사례를 펜넬의 시그니처로 볼 것인지, 그녀가 정말로 펜넬에게 살해당한 것이 맞는지 논쟁이 일어나기도 했다.

두 가지 이유로 이 피해자를 펜넬과 연관지을 수 있다. 펜넬의 시그니처는 이 피해자에게서도 분명히 드러났다. 첫째, 그는 피해자가 살아 있을 때 둔부에 상당한 상해를 입혔다. 따라서 살아 있는 피해자를 고문했다는 점에서 특유의 시그니처 요소가 있는 것이고, 다만 시그니처가 진화했다고 볼 수 있다. 시간이 지날수록 피해자에 대한 고문은 더 잔인해졌다. 앞서 언급했듯, 예상치 못한 상황이 발생해 살해 의식에 방해가 되면 공격자의 의식에 변동이 생길 수 있다. 마지막 피해자는 아마도 펜넬이 절단 의식을 마치기 전에 사망하여 시그니처가 다소 달라 보였지만, 사실은 동일한 셈이다. 둘째, 피해자 분석을 통해 이 피해자들과 펜넬의 연관성이 확실히 추출되었다. 피해자들은 모두 위험도가 높은 피해자군에 속했다. 성매매 여성이거나 약물남용을 오래 했고, 아니면 둘 다 해당되었다. 그들은 같은 지역 주 고속도로에서 실종되었고, 서로 몇 마일 떨어지지 않은 곳에서 발견되었다.

퍼스네이션Personation

대부분의 강력범죄는 범죄자의 머릿속에서 조용히 시작된다. 강력범죄자들은 강간, 고문, 살해, 폭탄 설치, 방화 또는 여러 요소들이 결합된 행동에 대한 판타지를 키운다. 그리하여 이러한 상상을 행동에 옮길 때, 그 감정적 욕구가 폭력적 행동의 동력이 된다.

설립 초기에 국립폭력범죄분석센터(NCAVC)[6]에 보고된 사건들 중 1979년 뉴욕에서 발생한 26세 백인 여성 사건이 있다. 이 여성은 자신이 살던 아파트 옥상에서 사체로 발견되었다. 사인은 끈에 의한 교살이었다. 미확인 용의자(UNSUB)는 피해자의 시신을 바닥에 눕힌 채 유대교 목걸이 형상과 비슷한 자세로 만들었다. 조심스레 뺀 귀걸이는 피해자의 머리 양옆에 두고, 유두를 잘라 가슴 위에 올려 놓았다. 피해자의 우산은 질에, 빗은 음모에 꽂혀 있었다. 피해자가 신고 있던 스타킹은 그녀의 팔목과 발목에 둘러져 있었다. 범인은 피해자의 펜을 사용해 경찰을 향한 경멸적인 메시지를 피해자의 몸에 휘갈겨 적어 놓고, 마지막으로 사체에서 몇 피트 떨어진 곳에 대변을 보고 피해자의 옷으로 덮어 두었다. 국립폭력범죄분석센터는 이 모든 행위가 살인 후에 행해졌다고 분석했다. 사체가 취했던 자세와 비슷한 도안이 담긴 유대교 목걸이를 포함해 값싼 장신구 일부가 없어졌다.

범죄 현장에 남은 흔적들은 일반적이지 않았다. 시신을 이용해 특정한 자세를 취하게 한 것, 사후에 발생한 신체 훼손과 삽입, 피해자의 소지품 가져가기, 사후의 끈 사용 등은 해당 범죄를 저지르는 데 필수적인

---

6 National Center for the Analysis of Violent Crime. 1984년 FBI아카데미에 설립된 전문 부서. 비정상적이거나 반복적인 강력범죄(연쇄범)에 대한 연방과 주, 외국 법집행기관의 수사를 지원하여 흉악범죄 조사와 범죄 연구 및 교육을 진행한다. 국가안보와 부패, 사무직 범죄 같은 비폭력 범죄에도 전문 지식과 자문을 지원하지만, 설립 당시 레이건 대통령은 "연쇄살인범을 식별하고 추적하는" 임무를 NCAVC에 일차적으로 부여했다. NCAVC는 연쇄·강력범죄와 싸우기 위해 범죄의 특징을 식별하고 연결하는 VICAP(폭력범검거프로그램)와 프로파일링 로봇 PROFILER, CIAP(Criminal Investigative Analysis Programme) 등 최신 컴퓨터 프로그램과 수사 전략을 사용하는 것으로 알려져 있다. 현재 FBI의 모든 부서에는 담당 법집행기관과 공조하는 역할을 담당하는 NCAVC 조정자가 있다. NCAVC가 분석을 맡아 진행하는 대표적인 사건들은 아동 납치 또는 실종, 연쇄살인, 단일 살인, 연쇄 강간, 강탈, 위협, 납치, 제품 조작, 방화 및 폭탄공격, 대량살상무기, 공공 부패, 국내 및 국제 테러리즘 등이다.

행동들이 아니었다. 수사관들은 그 확실한 의미를 알 수 없었다. 가해자가 현장에서 벌인 행동들은 성적 공격이나 살인적 공격과는 거의 관련이 없었기 때문이다. 이는 공격과 살인만으로는 욕구를 충족시키지 못할 때 필요 이상의 행위가 일어나는 여느 사건들과 달랐다.

퍼스네이션은 공격자가 범행을 저지르는 데 필요한 행위를 넘어선 비일반적인 행동이다. 피해자의 자세 연출, 신체 절단, 현장에서 치워지거나 남겨진 물건, 기타 범죄 현장과 관련된 상징적 표시 등 범인이 현장에 사적인 의미를 부여하는 것을 가리킨다. 이 행동들이 의미하는 바를 아는 사람은 오직 범인 자신뿐이다. 연쇄범죄의 가해자가 범행 때마다 하는 반복적인 의식적ritualistic 행동을 '**시그니처**'라고 한다. 따라서 시그니처는 퍼스네이션의 반복이다.

언두잉undoing은 퍼스네이션의 한 부분으로, 그 의미가 좀 더 분명하다. 언두잉 행위는 가해자와 피해자의 관계가 친밀할 때 혹은 피해자가 가해자에게 의미 있는 인물일 때 빈번히 나타난다.

격한 언쟁 중 아들이 어머니를 칼로 찔러 죽였다. 흥분이 가라앉자, 아들은 자신이 한 행동의 결과를 깨달았다. 그는 피해자의 피 묻은 셔츠를 갈아 입히고, 소파에 앉힌 뒤 머리 뒤에 베개까지 받쳐 놓았다. 시신에 담요를 덮고 두 손을 가슴 위에 포개 놓아, 피해자는 마치 평온하게 잠자는 것처럼 보였다. 이러한 행동은 그가 감정적으로 살인을 하지 않은 것 같은 행동으로 범행에 대한 후회를 나타낸다.

또 다른 형태의 언두잉으로는 가해자의 몸 씻기, 피해자 시신 씻기, 피해자의 얼굴 또는 몸 전체 가리기 등이 있다. 가해자의 이런 행동은 피해자를 감추려는 의도가 아니라 범행에 대한 후회에서 기인한다.

스테이징Staging

스테이징은 경찰이 도착하기 전 누군가가 의도적으로 범죄 현장을 바꿔 놓는 행위다. 어떤 사람이 스테이징을 하는 데에는 두 가지 이유가 있다. 하나는 논리적으로 가장 가능성이 높은 용의자와는 거리가 먼 다른 쪽으로 수사 방향을 돌리기 위해, 다른 하나는 피해자나 피해자의 가족을 보호하기 위해서다.

스테이징된 범죄에서 스테이징을 한 사람은 피해자를 우연히 발견한 사람이 아니다. 보통은 희생자와 어떤 관련이 있는 사람이다. 범인은 법집행관과 접촉할 때 수사 방향을 자신에게서 멀어지게 하려고 추가적인 노력을 할 것이다. 따라서 현장에서 어떤 사람이 지나치게 협조적이거나 크게 동요된 행동을 보인다는 이유만으로 그 사람을 혐의자 명단에서 배제해서는 안 된다.

미 전역에 알려진 이중살인사건〔52쪽 본문 설명 참고〕이 이런 사례에 해당한다. 알렉스와 마이클, 두 아들의 엄마인 수잔 스미스 사건이다. 수잔은 어린 두 아들을 차에 태운 채 그 차를 사우스캐롤라이나주 유니온의 존디롱 호수에 빠트렸다. 범행 후 수잔은 인근에 있는 가정집으로 달려가 현관을 두드리며 소리쳤다. "어떤 남자가 내 아이들을 데려갔어요! 내 차를 가져갔어요!" 집주인들은 911에 신고했다. 수잔은 빨간 신호를 받아 정차해 있는데 한 흑인 남자가 차 안으로 뛰어들었다고 경찰에서 진술했다. 그리고 그 남자가 자신을 차에서 내리라고 한 후 아이들을 태운 채 차를 몰고 가 버렸다고 말이다.

수잔은 경찰의 주의를 돌릴 목적으로 거짓 시나리오를 창작하여 자신은 용의선상에서 빠지려고 노력했다. 그러나 여러 차례의 심문 과정에서 수잔이 늘어놓은 이야기는 일관성이 떨어졌다. 특히 아이들의 실종을 언급할 때 그녀가 무의식적으로 사용한 시제時制가 경찰의 의심을 샀다. 수잔은 여러 차례 아이들의 생사 여부를 단정지어 과거시제로 말했다. "내가 왜 우리 아이들을 해쳤겠어요." 이는 아이들이 이미 사망했다고 단정하는 말이었다. 결국 경찰은 수잔에게 수사를 집중한 끝에 자백을 받아 냈다.

국립폭력범죄분석센터가 시그니처 분석을 사용해 해결한 사건 중 역사적으로 손꼽히는 사건은 1991년 조지 러셀 주니어 재판이다. 조지는 시애틀에서 세 여성을 곤봉으로 때리고 교살한 혐의로 기소되었다. 총 7주에 걸쳐 일어난 세 사건에서 희생자들은 모두 기습공격으로 사망했다. 발견 당시 세 여성은 모두 나체 상태였고, 도발적이고 모욕적인 자세로 배치되어 있었다. 시신 배치에 의도된 성적인 요소는 다음 희생자로 갈수록 더 심해졌다. 첫 희생자는 양손은 꼭 쥐고 다리는 발목 부분에서 교차된 자세로 하수구 문과 대형 쓰레기통 근처에 놓여 있었다. 두 번째 희생자는 침대 위에서 머리에 베개를 얹고, 다리는 양쪽으로 각기 접힌 채 음부에는 권총이 삽입되고, 발에는 빨간 하이힐을 신은 자세로 발견되었다. 마지막 희생자는 자신의 침대에서 다리가 벌려진 채 입에는 딜도가 꽂히고, 왼쪽 팔 아래에 "섹스의 기쁨The Joy of Sex"이라는 종이가 끼워진 자세로 발견되었다.

기습공격은 이 여성들을 죽이기 위해 필요한 행위지만, 모욕적인 자세는 그렇지 않다. 본 장의 저자 중 한 명인 존 E. 더글러스(이후 JED로 약칭)가 이 사건의 심리에 참여했다. 그는 배심원들에게 포징POSING〔바디 포징body posing의 약칭〕을 하는 사건은 그리 많지 않다는 점, 즉 범인이 희생자들을 메시지를 남기는 소도구로 취급했다는 점을 조언했다. 이러한 범죄들은 보통 분노범죄이며 권력형범죄crimes of power이다. 사냥의 전율, 살인의 전율, 살인 후 희생자를 그렇게 처리한 뒤 느끼는 전율에서 마치 사회 시스템을 이긴 것 같은 승리감을 맛보는 것이다. 더글러스는 해당 사건들의 시그니처로 볼 때 이 희생자 중 한 명을 죽인 자가 세 명을 모두 죽인 범인이라고 진술했다. 배심원단은 한 건의 일급 살인과 두 건의 일급가중살인 혐의에 대해 러셀에게 유죄를 평결했다. 그는 가석방 없는 종신형을 선고 받았다.

최근에는 반유대교 증오범죄 스테이징이 점차 늘고 있다. 2004년 3월, 클레어몬트 매케나 칼리지의 케리 던 교수가 캠퍼스 주차장에 있던 자신의 차가 파손되었다고 신고했다. 경찰은 깨진 차창과 난도질된 타이어 외에, 나치 상징물swastika(만卍자)과 "유대인 창녀" "흑인 애인" 등의 낙서가 차 문짝과 후드에 페인트로 적혀 있는 것을 확인했다. 유대인 사회는 당연히 이 사건을 불쾌해했고, 이와 같은 사건이 재발하지 않도록 예방 조치를 취해 달라고 대학 당국에 요구했다. 그런데 이 소동은 두 명의 학생이 던 교수가 자신의 차를 파괴하는 모습을 목격했다고 수사관에게 진술하면서 끝이 났다. 당시 던은 가톨릭에서 유대교로 개종하는 과정이었고, 그래서 자의적인 입교 의식을 치른 것이 아닌가 하는 추측이 나왔다. 배심원단은 반유대교 증오범죄를 스테이징한 혐의로 던에게 유죄를 평결했다.

스테이징을 하는 이유 중에는 피해자나 피해자의 가족을 보호하려는 목적이 적지 않다. 특히 강간살해 범죄나 자기색정사autoerotic fatalities[7] 사건

---

[7] 自己色情死. 끈이나 비닐봉지, 전기장치 따위를 이용해 스스로 성적 쾌감을 느끼려고 하다가 사고로 죽는 일. 또는 그런 죽음.

에서 목격되는 퇴폐적인 자세를 사후에 바꾸어 놓는 일이 흔하다. 가족 구성원을 보호하려는 마음을 비난할 수는 없지만, 수사관은 현장에 남겨진 시신의 모습에서 바뀐 것은 없는지, 무엇이 바뀌었는지 정확히 알아야 한다.

이런 유형의 스테이징은 자기색정사 사건에 만연하다. 희생자는 올가미나 몸을 매다는 도구 등 죽음을 초래한 장치에서 옮겨져 있는 경우가 많다. 희생자들은 대부분 가면이나 코스튬 차림인데, 그 코스튬이 희생자 가족들을 기겁하게 한다. 남성 희생자들 중에는 복장도착증이 흔해서, 시신을 발견한 사람(가족)은 희생자가 사망했다는 사실뿐 아니라 여성의 옷을 입고 있다는 사실에서 큰 충격을 받는다. 목격자는 희생자나 그 가족의 명예를 보호하기 위해, 혹은 남은 가족들을 보호하기 위해 희생자의 옷을 바꾸어 입히거나 알몸인 경우에는 옷을 입힌다. 더 나아가, 희생자가 자살한 것처럼 유서를 만들어 놓기도 한다. 심지어 살인사건 현장처럼 스테이징하기도 한다. 그러나 아무리 교묘하게 꾸며 놓아도 정밀한 감식과 피해자 조사를 거치고 나면 사건의 전말이 드러나게 마련이다. 희생자의 집을 수색하여 자기색정적 행적의 증거(본디지 관련 책자들〔신체결박〕, 성인용 장난감, 천장의 아이볼트〔대가리에 고리가 달린 볼트〕, 로프 자국으로 닳은 들보 등)를 찾는다면 직접적인 사망원인을 판단하는 데 도움이 될 것이다.

마지막으로, 수사관은 어떠한 범죄 현장에서도 그것이 진짜로 비구조화된 것인지 아니면 범인이 일부러 부주의하고 무계획적으로 보이게끔 스테이징한 것인지를 구분해야 한다. 이 판단은 범인의 내재된 동기를 분석하는 방향을 제공해 줄 뿐만 아니라, 범인의 프로파일을 스케치할 수 있게 해 준다. 영리한 범인의 스테이징을 알아차리는 것은 어려울 수 있다. 현장이 스테이징되었다고 추정할 만한 이유가 있다면 해당 범죄의 모든 요소들을 면밀히 검토해야 한다. 감식과 피해자 조사, 범죄 현장의 미세한 세부 사항들이 스테이징을 탐지하는 데 중요하다.

범죄 현장의 위험신호

범죄 현장을 스테이징한 범인은 보통 한두 가지 실수를 하게 된다. 자신이 그리는 대로 범죄 현장이 보이도록 스테이징을 하기 때문이다. 범인에게도 스테이징을 하는 것은 엄청난 스트레스다. 사건의 모든 조각을 논리적으로 짜 맞출 시간이 부족할 수밖에 없다. 따라서 범죄 현장에서 감식 결과와 범행의 전반적인 그림이 불일치하는 경우가 종종 생긴다. 바로 이러한 모순들이 현장이 스테이징되었다는 위험신호가 되어 잘못된 수사를 막는다.

위험신호는 흔히 현장의 비일관성 형태를 띤다. 범죄 현장의 모든 지표들을 개별적으로 면밀히 검토한 후, 그것을 전체적인 그림의 맥락에서 하나씩 맞추어 보아야 한다. 다음은 범죄 현장 분석에서 수사관이 반드시 던져야 할 세 가지 질문이다.

첫째, 주거침입강도 사건으로 추정되는 현장에서 범인이 뜻밖의 물건을 가지고 가지는 않았는가?

FBI 국립폭력범죄분석센터에 제출된 한 사건에서, 피해자 남성이 퇴근 후 귀가했을 때 그의 집에서 주거침입강도가 진행되고 있었다. 화들짝 놀란 강도들은 도망가던 피해자를 살해했다. 이후 현장을 조사하던 수사관들은 범인들이 다른 물건에는 손도 대지 않고 커다란 스테레오와 TV 부품들만 분해하고 있었음을 알아냈다. 현장 분석 결과, 범인들은 보석과 동전 수집품 등 훨씬 값나가는 물품들은 그냥 지나쳤다. 추가 수사를 통해 경찰은 피해자의 부인이 범인들을 매수하여 주거침입강도를 스테이징하고 남편을 살해했음을 밝혀냈다. 게다가 범인들 중 한 명과는 애인 사이였다.

둘째, 진입 지점이 상식적인가? 예를 들어, 더 쉽고 덜 눈에 띄는 진입 지점이 있음에도 불구하고 범인은 왜 굳이 2층으로 침입했을까?

셋째, 해당 범행이 범인에게도 위험부담이 큰 일은 아니었는가? 다시 말해, 대낮에 사람이 많은 지역에서 집에 사람이 있다는 명백한 징후(불이 켜져 있다거나 진입로에 자동차가 주차되어 있다거나)에도 불구하고, 눈에 잘 띄는 진입 지점을 통해서 범행을 저지르지는 않았는가? 다음 사건을 보자.

토요일 아침, 북동부의 한 작은 마을에서 어떤 침입자가 남성 한 명과 그의 아내를 공격했다. 범인은 집에 사다리를 놓고 2층 창문의 방충망을 제거한 후 침입했다. 모든 일은 주거지역에서 이웃들이 깨어 있는 시간대에 발생했다. 남편은 침실 문 밖으로 어떤 남자가 아래층으로 가고 있는 것을 보고 권총을 들고 쫓아갔다. 그리고 몸싸움 끝에 범인이 자신의 머리를 가격하고, 다시 위층으로 올라가 아내를 손으로 교살했다고 남편은 진술했다. 희생자의 시신은 나이트가운이 허리춤까지 끌어올려진 채 발견되어 성적인 폭행이 있었음을 암시했다.

그런데 범죄 현장에 도착한 수사관들은 사다리에 올라선 범인의 체중에도 땅에는 아무런 자국도 남지 않았음을 발견했다. 경찰 수사관이 사다리의 맨 아래 가로대에 발을 올려놓자 금세 자국이 남았다. 게다가 범인은 사다리를 잘못 설치해 가로대 방향도 뒤집혀 있었다. 그리고 가로대 중 상당수가 썩어 있어 어린아이의 체중조차 지탱할 수 없었다. 범인은 발자국을 남기지 않았을 뿐 아니라, 사다리 가로대를 밟고 지붕을 통해 2층 창문으로 이동하면서 그 어떤 흔적도 남기지 않았다.

범인은 왜 1층 창문으로 진입하는 선택을 하지 않았을까? 차라리 그랬다면 집주인과 이웃들에게 발견될 확률이 더 적었을 것이다. 잠재적 목격자들이 가득한 지역에서 토요일 오전에 주거침입강도를 저지른 이유는 무엇일까? 왜 주택 진입로에 차량들이 주차되어 있어 사람이 있을 것이 뻔한 집을 선택했을까? 만일 범죄의 의도가 살인이었다면, 왜 즉시 의도한 희생자를 찾지 않았을까? 범인은 먼저 아래층으로 갔다고 했다. 만일 살인을 의도했다면 왜 살해 도구를 갖고 오지 않았을까? 왜 침입자에게 가장 큰 위협이 되는 사람은 가벼운 부상만 입었을까? 범인이 엄청난 활동량을 보였으나 그러한 활동의 명백한 동기를 찾을 수 없는 범죄 현장을 분석할 때에는, 희생자나 목격자의 진술에 의문을 품어야 한다. 역시나 희생자의 남편이 살인 혐의로 기소되었다.

스테이징된 가족살인에서 두드러지는 또 다른 위험신호는, 아내나 자녀 또는 양쪽 모두 침입자에게 치명적인 공격을 당했는데 남편은 가벼운 부상이나 생명에는 영향이 없는 부상만 입은 채 도망친 경우다. 앞서 소개한 스튜어트 사건도 이런 경우였다. 범인이 애초부터 가장 위협이 될 만한 사람을 표적으로 삼지 않았거나 그 사람이 최소한의 부상만 입었다면, 수사관은 현장의 다른 지표들을 모두 재검토해야 한다. 그리고 특별한 주의를 기울여 감식 결과와 피해자 조사(희생자에게 거액의 보험이 들어 있지는 않은지)를 면밀히 점검해야 한다.

포렌식 위험신호

범행과 상흔이 일치하는가? 만일 포렌식 증거물이 범행과 들어맞지 않는다면 스테이징을 의심해야 한다. 물질적 이익이 최초 동기로 짐작되는 사건에서 우연히 취득한 흉기로 개인화된 공격을 저지른 사건이 이에 해당한다. 액살繪殺〔맨손으로 목을 졸라 죽임〕과 교살〔끈, 밧줄 등 도구를 이용해 목을 졸라 죽임〕, 안면 가격(디퍼스널리제이션), 살인과 직접적인 관련이 없는 과잉살상이 개인화된 공격에 속한다. 보통 과잉살상의 흔적이 많을수록 피해자와 가해자의 친밀도가 높은 것으로 판단한다.

성적 살인 및 가족살인에서 이러한 근거리에서의 개인화된 공격에 대한 포렌식 증거들을 얻을 수 있다. 해당 유형의 경우, 가해자의 주 타깃은 돈이나 재물이 아닌 사람이다. 가해자들은 성적 살인 또는 가족살인을 마치 금전 목적의 범행인 양 스테이징한다. 재물범죄에는 개인화된 공격이 절대 없다는 의미는 아니지만, 금전 목적의 가해자들은 일반적으로 현장에 머무는 시간을 단축하기 위해 신속하고 깔끔한 살인을 선호한다. 따라서 모든 포렌식 위험신호는 꼼꼼한 피해자 분석과 범행 현장 정보의 맥락 안에서 고려되어야 한다.

목격자나 생존자의 진술이 포렌식 분석 결과와 불일치하는 경우도 많다. 다음 사건을 보자. 골프선수였던 남편이 욕조에 물을 틀어 놓은 채 사망한 것을 별거 중인 아내가 발견했다. 처음에는 남편이 욕조에서 넘어져 화장실 구조물에 머리를 부딪혀 의식을 잃고 물에 빠져 익사한 것처럼 보였다. 그러나 부검 결과는 다른 의문점을 드러냈다. 독극물 검사에서 사망 당시 피해자의 혈액 내 바륨 수치가 높게 나타난 것이다. 또, 피해자의 머리 부위에서 1회 이상의 충격을 받은 듯한 집중 상흔과 타격점도 발견되었다. 이후 수사관들은 별거 중인 아내가 당일 밤 남편과 함께 있었음을 알아냈다. 마침내, 아내는 남편의 저녁을 차려 주며 그의 샐러드에 바륨을 뿌렸다고 자백했다. 남편이 기절하자, 아내는 미리 고용해 놓은 남성 세 명을 집으로 들여 남편을 살해하고 사고가 난 것처럼 꾸몄다고 털어놓았다.

　범인이 강간살인으로 스테이징한 사건에서도 포렌식 분석 결과가 상이하게 나오는 경우가 빈번하다. 대부분의 가해자는 성폭행이 발생한 것처럼 피해자의 자세를 만들어 놓는다. 일반적으로 피해자와 가까운 관계일수록 바지를 내리거나 셔츠와 원피스를 들춰 놓는 정도로 피해자의 옷을 약간만 벗긴다. 즉, 발가벗겨 놓는 경우는 드물다. 하지만 포렌식 분석 결과가 피해자의 자세 혹은 의복이 벗겨진 상태가 암시하는 바와 다르게 나오더라도 곧바로 성폭행 가능성을 배제해서는 안 된다. 성폭행에는 변태적 성기 추행과 퇴행적 시간屍姦 행위, 이물질 삽입 등 여러 형태가 있을 수 있음을 명심해야 한다. 만일 성폭행이 스테이징된 경우라면 어떠한 성행위 증거도 찾을 수 없고, 피해자의 체강體腔〔신체 내부의 빈 곳〕 어느 곳에서도 정액이 발견되지 않을 것이다.

　스테이징이 의심되는 사건에서는 피해자를 씻긴 흔적이나 기타 언두잉undoing 행위 등 가해자와 피해자의 밀접한 연관성을 드러내는 다른 징표를 찾아야 한다. 가해자가 (자신이 저지른) 가족살인을 (강도살인 같은) 살인으로 스테이징한 경우, 제3자가 피해자를 발견하도록 조작하는 경우가 많다. 일례로 누군가 침입하여 아내를 살인한 것처럼 스테이징한 남편이 있었다. 이 남자는 본인이 직접 2층에 올라가 살인 현장을 확인하지 않고 길 건너편에 살고 있는 남동생을 굳이 불러 이를 확인시켰다. 남동생이 2층에 올라가 피해자를 발견하는 동안 남편은 1층 부엌에 있었다. 많은 경우, 가해자들은 이웃이나 다른 가족구성원이 사건 현장을 발견하도록 꾸미고 본인은 다른 장소에 가 있는다.

객관성

모든 범죄분석은 분석을 맡은 수사관에 따라 좌지우지되지 않고 객관성을 유지해야 한다. 특히 분석이 수사 도구로 쓰이는 것을 넘어, 담당 분석자가 재판에 출석해 의견을 제시하는 등 증언으로 쓰이는 경우에는 객관성 유지가 더 중요하다. 분석을 할 때 객관성을 유지하는 유일한 방법은, 용의자를 특정하지 않는 것이다. 수사관이 이미 용의자를 파악했더라도, 현장 분석에는 이를 적용하지 않아야 한다. 현장 분석에는 사건의 개요와 현장 묘사만 사용된다. 사건 당시의 날씨, 정치사회적 상황, 피해자 배경 조사, 부검과 독극물 검사 결과, 피검사를 포함한 포렌식 증거, 부검 사진, 세척한 상흔 사진, 거리 및 방향 비율을 표시한 현장 스케치, 지역 지도 등이 현장 묘사 자료에 해당한다.

분석이 마무리될 때까지 용의자 정보를 현장 분석 자료에 넣으면 안 된다. 용의자 정보는 의식적 혹은 무의식적으로 수사 방향을 특정 용의자 쪽으로 몰아 가 분석자의 결론을 편향시킬 수 있다. 이 때문에 현장 분석에서는 절차적 원칙이 중요하다. 물론 범죄분석이 철저하고 잘 계획된 수사를 대체할 수는 없다. 그러나 오랜 현장 경험상, 분석 기준을 신중히 따르고 현장 분석자의 의견이 편향적 정보에 오염되지 않을 때 범죄분석은 믿을 만한 수사 도구임이 틀림없다.

결론

성격(범죄 특징)은 행동(범행)에 드러난다. 범죄자를 이해하기 위해 수사관은 끔찍한 범행으로부터 감정적으로 거리를 둘 수 있어야 한다. 미상의 가해자가 현장에 남겨 놓은 포렌식 세부 정황을 예리하게 관찰하는 것과 감정적인 거리 유지는 종이 한 장 차이일 것이다. 수사관은 가해자의 행동패턴, 즉 범행수법과 퍼스네이션, 언두잉, 스테이징부터 파악해야 한다. 이 사실을 염두에 두고 범죄 현장을 조사한다면, '동기+방법=범인'의 방정식을 푸는 능력을 향상시킬 수 있다.

참고문헌

Douglas, J.E (1989). Expert witness testimony. *State of Delaware v. Steven B. Pennell*. State v. Pennell, 584 A.2d 513 (Del. Super., 1989).

3장

인터넷, 기술, 포렌식 연구가
수사에 미친 영향

인터넷의 등장은 경계와 한계라는 낡은 개념의 종말을 의미한다. 이제 사람들은 정보가 한 장소에서 다른 장소로 물리적으로 이동하는 속도를 넘어, 생각과 감정, 이미지, 욕구를 빛의 속도로 주고 받는다. 인간의 상상력은 과거의 제약에서 벗어나 자유로워진 듯하다. 인터넷 세상에서는 누구나 원하는 누구라도 될 수 있다.

이제 인터넷은 모든 정보를 찾는 방대한 검색도구이자 관문이다. 미국이나 다른 국가의 아동을 입양하는 방법부터 주식매매나 비트코인을 모으는 방법, 죄 없는 사람을 스토킹하는 방법까지 그야말로 온갖 정보가 인터넷 상에 존재한다. 폭발물 제작이나 국내외 테러리스트들이 사용하는 정보들도 인터넷에서 찾을 수 있다. 1980년대 중반부터 미국의 극단주의 세력은 온라인을 통해 활동해 왔다. 국제적인 테러리스트와 그 추종자들은 이메일이나 압축파일을 통해 전 세계적인 네트워크를 형성하고 있다.

인터넷은 정보를 찾는 법과 생산하는 방법, 잠재적 친구나 파트너를 찾는 법, 비즈니스 방식 등을 새롭게 제시하였다. 온라인상의 개인 사이트나 채팅방이 과거의 술집이나 클럽을 대신하게 되면서, 물리적 한계 없이 전 세계 누구와도 연결될 수 있게 되었다. 인터넷이 등장하기 전에는 사람을 만나 소통하고 판단할 때 그 사람의 인상과 몸짓, 외모를 살폈다. 우리의 인간적 본능과 동물적 본능의 결합이야말로 위험으로부터 스스로를 지키는 최고의 선물이었다. 상대방과 싸우거나 도망하는 투쟁-도주 반응fight-or-flight response은 시각적 정보를 바탕으로 할 때 가장 효과적이며, 직감은 파트너나 배우자를 찾는 데 유용하게 쓰인다. 그러나 이 두 가지 능력은 온라인상의 소통에서는 무용지물이다.

새로운 사람을 만나는 흥미로운 방법으로 시작한 온라인 활동이 종종 심각한 결과를 초래하기도 한다. 사이버 로맨스 때문에 연인이나 부부 관계가 깨지기도 한다. 인터넷 상의 사적 교류는 통상 특별할 것 없는 이메일로 시작되어, 점차 내용이 친밀해지다가 은밀한 성적 대화가 오가고 사진을 주고받고 실제 만남까지 이르게 된다. 불륜 관계 이후에는 결혼을 약속하고, 이혼하고, 가정이 파탄 나는 과정을 거치게 된다. 온라인 로맨스가 인기를 끌자, 배우자를 은밀히 추적해 인터넷 데이트 상대를 알려 주는 서비스까지 생겨났다. 이에 따라 개인 탐정들도 새로운 임무를 맡기 시작했다.

수천만 미국 가정에 인터넷이 보급되면서 범죄자들도 사기, 절도 및 기타 범법 행위를 저지르는 데 인터넷을 사용하기 시작했다. 동시에 법집행기관과 민간기관들도 인터넷 상의 행동(특히 성적 행동)을 연구하고 그 연구 결과를 가지고 통계자료를 발표하기 시작했다. 이로써 상당수의 사람들이 인터넷을 이용해 성적 활동을 벌이고 있음이 밝혀졌다. 사람들 마음속 깊은 곳의 무의식 아니면 몸속에 억눌려 있던 것이 인터넷을 통해 해방된 듯 보인다. 자기억제가 사라지면서 다른 곳에서는 하지 못할 행동이 사이버공간에서 자행되기 시작했다. 이제 온라인 공간은 수많은 사람들이 사기와 성범죄, 폭력범죄를 벌이는 놀이터가 되었다.

20세기 후반, 과거 서부시대의 말이나 20세기의 자동차를 능가하는 신종 범죄 도구가 등장한 것이다. 그 전파 속도가 너무나 빨라서 인터넷이 폭발적으로 성장한 초기 몇 년간은 그 변화를 따라잡을 수가 없었다. 법집행기관은 1990년대 중반이 되어서야 사이버공간에서 다양한 종류의 범죄가 수없이 벌어지고 있고, 그 일부는 매우 은밀하게 퍼진다는 사실을 인지하고, 그제야 대응 인력을 선발해 교육시키기 시작했다. 그러나 교육과 장비를 갖추고 나면 범죄 기술은 그보다 한 발 더 앞서 가는 상황이 반복되었다.

범죄자를 탐색하고 검거하는 일을 하는 법집행관들도 이러한 난관은 처음이었다. 과거와는 비할 수 없는 자원과 지식이 요구되었다. 그들은 인터넷 곳곳에 침투해 있는 범죄의 흔적을 찾으려 악전고투했다. 다음은 초기 인터넷 연쇄살인범 사건 중 하나로, 당시 수사관들이 겪은 어려움을 잘 보여 준다.

인터넷 연쇄살인마 사례: 존 E. 로빈슨 주니어

2000년 봄, 텍사스 출신의 임상심리학자 빅키 뉴필드는 온라인으로 알게 된 남성 존 E. 로빈슨 주니어를 만나려 캔자스시티의 교외 지역인 올레이스에 왔다. 캔자스 지역에서 일자리를 알아보고, 존 로빈슨이 어떤 사람인지 보려고 온 것인데, 존은 그녀의 경력에 도움이 될 연락처를 주며 자신을 성공한 사업가라고 소개했다. 존이 본색을 드러낸 것은 모텔 방에 단 둘이 있게 된 직후이다. 존은 그녀를 추행하고 나체 사진을 찍었다. 공격이 발생한 후 그녀는 겁에 질려 신고를 망설였다. 그러다가 내키지 않는 합의를 하게 되었다. 그녀가 이 사실을 신고하겠다고 하자, 존은 사진을 공개하겠다며 협박했다. 빅키가 고민하고 있을 때, 제나 밀리론이라는 다른 여성이 캔자스시티의 다른 모텔에서 로빈슨을 만났다. 그녀도 존이 운영하는 구직 사이트에서 답장을 받고, 그를 만날 목적으로 이곳에 왔다. 이 만남도 원치 않는 사진 촬영과 폭행으로 끝났다. 밀리론도 경찰을 부르고 싶었지만, 로빈슨과의 만남이 드러날까 주저했다. 하지만 결국 두 여성은 용기를 냈다.

2000년 3월 1일, 캔자스주 올레이스에서 한 쌍의 페키니즈 개들이 줄도 없이 로빈슨의 이동식 집에서 뛰어다니고 있다는 신고가 동물 담당 경찰에게 접수되었다. 그 개들의 주인은 수젯 트라우텐이라는 미시간 출신의 여성이었다. 수젯 역시 온라인에서 존을 만나 그의 아버지를 돌보고 여행하는 대가로 6만 달러의 연봉을 받기로 하고 올레이스로 거처를 옮긴 상태였다. 그런데 이사 온 지 얼마 지나지 않아 수젯의 실종 신고가 접수되었다. 원래 개들은 안락사시킬 예정이었지만, 수젯의 실종과 죽음에 대한 잠재적인 증거가 될 수 있어 안락사되지 않았다.

존 로빈슨에 대한 수사를 통해 당국은 그가 온라인으로 더 많은 여성들을 만났다는 사실을 알게 되었다. 채팅방에서 여성들과 대화할 때 그는 자신을 "존" 혹은 "JT", "JR", "짐 터너" 등으로 부르며 부유한 경영인 행세를 했다. 그랬기 때문에 거의 모든 여성이 그를 부자로 알았다. 몇몇 상대에게는 사도마조히즘의 세계에 대한 흥미를 살짝 드러내기도 했는데, 적지 않은 여성들이 이를 나쁘게 여기지 않았다. 그는 언제나 상대에게 건실한 이미지로 보이고자 했다. 몇몇 여성에게는 카우보이 복장의 사진을 보내기도 했다. 사진 속 존은 한껏 올려 세운 어두운 색의 서부 스타일 모자, 광택 도는 카우보이 부츠, 바싹 다려진 청바지, 데님 셔츠에 볼로타이를 착용하고, 자기 소유라는 캔자스 린 카운티 농장의 기둥에 기대어 선 채 친근한 미소를 짓고 있었다. 이 시기에 그는 닥치는 대로 여자들을 끌어들이고 다녔다. 켄터키에서 만난 "로렐라이"라는 이름의 여성은 온라인으로 "45세 이상, 자신감 있고 경제적으로 안정된" 사람을 찾고 있었다. 경제적 부양이 필요한 사람과는 엮이지 않는 것이 그녀의 원칙이었다. 그녀와 "JT"는 온라인에서 성적 역할놀이를 했다. 존은 넓고 자상한 마음을 가진 이혼남 행세를 했다. 로렐라이의 남자 형제가 사망하여 존이 조의를 표하면서 두 사람의 주기적인 통화가 시작되었다. 존은 로렐라이에게 캔자스시티에서 만나자고 했지만, 그녀는 그 제안을 거절한 운 좋은 사람 중 한 명이 되었다. 존과 연락했던 다른 많은 여성들은 사이버상에서는 물론이고 그 어디에서도 찾을 수 없게 되었다.

존 로빈슨에 대한 수사는 캔자스와 미주리의 경계 지역 외딴곳에 위치한 그의 농장으로까지 확대되었다. 그 농장은 옥수수, 콩, 알팔파 밭으로 둘러싸인 조립식 구조의 농장이었다. 그의 주 거주지는 아내와 함께 36년간 아이들을 키운 올레이스였지만, 그만의 인터넷 라이프에 몰두할 수 있는 비밀 장소가 필요했던 것이다. 농장 주변의 농촌은 그가 여성들에게 찍어 보낸 사진에서도 확인할 수 있듯이 아주 깨끗한 초원이었다. 하지만 이 초원에 비밀이 감춰져 있었다. 미주리와 켄자스 공조팀 수사관들은 그의 사유지로 가서 농장 구조를 탐색한 후 삽으로 땅을 파는 한편 탐지견들을 풀었다. 그 결과, 85갤런〔320리터〕짜리 밀봉된 드럼통 두 개를 찾아냈다. 그 안에는 구부려 넣어진, 머리에 심각한 타격을 입은 사체가 있었다.

당국은 신속하게 로빈슨과 연관된 추가 실종자를 추적했다. 그중에는 젊은 어머니도 있었다. 로빈슨은 그 여성에게 4개월 된 그녀의 자녀를 자신에게 달라고 했고, 그 아이를 받아 자신의 남자 형제에게 5,500달러에 팔았다. 그 어머니는 실종되었고, 경찰은 존 로빈슨을 살인과 유아납치 혐의로 기소했다. 그 외에 퍼듀 출신의 폴란드인 대학생, 캘리포니아 출신 여성과 그 장애인 딸, 미주리 출신 감옥 도서관 사서 등이 실종여성 목록에 올랐다.

로빈슨은 성범죄자였고, 수년간 여성들을 상대로 상업 우편함을 통해 수표를 받아 내는 금전 신용사기를 벌여 왔다. 그는 "구미가 당기는 해외 일자리"와 "미혼모들을 위한 교육 기회"를 제공한다며 여성들의 신뢰를 얻었다. 그리고 전 세계 우편물을 취급하는 인터넷 서비스를 이용해 피해자들 명의로 그 친척들에게 해당 주소로 돈을 보내라는 편지를 보냈다. 그렇게 받아 낸 수표를 현금화하는 방식이었다. 피해자들과 연락이 닿지 않아 걱정하던 친척들은 그저 피해자들이 취업을 했거나 해외여행 중이라고만 생각했다. 교도소 도서관 사서였던 비벌리 보너는 미주리주 캔자스시티 교외의 캐스카운티에 있는 물품보관함을 대여했다. 하지만 그 보관함을 실제로 이용한 사람은 존 로빈슨이었다. 존은 때로는 보관 시설 주인에게 자신의 "여자 형제"인 비벌리가 해외에서 너무 좋은 시간을 보내고 있어 돌아올 생각이 없는 것 같다는 농담을 하곤 했다.

2000년 늦은 봄, 수사관들은 존 로빈슨과 관계가 있었던 최소 11명의 여성들이 사라졌다는 것을 알게 되었다. 마침내 경찰의 수색은 비벌리의 이름으로 내어 중이던 물품보관소에 이르렀다. 경찰이 보관함을 열었을 때, 밀봉된 85갤런짜리 드럼통이 세 개 더 있었다. 각 드럼통마다 폭행 후 살해당한 여성의 사체가 들어 있었다. 육안으로도 몇 년간 방치된 것이 분명해 보이는 사체들이었다. 그중 한 명은 비벌리였다. 다섯 구의 사체는 수습되었지만, 나머지 여섯 명의 행방은 여전히 찾을 수 없었다. 경찰은 존 로빈슨의 신용사기 및 성적 행각과 관계된 사람들을 찾으려 사건을 공개수사로 돌렸지만, 선뜻 나서는 사람이 없었다. 모두 자신의 경험을 밝히길 꺼려했다. 자신들이 사이버공간에서 은밀히 벌인 성적 행각을 비밀에 부치고 싶어 한 것이다.

2000년 6월, 존 로빈슨은 캔자스시티의 한 모텔에서 두 여성을 상대로 벌인 성추행 혐의로 체포 구금되었다. 검사들은 그때까지 수합된 정보와 단서들을 기반으로 사건을 재구성해 존 로빈슨을 다섯 건의 (사형 선고가 가능한) 살인capital murder 혐의로 기소했다. 두 건은 캔자스 건이었고, 세 건은 미주리 건이었다. 보석금은 50만 달러로 책정되었고, (사형 선고 가능) 살인사건 전문 변호사들이 이 사건을 맡았다. 30명의 공조수사팀은 팀원의 절반은 캔자스에서, 나머지 절반은 미주리에서 사건 수사를 계속해 나갔다. 수사 범위도 플로리다, 캘리포니아 등지로 확대되었다. 이 사건은 그때까지 개인이 벌인 인터넷 이용 범죄 중 가장 큰 사건으로, 경찰은 1만 1천 쪽에 달하는 로빈슨의 범행 이력과 사이버 상의 관계, 사망한 여성들과의 관련성에 대한 정보를 취합했다.

당시 기소를 담당했던 존슨카운티의 폴 모리슨 검사는, 존 로빈슨 사건은 성적인 측면과 인터넷, 궁극적으로 금전적 이익이 뒤얽힌 복잡한 사건이라고 규정했다.

존 로빈슨은 자신이 결백하다는 입장을 굽히지 않았고, 그의 아내와 자녀들도 마찬가지였다. 가족들은 로빈슨에 대한 지지를 표명하며 그의 혐의를 부정한다고 공식적으로 밝혔다. 그들은 법집행당국이 최소 여섯 명의 여성을 살해했다고 하는 존 로빈슨의 평소 모습을 봤으면 기소하지 못했을 것이라고 주장했다. 이웃들은 그가 뒷마당에 마리아상을 놓고 크리스마스가 되면 멋지게 장식하는 조용한 친구였다고 언론에 이야기했다. 동네의 몇몇 여성들은 존이 적극적으로 다가왔지만 거리를 두었다고 했다.

통통한 체격에 안경을 쓴 대머리 존 로빈슨은 그의 고향 주변 옥수수밭 풍경처럼 그저 무해해 보이는 사람이었다. 체포된 후 처음 법정에 등장했을 때 그는 맞춤 제작한 파란 수트를 입고 있었고, 부족한 것이 없어 보였다. 매너 좋고 무던해 보이기까지 했다.

그날 아침 존슨카운티 재판정에서 어떤 변호사는 이렇게 평했다. "그는 잘 차려입고 있지만, 그의 외모는 완벽하게 타인을 현혹시키는 것입니다. 마지막 10년을 감옥에서 보내지 않았다면 훨씬 더 많은 여성들을 살해했을 겁니다. 인터넷 괴물이죠."

존이 올레이스 감옥에 수감되고 그 변호인들이 그를 변호하는 동안, 해당 지역과 주, FBI 수사관들은 존이 살해했을 것으로 추정되는 실종 여성들과 사체를 찾아 전국을 돌아다녔다.

존 로빈슨에 대한 첫 재판은 2002년 10월 7일 올레이스에서 열렸다. 11월 19일, 배심원단은 존 로빈슨이 27세의 수젯 트라우텐과 21세의 이자벨라 르위카의 죽음에 살인 혐의가 있다고 결정했다. 또, 사체가 아직 발견되지 않은 19세의 리사 스테이시에 대한 1급살인죄, 그리고 그녀의 4개월 아기를 사기입양한 것에 유죄를 선고했다. 최종적으로 사형 판결이 내려졌다. 담당 지방판사 존 앤더슨 3세는 2003년 7월 21일 사형을 선고했다.

존 로빈슨이 캔자스에서 사형수로 수감되어 있는 동안, 미주리에서는 주의 경계지에서 사체가 발견된 세 건의 살인에 대한 조사가 이루어졌다. 로빈슨의 변호인단은 미주리 주검사인 크리스 코스터와 협상을 진행했다. 검사 측은 리사 스테이시, 폴라 갓프리, 캐서린 클램핏의 죽음이 존 로빈슨과 연관되어 있다고 보았다. 그러나 코스터를 비롯한 검사 측은 세 여성의 유류품이 발견되지 않을 것이라고 판단했고, 결국 피해자 가족과 검사들은 존 로빈슨이 가석방 없는 종신형 선고를 받는 대가로 그의 유죄인정 답변을 받아들이기로 합의했다.

2003년 10월 중순, 존 로빈슨은 세 여성에 대한 살인 혐의로 코스터 검사가 자신에게 유죄를 선고할 만한 충분한 증거가 있음을 인정했다.

미주리에서 유죄를 인정하는 것이 캔자스에서 불리하게 작용할 수 있었기 때문에, 로빈슨은 일반적이지 않은 형량 조정을 요구했다. 캔자스의 담당 검사 모리슨은 미주리주 평결에서 언급된 살인들이 실제로 발생했는지 확신할 수 없다고 주장했다. 이 여성들에게 일어난 일에 얽힌 미스터리를 종결시킨 코스터 검사의 성과를 지지하지만, 미 역사상 최초의 인터넷 연쇄살인범인 존 E. 로빈슨 주니어가 "끝까지 게임즈맨gamesman"〔변화를 좋아하고 변화에 잘 적응하는 냉철한 두뇌의 인간형을 가리키는 경영용어〕이었다고 했다. 그는 로빈슨의 살인 행위를 촉발시킨 것이 무엇인지에 대해서는 말을 아꼈다.

기술의 발전

인터넷은 잠재적 희생자의 범위를 넓히고, 법집행을 더 어렵게 만들었다. 인터넷에서 맺은 관계로 피해를 본 사람은 창피를 당할까 두려워 이에 대해 침묵할 가능성이 있다. 또한, 목격자가 있는 전통적인 범죄와 달리 인터넷에서 발생하는 범죄는 아무도 볼 수가 없다. 인터넷은 잠재적 희생자의 범위를 넓혔을 뿐만 아니라, 현실 공간에서는 절대 범죄를 저지르지 못했을 사람들까지 범죄자로 끌어들인다. 이들은 인터넷 상의 익명성에 기대어 들키지 않는 완전범죄를 꿈꾼다. 인터넷 이용 범죄에 대한 수사가 더 어렵고 복잡해지는 이유다.

  기술혁신은 새로운 범죄 수단을 만들어 냈다. 특히 커뮤니케이션 기술의 다양화와 인터넷의 익명성, 그리고 경찰을 따돌리도록 개발된 기기들은 수사를 회피하는 것을 넘어 방해한다. 이제 범죄자와 테러리스트들은 다양한 커뮤니케이션 방법, 예를 들어 초고속 휴대용 인터넷을 제공하는 무선광대역 서비스, 개인 간 파일 교환 서비스인 P2P, 음성 인터넷프로토콜(IP), 스카이프 같은 서드파티 애플리케이션으로 은밀히 소통하고(Caproni, 2011;Dunn & Meller, 2009), 휴대폰 애플리케이션으로 경찰 무전 내용을 도청한다(Tucker, 2011). 범죄자들이 최신 장비로 무장하고 기술적으로 진화할수록, 법집행기관도 그에 맞춰 나아가야 한다. 그래서 과거에 군사용으로 개발된 기술들이 경찰의 감시 능력 강화에 쓰이고, 예전에는 너무 비싸서 엄두도 내지 못한 투시카메라가 경찰에 도입되었다. 전 지구 위치파악 시스템(GPS) 장비는 용의자 추적을 혁신적으로 변화시켰다. 자동화된 데이터 검출과 분석 기술로, 컴퓨터는 인간 분석자가 발견하지 못했을 의심스러운 범죄자와 테러리스트 활동을 찾아낼 수 있다. 일선 경찰에서 전통적인 아날로그 무전 시스템이 쓰이지 않게 되면서 새로운 커뮤니케이션 방법이 발전했다. 정보 공유에 기반한 수사 협소·협입 시스템이 구축되고 있다. 모두 컴퓨터 소프트웨어와 보이스 커뮤니케이션 기술의 발전이 가져온 진보이다.

특히 커뮤니케이션 기술이 발전하면서 범죄자와 법집행기관 사이에서 중요한 심리적 전략을 수행하게 되었다. 연쇄살인자들은 왜 그러한 행동을 하는가? 바로 조종과 지배, 통제 행위(강간, 살인, 방화, 기타 이익 범죄)에서 그 어디에서도 취할 수 없는 힘과 성취감, 만족을 얻기 때문이다. 이 또한 일종의 커뮤니케이션 작용이다. 일상에서는 아무런 힘이나 영향력도 느끼지 못하던 사람이 범죄의 순간, 그야말로 최고의 지배력을 발휘하는 것이다. 그들은 타인의 고통과 의지, 심지어 생사 여부까지 쥐고 흔들며 만족을 얻는다. 이러한 유형의 개인에게 이보다 더 큰 권력의 맛은 없다.

일부 범죄자들에게서 목격되는 과도한 자존감과 인정욕구는 거꾸로 그들의 불안을 자극하는 약점이기도 하기 때문에 수사에 대단히 중요하다. 자칭 "BTK 교살자"는 1974년 1월부터 캔자스주 위치토를 공포로 몰아넣었다. 이 별명은 그가 법집행기관과 미디어에 직접 보낸 자료에서 유래했다. 그는 여기서 자신의 특기가 결박과 고문 및 살인이라고 자랑스럽게 설명했다. 몇 년 뒤, 이 사건은 미해결로 남았고 살인도 멈췄다. 그의 마지막 커뮤니케이션은 1979년이었다. 그런데 2004년, 살인자의 커뮤니케이션이 다시 시작되었다. 여기에는 자신이 BTK라는 걸 입증하는 듯한 정보가 담겨 있었고, 미해결 살인 현장의 사진이 담겨 있었다. 사체를 빨리 치우는 바람에 이 현장을 촬영한 공식적인 경찰 사진은 없었지만, 이 커뮤니케이션은 BTK 담당 수사관의 원본 프로파일링에 있던 내용을 확인해 주었다. 바로 용의자가 희생자들의 사진을 '트로피'처럼 촬영하고 있다는 점이다. 이는 BTK가 시도한 초기 커뮤니케이션에서 확인할 수 있었다.

커뮤니케이션이 다시 시작되고 몇 달 후 위치토 인근 파크시티 출신의 전직 자치조례 담당 공무원인 데니스 레이더가 살인 혐의로 체포·기소되었다. 그를 체포하게 된 결정적인 결정적인 증거는 그가 현지 텔레비전 방송국에 보낸 컴퓨터 저장장치 상의 전자 흔적이었다(Douglas & Olshaker, 1999). 비슷한 방식으로, 1996년 악명 높은 유나바머가 시어도어 J. 카진스키인 것으로 확인되었다. 카진스키의 형제인 데이비드가 전국지(신문)에 실으라고 요구하는 유나바머의 장황한 선언문 속에서 익숙한 표현을 알아본 것이다(Bouton, 1990).

이제부터 수사를 위한 정보 수집 및 법집행기관 내 커뮤니케이션에 채택된 최고의 기술 몇 가지를 간략히 설명한다.

데이터 마이닝 및 자동 데이터 분석

데이터 마이닝data mining은 법집행 과정에서 다양하게 응용할 수 있는 기술로, 인간 분석자는 수행하기 어려울 수 있는 데이터 자동 분석 및 업무 분류를 제공한다(DeRosa, 2004). 이 프로그램들은 인간의 분석 능력을 넘어서는 범죄의 패턴을 발견해 낸다. 자동 데이터 분석은 수집된 기록이 동일한 인물인지 아니면 다른 인물인지를 테스트하여 누구인지를 특정할 수 있는 프로그램으로, 데이터의 공공 기록 또는 수집 기록에 접근하여 대상과 다른 관련 정보(주소나 다른 정보) 간의 연결 고리를 발견하는 알고리즘이다. 2001년 9·11 당시 뒤늦은 자동 분석을 통해 공격에 가담한 여러 테러리스트들이 감시 목록에 있었고, 동일한 연락처 혹은 주소지를 가지고 있었음이 드러났다(DeRosa, 2004). 데이터는 행동패턴도 분석할 수 있다. 예를 들어, 임시 비자로 입국하여 비정상적으로 많은 양의 비료(폭탄 제조에 사용되는)를 구입한 사람을 확인하여 테러 활동을 하지 말라는 경고를 보낼 수 있나(DeRosa, 2004). 또한, 데이디 마이'닝은 인터넷 검색 문자열 또는 이메일 메시지에서 드러나는 테러리스트 커뮤니케이션을 확인하는 데 매우 유용하게 사용될 수 있다. 특정 키워드에 기반하여 프로그램에 경고를 보내는 식이다(DeRosa, 2004).

감시

지난 10여 년간 법집행과 관련한 기술혁신 중 가장 인상 깊은 것은 감시 시스템의 발전일 것이다. 이제 감시장비는 의류, 자동차, 심지어 벽까지 투과할 수 있다. 은닉무기탐지Concealed Weapon Detection(CWD)는 법집행관들이 의류 또는 물체에 숨겨진 위험한 무기 또는 폭발물을 안전한 거리에서 탐지할 수 있게 해 주는 기술 사례이다. 가장 기대되는 무기 탐지

장비는, 수동형 밀리미터파와 테라헤르츠파 기술로 비금속 물체를 투과하여 의류 아래에 있는 무기의 실루엣을 남길 수 있다. CWD 장비 덕분에 경찰은 덜 물리적인 방법으로, 필요에 따라 용의자의 협조 없이도 무기를 탐지할 수 있게 되었다(Tillery, 2007).

벽투과감시Through-the-wall surveillance(TWS)도 초광대역 레이더 기술로 벽을 투과하여, 각종 움직임을 탐지하고 수색과 건물 내부 매핑, 무기를 탐지한다(Miles, 2007). 군사적 용도로 개발된 TWS 기술은 소요 비용이 저렴해지면서 향후 정보 수집 또는 특수기동대(SWAT) 운영 등 더 넓은 영역에 적용될 전망이다(Miles, 2007). 기술 전망은 여전히 밝지만, 법집행기관이 TWS를 필수 도구로 받아들이려면 더 심도 있는 연구와 개발이 필요하다.

GPS와 GIS 시스템

지리적인 데이터를 데이터 세트로 정리하는 지리정보시스템(GIS)은 범죄 패턴을 분석하고, 법집행 자원을 분배하고, 전략 수행을 계획하는 데 사용될 수 있다. 핀 매핑pin-mapping 기능은 입력 정보를 차트화하고 도표화하여 범죄와 체포 및 생활수준 데이터를 제공할 뿐만 아니라, 더 많은 순찰이 필요한 관심 지역을 설정해 준다. 여기에 다른 기관에서 생산한 정보를 통합하여 더 넓은 데이터 지도를 제공할 수 있다(Garson & Vann, 2001; Hoover, Zhang, & Zhao, 2010). 사용자가 순찰하는 동안 실시간으로 데이터에 접근하여 데이터를 정리할 수 있기 때문에, 경찰서 벽에 붙여 놓고 핀을 꽂는 방식으로 업데이트하는 종이 지도를 대체할 수 있다. 위성항법시스템(GPS)은 위성에서 받은 목표물의 위치, 속도 및 방향에 대한 정보를 제공한다. 법집행 과정에서 GPS 기술을 응용하는 범위는 내비게이션부터 모니터링 및 정보 수집 등 광범위하다. 성범죄자에게는 GPS 기기를 부착하여 위치를 감시하고, 용의 차량이나 용의자에게 부착된 GPS 기기는 범죄를 예방하고 범인의 검거에 기여한다. 최근에는 추격전 중인 도주 차량에 GPS 장치를 공기총으로 쏘아 부착하는 기술까지 등장했다. 스마트폰의 GPS 장치도 용의자의 위치를 확인하는 데 쓰인다(Smith, 2011). 실제로 2009년 미국의 3대 통신사 중 하나인 스프린트사^社는 1년 사이에 미 정부로부터 8백만 건 이상의 위치정보 제공 요청을 받았다고 밝혔다(Abdo & Shamsi, 2011). 그러나 법집행에 GPS 기술을 활용하는 것은 미 수정헌법 제4조[1]를 위반한다는 이유로 비판받아 왔으며, 일부에서는 "감시 상태"를 용이하게 하는 것과 다름없다고 지적한다(Abdo & Shamsi, 2011; Liptak, 2011). 실제로 영장 없이 개인의 위치를 추적하는 것은 사생활 침해와 관련되어 있다.

무선통신

오늘날 공공의 안전을 위해 사용 되는 새로운 무선통신은 사람들의 대화에 최적화된 오디오를 기록하는 시스템에서 작동한다. 수신자에게 디지털 오디오 스트림을 전송하는 이 시스템은, 디지털 오디오 스트림을 암호화하여 도청을 방지하도록 디자인되었다는 점에서 이전의 아날로그 무전과 차별화된다. 보안 문제에서 투명성을 중시하는 기관들은 사안별 암호화가 자신들의 활동에 더 적합하다고 느낄지도 모른다(Tucker, 2011). 이제는 스마트폰과 같은 다른 무선통신 장치의 사용이 보편화되어 경찰도 차량 밖에서 업무를 수행할 수 있다. 이와 관련해 볼티모어 경찰서는

---

[1] 국민의 사생활 침해를 막는 법. 정부에 의한 부당한 수색, 체포, 압수에 대해 신체, 가택, 서류 및 동산의 안전을 보장받는 국민의 권리는 침해될 수 없다는 내용이 기본 골자이다.

2010년 경찰 업무 수행 개선 연구에 참여했다. 해당 연구는 2천 명 이상의 경찰에게 〔법집행과 화재 시 필요한 통신과 관련 데이터 등을 제공하는〕 포켓캅PocketCop 소프트웨어가 설치된 블랙베리 스마트폰을 나누어 주고 경찰들의 업무 효율성 증가를 조사했다. 그 결과, 이 기기를 지급받은 경찰들은 비상 차량 배치 담당자에게 따로 연락하지 않고도 정보를 공유하고, 범죄 현장에서 사진을 찍고, GSP 내비게이션을 사용하는 등 정보에 접근할 수 있었다(National Law Enforcement and Corrections Technology Center, 2011). 이처럼 경찰이 더 기동성 높은 도구를 갖게 되면, 지역사회나 순찰차에 국한되지 않고 외부에서도 업무를 수행할 수 있게 된다.

커뮤니케이션 상호운용성

법집행기관이 비상 시 다른 법집행기관이나 응급의료 요원과 협조하여 대응하는 능력은 기관과 관할 경계를 넘나드는 의사소통 시스템의 호환성에 크게 의존한다. 무전 및 기타 음성 커뮤니케이션 기술을 적용해 하나의 통합된 시스템으로 연결되면 이 호환성, 다른 말로 상호운용성 Interoperability이 커져 공동의 목표를 향해 함께 일하는 능력이 활성화된다(Hawkins, 2006). 오클라호마시티 폭탄테러 및 9 · 11 공격 당시, 미국의 응급 대처 기관들은 각기 다른 주파수에서 작동하는 무전 시스템 때문에 의사 소통에 애를 먹었다(U.S. General Accounting Office, 2004). 그래서 나온 것이 미 국토 안보부의 세이프콤SAFECOM 프로그램이다. 이 프로그램을 기반으로 각종 사업의 계획과 조사, 개발, 테스트, 지침, 지원까지 관리하면서 다중관할 및 정부기관 간 커뮤니케이션 상호운용성을 개선했다(Hawkins, 2006). 세이프 콤 프로그램은 비호환 혹은 노후된 커뮤니케이션 장비, 제한되거나 분산된 자금과 계획, 협력과 협동의 부재 및 전파 스펙트럼과 수명이 짧은 무선주파수 등 상호운용성 개선 태스크포스가 확인한 문제점들의 개선을 목표로 삼았다(Hawkins, 2006). 이 프로그램들은 기술의 발전으로 다른 지역 및 유관 기관의 요구와 커뮤니케이션 선택지가 다양해지면서 각 기관들이 상호운용성의 저하를 경험하는 상황에서 나온 고육지책이었다.

정보 공유

상호운용성은 정보 공유 능력 및 데이터 소스의 호환성과도 관련이 있다. 단순히 소프트웨어나 하드웨어 및 디자인 문제가 아니다. 사법기관 간의 전자정보 공유를 독려하고자 미 법무부 산하에 국제사법정보공유계획Global Justice Information Sharing Initiative이 창설되어, 사법 분야에서 사용되는 공통 용어를 규정한 데이터 사전을 만들고 데이터 교환 시의 기준을 제공한다. 여기서 캅링크COPLINK는 사용자 친화적인 데이터베이스를 통해 경찰서 간의 정보 공유를 가능하게 하고, 공유된 범죄 패턴 정보를 제공하는 통합정보시스템 역할을 수행한다(Holmes, Comstock-Davidson, & Hayen, 2007).

법과학의 발전

법과학forensic science은 오랫동안 범죄 수사에서 핵심적인 역할을 해 왔다. 경찰과 검사, 변호사 등 업계 관계자들은 물론이고, 최근에는 일반 대중의 관심도 뜨겁다. 특히 유명한 사건들에서 증거 이슈와 과학수사의 성과에 대한 보도가 쏟아지면서 이 분야에 대한 관심이 커졌다.

　포렌식 샘플 검사 기술은 지난 20년간 크게 발전했다. 증거 수집 과정과 방법이 혁신적으로 개선되면서 범죄 현장에서 증거를 확인하고 수집하는 기술이 이전과는 비교할 수 없을 만큼 발전했다. 그 결과, 사라진 증거를 복원하고 분석해 낼 확률이 과거보다 훨씬 더 높아졌다. 형사사법 전문가들도 법과학 기술의 발전과 가능한 검사 범위의 확대를 잘 인식하고 있다.

이제 기술적으로 DNA 검사를 통해 훨씬 더 미세한 흔적만으로도 그 주인을 특정할 수 있게 되었다. 여기에 포렌식 DNA 분석에 대한 신뢰도가 높아져, 다수의 범죄자들을 대상으로 한 DNA 샘플 검사를 허용하는 법률까지 제정되었다. 이제는 범죄 현장에서 찾아낸 DNA 샘플을 기존 범죄자 DNA 샘플 데이터베이스와 대조해 범인을 특정할 수 있고, 같은 방식으로 과거의 미해결 범죄를 해결하기도 한다. DNA 프로파일링 방법 중 가장 일반적으로 쓰이는 것은, 단시간 내에 특정 DNA의 염기 서열을 증폭시켜 많은 양의 유전자 정보를 얻어 내는 중합효소연쇄반응(PCR) 기술이다. PCR 기술로 특정 DNA를 증폭시키면 특정한 패턴의 짧은 염기서열 반복구간(STR)이 나오는데, 이 패턴이 사람마다 달라 범인의 특정에 쓰이는 것이다. 이 기술의 특징은 범죄 현장에서 DNA가 오염되거나 훼손되더라도 극소량만 있으면 증폭시킬 수 있다는 것이다(Sapse, 2011).

법식물학forensic botany이라는 분야도 있다. 법식물학은 식물과학을 범죄 현장에 적용한 학문으로, 범죄의 재구성에 유용한 것으로 입증되었다. 초기에는 식물의 구조나 물리적 형태 등 식물 증거의 형태학적 특징에 의존했지만, 최근에는 현미경으로 식물의 종과 속까지 확인할 수 있게 되었다. 이렇게 식물의 종이 확인되면, 그 정보를 특정 위치나 더 넓은 지역의 용의자 혹은 희생자와 연결지을 수 있다. 땅이 파헤쳐진 연쇄적 패턴을 분석하여 시신 매장지를 지목하기도 한다. 희생자가 물에 빠져 익사한 경우, 희생자의 폐에서 나온 수초 등 담수식물 샘플로 희생자의 사망 장소와 사망 시간을 추정할 수 있다(Wallace, 2011).

곤충 연구도 과학수사의 한 분야이다. 법곤충학forensic entomology은 주로 부패한 시체에 기생하는 곤충들을 연구하여 희생자의 사망 시간을 추정하는 데 활용된다. 곤충마다 발육 시간대가 다르고, 특정한 분해와 부패 상태에 더 끌린다는 사실에 착안한 연구이다. 법곤충학은 PCR, 제한효소단편다형성(RFLP) 분석, 미토콘드리아 DNA 서열 분석 등 최신 DNA 감식 기술과 결합되어 더 정교한 결과를 도출한다.

감식 기술의 발전은 눈에 보이지 않는 증거를 가지고 다투는 '생물학 전쟁' 시대를 열어젖혔다. 법미생물학microbial forensics은 광학현미경과 생화학 검사, 염색 과정에 의존하던 한계를 넘어 입자의 질량과 원소 구성, 분자의 화학 구조를 분석하는 질량분광학mass spectroscopy 등의 분과로 발전했다.

하나의 생물학적 샘플에서 추출한 미생물들은 저마다 비교와 변별이 가능한 독특한 프로필을 갖고 있다. 양적 PCR 기술을 활용한 분자 분석 기술로 특정 미생물의 지표가 될 수 있는 DNA에서 특정한 유전자 표지들을 식별할 수 있다. 주로 물질의 생물학적 유형을 식별하는 이 모든 기술이 법집행기관과 공공보건 기관들의 대응을 공식화하는 데 사용된다(Wallace, 2011).

DNA 분석 기술은 약물의 대사에 관여하는 효소와 수송체 및 수용체 탐지에도 쓰인다(Allorge & Tournel, 2011). 희생자에게 투여되거나 희생자가 과다복용한 약물을 확인하고, 약물을 둘러싼 주변 사람들의 증언을 검증할 때에도 DNA 분석 기술을 사용한다. 〔원자가 위치한 환경에 따라 바뀌는 자기장을 측정하여 화합물 구조를 규명하는〕 핵자기공명(NMR) 분광학 기술의 발전으로 법독물학자forensic toxicologists들은 약물 분석에 소요되는 시간을 단축하고 여러 종류의 약물을 검사할 수 있게 되었다(Champeil, 2011; Komoroski, Komoroski, Valentine, Pearce, & Kearns, 2000).

이외에도 과학수사 기관들은 컴퓨터 기술을 이용하여 다양한 분석 기술을 발전시켜 왔다. 통합DNA색인시스템Combined DNA Index System (CODIS), 지문자동식별시스템Automated Fingerprint Identification Systems(AFISs), 전국통합탄도식별망National Integrated Ballistic Network(NIBIN)과 같은 시스템은 특정 사건과 관련된 과거 사건이나 단서를 찾아내어 연쇄살인 등 미제 사건 수사에 도움을 주는 것으로 밝혀졌다.

CODIS는 전국적으로 자동화된 DNA 정보처리 및 통신시스템으로, 미국 전역의 다양한 관할권에서 발생한 범죄 사건의 생물학적 증거(DNA)들을 연계하여 제공한다. 특정 범죄로 유죄판결을 받은 사람들에게서 채취한 DNA 프로필, 범죄 현장에서 검출한 DNA 프로필, 정체불명의 유해에서 나온 DNA 프로필, 실종자 가족들이 자발적으로 등록한 DNA 샘플 등이 이 시스템에 등록되어 있다.

법과학은 미세증거를 복구하고 검사하는 데 중요한 역할을 담당한다. 미세증거는 작은, 흔히 미세한 물질을 말한다. 보통 머리카락과 섬유 증거 등이지만 특정 물질이나 성분도 포함될 수 있다. 미세증거는 범인의 특징, 차량과 타이어의 종류, 살해 현장과 관련된 환경적 단서, 시신 이동에 사용된 교통수단 등의 중요한 정보를 제공할 수 있다.

숙련된 미세증거 검사자는 복수의 희생자가 발생한 사건에서 희생자들로부터 나온 미세증거들을 비교하여 모든 희생자들에게 공통된 증거를 찾아낸다. 미세증거는 모든 희생자들이 접촉한 "공통된 환경"을 반영한다. 이 공통된 환경은 연쇄범죄자의 차량과/또는 주거지 등에서 반복된다. 따라서 모든 희생자가 범죄자와 동일한 장소(들)에서 접촉했음을 나타낼 수 있다(FBI Behavioral Analysis Unit[BAU], 2008).

미세증거 분석 기술의 발전으로 수사관들은 범죄 현장 증거를 분석하는 데 더 강력한 도구를 갖게 되었다. 예를 들어, 마이크로 분광광도법 spectrophotometry과 얇은막크로마토그래피thin layer chromato – graphy 분석법으로 유색 섬유에 사용된 염료를 비교하여 섬유 내 염료들 간의 상대비를 측정하여 두 조각의 섬유 증거가 공통의 기원을 갖고 있는지를 결정하는 식이다. 엑스레이 회절을 이용하여 원자와 분자 배열의 특징인 원자 간 공간을 측정하고, 티타늄 이산화물을 분석해 페인트 성분도 분석해 낸다(Lewis & Sigman, 2007). 총탄의 잔여물 분석은 특정 용의자의 발포 여부를 판단하는 데 결정적인 역할을 한다. 무기를 발포할 때 발생한 유기물과 무기물 혼합물이 용의자와 희생자 등 근처에 있던 사람들의 손과 얼굴, 머리카락, 옷 등에서 발견되는데, 일정 기준 이상의 바륨과 안티몬이 함께 발견되면 양성 표본이 된다. 이외에 NAA, GFAAS, ICP-AES 같은 기술도 총탄 잔여물 분석에 사용된다. 이 기술들의 목적은 모두 특정 잔류물의 원소 프로파일을 추출하거나 원소 구성에 기초하여 총탄 잔류물의 존재 유무를 확인하는 것이다(Lewis & Sigman, 2007).

아동 연쇄살인범 리처드 에보니츠 사건

아동 연쇄살인범 리처드 마크 에보니츠 사건은 난제 사건의 해결에 다양한 포렌식 검사의 유용성을 입증했다. 1996년과 1997년 버지니아주 스포칠베니아에서 세 명의 어린 소녀가 각자의 집에서 납치, 성폭행당한 후 살해되었다. 첫 사건은 1996년 9월 9일, 소피아 실바가 집 현관에서 사라진 것이었다. 소녀는 1996년 10월 집에서 16마일 떨어진 늪에서 발견되었다. 버지니아주 내 연구소에서 수행한 잘못된 미세증거 분석 때문에 엉뚱한 용의자가 체포되었다.

1997년 5월 1일, 자매인 크리스틴과 케이티 리스크가 학교에서 돌아온 후 집에서 사라졌다. 자매의 시신은 5일 후 집에서 40마일 떨어진 강에서 발견되었다. FBI의 과학수사연구소에서 미세증거를 분석하여 실바와 리스크 자매의 살해 사건을 연결짓는 공통된 환경이 있음을 밝혀내면서, 실바 사건에서 체포된 용의자는 풀려났다.

이후 수사는 지속되었고, 5년 후 한 소녀가 사우스캐롤라이나에서 납치되었다. 다행히 탈출에 성공한 피해자는 범인으로 리처드 마크 에보니츠를 지목했다. 에보니츠는 사우스캐롤라이나에서 도주하여 플로리다에서 발견되었다. 경찰과의 고속도로 추격전 끝에 에보니츠는 자살했다. 수사 결과, 에보니츠가 1996년과 1997년에 스포칠베니아에서 살았다는 사실이 드러났다.

사우스캐롤라이나에 있는 에보니츠의 거주지와 스포칠베니아와 버지니아주의 이전 거주지, 그리고 그의 차에 대한 과학수사가 시작되었다. 세 명의 희생자로부터 확보한 증거를 면밀히 감식한 결과, 다수의 머리카락과 섬유가 일치했다.

에보니츠를 세 건의 살인사건 희생자들과 연결시킨 증거들은 다음과 같다.

- 욕실 매트에서 나온 섬유
- 아프간 카펫에서 나온 섬유
- 에보니츠가 살았던 버지니아 집 카펫 2개에서 나온 섬유
- 에보니츠의 차 트렁크에서 나온 카펫 섬유
- 에보니츠와 일치한 머리카락

에보니츠가 사용한 모피수갑에서 나온 섬유가 세 건의 살인사건 희생
자들과 생존 피해자에게서 동일하게 나왔고, 크리스틴 리스크의 잠재지
문이 사건 발생 5년 후에도 에보니츠의 차 트렁크 문 안쪽에 남아 있었
다(FBA BAU, 2008).

가상의 범죄 현장 분석을 통한 살인사건 해결

정보기술은 전 세계의 모든 범죄 현장에서 겪는 어려움을 해결하는 데
유용하게 활용되고 있다. 가상의 공간이든 물리적 현장이든, 이제 수사
관들은 데이터 복제 장치와 전문 검색 툴, 가상화 소프트웨어 등 다양한
정보기술을 수사에 활용하고 있다.

최신 정보기술은 범죄 현장 분석에도 사용된다. 현실에서 온전히 보
존하기 어려운 범죄 현장을 가상현실에서 재현하여 검증·분석하고, 더
나아가 이를 근거로 용의자 진술의 신빙성까지 판단한다.

범죄 현장을 조사하는 수사관들이 직면하는 가장 큰 어려움은 단연
시간적 제약이다. 현실적으로 현장을 보존할 수 있는 시간이 매우 짧은
데다, 현장이 공공장소인 경우에는 더욱 그러하다. 수사관들은 제한된
시간 안에 현장을 훼손하지 않으면서도 신속하게 최대한의 정보를 수집
해야 한다. 현장 사진기록가들 역시 수사에 유용하면서 이후 법정에서
도 유의미한 사진을 얻고자 다각도로 현장을 촬영한다.

최근에는 이렇게 촬영한 사진을 디지털화하여 범죄 현장을 가상현실
기술로 재현하기도 한다. 수사관들이 현장에서 사용할 수 있는 다양한
디지털화 방법이 여러 기업에서 개발되어 나와 있다. 그중에는 VR 비디

오게임에 쓰이는 컴퓨터그래픽 기술로 현장을 복제하는 방법도 있다. 현장 사진을 조합해 호텔이나 부동산 웹사이트에서나 볼 법한 360도 VR 현장을 제공하는 것이다. 이제 가상 환경을 제대로 활용하면 수사 초기 단계부터 법정에서 유죄판결이 나올 때까지 큰 도움을 받을 수 있다는 사실을 전 세계의 경찰들이 알고 있다(Strickland, 2012).

이와 관련해 보스턴대학Boston College이 실제 범죄 현장을 재현한 VR 환경에 들어가 게임 기반의 인터페이스와 상호작용할 수 있는 과학수사 연구 프로그램을 개발했다. 현장을 조사하고 사진을 찍으면 실제 범죄 현장의 사진이 화면에 나타난다. 이 프로그램을 통해 학생들은 올바른 방식과 잘못된 방식 둘 다 현장에 적용하고 상호작용해 볼 수 있다. 이를 통해 현장 보존 방법과 무단침입 흔적 찾는 법, 증거 수집 방법, 올바른 현장 사진 촬영 기술 등을 배울 수 있다. 현장을 분석하여 피해자와 가해자의 상호작용을 파악해 보기도 한다. 그런 후 어떤 상호작용을 통해 누구를 용의자로 특정했는지 각자의 분석과 판단 근거를 제시해야 한다. 학생들은 범죄 현장 사진과 함께 과학적 근거를 적은 사진일지를 기록하여 제출하는데, 이때 지문 채취 위치나 혈흔의 위치 및 분석 등 과제에 대한 평가를 받는다.

이처럼 최근에는 가상 게임 소프트웨어로 실제 사건을 재현한 온라인 프로그램이 많이 쓰인다. 다음은 CCM 과학수사 연구 프로그램의 일부로, 현장을 경험하고 사건을 해결하는 비판적 사고력을 기르는 데 활용된다.(범죄 현장과 사건 결과를 볼 수 있는 소프트웨어 접속 정보는 www.diiforensics.com.)

가상 사건들

사건 1 _ 사건명 Z: 거짓 자백인가 살인인가?

사건은 78세 남성이 아내가 살해된 것을 발견했다는 신고를 911에 하면서 시작된다. 경찰이 출동해 보니 74세 여성이 부엌에 사망해 있었다. 그러나 신고자인 남편은 기타 사건 정황을 전혀 기억해 내지 못했다. 당일 쇼핑을 갔다 온 뒤 저녁을 먹은 후 같이 TV를 보고 9시 반경 잠자리에 든 것은 기억했지만, 그날 밤 자정에 아내의 시신을 발견할 때까지의 기억이 없었다.

과학수사를 공부하는 학생들은 보스턴대학교 웹사이트에서 제공하는 이 가상 연구 프로그램에 접속하여 사진일지를 작성하고 다음의 질문에 대한 답을 찾는다. 범죄 현장의 상태는 어떠한가? (예: 구조화 된organized, 비구조화된disorganized, 혹은 혼합된mixed 현장) 사인은 무엇인가? (예: 교살, 자상, 총상, 둔기 타격) 사용된 무기의 종류는? (예: 손, 도구, 칼, 총) 무기는 우연히 획득되었나 미리 준비되었나? 범행의 동기는 무엇인가? (예: 금전적 이득, 사적 동기, 성적 살인, 집단 목적) 범행을 저지른 자는 누구인가? (예: 배우자, 가족구성원, 이웃/지인, 낯선 사람) 추가적인 질문에도 답 을 찾아볼 수 있다. 지문을 채취한 위치는 어디인가? 혈흔으로 알 수 있는 것은 무엇인가? 가해자는 피해자에게 어떻게 접근했나? 피해 여성은 움직이거나, 몸부림치거나, 저항했나? 범죄 현장은 몇 곳인가?

사건 2 _ 틴셀맨

19세 남성 피해자의 사체가 포장되어 여러 건물로 수차례 옮겨진 사건으로, 용의자가 특정되기까지 2년간 미제로 남겨졌던 살인사건이다. 이 사건에 적용된 원칙과 과학적 증거들을 재검토해 볼 수 있다. 학생들은 3곳의 장소(사체 위치, 아파트, 아파트 지하)에서 모의 증거를 수집할 수 있다. 모든 위치에서 증거 수집을 마치면, 수집한 증거를 가상의 연구실로 가져와 해당 연구실에 구비된 도구를 사용해 실제 수집된 증거와 비교·분석 한다.

사건 3 __ 연쇄살인마 사건

노스캐롤라이나 샬럿에서 1992년부터 2년간 10명의 여성이 강간·살해당하는 사건이 발생했다. 야외, 실내, 물가 등 범죄 현장은 다양했지만, 여성들의 아파트에 침입한 흔적이 없었기 때문에 가해자가 피해 여성들과 구면일 것이며 특정한 방식으로 살해했을 것으로 판단할 수 있다.

연쇄살인사건 프로그램은 학생들이 해당 사건이 연쇄살인범의 소행임을 확정하고, 각각의 사건들이 어떻게 연결되는지를 판단하는 모의 체험을 할 수 있다. 학생들은 증거를 촬영하고, 범인의 동기를 추측한다. 또, 주어진 10개 이상의 범행 현장에서 어떤 현장이 가짜인지를 구분하고 그 판단 근거를 설명한다.

사건 4 __ 집에서 납치된 아동

2004년 어느 날 아침 7시 50분, 6세 남자아이가 아버지에게 3살 된 여동생이 없어졌다고 말했다. 딸을 찾아 이웃집들을 확인한 아버지는 911에 실종 신고를 했다. 당일 오후, 집에서 3마일 떨어진 개울에서 아이의 시신이 발견되었다. 사체는 결박당한 채 재갈이 물려 있었고, 성폭행을 당한 후 익사한 상태였다. 경찰은 즉시 아버지를 용의 선상에 올렸고 5개월 후 자백을 받아냈다. 아이의 아버지는 DNA 증거로 무죄가 입증되기 전까지 8개월간 수감되어 있었다.

집에서 납치된 아동 사건 프로그램에서 학생들은 납치가 이루어진 집과 방, 나무가 우거진 강간 현장, 사체가 발견된 개울에서 모의 현장 감식을 실시한다. 모든 현장에서 잠재 증거들을 찾아 사진으로 촬영하고 각자 추정한 용의자의 프로필을 발표한다. 이렇게 추정한 용의자 프로필은 사건 발생 몇 년 후 검거된 실제 범인과 비교해 볼 수 있다.

사건 5 _ 납치된 소녀들

2005년 5월 어머니의 날, 일리노이주에서 8세 여자아이가 9살 친구와 같이 자전거를 타고 있었다. 그러나 그날 저녁 아이들은 집에 돌아오지 않았고, 실종 신고가 접수되었다. 다음 날 새벽, 사라진 아이 중 한 명의 아버지와 할아버지는 아이들을 찾아 나섰다가 근처 공원의 외진 장소에서 아이들의 사체를 발견하였다. 8세 여아의 목과 배 그리고 양쪽 눈에 한 차례씩 총 20개의 자상이 있었다. 아이의 속옷과 바닥에서 DNA 증거가 발견되었다. 9세 여아는 9차례 칼에 찔린 흔적이 있었다. 8세 아동의 아버지가 20시간 이상 조사를 받았고 마침내 범행을 자백했다. 그는 5년간 수감 생활을 한 후 DNA 증거를 바탕으로 무죄가 입증되어 풀려났다.

납치된 소녀들 사건 프로그램에서 학생들은 아이들의 사체가 발견된 외부 범행 현장을 감식하고, 증거에 대한 과학수사 보고서와 아버지의 자백을 검토한다. 그렇게 범죄를 분류하고 추정 용의자 프로필을 제출하면, 이후 실제 살인범과 비교해 볼 수 있다.

사건 6 _ 스포츠 작가의 죽음

2001년 10월 31일 새벽 2시 20분, 미주리신문사의 48세 스포츠부 편집자가 사무실을 나선 지 20분 만에 주차장에서 사망한 채 발견되었다. 2년 후, 경찰은 한 대학생이 본인과 친구가 그 편집자를 죽이는 꿈을 꿨다고 다른 친구들에게 말했다는 단서를 잡고 이를 쫓았다. 사건 발생 당시 이 학생은 11학년(고 2)이었다. 한 명은 형량을 줄이기 위해 본인의 유죄를 인정하고 다른 청년에게 불리한 진술을 하여 25년형을 선고 받았고(유죄인정협상), 나머지 한 명은 40년형을 받았다. 몇 년 후 두 명의 주요 증인이 증언을 철회했고, 사건은 법원에 상소되었다.

이 실습에서는 범행 현장인 주차장을 분석하게 된다. 피해자와 가해자가 맞닥뜨린 20분간 벌어진 사건을 순서대로 구성하고, 범인의 수와 범죄의 구조, 동기 및 분류에 관한 질문에 답을 찾는다.

사건 7 _ 강간 및 의문사 사례

2010년 아침 6시 30분, 한 여성이 911에 전화를 걸어 여동생이 침대에 누워 반응이 없는 상태이며 머리에 피가 흥건하다고 신고했다. 범죄 현장임을 알지 못한 응급구조사가 현장에 도착하였다. 여성은 전날 안면 수술을 받았고, 최초 출혈 원인은 수술로 인한 합병증이었다. 며칠 후 여성은 사망했다. 강간이 발생했음을 파악한 수사관들은 피해자의 집에서 현장 사진을 촬영했다. 또, 주변에 거주하는 남성들에게 자발적 동의를 받아 DNA 샘플 채취를 진행했다. 몇 달 후 DNA

가 일치하는 29세 남성이 체포되어 가중일급살인죄로 기소되었다. 이 실습에서는 침실과 집, 그 주변의 증거를 수집하게 된다. 그리고 범행 현장 데이터 분석을 통해 다른 여성이 같이 있음에도 범인이 집과 침실에 어떻게 들어갈 수 있었는지를 파악한다. 그런 후 용의자 체포 과정을 비판적으로 검증하고, 범죄분석 외에 용의자가 사형을 면할 방어책을 강구해 본다.

결론

인터넷 덕분에 아무런 혐의점도 없는 사람들에 대한 조사가 그 어느 때보다 쉬워졌다. 그만큼 잠재 범죄자의 범행도 쉬워졌다. 인터넷을 사용하면 버튼 한 번에 특정 관심사를 공유하는, 가령 사도마조히즘 취향을 가진 사람들이 모인 채팅방에 들어가 잠재적 피해자를 손에 넣을 수 있다. 이제 범죄자들은 사람들을 실제 현장으로 꾀어내고자 인터넷을 사용한다. 그러나 기술의 발전은 수사와 법집행을 돕는 새로운 도구도 제공했다. 특히 구식 소통 장비와 비효율적인 감시 장비만 들여다보고 만지작거리던 집행기관들에게는 인터넷이라는 새로운 범죄 현장을 감찰할 수단이 생겼다. 그러나 지금도 엄청난 성장을 거듭 중인 법과학 응용 기술을 법집행 과정에 적용하려면, 제한된 양의 생물학적 증거로부터 중요하고 정확한 결과를 뽑아내는 것이 관건이다. 실제로 사건 현장에서 추출한 증거에 대한 분석의 정확도가 높아지면서 DNA 비교, 식물학, 곤충학 등 법과학이 법정에서 주요 증거로 채택되는 사례가 증가했다.

재판 과정에서 중요한 자산이 되는 증거 수집은 기술과 법과학의 발전으로 매우 탄탄해졌다. 교육적 측면에서는, 온라인 연구를 다루는 가상범죄연구소가 늘어나면서 수사관들과 학생들이 수준 높은 배움을 도모할 수 있게 되었다.

Abdo, A., & Shamsi, H. (2011). Privacy and surveillance post-9/11. *Human Rights,* *38*(1), 5–9.

Allorge, D., & Tournel, G. (2011). Role of pharmocogenetics in forensic toxicology. In D. Sapse & L. Kobilinsky (Eds.), *Forensic science advances and their application in the judiciary.* Boca Raton, FL: CRC Press.

Bouton K. (1990, February 25). The prosecutor: Linda Fairstein vs. rape. *New York Times Magazine,* pp. 21–23, 58–60.

Caproni, V. (2011, February 17). Going dark: Lawful electronic surveillance in the face of new technologies: Testimony. Federal Bureau of Investigation. Retrieved on January 11, 2012, from www.fbi.gov/news/testimony/going-dark-lawful-electronic-surveillance-in-the-face-of-newtechnologies

Champeil, E. (2011). Magnetic resonance spectroscopy: A powerful tool for the identification and quantitation of drugs and drugs of abuse in biofluids. In D. Sapse & L. Kobilinsky(Eds.), *Forensic science advances and their application in the judiciary.* Boca Raton, FL: CRC Press.

DeRosa, M. (2004). *Data mining and data analysis for counterterrorism.* Washington, DC: CSIS Press. Retrieved on January 12, 2012, from http://csis.org/files/media/csis/pubs/040301_data_mining_report.pdf

Douglas, J., & Olshaker, M. (1999). *The anatomy of motive* (pp. 34–35). New York, NY: Scribner.

Dunn, J. E., & Meller, P. (2009). Skype calls may be tapped in police crackdown on criminal groups. *IT Business Newsletter.* Retrieved on January 12, 2012, from www.itbusiness.ca/it/client/en/home/News.asp?id=52126

Federal Bureau of Investigation, Behavioral Analysis Unit. (2008). Serial murder: Multi-disciplinary perspectives for investigators. Retrieved August 8, 2012, from www.fbi.gov/stats-services/publications/serial-murder/serial-murder-1

Garson, D. G., & Vann, I. B. (2001). *Geographic information systems for small and medium law enforcement jurisdictions: Strategies and effective practices.* Retrieved on January 12, 2012, from www.gcc.state.nc.us/gispage/ep1.htm

Hawkins, D. (2006). *Law enforcement tech guide for communications interoperability: A guide for interagency communications projects.* U.S. Department of

Justice. Retrieved on January 9, 2012, from www.search.org/files/pdf/CommInteropTechGuide.pdf

Holmes, M. C., Comstock-Davidson, D. D., & Hayen, R. L. (2007). Data mining and expert systems in law enforcement agencies. *Issues in Information Systems, 8*(2), 329–335.

Hoover, L., Zhang, Y., & Zhao, J. S. (2010). *Geographic information systems and their effects on police efficacy: A Campbell systematic review.* Sam Houston State University. Retrieved on January 11, 2012, from www.campbellcollaboration.org/lib/download/989/

Komoroski, E. M., Komoroski, R. A., Valentine, J. L., Pearce, J. M., & Kearns, G. L. (2000). The use of nuclear magnetic resonance spectroscopy in the detection of drug intoxication. *Journal of Analytical Toxicology, 24*(3), 180–187.

Lewis, L. A., & Sigman, M. E. (2007). Forensic analysis of dyes in fibers via mass spectrometry. In R. D. Blackledge (Ed.), *Forensic analysis on the cutting edge: New methods for trace evidence analysis.* Hoboken, NJ: Wiley-Interscience.

Liptak, A. (2011). Court case asks if "Big Brother" is spelled GPS. *New York Times.* Retrieved on January 11, 2012, from www.nytimes.com/2011/09/11/us/11gps.html?_r=1

Miles, C. A. (2007). Through-the-wall surveillance: A new technology for saving lives. *National Institute of Justice Journal, 258,* 20–25.

National Law Enforcement and Corrections Technology Center. (2011). Smartphones and law enforcement. National Institute of Justice. Retrieved on January 12, 2012, from www.justnet.org/TechBeat%20Files/SmartphonesandLawEnforcement

Sapse, D. (2011). Scientific evidence. In D. Sapse & L. Kobilinsky (Ed.), *Forensic science advances and their application in the judiciary.* Boca Raton, FL: CRC Press.

Smith, A. M. (2011). *Law enforcement use of global position (GPS) devices to monitor motor vehicles: Fourth amendment considerations.* CRS Report for Congress. Retrieved on January 11, 2012, from www.fas.org/sgp/crs/misc/R41663.pdf

Strickland, J. (2012). *How virtual crime scenes work.* Howstuffworks. Retrieved August 29, 2012, from http://people.howstuffworks.com/vr-csi.htm

Tillery, C. (2007). Detecting concealed weapons: Directions for the future. *National Institute of Justice Journal, 258*(1), 26–28.

Tucker, E. (2011, November, 20). *Police using technology to shield internal commu-*

nications. Associated Press. Retrieved on January 12, 2012, from www.msnbc. msn.com/id/45376345/ns/technology_and_science-tech_and_gadgets/#.TxnK-OuzNTy2

U.S. General Accounting Office. (2004). *Project Safecom: Key cross-agency emergency communications effort requires stronger collaboration.* Retrieved on January 9, 2012, from www.gao.gov/new.items/d04494.pdf

Wallace, M. (2011). New frontiers in molecular forensics: Identification of botanical, entomological, and microbial material. In D. Sapse & L. Kobilinsky (Eds.), *Forensic science advances and their application in the judiciary.* Boca Raton, FL: CRC Press.

4장

지방, 연방, 국제 집행기관

1998년 미국 관세청이 거대한 아동포르노 조직을 소탕했다. '원더랜드 Wonderland'라는 이름의 이 조직에는 최소 12개 국가와 32개 미국 도시에 아동포르노를 공급한 자들과 그 구매자들이 포함되어 있었다. 전문직업인들도 다수 명단에 포함되어 있었는데, 그들은 자신들의 행동이 초래한 파장을 책임지지 못했다. 주모자들이 체포되고 며칠 후, 원더랜드 관련 남성 4명이 스스로 목숨을 끊었다. 그중에는 수의사와 전직 장교도 있었다. 전 세계적으로 공유됐던 75만여 개의 부적절한 아동 이미지가 영구 삭제되었고, 영국·미 대륙·스칸디나비아·유럽·오스트레일리아 등지에서 원더랜드 관련자들에게 50여 건의 유죄 선고가 내려졌다.

이듬해인 1999년 9월, 더 큰 규모의 대대적 수색이 벌어졌다. 컴퓨터 전문가팀과 미 우정국(USPS) 조사관들이 텍사스주 포스워스에 있는 토머스 리디와 재니스 리디의 집에 전격 진입했다. 이 수색 작전으로 리디 부부가 인터넷에서 운영 중인 랜드슬라이드 프로덕션Landslide Production이 전 세계 아동포르노 사이트 300곳에 대한 접근 경로를 제공했으며, 미국에서만 수천 명, 전 세계적으로 32만 명에 달하는 고객을 보유하고 있다는 사실이 밝혀졌다. 아홉 살짜리 딸을 키우고 있는 리디 부부는 랜드슬라이드로 월 140만 달러의 수입을 올리고 있었다. 이 색출을 계기로 미 우정국은 대규모 아동포르노 수사기관인 '아발랑슈 작전Operation Avalanche'을 창설했고, 이 기관은 1년 후 아동포르노 소장 혐의로 100여 명의 사람들을 체포했다. 러시아와 인도네시아 등지에서 포르노 사이트를 운영하는 운영자들이었다.

이 소탕작전의 중심 인물인 토머스 리디는 FBI에 협조하는 조건으로 20년형으로 감형받을 기회가 주어졌지만, 리디는 이 제안을 거절했다. 리디의 아내인 재니스 리디는 총 87건의 공범으로 기소되어 14년형을 받았다. 반면 토머스 리디는 총 89건이 기소되어 1,335년형을 선고 받았다. 실제 학대 사건이 아닌 아동포르노 사건으로 선고된 미연방 사상 최초의 무기징역이었다. 리디의 체포와 무기징역 선고는 아동을 실제 물리적으로 해치지 않더라도 여생을 감옥에서 보낼 수 있으며, 인터넷 상에서 사진을 사고파는 행위만으로도 그럴 수 있음을 경고한 것이다.

인터넷에서 발생하는 범죄는 사건의 기소와 변호가 매우 어렵다. 미헌법은 범죄를 연방이 아닌 각 주에 속하는 지역적인 문제로 간주한다. 그래서 많은 주들이 법을 바꾸어 인터넷범죄라는 새로운 유형의 범죄 조항을 추가했다. 하지만 아직까지 사이버범죄 이슈는 그 관할과 형량 등 뚜렷한 기준이 수립되지 않았다. 미국에서는 범죄가 발생한 주에서 기소하는 것이 원칙이고, 범죄유형에 따라 관할 주가 아닌 연방법원에서 처리하기도 한다. 가령, 범죄자가 범죄를 저지른 후 주 경계를 넘어가면 연방법원이 사건을 담당한다. 그러나 이제 지리적 경계가 모호한 신종 범죄가 등장한 만큼 법집행도 그에 맞춰 신속히 전환해야 한다.

본 장에서는 여러 형태의 미국 사법집행기관에 대해 알아볼 것이다. 법집행 기능을 수행하는 것 자체가 목적인 기관도 있고, 법집행 부서를 따로 운영하는 곳도 있으며, 더 큰 집행기관과 함께 집행 구성체가 있는 곳도 있다. 그 관할 범위도 지방과 주, 연방, 그리고 국제사법기관 등 다변화되었다.

미국의 법집행기관 유형

대체로 미국의 법집행기관에는 지방local, 주state, 연방정부federal의 세 가지 유형이 있다. 지방 법집행기관에는 경찰과 보안관 부서가 포함된다. 주 기관에는 주 또는 고속도로 순찰대가 포함된다. 지방 법집행기관에는 시 경찰부city police departments, 자치주 보안관실county sheriff office 또는 부서departments, 교통당국경찰transit authority police, 학군경찰school district police, 주택당국경찰housing authority police, 지방검사 사무수사관district attorney's office investigators, 공항경찰airport police, 병원경찰hospital police, 대학경찰university police 이 포함된다.

미국 법집행기관의 명칭은 주마다 다를 수 있다. 대부분의 주에는 고속도로 순찰경찰대가 있다. 일부 주는 주 수사국을 운영한다.

지방, 주, 연방정부 간의 협력 작전을 '멜팅 팟Melting Pot'이라고 한다.

2010년 11월 5일, 연방 및 주정부의 대대적인 총기 및 마약 밀매 수사로 매사추세츠주 북해안에서 수십 명이 체포되었다. 린 지역에 본부를 둔 48개 거리폭력조직의 구성원과 지사들이 총기와 마약 밀매 혐의로 기소되었다. 2013년 현재까지 37명이 체포되고, 4건의 수색영장이 집행됐으며, 총 61명이 기소되었다. 3명의 피고인들은 주와 연방정부의 도망자였다. 21명은 주와 연방에 유치되어 있었다. 멜팅 팟 작전은 주로 린과 로웰 지역에서 활동한 폭력조직들인 애비뉴 킹 크립스Avenue King Crips, 블러즈Bloods, 갱스타 디사이플스Gangsta Disciples, 듀스 보이즈Deuce Boyz, 라틴 킹스Latin Kings의 지도자와 구성원 및 관여자들에 대한 광범위한 수사였다. 이를 위해 FBI의 북해안 갱 태스크포스가 주축이 되어 매사추세츠주 경찰, 에식스 카운티 보안관실, 린 경찰국, 첼시 경찰국 등이 12년간 공조 수사했다.

이 가운데 블러즈와 애비뉴 킹 크립스는 10년 넘게 폭력적인 전쟁을 벌여 린 지역에서 가장 강력한 거리 갱단으로 부상했다. 수사관들은 린

| 표 4. 1 | 주별 법집행기관 유형

주 경찰 State Police	고속도로 순찰대 또는 공공안전부 Highway Patrol or DPS
알래스카주 경찰 Alaska State Troopers	앨라배마 고속도로 순찰대 Alabama Highway Patrol
아칸소주 경찰 Arkansas state police	캘리포니아 고속도로 순찰대 California Highway Patrol
콜로라도주 순찰대 Colorado state Patrol	플로리다 고속도로 순찰대 Florida Highway Patrol
코네티컷주 경찰 Connecticut State police	캔자스 고속도로 순찰대 Kansas Highway Patrol
델라웨어주 경찰 Delaware State Police	미시시피 고속도로 순찰대 Mississippi Highway Patrol
조지아주 순찰대 Georgia State Patrol	미주리 고속도로 순찰대 Missouri Highway Patrol
아이다호주 경찰 Idaho State Police	몬태나 고속도로 순찰대 Montana Highway Patrol
일리노이주 경찰 Illinois State Police	네브래스카주 순찰대 Nebraska State Patrol
인디애나주 경찰 Indiana State Police	네바다 고속도로 순찰대 Nevada Highway Patrol
아이오와주 순찰대 Iowa State Patrol	노스캐롤라이나주 고속도로 순찰대 North Carolina State
켄터키주 경찰 Kentucky State Police	Highway Patrol
루이지애나주 경찰 Louisiana State Police	노스다코타 고속도로 순찰대 North Dakota Highway Patrol
메인주 경찰 Maine State Police	오하이오주 고속도로 순찰대 Ohio State Highway Patrol
메릴랜드주 경찰 Maryland State Police	오클라호마 고속도로 순찰대 Oklahoma Highway Patrol
매사추세츠주 경찰 Massachusetts State Police	사우스캐롤라이나 고속도로 순찰대 South Carolina Highway
미시간주 경찰 Michigan State Police	Patrol
미네소타주 순찰대 Minnesota State Patrol	사우스다코타 고속도로 순찰대 South Dakota Highway
뉴햄프셔주 경찰 New Hampshire State Police	Patrol
뉴저지주 경찰 New Jersey State Police	테네시 고속도로 순찰대 Tennessee Highway Patrol
뉴멕시코주 경찰 New Mexico State Police	텍사스 고속도로 순찰대 Texas Highway Patrol
뉴욕주 경찰 New York State Police	유타 고속도로 순찰대 Utah Highway Patrol
오리건주 경찰 Oregon State Police	와이오밍 고속도로 순찰대 Wyoming Highway Patrol
펜실베이니아주 경찰 Pennsylvania State Police	
로드아일랜드주 경찰 Rhode Island State Police	공공안전부 Department of Public Safety
버몬트주 경찰 Vermont State Police	애리조나 공공안전부 Arizona Department of Public Safety
버지니아주 경찰 Virginia State Police	하와이 공공안전부 Hawaii Department of Public Safety
워싱턴주 순찰대 Washington State Patrol	
웨스트버지니아주 경찰 West Virginia State Police	
위스콘신주 순찰대 Wisconsin State Patrol	

지역에서 발생한 여러 건의 살인과 무장 습격, 폭력 사태가 이들 갱단과 관련이 있다고 믿었다.

수사 과정에서 당국은 SKS 소총 2정, Tech-9 반자동 기관총 2정, Mac 11 반자동 기관총 1정, 단총신 산탄총 2정, 40구경 기관단총, AR-15 돌격소총, 50구경 권총 등 총 34정의 총기(추가 7정)를 압수했다. 그리고 1킬로그램이 넘는 크랙, 코카인 2킬로그램, 헤로인 1킬로그램, 마리화나 3킬로그램 등 마약과 약 4만 달러의 현금도 압수했다. 이들을 기소한 카르멘 M. 오르티즈 검사는 "린 지역 길거리 갱단의 불법적인 활동으로 공동체 전체의 삶의 질이 떨어졌다"며, "폭력을 근절하기 위해 연방, 주, 지방 정부가 긴밀히 협력하는 시스템을 구축해야 한다"고 밝혔다.

FBI 특수요원 리처드 데스라우리는, FBI 주도로 창설된 북해안 갱 태스크포스North Shore Gang Task Force가 거둔 주목할 만한 첫 성과로 이 작전을 평했다. "10년 동안 지속된 갱단 간의 불화가 낳은 무의미한 폭력은 더 이상 공동체를 인질로 잡지 못할 것이다. 이 작전의 결과는 불법행위를 막으려는 기관들의 헌신을 반영한다. 앞으로도 불법적인 갱단 활동에 연루된 개인들을 전 지역에서 적극적으로 가려낼 것이다."

실제로 이 작전 이후 도시 내 폭력 사건이 크게 줄었고, 조직원들이 저지르던 강력범죄도 크게 감소했다. 특히 마약 및 총기 밀매와 밀접히 연관된 폭력조직 활동이 공동체의 안위를 위협한다는 인식 하에 앞으로도 폭력조직 소탕에 연방, 주, 지방 법집행기관의 지원과 협조가 적극 추진될 전망이다.

미 연방수사국 FBI

1908년, 미 법무부 장관 찰스 보나파트는 수사국Bureau of Investigation(BOI) 산하에 작은 부서 하나를 신설하여 특정 은행사기 사건을 제외한 법무부의 모든 수사 업무를 맡겼다. 이 업무는 확장되어 주 경계를 넘나드는 매매춘과 자동차 절도까지 포함하게 되었다. 1917년 4월 1일에는 제1차 세계대전 중이라는 상황이 고려되어 각종 첩보 활동과 사보타주, 치안 방해 및 폭동, 징병 문제 등의 업무가 추가되었다. 1920년에는 은행강도와 밀주 제조자, 납치범 등이 주 경계를 넘나들며 관할권 경계를 이용해 검거를 피하자, 관할권 문제에서 자유로운 FBI가 이 업무들을 맡게 되었다. 당시 연방법이 정한 BOI의 권한에는 이러한 '신종' 범죄가 포함되지 않았기 때문이다.

1924년 존 에드거 후버가 FBI 국장으로 임명되어 1972년 사망할 때까지 재임했다. 후버는 공로채용merit hiring을 부활시켰고, 신규 요원들에 대한 전문적 훈련을 도입했으며, 모든 FBI 운영에 대한 정기적인 감사를 제도화했다. 그는 FBI 업무에 엄격한 전문성을 부여했다.

후버는 신원 확인 부서에서 담당하던 지문 수집을 확대하고 파일을 통합하여 당시 사상 최대의 지문을 축적했다. 1932년에는 FBI의 고용 인원을 확대하고, 증거 분석 능력을 강화하고자 FBI 과학수사연구소를 창설했다.

1973년 후버의 사망 이후 4년간 클라렌스 켈리가 FBI 국장직을 맡았다. 공식적인 추천과 인준 과정을 거쳐 선출된 최초의 FBI 국장이었다. 켈리 국장은 범인 추적에 컴퓨터를 사용하는 등 범죄 수사에 필요한 기술을 현대화시킨 인물로 평가받는다. 그는 현장에서 일선 경찰들과 함께 일하는 관리자라는 칭송을 들었다. 그의 임기 동안에 FBI는 FBI의 전매 특허 격인 잠복근무(비밀 수사undercover investigations)와 함정수사 기법을 개발했다.

당시 FBI는 1년 전 후버 국장의 사망과 워터게이트 사건(1972)으로 기반이 약해져 과도기를 겪고 있었다. 켈리가 국장으로 취임하기까지는 패트릭 그레이 3세와 윌리엄 러클스하우스가 국장대리로 있었다.

1978년 지미 카터 대통령이 차기 국장으로 임명한 윌리엄 웹스터는 1987년까지 근무하였다. 로널드 레이건 대통령은 1987년 웹스터를 CIA 국장으로 임명하였다. 전직 연방판사였던 웹스터는 FBI 국장 재임 당시 성공적인 전략으로 뉴욕시의 마피아단을 소탕한 공을 인정받아 CIA를 이끌게 되었다. 웹스터는 CIA와 FBI에서 모두 수장을 지낸 유일한 미국인이다.

1987년 로널드 레이건 대통령은 웹스터의 뒤를 이어 윌리엄 세션스를 추천했다. 세션스는 공정하고도 깐깐한 리더쉽과 FBI를 여성과 소수자를 포용하는 기관으로 확대했다는 평가를 받는다. 그는 5년간 국장직을 맡았다.

1993년, 클린턴 대통령은 루이스 프리를 국장으로 지명했다. 1993년 뉴욕 세계무역센터와 1995년 오클라호마시티 폭탄공격으로 국내외의 테러 위협이 불거졌다. FBI는 미국과 해외 기관을 잇는 다리 역할을 하면서 범죄의 국제화 국면에 적극 대응했다.

루이스 프리의 지휘 하에 FBI 사무국은 법률 프로그램을 대폭 늘렸다(2000년 가을까지 39개소). 부다페스트에 위치한 국제 법집행 아카데미 International Law Enforcement Academy(ILEA, 1994년 설립)와 다른 국제 교육기관을 통해 해외 기관들을 대상으로 전문적인 교육을 실시했으며, 협력프

| 표 4. 2 | FBI 연혁

날짜	개요	대표 사건	성과
1908년 찰스 보나파트Charles J. Bonaparte 법무부 장관, 신규 수사과 창설 지시	사법부 산하의 소규모 수사과	• 1909년: 수사국으로 승격 • 1910년: 〈백인 노예매매법〉 제정(주state 간 성매매 포함) • 1919년: 주 간 차량 절도 불법화한 다이어법	• 독점금지 관련 사건, 토지 사기, 저작권 위반, 노예노동 등 20건의 사건 수사
1924년 할란 스톤Harlan stone 법무부 장관, 존 에드거 후버John Edgar Hoover를 국장 (1924~1972)으로 임명	제6대 국장	• 1924년: 감식과 창설 • 1932년: 기술범죄연구소 개설 • 1932년: 연방납치법 • 1935년: 국립 FBI아카데미 개설 • 1968년: 범죄 단속 및 길거리 치안 종합법 제정 • 1970년: 구조화된organized 범죄 규제법 제정	• 경찰의 사법관할 간 범행 수사가 용이해짐 • 법집행을 위한 법과학 분석 및 연구 제공 • 린드버그 납치사건 • 미 법집행기관에 표준화된 전문훈련 과정 제공 • 구조화된 범죄조직 소탕에 효과적인 무기 도입 • 범죄 단속 및 길거리 치안 종합법, Title Ⅲ(미연방 감청법)-감청영장 발부 가능
1973~1977년 클라렌스 켈리Clarence M. Kelly 국장	• FBI의 수사 주안점을 처리한 사건 수가 아닌 수사의 완성도에 집중	• 앱스캠작전ABSCAM (1980), 그레이로드작전Greylord(1984), 유니랙작전UNIRAC(1978) 등 진행 • 1983년: 테러리즘에 대한 우려 증가	• 도청, 정보원, 비밀요원 등의 수사 기법에 대한 신규 지침 마련
1978~1987년 윌리엄 웹스터William H. Webster 국장	• 3대 우선 목표: 화이트칼라범죄, 조직범죄, 해외 방첩활동 • 이후 불법 약물 (1982), 대테러 (1982), 강력범죄 (1989)에 집중	성공한 작전 • 화이트칼라범죄 대상 작전: 일윈드ILLWIND (1988), 로스트 트러스트 Lost Trust(1990) • 조직범죄 대상 작전: 브리랩BRILAB(1981), 피자 커넥션Pizza Connection (1985)	• 약물/마약, 반테러, 강력범죄 집중 수사 • FBI아카데미에서 범죄자 특성 연구 승인
1987~1993년 윌리엄 세션스William S. Sessions 국장	• 1992년 아이다호 루비능선 대치	• FBI 저격수가 비무장 상태의 빅키 위버 사살	• 프리 국장의 임기까지 수사 이어짐

136　FBI 범죄 분류 매뉴얼

1993~2001년 루이스 프리Louis Freeh 국장	• 1992년 루비능선 대치 저격수 총 격 사건 • 1993년 텍사스 와 코에 지점 단지 • 1996년 호바르 타워 폭탄공격 • 2001년 로버트 한센 체포	• 준군사 인질 구출팀 • ATF, 영장에 따른 체포 • 트럭 폭탄공격을 벌인 테러단체 • FBI 25년 경력의 베테랑 인 한센, 소련 및 러시아 스파이 혐의	해당 사건들에 대한 수사
2001~2013년 로버트 뮬러 3세Robert S. Mueller Ⅲ 국장	• 9·11 테러 발생 • 미 언론사 및 두 곳의 상원의원실 로 탄저균 편지 배달	• 국내 무영장 도청 프로 그램 허가 • 조지 W. 부시 대통령, 미국 애국법 통과(2001. 10. 26)	• 알카에다 조직의 오사마 빈 라덴과 미국 출생의 성 직자 안와르 알아울라키 사살 • 알카에다 조직 2인자 아타 야 압드 알 라흐만 사살

로그램을 개설하여 해외 기관들과의 구조적인 협력을 이끌어 냈다.

2001년 조지 W. 부시 대통령은 전직 검사 로버트 뮬러 3세를 FBI 신임 국장으로 지명했다. 뮬러에게는 여러 가지 어려운 과제가 주어졌다. 그는 FBI의 정보기술 인프라를 업그레이드하고 기록 관리 문제를 해결하는 한편으로, 스파이 혐의로 유죄판결을 받은 FBI 전직 특수요원 로버트 한센 사례의 재발을 방지하고자 FBI의 해외 반反스파이 활동 분석과 보안을 강화했다. 뮬러는 2001년 9·11 공격이 일어나기 일주일 전에 취임했다. 이 때문에 FBI를 범죄 수사 전담 기관에서 세계적인 대테러 활동의 구심점으로 탈바꿈시키는 소임을 맡아야 했다.

뮬러 국장이 연방정부는 물론이고 해외 동맹국들과 협력하여 진행한 대테러 수사는 FBI 역사상 그 규모가 가장 컸다. 그는 특히 테러 공격 예방과 외국 정보작전에 대한 대응, 그리고 사이버 기반 공격 및 기타 첨단

범죄 대응을 FBI의 새로운 과제로 설정했다. FBI가 9 · 11 테러 이전에 취득한 정보를 안이하게 취급하는 바람에 테러를 막지 못했다는 비난을 수용한 것이다. 법률상 FBI 국장의 임기는 10년이기 때문에 뮬러는 2011년 8월 FBI 국장에서 물러나야 했지만, 2011년 7월 의회에서 뮬러가 2년 더 일할 수 있도록 하는 법안이 승인되었다.

1908년 설립 이후로 FIB는 책임자 1인이 지휘하는 체계를 유지해 왔다. 초기 직책은 'Chief'였으나, 윌리엄 플린 임기 때 'Director'(국장)로 바뀌었다. 그리고 1920년 이래로 법무부 장관의 지휘를 받고 있다. 범죄 단속 및 길거리 치안 종합법Omnibus Crime Control and Safe Streets Act of 1968 및 미 공법Public Law 90-3351에 따라, 국장은 미 대통령이 지명하고 상원의

| 표 4. 3 | FBI 역대 국장

스탠리 핀치 Stanley W. Finch	1908~1912
알렉산더 비에라스키 Alexander B. Bidlaski	1912~1919
윌리엄 앨런 William E. Allen	1919
윌리엄 플린 William Flynn	1919~1921
윌리엄 번스 William Burns	1921~1924
에드거 후버 Edgar Hoover	1924~1972
패트릭 그레이 Patrick Gray	1972~1973
윌리엄 러클하우스 William Ruckelshaus	1973
클라렌스 켈리 Clarence Kelley	1973~1978
제임스 애덤스 James Adams	1978
윌리엄 웹스터 William Webster	1978~1987
존 오토 John Otto	1987
윌리엄 세션스 William Sessions	1987~1993
프로이드 클라크 Floyd Clarke	1993
루이스 프리 Louis Freeh	1993~2001
토머스 피카드 Thomas Pickard	2001
로버트 뮬러 III Robert Mueller III	2001~2013
제임스 코미 James Brien Comey Jr.	2001~2017
크리스토퍼 레이 Christopher A. Wray	2017~

출처 : www.fbi.gov/about-us/history/directors/directors_then_and_now

승인을 받는다. 1976년 10월 15일, 존 에드거 후버가 장장 48년 동안 재임한 사례를 예방하고자 의회는 미 공법 94-503을 통과시켜 FBI 국장직을 최장 10년의 단임제로 제한했다.

FBI 행동과학부

행동과학부Behavior Science Unit(BSU)는 1972년 버지니아주 콴티코의 FBI아카데미에 설립되었다. FBI아카데미의 유서 깊은 연구와 훈련 및 자문 활동을 바탕으로, 행동과학부는 법집행과 정보 및 군사 공동체를 지원하는 행동 기반 프로그램 기술과 전략 및 절차를 개발했다. 바로 여기에서 존 더글러스의 지휘 아래 '연쇄살인범serial killer'이라는 용어가 만들어지고, 범죄 수사 분석과 '프로파일링'이 개발되었다. 이 프로그램 중 다수가 독립적인 프로그램과 부서 및 센터로 발전했다. 국립폭력범죄분석센터(NCAVC), 언더커버 세이프가드부Undercover Safeguard Unit, 위기협상부, 인질구출팀 및 직원지원부 등이 이에 해당한다(O'Block, 2010).

　1977년, 행동과학부의 수장인 존 더글러스는 밥 레슬러 요원과 함께 감옥에 있는 범죄자들을 인터뷰하는 연구 프로젝트를 시작했다. 더글러스는 레슬러에게 범죄자들이 왜 그리고 어떻게 범죄를 저질렀는지 그들의 시각에서 알아보자고 제안했다. 두 사람이 인터뷰하기로 한 첫 번째 흉악범은 에드 캠퍼였다. 캠퍼는 캘리포니아에서 여러 건의 종신형을 살고 있었다. 인터뷰하기 전, 그들은 캠퍼에게 사건 파일을 꼼꼼히 조사하고 왔으니 속임수를 쓰지 말라고 경고했다.

　몇 시간 동안 이어진 캠퍼와의 인터뷰는 범죄 동기 등 강력범죄에 대한 중요한 정보를 제공했다(Douglas & Olshaker, 1995, pp. 113-115). 요원들이 확인한 첫 번째 중요한 가르침은 조종, 지배, 통제가 연쇄 폭력범들의 세 가지 암호라는 것이다. 더글러스에 따르면, 그들의 모든 행동과 생각은 범죄가 없었다면 불만족스러웠을 삶을 만족시키는 쪽으로 향했다. 두 번째, 연쇄 강간범 또는 살인범의 범죄를 진화시키는 데 판타지가 결정적인 역할을 한다는 것이다. 일찍부터 발전한 캠퍼의 판타지도 섹스와 죽음을 내포하고 있었다. 그가 어릴 적에 여동생과 함께 놀려고 만든 게임에는 마치 가스실에 있는 것처럼 그를 의자에 묶는 것이 포함되어 있었다.

세 번째, 판타지에서 현실로 넘어가는 여러 단계의 확장이 존재한다. 흔히 포르노나 소름 끼치는 동물 실험, 또래에 의한 학대가 이 확장을 자극한다. 범죄자는 특히 학대당한 경험을 부당한 대우로 인식하고 범행을 이에 대한 '복수'로 간주한다. 캠퍼의 경우에도 신체 크기와 성격 때문에 다른 아이들에게 따돌림당하고 괴롭힘을 받았다. 그는 집에서 기르던 두 마리의 고양이를 토막 내고 누나의 인형 머리를 자르는 등 복수를 연습했다.

캠퍼가 품었던 최고의 판타지는 자신을 지배하고 학대하는 어머니를 없애는 것이었다. 그러나 범죄자가 자기 원한의 중심에 직접 분노를 표출하는 경우는 거의 없다. 캠퍼의 경우에도 조부모를 살해하고 복역한 후 출소하여 많은 여성을 살해한 뒤에야 어머니와 어머니의 친구를 살해했다.

더글러스와 레슬러는 캠퍼의 사례를 바탕으로 범죄의 구성 요소를 범행 전과 범행 후 행동으로 나누었다. 캠퍼는 희생자들을 절단했다. 처음에는 이 행위가 가학적 변태성욕을 암시하는 것 같았다. 그러나 인터뷰를 통해 시신을 토막 내는 행위는 가학적 성욕이라기보다는 페티시에 가까우며, 판타지의 소유적인 측면과 관련이 깊다고 분석되었다. 그가 시신을 처리한 방법도 의미가 있었다. 초기 희생자들은 어머니의 집에서 먼 곳에 신중하게 매장했다. 하지만 후기 희생자들(어머니와 어머니의 친구)은 공개된 장소에 보이도록 내버려 두었다. 이는 캠퍼가 시신과 시신 일부를 차에 싣고 마을을 돌아다닌 행위와 함께, 그를 비웃고 거부한 공동체에 대한 조롱으로 보였다. 존 더글러스는 말한다. "예술가를 이해하고 싶으면 그 사람의 작품을 보라." 연쇄살인범들은 화가가 그림을 구상하는 것만큼 신중하게 그들의 '작품'을 계획한다. 분석은 범죄자와의 만남 및 상호작용에서 나오고, 나머지는 범죄자의 작품인 범죄 현장을 연구하고 이해하는 데에서 나온다(Douglas & Olshaker, 1995, p. 116).

이어서 진행된 10~12건의 인터뷰를 통해 범죄에 대한 교훈이 축적되었다. 그 결과, 범죄자의 심리 속에서 일어나고 있는 일과 범죄자가 범죄 현장에 남긴 증거 간의 상관관계를 입증하기에 이른다. 1979년 FBI 행동과학부에 50건의 프로파일링 요청이 쏟아졌고, 이듬해에는 축적된 사례의 양이 두 배가 되었다. 존 더글러스는 '범죄 성격 프로파일링 프로그램 매니저'라는 새로운 직함을 만들고, FBI 현장 사무소와 협력하여 지역 경찰서들로부터 사건 정보를 제출받았다.

폭력범검거프로그램

폭력범검거프로그램Violent Criminal Apprehension Program(VICAP)은 FBI의 중요 사건대응그룹Critical Incident Response Group(CIRG)이 지원하고 재정과 인적 구성을 담당하는 프로그램이다. VICAP 창설은 한 지역 형사의 아이디어였다. 바로 로스앤젤레스 경찰국 강력반Robbery-Homicide Squad의 피어스 브룩스 형사이다(Egger, 1990; Keefer, 1998; Taylor, 1998; Witzig, 2006).

브룩스는 연쇄살인범 하비 글래트먼 사건을 수사하는 동안 VICAP을 구상했다. 1950년대 초, 글래트먼은 강도죄로 복역했던 뉴욕주에서 로스앤젤레스로 이주했다(Newton, 1990). 그는 TV 수리점을 열고, 첫 살인사건 희생자로 당시 겨우 19세였던 주디 덜을 점찍고 그녀의 집을 방문했다. 사진 촬영이 취미였던 글래트먼은 주디에게 사진을 찍어 줄 테니 놀러 오라고 유혹했다. 1957년 8월 1일, 글래트먼은 집에 놀러온 주디를 데리고 탐정잡지 스타일의 사진을 몇 컷 찍고는 끈으로 묶고 강간했다. 그런 후 로스앤젤레스 외곽의 사막으로 데리고 가서 사진 몇 컷을 더 찍고 끈으로 목 졸라 죽였다. 그리고 희생자를 얕게 묻었다(Newton, 1990).

글래트먼의 두 번째 희생자는 셜리 브리지포드였다. 그는 독신자클럽에서 만난 셜리에게도 사진을 찍어 주겠다고 유혹했다. 1958년 3월, 그는 사막으로 셜리를 데리고 가서 마찬가지로 묶고 사진을 찍고 강간한 후 교살했다(Newton, 1990).

세 번째 희생자는 루스 머카도였다. 그녀는 1958년 7월 23일 글래츠먼의 아파트에서 사진이 찍힌 후 성폭행당했다. 그리고 마찬가지로 사막으로 끌려가 끈으로 목이 졸려 사망했다.

브룩스는 주디와 셜리 사건에 참여했다. 그는 두 사건을 검토한 후 희생자들이 필요 이상으로 많은 밧줄에 묶여 있음에 주목했다. 게다가 밧줄들이 한 줄 한 줄 팽팽하게 감긴 채 깔끔하게 배열된 점이 특이했다.

첫 두 희생자를 묶은 지나치게 여러 번 감긴 깔끔한 매듭은 이들이 살인범의 첫 희생자도, 마지막 희생자도 아님을 강하게 시사했다. 브룩스는 도시 내에서 일어난 모든 살인사건과 다른 관할권에서 발생한 살인사건 정보가 한곳에 모여 있다면 같은 살인자의 다른 희생자를 찾기가 더 쉬울 것이라고 생각했다. 컴퓨터! 연방정부가 1950년도 통계 계산에 이 새로운 기계를 사용하지 않았던가. 브룩스는 즉시 컴퓨터 구입을 알아봤지만, 당시 컴퓨터는 고가품 중의 고가품이었다. 그만 한 컴퓨터는 크기가 시청사 절반만 하고, 가격도 그 정도 된다는 사실을 알게 되었다(Taylor, 1998).

브룩스는 이 문제를 해결하기 위해 기초적인 폭력범검거프로그램(VICAP) 형식을 적용했다. 1년 반 동안 쉬는 날이면 로스앤젤레스 중앙도서관을 다니며 다른 지역의 신문들을 뒤지기 시작했다. 그리고 마침내 주디와 셜리 사건과 매우 유사한 살인사건 기사를 찾아냈다. 브룩스는 그 사건을 담당한 해당 지역 경찰국에 연락해 그들이 수집한 수사 정보와 자신의 정보를 통합하여 하비 글래트먼을 체포함으로써 세 건의 살인사건을 종결지었다(Witzig, 1995).

1981년, 브룩스는 폭력범검거프로그램 계획서를 작성하여 미 법무부 산하 연방 기관인 법집행지원국Law Enforcement Assistance Administration(LEAA)에 제출했다.

폭력범검거프로그램(VI-CAP)〔1984년에 하이픈이 없어졌다〕은 ICAP(통합범죄자검거프로그램)의 산물로, 전국적으로 유사한 패턴의 폭력으로 인한 모든 사망사건 수사 자료를 해당 지역이나 유관 경찰관 수와 무관하게 통합하고 분석하는 프로그램이다. 폭력범검거프로그램의 궁극적 목적은 복수의 살인사건을 저지른 범죄자 또는 범죄자들을 신속하게 식별하고 체포하는 것이다(Egger, 1990. p191에서 인용).

1981년과 1982년 법집행지원국(LEAA)의 지원 아래 일련의 폭력범 검거프로그램 계획회의가 열렸다. 1983년에는 샘휴스턴 주립대학에서 나중에 국립폭력범죄분석센터National Center for the Analysis of Violent Crime(NCAVC)로 불리게 될 기구의 창설을 논의하는 회의가 몇 차례 열려, 이 센터 내에 폭력범검거프로그램을 설치하기로 한다. 국립폭력범죄분석센터는 버지니아주 콴티코의 FBI 훈련기지에 위치하게 된다(Egger, 1990). 1983년 브룩스는 의회 증언에 나서 자신이 수립한 폭력범검거프로그램 이론을 발표한다. 2년 후인 1985년, 윌리엄 웹스터 FBI 국장은 브룩스가 국립폭력범죄분석센터 창설에 기여한 공로를 공식 인정했다(Keefer, 1998; Tylor, 1998).

1985년 5월 29일, 마침내 폭력범검거프로그램이 온라인으로 연결되었다. 워싱턴 DC에 있는 J.에드거 후버 본부 건물의 FBI 메인 컴퓨터에 국립폭력범죄분석센터를 연결시키는 역사적인 순간은 피어스 브룩스 몫으로 돌아갔다. 컴퓨터 앞에서 연결 버튼을 누른 브룩스는 초대 매니저가 되어 폭력범검거프로그램(VICAP)을 자신의 비전에 맞는 조직으로 만들어 갔다.

폭력범검거프로그램의 임무

1985년 당시 폭력범검거프로그램의 창설 목적은 다음과 같았다.

전국적으로 폭력범죄 패턴의 식별을 위해 분석할 데이터를 수집한다. 폭력범검거프로그램 보고서를 완성하고 사건을 제출하는 것은 임의적이지만, 그 중요성은 아무리 강조해도 부족하다. 하나의 사건 보고가 이루어지고 폭력범검거프로그램 직원의 분석이 이루어짐으로써 수백 수천 마일 떨어진 법집행기관들 간의 공조가 시작될 수 있고 폭력적인 연쇄범죄자를 신속하게 체포할 수 있다(Brooks, Devine, Green, Hart, & Moore, 1988, p.2).

1990년대 중반, 폭력범검거프로그램의 강령은 다음과 같이 다듬어졌다. "폭력범검거프로그램의 임무는 법집행기관들 간의 의사소통과 협력 및 협조를 촉진하고, 폭력적인 연쇄 및 반복적 범죄자들을 수사하고 확인 · 추적 · 체포하며 기소하려는 노력들을 지원하는 것이다"(VICAP, 2002, p.2).

폭력범검거프로그램 사건 유형

폭력범검거프로그램은 창설 이래로 다음과 같은 유형 및 종류의 사건들을 접수하고 분석했으며, 이는 지금까지 거의 변하지 않았다. 폭력범검거프로그램은 다음과 같은 종류의 사건들에 특히 잘 작동한다.

- 해결되거나 미해결된 살인 및 살인미수. 특히 납치가 포함된 사건, 무작위적, 동기가 없거나 성적인 또는 연쇄살인의 일부로 알려지거나 의심되는 사건.
- 실종 사건. 정황상 범죄 가능성이 높고 희생자가 여전히 실종 상태인 사건.
- 정체불명의 시신들로, 사망 방식이 알려지지 않았거나 살인사건으로 의심되는 경우.

- 아동의 납치 및 납치 미수.
- 해결 또는 미해결된 성폭행 및 성폭행 미수 사건.

살인 및 살인미수

폭력범검거프로그램이 시행된 지 수십 년이 지났지만, 여전히 폭력범검거프로그램의 전국적 데이터베이스에 제출될 수 있거나 제출되어야 하는 사건의 유형과 종류에 대해 법집행기관들 사이에 혼란이 존재한다. 폭력범검거프로그램이 미해결된 최근의 살인사건에만 관심을 가진다는 오해도 만연하다. 물론 최근 사건들이 포함되지만, 오래된 살인사건도 포함되어야 한다. 사건 수사에서 정보의 가치는 시간이 지나도 결코 감소하지 않기 때문이다.

어느 동부 주의 경찰국이 해결 처리된 8세 소녀 살인사건을 폭력범검거프로그램에 이첩했다. 피고인은 이미 유죄를 선고 받고 수감되어 있었다. 사건이 발생하고 거의 45년이 지난 후에 폭력범검거프로그램 데이터베이스에 보내진 것이다. 1~2년 후, 중부 주의 경찰국이 미해결된 7세 소녀 살인사건을 프로그램에 보냈다. 폭력범검거프로그램은 두 사건을 피해자 분석과 가해자 범행수법(MO) 측면에서 분석하였다. 분석 결과, 두 사건의 유사성이 드러나 수사관들에게 통보되었다. 미해결 사건을 재수사하면서, 주 수사관들은 수감 중인 범인이 다른 살인도 저질렀다고 믿을 만한 상당한 근거를 찾아냈다. 이제 60대가 된 소녀의 부모는 경찰로부터 딸의 살인사건이 해결되었다는 말을 들을 수 있었다. 명백히 오래된 살인사건들, 이미 해결되었거나 미해결된 사건도 데이터베이스에 포함되어야 하는 이유이다.

사망사건 수사관들은 대개 해결된 사건에는 동료들이 관심이 없을 것이라고 생각한다. 그러나 해결된 살인사건은 사건 해결의 객관적인 교훈 외에 범인과 희생자, 그리고 범행수법에 대한 정보를 제공한다. 이 정보들은 사건들 간의 연관성을 찾아 사건들을 비교·대조할 때 매우 귀중한 자료가 된다. 범죄자를 확인하고 그 사람이 한 차례 이상의 살인을 저질렀다고 판단될 때, 다른 미제 사건(체포되거나 기소장이 전달되어 당국이 해결되었다고 믿는 사건 포함)의 데이터베이스를 검색하는 것만으로도 범인과 그의 희생자, 범행수법 정보를 얻을 수 있다.

살인미수 사건을 폭력범검거프로그램 데이터베이스에 반드시 제출 및 보고해야 하는 이유는 두 가지다. 우선, 살인미수는 연쇄살인사건을 해결하는 단서가 될 수 있다. 해리스와 토머스, 피셔, 허쉬(2002)는 의학이 그 어느 때보다 폭력범죄의 피해자들을 성공적으로 치료하고 그들의 생명을 구하고 있다고 지적했다. 1960년에서 1999년 사이에 폭력범죄로 인한 사망률은 70퍼센트나 감소했다. 이는 범인이 희생자를 죽일 만큼 충분히 노력하지 않아서가 아니라, 피해자가 사망하지 않았거나 의료적 보살핌으로 사망하지 않았다는 의미다.

살인미수 사건의 보고가 중요한 두 번째 이유는, 살인자의 통제권에 들어간 사람들이 모두 죽지는 않기 때문이다. 연쇄살인의 생존자들은 경찰에 귀중한 정보를 제공하여 살인자의 범죄 이력을 단축시킬 수 있다. 수많은 살인미수 사건들 가운데 미해결 연쇄살인사건과 딱 들어맞는 사건을 찾기란 쉽지 않다. 살인사건들을 연관 짓기란 언제나 쉽지 않았다. 사건 분석과 매칭 기술은 사건의 어떤 면을 연결시켜야 하는지를 아는 것이 핵심인데, 여러 사실의 배후에 존재하는 사소한 단서들에서 특이점을 도출해 내야 한다.

이제는 사망한 연쇄살인범 테어도어 번디는 모든 잠재적 희생자를 살해하지는 않았다. 로버트 D. 케펠(1995)은 1974년 7월 중순에 번디가 워싱턴 시애틀 인근의 새머미쉬호수 주변에서 희생자를 사냥하고 있었다고 적었다. 번디는 왼쪽 팔에 깁스를 하고 젊은 여성에게 접근해 차에 무언가를 싣는 것을 도와달라고 요청했다. 여성은 그의 차로 함께 갔지만, 차에 타지 않고 살인마에게서 벗어났다. 나중에 다른 여성인 제니스 오트가 번디와 함께 있는 것을 보았다는 목격자가 나타났으나, 제니스는 살아 돌아오지 못했다. 그날 오후에도 번디가 몇몇 여성과 수다를 떨고 있는 모습이 목격되었다. 나이 어린 데니스 내스런드도 그중 한 명이었고, 그녀도 살아 돌아오지 못했다.

워싱턴 스포케인의 로버트 예이츠는 또 다른 사례이다. 그는 2000년 10월, 스포케인 인근에서 13명의 여성을 살해한 혐의를 인정했지만 그의 살해 시도가 늘 성공한 것은 아니다(Fuhrman, 2001). 로버트는 이스트 스프레이그가에서 매춘부들을 골라 몇 명을 살해했다. 1998년 8월, 로버트에게 선택된 크리스틴 스미스는 로버트의 밴 뒤쪽에 탑승했고, 머리에 엄청난 충격을 받았다. 크리스틴은 밴에서 내려 도망쳐 치료를 받았다. 1년 후 치료 과정에서 촬영한 X레이 결과, 크리스틴이 머리에 입은 충격은 사실 총상이었음이 밝혀졌다. 경찰은 로버트가 소유했던 밴을 수색해서 25구경 총탄 상자와 소모된 총알을 발견했다(Fuhrman, 2001). 크리스틴은 뒤늦게라도 당국에 공격자에 대한 정보를 제공할 수 있었고, 이로써 범인을 특정할 수 있었다.

스포케인카운티에서 유죄를 인정한 로버트는 워싱턴주 피어스 카운티에서 일어난 두 건의 살인사건에 대해서도 재판을 받았다. 1997년 12월 시신이 발견된 멜린다 머서와 1998년 10월 13일 시신이 발견된 코니 라파운틴 엘리스 살인사건이었다. 로버트는 유죄판결을 받았고, 배심원은 그에게 사형을 선고했다.

실종 사건과 납치

실종자 처리에 대한 판단은 법집행관들이 직면하는 매우 어려운 결정이다. 우선, 납치 피해자나 성폭행 또는 살인의 표적이 될 수 있는 측면을 고려해 실종자의 나이와 취약성을 신중히 살펴야 한다. 미 법무부의 〈아동납치대응안The Child Abduction Response Plan〉은 다음과 같이 명시해 놓았다.

> 아동 실종 신고가 들어오자마자 이것이 실제 납치인지, 아동의 가출인지, 단순 미아인지, 유기인지, 또는 아동의 사망이나 기타 가족 문제를 숨기기 위한 거짓 신고인지를 판단하는 것은 매우 어려운 과제이다. 이 주요한 초기 사실평가에 따라 해당 법집행기관의 향후 조치가 결정된다(U.S., Department of Justice 1998, p.1).

청소년이건 성인이건 실종자의 위치가 파악되지 않으면, 실종자에 대한 평가와 이에 따른 적절한 조치를 취한 후 해당 사건을 폭력범검거프로그램에 보내어 데이터베이스에 등록해야 한다. 1985년 워싱턴 킹카운티의 보안관사무소 소속이자 그린리버 TF팀의 일원인 데이비드 레이커트 형사는 범죄자의 선호 피해자 유형이 파악되면, 이후에는 해당 유형에 부합하는 실종자들을 집중 조사한다고 했다. 그 과정에서 의료기록과 치과 차트, 엑스레이 등 실종자들에 관한 정보를 최대한 많이 수집한다. 그린리버 살인사건의 피해자들은 발견 당시 유골밖에 남아 있지 않았다. 그러나 TF팀이 미리 조사한 덕분에 발견된 잔해를 실종자 보고 기록과 비교하였고, 하루 이틀 만에 뼈 조각의 주인을 확인할 수 있었다.

3D 안면인식 및 DNA 기술로 12세 여아 정체 확인

실종자의 신원 확인은 여러 수사기관의 협력으로 이루어지는 경우가 많다. 유타주의 12세 아동 실종 사건 역시 미드베일 솔트레이크시티 경찰서와 지역 검시소의 수사관 및 조사관들을 비롯하여 유타 공간 정보유통관리 기관의 지나 맥닐, 국립실종및착취아동센터(NCMEC)의 법과학자 J. 물린스의 노력이 합해져 해결될 수 있었다. 이들의 노력 덕분에 12세 아동의 유골은 정체가 파악되었고, 가족은 아이를 떠나 보내 줄 수 있었다.

1999년 10월, 당시 19세였던 니콜 바콜스(친구와 가족들은 '니키'라고 불렀다)는 서부의 솔트레이크로 향하는 비행기에 올랐다. 이것이 어머니가 본 딸의 마지막 모습이었다. 니키는 젖먹이 딸을 데리고 워싱턴에 와 있다가 돌아가는 길이었다. 워싱턴주 출신인 니키는 1997년 남자친구와 유타로 이사를 했다. 그러나 둘의 관계는 평탄치 않았고 유타에 간 후 약물도 하기 시작했다. 몇 차례 경찰과 마찰을 빚은 후 약물치료 프로그램을 받은 끝에, 어머니 증언에 따르면 워싱턴에 왔던 니키는 "새사람"이 되어 있었다. 그러나 전 남친이 돌아오라고 연락을 하기 시작했다. 임신 중인 데다가 여전히 사랑하는 마음이 컸던 니키는 돌아가기로 결심했다. 그렇게 두 달 뒤 니키는 딸을 출산했다.

처음에는 문제가 없어 보였고, 어린 딸을 데리고 여러 번 어머니를 만나러 오기도 했다. 하지만 딸이 마지막으로 워싱턴에 왔을 때 어머니는 뭔가 잘못됐다는 것을 느낄 수 있었다. 니키는 다시 약물에 손을 대기 시작했고, 이미 두 차례나 경찰에 연행된 후였다. 2000년 초, 사회복지사가 미드베일에 위치한 니키의 집에서 아이를 격리시킨 후 니키는 양육권을 잃었다. 2000년 3월, 니키로부터 걸려온 마지막 통화에서 어머니와 니키는 딸의 양육권 문제를 의논했다. 이후 누구도 그녀의 소식을 들은 사람은 없었다. 니키는 사라졌다.

몇 년간 어머니는 딸을 찾으려고 여기저기 수소문하고 쫓아다녔으나 아무런 소득이 없었다. 결국 2003년에 실종 신고를 했다. 그러나 딸의 흔적은 그 어디에도 없었고, 그렇게 10년이 흘렀다.

2011년 말, 유타주 실종자 웹사이트를 보던 어머니는 2000년 10월 그레이트 솔트레이크의 남부 강변 솔테어 지역에서 발견된 신원 미상 사체의 데이터를 바탕으로 재현한 얼굴 이미지를 보게 되었다. 유골은 17~20세 사이의 백인 여성으로 추정되었다. 굽실거리는 밝은 갈색의 긴 머리는 어깨 아래까지 내려왔다. 해당 이미지는 장기 미제 실종 사건 해결을 위해 2009년 국립실종및착취아동센터가 복원한 2차 3D 안면 이미지 중 하나였다. 니키의 어머니는 유타 공간정보유통관리 기관에 연락해 솔테어에서 발견된 시신이 자신의 딸과 유사하다고 알렸다. 2012년 7월 24일, 북텍사스대학 연구소는 미상의 유골과 실종자의 DNA가 일치한다고 결론내렸다(NCMEC, 2012).

출처: 국립실종및착취아동센터(NCMEC), 2012년 8월 11일 해당 사건의 게재를 허락

정체불명의 사망자

정체불명의 사망자 수사는 실종 사건과 유사하다. 정체불명 피해자의 살인사건 수사는 시작부터 난관에 부딪힌다. 우선, 시신 발견 장소를 단서 삼아 다중살인범a multiple murderer과의 연관성을 찾을 수 있다. 2001년 마크 펄만의 연구에 따르면, 스포케인 연쇄살인의 피해자인 로리 A. 워슨, 션 맥클레너한의 시신은 스포케인의 공터에 한 구씩 쌓아 올린 형태로 발견되었다. 1970년대 초에도 살인범 테드 번디가 하루에 두 명의 여성을 납치해 같은 장소에서 모두 살해한 사건이 있다.

그러나 당시 진행 중인 연쇄사건과의 연관성을 확인할 수 없는 경우라면, 사망자의 정체부터 밝히는 것이 살인사건 수사의 최우선 과제가 된다. 따라서 정체불명의 사망 사건도 폭력범검거프로그램 데이터베이스에 포함시켜야 한다.

성폭행

오랫동안 성폭행은 폭력범검거프로그램(VICAP)에 포함되지 않았다. 그러나 2004년 폭력범검거프로그램 범죄분석 보고서가 개정되면서 성폭행도 데이터 수집 영역에 포함되었다. 로버트 로이 헤이절우드가 작성한 강간 피해자 행동중심면담을 기초로, 2002년 7월 폭력범검거프로그램 관련 부서에서 질문 내용을 검토하였다(Hazelwood & burgess, 2009). 마침내 2002년 12월, 폭력범검거프로그램 자문위원회가 검토 의견을 첨부해 데이터 수집 영역의 변경을 승인하였다.

폭력범검거프로그램 평가

폭력범검거프로그램이 설립되고 10년째 되던 해인 1995년, 폭력범검거프로그램의 프로그램 수행에 대한 경영 분석이 실시되었다. 이를 통해 다음의 4가지 결론이 도출되었다(Meiter, 1998).

- 연간 발생하는 2만 1천~2만 5천 건의 살인사건 중 폭력범검거프로그램에 제출되는 사건은 3~5퍼센트에 불과함.

- 1995년 기준 연간 150건(1985년 상반기)에서 1,400건에 이르는 사건이 제출됨. 이 수치는 해당 연도에 보고된 총 살인 건수의 극히 일부에 불과함(1991년 한 해에만 2만 4,526건의 살인이 보고됨). 살인사건 발생이 잦은 도시와 도심권의 범행들이 폭력범검거프로그램에 보고되지 않아 '도심권 공백'을 초래함.

- 프로그램 사용자에 따르면, 폭력범검거프로그램의 범죄분석 보고서는 질문이 너무 많고 복잡하여 작성하는 데 오랜 시간이 걸림. 1986년 세 권 분량의 폭력범검거프로그램 보고서는 190개 질문으로 이루어진 15페이지 분량으로 축소되고, 네모 칸에 체크하는 형식의 강제선택 방식을 채택함(Howlett et al., 1986, p7). 그러나 이 개정된 보고서 역시 번거롭다는 사용자 반응을 얻음.

- 폭력범검거프로그램 사용자들 사이에 "블랙홀" 개념이 등장. 폭력범검거프로그램이 거대한 중력으로 모든 것을 빨아들이는 우주 블랙홀처럼 모든 정보를 흡수한 뒤 정작 그 어디서도 활용되거나 유통되지 않는다는 불만이 제기됨. 결국 소통 노력이 부족하다는 비판에 직면함.

1994년 범죄 법률 제정

폭력범검거프로그램의 변화를 이끌어 낸 첫 번째이자 주요한 자극제
는 1994년 제정된 '강력범죄 통제와 사법집행에 대한 법률the Violent Crime
Control and Law Enforcement Act of 1994'이었다. 이를 통해 폭력범검거프로그램
의 파일럿 프로그램 개발을 지원할 법적 근거가 마련되었다. 목표는 연
쇄 강력범죄 정보를 수집·정리·조직·분석할 지능 정보 시스템을 개
발하는 것이었다.

폭력범검거프로그램(VICAP) 범죄분석관들은 범죄분석 보고서에 대
한 상세한 검증 작업에 돌입, 질문 항목을 190개에서 95개로 줄였다. 여
기에 1986년에는 불가능했던 컬러프린팅 기술, 발전된 레이아웃과 디자
인이 더해져 새로운 폭력범검거프로그램 데이터 입력 형식은 부담 없고
매력적이면서도 다루기 쉬운 도구로 탈바꿈했다.

1990년대 중반에는 컴퓨터 하드웨어와 소프트웨어 분야에서 획기적
인 발전이 이루어져, 폭력범검거프로그램의 새로운 소프트웨어(NEW
VICAP)를 중앙컴퓨터 플랫폼에서 데스크탑 플랫폼으로 전환할 수 있게
되었다. 과거 소수의 분석관들만 접근할 수 있었던 데이터를, 이제는 각
자의 서버 환경에 최적화된 폭력범검거프로그램 소프트웨어를 사용하
는 법집행기관 소속 직원이면 누구나 열람할 수 있는 시스템이 구축된
것이다.

폭력범검거프로그램망

폭력범검거프로그램의 새로운 소프트웨어(NEW VICAP)의 고객 서버 소
프트웨어 애플리케이션 개발에는 FBI 외부 인력도 참여했다(ViCAP의

소문자 'i'는 1990년대 후반부터 공식 사용되었다. 여기서는 혼란을 줄이기 위해 따로 구분하지 않고 VICAP로 표기한다). 현재 미국의 법집행기관들에는 VICAP 소프트웨어가 배포되어 자체적인 시스템 접속과 데이터 접근 및 분석을 돕고 있다. NEW VICAP 소프트웨어의 네트워크 버전을 통해 경찰 내 부서, 카운티, 주, 그리고 전국 차원에서 강력범죄 정보를 공유하고 있다.

인트라넷에서 데이터가 전송되지 않을 때에는 FBI가 지원하는 또 다른 도구인 LEO(온라인 법집행Law Enforcement Online)를 사용한다. LEO 역시 법집행기관 직원이면 누구나 신분 확인을 거쳐 회원 등록을 할 수 있다. LEO의 이메일 도구는 암호화된 채널을 사용하기 때문에 다른 이들에게 노출될 위험이 없다.

NEW VICAP 유틸리티의 변화는 중앙관제식 플랫폼에서 어느 기관과도 소통할 수 있는 사용자친화적인 고객 서버 환경으로 변화했다. NEW VICAP 소프트웨어가 제공하는 기능을 간략히 정리하면 다음과 같다.

- 강력사건 사례 연결
- 미제 사건 분석 진행
- 동향 파악
- 강력사건의 '어떻게'와 '왜' 규명
- 기관 근무자들에게 강력사건 보고 시스템 제공

범죄 매칭

New VICAP 소프트웨어는 폭력범검거프로그램에 수집된 데이터베이스를 기반으로 전국 어디에서나 이용할 수 있는 동일한 유형과 종류의 범죄 매칭 기능을 제공한다. 사용자는 시스템에 입력된 모든 정보를 불러올 수 있고, 입력할 수도 있다. 이때 주 메뉴를 선택하면 하위 메뉴들이 나타나는 드롭다운drop-down 방식을 적용히여 데이터 입력에 필요한 타이핑 수를 최소화하고 오타 발생률도 낮췄다(오타가 발생하면 정보 검색이 어려울 수 있다). 주관식으로 입력된 데이터는 일단 대화 박스로 저장된다. 서술 내용이 데이터로 저장되는 기능도 있다. 데이터의 중복 입력을 방지하기 위해 핵심 단어나 표현은 단어 처리 프로그램을 거쳐 입력된다.

이렇게 New VICAP에 입력된 데이터만 검색 및 추출될 수 있다. 데이터베이스에 축적된 모든 양자택일 항목 및 텍스트 데이터가 범죄 사건 비교 시 열람되기 때문에 세부적인 데이터 입력 시스템이 매우 중요하다. 범죄유형을 입력하면 범죄분석관Crime Analysts/Case Analysts(CA)은 공격 정보나 행동을 선별하여 유사한 특성을 보이는 사건들을 데이터베이스에서 찾는다. 이런 방식으로 같은 공격자일 가능성이 있는 두 개 이상의 사건을 확인하거나, 공개된 미해결 사건을 이미 알려진 공격자의 이동경로 및 활동 시간 순서와 맞추어 본다.

NEW VICAP 소프트웨어의 또 다른 특징은, 피해자 또는 현장 사진을 데이터베이스에 등록해 특정 사건과 연관지어 활용할 수 있다는 점이다. 서면으로 작성된 현장 기록은 피해자와 관련된 세부 사항을 모두 잡아낼 수 없는 데 반해, 현장 사진 안에는 모든 사항이 담길 수 있다. 사건 파일과 사진은 시간이 지나면 사라지지만, 데이터베이스에 등록된 데이터는 유실 위험 없이 몇 십 년 후에도 범인 검거에 활용될 수 있다.

미제 사건 분석

폭력범검거프로그램 도입 후 20여 년이 지나면서 초기에 일을 시작한 형사들은 은퇴할 나이가 되었다. 노련한 살인사건 형사가 팀을 떠나면, 그 형사가 가진 모든 사건 지식도 함께 사라진다. 그러나 컴퓨터데이터베이스에 입력된 정보는 절대 사라지지 않는다. 올바르게 등록되고 백업된 데이터들은 사라지지 않는다. "6년 전 동남부 테네시 거리 200번 블록의 뒤쪽 골목에서 발생한 살인사건은 어떤 내용인가?"라는 질문의 답이 언제나 준비되어 있다.

터너와 코사(Turner and Kosa, 2003)는 미제 사건 전담팀이 다음과 같은 이유로 만들어진다고 말한다.

그 규모와 상관없이 법집행기관들은 증가하는 범죄율, 인력 부족, 예산 감소에 대비하지 못한다. 증가하는 범죄율은 기관의 수사·행정 자원에 부담이 된다. 범죄가 더 많이 일어난다는 것은 소수의 사건들만 수사가 진행된다는 뜻이고, 이후 발생하는 사건들에는 적은 기회가 주어지거나 이미 과중한 업무에 시달리는 수사 인력이 개인적으로 담당하는 사건이 많아진다는 의미다. 부서 이동, 은퇴 등의 인사 변화가 수사 부서들로 하여금 더 젊고, 아직 경험이 없는 수사관들의 수사에 의존할 수밖에 없게 만들며, 이런 경우 수사는 대부분 성공하지 못한다(p. 1).

폭력범검거프로그램 툴은 장기 혹은 미제 사건들을 저장해 나중에 평가를 거쳐 다시 수사할 수 있는 기회를 제공한다. 게다가 이 프로그램의 증거 추적 능력은 갈수록 향상되어 과거에 그냥 지나쳤던 증거도 새로운 이야기를 들려줄 가능성이 커졌다.

폭력범검거프로그램의 현재

오늘날의 폭력범검거프로그램은 테러 위협을 담당하는 BAU-1, 성인 범죄를 담당하는 BAU-2, 아동범죄를 담당하는 BAU-3, 센터 연구팀 구성 부서 중 하나인 행동연구그룹과 함께 여전히 FBI의 주요 사건 대응 그룹Critical Incident Response Group(CIRG)에 소속된 국립폭력범죄분석센터 (NCAVC)의 일부이다. 국립폭력범죄분석센터는 전 세계에서 일어나는 다음 유형의 사건들에 다양한 층위의 지원을 제공하고 있다.

- 아동 유괴child abduction 혹은 아동의 미스테리한 실종
- 연쇄살인serial murder
- 단일 살인single murder
- 연쇄성추행Serial sexual assaults 혹은 강간rapes
- 부당취득extortion
- 협박Threats
- 납치kidnapping
- 제품 부당변조product tampering
- 방화와 폭탄공격arson and bombing
- 대량살상무기weapons of mass destruction
- 공직 부패public corruption
- 국내/국제 테러domestic and international terrorism

요약하자면, 폭력범검거프로그램(VICAP)은 미국에서 가장 큰 강력사건 수사 데이터베이스를 유지하고 있다. 살인, 성폭행, 실종자, 그리고

정체불명 사체의 정보를 수집 및 분석하고자 디자인된 웹 기반의 데이터정보센터인 것이다. 법집행기관 간의 협력과 협업을 도모하고 기관들이 강력범죄자들, 특히 관할구역을 넘나드는 자들을 체포하고 기소하는 일을 지원하는 것이 폭력범검거프로그램의 사명이다.

1985년 사법부에서 폭력범검거프로그램을 만든 이후 4천 곳이 넘는 법집행기관이 사건 보고에 참여하여, 2013년 현재 8만 4천 건이 넘는 사건이 데이터베이스에 등록된 상태이다. 시스템에 사용자로 등록된 수사관과 분석관만도 4천 명이 넘고, 이들은 일 단위로 소통하는 전국적인 전문적 네트워크를 형성하고 있다.

2008년 여름, 보안 인터넷 링크를 통해 모든 법집행기관에 데이터베이스가 공개되면서 VICAP 웹 프로그램에 대한 접근성이 극적으로 개선되었다. 실시간으로 데이터베이스에 접근할 수도 있고, 사건을 업데이트할 수도 있다. 최근에는 폭력범검거프로그램이 지난 30년간 발생한 5백 건의 고속도로 연쇄살인사건들과 관련해 고속도로 인근에서 사체가 발견된 지점을 표시한 지도를 제작해 공개하기도 했다.

기타 연방 수사 부서

국토안보부DEPARTMENT OF HOMELAND SECURITY

2001년 9·11 테러 직후 조지 W. 부시 대통령이 발표한 국토안보부 Department of Homeland Security(DHS) 계획안이 현 국토안보부의 초석이 되었다. 부시 대통령은 테러로부터 나라를 보호할 국가적 전략을 수립하고자 했다(Borja, 2008). 2003년 3월, 국토안보부에 22개의 기존 국이 흡수되었다(Viotti, Opheim & Bowen, 2008). 국토안보부는 9 · 11 테러 이후 연방의 수사 부서들 간의 정보 공유 및 조직화와 협력이 부족하다는 지적을 수용하여 탄생했다(Ward, Kiernan, & Mabrey, 2006). 국토안보부의 주요 임무는 미국 내외의 테러 공격 예방, 국가적 대테러 취약성 축소, 잠재적 테러 공격과 자연재해로 인한 피해 경감 및 최소화 등이다(Ward et al., 2006).

이에 따라 항구 및 국경 보안, 출입국 및 세관, 이민법 관련 수사 등에 비용을 지출한다(Viotti et al., 2008). 미이민세관집행국U.S Immigration and Customs Enforcement(ICE)은 국토안보부의 주요 수사 부서로, 미국 내 출입국 및 세관법 시행(U.S. ICE, 2012년)도 담당한다. 국토안보수사국Homeland Security Investigations(HSI) 국장은 미이민세관집행국 내에서 이민자 범죄, 인권침해, 금융 범죄, 사이버범죄, 마약, 무기 및 각종 불법 운동 관련 범죄를 수사한다. 집행및퇴거운영국Enforcement and Removal Operations(ERO)은 국가 안보에 위협이 되는 불법체류 외국인 및 유죄판결을 받은 범죄자의 체포 및 추방을 담당한다(U.S ICE, 2012).

국경 강화 및 수사와 관련해서는 2002년 제정된 국토안보법Homeland Security Act에 따라, 과거 관세청과 이민귀화국Immigration and Naturalization Service 및 농무부Department of Agriculture가 담당했던 책임을 미관세국경보호청U.S. Customs and Border Protection(CBP)이 맡게 되었다. 미관세국경보호청에서 전체 국경 관련 집행을 담당하여 출입국관리, 세관, 농작물 검사에 요원들을 배정한다. 이와 관련해 미국경순찰국U.S Border Patrol(USBP)은 입국 지점 간의 집행 임무를 수행한다. 미국 내 불법 입국과 밀수품의 국경 이동을 막는 데 초점을 맞추는 한편(Haddal, 2010), 합법적인 이민을 통해 시민이 되고자 하는 이주자들을 시민권 · 거주시설 · 보호시설 요청을 처리하는 미이민국U.S Citizenship and Immigration Services(USCIS)에 연결해 준다(USCIS, 2012).

국토안보부는 또 자연재해와 인재로 인한 재해에 대응하고자 재난대비·대응부Emergency Preparedness and Response Directorat 산하에 관련 기관들을 합병하였다. 미연방재난관리청Federal Emergency Management Agency(FEMA)은 국토안보부의 비상 대응 부문을 담당하여, 재난으로 인한 피해를 줄이고 재난에 대응하는 국가적 통합 노력을 조정할 책임을 맡았다(Viotti et al., 2008). 미연방재난관리청은 응급의료 차원을 넘어 비상계획, 재해 후 재건을 위한 재정 지원, 응급의료요원 훈련을 제공하는 기관으로 조정되었다(Ward 등, 2006). 그러자 재난 발생 시 대응 전략을 조정하고 조직하는 미 연방재난관리청의 능력이 저하됐다는 비판이 쏟아졌다. 실제로 국토안보부에 소속된 하나의 기관으로의 전환은 자연재해에 대한 전략적 대응이라는 기존의 조직 목표와 상관없는 테러리스트와 국가 위협 근절에 초점이 맞춰졌다(Viotti et al., 2008).

기타 국토안보부의 산하 기관에는 해안경비대Coast Guard, 비밀경호국Secret Service, 교통안전국Transportation Security Administration, 정보기관 그리고 화학·생물·방사능·핵전쟁 대비와 관련 있는 방위기관들이 있다.

주류·담배·화기 단속국(ATF)

주류·담배·화기 단속국BUREAU OF ALCOHOL, TOBACCO, AND FIREARMS(ATF)의 뿌리는 200여 년 전 미국 최초로 성문화된 세금 징수 의무로 거슬러 올라간다. 이후 ATF는 80년 이상 재무부 아래에 있다가, 2002년 국토안보법에 따라 법무부 소속이 되었다. 그러면서 주류에 대한 관세가 사라지고 총, 담배, 주류 규제 위반 및 폭발물 조사에 초점이 맞춰졌다(U.S. Department of Justice, 2009). 일반적으로 담배, 주류, 총, 폭발물의 불법 제조 및 판매·양도 등이 ATF의 적발 대상이다. 그러면서 테러 활동 자금의 잠재적 원천이 될 수 있는 불법 밀매를 적발하는 작전과 테러 공격 예방이 ATF 권한에 포함되었다(Krouse, 2011).

ATF의 주요 목표는 미국 전역에서의 총기 관련 법의 시행과 총기 관련 폭력의 감소이다. 미 의회도 이른바 '총기 밀반입 프로젝트'로 불리는 미국과 멕시코 남서쪽 경계선을 강화하기 위해 ATF에 추가 충당금을 지급했다. ATF는 불법 총기 거래와 멕시코로의 무기 이동을 막고자 멕시코 정부와도 협력 관계를 발전시켜, 2008년 미국과 멕시코 간 마약 및 무기 밀매 관련 폭력을 퇴치하자는 메리다 이니셔티브Mérida Initiative를 체결했다. 이 계획에 따라 ATF는 스페인어 버전의 총기 추적 소프트웨어e-Trace를 배포하고, 미국과 멕시코 간 탄도 증거 교환 프로그램(Krouse, 2011)의 설립을 촉진하는 예산도 책정했다. 총기 유통 규정 준수와 총기류의 불법 총기시장 밀반출 차단을 위한 연방의 총기면허 관리도 ATF의 책임이다. 이처럼 ATF는 미국 내 지역사회에서 총기폭력 예방 지원 활동을 이끌어 내고, 무장 범죄자들을 조사 및 기소하고, 범죄 집단에 침투하고, 불법적으로 획득한 총의 출처를 밝혀내는 등 총기폭력 예방 전반에 관여하고 있다(Krouse, 2011).

방화 사건 수사와 방화 및 폭발 사건에 대한 대응, 폭발물의 제조·유통·수입을 다루는 연방법의 집행 책임도 ATF에 있다. 이에 따라 ATF는 모든 방화 및 폭발 사고 기록을 담당하여 미국 전역의 최초 대응자들이 이를 이용할 수 있도록 돕는다. 또한, 폭발물 관련 법에 따라 폭발물 도난 조사, 금지자의 폭발물 취득을 막는 신원 조사, 3년마다 면허 및 허가자에 대한 준수 검사를 실시한다(Krouse, 11).

담배와 주류 남용 단속은 일반적으로 관련 범죄의 비폭력성 때문에 우선순위가 낮게 매겨진다. 이러한 업무 중 상당수가 재무부의 주류·

담배 · 세무 · 무역부Alcohol and Tobacco and Tax and Trade Bureau(TTB) 관할인 탓에 ATF는 주류 제조 및 유통 관련 법률의 집행에는 상대적으로 소극적으로 임한다. 그러나 다른 범죄 자금 조달 수단으로 담배 밀매를 이용하는 대형 범죄 네트워크의 담배 밀매 행위는 지속적으로 수사하고 있다(U.S. Department of Justice, 2009).

국제기관

스코틀랜드 야드/메트로폴리탄 경찰

18~19세기에 런던이 성장하면서 법과 질서의 유지가 공공의 관심사가 되었다. 1828년 영국 의회는 경찰 법안을 도입했고, 이는 조직화된 경찰 서비스로 이어졌다. 10년 뒤, 해경과 런던 경찰이 메트로폴리탄 경찰 서비스와 통합되었다. 1914년, 여성 경찰이 편성되었다.

1843년의 맥노튼 사건은 정신이상에 대한 최초의 법적 검증으로 기록되었다. 나무세공사였던 다니엘 맥노튼은 당시 영국 총리이던 로버트 필의 비서 에드워드 드럼몬드를 총리로 오인하여 살해했다. 그는 총리가 자신에 대한 음모를 꾸미고 있다고 진술했다. 법원은 맥노튼에게 "정신이상을 이유로" 무죄를 선고했고, 그는 정신병원에 수감되어 여생을 보냈다. 그러나 이 사건은 대중의 분노를 불러일으켰고, 빅토리아 여왕은 법원에 더 엄격한 정신이상 검사법을 개발하라고 명령했다.

이렇게 성립한 '맥노튼 규칙McNaughton Rule'은 이후 영미형사법에서 배심원이 검사와 변호인으로부터 의료적 증언을 들은 후 정신이상을 판정하는 기준이 되었다. 범행 당시 피고인이 정신적 질병으로 인해 생긴 이

성의 결함으로 고통받느라 자신이 저지르는 행위의 본질과 특성을 이해
하지 못했거나, 알았더라도 자신의 행위가 잘못임을 알지 못했음을 증
명하지 못하면 정신이 온전한 것으로 추정하게 되었다.

런던 메트로폴리탄폴리스 서비스(MPS)의 본부인 스코틀랜드 야드
Scotland Yard[영국 런던경찰국의 별칭]는 런던을 중심으로 한 영국 대도시
주들인 그레이터런던Greater London 내의 법집행을 담당한다. 런던경찰국
은 전 세계에서 가장 오래되고 큰 경찰 중 하나로, 경찰의 국제적 상징이
되었다. MPS는 통상의 현지 경찰 임무뿐 아니라 왕족이나 정부 관료 및
외교관 보호와 반테러 기능 같은 전국적 임무를 수행한다.

역사적으로 스코틀랜드 야드가 담당했던 수사 중 가장 유명한 사건은
19세기 말에 일어난 잭 더 리퍼 사건이다. 이 연쇄살인범은 1888년 8월
부터 11월 사이에 이스트 런던에서 다섯 명의 여성을 살해한 것으로 알
려졌다. 1988년 이 사건 발생 100년이 되던 해, 영국의 대배우 피터 유스
티노브가 진행하는 TV 토크쇼는 이 책의 저자인 존 더글러스를 초청해
잭 더 리퍼 사건에 대한 프로파일링을 요청했다. 살인자의 행동 프로파
일링과 용의자 선택법 등 그 결과는 더글러스의 저서에 담겨 있다(Douglas
& Olshaker, 2000, pp. 62-80).

인터폴

인터폴Interpol(정식 명칭은 국제형사경찰기구ICPO)은 프랑스 리옹에 총국
을 둔 정부간기구로, 190개 회원국 간의 국제적 경찰 협력을 도와 국제
범죄를 해결하고 예방하는 임무를 수행한다. 1923년 국제형사경찰기구
International Criminal Police Commission(ICPC)라는 명칭으로 설립되어, 1956년 전
신 약호를 일반 명칭으로 채택했다.

인터폴은 비호환 정보 시스템과 언어의 장벽 때문에 생기는 정보 공유와 커뮤니케이션 상의 어려움을 해소하고, 경찰 커뮤니케이션과 'I-24/7'이라고 불리는 지원 시스템을 유지하여 정식 법집행기관과 중요한 정보를 공유한다. 이 데이터는 용의자의 정체 및 위치 확인을 돕고 법집행기관의 체포를 지원한다. 해당 용의자는 체포영장이 발부된 국제적 범죄를 저질렀을 수도 있고, 여러 국가에서 저지른 범죄에 관여했을 수도 있다. 범죄를 저지른 후 국경을 넘어 도주한 경우도 해당된다(Central Bureau of Investigation, 2012). 인터폴의 주요 임무는 마약 및 조직범죄, 금융 및 하이테크 범죄, 공공안전 및 테러, 인신매매, 부정부패, 체포되었다가 도주한 범죄자의 정체 확인 및 체포를 돕는 것이다. 응급 및 위기 대응은 부가 기능으로, 위기 상황에서 사고 대응팀을 파견하여 수사 및 분석 지원을 제공한다.

인터폴은 정치적 중립 유지를 위해 어떠한 정치적·군사적·종교적·인종적 개입과 활동도 금지하고 있다. 인터폴이 자체적으로 범죄자를 체포하지는 않기 때문에 범죄자를 수감하는 감옥도 없다. 인터폴은 회원국의 법집행기관과의 커뮤니케이션과 데이터베이스를 지원한다.

인터폴 데이터베이스의 가장 큰 장점은 국제범죄의 전체적인 그림, 즉 빅 픽처를 제공한다는 것이다. 비록 여러 기관들이 자체적으로 방대한 범죄 데이터베이스를 보유하고 있지만, 이 정보가 국경을 넘는 일은 거의 없다. 따라서 인터폴의 도움으로 범죄자 개인뿐 아니라 전 세계 범죄 동향을 추적할 수 있다.

인터폴과 핑크팬더스

2000년대 들어 10년 넘게 세계적으로 최소 1백 건의 보석 절도를 저지른 '핑크 팬더스Pink Panthers'라는 그룹이 인터폴의 주요 표적이었다. 이 범죄 집단의 구성원들은 발칸전쟁에 참전했던 세르비아 군인 출신들로 추정되며, 실제로 다수가 세르비아의 도시 니스 출신이다(Quinn, 2009). 사람들은 명품 매장에서 수백만 달러어치의 보석을 탈취하는 이들을 영웅처럼 여겼다(Oliver, 2008; Quinn, 2009). 〔이들이 훔친 다이아몬드가 영화 〈핑크 팬더〉에서처럼 화장품 병 속에 있었다고 하여 이런 이름이 붙었다.〕

이 그룹의 범죄는 무척 신속하고 체계적이어서, 절도 행각은 대개 3분 이내에 끝났다. 2010년 두바이의 한 쇼핑센터에서 벌인 범죄도 그러했다(Papenfuss, 2010). 전쟁으로 맺어진 이들의 관계는 매우 공고하고 돈독한 것으로 알려져 있다(McAllester, 2010).

이에 인터폴은 2007년 핑크팬더 프로젝트팀을 만들어 각국 법집행기관 사이의 네트워크 구축과 자료 공유 및 분석을 통해 조직원들의 식별과 위치 파악에 나섰다(INTERPOL, 2011). 바로 전년도에 조직원 36명을 체포하는 성과를 거두었으나, 다른 조직원들은 여전히 활동 중이다. 이들이 훔친 물품 중 일부는 되찾았으나, 대다수 보석은 다른 형태로 커팅되어 소매가의 약 25퍼센트에 처분되었다(McAllester, 2010).

유로폴EUROPOL

1993년 유럽연합EU 조약에 따라 설립된 범죄정보기관 유로폴Europol은

1999년부터 본격 가동되기 시작했다. 유로폴의 임무는 중대한 국제적 범죄와 테러리즘에 맞서 유럽이 더 안전해지도록 유럽연합 회원국들을 지원하는 것이다. 대규모 범죄 및 테러 네트워크는 유럽연합 내부의 안전과 유럽연합 민중의 안전과 생계를 심각하게 위협한다. 유럽연합이 직면한 가장 큰 안보상의 위험은 테러리즘과 국제 마약 거래, 돈세탁, 조직적 사기, 유로화 위조, 밀수 등이다. 사이버범죄 형태로 인신매매와 기타 현대적 위협들도 있다. 범죄자들은 수십억 유로의 사업을 운영하며 새로운 기회에 재빨리 적응하고 전통적인 법집행을 이리저리 피해 간다.

유로폴은 탁월한 정보력과 700명의 전문 인력을 활용하여 유럽에서 가장 위험한 범죄 및 테러리스트 네트워크를 식별하고 추적한다. EU의 법집행 당국들은 유로폴의 정보력과 정보 네트워크, 작전협력센터의 힘을 빌려 매년 국경을 넘나들며 1만 2천여 건의 수사를 수행한다. 그 결과, 수많은 범죄 및 테러리스트 조직을 붕괴시키고, 수천 명의 범죄자들을 체포했으며, 수백만 유로의 범죄 수익금을 회수했다. 인신매매되어 성적 착취에 시달리던 수백 명의 아동도 구해 냈다. 유로폴은 유럽연합의 법집행 분야의 중심이자 조직범죄 소탕의 전략적 센터 역할을 한다. 유로폴이 매년 발표하는 '조직범죄위협평가Organised Crime Threat Assessment'는 EU 정책 결정자들과 경찰 수뇌부에게 중요한 기초 자료가 된다.

2012년 유로폴 사건 보고 __ 2012년 6월 유로폴이 보고한 성과들이다. 우선, 체코공화국 경찰청이 지휘하고 유로폴이 지원한 국제수사를 통해 거대한 코카인 밀매 조직이 해체되었다. 4개국(프랑스, 불가리아, 폴란드, 벨기에)의 사법 및 법집행 당국이 유럽사법기구Eurojust와 유로폴의 지원 아래 공동작전을 전개하여 유럽 회원국에서 활동하는 인신매매 (THB) 범죄 네트워크를 일망타진하기도 했다.

루마니아에서는 유로폴과 유럽사법기구의 지원을 받아 카드결제 사기와 불법 온라인거래를 해 온 국제 조직범죄 집단을 급습했다. 프랑스에서는 유로폴과 유럽사법기구의 지원 하에 불법이민자들을 필리핀에서 프랑스 등으로 밀입국시킨 국제 조직을 해체시켰다.

사이버범죄와의 전쟁

범죄가 인터넷을 통해 확산되면서 법집행기관들도 불법 인터넷 이용자들을 추적하기 시작했다. 미 법무부의 컴퓨터범죄 지적재산권 분과 Computer Crime and Intellectual Property Section는 1996년 온라인 위법행위들을 수사할 정보기술훈련실무그룹Infortech Training Working Group을 창설했다. 이 그룹은 전국사이버범죄훈련파트너십National Cybercrime Training Partnership(NCTP)으로 발전했다. NCTP는 모든 수준의 법집행기관들과 함께 장기적인 전략을 세우고 온라인범죄에 대한 대중의 인식을 높이는 등 이 문제에 대응할 시스템을 구축하기 위해 노력했다. 버지니아주 리치몬드에 위치한 전국화이트칼라범죄센터National White Collar Crime Center(NW3C)는 운영을 지원하여 NCTP가 사이버범죄의 정보 집결센터로서 기능하도록 도왔다. 이 기관들은 법집행기관이 변화하는 컴퓨터 세계에서 뒤처지지 않도록 더 많은 자금을 마련하기 위해 협력했다.

국가기관이 최신 기술을 도입할 때 부딪히는 한 가지 문제는, 해당 분야의 전문가에게 지급할 수 있는 급료의 한계이다. 전문가들에게 민간

업체에 비해 훨씬 낮은 급료를 줄 수밖에 없어 실력 있는 전문가들을 채용하기 어렵다. 두 번째 임기가 끝나 갈 무렵, 빌 클린턴 대통령은 졸업 후 연방사이버서비스Federal Cyber Service에 입사하는 조건으로 컴퓨터보안 전공자들에게 의회 기금에서 장학금을 제공하겠다는 계획을 발표했다. 성공적 프로그램으로 평가받는 캠퍼스학군단(ROTC)을 모델로 한 계획이었다.

1999년 초, 전국화이트칼라범죄센터의 훈련연구소는 화이트칼라의 법 위반 사건을 심층적으로 조사했다. 그 결과, 인터넷의 등장 이후 미국 가정의 3분의 1이 화이트칼라 범죄에 피해를 입은 것으로 드러났다. 전통적인 길거리 범죄는 전국적으로 감소하고 있지만, 첨단기술 범죄는 증가한 것이다. 연구소는 또한 온라인범죄 피해자 중 7퍼센트만이 법집행기관에 신고를 했다고 밝혔다. 2000년 5월, FBI와 법무부 그리고 전국화이트칼라범죄센터는 온라인범죄 피해자들이 손쉽게 신고할 수 있는 인터넷 사기신고센터Internet Fraud Complaint Center(IFCC)를 설립한다고 발표했다. 2001년 초, 인터넷 사기신고센터의 첫 연구 결과가 발표됐다. 2000년 6월부터 12월까지 6개월간 2만 14건의 사기 신고가 접수되어, 그중 6,087건이 해당 법집행기관으로 이관되었다. 그중 80퍼센트가 넘는 5,273건이 사이버공간에서 저지른 사기였다. 인터넷 사기 피해자와 범죄자 수는 캘리포니아주가 1위, 텍사스와 플로리다, 펜실베이니아, 뉴욕이 그 뒤를 이었다.

2001년 전국사이버범죄훈련파트너십은 여러 차례 포커스그룹 회의를 개최한 끝에 전자적 범죄가 법집행에 심대한 영향을 미치고 있다고 결론지었다. 그리고 인터넷범죄와 싸우는 8만 4천여 명 전문가들을 상대로 기술 훈련을 강화하고 수사 프로그램을 조정하라고 권고했다.

2001년 5월, FBI와 법무부 및 전국화이트칼라범죄센터는 당국의 노력으로 인터넷 사기 혐의가 있는 개인과 기업 중 약 90퍼센트가 기소되었다고 발표했다. 인터넷 사기신고센터는 '사이버손실작전Cyber Loss Operation'이라는 대대적인 수사에 착수하여 온라인경매 사기, 인터넷 상에서 거래된 상품을 조직적으로 배송하지 않는 사기, 직불카드 사기, 은행사기, 투자사기, 돈세탁, 다단계 마케팅, 폰지/피라미드 사기, 지적재산권 침해 등을 집중 단속했다. 그 결과, 피해자 수 총 5만 6천 명, 피해액만 1억1,700만 달러가 넘는 사기를 적발해 냈다.

인터넷이 악영향을 미친 분야는 사기만이 아니다. 버지니아에 본부를 둔 전국아동을위한법센터National Law Center for Children와 '더이상은안된다 Enough is Enough' 두 단체는 부모와 교사, 지방정부와 주 정부, 연방정부 공무원들에게 아동포르노의 위험성을 알리며, 아동포르노를 근절할 입법적 노력을 지원해 왔다. '더이상은안된다'의 자료에 따르면, 아동포르노는 인터넷망 확산을 타고 어느덧 아동들을 도덕적·물리적으로 위협하는 수십억달러 규모의 산업이 되었다.

한편, 2001년 9·11 테러 이후 통과된 애국법Patriot Act은 미국 법집행당국이 미국 국내외에서 테러리즘과 싸울 권한을 강화했다. 법집행관들이 증거를 수집하고 공유할 권한, 특히 유무선통신 관련 권한이 확대되었다. 2002년에는 국토보안법Homeland Security Act의 일부인 사이버보안강화법Cyber Security Enhancement Act이 통과되었다. 사이버보안강화법은 사이버범죄를 범죄 의도와 정교함, 사생활 침해, 범죄에 의한 실제 손실 등에 근거하여 해커들을 더 엄하게 처벌하는 법이다.

2004년 10월, 미 국토안보부 소속 경호조직인 비밀경호국Secret Service은 '방화벽 작전Operation Firewall'을 펼쳐 30명을 체포하고 30개의 수색영장을 발부받았다. 총 29개 조직이 참여한 이 작전에는 총 2천 테라바이트의 데이터가 사용되었고, 처음으로 컴퓨터 네트워크에 도청 장치가 사용되었다.

공공 및 민간 분야 최고의 사이버보안 기관들의 도움으로 개발·분석된 FBI의 사이버범죄보고서Cyber-Crime Survey에 따르면, 2005년 한 해에만 사이버범죄로 인한 손해가 약 650억 달러에 달한 것으로 집계됐다.

미디어 전략 사례

BTK 사건은 법집행기관의 적극적인 미디어 활용 전략이 연쇄살인범 검거에 큰 역할을 할 수 있음을 보여 준다. BTK 살인범은 1974년 처음 등장하여 이후 10명의 피해자를 만들어 냈다. 이 살인범은 1974년부터 1988년까지 'BTK(묶고 고문하여 죽이다Bind them, Torture them, and Kill them)'를 자칭하며 자신이 다수의 피해자들을 살해했다고 주장했다. 그런데 1988년 BTK는 갑자기 소통을 멈췄다. 그리고 2004년 다시 미디어를 통해 새로운 소통을 시작했다. 위치타 경찰서는 캔자스 수사국과 FBI 등과 협력해 TF팀을 구성했다. FBI의 성인범죄 담당 부서인 BAU-2는 적극적인 미디어 전략을 구상했다. 수사 담당자를 통해 주요한 시기마다 미디어에 보도자료를 내는 전략으로, 수사 기간 중 총 15개의 보도자료를 냈다. BTK는 11개월간의 수사 기간에 11건의 메시지를 경찰과 언론에 보내왔다. 마지막 메시지에는 자신이 데니스 레이더임을 밝히는 정보를 담은 컴퓨터 디스크파일이 동봉돼 있었다. 2005년 마침내 체포된 레이더는 언론에 보도된 내용들을 호의

적으로 보았고, 그 보도를 이끈 담당자에게 특별한 감정을 느꼈다고
말했다(FBI BAU, 2008).

결론

인터넷과 법과학 기법, 다른 기술의 발전으로 우리는 더 나은 삶과 비즈
니스 기회를 얻었으나, 이는 범죄자도 마찬가지다. 사이버공간의 범죄
자들에게는 물리적 경계가 없다. 그들은 컴퓨터만 한 대 있으면 인터넷
을 통해 폭력범죄부터 전자상거래 위반까지 다양한 범죄를 저지른다.
이를 막기 위해 미국의 법집행기관들은 다른 국내외 기관들과 협력하고
법적 보완책을 마련하고, 특별 TF팀을 구성하는 등 동분서주해 왔다.
사이버범죄 근절을 위해서는 무엇보다 사이버범죄에 대한 의식 개선과
관련 기관 간 수사 협력이 필수적이다.

Borja, E. C. (2008). *Brief documentary history of the Department of Homeland Security 2001–2008*. Department of Homeland Security History Office. Retrieved February 2, 2012, from www.dhs.gov/xlibrary/assets/brief_documentary_history_of_dhs_2001_2008.pdf

Brooks, P. R., Devine, M. J., Green, T. J., Hart, B. L., & Moore, M. D. (1988). Multi-agency investigative team manual. Washington, DC: Government Printing Office.

Central Bureau of Investigation. (2012). *Interpol guide—What is Interpol?* CBI India. Retrieved February 14, 2012, from http://cbi.nic.in/interpol/interpol.php

Douglas, John E., Mark Olshaker. (1995). *"Mindhunter: Inside the FBI's Elite Serial Crime Unit."* New York, NY: Scribner.

Douglas, John E., Mark Olshaker. (2000). *"The Cases That Haunt Us."* New York, NY: Scribner.

Egger, S.A. (1990) Serial murder—An elusive phenomenon. CT: Praeger.

Federal Bureau of Investigation, Behavioral Analysis Unit. (2008). *Serial murder: Multi-disciplinary perspectives for investigators*. Retrieved August 8, 2012, from www.fbi.gov/stats-services/publications/serial-murder/serial-murder-1

Fuhrman, M. (2001). Murder in Spokane. New York, NY: HarperCollins.

Haddal, C. C. (2010). *Border security: The role of the U.S. border patrol*. Congressional Research Service. Retrieved January 27, 2011, from www.fas.org/sgp/crs/homesec/RL32562.pdf

Harris, A. R., Thomas, S. H., Fisher, G. A., & Hirsch, D. J. (2002). Murder and medicine: The lethality of criminal assault, 1960–1999. Homicide Studies, 6, 128–166.

Hazelwood, R. R., & Burgess, A. W. (2001). Practical aspects of rape investigation (3re ed.). Boca Raton, FL: CRC Press.

Hazelwood, R. R. (2009). Analyzing the rape and profiling the offender. In R. R. Hazelwood&A. W. Burgess (Eds.), *Practical aspects of rape investigation* (4/ ed.). New York, NY: Elsevier.

Howlett, J.B., Hanfland, K.A., & Ressler, R.K. (1986, December). The Violent Criminal Apprehension Program: A progress report. Law Enformement Bulletin, 14.

INTERPOL. (2011). *Pink Panthers' investigators come together to share cases and experiences.* Retrieved February 15, 2012, from www.interpol.int/News-and-media/News-media-releases/2011/N20110214a

INTERPOL. (2012). *Priorities.* Retrieved February 14, 2012, from www.interpol.int/About-INTERPOL/Priorities

Keefer, B. (1998, March 1). Distinguished homicide detective dies at 75. Eugene (Ore.) Register-Guard, p. 1.

Keppel, R. D. (1995). The riverman. New York, NY: Pocket Books.

Krouse, W. J. (2011). *The Bureau of Alcohol, Tobacco, Firearms and Explosives (ATF): Budget and operations for FY2011.* Congressional Research Service. Retrieved January 28, 2011, from www.fas.org/sgp/crs/misc/R41206.pdf

McAllester, M. (2010). *Inside a world-class ring of diamond thieves.* GlobalPost International News. Retrieved on February 15, 2012, from www.globalpost.com/dispatch/europe/100116/pinkpanthers-jewel-thieves?page=0,4

Meister, A. P. (1998). VICAP presentations.

National Center for Missing & Exploited Children (2012). Alexandria, VA.

Newton, M. (1990) Hunting humans. WA: Loompanics Unlimited.

O'Block, R. (2010). Meet the FBI's behavioral science unit. *The Forensic Examiner* 9(3): 1–10.

Oliver, W. (2008). *Brazen "Pink Panther" heists stir ire, admiration of cops.* Newser LLC. Retrieved February 15, 2012, from www.newser.com/story/45287/brazen-pink-panther-heists-stir-ireadmiration-of-cops.html

Papenfuss, M. (2010). *Interpol hunts bold Pink Panthers gem gang.* Newser LLC. Retrieved February 15, 2012, from www.newser.com/story/98783/interpol-hunts-bold-pink-panthers-gem-gang.html

Quinn, R. (2009). *Bold gem heist gang is toast in Serbia.* Newser LLC. Retrieved February 15, 2012, from www.newser.com/story/65545/bold-gem-heist-gang-is-toast-of-serbia.html

Taylor, M. (1998, March 1). Pierce Brooks. San Francisco Chronicle.

Turner, R., & Kosa, R. (2003, July). Cold case squads: Leaving no stone unturned. Washington, DC: U.S. Department of Justice.

United Nations. (2007). *International Criminal Police Organization (INTERPOL).* Fifth special meeting of the Counter-Terrorism Committee with International, Regional and Subregional Organizations in Nairobi, Kenya. Retrieved February 14, 2012, from www.un.org/en/sc/ctc/specialmeetings/2007-nairobi/docs/

icpo_background-Information.pdf

U.S. Citizenship and Immigration Services. (2012). Retrieved January 28, 2011, from www.uscis.gov/portal/site/uscis

U.S. Department of Justice. Federal Bureau of Investigation. (1998). *Child abduction response plan.* Washington, DC: Government Printing Office.

U.S. Department of Justice. (2009). *The Bureau of Alcohol, Tobacco, Firearms and Explosives' efforts to prevent the diversion of tobacco.* Report by the Office of the Inspector General. Retrieved January 28, 2011, from www.justice.gov/oig/reports/ATF/e0905.pdf

USDOJ. (2010). Forty-eight alleged Lynn Gang members and associates charged in sweeping federal and state firearm and drug trafficking investigation. The United States Attorney's Office: District of Massachusetts (press release). November 12, 2010. http://www.justice.gov/usao/ma/news/2010/November/Press-Release.html.

U.S. Attorney's Office of District of Massachusetts. (November 5, 2010). Forty-eight alleged Lynn gang members and associates charged in sweeping federal and state firearms and drug trafficking investigation. Retrieved December 8, 2012, from www.justice.gov/usao/ma/news/2010/November/PressRelease.html

U.S. Immigration and Customs Enforcement. (2012). Retrieved January 28, 2011, from www.ice.gov/

VICAP. (2002, April). The victim's voice brochure. Washington, DC: VICAP.

Viotti, P., Opheim, M., & Bowen, N. (2008). Terrorism and homeland security: Thinking strategically about policy. Boca Raton, FL: CRC Press.

Ward, R. H., Kiernan, K., & Mabrey, D. (2006). *Homeland Security: An introduction.* Southington, CT: Anderson Publishing.

Witzig, E. W. (1995). Observations on the serial killer phenomenon: An examination of selected behaviors of the interstate offender contrasted with the intrastate offender. Unpublished master's thesis, Virginia Commonwealth University.

Witzig, E. (2006). VICAP: The violent criminal apprehension program unit. In: Douglas, J. E., Burgess, A. W., Burgess, A. G., & Ressler, K. (Eds): Crime Classification Manual: A Standard System for Investigation and Classifying Violent Crimes, 2e (pp. 73–90). NY: John Wiley & Sons, Inc.

5장

심각성에 따른 범죄 분류
: 가중요소부터 극악성까지

마이클 웰너

재미로 낯선 사람을 공격하거나 난폭 운전을 하다 누군가를 들이받는 것 중 어느 것이 더 나쁠까? 한밤중에 건물을 폭파시키는 것, 피해자가 고통받는 모습을 보고 싶어 하는 것, 장애인을 희생양으로 삼는 것, 범죄를 저지른 후 마치 아무 일도 없었던 것처럼 행동하는 것 중 어떤 살인자가 더 중증일까? 범죄를 실행하려는 의도보다 더 나쁘고 더 심각한 의도라는 것이 있을까?

크리스토퍼 제임스 하이든의 사례를 자세히 살펴보자(미네소타주에서 하이든이 기소된 사례, 2011).

크리스토퍼 제임스 하이든 사례

DB와 그녀의 약혼자, 그리고 그들의 두 자녀인 6살 VB와 2살 MB는 미네소타 클린턴의 한 임대주택에 살고 있었다. 2008년 여름, 집주인은 크리스토퍼 제임스 하이든을 고용해 주택의 유지 보수를 맡겼다. 그렇게 몇 개월이 지나면서 하이든은 가족과 좋은 관계를 형성했고, 두 아이와도 잘 놀아 주었다.

2008년 8월 1일, 하이든은 이전처럼 6살 VB를 사륜 오토바이에 태워주었다. 그러나 이번에는 아이를 외딴곳으로 데려가 강간해 아이의 질벽 내부 전체에 상처를 입히고 질개구부의 처녀막을 손상시켰다. 그런 후 아이의 목을 칼로 긋고 내버려 둔 채 현장에서 도망쳤다. 그러나 아이는 죽지 않았다. 아이는 1마일을 걸어와 도움을 요청했다.

하이든은 DB를 찾아 이들의 집으로 돌아왔다. 그는 주머니칼을 꺼내어 아이의 엄마를 수차례 찔렀다. 엄마는 목에 난 깊은 열상을 포함해 다수의 부상을 입었다. 범행 도중 하이든은 반복해서 애를 죽여야 했다고 말했다. 그때 마침 아이 엄마의 친구가 방문하는 바람에 범행은 중단되었고, 하이든은 사륜차를 타고 현장에서 도주했다. 경찰은 근처 옥수수밭으로 향한 하이든을 따라가 체포했고, 그는 범행을 자백했다.

극악무도하지 않다는 항소

하이든에게 적용된 혐의는 1급살인미수, 2급살인미수, 1급범죄 성행위 혐의 등이다. 법원은 판결을 내릴 때, 1급범죄 성행위와 관련하여 두 가지 극악무도한 요소가 존재한다는 것이 입증되었다고 했다. 하이든은 가석방 없는 무기징역을 선고 받았다.

미네소타 법은 ⓐ 가해자가 피해자를 고문하고 ⓑ 가해자가 고의로 피해자에게 중대한 신체 상해를 가하거나 ⓒ 가해자가 피해자를 극도로 비인간적인 상황에 노출시켰을 때 "극악무도한 요소heinous element"가 존재한다고 규정한다. 항소심에서 하이든은 피해자를 극도로 비인간적인 상황에 노출시켰다는 1심 재판부의 주장에 이의를 제기하지 않았으나, 중대한 신체 상해를 가한 것을 극악무도한 요소로 보는 것은 잘못되었다고 주장했다.

하이든은 피해자의 인후 부분을 벤 행위는 "성폭행과 충분히 관련이 있고 1급범죄 성행위 혐의에 해당하는 신체적 상해 요소의 일부"이므로 극악무도한 요소가 아니라고 주장했다. 그러나 항소심 재판부는 하이든의 주장이 고려할 만한 가치가 없다고 판단했다. 목을 베는 것은 명백하게 중대한 신체적 상해이며, 중대한 신체 상해를 가하는 것은 단순한 1급

범죄성 행위의 요소로만 볼 수 없다고 판결했다. 지방법원도 두 가지 극악무도한 요소가 있기 때문에 하이든에게 석방 가능성이 없는 종신형을 선고하는 데에 어떠한 오류나 재량권 남용도 없다며 원심을 확정했다.

미네소타주는 극악무도한 범죄를 분류하는 기준이 되는 요인들을 목록으로 규정해 놓았다. 그러나 이런 요소들이 얼마나 명확히 입증 혹은 반증될 수 있을까? 법원 판결 시 살인미수에 공통적으로 적용되는 '범죄의 속성'이라는 것이 존재할까? 예외적 이유로 예외적인 판결을 유보하게 되는 범죄의 속성이라는 것이 존재할까? 미네소타 법과 법원이 하이든의 행위가 극악무도하다고 한 데에는 또 다른 이유가 있을까? 예를 들어, 하이든이 범행에 이용한 피해자 가족과의 관계는 중요한 요소인가? 사건 당일 하이든은 아이의 신뢰를 이용한 것이 아닌가? 아이가 하이든의 공격에서 도망치거나 저항하지 못한 신체적 무력함도 고려해야 하지 않을까? 하이든은 이 범죄에 대한 초동수사를 비난했다. 이 역시 일종의 퇴행적 요소가 아닐까?

배심원들은 이처럼 범죄의 본질을 고민하는 과정에서 현실을 직면하게 된다. 미네소타 법원이 그런 것처럼 범죄에서 일어난 일련의 일들에 근거하여 법원이 극악성'을 평가하기는 하지만, 문제는 어떤 유형의 행위를 살인미수의 가중요소로 확신할 수 있느냐이다. 가해자의 의도와 태도도 고려 대상일까?

범죄 분류는 각 살인과 강간, 방화, 기타 다른 범죄행위가 그 행위 자

---

1 원어는 Depravity로 타락, 부패를 가리킨다. 극악極惡 정도로 풀이할 수 있다. 이를 직관적으로 옮길 단어가 없어 다소간 무리를 감수하고 '극악성'으로 옮기고, 이후 '극악의 기준Depravity Standard' 등으로 변용한다.

체로 구분된다는, 간과하기 쉬운 현실을 강조한다. 예를 들어, 청부살인과 성적 살인은 확실히 다르다.

수사관들은 수사 과정에서 공격자의 배경과 범죄 현장 증거, 피해자 분석, 포렌식 조사 결과에 따라 범죄들 간의 차이점을 인식할 수밖에 없다. 법집행기관은 범죄의 하위 유형을 구별하면서 정의를 실현한다.

법집행 과정의 일부로 참여하는 것은 본인이 맡은 역할이 보잘것없다고 느끼는 시간이기도 한데, 이 과정에서 용의자를 체포하는 것은 극히 일부분이기 때문이다. 용의자를 구속시키면 정의가 실현되는 것인가? 과실치사범이 살인범으로 기소되면? 냉혈한 살인마가 (단순) 여성 구타범으로 기소되면? 그것이 정의인가? 명백히 아니다.

모든 유형의 범죄자를 다른 범죄자만큼 비난 받아 마땅하다고 가정하는 것도 정의가 아니다. 살인, 성폭행, 심지어 재산범죄에서도 그 범죄 이력을 보면 어떤 범죄는 그것을 최악의 것으로부터 분리해야 마땅하다는 이해를 강화시킨다.

사법제도의 마지막 과정은 처벌이다. 전체주의 사회와 파시스트 신정 국가라면 정의의 미묘한 측면을 고려할 필요가 없다. 그냥 국가권력 마음대로 사람들의 운명을 결정하면 된다. 그 과정에서 개인의 자유를 침해하거나 엉뚱한 사람을 붙잡아 넣고, 과잉처벌하더라도 문제가 되지 않는다.

마찬가지로, 범죄자 교정을 모델로 하는 사법제도는 피해자와 그 가족에게 범죄억제 효과와 치료적 위로를 위한 처벌을 적용하지 않는다. 약탈적 요소에 대한 끝없는 합리화에 시달리는 전체주의나 신정국가 사회는 보편적인 연민의 추구를 위한 친사회적 행동을 촉진하는 데 처벌이 미치는 영향을 격하시킨다. 그럼에도 불구하고, 전범들과 다른 생각할 수 없는 범죄자들에 대한 책임을 희생시키면서, 그런 국가들의 법원은 그들 사회의 평화주의 망상을 보존하고자 그들의 눈을 가리는 것을 선택한다.

그러나 처벌의 효용과 필요성은 연민 그리고 갱생적 목표와 공존한다. 미국 법원에는 감형 요소mitigating factors라 불리는 수많은 요소들로 처벌이나 형벌의 수위를 낮춘다. 공격자의 전과, 불우한 사회적 배경, 정신질환 및 약물중독 가능성, 범행에서 한 역할, 공동체 내의 평판, 처벌이 다른 사람들에게 미치는 부정적인 영향 등. 해당 범죄자가 가지고 있는 이러한 요인들이 규명되면, 미국 법원은 기소된 공격자에게 덜 무거운 형벌을 내리는 선택을 할 수 있다. 감형 요소들은 주로 누가 범인이고, 왜 그런 범죄를 저질렀는지와 같은 맥락과 관련이 있다.

형사법원의 가중처벌 요인 또한 마찬가지로 규명 과정을 거친다. 가중요소aggravating factors들은 감형 요소와 마찬가지로 범인이 누구인지와 관련되어 있다. 그러나 다수의 요인들은 범죄 그 자체, 즉 그 사람이 무엇을 했는지에 더 집중한다.

범죄 자체와 관련된 가중요소

모든 주제의 가중요소 중 범죄를 저지르는 과정에서 범죄자가 한 일과 관련된 가중요소들은 편견, 선입관, 특권, 그리고 다른 의도하지 않은 판결의 불평등으로부터 사법제도를 보호한다. 범죄 그 자체만큼 범죄를 대변하는 것은 없다.

미국은 각 주마다 자체적인 형사법 조문과 양형 기준이 있다. 입법부가 제정하고 법원이 해석하는 이 법조문이 판례 형성에 기여하는 바는 주마다 다르다. 이 지방분권 시스템은 같은 범죄라도 주마다 다르게 처벌할 수 있음을 의미한다. 배심원들에게 제시되는 가이드라인도 다를 수 있다.

각 주와 연방의 양형 지침에는 〈표 5.1〉에 나열된 세부 사항과 관련된 다수의 가중요소가 열거되어 있다. 가중요소는 가해자의 의도, 가해자의 행동, 범행 이후의 행동 등 범죄에 대한 태도에서 발생한다. 피해자 분석은 이 가중요소에 대한 근거를 제공한다.

대부분의 가중요소들은 쉽게 정의되는 반면, "극악무도한, 흉악한, 비인간적인, 비열한, 타락한, 잔인한" 가중요소는 사람마다 다르게 정의될 수 있어 법원을 곤란하게 한다. 이 중 가장 나쁜 범죄는 무엇인가?

범죄 심각성 구분: 어디까지 합헌인가?

악랄한, 극악무도한, 잔인한, 악의적인 등등의 표현은 법원의 난제 중 난제이다. 조지아주의 그레그Gregg 사건(1976)에서, 조지아주 법원은 합법적으로 "극악무도한," "흉악한," "잔인한"의 가중요소를 인정했지만, 미 대법원은 이를 판결하는 배심원단이 어려움을 겪을 것이라고 언급했다. 포터 스튜어트 판사는 다음과 같이 말했다.

판결 당국은 형벌의 집행과 관련된 모든 정보를 공지해야 하고, 이를 정보이용 표준 지침과 함께 제공해야 한다. 조직사회를 대표하는 주가 판결과 관련 있다고 여겨지는 범죄 요인과 피고인에 대한 지침을 제공한다면, 판결에 미숙한 배심원 문제가 줄어들 것이다(p. 192).

14년 후 일어난 애리조나주 월턴Walton 사건(1990)에서, 법원은 객관적인 상황을 통해 가중요소를 확인해야 한다는 것을 명확히 했다. 그러나 이 같은 노력에도 불구하고, 법적으로 최악의 범죄를 규정하는 판결에 내포된 모순은 수많은 사례에서 법집행에 불리하게 작용했다. 조지아주의 고드프리Godfrey 사건(1980)에서 미 대법원은 "이 몇 마디 단어 안에는 사형선고를 제멋대로 그리고 변덕스럽게 내리는 어떤 태생적 구속을 독립적으로 의미하는 것은 없다"면서 사형선고를 뒤집었다. 분별 있는 사람이라면 누구나 "거의 모든 살인이 난폭하거나 악의적으로 비도덕적이고 끔찍하며 비인간적이라고 기술"할 수 있다. 그런데 고드프리 사건을 담당했던 법원은 평결 지침도 제공하지 않고, 가중요소의 의미도 설명하지 않아서 "표준이 없고 정보 전달 경로도 없이 사형을 선고"했다는 비판을 받았다(P. 429).

뉴먼ㆍ레이즈ㆍ프리드먼(2004) 연구에 따르면, 펜실베이니아주는 주요 사건에서 사형선고를 적용할 수 있는 특별가중요소super-aggravators 개념을 다음과 같이 규정했다.

- 피해자가 피고인이 저지른 범죄의 검사 측 증인이고, 피고인에게 불리한 증언을 막을 의도로 살해당함
- 고문을 가함
- 폭력 행위로 중죄 유죄판결을 받은 전과가 있음
- 무기징역 또는 사형선고를 받은 전과가 있음
- 살인 전과가 있음

뉴먼과 동료들(2004)의 연구에 따르면, 어떤 사건에서 특별가중요소가

| 표 5.1 | 의도, 행위, 태도, 피해자 분석으로 분류한 양형 가중요소

가중요소	의도	행위	태도	피해자 분석
타인에게 심각한 사망 위험 야기		O		
강간, 강도, 납치 또는 기타 범죄와 관련된 중범죄		O		
체포 방해 또는 구류 회피	O			
금전적 이득 또는 몸값	O			
정부나 법집행 방해	O			
극악무도한, 흉악한, 타락한, 무분별한, 비열한, 난폭한	O	O	O	O
청부살인 또는 청부살인 고용 여부		O		
고령이나 젊음으로 인한 취약한 피해자				O
장애나 정신질환 또는 질병으로 취약한 피해자				O
복수의 피해자 사망		O		
치명적인 무기 또는 위험한 도구 사용		O		
공범자 여부 또는 범행 지휘 여부		O		
재산 피해		O		
피해자나 그 가족에게 신체적·정서적·재정적 고문 여부	O	O		
태아의 죽음 또는 피해자가 임신 상태				O
증오범죄: 인종, 성적 지향, 종교, 국가, 기타	O			
피해자를 기다렸거나 매복했다가 공격		O		
아동 또는 가족구성원이 보는 앞에서 범행	O			
과거의 증인, 사법 또는 집행관에 대한 보복	O			
증언을 방해할 목적으로 증인 살해	O			
경찰(보안관) 사칭		O		
파괴 장치, 폭탄, 폭발물		O		
피해자가 경찰관(보안관), 법집행관, 판사 등				O

독극물 또는 치사 물질에 의한 살인		○	
자동차(안)에서 밖으로 총기를 사용한 살인		○	
사람을 방패나 인질로 이용한 살인	○	○	
실제 계획과 사전 준비가 필요한 행위	○		
신뢰받는 지위를 이용한 범죄행위	○	○	
미성년자에게 범죄행위를 유도			○
피해자가 성병에 걸리거나 임신한 경우		○	
도덕적 정당성 없이 냉정하고 계산적인 범행 방식	○		○
사람의 목숨을 완전히 경시하는 행동			○
비행기나 버스, 기차, 선박 등을 납치한 결과로 발생한 살인		○	
테러 행위와 연계된 살인	○	○	
사체를 훼손거나 영구적인 쇠약이나 손상을 야기한 경우		○	
범행 전에 피해자에게 진정제나 마약을 투여		○	
범죄의 탄로를 막고자 저지른 살인	○		
사람이나 동물의 건강관리, 농림 연구, 상업적 생산을 방해할 의도로 저지른 범죄	○		
변장하여 저지른 범행		○	

존재한다는 것이, 다른 가중요소로 기소되지 않는다는 것을 판단할 근거가 될 수는 없다. 더 나아가, 이러한 가중요소 때문에 검사가 특별가중요소로 사형을 구형하고자 피고인을 선택했을 수도 있기 때문에, (뉴먼과 동료들의 연구) 결과는 배심원단 혹은 공정하고 편견 없는 시스템보다 검사들의 행위에 대해 더 많은 것을 말해 준다.

소송의 유효성은 입증된 다수의 경험에 의존한다. 즉, 뉴먼과 동료들의 사례에서 검찰은 사형 기소에 성공해 온 요인들 중 어느 것을 발견했기 때문에, 사례 연구를 통해 특별가중요소 중 어떤 것의 존재를 확인했기 때문에 미래의 사형 기소를 선택했을 가능성이 있다. 그러나 이 연구는 검찰이 선택한 사형과 관련 없는 어떤 가중요소도 입증하지 못했다. 따라서 검찰의 선택편향에 대한 설명이 없다면 배심원과 일반인이 내릴 수 있는 결론은 제한적일 수밖에 없다.

'극악무도', '흉악', '잔인'을 규정하는 어려움

법원은 범죄를 그 심각성에 따라 구분하지만, 이러한 사법부의 노력을 방해하는 여러 문제들이 존재한다.

어떤 이는 모든 살해가 피해자에게 신체적인 고통뿐 아니라 감정적인 고통을 준다고 지적한다. 또, 과잉살상 사례를 생각해 보라. 그 공격자는 죽음이 얼마나 빨리 찾아오는지 무지힐 가능성이 높다. 살인자는 과잉살상의 증거를 현장에 남기고, 이는 다른 살해와 비교했을 때 극악무도한 살인이라는 증거가 된다.

범죄의 극악무도성을 규정하는 현재의 접근 방법에서, 법원은 의도와 태도보다는 행동과 피해자 분석에 더 중점을 둔다(Welner, 2003). 이는 가해자의 의도와 태도를 보여 주는 법원 제출 증거가 부족하다는 것을 뜻한다. 그러나 가해자의 의도 및/또는 태도는 해당 범죄와 다른 범죄를 변별할 중요한 요소이다.

죽음을 가져온 순서를 분석하지 못하면서 피해자가 받은 고통의 특징을 가정하기란 불가능하다. 게다가 극악무도한 범죄와 관련한 법원의 판단을 연구한 결과, 총 이외의 무기를 사용한 살해의 비율이 높다는 사실이 드러났다(Welner, 2003). 그런데 그런 재판에서 살인자가 총이 아니라 굳이 칼과 망치를 사용한 이유를 조사하는가?

이런 모호함은 어린이 살해에서도 발견된다. 고의로 아이를 살해한 포식자는 그 작은 희생자를 살해한 이유는 무엇인가? 아이가 범죄의 목격자여서 범죄를 은폐하고자 살해한 것인가? 만일 목격자가 성인이었다면 어떻게 행동했을까?

법집행기관과 수사관이 범행과 증거의 연관성을 확증하지 못한다는 것은, 배심원이 판단할 범죄에 대한 사실적 증거가 훨씬 더 적다는 것을 뜻한다. 판단할 증거나 지침도 없이 어떻게 사건을 판결할 수 있는가? 배심원은 사건을 규정하지 못한 채, 가해자의 퇴행적 의도와 행동, 피해자 분석, 가해자의 태도를 증명하거나 반박할 증거가 부족한 채로 사건의 본질과 불일치하는 판결을 내릴 수 있다. 미국 대법원이 언급한 바와 같이, 아무런 지침 없이 최악의 범죄를 가리는 것은 엉뚱한 결과를 낳을 수 있다. 발견자의 감정에 영향을 받고, 사건의 평범한 면이 부각되고, 선별된 세부 사항이 지나치게 강조된 나머지 사실 증거의 조각들이 통째로 기각될 위험이 있다.

언론보도도 문제이다. 현재 우리는 모든 사건의 흐름을 언론이 좌우하는 시대를 살고 있다. 경쟁적이고 선정적인 뉴스 보도는 가해자의 행위가 아닌 그 사람이나 사건이 유발한 쟁점에 초점을 맞춰 사건을 판단하도록 몰아간다. 특히 사람들의 관심이 큰 사건에서는 왜곡이 또 다른 왜곡을 낳는다.

마지막으로, 최악의 범죄는 살인이라고 생각하는 경우가 많지만, 강도나 기타 재산범죄 중에도 죄질이 극히 나쁜 사례가 많다. 그리고 많은 사람들이 동의하듯, 유괴는 그 자체로 최악의 범죄이다.

비록 입법기관이 사악한 범죄의 존재를 성문화했지만, 뚜렷한 지침 없이 배심원들에게 범죄의 극악무도성을 판별하라고 요구해선 안 된다. 최악의 범죄란 무엇인지 그 기준을 세우고, 배심원들에게 지침을 제공해야 한다. 어떤 범죄가 최악이고 그 이유는 무엇인가?

최악의 범죄를 정의하는 근거

확인된 가중요소 중 다수는 특히 그 행위에서 일반적이지 않은 행동을 보인다. 이 경우에는 피고인이 해당 가중요소를 충족시키는지 아닌지만 보면 된다. 그러나 다른 가중요소들은 범죄의 예외적인 특성보다 사회의 목적에 호소한다. 예를 들어, 경찰관이 무장한 채 위험한 임무를 수행하고 있다. 사회는 당연히 법집행기관(경찰)을 보호하려 한다. 하지만 범죄자가 탈출을 시도하다 경찰관을 살해한다고 해서 이것이 곧바로 일반적이지 않은 범죄 심리의 반영이라거나 자연스러운 선택(극적인 상황에서)을 넘어서는 이상행동은 아니다. 달리 말해서, 중죄를 저지르는 과정에서 발생하는 살인과 같은 어떤 가중요소들은 경찰관의 보호와 같은 (사회공동체의 범죄 일반) 예방효과를 지향한다. 다른 가중요소들은 무엇이 정말로 특이한지, 그리고 최악의 범죄 중에서도 가장 나쁜지를 구분한다.

형사재판 선고를 위한 극악의 기준

1998년 미국 최고의 법의학 전문가 집단인 포렌식패널The Forensic Panel의 지원으로 시작된 극악의 기준 연구는, 그 어떤 범주에서도 최악의 범죄를 구별해 낼 표준화된 방법론을 만들고자 일련의 규약 마련에 착수했다. 이 연구는 극악하고 악랄하며, 최악 중의 최악으로 기소할 범죄 항목의 특징들을 담고 있다.

- 가능한 모든 범주의 범죄에 적용될 만큼 포괄적인가?
- 직관보다 증거를 강조하고 있는가?
- 기준의 항목들이 피부색, 의사 진단, 인종, 종교, 국적, 기타 사회경제적 요소를 결정에서 배제할 수 있는가?
- 기준의 항목들이 문화적 차이를 통제할 수 있는가?
- 검찰이나 피고인 어느 한쪽에 유리하지 않은가?
- 자유사회의 가치 범주를 통합할 수 있는 항목들인가?
- 사회적 판단과 정신의학적 판단의 간격을 메울 수 있는가?
- 최악의 행동에 대한 기존의 진단적 이해를 통합할 수 있는가?
- 바람직하지 않다고 분류된 사람들을 지나치게 겨냥하지 않는 방식으로 결정을 수행할 수 있는가?
- 독단성보다 공정성을 보장할 수 있는가?
- 과학이 법을 억누르지 않고 이 기준에 기여할 수 있는가?
- 비교 가능할 만큼 기준이 측정 가능한가?
- 번거롭지 않은 방법으로 적용할 수 있는가?
- 범죄의 범주 안에서 좁은 범주의 범죄자들을 구별할 수 있는가?
- 남용을 방지할 수 있는가?
- 배심원 결정을 대체하지 않으면서 배심원들을 지원할 수 있는가?
- 재판에 일관성 있게 적용될 수 있는가?

이에 따라 극악의 기준 연구는 상고법원이 악랄하고 흉악하며 잔인하고 비열하며 비인간적이고 무분별하거나 끔찍한 범죄라고 판결한 사례들의 의도와 행위, 태도 등을 판별하기 시작했다(Welner, 1998). 연구에는 최악의 범죄의 피해자 연구도 포함되었다.

연구자들은 극악한 특징과 단순한 가중요소를 구별하기 위해 항소 사건에서 인정된 의도와 행위, 태도와 피해자 분석을 정신의학적으로 가장 사악한 행동으로 진단하는 항목에 맞춰 정리했다(표 5.2 참조). 물론 그렇다고 악랄하거나 악한 행위(흉기 사용, 매복, 증언 방해 목적의 증인 살해, 구속 및 구금 방지 등)를 획일적으로 구분하지는 않았다.

그 결과, 주어진 사실 패턴으로는 가학성과 매우 관련이 깊더라도 최악의 범죄는 훨씬 더 뚜렷한 "피해자의 정서적 고통을 유발하는 행위"로 한정되었다. 추종자를 범죄에 적극 가담시킨 가해자는 대리에 의한 반사회성 구성에 해당하여, "파괴력을 극대화하기 위해 다른 사람을 범죄에 연루시키는 것"으로 표현되었다.

극악의 기준 연구 프로젝트는 잠재적 의도와 행위, 태도 목록을 확대하여 잠재적인 범죄 범위를 포함시키고, 더 면밀히 연구해야 할 26개 항목을 확인했다(Welner, 2001). 이 항목들은 "무엇"이 범죄의 극악성에 해당하는지에 초점을 맞춘다.

물론 이 항목들은 사건과 역사, 사실에 달려 있다. 누가 악마적인가, 악마인가 하는 질문에는 더 정신의학적인 진단이나 이론적 근거가 필요하다. 이유나 맥락에 대한 질문은 변호인의 증거와 반박에서 다룰 일이다. 극악의 기준은 이유와 맥락까지 대체하려는 것이 아니며, 해당 범죄 상황으로만 국한된다.

극악의 기준 항목은 살인은 물론이고 강도나 기타 다른 범죄에도 똑

| 표 5. 2 | 범죄적으로 극악한 행위와 관련된 진단들

진단(출처)	특징
반사회적 인격장애 Antisocial personality disorder	어린 시절의 행동장애 이력. 성인기에 무책임하고 규칙을 위반하는 패턴. 금전적 · 성적 · 기타 원초적 욕구를 충족하려는 착취성
행동장애 Conduct disorder	아동 및 청소년기의 무단결석, 거짓말, 싸움, 재산 파괴, 방화, 충동성. 동물에 대한 잔혹성
자기애성 인격장애 Narcissistic personality disorder	과장, 자격지심, 오만함. 질투. 강한 분노
사이코패스 Psychopathy	뻔뻔함. 남을 조종하려는 무신경하고 자기중심적인 거만한 성격. 반사회적 행태
성적 가학성 Sexual sadism	강제와 통제를 통한 성적 충동. 고통을 가하는 것을 포함.
가학성 Sadism	성적 만족과는 상관없이 고통을 가하려는 욕망
시체성애 Necrophilia	죽음과 부패에 심취
악성 자기애 Malignant narcissism	반사회적 행동, 가학성, 과대망상. 이데올로기적이며 집단에 소속될 가능성 높음. 타인을 착취의 대상을 넘어 위협적인 적으로 경험.
대리자에 의한 반사회적 인격 Antisocial personality by proxy	포식자. 물리적 또는 물질적으로 반사회적 충동을 실행할 능력이 없음. 유사 성향의 취약한 타인을 조종하여 충동 실행.

같이 적용할 수 있도록 개발되었다. 예를 들어, "피해를 극대화하려는 의도"는 컴퓨터바이러스 범죄나 대량살상 테러 음모에도 적용될 수 있다. 언어적으로도 인종과 종교, 정치적 · 사회적 · 경제적 지위와 무관한 편견 없는 도구가 되도록 구성되었다. 동시에, "테러하려는 의도"는 정의된 테러리즘과 함께 작동하는데, 이것은 많은 사회가 자기부죄self-incrimination(불리증언거부권)를 두려워하지 않도록 방지하는 것이다.

연구의 다음 단계에서는 미국 연방대법원의 지시에 따라 사회적 태도를 반영하는 결과를 도출하고자 26가지 의도와 피해자학, 행동, 태도 중 어느 것이 인구통계학이나 배경과 무관하게 일반 대중의 합의된 지지를 얻을 것인지를 탐구하였다.

연구팀은 인터넷 기반의 안전하고 비밀스럽고 반복 가능한 방식으로 무작위 조사를 수행하고자 온라인 사이트 www.depravityscale.org를 개설했다.[2] 극악의 척도Depravity Scale 연구는 입법부와 사법부를 위한 형사적 선고 도구를 만드는 데 시민을 참여시킨 최초의 체계적 학문적 노력이었다.

극악의 척도 조사의 데이터는 극악의 기준에 포함될 범죄 의도와 피해자연구, 행동과 태도를 수립하는 데 기여했다. 사회적 연구를 심화시키고자 지금도 www.depravityscale.org에서는 자료를 계속 수집하고 있다. 이 연구로 수립된 척도가 실제로 재판에 사용된 다음에도 사회적 태도 변화에 맞춰 기준을 더 정교하게 업데이트하기 위함이다.

지금까지 수천 명이 참여한 연구에서 제시된 대부분의 항목에서 극악의 척도를 "특히" 또는 "다소"로 세분화하는 것에 압도적인 지지가 쏟아졌다. 각 주마다 존재하는 문화적 차이에도 불구하고, 미국의 모든 주에서 데이터가 상당히 일치했다.

물론 미국의 응답자들과 영국 및 기타 국가 거주자들의 데이터는 약간의 차이를 보였다. 그럼에도 개인적 · 민족적 · 정신적 차이에도 불구하고, 범죄의 의도와 대상(피해자), 행동과 태도가 악랄한가 그렇지 않은가에 대한 보편적인 합의가 도출될 수 있음이 드러났다. 애초에 연구된

---

2 depravitystandard.org/index.html로 이동.

26개 항목 중 16개 항목에 대해 그것이 적어도 다소 극악하다는 것에 참여자의 90퍼센트 이상이 동의했다. 나머지 항목에서도 대부분 강한 지지가 있었다(Welner, 2009). 정의상 잠재적으로 혼란스러운 것으로 판명된 항목 하나는 추가 검토에서 제외되었다.

연구팀은 판사와 검사, 변호사, 교수, 법과학자, 통계학자, 기타 전문가들로 구성된 자문위원회의 도움을 받아 후속 연구 단계를 계획했다. 이렇게 추려진 25개 항목을 가지고 일반인들에게 상대적 극악성을 평가하게 하는 것이었다. 각 항목들은 무작위로 5개 그룹으로 추려졌고, 참여자들은 각 요소의 심각성을 비교하는 연습을 했다. 이러한 과정을 통해 극악성 항목들은 상황의 특수성이나 배심원 성향과 상관없이 범죄를 구성하는 최악의 요소들을 사회적으로 평가하는 객관적 기준으로 탄생했다(〈표 5.3〉 참조).

이 연구를 통해 범죄를 특징짓는 악랄한 요소들에 대한 공감대를 형성하고, 특히 범죄의 어떤 요소를 엄하게 처벌해야 할지에 대한 사회적 합의를 이끌어 냈다. 응답자들은 특히 5가지 항목을 엄하게 처벌해야 한다고 대답했다(〈표 5.4〉 참조).

극악의 기준을 수립하는 연구의 마지막 단계는 검증으로, 일정 기간 동안 각 도시와 지역사회에서 일어난 살인사건 샘플들의 수사 보고서와 검시 보고서, 기소장과 목격자 진술, 탄환 정보와 기타 모든 과학수사 분야 보고서들을 면밀히 조사하여 25개 기준 항목에 맞춰 각 사건을 통계적으로 분석 · 평가한다(Welner & Mastellon, 2010).[3]

---

3 2021년 10월 현재도 depravitystandard.org/index.html에서 진행 중이다.

이 평가에 따라 기준 항목을 많이 포함할수록 '더 나쁜' 살인으로 다른 살인과 구분할 수 있게 된다.

극악성 항목의 정의: 수사관에게 미치는 영향

극악의 기준 항목들은 증거에 기반하여 해당 요소가 극악성 항목에 해당하는지의 여부를 판단할 수 있도록 신중하게 정의되었다. 예를 들어, "기괴한 고통을 발생시키는 행위actions that cause grotesque suffering"란 어떤 의미인가. 한 명의 배심원이라도 다른 판단을 할 수 있는 경우를 고려하여 이에 대한 판단은 반드시 증거를 기반하여 이루어져야 한다. 그리고 모든 소송에서 항목의 전체 내용을 지속적으로 살펴 자의적 판단의 위험성을 줄여야 한다.

| 표 5. 3 | **극악의 표준 항목**

항목 1	굴욕을 통해 피해자에게 엄청난 정신적 충격을 주고 공포를 극대화하려는 의도, 또는 사건을 잊을 수 없도록 정신적으로 각인시키려는 의도
항목 2	피해자가 둘 이상인 경우 인원수나 양적으로, 한 명인 경우에는 피해 수준의 측면에서 최대한의 부상을 입히거나 파괴하려는 의도
항목 3	영구적 신체 손상을 유발하려는 의도
항목 4	범죄행위를 하며 느끼는 흥분감을 위해 범행하려는 의도
항목 5	단순히 취약할 뿐만 아니라 무력한 피해자를 대상으로 하는 경우
항목 6	피해자와의 필연적인 신뢰 관계를 이용하는 경우
항목 7	피해를 더 많이 주고자 다른 사람의 극악성에도 영향을 끼치는 경우

항목 8	점진적으로 악화된 극악성 의도가 반영된 범죄
항목 9	다른 사람들에게 공포심을 주고자 범행하는 경우
항목 10	사회적으로 인정이나 관심을 받거나 과시하고자 범행하는 경우
항목 11	기소나 처벌을 피하고자 다른 사람의 범행에 영향을 미치는 경우
항목 12	피해자에게 가해진 범행의 결과를 무시하는 경우
항목 13	편견에 근거하여 고의적으로 피해자를 고르는 경우
항목 14	피해자의 신체적 고통이 지속되는 기간(시간)을 늘리는 경우
항목 15	끊임없는 신체적·감정적 공격 혹은 공격량
항목 16	이례적인 정도의 신체 손상 혹은 피해량
항목 17	공포와 무력감 등 피해자가 겪은 일반적인 고통을 뛰어넘는 극한의 고통
항목 18	사회적으로 부합하지 않는 제멋대로의 행동
항목 19	피해자에 대한 불필요한 정도의 근거리 공격
항목 20	사소한 자극에 대해 과잉 반응, 가해진 도발 정도에 비해 명백히 균형이 맞지 않는 반응
항목 21	자신의 행동과 그 결과에 대한 반응에서 느끼는 쾌감
항목 22	다른 사람들을 거짓으로 범죄에 연루시키고, 고의로 다른 사람들을 부당한 형벌과 기소 스트레스에 노출시킴
항목 23	피해자에게 책임을 전가, 그런 범죄행동을 할 자격이 있다고 느낌
항목 24	범행 후 피해자에 대한 모욕
항목 25	자신의 행동과 그 행동으로 발생한 결과에 대한 무관심

| 표 5. 4 | 극악의 표준 상위 5위 항목

① 피해자에게 드문 수준의 심각한(질적인 측면) 고통을 가하는 행위

② 피해자의 신체적 고통이 지속되는 기간(시간)을 연장하는 행위

③ 피해자에게 극심한 정신적 충격을 가하려는 의도

④ 영구적 신체 손상을 유발하려는 의도

⑤ 취약할 뿐 아니라 무력한 피해자를 표적으로 삼음(피해자 연구)

다음 항목들의 내용은 법집행기관과 수사관에게 중요한 지침을 제공할 수 있다. 범죄를 수사하는 이들이야말로 "범행 후 피해자에 대한 모욕" 등의 항목에 부합하는 필수 증거나 기타 증거에 가장 근접할 수 있는 사람이다.

그러나 다수의 법과학 방법론들에 따르면, 자격을 갖춘 전문가들이 한 사건을 수사했을 때 동일한 결론이 도출된다고 장담할 수 없다. 이 문제는 극악의 표준 항목의 정의와 임계값에서 신중하게 다루어진다 (Welner, 2005).

아울러 항목 설명은 극악의 표준 항목의 기준을 실제로 충족하는 개인들의 좁혀진 집단을 보존하는 것을 목표로 한다. 이러한 특정 매개변수는 표준의 합헌성을 유지한다. 추가적으로, 조사 참여자들이 극악성 범죄의 대표적 특징이라고 동의했으나 연구팀이 배제한 항목이 있는데, 이는 해당 항목의 증거를 일관성 있게 과학적으로 구분하기 어렵다고 판단했기 때문이다.

극악의 기준 활용

유독 기억에 남는 범행이 있는 것처럼, 어떤 범인의 행동은 너무 평범해서 특별할 수 있다. 각 기준 항목의 경중을 계산하는 방식이 정해지면, 이 기준은 재판이나 가석방 및 조사위원회에서, 또 정책 입안자와 학자들이 다양한 범행 증거를 수집하고 조사하는 데 활용된다.

그러나 명심해야 한다. 극악의 기준은 법관이나 배심원 같은 사실심리자에게 지침을 제공할 뿐 그 자체가 절대적 판결 기준은 아니다. 극악의 기준을 적용할 때에도 배심원의 선입견을 막고자 해당 범죄의 "극악성 유/무(정도)"를 재판에 제출하지 않는다. 그 대신에 유사한 다른 범행들과 비교하여 항목의 경중에 따라 하급/중급/상급으로 분류된 자료만 제출한다.

신뢰할 수 있고 적절한 극악의 기준이 정립되면 검찰은 해당 범죄가 타락하거나depraved 악랄하며heinous 사악한evil 범죄로 기소할 근거가 있는지를 분석해야 한다. 예를 들어, 수사관이 수집한 증거가 "감정적으로 취약한 관계 또는 신뢰 관계를 악용"한 범죄에 해당한다면 이를 기소에 적용할 수 있다. 이때 피의자 측도 범행에 "감정적으로 취약한 관계 또는 신뢰 관계를 악용"하지 않았다는 증거를 제출할 수 있다.

양형 기관이 극악성 정도를 판단할 근거로 삼을 수 있는 실질적인 증거의 유무는 매우 중요하다. 극악의 기준 항목에 해당한다는 주장을 뒷받침할 증거가 없으면 사법 체계 안에서 그 범죄가 사악하거나 악랄하고 흉악한 범죄라는 주장은 효력을 얻을 수 없다.

이렇게 극악의 기준을 활용하면 배심원은 타당하고 증거에 기반한 수단을 사용해 훨씬 공정하게 상대적인 평가를 내릴 수 있다. 또, 소송에서 범행의 악랄성을 다툴 때 극악의 기준 항목에 부합하거나 그렇지 않은 증거에 집중하게 된다. 이처럼 분명한 지침이 주어지면, 배심원은 본능적 감정이 아닌 입증책임에 의거한 증거들이 충분한지 여부를 따져 판단을 내리게 된다.

극악의 기준이 가져오는 또 다른 효과는, 유죄판결 여부와 상관없이 범행에 대한 필수적인 추가 수사가 정교하게 이루어진다는 점이다. 처벌 목적의 민사 법정에서도 민사법의 한계를 넘나드는 범죄가 얼마든지 있을 수 있다. 이 기준은 거꾸로 의도나 행위, 태도와 관련된 증거의 부족으로 피고인의 무죄를 입증하는 증거로 사용될 수도 있다. 이렇듯 극악의 기준이 정립되면 재판 이전 단계의 수사가 정교해져서 원고와 피고인, 모든 사법제도 관계자들이 도움을 얻을 수 있다.

범죄의 극악성을 수사하는 담당자는 필히 여러 세부 사항을 고려해야 한다. 범죄의 의도를 파악하는 것은 과거에도 그리고 현재에도 가장 어려운 부분이다. 악의적 의도의 가능성을 판단할 때에는 반드시 추정이 아닌 증거에 기반해야 한다. 이와 같은 어려움 때문에 수사관들은 병리학부터 인류학, 정신의학에 이르기까지 법의학 내의 다양한 과학 분과에서 증거를 추출한다. 특히 피고인과 증인 면담을 기반으로 하는 정신의학 분과는 사악하고 끔찍하고 비인간적인 극악성 항목과 태도 항목에 핵심적인 증거를 제공할 수 있다.

극악성 기준의 행동 항목을 판단할 때에는 법과학 내 병리학, 응급의학, 방사선학, 인류학, 범죄학이 특히 중요하다. 피해자 저항이 없는 상태에서 진행된 공격과 달리, 범행이 진행되는 동안 피해자 저항으로 피해나 상해가 발생하는 장시간 공격 사례에서는 피해자-공격자 대면을 감안하여 행동 분석이 이루어져야 한다. 법의학 내 과학 분과들의 도움을 얻어 범행에 사용된 무기와 사용된 방식, 사용된 빈도까지 파악할 수 있다.

범죄를 수사할 때 범행에 대한 범인의 태도에 집중하는 경우는 흔치 않다. 또, 일반적으로 도주 중인 범인은 목격자가 없거나 범행 태도에 대한 단서를 남기지 않는다. 따라서 경찰과 정신의학과 전문의가 취조 기술로 얻어 낸 면담 결과는 범인의 태도 항목을 판단하는 유용한 증거 자료가 될 수 있다. 다음 사건을 보자.

마이클 제이 러블레스 사건

구인장에서 재인용(2011)

마이클 제이 러블레스, 로버트 앨런, 조지 레이튼은 로버트 드룽스의 집에 "큰돈"이 있다는 이야기를 듣고 그의 집을 털 계획을 세웠다. 1986년 1월 한 달간, 세 남성은 그 집의 자산을 가늠해 보고 다양한 상황을 연출해 범행을 계획한 후 드룽스의 집을 방문했다.

1986년 1월 31일, 대략 오후 10시 즈음, 범인들은 분장을 하고 총으로 무장한 채 자택으로 접근했다. 그들은 노크를 하고 드룽스가 나오자 즉시 제압해 바닥에 눕혔다. 앨런은 집을 둘러보다 자신의 방에서 자고 있는 드룽스의 열네 살짜리 아들을 발견했다. 그는 러블레스와 함께 아들을 방으로 데려와 아버지 옆에 눕게 만들었다. 러블레스는 엎드려 있는 드룽스의 머리 뒤쪽에 총을 겨누고 장전한 후 손가락을 방아쇠에 갖다 댔다. 그런데 앨런이 드룽스의 몸을 묶기 시작했을 때 총알이 발사되었다. 러블레스는 총을 쏘려고 한 것이 아니라 총이 미끄러졌다며 앨런에게 사과했다.

이제 범인들은 사망한 아버지가 아니라 어린 아들에게 돈의 보관 장소를 물어야 했다. 아들은 아버지의 지갑에 돈이 있을 것이라고 했다. 앨런이 다시 집을 뒤지는 동안 러블레스는 아이의 몸을 묶었다. 앨런은 아이가 살인 장면을 목격했으므로 자기가 돌아오기 전까지 죽이라고 러블레스에게 지시했다. 그러나 그들은 결국 아들은 쏘지 않고 집을 떠났고, 드룽스의 지갑에서 나온 110달러를 나눠 가졌다. 러블레스는 2급살인에 대한 유죄인정협상에 들어가 15년에서 무기징역을 선고 받았다.

가석방과 구인장 심리

드룽스가 사망한 지 22년이 되던 해인 2008년 1월 31일, 러블레스가 가석방 심리에 모습을 드러냈다. 사건을 확인한 위원회는 이 범행이 "인간의 고통에 특별히 냉담할 정도로 무관심하다"고 평가했다. 위원회는 러블레스가 사회에 큰 위험을 안겨 줄 것이라고 판단하고 그의 가석방을 승인하지 않았다.

러블레스는 고등법원에 청원을 올려 이 결정에 이의를 제기했다. 사건을 재검토한 위원회는 그의 범행이 "특히 극악무도하고, 악랄하며 잔인한 방식"으로 저질러졌다고 평가했다(§2402, 세부 목록(C)(1)). 위원회는 범행이 희생자를 살해한 동기(110달러)가 너무 사소하기 때문에 잔인하고 극악무도하다고 주장했다. 또, 러블레스와 앨런은 역할을 나누고 무장한 채 아무 잘못이 없는 드룽스의 아들을 방으로 데려와 아들이 보는 앞에서 살인에 대해 이야기하는 등 "차갑고 이해타산적인 방식"으로 행동했다. 위원회는 다시 한 번 러블레스가 가석방 대상으로 적절하지 않다는 결론에 도달하여 가석방을 거부했다. 재판부는 러블레스의 구인장 심리 청원을 기각하라는 명령을 내렸다.

러블레스가 희생자를 쏜 뒤 보인 후회의 표현은 능숙하지 못했던 범행에 대한 아쉬움이나 당황스러움이었을까? 아버지의 죽음을 목격한 아들에게 돈의 행방을 알려 달라고 요구했던 행동은 무엇을 말해 주는가? 공격자들은 단순히 아들이 느낀 극도의 공포를 이용한 것일까? 아들을 총으로 쏠지 말지를 이야기하고 정작 쏘지 않은 것은 어떤 의미로 볼 수 있을까? 이것이 범행에 대한 후회나 무관심을 반영하는 증거가 될까? 공격자들이 아들을 이미 사망한 아버지 옆에 묶어 둔 행동은 어떻게 볼 수 있을까?

이 범행의 태도에 대한 수사는 범행에서 간과하기 쉬운 범행의 사후 효과에 집중한다. 극악성 기준에 의거한 수사는 범죄의 의도, 피해자, 행동, 태도와 관련된 증거들을 규명하고자 범죄의 순환 주기 모델(범행 이전, 도중, 이후)을 사용한다.

형량을 선고할 때에도 극악성 기준을 적용하면 더 강도 높은 조사가 불가피하여 범행을 더 면밀히 조사하고 이 과정에서 자칫 간과할 수 있었던 증거들을 찾아낼 수 있다. 재판부가 더 지속적이고 공정하게 악독한 범죄를 분류할수록, 단순한 처벌 목적을 뛰어넘어 감수성과 이해를 기반으로 한 균형 있는 정의 실현을 달성할 수 있다. 분류 classification는 모든 단계에서 정의 실현을 도모한다.

참고문헌

Godfrey v. Georgia, 446 U.S. 429 (1980).

Gregg v. Georgia, 428 U.S. 153 (1976).

In re Michael Jay Loveless on Habeas Corpus, 192 Cal; LEXIS 110 (January 7, 2011). Reprinted with permission from www.depravityscale.org

Newman, S., Rayz, E.,&Friedman, S. (2004). Capital sentencing: The effect of adding aggravators to death penalty statues in Pennsylvania. *University of Pittsburgh Law Review*, 65, 457–506.

State of Minnesota v. Christopher James Hyden, Minn; LEXIS 90 (January 25, 2011). Case is reprinted with permission from www.depravityscale.org

Walton v. Arizona, 497 U.S. 639 (1990).

Welner, M. (1998). Defining evil: A depravity scale for today's courts. *Forensic Echo* 2(6), 4–12.

Welner, M. (2001, May). *The Depravity Scale: Development and potential.* Paper presented at the American Psychiatric Association Annual Meeting, New Orleans, LA.

Welner, M. (2003, May). *Frontiers in standardizing the definition of evil in criminal law.* Paper presented at the American Psychiatric Association Annual Meeting, San Francisco, CA.

Welner, M. (2005). The Depravity Standard: A future role of forensic and behavioral evidence analysis. In W. Petherick (Ed.), *The science of criminal profiling* (pp. 150–152). London, England: Barnes & Noble.

Welner, M. (2009). The justice and therapeutic promise of science-based research on criminal evil. *Journal of the American Academy of Psychiatry and the Law*, 37(4), 442–449.

Welner, M.,&Mastellon, T. (2010). The Depravity Standard:Acall for large scale homicide research. *Empire State Prosecutor*, pp. 14–17.

분류

6장
금전적 이득 살인

살인은 사람의 목숨을 불법적인 방법으로 앗아 가는 것을 말한다. 권력, 개인적 이득, 잔혹성, 때로는 성적인 목적으로 타인의 삶을 종결시키는 행위를 가리킨다. 'murder'는 'homicide'의 하위분류에 속하고, 'murder'에는 범죄적 혹은 비범죄적 과실에서 기인하는 과실치사manslaughter, 계획되지 않은 차량 사망 사고 같은 개념이 법적으로 포함된다(Megargee, 1982). 문헌상 'homicide', 'murder', 'killing'이 구분되어 쓰이지만, 이 책의 목적을 고려해 여기서는 이 용어들을 혼용한다.

통합범죄보고(UCR)

살인 분류의 가장 초기 시스템은 통합범죄보고(UCR)이다. FBI가 미 사법부와 합작하여 만든 UCR은 해마다 미국 내에서 발생한 범죄의 통계를 제공한다. 1920년대에 국가적인 범죄통계의 필요성이 대두되면서, 국제경찰국장연합the International Association of Chiefs of Police(IACP)이 통합경찰통계 시스템을 구축하고자 UCR에 위원회를 조직했다. 여기서 7종류의 범죄가 범죄 발생 건수와 범죄율 변동을 측정할 기준으로 지정되었다. 종합적인 범죄지표로 알려진 이 범죄들은 살인murder과 미필적고의 살인nonnegligent manslaughter, 강간forcible rape, 강도robbery, 가중폭행aggravated assault, 강도와 재산범죄the property crimes of burglary, 절도larceny theft, 자동차 절도motor vehicle theft이다. 의회의 요구로 1979년 방화가 여덟 번째 기준으로 추가되었다.

UCR에 보고된 1976년부터 2003년까지 미국에서 발생한 모든 살인사건 건수는 1976년에 1만 6,605건에서 1980년에는 2만 1,860건으로 정점을 찍고, 1986년 2만 613건으로 감소했다가 1989년에 다시 2만 1,500건을 기록하는 등 큰 변동을 보였다[미 사법부, 1976-1989, 2003]. UCR에는 공격자와 희생자의 연령, 인종, 성별 정보와 범행에 사용된 무기의 유형, 살인이 발생한 상황 정보도 정리되어 있다. 현재 UCR은 다음과 같이 살인을 분류한다.

- 중범죄살인(중범죄 범행 도중에 일어나는)
- 중범죄가 의심되는 살인(중범죄의 요소가 보이는)
- 언쟁이 동기가 되는 살인(비범죄적 동기로 이루어진)
- 혼합 유형 혹은 중범죄가 아닌 유형(살인 동기가 앞 범주에 포함되지 않는)
- 알 수 없는 동기(어떤 범주에도 포함되지 않는 동기)

2010년에는 미국 전체에서 1만 4,748명의 사람들이 살해되었다고 추정된다. 이것은 2009년 추정치보다 4.2퍼센트 감소한 수치로, 2006년의 수치보다는 14.8퍼센트 증가했으며 2001년 추정치와 비교하면 8.0퍼센트 감소한 것이다.

2010년에는 10만 명 중 4.8명의 살인자가 있었다. 이는 2009년에 비해 4.8퍼센트 감소한 수치다. 2006년 수치에 비하면 살인률은 17.4퍼센트 감소했고, 2001년과 비교하면 15.0퍼센트 줄어들었다.

살인사건의 44퍼센트(43.8)가 미국에서 가장 인구가 많은 지역인 남부에서 보고되었고, 20.6퍼센트는 서부에서, 19.9퍼센트는 중서부, 북동부에서는 15.6퍼센트가 보고되었다.

피해자 특징은 〈표 6.1〉 참고.

| 표 6. 1 | 피해자 특징

살인자-피해자 상황	단일 피해자, 단일 범죄자(48.4퍼센트)
	단일 피해자, 미확인 범죄자(들) (29퍼센트)
	단일 피해자, 복수 범죄자 (12.6퍼센트)
	복수 피해자, 단일 범죄자 (5.8퍼센트)
	복수 피해자, 복수 범죄자 (1.5퍼센트)
	복수 피해자, 미확인 범죄자(들) (2.7퍼센트)
피해자의 연령(총 6,284명)	18 이하(665명)
	18 이상(5,558명)
	미상(61명)
인종(총 1만 2,996명)	백인 6,043명, 흑인 6,470명, 기타 331명, 미상 152명

출처: UCR 2010(FBI, 2010); 법무부 통계국: 추가 살인 보고서 데이터(Cooper & Smith, 2011)

장기간의 살인율 추세

- 살인율은 1960년대 초반과 비교해 1970년대 후반에 2배 증가했고, 1980년에는 10만 명당 10.2명으로 정점을 찍은 후, 1984년 10만 명 당 7.9명으로 떨어졌다. 살인율은 1980년대 후반부터 1990년대 초반까지 다시 증가하여 1991년에는 10만 명당 9.8명의 최고치를 기록했다.

- 2010년 살인율은 10만 명당 4.8명으로 감소했다. 1999년부터 2008년에는 비교적 일정했다.

1980~2008년

- 흑인은 살인 피해자와 살인 가해자(10만 명당 27.8명의 피해율/백인은 10만 명당 4.5명) 모두에서 가장 높은 비율을 차지했다.

- 살인 피해자의 77퍼센트, 살인 가해자의 90퍼센트가 남성이었다.

- 18~24세 연령대가 살인 피해자(17.1명)와 살인 범죄자(29.3명)의 비율이 가장 높았다.
- 피해자/범인 관계는 낯선 사람이 21.9퍼센트, 배우자 10퍼센트, 다른 가족 12.4퍼센트, 남자친구/여자친구 6.3퍼센트, 기타 지인 49.4퍼센트였다.
- 친밀한 사람이나 가족에 의한 살인보다 친구/친인척이나 낯선 사람이 저지른 살인에 총이 사용될 가능성이 더 높았다.

동기 미상을 제외한 모든 살인 범주 비율이 감소했다. 2003년에는 1만 4,054건의 살인이 분류되었지만, 동기 미상 범주에 분류된 살인 건수는 급격히 증가했다. 2003년 1만 4,054건의 살인 중 미상 범주로 분류된 살인사건은 4,476건이다. 이 추세는 살인을 일으키는 동기의 이질성과 살인을 본질적으로 중죄felony/비범죄noncriminal/기타miscellaneous의 세 가지 범주로 나누는 제도의 부적절함을 모두 시사한다. 동기가 규명되지 않은 사건은 기타와 미상으로 분류된다. 대상의 40~50퍼센트를 포착하지 못하는 분류체계(기타 및 미상)는 효율적이라고 말할 수 없다. FBI는 2002년 미국에서 보고된 살인사건의 해결율을 64퍼센트(강간 사건 45퍼센트, 강도 사건 13퍼센트, 자동차 절도 사건 14퍼센트)로 추정했다.

피해자/유형/방식에 따른 살인 분류

버지니아주 콴티코에 있는 FBI아카데미 행동과학부는 헤이즐우드와 더글러스(1980)의 쾌락살인 유형 책자에서 처음으로 살인 분류에 관한 문헌

기록에 참여하기 시작했다.

피해자 수, 유형, 방식별 살인 분류는 1986년 더글러스·레슬러·버지스·하트먼가 처음 발표했다. 단일 살인single homicide은 한 명의 피해자와 하나의 살인사건으로 정의된다. 2007년 11월 2일 아만다 녹스와 라파엘 솔레시토가 살인죄로 유죄판결을 받았다가 나중에 무죄판결을 받은 메레디스 커처 살인사건이 단일 살인사건에 해당한다(Erickson, 2011). 이중살인double homicide은 한 장소에서 한 번에 두 명이 살해되는 살인이다. 2001년 1월 27일 다트머스대학 교수 하프와 수잔 잔톱이 잔톱의 10대 동창 제임스 파커와 로버트 툴로치에게 살해당한 사건이 이중살인이다. 이 사건은 온라인에서 칼을 구입한 파커를 추적해 해결했다. 삼중살인triple homicide은 한 장소에서 한 번에 3명이 살해되는 살인이다. 2007년 7월 24일, 코네티컷주의 저명한 내분비학자인 윌리엄 프티 박사의 아내와 두 딸이 체셔에 있는 교외 주택에서 두 남자에게 몇 시간 동안 인질로 붙잡혀 있다가 살해된 사건이 삼중살인에 해당한다. 이들은 체포되기 전, 집에 불을 지르고 가족의 스포츠 차량과 경찰차 3대를 들이받았다.

다중살인mass murder은 같은 사건에서 4명 이상이 살해되는 경우로, 살인 간의 시간 차가 뚜렷하지 않다. 일반적으로 살인범이 진행 중인 사건에서 단일 장소에서 다수의 피해자를 살해하는 경우를 가리킨다(캘리포니아 샌디에이고에서 일어난 1984년 샌 이시드로 맥도널드 사건, 1991년 텍사스 킬린에서 발생한 루비 레스토랑 학살, 2007년 버지니아 공대 살인사건 등).

다중살인은 고전적 다중살인과 가족 다중살인의 두 가지 하위범주가 있다. 고전적 다중살인은 한 사람이 한 장소에서 몇 분 혹은 몇 시간, 심지어 며칠 동안 살인을 저지르는 경우이다. 고전적 다중살인의 원형은 정신적으로 혼란에 빠져 자신과 무관한 집단이나 자신의 문제에 폭력적으로 적개심을 표출하는 개인이다. 1966년 텍사스대학 시계탑에서 탄약, 무기, 로프, 라디오, 음식 상자로 무장한 채 바리케이트를 치고 90분 동안 무차별 사격을 가해 50명 가까운 사람을 살상한 찰스 휘트먼Charles Whitman이 대표적인 고전적 다중살인자이다(16장 참조). 다중살인의 두 번째 유형은 가족 다중살인이다. 가족 4명 이상이 살해되고, 가해자가 스스로 목숨을 끊으면 다중살인 자살mass murder-suicide로 분류된다. 이때 가해자가 자살하지 않으면 가족 다중살인이다. 1972년 아내와 어머니, 세 자녀 등 가족을 모두 살해하고 도주한 보험판매원 존 리스트John List가 가족 다중살인자이다. 자동차만 공항 주차장에서 발견되고 행방이 묘연했던 그는 17년 후 이 살인사건을 방송한 TV 프로그램을 통해 붙잡혔다.

연속살인spree murder은 두 개 이상의 장소에서 일어난 단일 사건으로, 살인 간의 감정적 휴지기가 없는 역사적 용어이다. 단일하게 분류되는 살인사건은 짧거나 길어질 수 있다. 1949년 9월 6일, 뉴저지 캠던에서 하워드 운루는 여분의 탄약이 있는 독일제 반자동 권총인 루거를 훔친 뒤 동네를 거닐다가 무작위로 권총을 발사해 약 20분 만에 13명을 살해하고 3명을 다치게 했다. 운루가 살인을 저지른 시간은 짧았지만, 장소를 옮겼기 때문에 다중살인으로 분류되지 않았다(Resler, Burgess, & Douglas, 1988).

연쇄살인serial murder은 처음에 살인사건 사이에 감정적 휴지기가 있는, 세 개 이상의 다른 장소에서 벌어진 사건으로 정의되었다. 그러나 이제 휴지기cooling-off라는 말은 역사적인 용어가 되었다. 1998년 법률을 제정하여 연쇄살인의 정의를 공식화하려는 시도가 있었다. '1998년 성적 약탈자로부터의 어린이 보호법'이라는 연방법이 미국 의회를 통과했다(Title 18, United States Code 51장, 1111 Section). 이 법은 연쇄살인을 다음과 같이 정의했다.

'연쇄살인'이란 동일한 행위자 또는 행위자들에 의한 범죄일 가능성이 합리적으로 제시되는 공통적인 특징이 있는 3명 이상에 대한 살인을 말한다.

연방법의 정의에도 불구하고, 그 적용에는 한계가 있다. 이 정의의 목적은 FBI가 국내 사법기관의 연쇄살인사건 수사를 언제 지원할지 그 기준을 정하는 것이었다. 따라서 연쇄살인에 대한 일반적인 정의를 의도한 것이 아니다(FBI, 2008).

2005년 FBI 연쇄살인 심포지엄에서 연쇄살인 분류에 필요한 사건 건수를 놓고 집중 논의가 펼쳐졌다. 이 회의에서 합의된 정의는, 두 명 이상의 피해자를 별도의 사건에서 같은 범죄자가 불법적으로 살해하는 것이다. 연쇄살인사건은 사전에 계획된 것으로 가정되며, 범죄와 관련된 환상과 상세한 계획 등을 포함한다. 여러 해에 걸쳐 적어도 다섯 개 주에서 30차례 이상의 살인을 저지른 테드 번디Ted Bundy가 연쇄살인범에 해당한다. 심포지엄 참석자들은 연쇄살인범으로의 발달을 이끄는 식별 가능한 원인이나 요소는 단 한 가지도 없다는 데 의견을 같이했다. 오히려 발달에 기여하는 요소들은 많다. 가장 중요한 요소는 연쇄살인을 선택하는 연쇄살인범의 개인적인 결정이다.

다중살인범과 연쇄살인범을 구별하고자 가정하는 차이점은 여러 가지다. 고전적 다중살인범은 그 피해자가 누구인지 신경 쓰지 않는다. 접촉하는 사람이면 누구든 죽이기 때문이다. 이와 대조적으로, 연쇄살인범은 보통 피해자 유형을 선택한다. 연쇄살인범은 결코 잡히지 않을 것이라고 생각하고, 때로 그 말이 옳을 때도 있다. 연쇄살인범은 탐지를 피하고자 자신의 행동을 주의 깊게 통제하는 반면, 종종 정체가 밝혀져 쫓기는 다중살인범은 대개 사건의 진행을 통제하지 못한다. 반면에 연쇄살인범은 피해자와 장소를 선택하고 계획하며, 자신의 요구가 충족되지 않으면 살인 행위를 멈추기도 한다. 살인범은 성적인 동기를 가진 살인범과 함께 지금까지 기술한 유형 중 하나로 분류할 수 있다(FBI, 2008).

수사 프로파일링

범죄의 분류는 (법원에서 재판의 기초가 되는 사실 및 법률관계를 따져 증거나 방법 등을 심사하는) 심리 단계인 수사 프로파일링에 도움을 준다. 수사 프로파일링은 법집행기관이 경험에 근거해 선택지를 좁히고 가해자를 추정하는 전략으로 단서의 집합(Rossi, 1982), 특정 유형의 범죄자에 대한 정보를 제공하는 정보에 입각한 시도(Geberth, 1981), 행동패턴, 현상 및 경향의 생물학적 스케치(Vorpagel, 1982) 등으로 묘사된다. 게버스(1981)는 범죄자가 명백히 식별 가능한 정신병리학적 형태를 드러냈을 때 수사 프로파일이 특히 유용하다고 밝혔다. 이런 경우, 범죄 현장은 가구가 집주인의 성격을 드러내는 것과 비슷한 방식으로 살인자의 행동과 성격을 반영한다고 추정된다.

사실 프로파일링은 역행하는 역분류 또는 분류의 한 형태이다. 일반적으로 우리는 실존하는 특징들에 근거하여 알려진 실체를 별개의 범주로 분류한다. 이 특징들은 해당 범주 요소를 나누는 기준이 된다. 그런데 살인사건을 수사할 때에는 실체(범죄자)도 피해자도 없다. 따라서 일반적으로 범죄 현장에서 발견할 수 있는 유일한 정보의 출처에 의존해야 한다. 이 정보는 개인을 프로파일링하거나 분류하는 데 사용된다. 그러므로 범죄 분류는 수사관들이 범죄 현장과 범죄 관련 데이터를 근거로 범죄를 분석하는 것이고, 이 과정이 바로 프로파일링이다.

1979년 여름부터 샌프란시스코 북쪽의 타말파이어스산 주립공원에서 등산객들이 등산 중 사라졌다가 살해된 채로 발견되었다. 희생자 대부분은 여성이었다. 샌프란시스코 언론에서는 이 사건을 "트레일사이드 킬러Trailside Killer"라고 불렀다(Douglas & Olshaker, 1995).

희생자들은 먼 공원 산책로에서 칼에 찔리거나 목이 졸리거나 총에 맞아 사망했다. 이는 여성 피해자의 경우, 범죄자가 성폭행을 의도했음을 암시한다. 용의자에 대한 목격자 증언은 상반되었다. 이는 이상한 일이 아니다. 살인 현장들은 서로 멀리 떨어져 있고, 숲이 우거져서 도보로만 접근할 수 있으며, 산을 상당히 올라야 했다. 이는 살인자가 현지인이며 이 지역에 익숙하다는 것을 암시한다.

더글러스는 갑자기 뒤에서 여러 번 칼로 찌르고 공격한 것은 반사회적인 타입을 나타낸다고 프로파일링했다. 고립되어 있고, 자기 자신에 대한 확신이 없으며, 피해자들을 유혹하거나 꾀어낼 대화 능력이 없기 때문이라는 것이다. 피해자들은 육체적으로 건강한 등산객들로, 이런 피해자들을 통제할 유일한 방법은 그들이 대응하기 전에 압도하는 것, 즉 갑작스러운 공격밖에 없다. 이는 면식범의 소행이 아니다. 현장은 외딴곳에 있어 목격자가 나오기 어려웠다. 이는 살인자가 피해자들에게 본인의 판타지를 실행할 시간이 충분했음을 의미한다. 그런데도 갑작스러운 공격을 해야만 했다. 모종의 성적 공격은 물론이고 자위를 했을 수 있고, 사후에 시신을 처리했을 것이다. 피해자들의 나이와 신체 유형은 다양했다. 이는 비선택적 살인자임을 암시한다. 프로파일러는 살인자가 언어장애가 있을 것이라고 결론 내었다. 이 분석은 특별수사팀 내에서 상당한 회의론에 직면했다.

그러던 중 살인자가 실수로 살인 현장 중 한곳에 남겨 둔 안경테를 단서로 종합적인 수사를 빌인 끝에 데이비드 카펜터를 용의자로 체포했다. 카펜터는 50세의 공업기술 교사로 실제로 말을 더듬었으며, 스트레스를 받으면 더 심해졌다.

프로파일링에 언뜻 이상해 보이는 언어장애가 들어간 이유는, 가해자가 피해자와의 대화를 불편해 했다는 명백한 특징이 보였기 때문이다. 외딴 현장에서 방해를 받을 가능성이 낮음에도 불구하고, 가해자는 말과 행동으로 피해자를 통제할 자신감이 없어 보였다. 이는 심각한 자아상/자신감 문제를 암시했다. 논리적으로는 외모나 언어에 문제가 있을 것으로 추측되었다. 그런데 외모 문제라면, 한 명 이상의 목격자가 외모적 특징을 언급했을 텐데 그렇게 말한 사람이 아무도 없었다. 따라서 언어장애가 가장 유력한 요소로 프로파일링된 것이다.

가정환경을 조사한 결과, 카펜터는 신체적 학대를 일삼는 사나운 어머니와 최소한 정서적 학대를 하는 아버지 밑에서 자란 것으로 드러났다. 그는 지능이 평균 이상인 똑똑한 아이였지만, 심각한 말더듬이 때문에 괴롭힘을 받았다. 게다가 만성적인 야뇨증이 있었고, 동물에 대한 잔혹성을 보였다.

어른이 된 다음에는 예측 불가능하고 폭력적인 분노 발작으로 바뀌었다. 그는 칼과 망치를 사용해 여성을 공격한 전과가 있었다. 뒤틀린 결혼 생활에서 아이가 태어난 뒤의 일이다. 생존 희생자는 그가 잔혹한 공격을 하는 동안에는 말더듬이 증상이 사라졌다고 증언했다.

카펜터의 사례는 폭력적인 가해자를 그 동기뿐만 아니라 범죄유형과 방식에 따라 분류할 수 있지만, 사건과 가해자를 따로 분석하는 것이 중요하다는 점을 보여 준다. 각각의 피해자 분석과 지원이 중요한 것과 마찬가지다.

트레일사이드 살인사건은 혼합된 성적 살인일 가능성이 크다. ⓐ성적인 요소가 동기를 부여하는 요인이고 ⓑ 계획하고 피해자를 스토킹하는 것이 구조화된 특징인 반면, 공격 스타일은 갑작스럽고 시신을 숨기려는 시도가 없었기 때문이다. 후자는 비구조화된 공격자의 특징이다.

'범죄 프로파일링'이라고도 불리는 범죄 수사 분석은 행동적·수사적인 관점에서 범죄를 전체적으로 검토하는 전반적인 과정이다. 행동은 범죄가 일어나기 전과 일어나는 동안, 일어난 후를 따로 분석한다. 이 자료를 근거로 미상 사건에 대응하는 전략과 프로파일링이 만들어진다. 그렇게 용의자 평가가 끝나면 그에 맞는 심문 기술을 개발한다. 'Why+ How= Who' 수사 공식에 맞춰 피해자와 용의자를 모두 특정해 내는 것이다.

범죄 프로파일링 과정만으로는 아무도 기소할 수 없다. 이 과정은 수사의 초점을 정확히 설정하도록 지원하기 위함이다. 모든 사건의 기초는 적절한 지휘와 철저한 계획으로 다져진다. 만약 수사에 결함이 있다면, 결과는 보나마나다.

범죄분류매뉴얼(CCM): 살인 분류를 위한 동기 모델

'쾌락살인lust murder'을 유형화한 FBI 행동과학부의 결정은 유형학이라기보다는 신드롬이라고 메가지(1982)가 표현했듯이, FBI 행동과학부가 살인을 비구조화된 비사회적 범주와 비구조화된 반사회적 범주 두 가지로 분류한 것은 여기에 쾌락살인을 모두 포함시키려는 의도는 아니었다.

이러한 성적 살인에 대한 초창기 분류법은 이후 연쇄살인의 분류체계를 개발하려는 프로그램적 노력으로 발전했다(Ressler et al,1988). 1980년대 말, FBI아카데미의 수사지원팀 요원들이 행동과학부에 합류하여 범죄분류 매뉴얼(CCM) 작업에 착수했다. 이때 미국정신의학협회(APA)의 정신장애 진단통계 매뉴얼을 본보기로 사용했다. 분류 대상은 살인과 방화, 성폭행 등 주요 범죄 범주들이었다. 연방 및 민간 협회들을 대표하는 자문위원회가 결성되었다.

이 모델의 수많은 개념적 · 이론적 토대가 이 주제를 다룬 초창기 논문들에서 도출되었지만, 폭력범죄 연구가 발전하면서 새로운 범죄 분류들이 추가되었다.

범죄분류매뉴얼(CCM)에서 살인은 동기에 따라 금전적 · 개인적 · 성적 · 집단동기 등 4개의 주요 범주로 분류된다. 금전적 이득을 노린 범죄에는 8개의 하위범주가 있다. 청부살인(제3자), 범죄조직살인, 범죄조직경쟁살인, 납치살인, 제품부당변조살인, 마약살인, 보험관련살인(개인적 이익 또는 상업적 이익), 중범죄살인(무차별적인 또는 상황적 살인) 등이다. 개인적 원인 범주에는 11개의 하위범주가 있다. 연애망상 동기 살인, 가족살인(즉흥적 살인, 조작된 살인, 신생아 살해), 언쟁/갈등살인, 권위살인, 보복살인, 불특정 동기 살인, 극단주의 살인(정치 · 종교 · 사회경제), "자비/영웅"살인, 인질살인 등이다. 성적 살인 범주에는 5가지 하위범주가 있다. 구조화된 범죄 현장 살인, 비구조화된 범죄 현장 살인, 혼합된 범죄 현장 살인, 가학적 살인, 여성 노인에 대한 성적 살인 등이다. 집단동기살인 범주에는 3가지 하위범주가 있다. 컬트살인, 극단주의살인(정치, 종교, 사회경제적 살인(무장단체 또는 인질)), 집단흥분살인이다.

금전적 이득을 노린 살인은 범죄자가 마약, 폭력조직 또는 조직범죄 살인을 저질러 신분상 또는 금전적 보상을 얻는 살인을 말한다. 이득에는 돈과 재화, 영역권, 특권, 기타 그 개인에게 가치가 있는 것이면 무엇이든 포함될 수 있다. 하위범주는 청부(제3자)살인, 범죄조직살인, 범죄조직경쟁살인, 납치살인, 제품부당변조살인, 마약살인, 보험관련살인(개인 이익을 위한 살인/상업적 이익을 위한 살인), 중범죄살인(무차별적/상황적) 등이다.

청부살인자는 은밀한 공격이나 기습으로 살인을 한다. 그는 이득을 위해 다른 사람의 생명을 빼앗는 데 동의하는 살인자, 즉 살인청부업자다. 대체로 살인자와 희생자 사이에는 관계(개인적/가족적/사업적)가 없다.

주요 특징

피해자 분석 __ 청부살인의 희생자는 살인자를 고용하는 사람에게 목적 달성에 방해 또는 저해된다고 인식되는 사람이다. 이 목적은 금전적(생명보험금 수령/사업 통제)이거나 개인적인(외도, 이혼 거부) 것일 수 있다.

희생자가 직면하는 위험은 상황에 따라 다르다. 희생자를 위험에 빠뜨리는 것은 그 희생자를 방해물로 인식하는 범인의 인식이다. 범인들(청부자와 살인자)이 감수하는 위험은 그들의 관계와 살인을 저지르는 자의 경험 및 금전적 이득에 달렸다.

빈번하게 보고되는 범죄 현장 지표 __ 범인은 보통 현장에서 최소한의 시간을 보낸다. 통상 빠르고 신속한 살인을 선택한다.

범인의 노련함을 보여 주는 몇 가지 현장 지표가 있다. 범행에 사용된 무기는 범인의 전문성을 보여 준다. 맞춤 제작된 제압도구, 권총, 기타 살해 도구들은 능숙한 살인 전문가임을 알려 준다. 이는 범죄 현장에서 다른 방식으로 반영된다. 현장에 남겨진 물리적 증거가 거의 혹은 전혀 없고, 현장이 효과적으로 조작되며, 시신은 정교하게 처리된다. 범죄가 사전→도중→사후에 체계적이고 질서 있게 진행됐음을 범죄 현장은 보여 준다.

무기는 구하기 쉽고 추적이 어렵거나 총탄을 추정하기 어려운 것을 선택한다. 흔히 무기를 현장에 떨어뜨리거나 시신과 함께 버린다. 무기를 소지하여 체포될 확률을 낮추기 위해서다. 청부살인에 사용된 무기는 훔친 것이나 미등록된 것이 많다. 청부살인을 감추기 위해 방화를 하기도 한다(추가 정보는 분류 231 참고).

조작 __ 조작하지 않는 한, 다른 범죄 지표가 없을 것이다. 예를 들어, 도난품도 없고 성폭행도 없을 것이다. 이 같은 2차적 범죄 활동은 범인이 어리거나 미숙하거나 지능이 낮음을 의미한다.

이와 반대로 자동차 브레이크선을 자르거나 항공기 고장 등 사고사로 위장하고자 범죄 현장을 복잡하게 조작하기도 한다. 2차적 범죄 활동은 강도나 침입 또는 납치미수 등을 위장하여 범죄의 1차적 동기를 혼동시키기 위함이다. 성적 동기에 의한 살인처럼 사체의 자세를 변형시키기도 한다. 실제 성적 공격은 가해자의 전문성에 따라 발생 여부가 결정된다.

공통된 포렌식 검증 __ 조작과 다른 범죄 현장 지표들이 범죄자의 경험 정도를 반영하는 것과 마찬가지로, 과학수사의 결과물도 차별화된 특징을 제공한다. 노련한 전문 킬러는 추적이 어려운 무기를 선택하고, 희생자의 주요 장기에 손상을 주는 부위, 특히 머리를 집중 공격한다. 대개 상처의 개수는 최소화하고, 과잉살상은 드물다. 이 유형의 또 다른 공통점은 기습이나 매복형 공격이다.

수사 주안점

대부분의 청부살인은 사전 계획의 증거가 있다. 살인자는 희생자를 미행한다. 기존에 범죄 관련성이 있는 개인은 범죄 관련성이 전무한 개인보다 살인을 쉽게 청부할 수 있고, 공모의 흔적도 덜 남길 수 있다. 범죄 관련성이 적은 개인은 공모 흔적을 비교적 쉽게 들키지만, 범죄의 성격상 공모가 필수이다. 용의자의 범죄 전 접촉 인물과 논의, 통신 등을 면밀히 추적하여 공모의 증거(통신 내역과 금전 기록)를 찾아야 한다.

살인자를 고용한 청부자는 피해자와 개인적 갈등이나 사업 경쟁 이력이 있기 마련이다. 살인청부 전에 피해자와 관계를 개선하는 등 태도 변화를 보일 수 있다. 이는 친척이나 친구, 동료들에게 보여 주기 위한 의도된 연출이다. 피해자에게 안전하다는 신호를 주고, 주변인들에게는 사후에 자신의 무죄를 설득하기 위함이다. 범죄자나 희생자와 가까운 이들과의 면담을 통해 이런 유형의 태도 변화를 밝혀낼 수 있다. 청부자가 범행 전에 보이는 또 다른 태도로는 긴장하거나 무언가에 몰두하는 모습이 있다.

청부자는 범행 후에 흔히 선택적 회상을 한다. 일반적으로 살인이 발생한 날짜나 시간에 상세하고 완벽한 알리바이를 갖는다. 수사관은 영수증이나 기타 증거를 통해 해당 주장을 일일이 확인해야 한다. 그러나 범죄 이전과 이후의 활동에 대해서는 정확히 말하지 못한다. 그리고 범죄가 일어난 시간에 눈에 잘 띄는 장소(공공장소나 파티 등)에 머무는 경우가 많다.

수색영장 제안 사항

통화 기록, 이메일, 기타 통신 기록, 송금 내역이 있는 금융 데이터, 이동 기록, 영수증(렌터카, 모텔 등), 무기 등 수사에 중요한 자료들을 찾아야 한다.

피해자 분석 __ 미국 지방법원의 존 우드 지방법원 판사는 텍사스의 법조계와 경찰에 "최대형량 존Maximum John"으로 알려져 있었다. 그는 마약사범에게 가능한 한 최대 형량을 선고하는 것으로 유명했다. 이런 이유로 범죄자들 사이에서 요주의 인물이었다. 텍사스 남서부 지역은 멕시코 국경에서 밀반입된 마약이 유입되는 곳으로, 우드 판사는 엄청난 금액이 오가는 이곳의 비즈니스에 상당한 타격을 입혔다. 자미엘 차지Jamiel Charge(일명 '지미')는 마약 거래로 큰돈을 벌고 있었다. 라스베이거스에서 3일간 도박으로만 110만 달러를 탕진하기도 했다. 지미의 동생 리Lee(1978년 12월 23일 피살)도 마약사업을 하고 있었는데, 우드 판사나 제임스 케르 주니어 검사보(1978년 11월 암살 시도) 같은 연방법조계에 불만을 표시하곤 했다.

수감 중이던 지미는 재판에서 우드 판사를 만나게 되면 기소된 마약 거래 5건으로 종신형을 받을 것이라고 확신했다. 1979년 3월 29일 오전 8시 40분경, 우드 판사는 아파트 대문에서 아내에게 출근 인사를 하고 길을 나섰다. 그로부터 10~15초 후, 벽돌 아파트에서 나와 녹색 쉐보레 차량으로 걸어가던 우드 판사의 등에 총이 한 발 발사되었다. 총소리를 들은 아내가 뛰어나와 남편 곁으로 달려갔지만, 우드 판사는 샌안토니오에 위치한 노스이스트 침례교병원에 도착한 지 얼마 되지 않은 9시 30분 사망했다.

우드 판사는 마약밀매업자들의 형량을 정하는 과정에서 취한 태도로 인해 고위험군 피해자가 되었다. 피해자 위험 수준을 판단하는 요인(생활 방식, 수입 등)으로 보면 고위험군 피해자는 아니었다. 하지만 판사라는 직업과 마약밀매업자들에 중형을 선고하는 행동이 위험 수준을 높였다. 게다가 판사에게 제공되던 연방 경찰의 보호와 호신용 권총도 거부하는 등 신변 안전을 소홀히 여겼다. 청부자 입장에서 보면 석방과 마약사업을 방해하는 심각한 장애물이었는데 말이다.

범죄 현장 지표 __ 우드 판사는 그의 차로부터 1미터 정도 떨어진 곳에 45도 각도로 발은 북서쪽, 머리는 남동쪽으로 양팔을 양옆으로 편 채 쓰러져 있었다. 판사가 총을 맞고 쓰러지는 것을 목격한 사람들 중에 범인을 본 사람은 없었다. 탄피나 지문 같은 물적 증거도 없었다. 저격수의 위치도 알려지지 않았다. 사건 당시 아파트 주변에서 목격된 낯선 사람들이 여럿 신고되었지만 유의미한 용의자 정보는 얻을 수 없었다.

신속한 살해 방식으로 범인은 최소한의 시간 동안에만 현장에 머물렀다. 또한, 현장 잠입과 피해자 사살 후 신속한 도주에서 이 사건이 노련한 청부살인자가 저지른 (사전) 모의된 범행임을 알 수 있다.

포렌식 검증 __ 총탄은 15도 이하의 궤적으로 몸을 관통했다. 삽입구는 등 아래쪽 좌측이었다. 총알은 척추를 정통으로 맞춰 파편화가 발생했고, 이는 피해자의 복부와 장기를 산산조각 냈다.

탄도 분석을 통해 해당 총탄이 .240구경(6mm)임을 알아냈다. 총알에 난 강선(나선형 홈) 자국에 근거해 브라우닝 레버액션과 인터암 마크 X, 이렇게 두 가지 종류의 일반 소총으로 범위를 좁혔다.

매복해 있다가 단 한 발의 총격으로 판사를 즉사시킨 저격수형 살인 방식은 범인이 상당히 노련한 청부살인자라는 포렌식 정보를 주었다.

수사 __ 우드 판사 살인사건 수사는 케네디 대통령 저격 사건 이후 연방 차원에서 벌인 최대 규모의 수사였다. 범인의 전문성(포렌식 증거 및 목격자 없음)을 고려하여 수사의 초점은 우드 판사와 지미 간의 갈등에 맞춰졌다. 그러나 지미는 범죄 관련성이 커서 공모자를 추적하기가 어려웠다. 수사팀은 지미의 배경을 바탕으로 청부살인자를 찾는 데 주력하고, 이후 지미에게 불리한 증인이 될 수 있는 공모자 수도 최소한으로 추렸다.

정보원들로부터 얻은 단서와 지미의 사업 관계자, 가족, 지인 등에 대한 전방위적인 수사 끝에 찰스 보이드 해럴슨이라는 인물이 특정되었다. 라스베이거스에 사는 해럴슨의 양녀에게 지미의 아내 엘리자베스가 1979년 6월 24일 청부살인을 완수한 대가로 15만 달러를 건넨 것으로 밝혀졌다. 해럴슨은 마약 거래 대금이라고 주장했지만, 전화요금 청구서 기록으로 공모 정황이 포착되었다.

지미의 아내가 리벤워스 감옥으로 남편을 면회 왔을 때 했던 말도 녹음되었다. "좋아, 그렇게 해." 엘리자베스는 판사의 아내에게 우드 판사가 대가를 치른 것은 맞지만 자신은 공모에 가담한 적이 없다는 서신을 보내기도 했다.

청부살인자 해럴슨의 아내는 .240구경 웨더비 마크 V(범행에 사용된 총기)를 가명으로 구매하여 남편에게 건넸다고 시인했다. 웨더비 상표가 있는 소총의 개머리판은 일부만 회수되어 총탄 비교는 불가능했다(범인의 전문성을 나타내는 또 다른 증거). 그러나 범행 당일에 현장에서 400킬로미터 떨어진 곳에 있었다는 해럴슨의 주장과 달리, 전날 밤 샌안토니오 북쪽 모텔에서 그를 봤다는 증언이 이어졌다.

결과 __ 찰스 해럴슨은 1979년 살인 및 살인공모에 대한 유죄가 확정되어 가석방 없는 종신형을 연속 2회 선고 받았다. 배우 우디 해럴슨의 아버지로 알려진 찰스 해럴슨은 1998년 대법원에 항소했으나,

2004년 3월 29일 재판에서 패했다. 지미는 사건 수사에 혼선을 야기한 죄로 유죄를 선고 받았다. 우드 판사의 마약 사건 재판을 함께했던 제임스 케르 검사보를 대상으로 한 살해모의죄도 인정되었다. 케르 검사보는 1978년 11월 빗발치는 총알을 피해 자동차 계기판 아래로 몸을 숨겨 가까스로 목숨을 구했다. 지미는 또 수익 목적의 불법사업 유지 및 마리화나 밀반입, 세금사기 혐의도 유죄를 선고 받았다.

지미의 아내 엘리자베스는 살인모의죄로 기소되어 30년형을 받았다. 이 판결은 나중에 판사가 배심원에게 엘리자베스의 죄가 악의적 모의 가담을 바탕으로 한다는 내용을 고지하지 않았다는 이유로 뒤집혀, 수사 방해 및 세금 사기로 5년형만을 선고 받았다.

지미의 동생 조는 본인의 재판 중에 대배심과 FBI 요원들에게 위증한 혐의로 유죄판결을 받았다. 해럴슨의 양녀도 암살에 가담한 것이 인정되어 유죄판결을 받았다.

갱 조직은 살인을 포함한 반사회적 행동과 범죄를 주요 활동으로 삼는 3인 이상의 공식적/비공식적 조직 또는 협회나 단체이다.

　이런저런 형태의 조직들은 수백 년 동안 있어 왔다. 아마도 해적이 갱조직 형태의 원조였을 것으로 추정된다. 20세기에 유명했던 조직으로는 1960년대 후반에 활동한 캘리포니아의 '크립스Crips'와 '블러즈Bloods'가 유명하다. 로스엔젤레스 경찰국에 따르면, 로스엔젤레스는 1990년 300개에서 2006년에는 463개 조직의 근거지가 되었다. 4만 명의 조직원들이 이 지역에서 활동하는 것으로 추산된다. 유타주에서도 조직 활동 관련 그라피티, 강도, 총기 및 흉기 사건 등이 몇 십 년간 감소하다가 최근 다시 증가하고 있다.

　갱 조직은 거주지에서 벌이는 구역싸움에서 처음 생겨났는데, 거주지를 조직 활동의 거점으로 삼는다는 점에서 위험성이 크다. 과거에 느슨했던 범죄조직들이 최근에는 더 체계적이고 조직적인 범죄단체로 진화하고 있다. 이러한 진화 뒤에는 해마다 커지고 있는 코카인 시장이 있다. 이제는 마약사업이 조직의 중심 사업이 되어, 마약관련살인과 범죄조직살인이 동의어가 되었다.

주요 특징

피해자 분석 __ 범죄조직살인의 피해자들은 보통 조직원이거나 관련 인물이다. 조직에는 일반적으로 명령을 내리고 조직 활동의 이익을 가져가는 지도자나 지도자 무리가 있다. 통상 갱 조직은 조직의 이름, 로고, 식별 기호가 들어간 특정 유형의 옷, 문신, 브랜드 등 조직 특유의 '색깔'

이 있다. 많은 조직들이 특정한 헤어스타일을 선택하거나 수신호를 사용하고, 길거리나 담벼락, 학교 교육자료나 시설에 그라피티를 그려 의사소통을 한다.

갱 조직들은 운전 중 총격 사건을 종종 일으키는데, 이때 아무 잘못이 없는 행인들이 피해를 입기도 한다. 지역 사업가가 조직의 협박을 받다가 살인을 당하는 사건은 주로 아시아 지역 조직에서 많이 벌어진다. 하와이의 필리핀 조직들은 마약 거래 시 총기류를 화폐처럼 사용한다. 총을 목적으로 군대나 사법기관 인사들을 피해자로 삼기도 한다. 길거리 조직이 연루되는 폭력 사건은 피해자와 공격자가 소수자 남성인 경우가 많다.

빈번하게 보고되는 범죄 현장 지표 __ 이 유형의 사건 현장은 보통 조직의 구역 안에 위치한 개방된 공공장소이다. 피해자의 거주지 앞이나 근처가 살인 장소가 될 때가 많다. 운전 중 살인은 조직에서 사용하는 가장 흔한 전략이다. 공공장소에서 이동하며 저지르는 범행이 일대일 대면 범행보다 훨씬 많이 발생한다. 운전 중 살인은 보통 한 대 이상의 차를 사용한다.

범죄 현장은 어수선하고 시신도 그대로 방치된다. 살인을 통해 전하려는 메시지가 있는 경우 사건을 굳이 숨기려 하지 않고, 심지어 특정한 방식으로 전시하고 연출하기도 한다. 조직을 나타내는 '색깔'이나 그라피티 메시지 같은 상징적 물건이 남겨져 있을 수도 있다. 법집행기관의 관심을 돌리고 다른 조직에게 복수하기 위해 현장에서 일부러 라이벌 조직의 이름을 외칠 때도 있다.

현장에 가져온 범행 도구는 대부분 감춰진다. 추가적인 피해자가 부상을 당하거나 살인과 관련해 다른 공격이 나타나는 일도 흔하다.

조작 __ 조작이 없는 것이 일반적이다.

공통된 포렌식 검증 __ 많은 조직들이 범행 도구로 총기를 선택한다. 전형적인 조직살인 무기는 돌격소총, 자동무기, 반자동 핸드건, 샷건 등이다. 칼을 사용하는 공격은 드물다.

다수의 무기들로 인해 생기는 다수의 외상은 범죄조직살인의 일반적인 법과학적 특징이다. 공격자는 탄창을 비울 때까지 피해자를 공격한다. 이로 인한 외상은 두 가지 유형으로 나타난다. 최적의 치사를 목적으로 할 때에는 피해자의 머리와 가슴을 겨냥한다. 의식 절차적 공격(특히 보복살인)일 때에는 팔, 무릎, 사타구니, 다리 등을 먼저 공격한 후 가슴과 머리 부분을 공격하기도 한다.

처형 방식의 총살은 범죄조직살인에 사용되는 또 다른 방법이다. 따로 고문을 하기도 하지만 흔한 경우는 아니며, 대부분 조직 싸움에서만 일어난다.

범죄조직 관련 피해자들은 대부분 문신이 있다. 특히 히스패닉 조직들은 복잡한 문양의 문신을 여러 개씩 한다.

수사 주안점

정보는 수사 전반의 성공을 위한 기초이다. 이미 알려진 조직 싸움이 수사의 방향을 잡아 줄 수도 있다. 지리학적 사항들도 살인의 분류에 도움이 된다. 번화한 장소에서 일어난 살인은 범죄조직 동기일 가능성이 크다. 범죄조직살인은 대부분 공공장소에서 발생하므로 항상 목격자가 있다.

범죄조직살인 유형은 범죄도 더 조직적으로 발전했음을 보여 준다. 일부 조직은 아예 살인청부업자로 활동한다. 범죄조직살인의 가장 큰 동기는 마약이고, 구역싸움과 보복살인이 그 다음을 차지한다. 범죄조직살인의 또 다른 주요 동기는 타 조직 또는 구역의 남녀가 연애하거나 엮이는 경우다.

많은 연구에 따르면, 범죄조직은 일반적으로 인구 2만 명 이상의 도시 중심부의 빈민가에 거주하는 12세부터 21세의 남성들로 구성되는데, 최근에는 여성 조직원도 증가하고 있다. 대도시 범죄조직 조사는 아프리카계 미국인이나 히스패닉은 물론이고, 아시안과 유럽계 등 민족적으로도 다양한 분포를 보인다는 사실을 말해 준다.

지역 수사관이면 함께 자주 목격되는 조직원 명단과 주소록은 가지고 있어야 한다. 조직원들은 훔친 물건을 총기나 옷가지 등과 교환하는데, 이것이 범행으로 이어지기도 한다. 조직원 명단과 신상을 카드 형식으로 만들어, 가능하다면 카드 뒷면에 조직 내 별명과 로고 등의 사인을 받아 관리하면 좋다. 일반적인 조직원이면 자랑스러워하며 사인을 남길 것이다. 조직원들을 만나러 다닐 때 그들의 사인과 그라피티를 카드 뒷면에 받아 놓으면, 기소 과정에서 이를 유용하게 사용할 수 있다.

잘 알려진 조직싸움은 때로 긴요한 단서를 제공한다. 예를 들어, 블러즈 조직은 서로 싸우지 않지만 크립스 조직은 갈등이 잦을 수 있다. 이전까지 평화롭게 지내던 흑인 대 히스패닉의 갈등도 커지고 있다.

수색영장 제안 사항

범죄조직살인에 대한 수색영장에는 다음의 내용이 담겨야 한다.

- 총기, 탄약
- 그라피티: 담벼락, 차고, 책, 문서, 집 안 어디든지
- 총기가 있거나 다른 조직원과 함께 찍은 사진, 앨범
- 조직의 다른 물품: 색이 있는 옷, 표장, 조직 별명, 소형 무선 호출

기, 고급 승용차, 보석류(특히 금)

이 밖에 조직원들이 훔친 금품이나 총기, 옷 등을 서로 교환하면서 최근에 공격자와 함께 목격되었다는 사실 같은 다양한 요소들이 수색영장에 들어갈 수 있다.

사례 연구 **102 범죄조직살인**

─────────────────────────────

배경 __ 로스엔젤레스 지역에서 한 무리의 히스패닉 청소년들이 영화를 보러 가려고 차에 끼여 타던 중 여러 발의 총성이 울렸다. 누군가 소리쳤다. "숙여! 숙여!" 모두 본능적으로 몸을 숨겼다. 총탄은 흑인 남성들이 타고 있던 차에서 발사되었다. 이 공격으로 17세와 18세 히스패닉 남성 둘과 4세 아동이 사망했다.

피해자 분석 __ 범죄조직살인의 피해자들이 대부분 그렇듯 10대 피해자 두 명은 모두 조직에 들어간 경험이 있었다. 18세 피해자는 치명적인 흉기로 범죄를 저지르고 마약을 소지하는 등의 비행으로 여러 번 수감된 전력이 있었다. 17세 피해자도 같은 조직에 3년 넘게 속해 있었다. 그 또한 조직 갈등과 관련돼 있다는 것을 경찰은 알고 있었다. 그는 라이벌 조직원이 최근 운전 중 총격을 받은 사건에 연루되어 있었지만 어떠한 조치도 취해지지 않았다.

어린이 피해자는 범죄조직살인의 전형적인 희생자로, 그저 잘못된 시점에 현관에서 놀고 있었을 뿐이다.

범죄 현장 지표 __ 총격 현장은 다수의 조직 싸움이 벌어진 지역으로 유명했다. 현장은 개방된 공공장소였고, 희생된 어린이의 집 앞이자 18세 희생자의 집 옆이었다. 살인사건은 운전 중 범행으로, 공격자들은 범행 도구를 가지고 왔다. 사체는 구급대원들이 도착할 때까지 그 자리에 그대로 있었다. 목격자들이 있긴 했지만, 대부분 자기 나름대로 정의를 실현하려는 조직원들이었기 때문에 경찰에 협조하지 않았다.

포렌식 검증 __ 3명의 희생자는 모두 가슴 부위에 치명적인 외상을 입고 과다출혈로 사망했다. 17세 피해자도 왼팔과 목 왼쪽 부분에 총상이 있었다. 수사관들은 포렌식 분석을 벌여 최소한 두 개의 도구, 9mm 총과 샷건이 사용된 것으로 결론 내렸다. 18세 피해자는 샷건을 맞아 사망했다. 주요 장기를 겨냥한 것과 다수의 총상이 있는 것은 범죄조직살인의 일반적인 포렌식 증거이다.

수사 __ 제보자들을 통해 수사관들은 17세 피해자가 이전에 라이벌 조직원들 사이에 일어난 공격에 연루되었다는 사실을 알게 되었다. 그 조직이 복수를 하고자 그를 찾아내어 공격을 시도한 것이다. 수사관들은 관련된 4~5명의 조직원 중 3명의 용의자를 추렸다. 수색영장을 발부 받아 살인 도구 중 하나를 찾아냈는데, 9mm 자동 MAC-10이었다. 두 사람은 살인 혐의로, 나머지 한 명은 차를 운전해 살인에 참여한 혐의로 체포되었다.

결과 __ 용의자들은 모두 각각의 혐의로 유죄판결을 받아 20년에서 무기징역을 선고 받았다.

이런 유형의 변사는 지역 지배권을 둘러싼 조직 갈등의 결과물이다.

주요 특징

피해자 분석 __ 일반적으로, 피해자는 유명하거나 알려진 조직범죄자 또는 조직의 구성원이다. 모든 경우에 살인이 일어나기 전 조직 내와 조직 간에 갈등이 널리 퍼져 있고, 피해자는 일반적으로 이러한 갈등을 반영한다. 이 과정에서 무고한 희생자가 나올 수 있다.

빈번하게 보고되는 범죄 현장 지표 __ 범죄 현장은 잘 계획된 범죄임을 보여 주며, 범인의 증거 인식을 반영한다. 얼핏 현장이 범죄자에게 높은 위험을 내포한 것처럼 보일 수 있지만, (도주 계획과 같은) 안전장치가 있기 때문에 위험성은 낮아진다. 미리 교통을 차단하거나, 자동차 문제가 있는 것처럼 연출하거나, 범인이 도주하는 동안 일부러 사고를 내는 미끼차 등이 있을 수 있다.

살인은 신속하게 이루어지기 때문에 공격자들이 현장에 머무는 시간은 최소한으로 유지된다. 범인은 보통 경험이 풍부해서 현장에 맞는 무기를 선택해 가져온다.

사체 처리 방식은 극단적인 경향을 보인다. 사체를 공들여 은폐하거나 유기할 수도 있고, 현장에 방치할 수도 있다.

조작 __ 조작은 보통 나타나지 않는다.

공통된 포렌식 검증 __ 무기나 살해 방법은 범죄자의 의도에 따라 달라진다. 살인으로 어떤 메시지를 보내거나 요구할 때에는 폭탄공격이나 공개살해, 처형식 사격(머리 상처) 등을 연출한다. 그렇지 않고 특정인의 제거만이 목적이라면, 소구경이나 추적할 수 없는 무기를 사용한다. 두 경우 다 피해자의 중요 장기를 조준한다.

수사 주안점

암흑가의 정보원으로부터 얻은 정보는 특히 이 범주의 살인사건 해결에 필수적이다. 경쟁 집단과의 갈등이나 내부 권력투쟁 같은 정보를 찾아야 한다.

수색영장 제안 사항

용의자 주거지에 대한 수색영장에는 총기나 무기, 사용한 탄창, 목격된 것과 유사한 옷가지, 통신 기록, 금융 기록 등이 포함된다.

사례 연구 **103 범죄조직경쟁**

배경 __ 존 T. 스칼리쉬는 클리블랜드 마피아의 마지막 두목이었다. 1976년 5월 26일, 63세의 스칼리쉬는 심장동맥우회 수술을 받았다. 그러나 클리블랜드 최고의 심장 전문의들의 노력에도 불구하고, 스칼리쉬는 수술 몇 시간 후 사망했다. 고갯짓 한 번으로 다른 사람의 목숨을 좌지우지한 그였지만, 본인의 운명만은 통제하지 못해 후계자도 정하지 않은 채 죽은 것이다. 당장 조직에 힘의 공백이 생겨났고, 50년간의 클리블랜드 마피아 역사상 가장 유혈이 낭자한 전쟁이 일어났다.

피해자 분석 __ 마피아 전쟁으로 발생한 사망자 중 다니엘 그린이 있다. 1929년 아일랜드계 미국인 부모에게서 태어난 그는, 어려서 이탈리아 지역의 고아원에 맡겨져 성장했다. 그린은 해병대에서 훈련했고, 그곳에서 권투를 하고 명사수가 되었다. 그러다가 1960년대 초 클리블랜드 부두에서 일하다가 국제항만노동조합의 지도자가 되었다. 그는 노조 자금을 빼돌리고 노동자들을 구타하고 협박하여 돈을 뜯어냈다. 결국 연방법원에서 횡령죄로 유죄를 선고 받았으나, 항소심에서 더 가벼운 혐의인 노조 기록 위조로 벌금형 선고를 받았다. 물론 그린은 벌금을 내지도, 감옥에 들어가지도 않았다.

그린은 에메랄드산업용역이라는 회사를 만들어 노조원 협박과 건설현장 분쟁 해결사로 나섰다. 그는 장비에 폭탄 위협을 하거나 화재를 일으키는 등 악행을 이어 가다가, 클리블랜드의 조직범죄와 관계를 맺게 되었다. 1971년 그는 클리블랜드를 기반으로 한 아일랜드계 범죄조직을 꾸려 본격적인 범죄의 길로 들어선다. 사망 당시, 그는 이름난 범죄조직의 두목으로서 권력자들과 대립하고 FBI 첩자 이력도 있었다.

범죄 현장 지표 __ 스칼리쉬의 급작스런 사망 후 제임스 리카볼리(일명 '잭 화이트')가 마지못해 클리블랜드 마피아를 맡았다. 다니엘 그린은 리카볼리의 조직원들을 조직적으로 살해하기 시작했다. 그린의 야망과 리카볼리의 보복이 충돌하면서 클리블랜드에는 일대 전쟁이 벌어졌다.

그린에 대한 공격도 여러 차례 있었다. 그는 폭파된 아파트에서 갈비뼈가 부러진 채 탈출해 나오기도 했다. 그러나 이미 힘이 빠져 있던 마피아 조직에는 그린을 제거할 사람이 없었다. 리카볼리는 자신이 아는 모든 폭력배와 무기한 청부살인 계약을 맺었다.

1977년 10월 16일 치과 진료를 마친 그린이 건물 밖으로 나오자, 그곳에서 약 50미터 떨어진 곳에 대기 중이던 플리머스 차량의 뒷좌석에서 로널드 카라브비아가 비행기용 무선 송신기를 초조하게 움켜쥐었다. 운전석에 앉아 있던 공범 레이 페리토는 그린 쪽으로 천천히 차를 몰았다. 송신기의 신호는 '트로이목마'의 조수석 문에 설치된 폭탄에 맞춰져 있었다. 트로이목마는 폭탄이 설치된 특징 없는 차량에 붙여진 이름으로, 그린의 차 왼쪽에 주차되어 있었다. 이윽고 그린이 트로이목마 옆에 서서 자신의 차 문을 열고 올라타는 순간, 카라브비아가 폭발 버튼을 눌렀다. 붉은 불덩어리가 하늘로 날아올라 주차장 전체에 파편이 튀었다.

그린이 입고 있던 옷은 갈색 지퍼가 달린 부츠와 검은 양말을 제외하고는 모두 산산이 뜯겨졌다. 그의 왼팔은 폭발 장소에서 30미터 떨어진 곳에서 발견되었다. 그가 들고 있던 파란색 아디다스 더플백에는 9mm 권총이 들어 있었고, 총알이 가득 든 탄창 두 개와 공책, 그리고 적들의 차량 번호판 목록이 거의 온전하게 발견되었다. 폭탄과 용기, 기폭장치 등이 현장에서 발견되었지만, 그 출처는 추적할 수 없었다. 트로이목마에서는 잠재 지문이 발견되지 않았다.

수사관들은 파편 패턴과 방향, 그리고 폭발력과 열기, 화재 피해 강도로 폭탄의 위치(손상이 가장 큰 곳)를 확인했다.

포렌식 검증 __ 폭발로 인해 그린의 등은 산산조각이 났다. 그의 왼쪽 팔은 몸통에서 절단되었다. 사망원인은 둔력 손상과 관통상으로 인한 광범위한 장기 손상이었다.

수사 __ 그 시간, 남편과 함께 미술 갤러리로 운전 중이던 여성이 파란색 플리머스 차량이 앞으로 끼어드는 것을 목격했다. 잠시 동안 그녀와 플리머스 차량의 운전자인 레이 페리토는 똑바로 서로를 바라보았다. 여성은 뒷좌석의 남자가 그린이 차에 올라타고 있는 주차장을 응시하고 있다는 것을 알아챘다. 다음 순간, 차 파편들이 부부에게 날아왔다. 부부는 고속도로까지 플리머스 차를 따라갔고, 그러면서 운전자와 차량, 자동차번호판을 기록했다. 마침 여성이 상업예술가였기 때문에 용의자를 모두 스케치할 수 있었다. 나중에 부부는 사진을 보고 페리토와 카라비아를 특정했다.

트로이목마의 번호판은 수사에서 중요한 역할을 했다. 수사관들은 자동차 관리국에서 트로이목마의 번호판 바로 직전과 직후에 동일한 인물이 번호판을 등록했음을 알아냈다. 이름 하나는 가명이었지만, 다른 하나는 진짜였다. 직원은 두 쌍의 번호판을 다른 이름으로 취득한 남자를 기억했다. 그 차를 추적해 보니 클리블랜드 마피아와 관련된 대리점도 나왔다.

결과 __ 로날드 카라비아는 살인죄로 기소되어 유죄판결을 받았다. 원심 판결은 사형이었으나, 이후 주대법원에서 사형이 헌법에 위배된다고 판결하여 가석방 없는 종신형으로 감형되었다.

페리토는 정부의 보호를 받는 목격자가 되어 5년간 복역했다. 다른 남성인 버치치 스테르니노는 폭탄을 제조해 그린의 죽음에 일부 책임이 있다는 이유로 유죄를 받았다.

리카볼리는 1심에서 무죄를 받았다. 배심원 조작이 강하게 의심되었다. 2심에서는 사건 연루자들이 모두 유죄를 받았다. 리카볼리는 연방법원에서 살인으로 유죄판결을 받고 45년형을 선고 받았다. 그는 1986년 감옥에서 사망했다.

납치살인은 어떤 사람이 몸값 때문에 납치되고 몸값 지불 여부에 관계 없이 살해되는 것이다. 여기서는 납치와 인질 바리케이드 상황이 어떻게 다르게 나타나는지 아는 것이 중요하다. 납치에는 어떤 사람을 불법적인 힘이나 속임수로 붙잡고 감금 또는 제거하는 것이 포함되며, 종종 몸값 요구도 들어간다. 희생자는 대부분 알지 못하는 대상에게 자신의 의지에 반하여 납치되고, 관계 당국이 알지 못하는 장소에 감금된다. 납치 상황과 관련된 협상은 피해자의 가족, 정부 관계자, 사업가, 법집행 당국 및 범죄자를 포함할 수 있다.

인질 바리케이드 상황은 제3자에 대한 상당한 요구를 강제로 얻어 내고자 범죄자가 어떤 사람을 붙잡고 위협할 때 발생한다(인질살인을 다루는 분류 129 확인). 인질 상황에 붙들린 사람은 관계 당국에 알려진 장소에 있다. 이는 두 상황의 가장 큰 차이점이다.

주요 특징

피해자 분석 __ 납치살인의 피해자는 범죄자의 인식으로 인해 더 높은 위험도를 갖는다. 생활 방식 또는 직업 때문에 통상 위험이 낮다고 여겨지는 희생자가 그 사회경제적 배경이나 몸값을 지불할 만한 능력 때문에 더 높은 위험에 처하게 되는 것이다. 저항과 통제 사항도 위험에 영향을 미치는 요소이다. 노인과 어린 희생자는 건강한 성인만큼 효과적으로 범죄자에게 저항할 능력이 없기 때문에 위험도가 더 높다.

빈번하게 보고되는 범죄 현장 지표 __ 범죄 현장은 여러 곳일 수 있다(납치 위치, 사망 현장, 사체 처리 장소). 희생자는 대개 납치가 발생할 때 혼자이다. 가구가 흐트러져 있을 수 있고, 갑작스러운 활동 방해를 받는 방식으로 희생자의 소지품이 흩어져 있다. 문이 열려 있을 수 있고, 몸값을 요구하는 쪽지가 현장에 남겨져 있을 수도 있다. 추후에 범죄자 및 피해자와 소통할 가능성도 있다. 범죄자가 다수라는 증거도 찾아낼 수 있다.

조작 __ 조작은 존재하지 않는다.

공통된 포렌식 검증 __ 몸값을 요구하는 쪽지나 녹음을 분석하는 것과, 피해자와 의사소통하는 것은 법과학적 증거를 구성하는 중요한 조각이다. 향상된 녹음 기술을 사용하여 배경 소음과 녹음 방식을 밝혀내야 한다. 이러한 정보는 녹음된 장소를 추정할 수 있게 한다. 의사소통 방식, 컴퓨터, 테이프, 편지 등을 분석할 수 있다. 범죄자와 피해자의 의사소통이 모두 진짜인지 입증되어야 한다. 종종 피해자의 머리 및 다른 치명적인 부위에 접촉 또는 근접한 총상이 발견된다.

수사 주안점

납치살인을 다룰 때 면밀히 살펴야 하는 자료들은 통신 및 금융 기록이다. 과거의 피고용인들도 조사해야 한다. 여러 명의 범인이 연루되어 있을 가능성도 놓치면 안 된다. 보통 전화 함정과 추적이 필요하다.

범인이 사전에 피해자의 동선과 일과를 추적한 증거로 동네와 여타 장소에서 낯선 사람이나 의심스러운 자를 목격한 사람들이 있을 수 있다. 위협평가를 사용하여 범인과 피해자 사이의 의사소통을 분석하면 도움이 된다. 위협평가는 개인과 집단 또는 회사가 받은 협박의 유효성과 잠재적 출처를 결정하는 과정이다. 만약 그 협박이 실제적이라고 판단되면 잠재적 희생자를 보호할 대응책들이 마련된다. 위협 의사소통 분석은 협박의 심리학과 정신역학에 기초하여 용의자의 개인적 특성을 나타낼 수 있다. 사전에 희생자를 공표하거나 기타 희생자 유형을 선명하게 한다면, 희생자 선정과 목표물 설정에 대한 단서를 얻을 수 있다.

수색영장 제안 사항

수색영장 제안에는 통화기록 등 의사소통 기록들이 포함된다. 희생자의 사진, 오디오 및 비디오 기록, 일기와 다이어리, 항공권 등 여행 관련 기록도 고려되어야 한다.

사례 연구 **104 납치살인**

배경 __ 여덟 살의 리비 클레츠키는 2011년 7월 11일 월요일, 종교 주간캠프 첫날 집으로 걸어오던 중 실종되었다. 뉴욕시 경찰은 합동으로 수색에 착수했고, 뉴욕과 다른 주에서 온 정통 유대교 자원봉사자 5천 명이 브루클린 사우스 숌린 민간 순찰대에 자원하여 블록마다 수색했다. 납치범은 수요일 오전에 파악되었다. 소년의 이동 경로에 있는 CCTV를 살펴본 결과, 리비가 한 남자를 만나 그의 차에 타는 모습이 찍힌 것이다.

보로파크의 외딴 마을에서 대대적인 수색 작업이 시작되었다. 지역 내 전봇대마다 소년의 사진이 붙었다.

이 사건은 1979년 맨해튼 지역에서 납치 살해된 여섯 살 소년 에탄 파츠 사건과 비교되었다. 에탄도 처음으로 스쿨버스를 타러 걸어가던 길이었다.

피해자 분석 __ '리비'라고 알려진 하시드 유대인 소년 예후다 클레츠키는 나흐만 클레츠키와 에스티 포스터 클레츠키 부부의 여섯 자녀 중 셋째로 외아들이었다.

리비는 부모에게 주간캠프를 마친 후 스쿨버스를 타지 않고 집까지 걸어오게 해 달라고 부탁했다. 소년의 부모가 아이 혼자 집에 걸어오도록 허락한 것은 그날이 처음이었고, 전날 집에 오는 길을 미리 예습도 했다. 엄마는 집에서 몇 블록 떨어진 지점에서 아이를 기다리기로 했다.

그런데 소년이 저녁 6시까지도 집에 오지 않자, 엄마인 에스더 클레츠키는 보로파크 지역의 유대인 응급대원들에게 실종 신고를 했다.

범죄 현장 지표 __ 범죄 현장은 소년을 차로 유괴한 곳, 차로 이동한 곳, 범죄자의 집 등 세 곳이다. 납치는 월요일 오후 5시에서 6시 사이에 번화가에서 발생했다. 범인에게는 위험부담이 큰 일이었다.

실내 범죄 현장은 비구조화되어 있었다. 피 묻은 칼과 수건들이 경찰들 눈에 다 보였다. 시신은 해체되어 발견되지 않도록 감춰져 있었다.

포렌식 검증 __ 검시관은 범인이 소년에게 처방된 약과 처방되지 않은 약들을 마구 섞어 먹인 후 목 졸라 죽였다고 보고했다. 잘라 낸 두 발은 비닐 봉투에 싸인 채 아론의 냉동고에서 발견되었다. 도마와 세 자루의 피 묻은 고기용 칼이 냉장고에서 발견되었다.

범인은 자백할 때 소년을 결코 결박하지 않았다고 했지만, 소년의 몸에는 묶인 자국이 있었다.

수사관들은 브루클린 켄싱턴에 있는 범인의 집에서 수십 개의 증거 가방을 찾아냈다. 소년의 옷과 베개, 숟가락과 컵이 담긴 가방도 있었다.

수사 __ 경찰과 자원봉사 수색대원들은 소년이 집으로 걸어간 경로에서 수많은 CCTV 영상을 발견했다. 영상에서 리비는 길을 잘못 들었고, 한 남자에게 말을 걸었다. 그 남자는 그 후 길을 건너 치과로 들어갔다. 남자가 나왔을 때, 리비가 그를 따라 그의 차에 타는 모습이 포착되었다. 경찰은 치과를 찾았고, 치과에서 그 시간에 들어와 요금을 지불했던 남자의 이름을 제공했다. 그 남자는 35세의 레비 아론이었다. 아론과 리비가 살고 있던 동네는 주민들의 유대가 긴밀한 정통 유대교 마을이었다. 리비는 거주 동네 밖에서 길을 잃었을 때 위험 수준이 높아진다는 것을 보여 주는 사례이다.

수사관들은 감시카메라 영상 속의 차가 1990년식 금색 혼다임을 확인했다. 자원봉사자들이 이 차를 발견했고, 경찰이 차 문으로 다가가자 레비 아론이 피 묻은 고기용 칼과 수건들이 든 가방을 보여 줬다.

아론의 법정 진술에 따르면, 그는 이틀간 자신의 차와 아파트에서 소년과 함께 있었다. 그러다 수색이 시작되자 겁이 나기 시작했다. 그 다음 날 아이를 집에 돌려보내려 했지만, 실종 전단지를 발견하고 겁에 질렸다. 아이는 아론이 직장에 간 사이 하루 종일 아파트에 남아 있었다. 직장에서 돌아온 아론은 목욕 수건으로 소년을 질식시켰다. 아론은 두려워서 약을 먹이고 죽였으며, 시신을 어떻게 처리해야 할줄 몰라 해체했다고 말했다. 아론은 수사관들에게 쓰레기통을 가리켰다. 시신이 담긴 빨간색 여행가방이 그 안에 있었다.

결과 __ 2012년 8월 9일, 브루클린에 사는 레비 아론은 8세 아동 리비 클레츠키를 살해한 혐의로 기소되었고, 2급살인과 납치 혐의에 대해 유죄를 인정했다. 그러나 다른 8건의 살인과 납치에 대해서는 유죄를 인정하지 않았다. 레비는 2급살인에 대해 25년에서 종신형까지를 수용했고, 2급 납치에 대해서는 15년에서 종신형까지 동의하여 두 형을 연속하여 살게 된다.

레비 아론에 대한 정신의학적 평가는 적응장애와 조현증을 동반한 성격장애로 나왔다. 그는 경찰에 그의 일생과 정신적·신체적 이력에 대해 일치하지 않는 설명을 했고, 여동생이 조현병 시설에서 사망했다고 말했다. 그를 상담한 심리학자는 "그는 감정을 드러내지 않는 성향으로 사실상 백지상태다. 그가 감정적 반응을 조금이라도 보인 경우는 자신이 구속된 이유에 대해 어려운 질문을 받을 때뿐"이라고 적었다.

이러한 평가로는 구체적인 살해 동기와 범죄 정황을 밝히기 어려웠다. 아론은 자신의 혐의가 중대하고, 사람들이 자신에게 화가 나 있음을 인지했다.

나중에 아론의 일생에 대한 몇 가지 빠진 기록들이 채워졌다. 그는 온라인에서 알게 되어 두 번 만난 여성과 결혼하려고 멤피스로 이사를 하는 등 충동적인 결정을 한 몇 번의 경우를 제외하고는 대개 혼자 살았다. 아론은 몇 년 후 이혼했다. 아론은 철물점 점원으로 일했고, 그전에는 슈퍼마켓 점원, 케이터링 직원으로 일했다. 아론은 대부분의 시간을 온라인에서 보냈고, 노래방 음악에 맞춰 노래하는 자신의 모습을 녹음하고 녹화했다. 그는 아버지와 계모 소유의 집에서 살았고, 형제는 분가해 아파트에서 살았다. 그의 어머니는 2004년에 사망했고, 여동생은 조현병 시설에 수용되어 있다가 24세의 나이에 사망했다. 정신과의사와 심리학자 모두 그를 내성적이고 무관심하며 우울하고 협조적이라고 묘사했다.

출처: Goldman, 2011, Tannenbaum, 2011.

제품부당변조살인은 가해자가 금전적 이득을 목적으로 변조한 상품으로 인해 피해자가 사망에 이르는 경우를 가리킨다. 가해자는 피해자의 억울한 죽음을 계기로 소송 제기, 금품강요, 사업 운영의 세 가지 전략을 통해 금전적 이익을 얻는다. 사업 운영 전략에는 경쟁사의 상품을 훼손하거나 부정적 미디어 보도로 주식시장을 조작하는 행위도 포함된다.

가해자의 행위로 제품이 변질된 경우, 이는 연방부당변조방지법 위반에 해당한다. 사업적 공격인 경우, 소매점 단계에서 제품 라벨을 오염 및 변경하는 행위가 발생한다. 약품 등 소비재를 대상으로 해당 상품을 오염시키거나 라벨을 변경하여 상품을 훼손하는 행위가 발생하는데, 여기에는 타인의 사업에 큰 타격을 입히려는 의도가 깔려 있다.

금품강요 전략은 사업을 조종하는 방식을 쓴다. 조직폭력범의 갈취 행위가 대표적인 사례로, 점포를 폐쇄시킨다거나 평판을 해치겠다고 위협하며 금품을 요구하는 것과 관련하여 제품부당변조 행위가 발생한다.

주요 특징

피해자 분석 __ 제품부당변조의 피해자는 제품의 유통과 사용, 가해자의 전략에 따라 특정인일 수도 있고 무작위적 대상일 수도 있다. 아기용 식품, 차량 제동장치, 탄산음료를 변조하는 것은 특정 나이대와 특정 계층을 목표로 한다. 어떤 제품은 일부 지역에서만 유통되어 피해자가 제한적으로 발생하기도 한다. 이 경우, 피해자 발생 지역을 파악하면 해당 제품이 소매점 단계에서 훼손되었는지 생산 단계에서 훼손되었는지를 파악하는 데 도움이 된다. 피해자가 무작위로 발생한 경우는 금품강요

의도나 경쟁 업체를 제거하려는 계획을 의심해 볼 수 있다.

가해자가 억울한 죽음에 대한 소송을 제기하는 전략이라면, 비교적 특정한 범주의 피해자가 발생하는 것처럼 보인다. 가해자의 가족이거나 가까운 지인이 피해자가 되는 경우가 많다. 그러나 이러한 유형의 가해자가 자신의 혐의점을 없애고 무차별적 살인자의 소행으로 조작하려는 경우에는 무작위적 피해자도 나타날 수 있다.

빈번하게 보고되는 범죄 현장 지표 __ 일반적으로 제품부당변조는 제품이 변조된 곳, 피해자가 해당 제품을 취득한 곳, 제품을 사용 및 소비한 곳, 피해자가 사망한 곳을 포함하여 여러 범죄 현장이 존재한다. 기계적 변조의 경우에는 범행에 사용한 도구가 존재하며, 화학물질이나 독극물, 약물 등이 사용될 수 있다.

변조된 제품의 위치와, 그 장소와 피해자 간의 거리를 파악하면 가해자의 동선 범위와 이동 경로 그리고 제품의 출처도 알 수 있다. 피해자가 사망한 장소에 드러난 피해자와 변조 제품 간의 거리는 수사관이 제품의 유통경로를 재구성하는 데 도움을 준다. 이 장소들에서 가해자가 포함된 대화 내용이 발견될 수도 있다.

조작 __ 소송 전략으로 부당변조를 저지른 경우, 조작은 필수적이다. 가해자는 자신의 가족구성원이나 가까운 지인이 무차별적 살인자나 어느 기업의 불량 제품으로 인해 사망한 것처럼 꾸밀 것이다. 첫 번째 조작에서 무고한 피해 사망자를 만들어 무차별적 살인마의 범행이 발생하고 있음을 암시하거나, 우연한 사고를 가장한 사망 사건들을 조작할 수 있다(치명적인 사고를 일으키는 자동차 부품 결함이나 전력 도구 조작). 명백한 배선 문제로 시작된 화재로 피해자의 집과 피해자까지 모조리 타 버린 사건은 부당변조 사건에서 일어나는 조작의 한 예이다. 이러한 조작

사건은 최초 발견 시 끔찍한 죽음, 응급의료 상황 등 다양한 모습으로 비춰지며 고의적 살인 지표가 나타나지 않는다.

공통된 포렌식 검증 __ 변조된 제품을 조사하는 것은 부당변조 사건의 기본적인 주안점에 속한다. 캡슐 변색 등 훼손된 정황을 시각적으로 확인할 수도 있다. 사망을 가져온 수단에 따라 제품과 피해자 분석 유형을 결정한다.

독극물 사용 혐의는 제품과 피해자에 대한 독성학 분석이나 화학분석을 실시해 동일한 품목의 다른 제품들과 관련이 있는지 판단해야 한다. 일반적으로 독성학 분석은 사후 조사에 실시되지 않기 때문에 독극물 검출 여부를 조사하기 위해 때로 피해자 사체 발굴이 필요하다. 독극물 조사는 피해자 분포와 함께 제품부당변조의 시작이 소매 단계인지 제조 단계인지를 파악하는 데 도움이 된다. 각 훼손 제품에서 검출된 독극물의 종류와 양을 통해 범인이 사용한 재료나 제조 숙련도를 알 수 있다. 범인의 숙련도는 지문 여부, 재포장 및 변조된 제품의 외형 등 제품 포장 상태에서도 드러난다.

가해자 대화 내용은 납치살인의 방식과 동일하게 분석한다(분류 104 참조). 대화가 구두로 이루어진 경우, 가해자와 대화한 사람들이 제공한 범인의 진술 패턴과 억양에 대한 의견이나 정보가 위협평가에 반드시 들어가야 한다.

수사 주안점

범인과의 대화 내용을 바탕으로 위협평가를 실시하는 것이 유용하다. 사망과 관련해 금품강요 행위가 없고 민사소송이 제기되었다면, 소송 당사자를 면밀히 살펴야 한다. 소송인의 재무 상태(보험금 수혜자, 재산

상속인, 고액의 채무 등 포함), 피해자와의 관계, 사건 전후 행동을 수사해야 한다.

최초의 동기가 금전적 이득에서 비롯되었다 해도, 가족을 살인 대상으로 삼은 범인은 피해자의 죽음으로 얻을 수 있는 이차적인 동기나 목적이 동시에 있을 가능성이 크다. 가정 내 문제나 혼외정사와 같은 영역도 수사해야 한다. 제품부당변조 범죄로 인한 사망 사건은 비교적 흔하게 발생하지 않기 때문에, 피해자의 죽음으로 이득을 얻는 누군가의 혐의가 초기에 드러났다면 이를 신중히 살펴보고 면밀히 평가해야 한다.

청산가리는 흔히 사용되는 독극물로 화학용품 및 사진 관련 약품 공급처, 고등학교, 대학교 실험실에서 손쉽게 구할 수 있다. 택배로도 간편하게 구매할 수 있다. 28그램으로 250명을 죽일 수 있는 청산가리의 강력한 독성 때문에 제품부당변조에 빈번히 사용된다. 청산가리 사건에 사용되는 주요 수사 도구는 FDA 청산가리과 실험실에서 사용되는 복잡한 기구이다. 이 기구를 사용하면 범행에 사용된 청산가리의 출처와 공급자를 밝혀내어 구매자의 위치 정보를 신속하게 얻을 수 있다. 이로써 전형적인 용의선상의 인물(화학회사, 가게 점원, 사망한 피해자와 원한 관계에 있는 자, 해고된 직원)들을 추려내 범인을 특정할 수 있다.

수색영장 제안 사항

제품부당변조 사건의 경우, 금융 기록과 변조에 사용된 재료(도구, 전자제품, 화학제품, 약품, 약물 관련 문건, 매뉴얼), 관련 제품(별도의 진통제, 빈 캡슐)에 수색영장을 신청할 수 있다. 부당변조 행위 및 다른 오염된 제품들도 대상이 된다.

브로모 셀처 사건(1899년 미국)

뉴욕 닉커보커 스포츠클럽의 감독인 해리 코니쉬는 1899년 크리스마스 이브에 은병 홀더와 브로모 셀처병이 담긴 소포를 받았다. 소포 안에는 따로 카드가 없어 코니쉬는 연휴 동안 과한 음주를 피하라는 메시지로 여겼다.

며칠 후 코니쉬의 병 홀더를 탐내던 코니쉬의 친척 캐서린 애덤스가 두통을 느끼며 잠에서 깼다. 캐서린도 브로모 셀처를 약간 먹은 상태였고, 그때 쓴맛이 난다고 했다. 코니쉬도 한 입 먹었다. 그런데 이 액체형 두통약에는 청산가리가 들어 있었다.

한 시간 후 캐서린은 사망했다. 코니쉬는 아프기는 했지만 죽지는 않았다. 11월에 또 다른 스포츠클럽 회원인 헨리 바넷이 비슷한 상황에서 사망했다. 경찰 수사는 코니쉬와 갈등이 있고 바넷의 사랑의 라이벌이었던 롤랜드 몰리눅스에게 집중되었다. 석 달간 이어진 재판은 당시 뉴욕 역사상 가장 긴 재판이었다. 몰리눅스는 캐서린 살인 혐의에 대해 유죄가 인정되었다. 그는 항소했고, 새로운 재판에서 증거 구성 요소의 오류가 인정되어 승소했다. 검사는 몰리눅스가 바넷 사건에는 기소되지 않았음에도 바넷의 죽음과 연결지으려 했다.

무죄추정의 원칙에 따라 이전 범행이 그와 관련 없는 2심 사건의 증거로 채택될 수 없음을 확립한 이 항소심 판결은 미국 법 역사상 기념비적 사건이 되었다. 배심원들은 12분 동안 심사숙고했다. 몰리눅스는 무죄가 선고되었다. 오늘날 뉴욕주에서는 형사재판에서 피고인이 기소되지 않은 이전 범죄 증거의 증거능력을 가리는 사전재판 청문회를 '몰리눅스 청문회Molineux hearing'라고 부른다(CBC, 2012년 8월 2일 업데이트).

타이레놀 사건(1982년 미국)

세계적으로 약물 포장 방식의 변화를 가져오고, 미국에서 새로운 제품부당변조법률의 제정으로 이어진 기념비적인 사건이다. 시카고 지역에서 청산가리에 오염된 타이레놀을 복용한 7명이 사망했다. 무려 100명이 넘는 경찰 수사관이 동원되어 6,500여 점의 단서와 400여 명의 용의자를 추적했음에도 어떠한 범죄 현장이나 동기를 밝혀내지 못한 채 미해결 상태로 남았다.

타이레놀은 매장에서 회수되고 주가가 폭락했지만, 몇 년 후 다시 미국 진통제 시장의 선두 자리를 되찾았다.

제임스 W. 루이스는 이 사건에서 협박죄로 기소되었다. 세금 자문가 출신의 루이스는 1982년 9월 시카고에서 뉴욕으로 거처를 옮겼다. 그는 타이레놀 제조사에 "살인을 멈추라"며 1백만 달러를 요구하는 편지를 보냈다. 루이스는 11년간 감옥에서 보내게 되었다.

타이레놀 살인사건이 발생한 후 몇 달간 270건의 제품부당변조 의심 사건들이 있었다. 1986년 초 타이레놀은 변조가 불가능한 포장을 도입했다. 그러나 1986년 2월, 다이엔 엘스로스가 청산가리에 오염된 타이레놀을 복용한 후 사망했다. 이 사건도 미제로 남았다(CBC, 2012년 8월 2일 업데이트).

오로나민C 사건(1986년 일본)

1985년 일본에서 12명의 사람들이 자판기에서 파는 인기 음료들을 마신 후 사망했다. 그중 가장 많이 변조에 사용된 음료는 비타민이 함유된 에너지 드링크제 오로나민씨였다. 변조 음료들에는 제초제인 파라콰트가 들어가 있었다. 당시 자판기들은 마케팅 전략으로 한 번에 음료 두 병을 팔고 있었다.

경찰은 살인자가 독이 든 음료를 자판기의 음료가 나오는 곳에 둔 것으로 보았다. 그리고 이 사건들이 자살이거나 모방범의 소행일 것으로 추정했다. 1998년에는 독성물질이 든 음료가 자판기와 편의점에서 팔리는 또 다른 사건들이 발생했다(CBC, 2012년 8월 2일 업데이트).

수다페드 사건(1991년 미국)

워싱턴주에서 케이틀린 데인커와 스탠리 맥호서가 청산가리가 들어간 수다페드(코막힘 완화제)를 복용한 후 사망하는 사건이 발생했다. 수다페드 제조사인 버로우스 웰컴앤컴퍼니는 미국 전역에서 제품을 리콜했다. 상점에 진열되어 있던 변조된 다른 수다페드 세 병이 발견되었다.

1991년 2월, 제니퍼 멀링은 남편 조셉이 코를 골지 말라며 건네 준 수다페드를 복용한 후 사망했다. 그녀가 의식을 잃은 직후 조셉은 911에 전화했고 제니퍼는 병원으로 급히 이송되었다. 1991년 8월, 경찰은 이 사건이 발생하기 몇 주 전 조셉 멀링이 청산가리를 구매했다는 사실을 확인하고 그를 체포했다. 그는 아내 명의의 보험금을 노리고 가짜 이름을 사용해 청산가리를 구매했다. 그런데 자신이 용의자로 지목될 것을 우려해 청산가리가 들어간 음료 다섯 병을 진열대에 놓았고, 그 바람에 무고한 사람 둘까지 사망했다. 멀링은 기소되어 종신형을 선고 받았다.

배경 __ 스텔라 머딘 니켈의 남편인 브루스는 두통을 느끼며 퇴근했다. 결혼 10년차였던 그는 아내에게 키스한 후, 부엌에 가서 강력 엑세드린 병에 손을 뻗었다. 그는 캡슐 네 개를 삼킨 후 TV를 보려고 앉았다. 스텔라는 남편이 그 후 안마당에 산책을 하러 나갔다고 기억했다. 그런데 갑자기 남편이 자신을 다급히 부르는 소리를 들었다. 브루스는 쓰러져 말조차 할 수 없는 상태가 되었다. 스텔라는 응급실에 연락했고, 브루스는 시애틀 하버뷰 의료센터로 이송되었다. 그는 의식이 돌아오지 않은 채 몇 시간 후 사망했다.

그로부터 6일이 지난 1986년 6월 11일, 수 스노우는 평소 습관대로 강력 엑세드린 캡슐 두 알로 하루를 시작했다. 캡슐의 카페인은 그녀에겐 모닝커피 같은 것이었다. 15분 후 수의 딸 헤일리는 엄마가 화장실 바닥에 의식을 잃은 채 쓰러져 있는 것을 발견했다. 정오가 채 되기 전에 그녀는 사망했다.

피해자 분석 __ 브루스 니켈은 사망 당시 52세였다. 그는 술을 좋아하는 중장비 기사로, 술집을 돌아다니며 술 마시는 것을 좋아하던 스텔라와 잘 맞았다. 브루스는 사망 전에 인생을 돌아보며 재활 프로그램에 참여해 금주하기로 결심했다. 스텔라도 재활 프로그램에 몇 차례 함께 참석했다. 사망 전 브루스는 여러 번 무직 상태였고, 이는 스텔라를 힘들게 했다.

수 스노우는 사망 당시 40세였다. 결혼을 하면서 고등학교를 중퇴했지만 이후 열심히 일해서 삶을 개척했다. 수는 퍼젯사운드 국립은행 부지점장의 어시스턴트가 되었고, 폴 웹킹과 행복한 결혼 생활을 이어 나가고 있었다. 남편이 말하길 두 사람은 언제나 붙어 다녔고 "사랑에 미친" 상태였다.

두 피해자는 상품을 소비하는 사람들로, 서로 모르는 사이다. 스노우는 제품부당변조살인에서 자주 목격되는 무작위 피해자 사례이다.

범죄 현장 지표 __ 독이 들어간 강력 엑세드린 다섯 병은 워싱턴주 시애틀 교외 도시 켄트에 위치한 조니식품센터와 어번의 페이앤세이브 가게에서 구매한 것이었다. 오염된 두 병은 니켈의 집에서 발견되었다. 용기의 봉인 스티커는 잘렸거나 없었으며, 재접착된 상자도 제품부당변조의 분명한 증거였다. 피해자들이 사는 곳은 서로 8킬로미터도 떨어져 있지 않았고, 이는 수사관들이 공격자의 행동 반경을 추정하는 데 중요했다.

조작 __ 수 스노우는 스테이징(조작)의 피해자였다. 스텔라 니켈은 브루스의 사인이 청산가리 중독이 아닌 폐기종이라는 의학 검시관의 첫 진단에 실망했다. 남편의 사인이 음독에 의한 것으로 판명되면 브리스톨 마이어스사에서 받을 손해배상액와 더불어 10만 5천 달러를 수령할 수 있었다. 그래서 킹카운티에 청산가리 살인마가 산다는 사실을 널리 알리려면 다른 누군가가 죽어야 했다. 그래서 스텔라는 엑세드린 세 병에 독을 타고 그것을 지역 가게 선반에 올렸고, 그중 하나를 스노우가 구매한 것이다. 그 덕에 니켈은 남편이 청산가리 살인마에게 당한 것이라고 주장할 수 있게 되었고, 브리스톨 마이어사를 고소할 증거를 얻었다.

포렌식 검증 __ 검시관이 브루스 니켈의 몸에서 청산가리를 찾지 못했기 때문에 그의 사망진단서에 첫 번째 사인으로 폐기종이 기록되었다. 그런데 스노우의 사망 이후 스텔라 니켈이 그의 남편도 무차별

청산가리 살인마의 희생자일 수 있다는 의혹을 제기했을 때 비로소 진짜 사인이 드러났다. 조직 샘플 검사로 브루스의 사인이 청산가리 음독임이 밝혀졌다. 수 스노우의 몸에서도 의학적 검사법으로 쉽게 찾을 수 있을 농도의 청산가리가 검출되었다.

변조된 약병을 분석한 결과, 알약 몇 개가 무작위로 오염되었다는 것이 밝혀졌다. 몇몇 캡슐에서는 성인 치사량의 세 배에 달하는 청산가리가 검출되었다. 다른 알약들은 오염되지 않았다. 수 스노우를 죽음으로 몰고 간 약병에서 폴 웹킹도 20분 후 캡슐 두 개를 복용했는데 그는 멀쩡했다.

상자와 병 포장 처리는 투박하기 그지없었다. 상자가 서투르게 재접착되어 공격자가 능숙하지 않다는 것을 알 수 있었다.

수사 __ 스텔라 니켈은 브루스의 트레일러가 있는 땅을 사서 열대어 가게를 열겠다는 결연한 꿈이 있었다. 그러나 마흔 살이 넘어 가면서 꿈과 현실의 차이가 더 커진다고 느꼈다. 남편이 종종 무직 상태로 지내는 것을 보며 빨리 꿈을 실행하지 않으면 영영 기회가 사라질 것 같았다. 금주도 남편과 같이 살 이유 하나를 사라지게 했다.

1985년 가을, 스텔라는 자신이 단독 수령자로 되어 있는 4만 달러짜리 생명보험금 지급을 신청했다. 브루스 니켈은 사망 시 3만 1천 달러를 지급하고 사고 사망 시에는 10만 7천 달러를 추가로 지급하는 주 직원 공제보험에 들어 있었다. 17만 6천 달러면 꿈을 실현할 수 있었다.

사건 당시 부모와 함께 살고 있었던 니켈 부부의 딸 신시아는 결국 그전 5년간 엄마와 나눴던 대화에 대해 입을 열었다. 아버지의 죽음은 엄마와 딸의 주된 대화 주제였다.

신시아는 법정에서 엄마가 독성물질 책을 공부하고, 독당근이나 디기탈리스 등 독성이 있는 씨앗을 가지고 브루스에게 인체 실험을 했다고 증언했다. 하지만 브루스는 그저 무기력해질 뿐이었다. 그러던 중 알코올중독에서 회복되는 상태에서는 다른 중독물질에 쉽게 영향을 받는다는 사실을 알게 된 스텔라는, 헤로인과 코카인, 스피드 등으로 남편을 살해해 우연한 과복용처럼 위장할 생각을 하게 됐다.

신시아에 따르면, 엄마는 1982년 시카고에서 일어난 타이레놀 사건에 큰 관심을 보였다. 같은 방법으로 생명보험금을 타 내고 귀책사인 브리스톨 마이어사를 고소하면(실제로 고소를 진행했다), 꿈을 이루고 편안하게 살 수 있을 것이라고 생각했다.

이 사건은 용의자가 범행 전에 다른 사람과 나눈 대화가 범행 동기와 사전 계획 여부를 밝히는 중요한 단서가 될 수 있음을 보여 준다. 딸의 증언 전까지는 스텔라를 조사할 충분한 물증이 없었다.

결과 __ 스텔라 머딘 니켈은 다섯 건의 제품부당변조와 또 다른 부당변조로 다른 이를 죽게 만든 혐의가 인정되었다(1983년에 제정된 연방법에 따라 선고된 첫 사건이었다). 1988년 6월 17일, 그녀는 2018년까지 가석방 없는 90년형을 선고 받았다.

마약살인은 일차적으로 마약 거래의 방해물을 제거하고 운영을 원활히 하기 위한 개인 살인으로 정의된다.

주요 특징

피해자 분석 __ 마약 관련 살인에서 피해자 선정은 범죄자의 동기에 따라 달라진다. 마약살인의 동기는 규율, 첩보, 속임수, 영역 침해, 마약 사용을 반대하는 지지자 등 5가지로 분류된다.

규율 동기에 의한 살인사건의 피해자는 그를 고용한 마약 유통 조직의 규칙을 어긴 죄로 처벌 받는다. 그 규칙이란 예를 들어 돈이나 마약 은폐, 고객 도용 또는 다른 방법으로 사업을 훼방·방해·지연하는 것이다. 첩보는 말 그대로 법 기관이나 경쟁 조직에 자기 조직의 정보를 제공하는 것이다. 속임수 동기 살인사건은 대개 고객이나 불법 밀매상 또는 딜러에게 판매한 마약이나 마약 판매 대금, 또는 보석 같은 다른 물품의 속임수와 관련이 있다. 영역 침해 살인은 다른 딜러의 영역을 침해하여 그 보복으로 죽임을 당하는 것이다. 이 네 유형의 살인사건 피해자들은 보통 마약 거래와 관련된 전과가 있다. 조사해 보면 마약 사용, 강도 및 폭행 전과, 적어도 다른 마약 범죄자들과 연관성을 발견할 수 있다.

마지막 유형의 희생자는 다른 유형들과 다르다. 지역의 마약 단속원부터 담당 수사관까지 누구나 여기에 속할 수 있다. 사회복지사나 성직자도 해당되는데, 마약 판매상 입장에서는 치료를 제공하는 이들은 모두 고객을 빼앗는 적이기 때문이다. 강력한 처벌을 내리는 판사, 마약 반대운동을 하는 정치인, 마약범죄 목격자 등이 이런 피해자군에 해당한다. 이들은 모두 마약 거래에 반대하며, 실제적이든 상징적이든 사업을 방해하는 개인들이다.

빈번하게 보고되는 범죄 현장 지표 __ 마약 관련 살인에서도 가해자가 그 살인으로 메시지를 전달하려고 하는 경우에는 종종 공공장소에서 범행이 벌어진다. 시신도 은폐하지 않고 현장에 고의적으로 내버려 둔다. 현장에서는 마약이나 돈 같은 증거가 회수될 수 있다. 무기는 범죄자가 현장으로 가져온 것이거나, 현장에서 선택한 것이다. 현장에서 회수되거나 구역 담당 마약 밀매자에게서 가져간 마약이나 대금은 마약살인 현장에서 드러나는 또 다른 지표다.

조작 __ 조작은 보통 나타나지 않는다.

공통된 포렌식 검증 사용되는 무기는 주로 총기로, 흔히 대구경 및 반자동이다. 간혹 칼이나 둔력으로 인한 손상이 나타나기도 하지만, 그렇게 일반적이지 않다. 치사율이 높은 상처는 흉부나 머리 등 중요 장기에 가해진다. 다수의 상처는 과잉살상을 나타낸다.

피해자에게 약물선별검사drug screen를 해 보면 피해자가 사용한 약물이나 마약 사업 관련성을 확인할 수 있다. 때로는 약물 과다복용, 이른바 '핫샷'이 사인일 수 있다. 특히 피해자가 약물 사용자인 경우가 그러하다. 일반적으로 사망 전 마약살인 가해자와 피해자 사이에 신체 접촉이 일어나므로, 사체에 잠재지문이 남아 있는지 확인해야 한다.

수사 주안점

범죄자는 거의 항상 마약 사용자, 제조자 또는 유통업자로서 마약 거래와 관련이 있다. 이 주제는 일반적으로 범죄조직 범죄에서 다루어진다(분류 102 참조).

마약살인의 동기는 속임수, 영역 침해, 규율 등 다양하기 때문에 정보를 많이 얻을수록 유리하다. 다른 수사도 그렇지만, 첩보로 얻는 고급 정보는 특히 마약 관련 살인 해결에 큰 도움이 된다. 이미 교도소에 들어간 관련 범죄자나 전과자의 이야기도 유용하다.

마약살인 범인들은 합법적인 돈의 원천이 없음에도 불구하고 부를 과시할 수 있다. 비싼 옷과 고급 자동차, 보석을 자랑하지만, 실업자이거나 지출 규모를 감당하기 어려운 직업을 가지고 있다.

수색영장 제안 사항

수색영장에는 거액의 돈, 의류, 전자장비 등 불법 자금원을 반영하는 물품들이 들어가야 한다. 마약을 보관하는 봉투, 즉 마약 거래의 직접적인 증거는 물론이고, 총기, 전화 기록, 임대계약, 주소록, 금융 기록, 은행 기록, 거래 기록, 전산 기록도 포함된다. 또한, 포장재(마약 선적, 처리, 실험실 설정, [거리 판매를 위해 더 작은 소포로 분류]) 및 사진(마약 사용, 관리, 준비)도 들어간다.

다음의 두 가지 사례는 참석자 전원이 살해된 경우와 이중 마약살인이다.

사례 연구 **106 마약살인**

배경 __ 23세가 될 무렵, 대니얼 A. 니콜의 마약 사업은 성장하고 있었다. 그는 두 달에 한 번씩 1978년식 포드 픽업트럭을 타고 플로리다로 출장을 갔다. 비록 대니얼은 마약 거래의 중심지에 거주하지 않았지만, 마약단속국Drug Enforcement Administration(DEA)과 지방 법집행기관으로 구성된 특별수사팀의 목표 대상이 될 만큼 중요한 인물이었다.

대니얼은 플로리다로 출장을 가지 않거나 그곳에서 구입한 마약을 팔지 않을 때에는 뉴욕 버팔로의 캘리포니아 클럽에서 바텐더로 일했다. 로라 오스본을 만난 곳도 이 클럽이다. 둘의 관계가 발전하자, 대니얼은 판매뿐만 아니라 개인적 용도로 그녀에게 코카인과 마리화나를 공급하기 시작했다.

피해자 분석 __ 대니얼의 부모인 도널드와 클레어 니콜은 아들의 마약 거래를 "더러운 비즈니스"라고 욕하며, 아들과 따로 살았다. 대니얼은 뉴욕 버팔로에서 메타돈 소지, 통제약물 불법소지(PCP) 및 마리화나 불법소지로 경찰에 체포되었다.

대니얼은 그전에도 몇 차례나 구사일생으로 살아났다. 눈 위에 부상을 입은 채 플로리다 출장에서 돌아왔을 때에는 "마약 장난"을 좀 쳤다고 했다. 총으로 위협을 받는 일은 부지기수였다.

대니얼의 전력은 마약살인 희생자의 전형이었다. 마약 관련 체포 이력이 있었고, 연방 수준의 마약단속국이 개입할 정도로 사업 규모가 커졌다. 마약 및 마약 거래로 위험한 충돌을 빚은 적도 한두 번이 아니다.

로라 오스본은 1975년 술집을 돌아다니던 중 대니얼을 만났다. 그들은 4년 동안 꾸준히 관계를 유지했다. 로라는 대니얼의 잘나가는 마약 거래 덕분에 본인도 마약을 팔아 금전적인 이득을 얻고, 개인적으로도 마약을 사용했다. 그녀에게는 전과가 없었지만, 대니얼과 같이 마약단속국의 수사를 받고 있었다.

그 대가는 혹독했다. 로라는 대니얼이 저지른 폭력의 희생자로, 온

얼굴에 멍자국이 있었다. 대니얼은 로라의 머리에 난 부상이 자살 시
도 때문이라고 했지만, 로라는 대니얼이 병으로 내리쳤다고 했다. 이
웃들도 폭행을 목격했지만, 어떤 법적 조치도 취해지지 않았다.

로라는 대니얼과 같은 이유로 마약살인 희생자의 전형적인 모습을
보였다. 그녀가 마약 사업과 간접적(대니얼과의 관계), 그리고 직접적
(그녀의 실제 거래)으로 연관되어 있다는 사실이 법집행기관에 알려져
있었다.

범죄 현장 지표 __ 이 두 명에 대한 살인과 관련된 현장은 두 곳이었
다. 첫 번째 장소는 희생자들이 마약을 구입하려는 가해자를 기다리
며 주차하고 있었던 한적한 길이다. 가해자인 래리 렌델은 대니얼의
트럭 옆에 자신의 트럭을 마주 세웠고, 두 운전자는 서로 마주 보게
되었다. 그때 래리가 트럭에서 대니얼과 로라에게 총을 쏘았다. 대니
얼은 의식을 잃은 채 로라의 무릎 위로 쓰러졌다. 로라는 팔에 총을
맞았지만, 정신을 차리고 어떻게든 이 상황에서 벗어나려고 했다.

래리는 대니얼의 트럭에 올라타 다른 길로 차를 몰았다. 로라는 지금
일어난 일을 누구에게도 말하지 않을 테니 살려 달라고 애원했다. 그리
고 코카인을 좀 달라고 했다. 그때 대니얼의 숨이 멎었다.

로라는 트럭에서 내려 신발을 벗으며 걸어가기 시작했다. 래리는 로
라를 살려 둘 수 없다고 느끼고 트럭에서 총을 쐈다. 그는 두 구의 시
신을 둑 위에 끌고 가 낙엽으로 덮었다. 그런 뒤 대니얼의 트럭을 근
처 도로 가 도랑으로 몰고 갔다.

포렌식 검증 __ 래리 렌델은 나중에 자신의 형제에게 두 사람에게 쏜
10~12개의 탄피를 제거하려고 트럭을 부숴 버렸다고 했다. 그의 아
파트에서 살인할 때 착용했던 나막신과 글씨가 적힌 녹색 재킷이 압

수되었다. 두 증거품 모두에 희생자들의 혈액이 응고되어 있었다.

대니얼 니콜의 사망원인은 머리에 입은 다발성 총상이고, 이것이 다량의 뇌출혈을 일으켰다. 로라 또한 다발성 총상으로 인한 다량의 뇌출혈로 사망했다. 그녀는 22구경 소총으로 최소 여섯 발의 총상을 입었다.

수사 __ 렌델에게는 대니얼과 로라를 죽일 이유가 여러 가지 있었다. 그는 대니얼이 이전 마리화나 거래에서 자신에게 돈을 적게 주고, 자신의 항의를 무시했다고 주장했다. 게다가 과거의 마약 거래로 대니얼에게 450~1천 달러의 빚을 지고 있었는데, 지속적으로 빚 독촉을 받았다. 범행 당일, 렌델은 다른 구매자가 있으니 코카인 재고를 가지고 나오라고 대니얼에게 말했다. 렌델은 세 가지 목적으로 니콜을 죽이기로 결심했다. 빚을 청산하고, 이전에 씌운 바가지를 갚아 주고, 마약을 공급받는 것이었다. 렌델이 이 범죄와 관련되어 있다는 다른 물리적 증거와 더불어, 대니얼의 트럭에서 나온 두 개의 스피커가 수색 중 그의 아파트에서 발견되었다.

결과 __ 래리 렌델은 두 건의 2급살인으로 유죄를 선고 받았다.

희생자는 보험이나 상속 목적 때문에 살해된다. 이 유형의 살인에는 두
가지 하위범주가 있다. 개인의 이득을 노린 살인과 상업적 이득을 노린
살인이다.

107.01 **개인의 이득 살인** Individual-Profit

개인의 이득을 노린 살인은 희생자의 사망으로 금전적 이익을 기대하는
살인이다. 이 살인의 유형에는 이른바 '블랙위도black widow' 살인과 강도
살인, 또는 보험이나 복지사기 관련 다중 살인 등이 있다.

주요 특징

피해자 분석 ＿ 개인적 이익을 노린 보험이나 상속살인의 희생자는 가족
구성원이나 사업 동업자, 동거인 등 살인자와 밀접한 관계가 있는 사람
들이다. 이 범주의 희생자들은 대부분 그 생활 방식과 직업, 생활환경상
위험도가 낮은 사람들이다. 그런데 범인이 그들을 경제적 목표 달성의
수단으로 삼는 순간부터 그들은 큰 위험에 직면하게 된다.

빈번하게 보고되는 범죄 현장 지표 ＿ 보통 사체는 은폐되지 않고 노출되거
나 발견 가능한 곳에 놓인다. 범죄 현장의 성격이나 구조화된 범죄/비구
조화된 범죄 중 어디에 속하느냐는 범인의 계획과 능력 정도에 따라 달
라진다. 극단적인 예로, 어리고 충동적이거나 지능이 떨어지는 범인이
저지르는 즉흥적인 범죄를 들 수 있다. 이 범죄 현장에는 지문이나 발자

국 등 물리적인 증거가 다른 현장보다 더 남아 있다. 무기는 우연히 획득한 것이고, 현장에 버리고 갈 가능성이 크다. 범죄 현장은 혼란스럽고 희생자에 대한 갑작스러운 폭력(집중공격 스타일의 공격)의 증거가 남는다. 시신을 은폐하려는 노력이 거의 또는 전무하다.

이와 달리 극단적으로 계산되고 능숙한 범죄 현장이 있다. 이 경우 현장에는 물리적 증거가 거의 남지 않고, 오히려 주변이 정돈되어 있다. 무기는 미리 선택한 것이며, 현장에 가져왔다가 다시 가져간다.

조작 __ 이런 유형의 살인에는 보통 조작이 사용된다. 조작이 복잡한 정도는 범인의 역량과 자원, 그리고 사전 계획을 반영한다. 현장은 자연사나 사고사, 또는 다른 범죄행위를 가장하기 위해 조작된다. 특히 느슨한 일부 보험정책 기준을 고려하여 자살로 조작되기도 한다.

공통된 포렌식 검증 __ 질식이나 화학적 양상이 흔한데, 이런 죽음은 흔히 갑작스러운 일로 간주되지 않고 따라서 의료 체계 내에서 수사를 받지 않기 때문이다. 독극물 사용이 의심되면 혈액과 간, 머리카락과 체모 등을 채취해 독극물 검사를 해야 한다. 시신 발굴이 필수다.

어떤 조작을 했느냐에 따라 과학수사의 결과는 달라진다. 예를 들어, 강도살인으로 조작했다면 총상이 있을 것이다. 그런데 희생자는 폐부종이나 코와 입의 거품 등 마치 익사 사고를 당한 것처럼 보일 수 있다. 따라서 포렌식 증거는 변수가 다양하다.

수사 주안점

보험 서류나 유언처럼 금전 관련 계약서를 살펴 서류상 서명이 희생자의 것이 맞는지부터 확인해야 한다. 최근 수익자의 변화나 보험료의 증가, 신규 정책 도입 등으로 희생자와 수혜자의 금전 관계에 변화가 생기지 않았는가? 가족살인(분류 122) 논의에서 구체화되는 요소들이 이러한 수사에 적절한데, 복수의 동기(외도, 화해할 수 없는 갈등 등)가 개입되는 경우가 많기 때문이다.

촉발 사건은 재정적 문제나 부부 문제, 일이나 술로 인한 불화 등 외부적 스트레스요인이 살인 욕구를 일으킨 경우이다. 이 경우, 범행 전 희생자에 대한 태도 변화와 외관상의 관계 개선이 목격된다. 그 와중에 범인이 긴장하거나 무언가에 몰두하는 모습이 목격될 수 있다.

범인은 흔히 보기 드물게 상세하고 확고한 알리바이와 선택적 기억을 보인다. 살인 신고를 미루기도 하는데, 제3자가 시신을 발견하기를 바라는 심리다. 범인이 자살이나 자연사로 조작했다는 의심이 들면, 희생자의 신체적 · 정신적 기록과 이력을 포괄적으로 검토해야 한다.

수색영장 제안 사항

희생자와 범인의 금융 기록을 면밀히 검토해야 한다. 사망이 자연사로 조작되었다면 약물이나 독극물 등을 찾아야 한다. 사건의 급박성(범인이 빚을 지거나 불륜을 저지르는 등)을 뒷받침할 만한 지표들을 찾아야 한다.

107.02 상업적 이득 살인 Commercial Profit

상업적 이득 살인은 기업의 주도권이나 이익을 취할 목적의 살인이다.

주요 특징

피해자 분석 __ 상업적 이득 살인은 피해자 분석에서 개인적 이득 살인

(분류 107.01)과 뚜렷이 구분된다. 상업적 이득 살인의 피해자는 가해자와 동업자이거나 직업적 관계를 맺고 있는 경우가 많다. 또한, 친족관계나 개인적 친분 관계도 배제할 수 없다.

빈번하게 보고되는 범죄 현장 지표 __ 상업적 이득 살인의 현장 지표는 개인적 이득 살인의 현장 지표와 크게 다르지 않으며, 즉흥적이고 무계획적인 현장부터 신중하게 구성된 현장까지 다양하게 나타난다.

조작 __ 상업적 이득 살인에서 조작은 개인적 이득 살인과 동일하게 가해자가 사용한 자원, 숙련도, 사전 계획 정도에 따라 판단해야 한다.

공통된 포렌식 검증 __ 상업적 이득 살인의 법과학적 특징은 폭력적인 살인부터 사고사, 자연사까지 다양하게 나타난다.

수사 주안점

상업적 이익이 동기가 되어 발생한 살인의 경우, 사업 관계와 기업의 구조를 살펴보아야 한다. 개인적 이득 살인과 동일하게 가해자의 범행 이전 재정 상태도 확인해야 한다. 피해자가 해당 사업체에 끼치는 금전적 부담(투자 실패, 사업 판단 실패, 술 관련 문제 등)이 범행 동기일 수 있으므로 피해자의 사고 이전 재정 상태도 조사해야 한다.

기업의 지불 능력과 함께 피해자의 금전적 가치나 기여를 살펴보는 것이 중요하다. 예를 들어, 기업이 겪고 있는 재정적 문제를 동업자의 생명보험금으로 해결하려 할 수도 있다. 이는 사업 실패와 보험 가입의 상호 관계를 조사해 보면 알 수 있다.

수색영장 제안 사항

사업 장부와 가해자/피해자의 재정 관련 기록에 수색영장을 청구한다.

추가적인 내용은 개인적 이득 살인의 수색영장 제안 부분 참고(분류 107.01).

배경 __ 1991년 7월 9일 오전, 34세의 스티븐 벤슨은 어머니 집에 불쑥 나타나 모두를 놀래켰다. 그 전날 밤 가족들과 함께 내일 오전에 부동산을 보러 가자고 말을 해 놓긴 했지만, 그의 평소 생활 습관에 비추어 볼 때 그렇게 아침 일찍 나타날 것이라고 아무도 예상하지 못했다. 오전 7시 반에 도착한 그는 도넛과 커피를 사러 간다고 어머니의 쉐보레 서버번을 몰고 나가 거의 한 시간 반이 지나서야 돌아왔다. 스티븐은 탐탁치 않아 하는 어머니와 동생 스콧에게 같이 외출하자고 설득했다. 그는 가족들이 차에 앉을 자리를 직접 지정해 주었는데, 보통 자신이 앉던 운전석에 스콧을 앉히고 어머니는 보조석에 앉혔다. 평소 그 보조석 자리는 차멀미를 하는 누나 캐럴 린이 앉곤 했다. 이날 캐럴 린은 스콧이 앉은 운전석 뒤쪽에 앉았다.

그런데 스티븐이 가져올 것이 있다며 잠시 집에 들어간 사이, 쉐보레 차량이 우레와 같은 폭발과 함께 주황색 화염에 휩싸였다. 스티븐은 현관 밖으로 뛰어나갔지만 그것도 잠시, 집이 흔들릴 정도의 2차 폭발이 일어나 그 즉시 다시 집으로 들어와 현관문을 닫았다. 이 사고로 차 안에 타고 있던 63세 담배회사 상속녀 마거릿 벤슨과 21세 양자 스콧은 즉사했고, 41세의 캐럴 린은 심각한 부상을 입었다.

피해자 분석 __ 1980년 남편 에드워드가 사망한 후 마거릿 벤슨 소유

부동산의 가치는 9백만 달러로 추정되었다. 이는 그녀의 아버지 해리 히치콕에게서 받을 수백만 달러의 재산은 제외한 금액이었다. 1985년 7월 즈음, 마거릿은 아들 스티븐이 최소 250만 달러를 빼돌려 허튼 짓에 탕진했다고 의심했다. 수차례 금전적인 문제가 생길 때마다 도와줬는데, 이제는 아들이 사치스러운 생활을 유지하고자 자신의 돈을 횡령하고 있다는 의심이 들었다. 게다가 제멋대로인 스티븐의 아내 데비는 그러한 사치를 부추기는 형편이었다. 스티븐은 아내의 말을 들어주지 않으면 예전처럼 세 아이들을 데리고 떠나 버릴까 두려워하고 있었다.

마거릿은 그런 아들을 더는 참을 수 없었다. 스티븐과 데비의 태도는 극악무도하기까지 했다. 사고 전날 마거릿은 펜실베이니아에 있는 자신의 변호사를 불러들여 회사 장부를 검토하고 아들에 대한 대책을 세우라고 지시했다. 이때 스티븐이 그녀가 자금을 대고 관리해 온 합작회사에서 돈을 빼돌려 값비싼 집을 구입했다는 사실을 알아냈다. 아들은 플로리다의 포트마이어스 근처에 새로운 사무실을 구했는데, 나폴리 지역에 있던 기존의 트레일러 사무실보다 훨씬 더 사치스러웠다. 변호사는 장부를 보자마자 한눈에 스티븐이 부적절하게 장부를 기록해 왔음을 알았다.

스티븐이 이러한 상황을 알아채면서 어머니 마거릿의 위험도는 굉장히 높아졌다. 평소 그녀의 성격이나 생활로는 강력범죄의 피해자가 될 위험도는 극히 낮았지만, 이러한 상황이 위험도를 극도로 높였다. 어머니가 스티븐의 횡령 사실을 모두 알게 되면 아들을 상속에서 제외하거나 매우 적은 액수만 물려줄 것이었다. 실제로 어머니는 아들의 새로운 집에 유치권을 행사하고, 포트마이어에 있는 사무실을 폐쇄할 계획을 세우고 있었다. 아들이 어머니를 죽여서 얻을 이득은 분명해 보였다. 동생 스콧과 누나 캐럴 린을 폭발 사고로 함께 처리하면 유산과 가족사업이 모두 그의 몫이 될 터였다. 게다가 할아버지에게 받을 스콧과 린의 상속분까지 모두 차지할 수 있었다. 이렇게 스티븐이 마거릿, 스콧, 캐럴 린을 방해물로 생각하면서 이 셋은 고위험 피해자군이 되었다.

범죄 현장 지표 __ 첫 번째 폭발로 차량의 앞 유리창이 뚫리고 두 문짝이 열렸다. 차량 상부의 뒤편도 뒤쪽 방향으로 벗겨졌다. 마거릿과 스콧은 차 밖으로 튕겨져 나갔고, 마거릿의 시신은 진입로 옆 잔디에 떨어졌다. 스콧의 몸은 집으로부터 멀리 날아가 진입로에 떨어졌다. 캐럴 린은 다행히 차 문이 열려 목숨을 구할 수 있었다. 캐럴 린은 화염에 휩싸인 차 밖으로 뛰쳐나와 필사적으로 셔츠를 벗으려 했다. 그녀의 셔츠와 머리카락이 불에 타고 있었다.

주류·담배·화기 단속국(ATF)에서 나온 요원들이 현장조사를 실시한 결과, 차량 잔해는 사방 30미터 밖까지 흩어져 있었다. 차량 내 두 곳에서 폭발이 있었고, 이는 두 개의 폭발장치가 있었음을 의미한다. 차의 바닥 부분이 아래 방향으로 폭발했기 때문에 폭발장치는 차량의 내부에 설치된 것으로 판단되었다. 폭발 패턴을 고려할 때 폭발물은 앞의 두 좌석 가운데와 운전석 바로 뒷좌석(캐럴 린을 앉힌 자리) 아래에 하나씩 설치된 것으로 추정되었다. 폭탄의 위치와 피해자 몸에 난 상처도 이런 추정을 뒷받침했다. 현장에서 찾아낸 증거물 조각을 바탕으로 파이프폭탄이 사용되었음이 밝혀졌다.

포렌식 검증 __ 스콧 벤슨은 몸의 오른쪽 전체에 심한 부상을 입었다. 허리에서 어깨까지 몸통의 오른편이 개방되어 주요 내부 장기가 드러나 있었다. 두개골에는 칼날 비슷한 파편이 뚫고 들어갔다.

마거릿 벤슨은 오른쪽 발이 심하게 훼손됐다. 또, 그녀의 왼손이 아주 없어진 것으로 보아 왼손을 폭발장치 조작대에 올려놓고 있었던 것으로 추측해 볼 수 있다. 얼굴은 이마 아래쪽부터 사라졌다. 몸의 왼편 역시 심하게 훼손되었다.

캐릴 린은 오른쪽 귀를 거의 잃었다. 다리 쪽에는 파편으로 인한 심각한 열상이 생기고, 오른팔과 오른쪽 어깨에는 작은 상처들이 있었다. 턱에는 베인 상처가 생기고, 옆쪽 얼굴은 그을렸다. 오른팔과 몸 여러 곳에 심한 화상을 입었다. 도와주러 현장으로 달려온 한 이웃도 2차 폭발 시 나온 파편에 맞아 코끝이 잘려 나갔다.

수사 마거릿이 스티븐에게 굉장히 화가 나 있었다는 변호사의 증언을 토대로 스티븐 벤슨을 중심으로 수사가 이루어졌다. 주류·담배·화기 단속국과 콜리어카운티 수사관이 판단한 혐의를 뒷받침하는 증거가 수사 초반부터 드러났다. 즉, 스티븐이 파이프 폭발장치를 차에 설치할 동기와 기회(해당 차량을 마지막으로 운전한 것)가 있었음을 파악할 수 있었다.

이제는 스티븐이 해당 폭발물을 제작할 능력이 있는지를 확인해야 했다. 스티븐이 전자장비의 귀재로 알려져 있다는 일부 사람들의 증언이 있었다. 실제로 그는 침입방지 경보시스템 회사를 운영하고 있었다.

스티븐의 직장 근처에 위치한 설비업체로부터 결정적인 증거물 두 장을 입수했다. 영수증이었다. 엔드 캡 4개 구매 영수증, 다른 하나는 가로세로 4×12인치짜리 파이프 두 개의 영수증이었다. 이는 모두 현장에서 찾아낸 폭발물 잔해와 일치했다. 두 영수증은 각기 다른 건설업체에 발급된 것으로 기재되어 있었다. 마지막으로, 이 영수증들에 찍힌 손바닥 지문 두 개가 스티븐의 것으로 밝혀졌다.

결과 __ 스티븐 벤슨은 2건의 1급살인과 1건의 살인미수로 기소되었다. 최소한 50년형이 선고되었고, 2036년까지 가석방 자격이 없을 것이다.

중범죄살인의 주요 동기는 재산범죄(강도·절도)이고, 살인은 이차적 동기다. 강력범죄 도중 살인이 발생한다. 중범죄살인에는 무차별적 중범죄살인과 상황적인 중범죄살인의 두 가지 유형이 있다.

108.01 무차별적 중범죄살인 Indiscriminate Murder

무차별적 중범죄살인은 범행 이전에 피해자를 특정하지 않고 저지르는 살인을 말한다.

주요 특징

피해자 분석 __ 무차별적 중범죄살인의 피해자는 범행의 잠재적인 목격자이다. 피해자는 공격자에게 특별히 위협이 될 것 같지 않는 사람이다. 피해자는 공격자에게 반항하지 않지만 결국 살해당하는 우연한 피해자이다. 예를 들어, 잘못된 시점에 상점 또는 집에 들어서거나 교대근무시간이 범행 시간과 겹치는 식이다.

피해자 위험도를 높이는 직업군, 근무시간, 환경이 있다. 24시 주유소나 편의점에서 밤 시간대에 혼자 근무를 하는 경우이다. 이는 백화점 매장 직원과 비교했을 때 무차별적/상황적 중범죄살인의 피해자가 될 확률을 높인다. 피해자 위험도를 높이는 환경적 요소들은 범죄율이 높은 지역에 있는 장소들, 범행 확률을 높이는 시설(광고판이나 매대로 시야가 가려지는 곳, 조명이 부실한 곳, 경찰서로 연결되는 경보나 경비 시스템이 없는 곳, 특히 밤에 직원이 단독으로 근무하는 곳), 주류 상점처럼 언제나 현금이 준비되어 있는 매장 등이다.

피해자의 태도나 행동이 위험을 고조시키는 경우도 있다. 개인 안전에 부주의하고 안일하거나 경솔한 태도는 강도 등 무차별적/상황적 중범죄살인의 목표물이 될 가능성을 높인다.

빈번하게 보고되는 범죄 현장 지표 __ 범행이 일어나는 장소는 현금을 사용하는 곳이다. 공격자는 현장에 무기를 가져오고 다시 가져갈 가능성이 높다. 현장에서 발견되는 물리적 증거의 양은 공격자의 노련함와 능숙함 그리고 시간에 달렸다.

공격자는 현장에서 더 많은 시간을 보내는 경향이 있어 공격자와 피해자 사이에 일어난 상호작용의 흔적이 남을 수 있다. 주로 절도나 강도가 벌어진 흔적들이 남는다. 범죄 현장은 일반적으로 통제되고 정리되어 있으며, 공격자는 살인 같은 상황에 놀라지 않는다. 많은 경우, 사체를 은닉하려는 노력은 찾아볼 수 없다.

조작 __ 조작이 이루어지는 경우, 중범죄살인을 은폐하기 위해 가장 많이 사용되는 방법은 방화이다(범죄은닉방화는 분류 230 참고). 만약 범행 동기가 금전으로 추정되면, 피해자에 대한 성폭행 여부를 조사해야 한다.

공통된 포렌식 검증 __ 살인 방법으로 가장 많이 사용되는 것은 총기류이다. 둔력 손상 또는 구타가 나타날 수 있다. 신체구속이 이루어졌다는 증거(수갑, 재갈, 눈가리개 등)와 함께 이를 증명해 주는 삭흔索痕(압박흔)이 남는 경우도 있다. 성폭행이 발생하기도 한다.

수사 주안점

이 유형의 사건은 살인이 아닌 강도로 접근하는 것이 중요하다. 유사한 수법(MO)을 가진 알려진 강도 용의자들을 면밀히 조사해야 한다. 무차별적 중범죄살인의 공격자는 주로 범죄 경력(승용차 절도범이 특히 많다)이 있는 젊은 남성이다. 이 공격자는 범행 지역에 살기 때문에 걸어서 범행 현장을 이동하기도 한다.

수색영장 제안 사항

피해자의 소유물(지갑, 시계, 보석류)은 모든 수색에 포함되어야 한다. 공격자의 공식적 재정 상태와는 맞지 않는 스테레오 장비나 다른 값비싼 물건 같은 범죄자의 특징을 확인하는 것도 중요하다. 추가적인 수색영장 제안 사항들은 절도 도구, 경찰 무전기, 스키 마스크나 스타킹 마스크, 약물이나 약물 사용 증거 등 일반적으로 절도범들이 가지고 있는 것들이다.

사례 연구 **108.01 무차별적 중범죄살인**

배경 __ 1974년 4월 22일, 미 공군 항공병 데일 피에르와 윌리엄 앤드류스는 유타주 오그든 지역의 음향설비 가게를 털기로 했다. 그들은 가게에 들어가 직원들을 묶어 지하실로 내려가게 했다. 그 후 몇 시간 동안 세 사람이 가게에 들렀는데, 그들도 피에르와 앤드류스의 희생자가 되었다.

피해자 분석 __ 이 사건의 피해자 다섯 명은 모두 위험도가 낮은 사람들이었다. 2명의 상점 직원은 직업상 강력범죄의 피해자가 될 가능성이 다소 높았으나, 유타주 오그든 지역은 강력범죄가 별로 없는 지역이어서 직업에 따른 위험도는 무시해도 될 정도였다. 다른 피해자들은 강도 사건의 잠재적 목격자라는 점이 중범죄살인의 피해자 특성과 일치했다.

피해자들은 모두 즉시 결박되어 지하실로 보내졌기 때문에 그 누구도 공격자들에게 큰 위협이 되지 않았다. 피에르와 앤드류스는 범행 과정 전체에서 피해자들을 완전히 통제했다. 피해자 중 누구도 저항하지 않았다.

범죄 현장 지표 __ 스탠 워커와 미셸 앤슬리는 사건 당시 일하고 있던 직원들이었다. 피에르와 앤드류스는 워커와 앤슬리를 지하실로 내려가게 한 뒤 결박했다. 바로 그때 16세의 코트니 네이스빗이 워커에게 가게 옆에 주차를 하게 해줘 고맙다는 인사를 전하기 위해 가게로 들어왔다. 그 또한 지하실로 끌려가 묶였다.

피에르와 앤드류스는 음향 장비를 차에 싣고 있던 중 뒷문으로 오는 발자국 소리를 들었다. 그는 스탠 워커의 아버지 오렌이었다. 스테레오 가게가 두 시간가량 닫혀 있는데도 아들이 집에 오지 않고 연락도 없자 직접 찾아온 것이다. 피에르와 앤드류스는 발자국 소리가 가까이 다가오자 지하실에 숨었다. 곧 오렌이 지하실 문 쪽으로 왔고, 피에르는 총을 꺼내들고 그를 계단 밑으로 몰았다. 스탠은 아버지에게 괴롭게 소리쳤다. "아버지, 왜 내려오셨어요?" 스탠이 입을 떼기 무섭게 총소리가 울렸다. 그 짧은 순간에 피에르가 지하실 벽에 두 발을 쏜 것이다. 총성이 울리고 미셸과 코트니는 범인들게 목숨을 구걸하기 시작했다. "저는 열아홉 살밖에 안 됐어요, 죽고 싶지 않아요." 스탠과 오렌 워커는 계속해서 피에르와 앤드류스에게 모른 척할 테니 그냥 물건을 가지고 떠나라고 했다.

피에르의 명령으로, 앤드류스가 차에서 종이봉투로 싼 병을 가져왔다. 피에르는 꾸덕한 파란 액체를 초록색 플라스틱컵에 부었다. 그는 오렌 워커에게 그 액체를 바닥에 누워 있는 세 사람에게 주라고 했다. 워커가 명령을 거부하자, 피에르는 그를 엎드린 자세로 제압하고 미셸과 스탠 옆에 그의 손발을 묶어 놓았다.

그때, 코트니 네이스빗의 어머니 캐럴이 아들을 찾으러 가게에 들어왔다. 캐럴도 손과 발이 묶여 지하실 바닥의 코트니 옆에 눕게 되었다. 피에르는 캐럴을 앉히고 입에 초록색 컵을 갖다 댔다. 그녀가 이 파란 액체가 무엇이냐고 묻자, 그는 잠들게 할 보드카와 독일 약이라고 대답했다.

피에르는 피해자들에게 차례로 파란 액체를 마시게 했다. 피해자들은 격하게 기침을 하고 캑캑거리며 코와 입에서 액체를 뱉어 냈다. 오렌 워커만이 액체를 마시지 않았다. 그는 액체를 마시는 척하고 다른 희생자들의 행동을 따라 했다. 피에르가 코트니의 입에 흘러넘치게 액체를 들이붓자, 액체가 목구멍을 넘어가며 타들어 가는 느낌을 주었다. 액체를 삼키면 액체가 배로 흘러가는 것을 그대로 느낄 수 있었다. 코트니는 액체를 삼킨 다른 사람들처럼 구역질을 하며 구토하기 시작했다. 액체가 피해자들의 위에 해로운 작용을 하여 모두 구토를 했다. 피에르는 피해자들의 입을 테이프로 막아서 사태를 수습하려 했지만, 다들 입 주변이 부어 있어서 테이프가 잘 붙지 않았다. 그 다음, 피에르는 피해자 한 명 한 명에게 총을 들고 다가갔다. 코트니는 피에르가 그의 어머니에게 다가가 총구를 어머니의 머리에 갖다 대는 것을 보았다. 그는 총알이 어머니의 머리를 관통하는 소리를 들었고, 피가 멀리 떨어진 카펫에까지 쏟아지는 것을 무기력하게 바라보았다. 그 후 자신의 머리에도 뜨거운 총구가 겨눠지는 것을 느꼈다. 몸에서 힘이 빠지며 공기가 주변에서 폭발하는 것처럼 느껴졌다. 피에르는 오렌 워커에게도 걸어가 총을 쐈는데, 머리에서 살짝 빗겨갔다. 그는 스탠 워커에게도 몸을 숙여 머리에 총을 쐈다. 오렌은 아들이 "저 총 맞았어요."라고 낮지만 분명한 목소리로 말하는 것을 들었다. 피에르는 오렌에게 다시 가서 이번에는 더 신중하게 총을 겨눴다. 오렌은 머리가 울리고 목에 액체가 흐른 곳이 타는 것을 느끼면서도 정신을 놓지 않으려고 애썼다.

오렌 워커는 피에르가 미셸의 결박을 푸는 소리를 들었다. 미셸은 지하실 구석으로 끌려가며 살려 달라고 애원했지만, 그곳에서 20분 동안 강간당했다. 강간을 끝낸 피에르는 미셸을 다시 데려와 엎드리게 했다. 이 일이 벌어지는 내내 오렌 워커는 죽은 척하고 있었다. 피에르는 오렌 워커의 맥박을 확인하려고 손전등을 들고 다시 다가왔다. 그런 후 미셸의 머리를 쐈다.

떠나기 전, 피에르는 오렌에게 두 번이나 다시 왔다. 한 번은 목을 졸랐다. 오렌 워커는 피에르의 손아귀에서 벗어나자마자 숨 쉴 공간이 생기도록 목근육을 늘렸다. 두 번째로 다가왔을 때에는 오렌의 귀에 펜을 찔러넣어 목구멍 속으로 펜이 파고드는 것을 느낄 수 있을 정도였다. 마침내 만족감을 느낀 피에르는 지하실을 떠나 앤드류스가 타고 있던 차에 올랐다.

그들이 떠나고 난 후 코트니가 몸을 움직이기 시작했다. 오렌은 어둠 속에서 코트니가 계단 쪽으로 기어가는 것을 보았다. 그러나 계단이 시작되는 부분까지 간신히 닿은 코트니는 의식을 잃고 쓰러졌다.

오후 10시 30분, 오렌 워커의 아내와 막내아들의 신고로 경찰이 상점에 도착했다.

피에르와 앤드류스는 미리 살인을 계획하고 철저히 준비해서 현장에 왔다. 그들은 피해자들을 살해할 의도로 배수구 클리너를 준비해 왔다. 영화를 보고 얻은 아이디어였다.

포렌식 검증 __ 모든 피해자가 머리에 총상을 입은 상태였다. 스탠, 미셸, 캐럴은 총상으로 인한 뇌 과다손상으로 사망했다. 캐럴은 병원에 도착할 때까지 간신히 살아 있었지만 결국 병원에서 사망했다. 미셸과 스탠은 현장에서 사망했다. 미셸은 성폭행까지 당했다.

파란 액체는 염산이 함유된 배수구 클리너였다. 오렌 워커를 제외한 모든 피해자의 입, 식도, 위 등이 심각하게 녹아 있었다. 오렌의 어깨와 턱은 배수구 클리너 때문에 붓고 녹아 있었다. 그의 귓구멍에 꽂힌 펜은 13센티미터를 관통해 뇌에 손상을 입혔다. 코트니 네이스빗은 총상으로 인한 뇌 손상과 배수구 클리너로 인한 손상 재건 수술로 266일간 입원해야 했다.

수사 __ 이 강도 및 살인사건 수사는 제보 받은 정보로 바로 가닥이 잡혔다. 사건 몇 달 전, 앤드류스는 다른 항공병에게 그와 피에르가 강도짓 같은 큰일을 계획 중이라고 이야기했다. "조만간 하이파이 상점을 털 거야. 누군가 끼어들기라도 하면 죽여 버릴 거야."

제보 이후 몇 시간이 지나지 않아 두 소년이 피에르와 앤드류스가 살고 있던 막사 밖 쓰레기 수거통에서 피해자들의 가방과 지갑을 발견했다. 피에르 등이 체포된 뒤, 스테레오 가게 광고 전단과 창고 임대 계약서가 발견되었다. 이 창고를 수색하자, 피해 가게에 있던 2만 5천 달러짜리 음향 장비가 발견되었다. 경찰은 도둑맞은 물건들과 함께 작은 녹색 컵과 배수구 클리너 반 병도 찾아냈다.

결과 __ 데일 피에르와 윌리엄 앤드류스는 살인죄로 기소되어 유죄판결을 받았다. 두 사람 모두 사형을 선고 받았다. 흑인인권단체 NAACP와 국제 앰네스티의 구제 노력에도, 두 사람 모두 독극물 주사 방식으로—피에르는 1987년 8월 28일, 앤드류스는 5년 후인 1992년—사형이 집행되었다.

108.02 상황적 중범죄 살인 Situational Murder

상황적인 중범죄살인은 중죄를 저지르기 전에 계획되지 않은 범죄이다. 이 경우에 공황이나 혼란, 충동 때문에 살인이 저질러진다.

주요 특징

피해자 분석 __ 피해자는 우연한 계기로 정해진다. 무차별적인 중범죄살인에서 살펴본 피해자 분석이 상황적 살인에도 모두 해당된다. 근본적인 차이점은, 상황적 살인에서는 범죄자가 피해자를 성공적인 범죄행위의 위협이나 장애물로 인식한다는 점이다.

빈번하게 보고되는 범죄 현장 지표 __ 무차별적인 중범죄살인사건의 피해자보다 급습 유형의 공격이나 기습적인 공격을 받는 피해자가 많다. 범죄자와 피해자 간 상호작용의 흔적은 적다. 피해자는 평범한 일상을 보내다 급습당한다. 범죄 현장에 흩어져 뒹구는 지갑과 자동차 열쇠, 방입구 근처에 쓰러진 사체가 이를 증명한다.

범인은 피해자의 눈을 가리는 등 자신의 신분을 감추려고 시도했을 수 있지만, 이후 벌어진 일련의 사건들은 가해자의 놀라움이나 공포, 이후의 살인 같은 촉발 사건으로 끝난다.

현장에서는 종종 역설적인 요소들이 발견된다. 거주지나 영업장에 들어가는 것은 능숙하고 꼼꼼했는데, 지문이나 발자국 같은 성급했거나 다급했음을 보여 주는 물리적 증거를 남기는 식이다. 미처 완성되지 않은 행동들도 이를 입증한다. 예를 들어, 벽장이나 피해자에게 돈이나 귀중품 등이 남아 있다.

일반적으로 상황적인 중범죄살인은 더 많은 증거 항목을 남기지만, 이는 범죄자의 비체계적/체계적 수준뿐 아니라 촉발 사건의 성격에 따라 달라진다.

조작 __ 만약 조작이 존재한다면, 방화가 범행의 은폐에 쓰일 수 있다.

공통된 포렌식 검증 __ 둔력 손상부터 뾰족하거나 날카로운 예기의 사용까지 비특이적 외상성 손상이 나타난다. 총기를 사용한 경우, 근접 또는 근접에 가까운 총상이 많이 발견된다.

수사 주안점

수사 시 주안점은 몇 가지 예외를 제외하고는 무차별적인 중범죄살인과 유사하다. 대개 일찍부터 다른 범죄 경력이 있고, 젊고 경험이 부족하며, 불안정한 성격을 강화시키는 알코올이나 약물남용 이력이 있다.

흔히 예기치 않은 외부적 돌발 상황이 살인 행위를 촉발하는데, 가령 경보음이 울리거나 배우자가 귀가하거나 피해자가 비명을 지르는 등이다. 여러 명의 범죄자가 연루된 사건의 경우, 살인에 직접 가담하지 않은 공범자에게 자백을 얻어 낼 가능성이 크다.

수색영장 제안 사항

피해자의 소지품(지갑, 시계, 보석)은 반드시 수색에 포함시켜야 한다. 고가의 사치품이나 고급 물품의 향방도 주의 깊게 살펴야 한다. 가해자의 물품도 마찬가지다. 고가의 장비나 사치품이 있다면 그 출처를 확인해야 한다. 그 외에 절도에 사용된 경찰 스캐너 같은 장비, 스키 마스크 등의 소지품, 마약이나 마약 사용 증거 등이 수색영장에 포함된다.

사례 연구 **108.02 상황적 중범죄 살인**

배경 __ 1978년 3월 말, 윌리 보스켓은 뉴욕시에서 강도미수를 저지르는 과정에서 두 남자를 잔인하게 살해하고 다수의 사람들을 폭행했다. 당시 15세였던 보스켓은 이미 많은 전과기록이 있었고, 아홉 살 때부터 소년원을 들락거렸다. 윌리는 폭력 및 범죄와 관련된 가족사를 가진 문제청소년이었다.

1978년 3월 19일, 윌리는 지하철에서 노엘 페레즈와 마주쳤다. 윌리는 페레즈가 자고 있는 동안 그의 금시계를 훔치려는 계획을 세웠다. 그러나 페레즈의 선글라스를 보자 자신을 경멸했던 소년원 상담사가 쓰고 있던 선글라스가 떠올랐다. 격분한 윌리는 페레즈의 오른쪽 눈에 총을 쏘았다. 페레즈가 깨어나 비명을 지르자, 윌리는 두려운 나머지 다시 한 번 페레즈의 오른쪽 관자놀이를 쏘았다. 윌리는 페레즈의 몸을 뒤져 20달러와 반지 하나, 그리고 원래 훔치려던 시계도 가져갔다. 윌리는 이 불행한 사태가 운명처럼 느껴졌다. 이제 생명을 빼앗는 것이 어떤 기분인지, 얼마나 대단한 일인지 알았다. 모든 사람을 발 아래 꿇리는 권력을 가진 것 같았다. 운 좋게 체포를 면한 윌리는 사람을 죽이는 게 별일이 아니라고 느꼈고, 주변에 계속 "나쁜 짓"을 할 것이라고 떠들어 댔다. 그는 또래집단의 인정을 얻었다.

3월 23일, 윌리와 사촌 헤르만 스페이츠는 철도역 조차장操車場에 들어갔다가 열차 연결 근무를 마치고 나오는 앤서니 라 모르테를 발견했다. 라 모르테는 CB라디오를 가지고 있었다. 윌리는 라디오를 길에서 팔면 되겠다고 생각했다. 윌리와 헤르만이 다가가자, 라 모르테는 조차장에 들어오면 안 되니 나가라고 말했다. 윌리는 라 모르테의 어깨에 총을 쐈다. 치명상은 아니었다.

이후 3일 밤 동안 두 소년은 세 건의 폭행강도를 더 저질렀다. 윌리는 매튜 코놀릴라라는 남성에게 총을 쏜 뒤 교통경찰에게 붙잡혀 수색을 당했으나, 경찰은 윌리의 주머니 속에 있던 총을 놓치고 말았다. 범죄 혐의에서 빠져나온 윌리는 더욱 천하무적이 된 듯한 기분을 느꼈고, 마치 자신이 "법보다 더 똑똑해진 것" 같았다.

3월 27일, 윌리와 헤르만은 기차에서 모이세스 페레즈를 만나게 되었다. 그들은 돈을 노리고 그에게 접근했으나, 페레즈가 돈이 없다고 하자 윌리가 총을 쏘아 그를 살해했다. 그들은 페레즈의 지갑을 훔쳤고, 그 안에 있던 2달러를 꺼낸 뒤 근처 쓰레기통에 지갑을 버렸다. 윌리는 여기서도 붙잡히지 않은 자신이 자랑스러웠고, 이 사건이 실린 신문 기사를 스크랩하여 여동생에게 떠벌렸다.

그러나 모이세스 페레즈의 지갑에서 윌리와 헤르만의 잠재 지문이 검출되면서 이 둘의 범죄 행각은 막을 내렸다. 소년원 시절에 채취한 두 소년의 지문과 지갑에서 검출된 지문이 일치하는 결과가 나왔다. 처음에 헤르만은 심문 과정에서 살인이 일어난 시간에 영화관에서 잠들어 있었다고 주장했다. 그러다 심문관이 윌리가 이미 공범 사실을 자백했다고 하자, 페레즈를 쏜 것도 윌리라고 털어놓았다. 헤르만은 노엘 페레즈 살인 사건의 전모와 총의 소재까지 알려 주었다. 수사관들은 윌리의 집에 대한 수색영장을 발부받아 총을 찾아냈다. 탄도 검사 결과, 해당 총이 모이세스 페레즈의 살인과 연관되어 있음이 드러났다.

윌리 보스켓은 남성의 폭력이 오랫동안 이어져 온 집안에서 태어났다. 할아버지인 제임스는 폭력적인 사람으로 유명했으며 공포감을 조성해 존경을 얻곤 했다. 아버지인 부치도 아버지와 다른 가족구성원들에게 자주 두들겨 맞았다. 부치가 잇따른 경범죄로 유죄를 받자, 법원은 더 이상의 개입이 어렵다고 보고 그를 윌트윅 남학교로 보냈다. 부치는 처음에 소아 정신분열증 진단을 받고, 이후에는 행동장애로 바뀌었다. 어떤 보고서에는 그가 사이코패스가 되는 과정에 있다고 기록했다. 성인이 된 부치는 반사회성인격장애 진단을 받았다. 윌리가 태어나기 바로 직전, 부치는 전당포에서 두 명의 남성을 칼로 찔러 살해한 죄로 감옥에 갔다. 그는 무기징역을 선고 받았다.

한부모가정에서 태어난 윌리는 제대로 된 롤모델이 없었다. 어머니는 남자친구들을 바꿔 가며 데려왔고, 그중 한 명은 윌리에게 총을 팔기도 했다. 그 총은 남자가 65달러를 받고 두 명의 남성을 살해할 때 사용한 것이었다. 윌리는 아버지를 영웅으로 떠받들며 아버지만큼 "나빠지기를" 갈망했다. 11세 때 받은 테스트에서 윌리는 이미 폭력범죄에 앞서 나타나는 전조 행동들을 보였다. 그는 "분노하고 적대적이며 살인 성향이 있는 소년이었고, 아무도 도움의 손길을 줄 수 없었다. 그는 허풍, 나르시시즘, 충동 통제력 부재, 유아기 전능감 및 자살 시도 전력이 있었고, 매일같이 다른 사람들을 위협했다." 그는 아버지처럼 반사회성인격장애 진단을 받았다. 심지어 한 상담사는 윌리가 언젠가 살인을 저지를 것이라고 예측했다. 이렇게 예측한 데에는 폭력 및 학대 가족력 배경과 아홉 살 때 할아버지에게 당한 성적 학대, 유년기 폭력 전과와 동물 학대 그리고 폭력적인 사람에 대한 강렬한 관심과 숭배 등이 작용했다.

윌리 보스켓이 저지른 첫 번째 살인은 상황적 중죄살인(108.02)으로 분류될 수 있다. 피해자는 우연한 기회로 선정되었으며, 당황과 충동으로 살인을 저질렀다. 최초의 범죄는 강도였고, 두 번째는 살인이었다. 살인을 저질렀을 때 윌리는 피해자의 반응에 동요되었다. 이후의 살인과 살인미수는 무차별적 중죄살인으로 분류된다(108.01). 첫 살인 이후 윌리는 자신이 사람을 죽일 수 있다는 것을 알았고, '남자'가 된 것 같은 우쭐함을 느꼈다. 1차 동기는 언제나 피해자에게 강도짓을 하는 것이었지만, 피해자가 개인적으로 위협이 되지 않음에도 그들을 살해할 마음을 먹었다. 윌리는 두 건의 살인과 한 건의 살인미수로 기소되었다. 각각 별도의 재판이 열렸다. 어떤 사건에도 목격자는 없었지만, 윌리가 범죄 현장에 지문 증거를 남겼고 사촌 헤르만이 심문 과정에서 윌리의 죄를 진술했다. 윌리는 초연한 태도로 재판장에 나타났다. 그는 자신이 처벌 받지 않을 것이라고 생각하는 것처럼 보였다. 놀랍게도, 재판 시작 직전에 변호사에게 세 건의 혐의에 대해 모두 죄를 인정하라고 말했다. 청소년 신분이었기 때문에 최대 형량인 소년원 5년형을 선고 받았다. 스물한 살이 되면 자유의 몸이 될 예정이었다.

이 판결은 큰 논란을 일으켰다. 그해에는 선거가 있었다. 휴 캐리 주지사는 청소년범죄에 안일하다는 비난을 받자, 해당 판결을 "제도의 붕괴"라고 비판하며 공개적으로 반대를 표명했다. 이 재판은 1978년의 청소년범죄법을 통과시키는 데 직접적으로 기여했다. 이후로는 13세 이하 청소년이더라도 강간과 살인 같은 폭력범죄를 저질렀을 때에는 성인과 동일한 법 적용을 받게 되었다.

윌리는 21세의 나이로 출소했다. 그리고 우려한 대로 아버지의 뒤를 따라 두 건의 중범죄를 저질러 감옥으로 되돌아왔다. 그런데 감옥에서 교도관의 심장을 칼로 찔렀다. 교도관을 찌른 죄로 추가 형량을 받은 지 몇 달 뒤에는 또 다른 교도관의 머리를 두들겨 패서 추가로 종신형을 받았다. 종신형 후에는 다른 교도관의 얼굴에 뜨거운 물을 뿌렸다. 그는 뉴욕 사법 시스템 내에서 가장 위험한 범죄자로 알려져 지금까지도 특별제작된 독방에 수감되어 있다. 교도관은 그와 말하는 것이 금지되었고, 전기 콘센트도, 텔레비전도, 신문도 제공되지 않는다. 독방 철창 뒤에는 아크릴 플라스틱판으로 된 덮개가 있고, 네 대의 비디오카메라가 항상 그를 감시한다. 감방 밖으로 나갈 때에는 자동 쇠사슬로 된 족쇄가 채워진다. 청소년범죄법은 아직도 뉴욕주에서 '윌리 보스켓법'으로 불린다.

사례 연구 ## 108.02 상황적 중범죄 살인(노인)

피해자 분석 __ 82세의 알프레드 프로체어는 초기 치매를 앓는 58세의 부인을 돌보며 살고 있었다. 어느 토요일 아침, 한 여성이 찾아와 차에 문제가 생겨서 그러니 전화 좀 사용하게 해 달라고 했다. 프로체어 씨는 "물론이죠, 들어오세요"라고 말했다. 침대에 있던 프로체어 부인은 자신의 방 안에서 그 여성을 보았지만, 분명치 않았고 다시 잠에 들었다. 부인이 나중에 거실로 나왔을 때 남편은 사망해 있었다. 부인은 911에 신고했고, 상황실 의료 기술진들은 분명치 않은 메시지를 받았지만 주소를 알아내어 출동했다. 구조대가 도착했을 때 프로체어 씨는 이미 사망한 상태였고, 프로체어 부인은 횡설수설하여 그 진술은 무시되었다. "그 여자가 뭔가를 찾고 있었어요."라는 부인의 말이 119 테이프에 녹음되어 있었다.

수사 __ 알프레드 프로체어 씨는 자연사로 사망했다고 발표되었다. 부검은 이루어지지 않았고, 화요일 오후 샌디에이고에 매장될 계획이었다. 화요일 오전, 아메리카은행 애리조나 지점에서 신용카드 이체를 검토하던 중 한 번에 너무 큰 금액이 이체된 것을 발견하고 프로체어 씨에게 전화를 걸었다. 그리고 프로체어 씨가 토요일에 사망했다는 이야기를 들었다. 즉시 매장 절차는 중단되었고, 부검 명령이 떨어졌다. 부검 결과, 프로체어씨는 목이 졸려 살해되었음이 드러났다. 멍과 방어흔이 손과 팔, 몸에 남아 있었다.

경찰은 인근 전당포들을 점검했다. 그런데 한 점원이 어떤 여성이 "오래되어 보이는" 반지들을 전당포에 맡기는 것이 수상하다고 여겨 지문을 남겨 놓았다는 사실을 알게 되었다. 그 지문은 욜란다 허프라는 여성의 것이었다. 허프는 그전에도 다수의 강도와 절도 사건에 연루된 전과자였다. 그러나 프로체어 부인은 자신의 물건을 알아볼 수 있는 상태가 아니었다. 경찰은 가족사진 한 장을 확대하여 전당포에 맡겨진 반지들 중 한 개를 사진 속의 프로체어 부인이 끼고 있는 것을 확인했다.

결과 __ 욜란다 허프는 특수한 상황(범죄 중 강도가 포함되고, 희생자가 노인)에서의 1급살인으로 유죄를 선고 받았다.

American Psychiatric Association. (2006). *Diagnostic and Statistical Manual of Mental Disorders* (4th ed., Text Revision). Washington, DC: Author.

CBC. (1899, Updated 8/2/2012). *Five major product tampering cases*. Retrieved August 10, 2012, from http://News.Ca.msn.com/top-stories/five-major-product-tampering-cases

Cooper, A., & Smith, E. L. (2011). *Homicide trends in the United States, 1980–2008*. Bureau of Justice Statistics. Retrieved March 16, 2012, from http://bjs.ojp.usdoj.gov/content/pub/pdf/htus8008.pdf

Douglas, J., & Olshaker, M. (1995). *Mindhunter: Inside the FBI's elite serial crime unit* (pp. 152–159). New York, NY: Scribner, 1995.

Douglas, M. S., Ressler, R. K., Burgess, A. W., & Hartman, C.R. (1986). Criminal profiling from crime scene analysis. *Behavioral Sciences*, 4, 401–421.

Errickson, E. (2011). *Unarresting the Arrested: FBI profiler John Douglas on the case against Amanda Knox &Raffaele Sollecito*. Ground Report. Retrieved August 25, 2012, from www.groundreport.com/World/Unarresting-the-Arrested-FBI-Profiler-John-Douglas_1/2941619

Federal Bureau of Investigation. (2003). *Crime in the United States 2002*. Washington, DC: Uniform Crime Reports.

Federal Bureau of Investigation. (2008). *Serial murder: Multi-disciplinary perspectives for investigators*. Washington, DC. Retrieved August 22, 2012, from http://www.fbi.gov/stats-services/publications/serial-murder/serial-murder-july-2008-pdf

Federal Bureau of Investigation. (2010). *Crime in the United States 2009: Murder*. Retrieved March 16, 2012, from www.fbi.gov/about-us/cjis/ucr/crime-in-the-u.s/2010/crime-in-the-u.s.-2010/violent-crime/murdermain

Geberth, V. J. (1981). Psychological profiling. *Law and Order*, 56, 46–49.

Goldman, Ari L. (2011, July 19). Haredi sensitivity. *The Jewish Week*. Retrieved July 20, 2012, from www.thejewishweek.com/news/new_york/haredi_sensitivity

Hazelwood,R. R.,&Douglas, J. E. (1980). The lustmurderer. *FBI LawEnforcement Bulletin*, 49(3),18–22.

Megargee, E. I. (1982). Psychological determinants and correlates of criminal violence. In M. E. Wolfgang & N. A. Weiner (Eds.), *Criminal violence*. Thousand Oaks, CA: Sage.

Ressler, R., Burgess, A., & Douglas, J. (1988). *Sexual homicide: Patterns and motives*. New York, NY: Simon & Schuster.

Rossi, D. (1982). Crime scene behavioral analysis: Another tool for the law enforcement investigator. *Police Chief,* 57, 152–155.

Sidman, F. (2011). Psychiatrists say Levi Aron has "personality disorder." *Free Daily Israel Report*, A7. Retrieved August 10, 2012, from www.israelnationalnews.com/News/News.aspx/146614

Tannenbaum, G. (2011, July 20). Leiby Kletzky (2002–2011). *The Jewish Press*. Retrieved July 21, 2011, from www.jewishpress.com/pageroute.do/49093

Vorpagel, R. E. (1982). Painting psychological profiles: Charlatanism, charisma, or a new science? *Police Chief,* 49, 156–159.

U.S. Department of Justice. Federal Bureau of Investigation. (1976–1989). *Uniform crime reports: Crime in the United States*. Washington, DC: Government Printing Office.

U.S. Department of Justice. (2003). *Uniform crime reports*. Washington, DC. http://www.ojp.usdoj.gov/bjs/pubalp2.htm

7장
개인적 동기 살인

개인적 동기 살인은 개인 간의 공격에 뒤따르는 행동으로 서로 알지 못할 수도 있는 사람들에게 죽음을 초래한다. 살인의 동기가 물질적 이득이나 성적인 이유가 아니며, 어떤 집단의 재가도 받지 않는다. 내재된 감정적 충돌의 결과로 촉발되는 살인이다.

이 범주의 살인은 연애망상(희생자와의 이상화된 연애 관계나 영적인 결합 망상에 기초)에 의한 살인과 가족살인(즉흥적인 가족살인과 조작된 가족살인), 언쟁/갈등 살인, 권위살인, 보복살인, 불특정 동기의 살인, 극단주의 살인(정치적 극단주의 살인, 종교적 살인, 사회경제적 극단주의 살인), 자비/영웅 살인, 인질살인 등으로 세분된다.

연애망상erotomania 동기 살인은 범인과 희생자의 관계에서 범인의 병적인 집착이 살해 동기다. 집착은 흔히 감정이입(가해자가 자신의 성격을 희생자와 혼합) 또는 연애망상(이상화된 로맨틱한 사랑이나 성적인 매력보다는 어떤 사람과의 영적인 결합에 기초한 환상) 같은 형태로 표현된다. 가해자는 희생자에게 몰두하다가 지치게 되고, 결국 희생자를 살해하게 된다. 살인 충동은 다양한 동기에서 비롯된다. 관계의 진전을 거절당하거나, 가해자가 희생자와 본인의 정체성을 뒤섞는 바람에 내적 갈등이 생기거나 동기는 다양하다.

주요 특징

피해자 분석 __ 연애망상 동기 살인의 독특한 특징은 희생자 선정에 있다. 대상이 되는 희생자는 흔히 지역이나 전국 또는 국제 매체에 잘 등장하는 사람으로, 미디어 노출을 통해 가해자의 관심을 끌게 된다. 아니면 직장 상사처럼 가까운 사이이거나, 전혀 낯선 사람인 경우도 있다. 거의 모든 경우에 희생자는 가해자가 생각할 때 자기보다 더 높은 지위에 있는 사람이다.

연애망상을 품게 된 가해자는 (보통은 자신이 가질 수 없는) 희생자에게서 자신만 보이거나 들리는 은밀한 메시지를 수신하고 상상 속으로 연애를 하게 된다. 가해자는 이 상상된 사랑을 중심으로 정교한 환상을 구축한다. 여성과 남성 모두 이런 망상을 품지만, 특히 남성 연애망상자가 이러한 환상을 더 힘 있게 실행하는 경향이 있다. 그러다 이 실행이 좌절되면 다른 사람이 자신의 상상 속 연인을 빼앗지 못하게 하기로 결심한다. 이상화된 상상 속 연인이 자신의 것이 되지 못한다면 어느 누구의 것도 되어서는 안 된다는 논리다.

정체성의 혼합은 한 개인이 자신을 다른 사람과 완전히 동일시하여 그 모방이 과도할 때 발생한다. 모방하는 사람이 모방당하는 사람으로 인해 정체성을 위협당한다고 느낄 때 모방당하는 사람은 위험에 빠진다. 이때 가해자는 자신이 모방해 온 사람이 자신의 이상에 맞게 행동하거나 생활하지 않는다고 느낀다. 가해자가 모방하기로 선택한 사람은 연애망상의 경우처럼 대개 가해자가 느끼기에 자기보다 지위가 높은 사람이다.

빈번하게 보고되는 범죄 현장 지표 __ 살인 당시 범인과 희생자 간의 물리적 거리가 멀수록 범죄는 더 계획적이고 덜 우발적이다. 현장에서는 지문과 족적이 거의 발견되지 않는다. 희생자로부터 멀리 떨어진 위치라는 것은 범인이 이 지점을 확인하는 데 공을 들였다는 뜻이고, 희생자의 일상을 잘 알고 있음을 의미한다.

연애망상 동기 살인은 대부분 근거리에서 대면한 상태에서 이루어진다. 심지어 범인이 현장에 남아 있기도 한다. 근거리 공격은 우발적인 살인이며, 우연히 살인에 이르렀음을 반영한다. 증거는 남아 있고, 목격자도 있을 수 있다. 그렇다고 범인이 살인을 상상하거나 연구하거나 계획하지 않았다는 의미는 아니다. 이 모든 요소들이 살인의 성격을 규정한다. 실행은 대개 기회적이다. 범인은 자신에게 주어진 살인의 기회를 이용한 것이다.

조작 __ 조작은 보통 없다.

공통된 포렌식 검증 __ 가장 흔히 사용되는 무기는 총기로, 특히 원거리 살인일 때 그렇다. 탄도 및 회수된 발사체의 궤적이 중요하다. 무기의 정교함과 유형, 그것이 현장에 남았는지의 여부 등은 범인의 정교함 정도를 가늠하는 데 도움이 된다.

때로는 칼과 같이 날카로운 무기를 사용하기도 한다. 어떤 경우이든 머리와 가슴 같은 치명적인 부위를 겨냥한다.

수사 주안점

범인은 거의 예외 없이 살해 전에 희생자를 조사하거나 스토킹한다. 따라서 누가 피해자의 일정을 입수할 수 있었는지, 누가 접근 가능했는지 등이 수사상 고려할 점이다. 전화 통화나 서신, 선물, 희생자의 집이나 직장 방문 등 범인이 희생자와 접촉하려 한 시도가 범행 전에 있었을 수 있다.

범인과 대화를 해 보면 흔히 희생자에게 몰두해 있거나 환상 속에서 살고 있음을 알 수 있다. 범인의 주변인들을 인터뷰해 보면, 범인이 희생자 이야기나 관련 발언을 많이 했다고 기억할 것이다. 범인은 자기가 희생자와 관계가 있다고 주장했을 것이며, 이를 뒷받침할 이야기들을 지어냈을 것이다.

수색영장 제안 사항

우선 찾아야 할 것은 희생자와 관련된 사진과 글(신문 기사, 책, 잡지 기사 등), 기록 등이다. 희생자의 이야기나 희생자와 상상 속에서 나눈 대화나 일화를 상세히 기술한 일기나 기록도 발견될 것이다. 덧붙여 희생자와 연락을 했거나 연락을 시도한 증거들을 찾아야 한다. 통화 기록, 반송된 편지나 선물, 모텔 영수증, 가스요금 청구서, 렌트카 동의서, 항공권, 버스나 기차 티켓 등 희생자와 동일한 장소로 여행한 증거도 찾아야 한다. 신용카드 사용 내역도 도움이 된다.

배경 __ 1980년 12월 8일 밤 11시, 비틀스의 작사가이자 리드보컬 겸 작곡가였던 존 레논은 배우자인 오노 요코와 함께 녹음실에서 집으로 돌아오는 길이었다. 그가 차에서 내리자, 몇 시간 전에 앨범에 사인을 받아 갔던 남성이 어둠 속에서 불쑥 나타났다. "존 레논?" 부르는 소리에 돌아보는 존 레논에게 다섯 발의 총알이 발사됐다. 가슴에 네 발의 총알을 맞은 존 레논은 가까스로 아파트 현관에 도착해 쓰러졌다. 하지만 병원에 도착한 지 얼마 지나지 않아 사망했다.

피해자 분석 __ 존 레논은 1950년 후반 밴드를 결성했다. 이 밴드는 역사상 가장 많은 사랑을 받았고 유명해졌다. 그는 1970년 비틀스가 해체할 때까지 그룹 내에서 핵심적 역할을 했다. 레논은 사회운동가이자 정치활동가로도 활동했고, 특히 평화운동에 앞장섰다. 비틀스 해체 이후 그는 1975년까지 음악 활동을 하다가 은퇴했다. 사망 무렵에 다시 활동을 재개했지만 그 기간은 짧았다. 밴드 활동을 하던 기간에도, 활동을 멈춘 시기에도 그의 인기와 명성은 시들지 않았고 그는 계속 미디어의 조명을 받았다.

범죄 현장 지표 __ 살인자 마크 데이비드 채프먼은 1980년 9월부터 암살을 계획했으나 원거리 암살이 용이하지 않자 근접 사살을 결행한 것으로 추측된다. 그는 암살의 일반적인 무기인 총을 사용해 범행을 저질렀다. 암살에 쓰인 무기는 현장에서 태연하게 J. D. 샐린저의 《호밀밭의 파수꾼》을 읽고 있던 채프먼과 함께 현장에서 발견되었다. 채프먼은 호놀룰루 콘도 개발지에서 경비직을 맡고 있었기 때문에 38구경 리볼버 권총에 매우 익숙했다. 탄도학 분석으로 채프먼의 권총

탄환과 존 레논의 죽음 사이의 인과성이 확인되었다.

포렌식 검증 __ 존 레논은 가슴에 입은 총상으로 인한 과다출혈로 사망하였다.

수사 __ 1980년 9월, 채프먼은 화가 노먼 록웰의 작품 하나를 7,500달러에 팔았다. 그 돈으로 이런저런 빚을 갚고 나머지 5천 달러는 임무 수행을 위해 남겨 두었다. 그는 연방항공청에 문의해 비행기로 자신의 총을 이송할 수 있는지 알아보았다. 수화물에 가해지는 기압 변화로 총알이 훼손될 수 있다는 답변을 듣고는 총알 없이 총만 챙겼다. 경비원 근무 마지막 날, 그는 퇴근을 하며 출퇴근 명부에 '존 레논'이라고 기입했다.

10월 29일, 호놀룰루에서 비행기를 타고 뉴욕으로 간 채프먼은 11월 12, 13일경 실망한 채 되돌아오게 된다. 뉴욕에 사는 존 레논에 접근할 기회를 얻지 못한 것이다. 마키키 정신병원에 예약을 했지만 병원에 가지 않았다.

12월 6일, 그는 다시 뉴욕으로 갔다. 이틀 후 다코타아파트 밖에서 레논을 기다렸다. 오후 4시 30분, 레논이 아내와 함께 건물에서 나오자 채프먼은 신작 앨범인 〈더블 판타지〉를 들고 다가갔다. 레논은 채프먼이 앨범을 내밀자 그 위에 사인을 해 주었다. 채프먼은 레논의 사인을 받고도 건물 입구에서 계속 서성거렸다. 도어맨이 이유를 묻자, 오노 요코의 사인을 받으려 한다고 했다. 채프먼은 익숙하지 않은 추운 날씨에 대비해 단단히 무장을 하고 왔다. 하의 내복을 두 겹으로 입고 자켓 위에 코트를 입고 모자도 썼다.

채프먼은 수년간 존 레논을 두고 판타지를 그려 왔던 것으로 보인다. 레논과 똑같이 일본계 여성(존 레논의 아내는 일본인이다)과 결혼했고,

비틀스 앨범을 수집하고 록밴드 활동도 했다.

그의 범행 동기는 재판 중 그를 담당한 정신과의사가 증언했다. 채프먼은 존 레논을 따라 하면 할수록 자신이 존 레논이라고 느꼈고, 급기야 존 레논이 가짜라고 생각하게 되었다. 존 레논과 자신의 정체성을 과도하게 혼동한 나머지, 레논의 삶을 멈추게 하지 않으면 자신이 가짜가 될 것이라는 결론에 이르렀다.

결과 __ 채프먼은 기존의 정신질환에 의한 무죄 입장을 철회하고 존 레논 살해에 대한 유죄를 인정하였다. 1981년 8월 24일, 정신과 치료 권고와 함께 종신형이 선고되었다. 채프먼은 가석방이 가능해진 2000년 이후 2년마다 가석방을 신청했지만 모두 기각되었다. 2013년 현재 그는 애티카 교도소에 수감 중이다. 옥중 인터뷰 당시 그는 《호밀밭의 파수꾼》에서 발췌한 내용 일부를 읽었다. 1년 후 기자가 감옥에 있는 그를 다시 찾았을 때 그의 손에는 여전히 《호밀밭의 파수꾼》이 들려 있었다.

가족살인은 가족이나 한 가구 내의 구성원이 다른 구성원을 살해하는 것이다. 해당 정의에는 관습법상의 가족관계도 포함된다. 가족 중 한 명만을 목표물로 삼았다 해도 한 명 이상이 살해당할 수 있다. 그 예로 OJ 심슨 사건을 들 수 있다. 심슨은 전 부인인 니콜 브라운 심슨과 론 골드먼(심슨 가족과 무관한 인물)을 살해했다. OJ 심슨의 민사재판 과정에서 골드먼 측 변호인인 다니엘 페트로실리는 본 저서의 저자 중 한 명인 존 더글러스에게 프로보노Pro Bono(무보수 법률지원)를 요청했다. 존 더글러스가 다른 용무로 LA에 갔을 때, 마침 증거물이 제공되어 사건을 분석할 수 있었다. 심슨의 범행에서는 각 피해자가 살해된 방식과 관련하여 두 가지 다른 양상이 드러났다. 사건의 재구성을 통해 니콜이 일차 목표였고, 론 골드먼은 하필 그때 거기에 있었다는 것이 밝혀졌다. 니콜과 골드먼이 살해된 방식은 매우 다르다. 니콜은 먼저 머리를 타격당해 아파트 현관 계단에 기절해 쓰러졌을 것이다. 골드먼은 앞쪽 테라스 벽 안쪽으로 위협당해 몰렸다. 맞서 싸우는 수밖에 다른 방법이 없었던 그를 범인은 칼로 찌르고 그어 허벅지 동맥을 끊는 치명상을 입혔다. 칼에 묻은 골드먼의 피가 니콜이 있던 장소에도 떨어져 있었다. 니콜은 뒤편에서 목을 칼로 긋는 참수와 유사한 방식으로 살해되었다.

성폭행의 흔적은 없었고, 피해자의 소지품 중 사라진 물건도 없었다. 범인이 착용한 피 묻은 장갑만 현장에 있었다. 이 범행은 미리 계획된 범죄로 구조화된 특징과 비구조화된 특징을 모두 보여 주었다. 범인은 범행을 계획하고 그 장소로 갔지만(구조화된 범행), 우연히 니콜과 대화하며 서 있던 론 골드먼을 맞닥뜨리게 되었다. 골드먼과 니콜은 필사적으로 저항했을 것이고, 이 반응에 순간적으로 통제력을 잃고 잠재적 증거물을 현장에 두고 떠났다(비구조화된 특징). 이 사건은 개인적 이유로 인한 가족살인이다. OJ 심슨은 민사재판에서 유죄판결을 받았다.

가족살인에는 즉흥적 가족살인과 조작된 가족살인의 두 가지 하위분류가 있다.

122.01 즉흥적인 가족살인 Spontaneous Domestic Homicide

즉흥적인 가족살인은 스테이징이 없고, 범행 당시 스트레스가 되는 사건이나 장기간의 스트레스 축적으로 유발되는 살인이다.

주요 특징

피해자 분석 __ 피해자는 공격자와 가족관계, 혹은 사실혼 관계에 있다. 공격자와의 관계에서 학대 혹은 갈등의 이력이 있다.

빈번하게 보고되는 범죄 현장 지표 __ 즉흥적인 가족살인은 범죄 현장이 하나인 경우가 일반적이며, 보통 피해자나 공격자의 거주 공간에서 일어난다. 범행 현장은 무질서하며, 갑작스러운 살인의 특징을 나타낸다. 도구는 우연히 취득한 무기이고, 현장에서 선택해 사용한 후 남겨 둔다. 강제 침입이나 절도의 흔적은 없다. 현장은 고조된 폭력성을 보여 주기도 한다. 예를 들어, (피해자와 공격자의) 조우는 언쟁에서 시작하여 폭행이나 물건을 던지는 정도로 고조되고, 피해자의 사망으로 끝을 맺는다.

언두잉undoing의 표식도 종종 발견된다. 언두잉은 살인자가 범행에 대한 후회나 살인을 되돌리고 싶은 욕구를 표현하는 방식이다. 언두잉은 피해자의 몸이나 범행 도구를 깨끗하게 닦아 놓는 형태로 나타날 수 있다. 사체를 덮어 놓을 수 있는데, 이는 은닉하기 위함이 아니다. 몸을 닦거나 옷을 다시 입히는 것, 사망 현장에서 사체를 옮기는 것, 소파나 침대에 베개를 놓고 사체의 머리를 올려 놓는 것 등이 언두잉의 표현이다.

범죄 현장에서 드러나는 가족들의 태도나 감정 상태는 피해자와 공격자의 관계를 통찰할 기회를 제공한다. 공격자는 보통 경찰이나 응급의료 인력이 도착했을 때 현장에 있는 경우가 많고, 자신에게 불리한 말을 하기도 한다.

조작 __ 즉흥적인 가족살인은 조작을 포함하지 않는다. 언두잉의 형태로 퍼스네이션이 나타날 수 있지만, 이는 공격자의 이익을 위한 것일 뿐 수사에 혼선을 주려는 것은 아니다.

공통된 포렌식 검증 __ 술이나 약물과 연관되어 있을 수 있다. 살인 도구에 지문이 남아 있는 경우가 많다. 개인적 동기 유형의 폭행과 일치하는 포렌식 증거들이 일반적으로 발견된다.

안면 구타, 과잉살상, 둔력 손상, 특정 부위의 집중적인 손상 등으로 디퍼스날리제이션depersonalization〔본문 57쪽 각주 설명 참고〕이 발생했음을 알 수 있는데, 이는 개인화된 공격의 증거이다. 교살이나 총상이 가족살인의 일반적인 사인이다. 희생자의 몸이 씻겨지거나 상처 부위가 닦인 흔적이 나타날 수 있다.

수사 주안점

피해자의 거주지에서 범행이 일어나면 가족살인의 가능성을 고려해야 한다. 다른 가족구성원이 피해자와 공격자가 연루된 가정 내 폭력이 있었다고 말해 주는 경우도 많다. 외부 요인(예를 들면 재정, 직업, 술 등)으로 인한 갈등은 가족살인의 공통적인 요소이다. 사건을 늦게 신고하는 경우도 있는데, 보통 알리바이를 만들기 위해 옷을 갈아입는 경우다. 제 3자가 사체를 발견하는 것이 전형적인 특징이다. 공격자가 사건 이전에 개인화된 공격성을 나타냈을 수 있고, 사건의 도화선이 되는 일이 일어난 후에 태도 변화를 보였을 가능성이 있다.

수색영장 제안 사항

현장에 거의 모든 증거가 그대로 남겨져 있다 해도, 범행의 즉흥성을 입증할 수 있는 재정 기록 혹은 의료기록을 검토해야 한다.

사례 연구 **122.01 즉흥적인 가족살인**

배경 __ 1990년 5월 5일, 마사 앤 존슨은 네 자녀 중 3명을 질식사시킨 혐의로 1급살인죄 유죄판결을 받았다. 비디오로 촬영된 자백 영상에서, 마사는 제니 앤 라이트와 제임스 테일러 두 아이가 자고 있을 때 300파운드(136킬로그램)에 달하는 자신의 몸을 아이들 위로 굴려 아이들을 질식시켰다고 인정했다. 살해 동기는 소원해진 남편을 집으로 데려오기 위함이었다고 했다. 1977년과 1982년 사이에 발생한 이 세 건의 살인 사건은 모두 전 남편인 얼 보웬과 말다툼을 한 후 10일 안에 저질러졌다. 마사는 1990년에 사형을 선고 받았으나 집행이 유예되고 있다.

첫 번째 피해자는 생후 23개월 된 제임스 윌리엄 테일러였다. 1977년 9월 23일, 마사는 낮잠을 자던 제임스를 깨우러 갔다가 아기가 반응이 없자 응급의료진을 불러 아기를 병원에 이송했다. 제임스는 소생 조치에도 살아나지 못하고 오전 9시 15분 사망 선고를 받았다. 사인은 유아돌연사 증후군sudden infant death syndrome(SIDS)으로 알려졌다.

3년 후인 1980년 11월 30일, 마사는 3개월 된 티비타 제넬 보웬을 목욕시키고 밥을 먹이고 낮잠을 재웠다. 그런데 나중에 아기가 파랗게 질린 것을 발견했다. 구조요원이 소생 조치를 했지만, 병원에 도착하자마자 사망 선고를 받았다. 티비타의 죽음도 유아돌연사증후군으로 판명됐다.

31개월 된 얼 웨인 보웬은 가끔 귀가 아픈 것을 빼고는 건강이 아주 좋았다. 1981년 1월 23일 금요일 오후, 아기가 설치류 독극물 꾸러미와 함께 발견되었다. 비록 손과 입에 몇 개씩 묻었지만, 아기가 어떤 것을 섭취했는지는 분명하지 않았다. 아기는 치료를 받고 만족스러운 상태로 응급실에서 퇴원했다. 하지만 부모의 말에 따르면, 아기는 그때부터 발작을 일으켰다. 발작은 몇 분에서 몇 시간 동안 지속되었다. 발작을 직접 목격한 의사는 없었지만, 약물치료가 시작되었다. 아기는 2월 12일 발작을 일으켜 병원에 이송되던 중 심폐소생술을 받고 생명유지 장치로 목숨을 건졌다. 그러나 곧 뇌사 판정을 받고, 2월 15일 생명유지 장치를 제거했다.

1982년 2월 21일에는 마사의 11세 딸 제니 앤 라이트가 가슴통증을 호소했다. 의사는 타이레놀과 통증 경감 벨트를 주었다. 신고를 받고 출동한 구조요원들은 코와 입으로 분홍색 거품을 뿜고 있는 제니 앤을 발견했다. 마사는 덤덤한 태도였다.

피해자 분석 __ 피해자들은 모두 마사의 다른 세 남편의 자녀들로, 사망 당시 존슨과 함께 거주하고 있었다.

범죄 현장 지표 __ 모든 죽음은 자연사로 보이도록 조작되었고, 범죄 현장은 거주지였다. 살해 도구는 그때마다 달랐다. 열한 살 제니의 질식사 원인은 거의 300파운드에 달하는 마사 존슨의 몸이었다.

포렌식 검증 __ 질식사로 의심될 때 부검 결과는 의미가 없다. 질식의 법과학적 지표 중 하나인 점상출혈은 아이나 유아에게선 거의 나타나지 않는다. 세 명의 어린 피해자들도 그랬다. 점상출혈이 나타난 아이는 없었다. 11세 제니 앤의 부검에서만 눈, 얼굴, 결막 주위에서 점상출혈이 목격되었다. 그리고 질식사 여부를 나타내는 또 다른 법의학적 지표인 양 볼의 선형찰과상이 있었다. 또한, 네 아이 중 세 명에게서 폐나 기도의 충혈, 또는 입과 코에서 나오는 거품이 발견되었는데, 둘 다 질식사를 판명하는 포렌식 증거이다. 얼은 생명유지 장치를 사용했기 때문에 충혈이 보이지 않았고, 이 덕에 기도가 확보되었다.

마사 앤 존슨은 계획적인 가족살인에서 살해 '무기'의 선택에서 일관성을 보였다. 이 우연을 가장한 연속살인은 7년간이나 묻혀 있다가 1989년 12월, 《애틀랜타 헌법》에 존슨 가족의 비극적인 사건에 의문을 제기하는 기사가 실리면서 꼬리가 잡혔다.

수사 __ 이 사건에서 가장 중요한 수사적 고려는 모든 사건을 둘러싼 가정 갈등이었다. 모든 죽음은 이혼으로 절정에 이른 부부 문제를 푸는 실마리 역할을 했다. 실제로 마사는 그 사이에 마지막 남편인 얼 보웬과 재결합해 있었다. 마사는 네 명의 남편 중 몇 명에게 구타를 당했다고 보고되었고, 얼 보웬에게 심리적으로 완전히 의존하고 있었다. 마사 존슨은 환경에 큰 영향을 받았고, 과도한 몸무게가 말해 주듯이 내부적인 충동을 잘 제어하지 못했다. 그녀는 먹는 것, 자녀와의 관계, 남편을 통해 삶의 의미를 찾았다. 이 중대한 버팀목이 삶에서 빠져나가자, 아이들을 이용해 그 버팀목을 다시 끌어들이려 한 것이다. 마사는 보웬과의 별거로 감정적인 위기를 겪었고, 아이들의 죽음은 건물 내부의 긴장을 완화시키는 판막이 역할을 했다. 실제로 아이들이 한 명씩 죽을 때마다 보웬의 태도가 바뀌는 등 효과를 보았다.

결과 __ 마사 앤 존슨은 사형을 선고 받았고, 사형은 유예되었다.

122.02 조작된 가족살인 Staged Domestic Homicide

조작된 가족살인은 계획적이고 스트레스가 원인이라는 점에서 조작되지 않은 가족살인과 동일하다. 두 살인의 다른 점은 범죄 현장에서 나타난다.

주요 특징

피해자 분석 __ 조작된 가족살인의 피해자 분석은 즉흥적인 가족살인과 동일하다.

빈번하게 보고되는 범죄 현장 지표 __ 잘 계획된 가족살인의 범죄 현장은 통제되고 구조화된 범죄를 반영한다. 종종 무기나 지문 및 기타 증거가 제거되고, 시신은 대개 은닉되지 않는다. 많은 경우에 피해자나 공격자의 거주지와 연관되어 있지만, 범죄 현장이 집 밖일 수도 있다.

조작 __ 계획살인에서는 조작이 빈번하게 나타난다. 사고(자동차 고장이나 익사)처럼 보이도록 조작될 수도 있고, 2차적인 범죄행위(강도나 강간)로 인한 사망처럼 보이게 할 수도 있다. 가족 간 강간살인을 조작하는 경우에는 희생자를 나체로 두는 경우가 거의 없다. 피해 여성은 대부분 옷의 일부라도 입혀져 있다. 사망을 자살인 양 조작할 수도 있다(유서, 끈으로 고정된 총 또는 약물 과다복용). 자연사처럼 보이도록 위장하는 경우도 있다(서서히 중독시키거나 과다복용시키는 것. 인슐린은 자연사로 위장할 수 있는 과다복용 물질이다).

공통된 포렌식 검증 __ 조작된 가족살인의 포렌식 증거는 즉흥적인 가족살인과 비슷하다. 예외는 용의자가 자신을 명백한 피해자로 가장할 때이다. 침입자에게 가장 큰 위협이 되는 사람(대개 남성)은 멀쩡하거나 가벼운 부상만 입고, 그다지 위협이 되지 않는 사람만 살해됐다면 조작을 의심해 봐야 한다.

수사 주안점

이 밖에 범죄 전 피해자에 대한 공격자의 태도에 변화가 목격된다. 관계의 개선이 빈번하다. 이 변화는 타인의 눈에 잘 띄는 방식으로 드러난다. 피해자의 가족이나 지인들에게 물어보면, 사건 전에 피해자가 불길한 예감을 표하거나 자신의 안전을 염려했다는 이야기를 들을 수 있다. 만약 범죄가 자살 또는 자연사로 보이도록 조작되었다는 의심이 든다면, 피해자의 병력(정신과 포함)을 들여다보아야 한다.

사례 연구 **122.02 조작된 가족살인**

배경 __ 1972년 토런 마이어가 태어났다. 어머니는 당시 16세였던 셜리 마이어였다. 셜리의 어머니인 조이스는 딸이 갓 태어난 토런을 "마치 소유물처럼 다루었다"고 했다. 셜리는 아들을 안아 주지 않았

고, 아이에게 필요한 보살핌과 사랑도 주지 않았다. 토런의 아버지 데니스는 셜리의 지속적인 욕설과 경멸로 떠나게 되었다. 데니스는 아들과 연락을 유지하려 했으나, 셜리가 이를 막았다. 그녀는 아이에게 아버지가 죽었다고 말했다.

토런이 친모의 학대를 견디는 동안, 조부모는 이를 막아 보려 애썼다. 그러나 토런이 조부모와 가까워지는 것을 셜리가 질투했기 때문에, 조부모는 일곱 해 동안 토런의 생일날에만 아이를 만날 수 있었다. 여섯 번째 생일날 조부모가 선물을 들고 찾아가자, 셜리는 분노에 타올라 당장 떠나지 않으면 경찰을 부르겠다고 부모를 협박했다. 조부모가 보낸 선물은 며칠 뒤 뜯지도 않은 채 반송되었다.

이 사건은 토런과 셜리의 관계를 특징적으로 보여 준다. 토런이 떠올리는 어머니에 대한 최초의 기억 중 하나는 숨바꼭질 놀이 중 그가 장난감 상자 안으로 기어들어간 것이었다. 셜리는 아이가 30분 동안 비명을 지르며 울부짖는데도 상자 위에 앉아 아이를 꺼내 주지 않았다. 토런은 셜리가 내뱉는 저주와 고성의 대상이자 모욕와 조롱거리였다. 그녀는 토런의 친구들 앞에서 아들을 조롱했다. 아들을 호모라고 부르며 진짜 남자가 되지 못할 거라고 했다. 고등학교 미식축구부로 활동해도, 청소와 요리를 해도 셜리는 만족하지 못했다.

셜리의 변덕스럽고 폭력적인 행동은 토런이 커 가면서 더 심해졌고, 이제는 동생 로리까지 괴롭히기 시작했다. 친구들과 조부모는 고등학교를 졸업할 때까지 참아 보라고 했지만, 16년간의 학대는 토런을 복수로 내몰게 된다.

피해자 분석 __ 셜리 메이어의 부모는 딸이 항상 사교적이고 활기찼다고 말했다. 어린 나이에도 그녀에게는 사람들을 조종하는 능력이 있었다. 그녀는 종종 자기 뜻대로 하려고 부모와 선생님들에게 정교한 이야기를 지어냈다.

셜리는 세 번 결혼했으나, 모두 몇 달을 넘기지 못했다. 그녀가 아이들을 학대했기 때문이다. 그녀는 신경안정제인 발륨에 의존하게 되었고, 두 차례 자살을 시도했다. 그녀는 예의라고는 모르는 사람 같았다. 종종 두 아이만 집에 남겨 둔 채 도발적인 옷을 입고 술집에 놀러 가곤 했다. 한 번은 새벽 2시에 토런을 깨워 집에서 32킬로미터 떨어진 술집으로 데리러 오게 했다. 토런은 분명 문제 많고 불행한 소년이었다.

범죄 현장 지표 __ 1985년 10월의 어느 날 저녁 9시 45분, 토런 마이어는 몇 달간 품어 왔던 계획을 실행에 옮겼다. 토런과 고등학교 친구인 매슈 제이, 토런과 친구가 된 24살의 떠돌이 노동자 리처드 파커가 살해 계획을 완성했다. 토런은 자신의 오토바이를 타고 집으로 왔다. 다른 두 명은 차를 타고 그를 따라와 토런의 집 아래 길에 주차했다. 토런은 혼자 집으로 들어가 주방에 앉아 있는 어머니에게 인사를 했다. 그녀는 집에 늦게 왔다며 소리를 지르기 시작했다. 토런은 오토바이에 문제가 생겨서 그랬다며 변명했다. 그는 부엌으로 걸어 들어가 셜리가 남겨 둔 저녁을 먹고 침실로 들어갔다. 그리고 자신의 방 창문을 통해 매슈와 리처드를 들어오게 했다. 그들은 토런이 미리 만들어 둔 올가미를 가지고 방에 숨어 있었다.

토런은 돈에 대해 불평하기 시작하는 어머니 곁으로 갔다. 식사를 마친 후, 그는 보여 줄 게 있으니 방으로 와 달라고 했다. 셜리는 항상 그렇듯이 그가 TV 시청을 방해한다며 화를 냈다. 토런은 광고가 나오는 동안에 잠시만 와 달라고 했고, 그제야 셜리는 자리에서 일어났다.

토런은 어머니에게 방에 들어오기 전에 눈을 감거나 안대를 해 달라고 했다. 그녀는 두 가지 모두 거부했으나, 뒤로 걸어 들어가는 것에는 동의했다. 셜리는 방문을 뒤로 돌아 통과하면서 매슈가 문 뒤에서 나와 다가오는 것을 보았다. 다른 방향에서는 리처드가 다가와 미처 그녀가 반응하기도 전에 올가미를 목에 걸었다. 리처드가 올가미를 걸 때 토런과 매슈는 그녀를 바닥에 쓰러뜨렸다.

셜리가 발로 차고 비명을 지르며 소란을 일으키자, 아홉 살이던 로리가 잠에서 깨어 방으로 왔다. 이때 로리는 엄마가 죽음과 사투를 벌이는 장면을 목격했다. 토런은 로리를 가로막고 거실로 데려가 우는 아이에게 TV를 보여 주며 달랬다. 이후 20분간 토런은 두 장소를 오가며 자신의 방에서는 매슈와 리처드를 돕고, 거실에서는 로리를 진정시켰다.

마침내 셜리가 죽은 것이 명백해지자, 셋은 셜리의 시신을 놓아 주었다. 코와 입에서 피가 흘러나오자, 매슈는 카펫에 핏자국이 남지 않도록 시신의 얼굴 아래에 헝겊을 받쳤다. 토런은 사람들에게 들키지 않도록 차고 문을 닫고, 셜리의 시신을 자신의 5년 된 썬더버드 차량 트렁크에 실었다.

이때 세 명의 범죄자는 로리를 어떻게 할지를 두고 논의했다. 그들은 어린 소년이 너무 위험한 목격자가 될 것이니 죽여야 한다고 결론 내렸다. 그들이 정한 방법은 쥐약이었다. 매슈는 가게에 가서 쥐와 달팽이약을 구입했다. 토런은 땅콩버터 샌드위치와 맛이 첨가된 우유에 독을 타서 건넸다. 하지만 로리가 한 입 베어 물고는 맛이 이상하다며 더 이상 먹지 않았다. 그렇게 몇 분이 지났다.

아이러니컬하게도, 셜리는 토런이 그녀의 죽음을 조작할 방법을 생각해 내는 데 도움을 주었다. 그녀는 세 번째 남편에게 언젠가 절벽으로 차를 몰아 떨어져 죽겠노라고 수차례 협박했다. 토런도 이 협박을 들었고, 이것을 특별히 기록해 두었다.

말리부캐니언 고속도로는 남부 캘리포니아에서 가장 가파른 바위 협곡으로, 셜리의 죽음을 자살로 위장할 최적의 장소였다. 도로는 깎아지른 듯한 바위 절벽면을 따라 구불거리고, 가드레일이 없기 때문에 도로를 이탈한 차를 들어올리는 견인차를 쉽게 볼 수 있다.

토런과 리처드, 그리고 로리(뒷좌석에서 곤히 잠들어 있었다)는 주유소에 들러 휘발유 캔을 채운 뒤 협곡으로 차를 달려 적당한 장소를 물색했다. 그런 뒤 토런의 집으로 돌아가 셜리의 지갑을 가지고 나왔다. 그리고 다시 한 번 주유소에 들러 6달러치의 기름을 샀다. 그들은 매슈의 집으로 향했고, 매슈는 아버지의 차를 타고 일행을 따라갔다. 이윽고 협곡에서 미리 물색한 장소에 도착하자, 토런은 로리에게 눈가리개를 하고 손을 묶어야 한다고 말했다. 로리는 저항하지 않았다. 이때 토런 등은 셜리의 시신을 트렁크에서 꺼내어 운전자석에 앉히고, 엔진을 작동시킨 채 휘발유를 적신 헝겊을 주유구에 쑤셔 넣었다. 토런과 매슈가 차를 절벽 방향으로 세우고 기어를 올리는 사이, 리처드가 헝겊에 불을 붙였다. 셜리의 사체와 로리를 태운 차는 도로를 가로질러 경사면을 넘어 언덕 아래로 굴렀다. 화염이 차 전체로 번지며 차는 협곡 아래 중간쯤 고원에 멈췄다. 토런, 매슈, 리처드는 매트 아버지의 차를 타고 북쪽으로 달아났다.

매슈는 모든 증거를 없앨 수 있도록 리처드와 토런을 첫 범행 장소에 내려 주었다. 토런 등은 사투의 흔적을 깨끗이 청소했다. 카펫에 떨어진 독과 피를 닦아 내는 데 사용한 수건은 쓰레기통에 버리고, 빈 휘발유 캔도 버렸다가 토런이 다시 차에 넣었다. 두 사람은 살인의 흔적을 제거한 것에 안도하며, 자전거를 가지러 리처드와 함께 일하는 주유소로 다시 향했다.

한편, 로리는 차가 움직이는 것을 느꼈고 휘발유 냄새를 맡았다. 그리고 눈가리개 사이로 화염을 보았다. 아이는 눈가리개를 풀고 어머니의 시신이 피투성이가 된 채 운전대에 기대어 있는 것을 보았다. 로리는 가까스로 손목을 묶은 끈을 풀고 자동식 창문을 열고 기어 나왔다. 자동차가 화염에 휩싸이자, 살려 달라고 울부짖으며 언덕을 기어올랐다. 마침 차를 타고 지나가던 한 젊은 남성이 불길을 보고 로리의 목소리를 들었다. 그는 로리가 도로로 올라오도록 도와주고 다른 차를 불러 세웠다. 열기가 너무나 강렬해서 누구도 도움의 손길을 내밀 수 없었다. 소방차와 보안관이 도착할 무렵, 셜리의 시신은 이미 형체를 알아볼 수 없게 타 버렸다.

수사 __ 로리는 보안관에게 일련의 이야기를 털어놓고 토런의 차에 대해서도 설명했다. 그때 토런은 갑자기 계곡으로 돌아가 보고 싶다는 생각이 들었다. 그와 리처드는 멀찍이 지나가며 구급차와 보안관 차가 현장에서 나오는 것을 봤다. 현장에 파견되어 있던 또 다른 보안관이 로리가 설명해 준 토런의 차를 알아보고 멈춰 세웠다.

토런이 친모 아래서 겪어야 했던 지독한 잔혹 행위가 그녀를 죽이겠다는 결심에 불을 지핀 것은 확실해 보인다. 그런 그를 극한으로 몰아간 사건이 하나 더 있었다. 1985년 셜리가 모친에게 토런이 더 이상 집에 살기싫어한다며 자신도 토런과 같이 살기 싫다고 말했다. 그러고는 토런에게 만일 조부모 집에 간다면 다시는 돌아올 수 없을 것이라고 협박했다.

토런은 즉시 조부모 집으로 들어갔다. 그곳에서 경험한 따뜻함과 애정은 그가 그때까지 겪었던 끝없는 괴롭힘과 학대로부터 벗어날 수 있을 것이라는 희망을 주었다. 그러나 2주 후, 셜리의 요청으로 경찰이 방문하면서 이 꿈은 산산조각 났다. 셜리는 아들이 가출했다고 신고하며 귀가 조치를 요청했다.

이 시점부터 모든 사람이 감지할 만큼 토런의 행동에 변화가 왔다. 우선 학교를 빠지기 시작했다. 조부모는 그의 눈에서 공허함을 보았다. 할머니는 토런이 사용한 컵홀더에 씌어진 말을 보고 가슴을 쓸어내렸다. "저기요, 다른 사람에게 내릴 저주를 제게 잘못 내리신 게 분명해요." 토런은 자신의 속내를 숨기지 않았다. 반 친구나 친한 친구들에게 엄마를 죽이겠다며 직접 만든 올가미까지 보여 주었다. 이러한 부주의함은 그의 미성숙함을 반영한다.

결과 __ 토런은 모두 자백했고 살인 및 살인미수로 유죄판결을 받았다. 이후 정신병원 시설 내 캘리포니아 소년원에서 최대 12년형을 선고 받았다. 그는 재판 과정에서 친부를 다시 만났다. 조부모와 아버지는 토런의 재판과 수감 생활을 내내 지원하겠다고 약속했다. 리처드 파커와 매슈 제이는 2급살인으로 유죄판결을 받고 15년에서 무기징역까지 선고 받았다.

122.03 신생아 살해 Neonaticide

신생아 살해, 즉 태어난 지 24시간 이내의 영아 살해는 친부모에 의한 친자 살인 중 가장 높은 비중을 차지한다. 연구에 따르면, 살해된 영아의

46퍼센트가 태어난 지 1시간 이내에 사망한다. 다른 친자 살해와 비교할 때, 신생아를 살해하는 부모는 더 어리고 미혼이거나 원치 않는 임신일 가능성이 더 높다.

신생아 살해의 대다수는 부모에 의해, 압도적 다수가 그 모친에 의해 자행되지만, 연구 결과 신생아 살해과 인종적·문화적·사회경제적 연관성은 없는 것으로 드러났다. 범죄를 미리 계획한 경우는 드물다. 대체로 전통적이고 억압적이며 사회적으로 고립된 가정에서, 친밀하지만 엄격하고 가혹한 부모에게서 자란 어리고 순진한 엄마가 저지르는 것으로 나타났다. 신생아를 살해하는 엄마는 분명히 사회적으로 고립되어 있지만, 그 양상은 조금 미묘할 수 있다. 친구와 가족들에게 둘러싸여 있으면서도 속내를 드러내지 않는 엄마도 있다.

신생아를 살해하는 엄마들은 임신 중 태아의 존재를 부정하는 경우가 많다. 신체적 증상을 무시하고 임신을 다르게 설명한다. 운동 부족으로 체중이 늘었다거나, 입덧을 일반적인 구역질로 여기는 식이다. 의사가 임신이라고 해도 사실을 격렬히 부정한다. 예를 들어, 아기 옷이나 장난감, 임신 관련 서적 등을 멀리하며 산전 검사도 받지 않는다. 주변 사람들에게도 임신을 부정하여 가족과 친구들은 영아의 시신이 발견되거나 물리적인 출산 증거가 드러날 때까지 임신 사실을 알지 못한다.

부정은 진통과 분만 시에도 지속된다. 양수는 소변이라고 생각하고, 진통은 방광의 움직임이나 단순한 경련이라고 여겨 이를 진정시키려고 뜨거운 목욕을 하기도 한다. 분만은 거의 항상 비밀리에, 고립된 채 욕조나 변기에서 이루어진다.

신생아를 살해하는 일부 엄마들은 산고를 겪을 때나 출산 이후 해리 증상을 경험하기도 한다. 출산 전후의 기억이나 출산 자체, 또는 출산 직후 일어난 일들에 대한 기억이 없다고 말한다. 그래서인지 이들 중 정신병이나 우울증을 겪는 경우는 적은 편이다.

출산 후 영아의 시신을 처리한 다음부터는 동요하지 않고 무심한 감정 상태를 보이는데, 이는 영아의 존재 자체를 부정했기 때문이다. 이러한 심리는 신생아 살해로 강화되고, 범죄가 발각되면 사라진다.

주요 특징

피해자 분석 __ 신생아 살해에서는 산모의 출산 후 첫 1시간이 특히 위험하다. 신생아는 출생한 첫날 부모에게 살해당할 위험이 가장 높으며, 여자 아기보다는 남자 아기가 출생일에 더 많이 살해된다. 신생아 살해의 전형적인 희생자는 태아일 때나 신생아일 때나 그 존재를 엄마나 그 주변인들에게 인정 받지 못한다. 태아의 발달에서 그 어떠한 인적 관계도 형성되지 않고, 엄마는 신생아가 희생자임을 부정한다.

빈번하게 보고되는 범죄 현장 지표 __ 신생아 살해의 전형적인 방법은 액사(목졸림), 두부외상(대체로 변기에 떨어뜨려져서), 질식(출산이 이루어진 용기에) 등이다. 신생아 살해에 칼과 같은 무기가 사용된 경우에는 엄마의 심각한 정신질환을 의심해 봐야 한다. 동시에, 공범이 없는지 조사해야 한다. 공범의 존재는 아이의 죽음과 은폐에 구조화된 사전 계획이 있었을 확률을 높인다.

범죄 현장은 출생의 증거만을 반영할 뿐 사망을 보여 주지는 않을 가능성이 크다. 출생의 현장은 혈흔을 완벽히 닦아 내지 못하는 등 비구조화된 특성을 보인다. 비구조화된 행동은 패닉 상태임을 반영하는데, 출산과 살해가 벌어질 때 친지나 가까운 지인이 아기를 발견하고 개입했을 때 특히 그렇다.

시신은 흔히 쓰레기통에 버리는 방식으로 처리하는데, 이것만으로는 살해의 증거가 될 수 없다. 특정한 환경에서 일어난 살해는 영아의 사망을 재구성하기가 어려울 수 있다. 이 경우 검시가 살인을 확인하는 가장 중요한 수단이다.

조작 __ 신생아 살해는 흔히 아기가 사산되거나 분만 시 사고로 다친 것처럼 위장될 수 있다. 진실에 접근하는 데에는 포렌식 증거가 도움이 된다. 출생 시 아기가 살아 있었다는 물리적 증거는 부풀어 오른 폐와 식도에서 발견되는 공기 방울이다. 임신을 부정하는 상황에서 신생아 돌연사가 발생했다면 범죄일 확률이 높다.

공통된 포렌식 검증 __ 신생아 살해의 법의학적 증거는 신생아와 태반의 혈액, 탯줄과 같은 출산물들이다. 출산이 이루어진 장소를 면밀히 조사해야 하며, 현장의 생물학적 증거들을 채취해야 한다. 포렌식 조사에는 의복이나 침구도 포함될 수 있다.

수사 주안점

수사에서 초점이 되는 문제는, 영아가 살아서 태어났는가 하는 점이다. 신생아의 엄마는 흔히 출산 시의 상황에 대한 기억을 억누르거나 기억하는 것들을 부정하며 정보를 감추기 마련이다. 선천성 기형이 아닌 한 사산의 가능성은 현저히 낮음에도 불구하고, 영아가 살해되었다는 것을 입증하려면 물리적 증거가 필요하다.

신생아 살해를 저지른 엄마들은 다수가 신생아 살해와 관련한 감정의 결여를 보인다. 이는 희생자에 대한 분리 및 비인간화된 관계를 반영하거나, 인생에서 중요한 사건에 대한 '증상 무관심la belle indifference'의 비정상적인 반응일 수 있다. 부정과 무의식적인 기억상실은 증상 무관심과 관련이 있다. 반면에 부정과 온전한 기억은 신생아와의 분리되고 인간화되지 않은 관계성과 관련이 있다.

압도적 다수의 신생아 살해가 희생자의 엄마에 의해 자행되지만, 그 아빠가 범인이거나 연관되어 있는 경우도 있다. 아빠가 관련되거나 엄마가 아빠에게 임신 사실을 털어놓은 경우에는 분리와 부정이 범죄에 개입되지 않는다. 사전 모의가 암시된다. 이러한 견지에서 새로 태어나는 아기의 출생에 대해 준비가 되어 있지 않은 엄마는 임신을 부정하지는 않아도 새 생명이 없는 삶을 계획한다.

신생아 살해를 저지르는 아버지들은 아기의 존재가 로맨틱한 관계를 훼방할까 봐 두려워하거나 비혼인 상황에서 아기의 존재가 낙인으로 작용할까 봐 두려워한다. 어떤 아버지들은 영아를 그 엄마의 관심을 빼앗아 갈 경쟁자로 보거나, 아이로 인해 혼외 관계가 들통날까 봐 감추려 한다. 그러나 아이의 존재를 부정한다고 해서 아버지가 신생아 살해와 관련이 있다고 예단해서는 안 된다.

사례 연구 **112.03 신생아 살해**

마이클 웰너 사례 및 분류 제공

배경 __ 18세의 멕시코 이민자 소녀 비올레타 레인스는 자신이 신생아 딸을 살해했음을 고백했다.

비올레타는 아버지(알프레도), 오빠(미구엘, 23세), 언니(유디스, 21세)와 함께 작은 아파트에 살고 있었다. 비올레타는 임신 사실이 밝혀지면 아버지에게 쫓겨날까 봐 두려웠다. 다행히 체중에 거의 변화가 없었고, 펑퍼짐한 옷으로 임신을 숨길 수 있었다. 아기의 아빠인 미구엘 딜로네는 아무것도 모른 채 임신 초기에 이미 멕시코로 돌아간 상태였다.

1997년 12월 초, 비올레타의 가족과 일터 사람들은 모두 비올레타에게서 어떠한 행동적·감정적 변화도 감지하지 못했다. 어느 누구도 그녀가 출산을 앞두고 있음을 예상하지 못했다.

피해자 분석 __ 임신 중에도 "아무 일 없는 척"했던 비올레타는 산전 검사를 받지 않았고 출산 교육에도 참석하지 않았다. 아기의 이름도 고민하지 않았고, 배냇옷도 준비하지 않았다. 출산일을 계산하지 않았고, 그렇다고 아기를 입양 보낼 계획도 생각해 보지 않았다.

범죄 현장 지표 __ 1997년 12월 3일 늦은 저녁, 오빠 미구엘이 화장실 문을 열었을 때 신생아 사체가 들어 있는 봉지와 수건을 들고 있던 비올레타가 제대로 서기도 힘든 듯 오빠를 끌어안았다. 화장실에서 나온 비올레타는 언니와 오빠에게 유독 생리량이 많다고 말했다. 병원에 가 보라는 말에 비올레타는 됐다면서 "아침에 처리할게"라고 했다. 미구엘은 동생을 부축해 침대로 옮겼다. 비올레타는 비닐봉지를 발치에 두고 누워 잠에 빠졌다.

조금 지나 아버지가 화장실에 들어갔다가 흑백 타일 바닥에 피가 흥건한 것을 보고 즉각 딸의 출산을 의심하게 되었다. 아버지는 침대 발치에 놓여 있던 비닐봉지 속에 뭐가 들어 있느냐고 추궁했다. 딸은 "날 아프게 할 거야"라며 대답을 거부했다. 아버지는 봉지를 낚아채 화장실로 들어갔다. 비올레타는 "때리지 마요"라며 울음을 터뜨렸다. 아버지는 죽은 아기를 발견하고는 즉시 모두 병원에 가라고 지시했다. 당시 심폐소생술 같은 시도는 없었다. 이후 증언에서 아버지는 병원에 도착하자 딸이 무릎을 꿇고 용서해 달라고 빌었다고 했다.

포렌식 검증 __ 의학분석 보고서에 따르면, 당시 약 35주의 신생아가 살아 있는 채로 태어났다. 법의학적 증거는 비올레타가 직접 탯줄을 잘랐음을 말해 준다.

아기에게서 충격에 의한 외상은 발견되지 않았다. 아기의 얼굴 전체에 난 찰과상으로 볼 때 사인은 질식사로 판단되었다. 아기는 수건으로 싸인 채 봉지에 들어 있었다. 얼굴의 찰과상은 심폐소생술의 흔적으로 볼 수도 있지만, 현장을 서둘러 청소하고 심장소생술에 대한 기본 지식도, 도움을 요청할 동기도 없었던 피고인의 정황상 찰과상을 심폐소생술의 증거로 보기는 어렵다.

수사 __ 비올레타는 4개월 된 남자친구 이야기를 털어놓으면 아버지와 오빠가 반대하거나 창피해할 것 같아서 가족에게 이야기하지 않았다. 집에서 쫓겨나거나 정서적 지지 기반에서 버림 받을까 봐 두려워 임신 사실을 숨겼다. 그런데 비올레타는 출산에 대해 무지했다. 진통이 시작되기 전날 밤까지 어떠한 준비도 없었다. 임신이 가져오는 신체적 변화에 대해서도 알지 못했다. 그저 임신을 혼자만의 비밀로 숨긴 채 가족의 기대를 저버리지 않으려고, 수치심을 덮으려고 임신 사실을 잊는 쪽을 택했다.

12월 3일, 비올레타와 오빠는 영화를 보러 갔다가 오후 늦게 돌아왔다. 집에 온 비올레타는 허리통증이 있었고 몸살 기운이 있나 보다 생각하고 누워 있었다.

잠을 잘 수 없었고 지속적인 변의를 느껴 자정 즈음에 또 화장실에 갔다. 변기에서 일어나려는데 극심한 고통이 온몸을 파고들어 바닥에 쓰러지고 말았다. 가족들이 깰까 봐, "아빠가 뒤통수 잡고 쓰러질까 봐" 큰 소리로 울지도 못했다.

화장실 바닥에 누워 다리 아래쪽을 보니 딸의 머리가 빼꼼히 나와 있어 잡아 빼야겠다 생각했다. 한 손으로 얼굴 쪽을 잡았는데 손이 아기의 코를 막았고, 머리 뒤쪽을 잡은 다른 한 손은 아기의 코와 입을 막았다(그렇게 하면 아기의 호흡이 멈출 수 있다는 것을 알았음에도). 아기는 호흡을 멈췄다. 비올레타는 당시 겁에 질려 "무슨 생각으로 그랬는지 모르겠다"고 했다.

비올레타는 출산 후 잠시 기절했다. 다시 정신이 들었을 때 아기가 숨을 쉬지 않는다는 것을 깨달았다고 했다. 아버지가 화장실 문을 두드리며 무슨 일이 있느냐고 물었는데 괜찮다고 대답했다. 아버지를 걱정시키고 싶지 않아 피를 씻어 냈다. 한 시간이 지나고 화장실 문을 연 미구엘은 출산 후 지친 여동생을 보았다.

결과 __ 담당 판사가 피고인이 중한 형량을 받는 것을 원하지 않는다고 하자, 비올레타는 과실치사를 인정했다. 비올레타는 나중에 다시 임신하고 싶다고 했다.

언쟁/갈등 살인은 가족이나 함께 사는 사람들을 제외한 사람들 간의 분쟁으로 발생하는 죽음이다.

주요 특징

피해자 분석 __ 블루칼라 직종이나 미고용 상태 또는 교육 경험이 적은 젊은 성인에게서 자주 일어나는 살인이다. 공격자는 피해자가 아는 사람이다. 피해자들은 문제를 해결하기 위해 공격적인 행동을 하거나 폭력을 동원한 전력이 있다. 그렇지 않은 경우는 일촉즉발의 충동적인, 이미 공격성이 분출되기 직전인 공격자에게 불을 붙인 운 나쁜 피해자이다. 운전 중 끼어들기나 주차 같은 매우 사소한 사건에서 비롯된다.

빈번하게 보고되는 범죄 현장 지표 __ 언쟁/갈등 살인의 현장은 공격자와 피해자 간에 벌인 몸싸움과 저항을 비롯한 움직임의 흔적을 다수 담고 있다. 상당히 무작위적이고 정리되지 않은 상태다.

공격자가 공격적 행동을 일삼는 성향이 있기 때문에, 보통 도구는 공격자가 직접 현장에 가져온다. 이런 맥락에서 무기는 준비된 것들 중 사용 가능한 것이거나 우연히 취득한(손에 잡힌) 것이고, 지문이나 발자국 등 다른 증거와 함께 현장에 남겨져 있을 수 있다. 피해자에게는 무기가 없는 경우가 많다. 일반적으로 사체는 현장에 남겨지고 은닉되지 않는다.

조작 __ 조작은 나타나지 않는다.

공통된 포렌식 검증 __ 술이나 약물이 관련되는 경우가 잦고, 성폭행의 흔적은 없다. 죽음의 방식은 칼, 둔기, 총기류 등 당시 사용 가능했던 무기가 무엇이었는지에 따라 달라진다.

수사 주안점

분쟁의 원인으로부터 언쟁/갈등 사건이 촉발된다. 살인은 즉흥적이거나 이 사건에 대한 지연된 반응일 수 있다. 피해자가 그렇듯, 공격자도 문제를 해결하려고 공격적 행동이나 폭력을 사용한 이력이 있다. 이 공격의 즉흥적인 특성 때문에 목격자가 존재하는 것이 일반적이지만, 목격자들이 나서길 꺼리거나 찾기 어려울 수 있다. 여기서 고려할 점은, 용의자가 공격 장소 근처나 피해자 근처에 혹은 양쪽을 모두 포함하는 인근 지역에 살 가능성이 높다는 점이다. 목격자들은 공격자의 직장, 주요 동선, 거주지 등을 알고 있을 수 있다.

수색영장 제안 사항

이 범죄는 순식간에 폭발하듯 발생하기 때문에 범죄 장소에 있는 물건들을 조사해야 한다. 또, 총기류 판매 영수증을 조사하고, 주류와 담배, 총기류 등록 자료도 확인할 필요가 있다.

123.01 언쟁살인 Argument Murder

언쟁살인에서는 죽음이 언쟁에서 비롯된다. 주요 특징과 수사 주안점, 수색영장 제안 사항은 분류 123에서 논의한 바와 같다.

배경 __ 1989년 7월의 무더운 밤, 스몰 이스트 코스트 시티의 경찰은 "총격 사건" 신고 전화를 받았다. 사건 현장에 도착한 경찰은 거리 한가운데에 널부러져 있는 젊은 백인 남성을 목격했다. 그는 가슴 부위에 총상을 입고 사망한 상태였다. 경찰은 몇몇 목격자들로부터, 범인이 피해자에게 빚진 돈 때문에 피해자가 다른 남자와 말다툼을 시작했다는 것을 알게 되었다. 얼마 지나지 않아 피해자가 공격자에게 주먹질을 하면서 말싸움이 고조되었다. 둘의 싸움은 거리로 나와서까지 이어졌고, 공격자가 총을 꺼내 피해자를 쏘면서 끝이 났다.

피해자 분석 __ 피해자는 싸움을 벌이다 술집에서 쫓겨났던 적이 있는 22세의 건설노동자였다. 그는 법집행기관 공무원에 대한 폭행과 폭력으로 여러 번 체포된 이력이 있을 정도로 오랫동안 공격적인 행동을 보여 왔다. 그가 신체적인 폭력으로 모든 것을 해결하려 한다는 주변인들의 평가가 있었고, 술집에서도 마찬가지였다. 피해자는 사망 하루 전 공격자와 몇 차례 마주쳤다. 두 사람을 다 아는 목격자들은 그들이 다툼으로 종종 사이가 틀어지는 친구 비슷한 관계였다고 했다.

범죄 현장 지표 __ 사건의 범죄 현장은 밤에, 특히 여름철에 사람들의 다툼이 잦은 것으로 알려진 선술집과 여관이 많은 지역이었다. 현장은 술집에서 시작된 몸싸움의 흔적이 여기저기 있는 난장판이었다. 바의자와 테이블 여러 개가 엎어져 있었다. 공격자와 피해자가 총격 이전에 이미 서로 피를 봤음을 알려 주는 비산혈흔飛散血痕도 여럿 있었다. 이런 형태의 갈등이 그렇듯이 현장은 무작위적이고 정돈되지 않은 상태였다. 사체는 피해자가 사망한 공개된 장소 그대로 남겨져 있었다. 무기는 현장에 가져온 것으로, 그 거리에서 조금 떨어진 지점의 쓰레기통에서 발견되었다. 술집에서 많은 양의 지문이 발견되었고, 공격자가 총을 버리기 전에 급하게 닦아 냈는데도 무기에는 지문들이 남았다.

포렌식 검증 __ 부검을 통해 가슴에 맞은 한 발의 총알이 심장의 좌심실을 관통하여 피해자가 즉사했음이 밝혀졌다. 사체에서 38구경 탄환이 발견되었다. 피해자의 혈중알코올농도는 만취 상태인 0.10퍼센트가 훨씬 넘는 0.21퍼센트였다.

수사 __ 수많은 목격자들과 물리적 증거 때문에 사건 발생 몇 시간 만에 공격자는 자택에서 체포되었다. 그의 평판을 통해 피해자의 평판도 드러났다. 피해자 또한 체포 기록이 증명해 주는 공격적인 행동 전력이 있었다.

사건의 발단이 된 언쟁은 공격자가 사건 3주 전에 피해자에게서 빌린 돈과 관련이 있었다. 공격자는 몇 차례 상환을 약속했지만 지키지 못했다. 피해자가 그에게 소리를 지르며 주변 손님들에게 그가 믿음직하지 못하다고 말하기 시작했을 때, 공격자도 꽤나 취한 상태였다. 두 사람의 언쟁은 몸싸움으로 이어졌고, 결국 총격으로 끝났다.

결과 __ 공격자는 과실치사로 유죄판결을 받고 15년형을 선고 받았다.

123.02 갈등살인 Conflict Murder

갈등살인에서는 피해자와 가해자 사이의 개인적 갈등으로 인해 사망이 발생한다. 이 살인의 특성과 수사적 주안점 및 수색영장 제안 사항은 분류 123에서 이미 논의했다.

사례 연구 **123.02 갈등살인**

배경 __ 15세 크리스틴 코스타스의 삶은 만족스럽고 유쾌했다. 고등학교 수영팀과 축구팀, 지역 수영팀의 일원이었고, 대학 응원단에도 선발되고 바비스라는 봉사단에 속해 있었다. 그녀는 학교에서 매우 인기가 높았고 친구도 많았다. 좀처럼 이성과 사귀지 않았지만, 교외에 있는 캘리포니아 고등학교의 남학생들은 그녀에게 호감을 표했다. 남학생들은 예쁘고 활기찬 단어들로 그녀를 묘사했다. 크리스틴의 아버지는 외동딸이 다른 중상류층 또래들이 누리는 옷이며 스키 휴가, 치어리더 훈련캠프 등을 제공할 여력이 있는 회사 임원이었다. 크리스틴과 같은 학교에 다니던 베르나데트 프로티는 공익회사 임원이던 아버지가 은퇴하면서 검소해진 집안 형편을 부끄러워하는 소녀였다. 두 소녀가 다니던 학교는 코스타스의 아버지 같은 회사 임원급들의 자녀들이 다니는 학교로, 베르나데트는 이런 학교 분위기가 편치 않았다. 1984년 봄, 베르나데트는 응원단에서 빠지고, 바비스와 비슷한 클럽의 회원 자격을 박탈당했으며, 졸업앨범 스태프 자리를 거절당했다. 베르나데트가 느꼈을 좌절감이 얼마나 컸을지 짐작할 수 있다. 한 친구는 베르나데트가 그런 상황을 친구들에게 공개하지 않았고, 사람들에게 호감을 받는 것에 집착했다고 말했다.
1984년 6월 22일 10시경, 크리스틴이 치어리더 캠프에 있을 때 크리스틴의 어머니는 정체불명의 여성에게서 전화를 받았다. 전화를 건 여성은 어머니에게 다음 날 밤 바비스의 비밀 신고식이 있어서 크리스틴을 픽업하러 가겠노라고 했다. 6월 23일, 코스타스 부부와 크리스틴의 12세 남동생은 야구 연회에 참석하고 있었다. 저녁 8시 20분, 크리스틴의 어머니는 딸에게 전화해서 바비스에서 즐거운 저녁 시간을 보내라고 말했다. 곧이어 크리스틴은 낡은 오렌지 핀토 차량을 타고 온 백인 여성에게 픽업되었다. 그들은 차를 타고 장로교 교회 주차장으로 가서 주차했다. 약 30분 후, 크리스틴은 운전자의 행동에 놀라 차에서 내렸다.

크리스틴은 근처 친구인 아놀드 부부의 집 초인종을 눌렀다. 크리스틴은 문을 열어 준 부부에게 "이상하게 변해 버린" 친구와 함께 교회에 있었다고 했다. 부인은 크리스틴이 눈에 띄게 당황하고 있었지만 겁에 질리지는 않았다고 묘사했다. 크리스틴이 부모에게 전화할 때, 아놀드 부인은 인도 앞에서 밝은 갈색 머리의 소녀를 발견했다. 부모가 전화를 받지 않자, 아놀드 씨는 크리스틴을 집까지 데려다 주겠다고 했다. 그런데 가는 길에 문제의 핀토 차가 뒤따라오고 있는 것을 알아챘다. 크리스틴은 괜찮다고 그를 안심시켰다.

아놀드 씨가 코스타스 집에 도착했을 때, 크리스틴의 부모는 아직 귀가하지 않은 상태였다. 크리스틴은 옆집으로 가겠다고 했다. 아놀드 씨는 크리스틴이 집으로 걸어가는 것을 지켜보았다.

그런데 떠날 채비를 하던 그는 차 오른쪽 옆을 지나 크리스틴 쪽으로 걸어가는 여성을 보았다. 그는 처음에 주먹다짐을 목격하고 있다고 생각했다. 그 형상은 크리스틴을 때렸고, 크리스틴이 비명을 지르며 현관에 쓰러졌다. 가해자는 몇 초 후에 사라졌다.

크리스틴은 비틀거리며 일어서서 도움을 청하며 거리를 가로질러 갔다. 비명 소리를 듣고 한 이웃이 도우러 나왔다. 크리스틴은 여전히 도움을 청하며 이웃의 팔에 안겨 쓰러졌다가 의식을 잃었다. 그는 부인이 응급의료진을 부르는 동안에 심폐소생술을 했다.

아놀드 씨는 핀토 차가 끼익 소리를 내며 사라지자 그 뒤를 쫓기 시작했으나, 크리스틴에게 도움이 필요한지 알아보고자 다시 돌아왔다. 이때쯤 구급대원과 경찰이 도착해 크리스틴을 구급차에 싣고 있었다. 코스타스 부부는 연회를 마치고 집에 도착했을때 구급차에 실려 가는 딸을 봤다. 크리스틴 코스타스는 오후 11시 2분에 인근 병원에서 사망 선고를 받았다.

피해자 분석 __ 크리스틴 코스타스가 강력범죄의 피해자가 될 확률은 그녀의 따뜻한 가족관계, 최소한의 음주, 스스로 정한 데이트 제한으로 볼 때 높지 않았다. 그녀의 생활 방식은 위험성이 낮은 상황을 강화시켰다. 그녀는 부모의 집에서 살았고, 나이와 부모의 통제 때문에 술집이나 나이트클럽과는 거리가 먼 위험성이 낮은 환경(동네 교회 주차장, 친구 집)의 장소들로 사회적 공간이 제한되었다. 코카인과 마리화나를 한 차례 시도한적이 있는 것으로 알려졌으나, 이는 사건과 관련이 없었다.

크리스틴이 호감형으로 인기가 있었다는 것은 그녀의 위험성을 낮추는 요인이었지만, 이 사건에서는 정반대로 작용했다. 베르나데트와 벌인 갈등의 본질이 바로 그 인기와 호감에 있었기 때문이다.

범죄 현장 지표 __ 공격이 벌어진 문 앞에는 다방면에 비산혈흔飛散血痕이 있었다. 즉, 여기저기에 핏방울이 흩뿌려져 있었다. 문 앞에서 왼쪽으로 몇 미터 떨어진 곳에서부터 산책로, 진입로, 길 건너편, 이웃집 진입로, 보도, 현관으로 가는 핏자국이 이어졌다.

현장에서 버터칼이 발견됐지만, 살인 무기는 아니었다. 잠재지문 몇 개가 남아 있고, 공격 장소 옆 현관 기둥에서 나온 잠재지문은 세부 정보가 불충분했다. 범죄 현장에서 수사에 도움이 될 증거는 아무것도 찾아낼 수 없었다.

포렌식 검증 __ 크리스틴 코스타스는 다섯 차례나 칼에 찔렸다. 오른쪽 팔뚝에는 방어흔이 있었다. 상처 중 두 개는 등 쪽에 있었는데, 오른쪽 폐와 횡경막에 길이 13센티미터 자상과 간에 열상이 있었다. 정면공격으로 인한 부상 2개 중 1개는 길이 15.5센티미터로 왼쪽 상완(어깨에서 팔꿈치까지), 가슴, 왼쪽 폐를 관통했다. 다른 상처는 4센티미터로 경미했다. 세 개의 깊은 상처 중 어느 하나라도 죽음을 초래할 만큼 치명적이었다. 다른 유형의 폭행이나 신체적·성적 폭행의 증거는 없었다.

수사 __ 6개월 넘게 범인의 차량을 포함하여 750여 개의 노란색이나 주황색 포드 핀토를 검문했으나, 크리스틴의 살인과 관련된 증거는 발견하지 못했다. 1천여 개의 단서를 수사하고, 크리스틴이 다니던 고등학교의 여학생 1백 명을 포함하여 3백 명 이상의 사람들을 탐문 수사했다. 용의자 명단이 수십 명으로 좁혀졌다.

수사관들은 버지니아주 콴티코에 있는 FBI 수사지원팀에 범죄 성격 프로파일을 위해 피해자 유형, 범죄 현장 정보, 사진, 부검 기록 등을 제출했다. FBI 분석가들은 10월 말에 프로파일을 만들어 보안관 부서로 보냈다. 이 프로파일을 통해 수사관들은 용의자를 베르나데트 프로티 한 명으로 좁힐 수 있었다.

베르나데트의 조사에는 다른 광범위한 면담 수사(이전에 4차례 면담)

와 거짓말탐지기까지 필요했다. 거짓말탐지기 테스트의 일부분은 거짓으로 나왔고, 다른 부분은 판독 불가로 나왔다. 며칠 뒤 베르나데트는 아버지와 함께 보안관 부서로 찾아와 이전에 그녀를 심문했던 FBI 요원과 통화하게 해 달라고 요청했다. 베르나데트는 크리스틴 코스타스를 살해했다고 자백했다.

베르나데트는 친구가 되자고 했다가 거절당하자 크리스틴을 죽였다고 진술했다. 베르나데트는 크리스틴이 학교에서 자신을 "이상한 사람"이라고 이야기하고 다닐까 봐 두려웠다.

결과 __ 베르나데트 프로티는 2급살인죄로 유죄판결을 받고 9년형을 선고 받았다. 석방 전 두 차례 가석방이 거부되다가, 1992년 6월 10일, 사건 발생 8년 만에 청소년범죄자 가석방위원회가 2대 1로 석방시켜 주었다.

권위살인의 공격자는 자신이 부당한 대우를 받았다고 인식하고 권위적 관계 또는 상징적인 권위를 가진 사람을 살해한다. 공격 대상은 권위를 상징하는 사람 또는 건물, 건축물이나 기관도 될 수 있다. 공격이 일어나는 동안 공격자가 그 권위와 관련이 있다고 인식하여 무작위의 희생자가 발생할 수 있다.

주요 특징

피해자 분석 __ 권위살인의 피해자에는 1차 목표와 2차 목표가 있다. 1차 목표는 공격자가 자신을 부당하게 대우한다고 인식하는 주요 인물이다. 이 부당한 대우는 공격자가 해고되는 등 실제로 일어난 일일 수도 있고, 음모에 대한 정신병적 · 편집증적인 망상일 수도 있다. 2차 피해자는 무작위 목표로서, 잘못된 시간에 잘못된 장소에 있었다는 이유로 발생한다. 공격자가 지금 당장 자신의 눈앞에 있다는 이유만으로 피해자를 문제의 권위와 연결시키기 때문이다.

빈번하게 보고되는 범죄 현장 지표 __ 공격자는 사명지향적이다. 현장에서 자신에게 부여한 사명에는 궁극적인 우선순위가 있다. 본인의 계획을 중단하고 현장에서 도망칠 의도는 거의 또는 전혀 없다. 행위에 대한 책임도 마찬가지다. 공격자는 공격 후 자살하거나 경찰의 총에 맞아 현장에서 죽기를 바랄 수 있다. 그럼으로써 자신의 행위에 명분을 부여하고 순교하는 것이다. 공격자와 희생자 사이에는 항상 직접적이고 계획된 충돌이 있다.

공격자는 오랜 시간 동안 자신이 부당한 대우를 받았다는 집착에 사로잡혀 있기 때문에, 무기를 수집하고 보통은 충돌 현장으로 여러 개의 무기를 가지고 온다. 종종 다량의 탄약과 지속적인 공격을 위해 다른 장비로 무장하기도 한다. 사용되는 무기는 치사율이 높거나 최상이다(반자동 공격 무기, 고출력, 조준경). 결과적으로 공격은 대량살인이나 연속살인으로 발전한다.

조작 __ 조작은 대개 나타나지 않는다.

공통된 포렌식 검증 __ 권위살인에서 가장 흔하게 목격되는 포렌식 증거는 하나 이상의 화기 사용이다. 선택되는 무기들은 반자동 형식이 많다. 빠른 속도로 발사하기 위함이다. 구경口徑은 하나 이상일 수 있다. 따라서 다양하고 많은 탄피들이 현장에서 발견될 수 있다. 탄피들은 발사된 총알의 수를 추정하는 데 도움이 된다. 부상은 대개 여러 곳이며, 심각하다. 피해자가 입은 다수의 부상은 그 피해자가 1차 목표였음을 말해주는 증거일 수 있다. 1차 목표 살해 후 공격자가 자살을 시도할 수 있다. 1차 목표를 제거하지 못한 경우, 공격자는 탄약이 떨어졌을 때 자살하거나 항복할 수 있다.

수사 주안점

공격자는 대개 편집증적 성향이 있거나, 본인이 처한 일반적이거나 특정한 상황에 대해 공개적으로 불만을 토로한 적이 있다. 대개 이렇게 발전하기 전에 장기간의 추락과 선행 요인이 있고, 그것이 정서적 또는 정신적 질병으로 이어진다. 권위살인자에게서 흔히 발견되는 정신질환은 우울반응, 편집증 또는 편집증성 정신병이다. 정신질환이 발전하면서 대인관계의 실패와 갈등(별거나 이혼, 실직, 학업 실패) 또는 개인적으로 트라우마를 남긴 사건을 일으켰을 수 있다. 이런 실패와 좌절이 권위에 대항하는 행동을 촉발한다. 어려운 상황을 처리하거나 해결할 능력이 없는 데서 오는 좌절감이 사건을 촉발하고, 자살 시도로 이어진다.

수색영장 제안 사항

특정 주제의 읽을거리나 무기류, 제복, 장비의 수집 및 준군사적인 관심을 반영하는 물품들을 찾아내어 공격자가 공격을 위해 준비한 시간과 기간에 대해 알아내야 한다. 공격 직전, 중간, 직후에 이루어진 공격자의 진술은 세심하게 기록하고 문서화해야 한다. 또한, 수색에서 일기장이나 스크랩북, 컴퓨터 로그기록, 정신질환 가능성을 보여 주는 처방약이나 기록을 찾아야 한다.

사례 연구 **124 권위살인**

배경 __ 조세프 T. 웨스벡커는 두 번의 이혼 경력이 있는 47세의 백인 남성이다. 그는 인쇄공이라는 직업을 바꾸고 싶었다. 그는 직업 때문에 너무 스트레스를 받는다고 불평했고, 그의 감정 문제가 1989년 2월에 더욱 악화되어 고용주들은 그를 장애휴가 명목으로 쉬게 했다. 웨스벡커는 스탠다드 그라비어사의 고용주들이 자신에게 엄청나게 부당한 일을 했다고 느꼈다. 그의 행동으로 인해 회사와 사업장 동료들이 업무에 지장을 받을 정도였지만, 그는 휴가 기간인 7개월간 거의 매일같이 자신을 '혹사'시킨 권위자들에게 어떻게 보복할지를 생각했다.

1989년 9월 14일 아침, 웨스벡커는 자신을 부당하게 대우한 자들에게 복수하고자 스탠다드 그라비어사 공장으로 걸어 들어갔다. 그리고 AK-47 반자동 돌격용 소총 등의 무기로 20명 이상을 죽거나 다치게 했다.

피해자 분석 __ 이 공격의 희생자들은 모두 2차 표적이었다. 웨스벡커의 1차 표적은 회사의 관리자들이었는데, 그들은 공격이 벌어진 시간에 사무실에 없었기 때문이다. 희생자들은 동료 직원들이었지만, 웨스벡커는 그들을 회사를 상징하는 적으로 간주했다.

범죄 현장 지표 __ 9월 14일 오전 8시 30분, 웨스벡커는 AK-47 반자동 돌격용 소총과 MAC-11 반자동 권총 두 정, 9mm 반자동 권총, 38구경 리볼버를 들고 스탠다드 그라비어사에 도착했다. 그는 수백 발의 탄환을 소지하고 있었다. 이때 우연히 만난 친구 존 팅글은 웨스벡커에게 공장으로 들어가지 말라고 설득했으나, 웨스벡커는 "난 그들에게 돌아오겠다고 말했다"며 말을 듣지 않았다.

공장으로 들어간 웨스벡커는 사장실이 있는 3층으로 가려고 엘리베이터를 탔다. 엘리베이터 문이 열리자 바로 총을 발사했고, 안내 직원이 사망하고 다른 사무실 직원 몇 명이 부상을 입었다. 그는 제본실로 가는 복도로 내려가 총을 난사하여 더 많은 공장 직원들을 죽거나 다치게 했다. 그런 다음, 쿠리어 저널 건물로 이동하여 또 다른 직원을 쐈다.

웨스벡커는 인쇄실로 갔다가 지하실로 갔다 다시 인쇄실로 가는 내내 총을 발사했다. 그런 뒤 AK-47을 버리고 9mm 권총을 턱 아래에 대고 자살했다. 이 모든 일이 첫 총격 후 약 9분간 벌어진 일이다. 현장에 도착한 경찰은 사망한 웨스벡커를 발견했다. 그는 무작위 연속 살인을 하는 동안 수백 발의 총알을 발사한 것으로 확인되었다.

이 사건은 연속 권위살인으로 분류된다. 넓은 지역(건물 몇 동)에 걸쳐 많은 사상자를 낸 대결형 공격이다. 웨스벡커는 7명을 살해하고, 12명에게 부상을 입혔다. 그는 명백히 마주치는 사람을 모두 죽일 생각이었고, 자신이 일했던 회사의 권위자들을 찾아내어 복수할 의도였다. 범인은 다수의 무기와 다량의 총탄을 들고 현장에 왔다. 그의 총격은 사망자 수와 12명의 생존자 중 5명이 중상자라는 사실에서 드러나듯이 살상의 의도가 명백했다. 웨스벡커는 무척 임무지향적이었으며 탈출 계획은 없었다.

포렌식 검증 __ 경찰 당국은 현장에서 사망자 7명과 부상자 12명을 발견했다. 3일 후 또 한 명이 사망했다. 희생자들은 대부분 가슴과 심장 부위에 총상을 입고 과다출혈로 사망했다. 다친 12명의 노동자들도 대부분 중상을 입었거나 중태였다.

수사 __ 수사 결과, 웨즈벡커는 오랫동안 정신적·감정적으로 문제를 겪어 온 이력이 드러났다. 두 번의 결혼은 이혼으로 끝났다. 그도 자신의 문제를 인식하고 1978년부터 1987년 사이에 적어도 세 차례 자발적으로 입원했다. 그는 직장에서 수줍음이 많고 골칫거리였으며, 직업과 관련된 스트레스 문제를 겪었다. 한번은 승진과 급여 인상을 거절하기도 했는데, 자신에게 부과될 업무를 감당하지 못할 것 같다는 이유였다. 그는 스스로 장기간 화학약품에 노출되어 기억력이 감퇴되고, 어지럽거나 의식을 잃기도 했다고 주장했다. 불면증과 끊임없는 생각, 강박과 분노, 혼란이 모두 화학물질에 노출된 탓이라고 여겼다.

웨스벡커의 고립된 감정과 행동, 위축감, 우울은 (대량의 연속) 권위 살인자의 두드러진 범죄 전 행동역학이다. 게다가 그는 혼자 사는 중년의 백인 남성으로서 고용주에게 장기간 불만을 품어 왔고, 노동자로서의 삶과 사생활에서도 감정적인 문제가 있었다. 웨스벡커는 고용주에 대한 깊은 원한을 자주 언급했다. 동료 직원들은 그가 자신을 혹사시킨 회사에 복수하는 환상에 대해 자주 말했다고 증언했다. 웨스벡커는 본인의 무가치한 느낌을 자주 분명히 말했고, 세 차례나 자살을 시도했다. 한번은 약물 과다복용, 다음엔 자동차 매연을 마셨고, 세 번째에는 목을 맸다. 그런데 본인뿐 아니라 다른 사람들을 해치고 싶다는 욕망도 드러내곤 했다. 수사 결과, 웨즈베커가 희생자들을 쏘거나 죽일 만한 개인적 동기나 이유는 찾을 수 없었다.

보복살인은 실제나 상상 속에서 범인 자신이나 범인에게 중요한 누군가에게 잘못을 저질렀다고 여겨지는 사람을 살해하는 것이다.

주요 특징

피해자 분석 __ 보복이 살인의 동기가 될 때 그 희생자는 범인을 개인적으로 알 수도, 알지 못할 수도 있다. 그러나 희생자의 삶에서 일어난 중요한 사건이나 상호작용이 범인의 행동과 직접 관련이 있다. 그래서 그 일에서 기인한 보복의 동기를 희생자나 그 주변인들은 짐작조차 하지 못할 수 있다. 보복 행동을 촉발시킨 사건의 성격에 따라 복수의 희생자가 발생할 수 있다.

빈번하게 보고되는 범죄 현장 지표 __ 흔히 범행과 관련된 장소가 한 곳이 아니다. 예를 들어, 과거에 어떤 장소에서 촉발된 사건이 있고 그에 대한 복수는 나중에 다른 장소에서 행해지는 식이다.

희생자로 인해 느낀 모욕을 곱씹어 온 범인은 덜 우발적인 범행을 저지르게 되는데, 이는 범행 현장이 매우 질서 정연한 점에서 알 수 있다. 어떤 범인들은 보복 행위에 대한 환상에 심취하여 무척 고조된 감정 상태를 보이기도 한다. 범행 현장은 이러한 무경험을 반영한다. 구조화된 행동에서 비구조화된 행동으로 급반전하는 것이다. 살해 시점까지는 범죄가 잘 계획되어 진행된다. 범죄 현장에 능숙하게 접근(물리적 증거를 전혀 남기지 않고)하지만, 갑작스런 공격을 한 후 신속히 빠져나가면서 수많은 물리적 증거를 남기는 식이다. 무기가 현장에 그대로 있고, 탈출 계획도 따로 없다. 보복 행위 자체가 목적이고 최우선이기 때문에 다른 사항을 잘 고려하지 못하는 것이다.

대개 무기는 범인이 선택하여 현장에 들고 오고, 그것을 현장에 남겨 두고 가기도 한다.

범죄 자체도 기회적이고 우발적일 수 있다. 일례로 희생자의 친구나 가족이 법정에 총을 가져와 범행을 저지른 가해자를 공격하는 경우다. 희생자의 가족 앞에서 저질러지는 보복살인은 충동적인 살해 유형의 또 다른 예이다.

조작 __ 조작은 보통 없다.

공통된 포렌식 검증 __ 무기는 범인이 선택한 것으로, 총이나 칼이 가장 흔하다. 살인은 가까운 거리에서 대면한 채로 이루어진다. 범인은 '정의' 가 자기 앞에서 실현되는 것을 직접 목격하는 데서 만족감을 느끼려 한다. 그래서 접촉 상처가 많이 발생한다. 방어흔도 있을 수 있다. 이는 범인의 숙련도와 어느 정도 관련이 있다.

수사 주안점

범인의 범죄 전 행동은 보통 어떤 패턴을 따른다. 처음에는 희생자가 부당한 행동을 했다는 사건에 대해 이야기하고 다닌다. 범인과 가까운 지인들은 그 사건에 대해 범인에게 들었다고 말한다.

복수의 계획을 수립하면서 범인은 혼자 몰두하고 대체로 말수가 적어진다. 그리고 이 시점에 필요한 무기를 마련한다.

범행 후 범인은 안도감을 느낀다. 임무가 완수된 것이다. 범인은 현장에 남아서 성취감을 음미하고, 자신의 정체를 굳이 숨기려 하지도 않을 수 있다. 범인이 보기에 희생자의 사망은 정당하다. 인과응보이다. 범인이 이런 태도를 가졌다면 보통 목격자가 있기 마련이다.

희생자와 범인이 연관되었던 촉발 사건이 수사의 핵심이다. 그러나 이 사건은 범인에게만 중요할 뿐, 범인 또는 희생자의 주변인들은 기억조차 희미할 수 있다. 범인이나 희생자에게 중요한 어떤 사람이 사건에 직간접적으로 관련되어 있을 수도 있다.

수색영장 제안 사항

범인은 무기를 보관하고 있을 것이며, 희생자의 피로 물든 옷가지 등을 정의 실현의 기념품으로 간직하고 있을 수도 있다. 촉발 사건이나 관련 사건의 신문 기사나 다른 언론보도 자료가 있을 수 있다. 환상에 대한 기록(문서나 오디오테이프, 비디오테이프)과 범행을 유도한 감정을 기록한 자료가 범죄자의 주거지에 있을 수도 있다. 범인의 소지품 중에 희생자와 주고 받은 편지나 다른 통신 내용도 있을 수 있다.

사례 연구 ┃ **125 보복살인**

배경 __ 2005년 2월 28일, 미 지방판사인 조앤 레프트코의 어머니와 남편이 이마에 직사거리에서 발사된 두 발의 총상을 입은 채 레프트코 판사의 집 다용도실에서 발견되었다.

피해자 분석 __ 가해자 바트 로스가 의도한 범행 대상은 어머니와 남편이 아니라 레프트코 판사였다.

범죄 현장 지표 __ 범인은 미리 준비한 22구경 총을 가지고 현장에 왔다. 바트 로스는 잠겨 있던 지하실 창문을 깨고 들어가 판사의 귀가를 기다리며 앉아 있었다. 그런데 판사의 남편이 지하실에 있던 자신을 발견하자 총을 쐈고, 그 총소리를 어머니가 들었기 때문에 어머니도 쏠 수밖에 없었다고 했다. 그는 피해자를 총으로 쏜 후 다시 확인 사살함으로써 "고통을 덜어 주었다". 그는 좀 더 머물다가 살인이 "재미없다"고 판단하고 현장을 떠났다.

포렌식 검증 __ 범행 현장에서 탄피가 발견되었다. 다용도실의 깨진 유리창에서는 지문이 발견되었고, 집 안에서 피 묻은 발자국 하나와 바닥에 튄 피를 닦는 데 쓰인 걸레가 발견되었다. 부엌에서는 싱크대에 버린 담배꽁초와 탄산음료 캔 등 더 많은 증거가 발견되었다.

수사 __ 비록 상당한 양의 물리적 증거가 현장에 남아 있고, 비구조화된 현장으로 추정되었음에도 불구하고, '자살 노트'가 발견되기 전까지는 용의자가 특정되지 않았다. 2005년 3월 6일 로스는 자살했고, 자신의 범죄에 대한 설명이 담긴 노트와 편지를 남겼다. 현장에서 채취한 DNA 샘플과 그의 혈흔 및 지문이 일치했다.

결과 __ 사건은 바트 로스가 자살함으로써 마무리되었다. 그는 시카고의 방송사 NBC5에 넉 장의 편지를 보내어 자신의 불만과 복수 계획을 밝혔다. 로스는 1992년 구강암 수술을 받은 후 심한 안면 기형이 되었다. 1995년 의료사고 소송을 냈지만, 의료기록상 어떠한 위반 사항도 나타나지 않아 소송은 기각되었다. 그 후 7년간 꾸준히 항소를 제기하며 사법 체계에 대한 로스의 불만은 커져만 갔다. 주지사에게 분노의 서신을 보내어 변호사의 변론이 정당하지 않았다고 호소하기도 했다. 2004년에는 정부, 변호사, 의사, 병원을 상대로 민사소송을 냈다. 레프트코 판사는 증거 부족으로 해당 소송을 기각했고, 같은 해 10월 제기된 재심청구도 기각하였다.

불특정 동기 살인은 합리적 설명이 불가능한 살인사건으로, 범인만이 알 수 있는 불확실한 이유로 인해 발생한다. 범행 이후 가해자의 배경에 대한 심도 있는 조사가 진행되어야 사건의 정의 및 분류가 가능해진다. 범인이 심각한 정신병을 앓고 있고, 그 때문에 살인을 저지른 정신병적 상황일 수 있다. 이러한 행동에는 청각 및/또는 시각적 환각과 편집증, 거창하거나 기괴한 망상이 포함되기도 한다.

주요 특징

피해자 분석 __ 불특정 동기 살인의 피해자는 무작위로 정해지며, 피해자와 가해자 사이에 직접적인 관련성은 없다. 피해자는 여성, 남성, 성인, 아동 등으로 그 특징과 생활상이 다양할 수 있다.

빈번하게 보고되는 범죄 현장 지표 __ 현장은 주로 공공장소이며, 공격자에게 위험성이 큰 곳이다. 현장에서 없어진 물건은 없고, 비구조화된 모습이고, 피해자의 시신을 숨기려는 노력도 없다. 가해자는 총기 등의 무기를 직접 준비해서 가져온다. 최대한 많은 사람을 죽이는 것이 목표이기 때문에 학살의 형태를 보이기도 한다. 이에 따라 사용되는 무기는 높은 치명도, 복수의 무기, 상당한 양의 탄약 등의 특징을 보인다.

조작 __ 조작은 나타나지 않는다.

공통된 포렌식 검증 __ 현장에서 없어지는 것이 없기 때문에 일반적으로 탄피, 지문 및 족적, 버린 무기 등 충분한 증거를 찾을 수 있다. 고화력, 대구경, 고성능 총기의 사용이 두드러지며, 이를 통해 대량살상이라는 목표를 달성한다. 총상은 머리, 목, 가슴 등 주요 부위에 집중된다.

수사 주안점

불특정 동기 살인은 거의 대부분 낮에 공공장소에서 발생하는데, 이는 공격자가 최대한 많은 사상자를 내고자 의도했기 때문이다. 신분 노출을 꺼리지 않는 범인의 특성 때문에 용의자를 특정할 수 있는 목격자가 다수 존재한다. 가해자는 도망칠 계획을 세우지 않으며, 자살하거나 경찰에게 사살될 의도를 갖고 있을 수 있다. 범인의 거주지역에 광범위한 수사를 실시하면 범행 전 가해자의 특징(단정치 못한 차림새, 내향성, 외톨이, 변덕스러움)이 명백하게 드러난다.

수색영장 제안 사항

무기, 컴퓨터, 기타 기록에 대한 용의자 가택수색이 이루어져야 한다.

사례 연구 **126 불특정 동기 살인**

콜린 메이허 제공

피해자 분석 __ 1999년 1월 3일, 작가 지망생이던 금발 여성 켄드라 웹데일은 뉴욕시 플랫아이언에 위치한 23번가 지하철역 내 퀸즈행 노선의 플랫폼으로 향했다. 당시 그녀는 레코드사의 접수 담당자로 근무하고 있었다. 여가 시간에는 센트럴파크를 조깅하고, 뉴욕 공공도서관에서 시나리오 작업을 했다.

켄드라가 플랫폼에 도착하고 얼마 지나지 않아 29세의 앤드류 골드스타인이 23번가 역에 도착했다. 그는 플랫폼 위를 분노에 차서 돌아다녔고, 이곳저곳을 비틀거리며 가로질렀다. 목격자에 따르면, 그는 맨발에 베이지색 트렌치코트를 걸치고는 알 수 없는 말을 내뱉었다. 비틀거리던 그의 발걸음은 곧 일정한 속도를 유지했다. 그의 광적인 행동에 한 남성이 주변 사람들이 불편하니 멈추라고 했다. 오후 5시, 골드스타인은 플랫폼에 서 있던 한 금발 여성에게 다가갔다. 여성은 무슨 일이냐고 물었고, 그는 물러섰다. 다음으로 그는 켄드라에게 다가가서 지금 몇 시냐고 물었다. 켄드라는 그의 불안한 행동에 괘념치 않고 5시가 조금 지났다고 대답했다.

그 순간, 어떤 경고도 없이 골드스타인은 켄드라를 두 팔로 안아 올려 열차가 들어오고 있던 철로로 내던졌다. 한 목격자는 그녀가 열차 아래로 날아 들어갔다고 묘사했다. 켄드라는 비명을 지를 시간조차 없었다. 열차에 깔려 즉사한 것이다.

범죄 현장 지표 __ 현장은 뉴욕의 붐비는 환승 지하철역, 단 한 곳이다.

수사 __ 사건 발생 후 골드스타인은 플랫폼에 주저앉았다. 스무 명가량의 주변 사람들이 분개하여 그를 둘러싸고 그의 살인마적 행위를 비난했다. 한 목격자는 23번가 역사 밖으로 나가 브로드웨이에서 경찰을 불러왔다. 사람들은 골드스타인에게 정신병자이며 병원에 가야 한다고 말했다. 현장에 경찰이 도착했다. 골드스타인은 경찰이 몸을 수색하고 수갑을 채우는 동안에 어떠한 반항도 하지 않았다.

경찰서에서 그는 다음과 같이 진술했다. "플랫폼에 서 있는데 열차를 기다리는 여자가 한 명 있었어요. 밀고, 차고, 주먹을 날리고 싶은 기분이 들었어요. 뭐랄까 운동신경이 통제가 안 되는 그런 기분, 느낌이 들었어요. 자신의 감각 뭐 그런 것을 모두 통제할 수는 없는 거죠. 그 다음에 뭔가 내 안에 들어온 느낌이 들었어요. 뭔가에 씌인 것처럼. 잘 모르겠어요. 그런데, 그러고 나서, 그리고 주먹을 날리고,

밀치고, 한 방 먹이고 싶은 그런 생각만 든 건데. 그런 기분이 한 열 번은 들었어요. 그런데 이번에는, 그러니까 갑자기 완전, 그러니까 딱, 열차 바로 앞에 확. 내가 어디로 가는지, 오는 건지 가는 건지도 모르고 그냥 여자를 밀쳤거든요. 그니까 여자가 철로에 떨어진 거예요. 그리고 완전 내가 충격을 받아 가지고, 놀래 가지고. 여자가 열차 아래로 들어가는 걸 보고 다른 곳으로 걸어갔어요."

골드스타인이 장황한 진술을 마치자, 윌리엄 그린 바움 검사는 질문을 시작했다. 검사는 그가 정신이상 주장을 하지 못하도록 미리 막으려고 한 듯하다. 당시 뉴욕시에서 적용하던 정신이상의 필수 요건에 맞추어 골드스타인이 자신의 행동이 옳지 못함을 주관적으로 인지하고 있었는지, 또 그 행동의 결과를 예측했는지를 물었다. 찰스 패트릭 유잉 박사의 저서 《정신이상: 살인, 광기 그리고 법》에는 골드스타인과 검사가 나눈 대화가 기록되어 있다.

검사: 당신은 당신의 행동을 인지하고 있었고, 그 행동이 옳지 않다는 것을 알고 있었습니다.

골드스타인: 맞아요. 감기가 걸렸거든요, 뭔 일인지 원.

검사: 그러니까, 당신이 피해자를 선로로 밀었고, 그 여성이 죽음에 이르렀다는 겁니까?

골드스타인: 그렇군요.

검사: 아니요, 말씀해 보세요.

골드스타인: 아니요, 예?

검사: 당신은 피해자를 선로로 밀 때 그 행동으로 그 여성이 죽을 수 있다는 것을 알고 있었습니다. 동의하십니까?

골드스타인: 그니까, 그 여자를 밀고 뭐 하는 생각은 안 했거든요.

내가 그, 그 일이 벌어진 때, 생각하고 자시고 없고요. 그냥 가서 팍 밀어요. 뭔 말인지 아시죠? 그니까 일종의 공격이죠. 제가 여자를 밀었거든요. 그치만 선로에 들어갈 걸 생각하고 민 건 아니에요. 여자를 어느 쪽으로 밀어야겠다 그런 건 아니에요. 그냥 그렇게 된 거예요. 도망치는 것처럼요. 모르겠네요.

검사: 그러면 여성이 플랫폼 아래로 떨어질 것을 예상했습니까?

골드스타인: 아뇨, 아니죠, 아니에요. 저는 선로로 사람 밀어 떨어뜨리지 않아요.

검사: 그게 잘못된 행동인지 아니까요.

골드스타인: 그럼요.

골드스타인은 2급살인으로 유죄판결을 받았다. 두 명의 법정 정신의학 전문가와의 상담 결과, 심각한 정신분열증이 있긴 해도 1999년 2월 10일에 이루어진 재판에는 설 수 있다고 판단되었다. 담당 검사의 예상대로 골드스타인의 변호인단은 정신이상 항변을 준비했다.

정신의학적 평가 __ 앤드류 골드스타인의 편집증 증상과 비구조적인 행동은 성인기 초기부터 두드러졌다. 그는 브롱스 과학고등학교의 모범적인 학생이었고, IQ 테스트에서 122가 나오기도 했지만, 스토니 브룩의 뉴욕 주립대학교 입학 후 생활이 쉽지 않았다. 신입생 시절에 골드스타인은 어머니가 자신에게 독약을 먹였다며 밀쳤는데, 결국 그 일로 정신과 치료를 받기 시작했다. 골드스타인은 정체 모를 목소리가 들리고 장기가 몸 안에서 커지고 있다는 두려움에 시달렸다. 그는 편집증과 정신분열증을 진단 받았다. 그 후 10년 동안 그는 "회전문" 정신과 환자가 되었으며, 증세가 도질 때마다 열 번 넘게 입원했다. 1992년부터 1996년까지, 골드스타인은 입원을 하거나 정신질환자들을 위한 감독주거시설인 '어른들을 위한 르벤의 집'에 있었다. 정신질환 전문가들은 다음의 용어들로 그의 상태를 기록했다. '활성화된 정신병적 증상, 극심한 환각, 정신의학적 치료 및 입원 요망, 분열정동장애.' 골드스타인은 어머니와 닮은 여성에게 공격적인 행동 패턴을 보이기 시작했다. 골드스타인은 정신병동 시설을 들락거렸다. 서점에서 한 여성을 책꽂이에 때려눕히고, 레스토랑에서 여성들에게 폭력을 휘두르려 했으며, 지하철에 탄 여성을 밀치고 또 여성 정신과의사의 머리를 향해 책을 던지는 등 사건이 여러 차례 있었다. 그런데도 그의 기록 중 유일한 기소 항목은 서점에서 발생한 공격 사건뿐이었다. 모든 사건에서 그는 자신의 행동이 통제할 수 없는 충동 탓이었다고 말했다.

1998년 2월에 이루어진 사회복지사와의 의료 면담에서 골드스타인은 퇴소 후 누군가를 패게 될 것 같아 걱정스럽다고 말했다. 1998년 12월 14일, 그는 상담 안내와 일주일분의 항정신병약을 받고 병원에서 퇴원했다. 병원에서 나온 그는 바로 약 복용을 멈췄고, 담당 정신건강 전문가에게도 연락하지 않았다. 12월 26일 이후 이듬해인 1999년 1월 6일까지 해당 상담 클리닉에 연락하지 않으면 그의 진료가 종료될 것이라는 통보를 받았다.

재판 결과 __ 피고인 측 정신과의사들은 그가 정신분열증을 겪고 있다고 진단했다. 한 의사는 골드스타인이 심각한 정신분열로 고통 받는다는 것을 증언했고, 다른 의사는 그렇게 위험한 사람을 다시 사회로 돌려보낸 뉴욕의 정신건강 시스템의 문제점을 지적했다.

검사 측 전문가는 다른 그림을 그렸다. 골드스타인이 "정신분열증의 가능성이 있을 것"이라고 수긍하기는 했지만, 그의 상태가 당연히 정신착란적방위의 근거가 된다는 주장에는 부정적인 입장이었다. 그녀는 골드스타인이 살인죄로 기소되었다는 사실을 알고 있고, 유죄판결을 받으면 장기간 수감되어야 한다는 점 또한 알고 있다고 말했다. 그래서 차라리 병원에 가는 것을 선택할 것이라고 했다.

기소에 참여한 두 번째 정신과의사는 골드스타인에게 주의력결핍장애 진단을 내렸다. 교차검증 중에 피고인 측 변호인이 이에 문제를 제기했고, 그 의사는 골드스타인의 정신분열증을 수차례 진단한 약 3,500쪽 분량의 정신과 및 의료기록을 하나도 읽지 않았다고 인정했다. 검사 측은 골드스타인의 정신질환이 아닌 여성에 대한 증오가 공격의 동기가 되었다는 주장으로 정신착란적방위 주장에 맞섰다. 검사는 골드스타인이 어머니의 생일에 어머니가 자신을 거부한 것에 대한 공격으로 웹데일을 죽였다고 주장했다. 재판 막바지에 판사는 피고인 측에서 마지막 증인을 출석시키는 것을 불허했는데, 그는 골드스타인이 해당 사건 당시 보인 상당히 혼란스러운 행동 양상을 증언하려던 참이었다.

심각한 정신질환에 대한 압도적인 증거들에도 불구하고, 배심원들은 앤드류 골드스타인의 정신이상을 단정하지 못했다. 5일간의 숙려 기간 후에도 결론을 내리지 못했다. 결국 10명의 배심원이 유죄를 선택했지만, 병원에서 근무하는 한 명과 전 사회복지사였던 두 배심원이 유죄평결을 내리지 않아 사건 발생 10개월 후 미결정심리審理가 선언되었다.

2심 재판이 열리기 전, 골드스타인의 변호인은 다음 재판에서 양전자 방출 단층촬영술(PET) 사용 권한을 달라고 요청했다. 이 증거로 골드스타인이 정신질환을 실제보다 과장하거나 거짓으로 꾸미고 있다는 검찰 측 주장을 반박할 계획이었다. 골드스타인 측 변호인단은 피고인이 앓고 있는 극심한 정신장애를 근거로 들어 살인 유죄판결은 합당하지 않으며, 다만 과실치사에는 해당될 수 있다고 주장했다. 변호인단은 "피고인의 중증 정신병이 야기하는 심각한 증상을 배심원단에 보여 주고자" 2심 재판이 열리기 2주 전부터 항정신성 약물 복용을 중단시키고자 했다. 그러나 골드스타인이 법원 사회복지사를 두 차례 폭행하여 복약을 철저히 하라는 판사의 명령이 내려지면서 이 전략은 불가능해졌다.

2심 재판에서 검사는 다시 골드스타인이 "정신분열적 스펙트럼에 있는" 장애를 겪고 있다는 사실을 인정했다. 하지만 그것이 살인 시점에는 크게 소강된 상태였다고 주장했다. 그녀는 골드스타인의 행동이 정신이상으로 인한 불가항력적인 충동이 아닌, 매우 장기간 동안 지속된 여성에 대한 증오에서 비롯되었다는 주장을 내세웠다. 이 재판에서 배심원단의 평결에는 두 시간도 걸리지 않았다. 골드스타인은 2급살인 유죄가 인정되어 가석방 없는 25년에서 무기징역을 살게 되었다.

골드스타인의 변호인단은 이후 5년에 걸쳐 항소를 진행했다. 그 시기 대법원에서 나온 크로포드 대 워싱턴 사건* 판례 덕분에, 골드스타인

---

* Crawford v. Washington, 541 U.S. 36(2004). 공정한 형사재판을 보장하는 수정헌법 6조의 대면질문confrontation 조항에 따라 형사사건에서 다른 사람에게 들은 전문 진술이 판결에 사용되는 시기를 결정하는 기준을 재정립한 미국 대법원 판결이다. 미 대법원은 증인의 사전 증언 진술을 인정하려면 반대신문이 필요하다고 판결했다. 마이클 크로포드가 부인을 강간하려는 케네스 리를 흉기로 찌른 사건에서, 크로포드는 리가 무기를 들고 있었기 때문에 자신의 행위는 정당방위였다고 주장했다. 그런데 심문 과정에서 크로포드는 리에게 무기가 있었는지 확실하지 않지만 그렇게 믿었다고 했다. 이때 크로포드 부인은 무기를 보았다고 했다가 보지 못했다고 진술을 바꾸었다. 1심 법원은 피고인의 아내라는 특수인인 부인의 사전 증언을 인정하지 않고 크로포드에게 유죄판결을 내렸으나, 워싱턴 항소법원은 부인의 전문진술을 인정하여 1심 결정을 뒤집고 무죄판결을 내렸다. 그러나 워싱턴 대법원은 증인의 진술이 피고인의 진술과 일치하여 신뢰할 수 있다며 유죄판결을 복원했다. 이 결정

측 변호인들은 증언 과정에서 검사에게 전문진술(傳聞陳述)(증인이나 피고인이 다른 사람에게서 들은 내용을 법원에서 말하는 것)을 공식 기록에 남길 수 있도록 허용해 준 2심 결정에 문제를 제기할 수 있었다. 뉴욕 항소법원은 이 선례를 인용하면서, "피고인 측의 교차검증이 되지 않은 증인들이 말한 바를 그 정신과의사가 배심원단에게 이야기함으로써 대질신문 조항이 보장하는 골드스타인의 권리가 침해되었다"고 판결했다. 검사 측은 골드스타인에 대한 3차 재심 청구를 포기하는 대신에 과실치사를 인정하도록 했다. 이로써 골드스타인은 23년 안에 석방되는 형을 받았다.

이렇게 되자, 켄드라 웹데일의 가족은 형사소송뿐 아니라 민사소송도 제기했다. 1999년 6월, 웹데일 가족은 사건 발생 전에 골드스타인을 진료 후 그냥 돌려보낸 7군데의 병원과 의원에 소송을 제기했다. 그로 인해 벌어진 켄드라의 죽음과 가족이 겪은 신체적/정신적 고통에 2천만 달러, 징벌적 손해배상에 5천만 달러를 요구했다. 이 사건은 입법자들과 정신보건 시스템의 변화를 촉구하는 이들이 연대하는 계기가 되었다. 뉴욕 주 의원 제임스 F. 브레넌은 만성 정신질환자들을 위한 병상 2,500개를 추가로 마련하는 데 드는 2억 달러의 예산안에 힘을 실어 주었다. 주 상원의원 토머스 W. 라이버스는 정신질환이 있는 환자들에게 문제가 생겼을 때 지원하는 5백만 달러 예산안을 도입했다. 주지사 조지 파타키는 1999년 8월부터 정신질환이 있는 공격자들에게

은 검사들이 전문 법칙에 대한 다양한 예외를 통해 유죄를 입증하던 관행에 중대한 영향을 미쳤다. 대법원은 진술자가 법정에서 증언할 수 없고 피고인이 사전에 반대심문할 기회가 없는 한, 원칙적으로 법정 밖 진술은 증언이 될 수 없다고 명시했다. 이 판결은 증거 기반 기소 범위를 축소하여 고소인과 피고인의 출석 없이 기소하던 가정폭력 사건의 처리 방식에 악영향을 미쳤다.

재판부가 치료나 시설 입소를 명령할 수 있도록 하는 '켄드라법Kendra's Law' 시행안에 서명했다. 정신질환자 담당 관리자나 가족, 동거인은 해당 질환자에 대한 지속적인 치료를 강제하는 법적 명령을 요구할 수 있다. 이로써 뉴욕의 정신의학 치료 분야에 대한 지원이 강화되었다.

사례 연구 **126.01 개인동기 종교적 살인**

마이클 웰너 분류 및 사례 제공

배경 __ 뉴욕시 브루클린에 있는 작고 소박한 아파트에서 81세 여성 로즈가 숨진 채 발견되었다. 그날 고인은 조카딸과 만나기로 했는데, 기다려도 로즈가 오지 않자 걱정된 조카딸은 아파트에 가서 관리인을 찾았다. 두 사람은 비상계단을 통해 창문을 들여다보고는 바닥에 누워 있는 로즈를 발견했다.

수사에 나선 경찰은 위층 이웃인 카멜라 신트론의 현관문을 두드렸다. 아무런 응답이 없자, 비상계단으로 올라가 살피던 경찰은 카멜라가 화장실로 뛰어들어가는 것을 보았다. 카멜라는 횡설수설하며 일관성 없는 진술로 범행을 자백했으며, 로즈 살해 혐의로 기소되었다.

피해자 분석 __ 로즈는 아파트 2층에서 수년간 혼자 살았다. 카멜라와 로즈는 다정한 이웃으로, 카멜라가 로즈의 집에 자주 방문하여 커피를 마시곤 했다.

그런데 어느 날 카멜라가 로즈의 집을 뒤졌고, 이를 본 지인이 이 사실을 로즈에게 알렸다. 그 후 로즈는 카멜라의 방문을 금했다. 그런데도 카멜라는 다른 손님들이 로즈의 집에 찾아오면 가끔씩 집 안에 들어오곤 했다. 다른 친구는 이렇게 증언했다. "카멜라가 돈을 달라고 했어요. 로즈가 싫다고 하면 이상한 행동을 했죠. 로즈는 성격상 카멜라를 내치진 못했을 거예요. 로즈는 카멜라를 무서워했죠." 생전에 로즈는 다른 친구에게, 카멜라가 자신이 집을 팔아서 돈이 있을 것이라고 생각하는 것 같다고 말했다.

범죄 현장 지표 __ 강제침입한 흔적은 없었으나, 가해자가 비상계단 뒤쪽 창문을 통해 집 안으로 들어간 흔적이 발견되었다. 그쪽에 있던 화분들이 바닥에 부서져 있었다.

로즈는 옷을 입은 채 피처럼 보이는 웅덩이 속에 누워 있었다. 주위에 다양한 식료품이 흩어져 있었는데, 로즈의 시신에는 커피 찌꺼기가 묻어 있었다. 로즈가 바닥에 던져진 음식 위로 쓰러졌고, 죽어 가던 로즈의 다리 움직임으로 커피 찌꺼기가 흩어졌다.

냉장고 속 튀긴 형태의 혈흔은 로즈가 죽기 전에 냉장고 문이 이미 열려 있었음을 나타냈다. 이는 가해자가 어떤 식으로든 냉장고를 사용한 후에 로즈를 공격했음을 보여 주었다. 현장에서 무기는 확인되지 않았다. 로즈가 쓰러져 있던 냉장고 옆 부엌 바닥은 상당히 지저분했지만, 다른 곳에는 활동 흔적이 없고 강도나 물건을 치운 흔적도 없었다.

포렌식 검증 __ 로즈는 여러 개의 깊은 타박상과 갈비뼈 골절상을 입었다. 주요 사인은 목졸림 및 설골(아래턱뼈와 뒤통수 방패연골 사이 뼈) 복합골절이었다. 시신에 남은 멍의 일부 타격 패턴은 로즈의 지팡이와 일치했다. 나머지는 주먹이나 발차기 또는 다른 둔기 패턴으로 나타났다. 성적인 외상 흔적은 없었다.

수사 __ 맨해튼의 한 병원에서 간호조무사로 일했던 카멜라는 사건이 일어난 1997년 봄에 휴가를 얻어 몇 달에 걸쳐 연속적인 수술을 받았다. 이 무렵, 벌거벗은 채 동네를 거닐다가 구급차에 실려 병원에 가기도 했다. 그녀는 집을 부수고, 불안해하며, 집 주변에 물건을 내던진 이력이 있었고, 환각과 횡설수설한 일도 있었다. 약물남용 이력은 없었다. 카멜라는 재정적인 문제가 있었다. 장기 휴가 때문에 장애급여를 받지 못할까 봐 두려워했고, 투옥된 전남편 루이스에게 계속 깊은 애착을 보였다. 그녀는 전남편이 돌아오기를 바라며 많은 선물을 주었다. 전남편은 카멜라에게 수신자부담통화로 전화를 걸었고, 그때마다 수백 달러의 전화요금이 나왔다.

카멜라는 자신의 할머니가 루이스에게 돈을 주지 않는다고 할머니를 여러 차례 폭행한 이력이 있었다. 폭행이 얼마나 심했는지 할머니의 늑골 다섯 개가 부러질 정도였다.

루이스는 재혼한 상태였음에도 카멜라와 계속 연락하며 애정을 드러내는 편지를 썼다. 루이스의 생일을 맞아 선물을 들고 감옥으로 찾아간 날, 루이스의 아내가 배우자 자격으로 루이스를 찾아왔다는 사실을 알고는 망연자실하기도 했다.

8월 초, 카멜라는 종교에 깊이 의지하여 미사에 자주 참석했다.

사건 전날 밤, 카멜라는 아는 소년에게 운동용 자전거를 조립해 달라고 부탁했다. "난 화가 나서 살을 빼고 싶었어요. 그냥 혼자 있을까 생각 중이었죠. … 난 혼란스러웠고, 모든 생각을 한번에 정리할 수 없었습니다. … 마음을 가라앉힐 수가 없었어요." 카멜라는 조립된 자전거에 올라타 미친 듯이 페달을 돌렸고, 그 모습을 본 소년은 겁에 질렸다. 소년은 집까지 달려와 어머니에게 카멜라가 "홀렸다"고 말했다.

다음 날 아침, 카멜라는 비상계단으로 가서 식물과 흙을 바닥에 버리고, 화분들을 창문 아래로 내던졌다. 그런 뒤 비상계단 창문을 통해 2층 로즈의 부엌으로 들어갔다. 처음에는 아무도 없었다. 약 15분 후, 집에 들어선 로즈가 그녀를 보고 집에서 나가라고 소리쳤다.

반발심이 든 카멜라는 로즈의 머리를 붙잡고 벽 모서리에 부딪쳤다. 밖으로 나가는 로즈를 막고, 로즈가 죽을 때까지 공격을 멈추지 않았다.

카멜라의 집에서는 주술적인 상징물과 촛불 등 이교적인 물건들이 다수 발견되었다. 카멜라는 브루제리아라는 아프리카계 카리브해 종교에 빠져 있었다. 친구들의 증언에 따르면, 사건 직전 카멜라는 자신에게 주문을 걸기 위해 주술사를 찾았다고 한다.

이 종교를 믿는 다른 신도들처럼, 카멜라도 수사 기간 내내 종교 이야기는 꺼내지 않으려 했다.

카멜라는 또한 루이스에 대한 그녀의 감정과 반응, 그리고 루이스와의 통화에서 무슨 이야기를 나누었는지에 대해 입을 굳게 다물었다. 그러나 지인들의 이야기에 따르면, 카멜라는 루이스를 되찾고자 브루제리아에 빠졌다고 했다.

카멜라는 버려진 흙과 부서진 화분, 로즈의 대한 공격, 바닥에 떨어진 커피 찌꺼기에 대한 질문에서도 종교적인 연관성을 강력히 부인했다. 그러나 종교 전문가의 자문을 구해 커피 찌꺼기와 부서진 화분에 영적인 의미가 있음을 밝혀냈다.

결과 __ 카멜라는 경계성성격장애와 이혼 등의 사건으로 인한 단기 정신병 진단을 받았다. 당시 그녀는 자기 행위의 부당함을 알았지만, 검찰은 범행 당시의 정신장애를 인정하여 과실치사로 플리바겐plea bargain(유죄인정협상. 범죄자가 자신의 죄를 인정하거나 자백하면 형벌을 감해 주는 유죄협상제도)을 제안했고 카멜라는 이를 받아들였다.

8장

성적 살인

성적 살인에는 사망으로 이어지는 행위 결과의 기반에 성적인 요소(활동)가 있다. 이러한 성적 요소의 실행과 의미는 공격자마다 다르다. 행위는 삽입(사망 전후)을 포함하는 실제 강간부터 외부 물체를 희생자의 신체 구멍에 삽입하는 상징적인 공격까지를 포괄한다. 성적인 것에 기반한 동기는 공격자의 성적 필요/욕구로 촉발된다. 범죄 현장에서 명백한 성적 접촉의 증거나 흔적을 찾을 수도 있지만, 찾지 못할 수도 있다.

성적 살인자에게 '구조화'라는 용어를 사용할 때에는 범죄행위 자체, 희생자에 대한 종합적인 분석, 범죄 현장(조작 포함)에 대한 평가, 법과학 보고서 분석에 기반해야 한다. 이러한 요소들이 결합하여 구조화된 공격의 공통된 특징을 형성한다. 예를 들어, 어떤 공격자는 살인을 계획하고, 피해자를 정하고, 범죄 현장에서 대상과 환경을 통제한다. 모든 범죄 단계마다 조직적이고 질서 있게 접근했음을 알 수 있다.

주요 특징

피해자 분석 __ 구조화된 공격자에게 공격 받는 성적 살인의 피해자는 흔히 공격자와 같은 인종의 여성이다. 피해자 중에는 혼자 사는 미혼 직장인이 많다. 존 웨인 게이시 사례에서 보듯이 소년들도 목표물이 된다.

'피해자 위험도Victim risk' 개념은 피해자 분석에서 중요한 요소이다. 위험에는 두 가지 요소가 있다. 첫째, 피해자 위험도는 나이, 생활 방식, 직업, 육체적 발달 정도로 결정된다. 위험도가 낮은 유형은 일상적인 생활 방식과 직업 덕분에 표적이 될 가능성이 높지 않다. 고위험 피해자군은 살인자가 그들을 어디에서 어떻게 찾아야 할지를 알기 때문에 쉽게 목표물이 된다. 예를 들어, 매춘 여성이나 히치하이커들이다. 노인이나 어린 연령대에서 발견되는 낮은 저항 능력도 피해자 위험도를 높인다. 고립된 공간처럼 피해자가 더 취약해지는 장소에서 생겨나는 위험도 있다. 안전에 대한 피해자의 태도도 위험도를 높이거나 낮출 수 있다. 순진하고 사람을 잘 믿거나 개인 안전에 부주의한 태도는 피해자가 될 가능성을 높인다.

피해자 위험도의 두 번째 측면은, 공격자가 범행 과정에서 감수해야 하는 위험성이다. 일반적으로, 범죄 현장이 실내인 경우가 실외인 경우보다 피해자 위험도가 더 낮다. 범죄가 발생하는 시간대도 공격자가 감수하는 위험에 영향을 미친다. 정오에 납치를 한다면 자정보다 공격자가 더 큰 위험을 감수해야 할 것이다.

보통 피해자는 공격자를 알고 모르고와 상관없이 피해자 기준을 만족시키기 때문에 선택된다. 다수의 피해자가 관련된 사건에서 특히 이 기준이 두드러진다. 피해자들은 공통된 특징(나이, 외모, 직업, 머리모양, 생활 방식)을 공유한다. 피해자는 살인자가 지켜보는 장소에서 목표물이 된다. 따라서 피해자는 우연한 계기로 결정되며, 수사관이 피해자들의 공통점을 발견하지 못할 수 있다.

빈번하게 보고되는 범죄 현장 지표 __ 종종 구조화된 살해가 나타나는 다수의 범죄 현장이 포함된다. 최초의 접촉 또는 공격 장소, 사망 현장 그리고 사체 처리 장소가 있다. 만약 피해자가 실내에서 살인자와 조우했다면, 첫 번째 범죄 현장은 건물이나 주택의 1층 또는 2층이다. 범행 뒤 공격자는 피해자의 시신을 다른 곳으로 옮긴다. 이 과정에서 공격자 또는 피해자의 차량이 이용된다.

일반적으로 공격자는 범죄 현장에 무기를 들고 갔다가, 범죄 후에 제거한다. 종종 테이프, 눈가리개, 쇠사슬, 밧줄, 의류, 수갑, 재갈 또는 화학약품 등 구속 도구를 사용한다. 이는 공격 이전, 중간, 이후의 질서 있는 조직적 접근을 반영한다. 만약 시간이 있다면, 공격자는 지문이나 족적도 없앨 것이다.

범죄 현장에서 트로피 또는 기념품이 사라질 수 있다. 피해자의 사진, 보석, 의류, 운전면허증 등이다. 이런 물건들은 물질적인 가치를 떠나,

공격자에게 공격의 성공이나 추억을 제공하는 일종의 '기념품' 역할을 한다. 판타지를 지속시키는 수단이 되기도 한다.

만일 시간적 여유가 있다면, 공격자는 피해자의 시신을 은닉할 것이다. 처리 장소는 공격자에게 친숙한 공간일 가능성이 높다.

조작 __ 현장은 조작될 수 있다. 용의자는 경찰의 주의 분산이나 오판을 노리고 일부러 범죄의 구조적 특성을 지우고 조작할 수 있다. 강간 및 살인의 1차 동기를 흐리고자 일부러 강도나 납치 같은 2차 범죄행위를 조작할 수 있다.

공통된 포렌식 검증 __ 구조화된 성적 살인의 법과학적 조사를 통해 시신에서 목을 조른 흔적 및 타액, 신체의 구멍 또는 음모 위 정액, 성기의 상처 또는 절단을 찾아낼 수 있다. 보통 성적인 행위뿐만 아니라 공격적인 행위가 사망에 앞서 발생한다. 구속 도구를 사용한 증거도 있을 수 있다.

살해 행위는 공격자의 입장에서 에로틱한 방식일 수 있다. 즉, 사망이 느리고 신중한 방식으로 진행되는 것이다. 종종 질식 양상이 나타난다. 예를 들어, 피해자의 목에 건 밧줄을 주의 깊게 조였다 풀었다 하면서 피해자가 의식을 잃고 깨는 것을 반복하게 만든다. 살해 행위와 함께 성적 행위가 피해자가 사망할 때까지 지속됐음을 보여 주는 증거가 나타나기도 한다.

수사 주안점

보통 공격자는 사교술이 좋아서 피해자를 붙잡기 위해 언어적 수단(사기)을 자주 사용한다. 공격의 서막으로 대화를 시작하거나 가짜 관계를 만들 수 있다. 피해자의 신뢰를 얻고자 경찰 등 다른 역할을 가장할 수도 있다. 단정한 비즈니스 복장이나 깔끔한 캐주얼 차림도 피해자를 안심시키는 수단이다.

이러한 공격자에게서 흔히 나타나는 범행에 대한 체계적인 접근 태도가 영역 탐색 및 피해자 선정과 결합된다. 따라서 현장 주변을 탐문할 때 동네를 어슬렁거리는 낯선 사람은 없었는지, 행동이나 외모가 앞서 기술한 것과 같은 사람은 없었는지 주의를 기울여야 한다.

구조화된 성적 살인자는 종종 관련된 범죄 현장(납치 지점, 폭행 장소, 매장 위치) 일부 또는 모두를 감시하기 위해 돌아온다. 대범하게 수사에 협조적인 방식으로 끼어들거나 가짜 정보를 제공할 수도 있다. 여기에는 두 가지 목적이 있다. 수사 상태를 확인하고, 그 범죄를 다시 느껴 보기 위함이다.

유력한 용의자는 비교적 눈에 띄지 않는 전과가 있을 것이고, 그것이 수사 중인 살인사건으로까지 발전했을 것이다. 그의 배경에서 범죄를 촉발하는 상황적 스트레스를 확인해야 한다. 예를 들어 금전, 일자리, 결혼 또는 기타 인간관계와 관련된 문제가 있다. 최근에 주거지나 일자리에 변화가 있었을 수 있다. 사건 후에 도시를 떠났을 수도 있다. 돈이 없어졌다면, 지역의 강도 사건들을 확인해야 한다.

수색영장 제안 사항

용의자에 대한 수색영장을 준비할 때 명심해야 할 항목에는 일기장, 달력 또는 살인을 기념하고자 스크랩해 둔 신문 등이 있다. 녹음 또는 녹화 기록, 피해자의 사진도 발견될 수 있다. 수색영장을 작성할 때 '기념품'을 기억해야 한다. 이메일뿐만 아니라 경찰과 관련된 소지품은 없는지도 찾아야 한다.

배경 __ 2011년 2월 체포되어 그 이중생활이 드러나기 전까지, 캐나다 공군 장교 러셀 윌리엄스의 미래는 찬란했다. 총리와 엘리자베스 2세 여왕을 태우고 비행할 만큼 신뢰 받는 캐나다 최대 공군기지의 사령관이었다.

피해자 분석 __ 윌리엄스는 10대와 20대 여성들을 표적으로 속옷을 훔쳤으며, 훔치기 전 직접 속옷을 입고 셀카를 찍었다. 처음 살해된 희생자는 윌리엄스 대령 기지의 공군기 승무원 마리 프랑 코모 병장이었다.

두 번째 살해 희생자인 제시카 로이드 병장은 윌리엄스 대령이 소유한 오두막 근처 길에서 운전하면서 점찍은 희생자였다. 윌리엄스는 그녀가 군용기에서 일할 때 만나 표적으로 삼아 두었다.

범죄 현장 지표 __ 두 건의 범죄 현장은 희생자의 집과 윌리엄스의 집이었다. 그는 로이드를 납치하여 성폭행 장면을 촬영하고 자기 소유의 오두막으로 데리고 가서 강간한 후 1월 28일 살해했다.

포렌식 검증 __ 당국의 발표에 따르면, 윌리엄스는 오타와에 있는 자택 컴퓨터 하드드라이브에 자신이 촬영한 사진들을 날짜와 시간별로 신중하게 분류해 놓았다. 사진들 중 일부는 희생자들의 침실을 파노라마로 찍은 것들이었다. 그는 여성들의 속옷을 집에 있는 가방과 상자에 보관하고, 공간이 부족해지면 태워 없애기도 했다.

코모는 수차례 강간당하고 커다란 손전등으로 머리를 구타당한 후 입과 코가 덕트테이프로 막혀 질식해 사망했다.

경찰은 바리케이트를 치고 자동차들을 세워 로이드의 집 밖에 난 타이어 자국과 일치하는 차량을 찾아나선 끝에 윌리엄스를 용의자로 확인했다.

수사 __ 23년간 군 생활을 한 베테랑 윌리엄스는 전투에 참여한 적은 없었지만 캐나다 전역과 해외 곳곳에서 근무했고, 2006년에는 두바이 인근에 있었던 캐나다 비밀 군사기지 캠프 미라지에서 사령관으로 근무했다. 윌리엄스는 캐나다 공군의 떠오르는 별이었으며, 캐나다 공군에서 가장 분주한 온타리오 트렌튼 기지를 책임지고 있었다. 코모 병장의 시신이 발견된 후 윌리엄스 대령은 그녀의 아버지에게 기지 사령관 자격으로 위로 서한을 보냈다.

데이비드 러셀 윌리엄스 대령은 두 여성에게 집중적이고 잔인한 공격을 가하는 모습을 촬영하여 도둑이자 살인마의 정체를 드러냈다.

그뿐만이 아니다. 윌리엄스는 2007년부터 최소 47개 가정에 침입했다. 그 집들 중 다수는 온타리오주 트위드에 있는 윌리엄스의 오두막과 같은 거리에 있었다. 그 외에 오타와 외곽 올리언즈에 있는 윌리엄스의 본가 인근의 집들도 침입당했다.

한 건의 살인을 저지르는 도중에는 방의 조도를 높이기 위해 램프를 추가로 가져왔다.

결과 __ 윌리엄스는 두 건의 살인과 두 건의 성폭행, 82건의 주거침입에 대해 유죄를 인정했다. 21세의 싱글맘은 결박되고 눈이 가려진 채 옷이 벗겨져 성적 행위를 강요당하고 사진이 찍혔다고 말했다.

윌리엄스 대령이 저지른 충격적인 범행은 본인의 꼼꼼한 기록과 2년간의 촬영 영상 덕분에 낱낱이 드러났다. 성적 충동을 위해 소녀를 포함한 여성들의 속옷을 훔치려고 주거침입을 한 것으로 시작된 범행은 결국 살인으로까지 이어졌다. 윌리엄스는 자위를 하거나 흥분된 상태로 훔친 속옷을 입고 사진을 찍었다.

윌리엄스는 두 건의 살인과 성폭행에 대하여 25년 이상 가석방 없는 종신형을 선고 받았다.

사례 연구 **131 구조화된 성적 살인**

배경 __ 사우스캐롤라이나 콜롬비아 지방경찰청은 17세 소녀의 부모에게서 전화를 받았다. 딸이 자전거를 타고 집 앞 차도 끝에 있는 우편함으로 우편물을 가지러 갔다가 돌아오지 않았다는 것이다. 부모가 딸을 찾으러 갔을 때 우편함 옆에 자전거가 있었고 그 옆에 자물쇠가 있었다.

납치 후 범인은 가족에게 전화를 몇 통 걸었다. 첫 통화는 희생자의 언니와 했다. 그는 전자장치를 사용해 목소리를 변조했다. 이는 그가 가족과 아는 사이임을 암시한다. 전화 통화는 희생자가 사망한 후에도 계속되었다. 범인은 희생자의 마지막 유언과 유서를 인용했으며, 그 유서를 가족에게 보냈다. 희생자는 납치 직후 살해되었으나 범인은 일주일 후 시신이 발견될 때까지 희생자가 아직 살아 있다고 믿게끔 만들었다.

피해자 분석 __ 첫 희생자는 집 앞 차도 끝에서 납치되었다. 다음 희생자인 9세의 백인 소녀는 첫 희생자의 시신이 발견된 지 1주일 후 집 뒤뜰에서 납치되었다. 범인은 첫 희생자의 언니에게 연락해 이 어린 소녀를 납치해 살해했다며 시신의 위치까지 말해 주었다. 마지막 통화에서 범인은 "이제 다음 희생자는 당신"이라고 했다.

수사 결과, 두 소녀 모두 위험도가 낮은 희생자들이었다. 그러나 그들은 강한 남성의 공격에 반격하거나 저항할 만한 물리력이 없었다. 첫 희생자의 경우, 범인은 그녀가 우편함에 도착할 때 자전거를 탄 그녀의 모습을 사진으로 촬영하고 있었던 것 같다. 그녀는 범인이 희생자를 물색하고 있을 때 길에서 마주친 우연한 희생자였다. 9세 아이는 놀이 공간에서 납치당했다. 범인은 이번에도 희생자를 찾고 있었거나, 아이를 본 순간 납치를 결심했는지도 모른다. 납치는 그리 정교하지 않았고, 따라서 우연한 사건이었을 확률이 높다.

범죄 현장 지표 __ 범인은 납치 이틀 후 희생자의 부모와 전화 통화를 하고, 그 다음에 희생자의 언니와 통화했다. 그의 목소리는 변조되었고, 용서를 구하며 후회를 표했다. 그는 희생자가 여전히 살아 있다는 인상을 주었다. 그는 희생자를 집으로 데리고 가 침대에 묶어 두었다고 말했다. 12시간 후, 범인은 희생자에게 교살과 질식사, 익사 중에서 선택하라고 했다. 희생자는 질식사를 선택했고, 범인은 덕트 테이프를 희생자의 코와 입에 붙였다.

그는 글로 쓴 대본을 따라가는 것처럼 보였다. 통화 도중 말이 끊기면 화를 냈다. 이것은 그가 희생자 가족에게 정확한 행동 방법을 알려 줘야 한다는 강박적 충동이 있었음을 의미한다. 그는 범죄 현장에 대해 알려 주었는데, 너무나 상세해서 범인이 그 거리를 측정하기 위해 현장으로 되돌아갔음이 분명하다. 희생자의 시신은 잘 은폐되는 장소에 놓여 있었다.

시신 유기 장소에 대한 지표들은 범인이 이 지역에 익숙하다는 점을 암시했다. 각각의 범죄와 관련된 장소는 세 곳이었다. 납치 장소, 사망 장소, 매장 장소. 범인은 희생자들과 상호작용을 했고, 그래서 그들과 편안하게 긴 시간을 보낼 장소가 필요했다. 결국 살해 장소이기도 한 이 장소는 범인이 집을 봐 주던 곳이었다. 매장한 장소 역시 그가 잘 아는 곳들이었다.

포렌식 검증 __ 두 희생자 모두 끈과 덕트테이프로 결박되었다가 유기 전에 결박이 제거된 것으로 드러났다. 희생자들의 얼굴에 덕트테이프 자국이 있었다. 범인은 희생자들을 질식시켰다고 주장했다. 시신들은 너무 부패되어 성적 학대가 있었는지를 확인할 수 없었다. 두 희생자 모두 시신 발견 당시 옷이 다 입혀져 있었다.

수사 __ 범죄는 납치와 살인, 유기 과정이 모두 구조화되어 있었다. 범죄 및 사망 현장을 재구성해 보니 희생자 가족과의 전화 통화나 판타지, 그리고 계획 정도에서 범인이 미리 정교하게 계획했음을 알 수 있었다. 그는 첫 희생자에게 마지막 유언과 유서를 메모장에 적게 했다. 유언장은 희생자가 가족에게 자신은 죽을 준비가 되어 있고 가족들을 사랑한다고 적은 편지였다. 범인은 이 편지를 가족에게 부쳤다. 편지는 분석을 위해 주 과학수사연구소로 보내졌고, 그 결과 육안으로는 볼 수 없었던 필흔이 드러났다. 그 필흔은 한 자리 숫자가 삭제된 전화번호로 확인되었다. 혐의자 명단이 도출될 때까지 비슷한 전화번호를 가진 사람들을 하나하나 지워 나갔다. 그중 한 전화번호가 버려진 곳에 있는 집과 연결되었다. 경찰이 연락했을 때, 그 사람은 부모님이 집에 안 계시며 다른 사람에게 그 집을 보도록 했다고 말했다. 그의 부모는 집 보는 사람에게 어떤 문제가 발생하면 아들에게 연락하라고 그 전화번호를 알려 주었다고 했다. 그 남자의 이름은 래리 진 벨이었다.

수사가 진행되는 동안, 분석관들은 국립폭력범죄수사지원단 분석센터(ISU)의 자문을 받았다. 센터는 범인의 프로파일을 만들었고, 지방경찰청에서 사용할 수사 기법을 구성했다. 범인을 확인해 보니 추정 범인의 성격 목록과 거의 모든 항목이 일치했다. 래리 진 벨은 36세의 백인 남성으로 가정의 전기 배선공으로 일한 적이 있었다. 그는 짧은 결혼 생활을 한 적이 있고, 집을 떠나 살고 있었다.

ISU 요원들은 벨에게 "체면을 세워 주는" 해석을 제공하라는 심문 전략을 제공했다. 벨은 "나쁜 래리 진 벨이 한 짓"이라고 주장하며 자백했다.

결과 __ 래리 진 벨은 두 소녀를 살해한 죄로 두 차례 사형을 선고 받았다. 그리고 1996년 10월 4일 사형이 집행되었다.

성적 살인에 사용되는 '비구조화된'이라는 표현은 '구조화된'이라는 개념을 정의할 때 사용하는 요소를 동일하게 담고 있다. 즉, 피해자 및 현장 분석, 포렌식 평가, 범죄행동 평가를 통해 구조/비구조를 판단한다. 각 분석과 평가에서 범인의 무계획적이고 즉흥적인 범행 특성이 나타난다. 이 특성은 가해자의 미성숙함, 낮은 범행 숙련도, 마약이나 술 복용, 정신적 장애 등의 결과일 수 있다.

주요 특징

피해자 분석 __ 비구조화된 성적 살인의 가해자는 주로 자신의 거주지나 일터 근처에서 임의로 피해자를 선정하기 때문에 피해자와 아는 사이일 수 있다. 피해자는 가해자의 거주지역 출신일 수 있는데, 이는 가해자가 스트레스 상황에서 충동적으로 범행을 저지르는 특성과 익숙한 주변 환경이 주는 자신감을 바탕으로 본인의 사회부적응성을 보완하려는 특성 때문이다.

한 명이 여러 명의 피해자를 발생시킨 경우, 비구조화된 가해자는 무작위적으로 피해자를 선정하기 때문에 나이나 성별 등에서 피해자 특징을 간추리기 어렵다.

비구조화된 성적 살인의 피해자가 갖는 위험 요인은 상황에 따라 정해진다. 예를 들어, 가해자가 가던 길 앞을 지나갈 수 있다. 이 피해자는 하필 그 시간에 그곳에 있었다는 이유로 범행 대상이 된다. 기타 피해자 및 가해자 평가는 분류 131과 동일하다.

빈번하게 보고되는 범죄 현장 지표 __ 비구조화된 성적 살인의 범죄 현장에서는 살인의 즉흥성 및 상징성(일부 사건)이 나타날 수 있다. 현장은 상당히 혼란스럽고 무작위적이고 엉성해 보인다. 살인 장소와 범죄 현장이 동일한 경우가 많다.

피해자는 보통 평소의 활동 동선에서 갑자기 공격을 당하기 때문에, 그 시신도 피해자에게 익숙한 장소에서 발견된다. 급습 같은 형태의 갑작스러운 폭력이 가해진 흔적을 사체에서 찾을 수 있다. 베개나 수건으로 얼굴을 덮거나, 시신을 엎드려 놓는 식의 소극적인 디퍼스날리제이션 양상이 나타난다.

검거를 피하려는 행동은 나타나지 않는다. 무기는 주변에서 우연히 취득하여 범행 후 현장에 버린다. 지문 등 증거를 현장에서 없애려 한 시도도 발견되지 않는다. 시신은 보통 살해 장소에 살해당한 모습 그대로 남겨진다. 사체를 감추려는 시도는 거의 없다.

조작 __ 2차적인 범죄행위가 있을 수 있지만, 이는 수사에 혼선을 주기 위한 조작이라기보다 가해자의 미숙함을 나타내는 지표가 된다. 비구조화된 범행을 저지르는 가해자의 지능은 평균보다 낮은 경우가 많다.

피해자의 시신은 가해자가 갖는 성적 폭력 판타지에 기반하여 그에게 특별한 의미가 있는 방식으로 연출되어 있을 수 있다. 가해자가 어떤 메시지를 전달하는 의도일 수도 있고, 특정 범행 사실(가해자가 불쾌하게 느낀 사후 신체 절단 행위 등)을 가리려는 시도일 수 있다.

이를 가해자의 퍼스네이션, 즉 개인화된 표현으로 볼지 아니면 의도적으로 수사에 혼선을 야기하려는 행위로 볼지 잘 판단해야 한다.

비구조화된 범인이 갖는 의식화된ritualized 성적 판타지의 또 다른 예는 여성의 가슴이나 성기, 복부, 엉덩이, 목 등 성적으로 유관한 부위의 과도한 훼손이다. 과잉살상은 그 판타지가 실행된 결과이다.

공통된 포렌식 검증 __ 비구조화된 공격자는 인간관계에 서툴고 사회부적응감을 강하게 느끼는 경우가 많다. 이러한 결핍감 때문에 숨어 있다가 기습하는 공격 형태로 피해자를 무력화시킨다. 비구조화된 성적 살인에서 발생하는 상해는 일반적으로 가해자가 피해자에 대한 긴장이 풀리고 편하게 대할 수 있을 때 이루어진다. 즉, 피해자가 무의식 상태이거나 죽어 가거나 죽은 후에 일어난다. 동일한 이유로 성적 공격도 그때 이루어진다.

안면 훼손과 특정 신체 부위에 집중된 과잉살상(과도한/심각한 상처나 부상 입히기) 형태로 디퍼스날리제이션이 나타날 수 있다. 주로 얼굴, 성기, 가슴이 이러한 디퍼스날리제이션의 대상이 되는 부위다. 신체 일부분이 현장에서 없어질 수도 있다.

비구조화된 성적 살인은 기습 공격이 일반적이며, 주로 피해자의 머리와 얼굴에 집중적으로 둔기 타격이 가해진다. 뒤쪽에서 공격하는 경우가 많다. 피해자를 제압하고자 즉시 죽이기 때문에 결박 행위는 최소한 발생한다.

성적 행위는 사후에 발생하고, 체강에 이물질을 넣는 행위(삽입형 시간증)를 하는 경우도 많다. 엉덩이나 가슴을 칼로 긋거나 찌르거나 살점을 물어뜯는 등 절단 행위도 이때 발생한다. 이러한 행위들이 완성된 성기 삽입 행위와 동시에 이루어지는 것이 아니기 때문에 피해자의 옷이나 상흔(드물게)에서 정액이 발견될 수도 있다.

피해자의 사인은 대부분 질식, 목졸림, 둔기 타격 또는 날카로운 흉기 공격이다.

수사 주안점

비구조화된 공격자는 일반적으로 혼자 살거나 부모 등과 함께 산다. 범죄 현장은 그의 집이나 일터와 가까운 곳에 위치한다. 과거 직장 생활에서 기복이 심했거나 원만하지 못한 전력이 있다. 보통 인간관계를 맺는 능력이 부족하여 어려움을 겪는데, 이는 자신보다 훨씬 어리거나 늙은 파트너와 교제하는 것에서 드러난다.

범행 전 생활환경을 보면 스트레스를 받는 상황이나 생활상의 변화가 매우 적다. 주변인들은 그를 이상한 사람으로 여길 수 있다. 그는 평소 행동이 어설프고 외모가 단정치 않으며, 목적 없이 밤에 동네를 어슬렁거리는 습관이 있을 수 있다.

범행 후에는 식생활이나 음주 습관(주류 섭취 증가)의 변화, 초조함 등 행동적 변화가 생길 수 있다. 또, 범행에 비정상적인 관심이 생겨 수시로 범죄와 관련된 이야기를 하는 등의 행동 변화가 나타날 수 있다.

가해자의 어린 나이, 약물이나 술에 의한 영향, 외부적 스트레스 요인(발각의 두려움 등), 미숙한 범행 등에서 기인하는 비구조적 행동들이 피해자 선정, 범죄 현장 및 법과학 수사에서 드러날 수 있다.

수색영장 제안 사항

비구조화된 공격자는 피 묻은 옷가지, 신발, 현장에서 가져온 피해자의 소지품 등 범행의 증거가 될 수 있는 물건을 숨기려 하지 않는다. 오히려 범행을 상기시키고 범행의 판타지를 강화시키는 기념품이 가해자의 소지품이나 컴퓨터 파일에서 발견될 수 있다.

피해자 분석__ 12세의 제니퍼 시달과 언니인 14세 일레인은 몇 시간 전 도난당한 제니(제니퍼)의 자전거를 그만 찾기로 했다. 이미 8시였고 꽤 어둑해져서 제니는 걸어서, 일레인은 자전거를 타고 집으로 향했다. 일레인이 전기설비 가게의 골목을 돌며 뒤를 슬쩍 보았을 때, 제니는 한 블록 떨어진 뒤에서 느릿느릿 걷고 있었다. 제니는 신체적인 문제가 있어 보통 아이들보다 빨리 걷지 못했다. 그러나 성적을 A만 받을 정도로 똑똑한 아이였고, 외톨이처럼 지내긴 했지만 언제나 다정하고 다른 이들을 돕고자 했다. 제니는 엄마와 언니와 함께 살았다. 부모는 12년 전에 이혼했고, 아빠는 열두 블록 떨어진 곳에 살았지만 1년 반 동안 만나지 않은 상태였다.

일레인은 오후 8시가 조금 넘어서 집에 도착했다. 하지만 제니는 집에 도착하지 못했다. 강력범죄의 피해자가 될 가능성은 제니의 생활방식과 사회적 습관 그리고 범죄율이 낮은 지역에 위치한 거주지 등을 고려할 때 높지 않았다. 그러나 제니의 어린 나이와 신체적인 한계가 위험도를 높였다. 제니는 다른 아이들보다 느렸기 때문에, 공격자가 아이만 골라내어 다른 사람들로부터 분리하기 용이했다. 사람을 잘 믿는 제니의 성격 또한 피해자 위험도를 높이는 요소였을 수 있다. 제니는 비구조화된 성적 공격자의 일반적인 피해자 선정에 들어맞는 대상이었다. 우연한 피해자였고, 신체적 장애 때문에 취약하고, 혼자 지내는 시간이 많아 표적이 되기 쉬웠다. 비구조화된 공격자들 중에서 쉽게 찾아볼 수 있는 유형의 자존감 낮은 사람에게는 제니의 어린 나이를 포함한 이러한 요소들이 공격자 위험도를 낮추는 신호로 비칠 수 있다. 이러한 유형의 공격자들은 본인이 통제권을 쥔 상황을 위협할 피해자를 원하지 않는다. 제니의 위험도는 상황적이었다. 아이는 공격자와 우연히 마주쳤고, 그것이 강간과 살인 욕구를 충족시킬 기회가 되면서 피해자 위험도가 증가했다.

범죄 현장 지표 __ 다음 날, 제니의 사체는 경찰 및 이웃들과 함께 그 주변을 수색하던 삼촌에게 발견되었다. 아이의 사체는 전기설비 가게 뒤쪽 가파른 계곡 둑의 중턱쯤에 있었다. 계곡에는 빽빽하게 높이 자란 잡초와 두 개의 둑을 따라 나무들이 우거져 있었다. 울타리가 있긴 했지만, 가게에서 멀지 않은 위치에 동네 젊은이들이 사업장에서 인접한 다른 지역으로 이동할 때 이용하는 구멍이 있었다.

사체는 울타리 구멍으로부터 둑길 하류 방향을 따라 3미터 정도 따라간 지점에서 둑 밑으로 약 3미터 떨어진 곳에서 발견되었다. 작은 나무에 걸려 완전히 굴러 떨어지지 않았다. 경사가 90도 가까이 될 정도로 꽤 가파른 둑이었고, 계곡으로 가는 길에서 9미터가량 떨어져 있었다. 제니의 셔츠와 브라는 그대로였지만, 허리 밑으로는 양말을 제외하고 나체 상태였다. 옷 일부는 계곡 둑을 따라 널부려져 있었고, 청바지와 팬티는 계곡에서 발견되었다. 청바지는 날카로운 도구로 밑부분부터 무릎 위까지 길게 잘려 있었다.

현장은 비구조화된 공격자의 전형적 형태였다. 공격 장소, 살해 장소, 사체 발견 장소가 모두 같은 지점이었다. 범행 도구는 범행 초반에 통제를 목적으로 사용한 공격자의 주먹과 피해자의 목을 (뒤에서) 조른 팔 등 (별도로 준비하지 않은) 있는 그대로 우연히 사용한 것이었다. 공격자는 즉시 의식을 잃게 만들 정도의 충분한 힘을 가지고 폭행하는 기습적인 유형으로 아이를 공격했다. 사체는 은닉 시도도 거의 없이 현장에 유기되었다. 범죄 현장은 무작위적이고 주의가 부족한, 비구조화된 공격자의 성격을 드러냈다. 발자국을 비롯한 다른 물리적 증거들이 남아 있을 가능성이 높았지만, 사체가 발견되기 전 내린 강한 비로 사라진 것으로 보였다.

포렌식 검증 __ 부검 결과, 제니는 교살된 것으로 밝혀졌다. 처음에는 아이의 청바지처럼 부피가 있는 물건으로 교살한 것으로 추정했으나, 나중에 공격자는 뒤에서 자신의 팔로 목을 졸랐다고 진술했다.

비구조화된 공격자에게서 종종 나타나는 집중된 둔력 손상이나 디퍼스날리제이션이 이 사건에서도 나타났다. 제니의 얼굴에는 수많은 베인 상처, 긁힌 상처, 그리고 멍 등의 타박상이 입과 광대 주변에 심하게 남아 있었다. 방어흔이나 이러한 유형의 공격에서 나타나는 다른 상처는 없었는데, 이는 피해자가 전격적으로 공격을 받아 반격할 수 있는 기회가 없었다는 뜻이다. 일반적으로 비구조화된 공격자들이 그렇듯이 신체 구속은 이루어지지 않았고, 이는 방어흔이 발견되지 않는 것과 같은 이유였다. 많은 양의 정액이 질 내에서 발견되었으며, 다른 부위에서는 발견되지 않았다.

이 사건에서 눈에 띄는 의문스러운 포렌식 증거(비구조화된 성적 살인자에게서 반복적으로 관찰된 적 없는)는 피해자의 손목과 전완(팔꿈치부터 손목까지)에 있는 깊게 베인 사후 상처였다. 또, 같은 부위에 '주저흔'이 있었다. 이것은 공격자의 호기심을 반영하는, 탐색적인 성격을 드러내는 상처로 성폭행의 일부는 아니다.

수사 __ 곧 용의자 몽타주가 만들어져 지역 텔레비전과 신문에 게재되었다. 버지니아 콴티코에 위치한 FBI 수사지원부서(ISU)에서 용의자 목록을 좁힐 수 있도록 공격자에 대한 프로파일링을 제공했다. 그 결과, 공격자는 피해자와 같은 지역에 산다는 프로파일이 도출되었다. 그는 아마 사고를 많이 치는 것으로 알려져 있을 것이고, 칼을 좋아하며, 체포 경험까지는 아니더라도 이전에 경찰과 접촉한 적이 있을 가능성이 컸다.

피해자(그리고 용의자)의 이웃들이 몽타주와 비슷한 사람이 동네에 살고 있다고 신고했다. 이후 수사를 통해 이 사람이 프로파일과 정확히 일치한다는 것이 밝혀졌다. 경찰은 다시 ISU에 이 용의자에게 사용할 면담 기법 컨설팅을 요청했다. 결국 17세의 조셉 로저스는 범행을 자백했고, 수사관들 앞에서 현장검증이 진행되었다. 그는 공격 며칠 전 제니와 이야기를 나누며 접촉한 적이 있었다. 그는 제니의 집에서 몇 블록 떨어진 곳에서 16세의 여자친구와 함께 살고 있었다. 그는 혼자 범행을 하기 위해 집을 나섰다. 그는 불안한 상태였고, 무직에, 고등학교 중퇴생이었다.

다음과 같은 이유로 범죄 현장은 구조적 · 비구조적 특성을 모두 반영할 수 있다.

- 1인 이상의 공격자가 포함될 수 있다. 이 경우, 서로 다른 행동 패턴이 나타날 수 있다.

- 공격은 잘 정리된, 계획된 공격으로 시작될 수 있지만, 피해자를 통제할 수 없는 등의 예기치 못한 상황이 일어나면서 악화될 수 있다.

- 공격의 주요 동기는 강간일 수 있으나, 피해자의 저항 혹은 공격자의 감정 상태로 고조될 수 있다. 특히 적대적인 유형이나 복수하고자 하는 유형의 강간범들에게서 흔히 볼 수 있다. 피해자를 신중히 선정해 스토킹하는 구조화된 특성을 보일 수 있지만, 이후 사체를 은닉하지 않거나 형편없이 은닉한다. 땅바닥의 돌처럼 우연히 취득한 무기를 사용하고 현장에 남겨 두며, 범행 현장은 정리되지 않은 모습을 보인다. 법과학적으로 급습 유형의 공격, 과잉살상, 둔력 손상, 신체의 일부인 무기(손과 발) 사용 등이 발견된다.

- 공격 중 나타나는 공격자 행동의 비일관성은 매우 다양한 정도의 구조화된 혹은 비구조화된 행동을 보일 수 있다. 공격자의 미숙함과 술 혹은 마약 관련 여부도 혼합된 범행 현장에 영향을 미칠 수 있다.

- 외부 스트레스 요인이 공격자의 행동을 바꿀 수 있다. 원래대로라면 계획과 통제력을 가지고 범행에 접근하는 공격자들도 긴장감을 고조시키는 요인들 때문에 폭발적이고 성급한 공격을 하게 될 수

있다. 테드 번디는 구조화된 살인자가 외부 스트레스 요인으로 비구조화된 살인자로 퇴화한 예시다. 치 오메가 살인사건 이전에 벌인 모든 납치·강간·살인사건에서는 주의를 기울여 피해자들을 선정하고 스토킹하고 납치했으며, 아주 작은 부분까지 신경 써서 사체를 은닉했다. 무엇보다 도망자의 삶에 익숙치 않았던 것이 무작위 피해자들을 무거운 무기로 폭행하는 등 폭발적인 연속살인을 초래했다(번디는 보통 신중하게 피해자를 선정했는데, 남녀공학 학교들은 무작위적이었다). 번디는 한 현장에서 우연히 취득한 무기를 사용했으며, 이를 다른 현장 근처에 남기고 떠났다. 그는 피해자들의 사체를 사망 장소에 공개적으로 두었는데, 이는 그가 평소에 했던 사체 처리와 눈에 띄게 다른 점이다. 이러한 범행 후 행동들은 모두 비구조화된 살인자의 전형적인 행동들이다.

사례 연구 133 혼합된 성적 살인

피해자 분석 __ 도나 린 베터는 평생 문명의 이기 같은 것은 구경도 못했을 것 같은 샌안토니오의 시골 환경에서 자랐다.

도나는 전기를 아끼기 위해 에어컨 대신 창문과 문을 열어 신선한 공기를 마셨다. 그녀가 살았던 곳에서는 강간이나 살인보다 절약이 더 중요했다. 결국, 그녀를 죽음으로 이끈 것은 이 순진하고 의심하지 않는 태도였다.

도나는 샌안토니오에서 FBI의 속기사로 일했다. 그녀는 출근 거리를 줄이고자 7개월 전 처음으로 집을 떠났다. 동료 직원들과도 거의 대화를 하지 않는 조용하고 근면한 내성적인 사람이었다. 그녀는 보통 주변에서 조용히 서서 사무실의 수다를 듣곤 했는데, 자신의 생각을 밝히는 경우는 거의 없었다.

피해자 위험도를 식별하는 기준상, 도나 베터는 위험도 스펙트럼의 저쪽 끝(매춘부)에서 가장 거리가 먼 이쪽 끝 사람이었다. FBI 속기사라는 직업, 보수적인 복장과 생활 방식(술집이나 나이트클럽에도 가지 않았다), 술이나 마약 사용과 범죄 전과가 없는 것, 적은 수입, 조용하고 내성적인 성격 등이 모두 낮은 위험도에 기여했다. 게다가, 나이와 신체적 상태(장애 없음)도 노인이나 어린이에 비해 취약하지 않았다.

그러나 두 가지 요소가 도나의 위험도를 높였다. 하나는 저소득 블루칼라 동네의 공업지역에 있는 그녀의 아파트의 위치였다. 두 번째 요소는 사람을 신뢰하는 태도와 신변 안전에 대한 관심 부족이었다. 그녀는 강간과 살인보다 전기 요금을 걱정하는 환경에서 자랐다. 도나는 시골에서 했던 것처럼 창문과 현관문을 열어서 신선한 공기를 집 안에 들어오게 했다. 동료나 경비원들이 걱정해도 웃고 넘겼을 것이다.

1986년 9월 4일 오후 9시 10분경, 도나가 TV를 보며 다리운동을 하고 있는 모습을 (평소처럼 열린) 창문 앞을 지나가던 이웃이 목격했다. 오후 10시 30분, 아파트 앞을 지나가던 다른 이웃 주민들이 도나 집의 앞 유리창이 없어진 것을 알아차리고 이를 경비원에게 알렸다. 오후 10시 35분에 출동한 아파트 경비대는 도나 집의 현관문이 약간 열려 있는 것을 확인했다. 집에 들어서자, 도나의 알몸 시신이 피투성이가 된 채 바닥에 쓰러져 있었다.

범죄 현장 지표 __ 도나는 거실 바닥에 등을 대고 누워 있었다. 치명적 공격이 일어난 장소는 부엌으로 보였다. 그곳에서 웅덩이를 이룬 다량의 피가 발견되었다. 부엌에 있던 도나의 칼이 그녀의 사인이었다. 부엌칼이 의자 쿠션 사이에 끼워져 있었다. 그녀는 뚜렷한 핏자국을 남긴 채 부엌에서 식당으로 끌려갔다. 부엌에는 그녀의 반바지와 셔츠, 속옷이 잘려져 있었다. 그녀의 안경은 식탁 아래에 있었다. 그녀의 차 열쇠는 탁자 위에 있었다. 집 안에서 뒤진 흔적도 없었고, 사라진 것도 없었다. 침입 지점은 앞 창문으로, 창문을 당겼을 때 식물이 안쪽으로 쓰러졌다. 살해 무기와 거실 탁자 끝에 족적과 장문掌紋(손바닥 손금 무늬)이 남아 있었다.

공격의 주된 동기는 강간이었지만, 도나가 강하게 저항하자 범인은 폭력적인 반응을 보였다. 반격은 범인이 평소 강간으로 표출하던 분노와 보복의 필요성을 증가시킬 뿐이었다. 그의 격앙된 감정 상태는 강간과 살인 사이의 경계를 넘었다.

도나와 범인의 첫 조우는 기습 공격 방식이었다. 화장실에서 나오고 있던 도나의 얼굴을 때렸고, 도나는 의식을 잃고 바닥에 쓰러졌다. 그러나 도나는 부엌에 가서 칼을 잡을 수 있을 만큼 회복되었다. 이 최후의 저항 행위로 가해자는 완전한 보복자 태세로 전환했다. 그는 칼을 움켜쥐고 반복적으로 도나를 찌르고 거실로 끌고 가 죽어 가는 그녀를 성폭행했다.

시신을 숨기려는 시도도 없이 사망 현장과 범죄 현장은 똑같았다. 장문, 지문, 족적이 현장에 남아 있었다. 이는 공격자가 광분하고 예상치 못한 폭력의 증가로 물적 증거를 등한시했다는 표시였다.

보수적이고 순진한 아가씨의 예상치 못한 반응에 분노 보복형 강간범의 변덕스러운 성격이 폭발하여 구조적/비구조적 요소가 모두 현장에 나타나게 되었다. 도나에 대한 통제력을 확립하지 못한 그의 무능함은 이후 사건을 악화시켜 현장을 더 비구조적으로 만들었다.

포렌식 검증 __ 도나는 얼굴에 둔력 손상을 입은 상태였다. 가슴에 세 차례 찔린 상처가 있었고, 그중 하나는 심장을 관통했으며, 오른쪽 종아리와 왼쪽 대퇴부 위에도 찔린 상처가 있었다. 왼손 손가락 세 개에 방어흔이 있고, 성폭행 흔적이 있었다.

피해자를 가능한 한 빨리 제압하고 싶어 하는 분노 보복강간범에게 흔히 나타나는 기습 공격이 이 사건에서 뚜렷이 드러났다. 얼굴 손상 은 특히 저항하는 피해자와 마주쳤을 때 이런 유형의 강간범이 사용 하는 과도한 힘을 보여 주는 증거였다.

범인의 장문과 지문, 족적이 다른 사건과 연결되면서 범인은 사건 발 생 한 달 만에 체포됐다.

수사 __ 1986년 9월 24일, 샌안토니오 경찰서는 30세 샌안토니오 여 성을 강간한 혐의로 22세 칼 해먼드를 체포했다. 그런데 이후 도나 베터의 외부 거실 창문과 거실 탁자 끝에서 나온 장문, 살해 도구에 서 나온 지문, 집 안에 발견된 족적이 그의 것으로 판명되었다.

해먼드는 재범자로, 5년 전에 17세 소녀를 강간한 죄로 유죄판결을 받았다. 그는 거절하는 소녀를 강간하며 소녀의 얼굴을 때렸다. 또, 강간 혐의로 보석금을 내고 풀려난 지 3일 만에 강도죄로 체포되었 다. 4년간 복역한 해먼드는 의무석방 프로그램에 따라 1985년 8월 23일 주 교도소에서 석방되었다. 체포 당시, 그는 무려 15건의 북동 부 발생 강간 사건에 대한 혐의를 받고 있었다.

결과 __ 다수의 감정 분출로 족쇄가 채워지고 재갈이 물린 해먼드는 1986년 3월 법정에 모습을 드러냈다. 배심원단은 그에게 사형을 선 고했다. 선고 전, 그는 감옥에서 탈출했다가 샌안토니오 시내에서 48

시간 만에 붙잡혔다.

변호사는 해먼드가 공정한 재판을 받지 못했다고 비판했다. 재판에서 해먼드의 직접 증언이 없었고, 배경 가족 정보도 소개되지 않았으며(아버지가 형에게 살해되는 장면을 목격했다), 그가 청각과 시각적 환각을 겪었다는 주장을 받아들이지 않았다는 것이다.

감형을 거부당한 칼 해먼드는 서른 살이던 1995년 6월 22일 독극물 주사 방식으로 사형이 집행되었다. 해먼드는 최종진술에서 이렇게 말했다. "사람들이 사랑하는 사람을 잃기 힘들어한다는 걸 알았습니다. … 나는 아무 말도 하지 않는 것이 가장 좋습니다."

가학성애자는 가학적인 상상에 반응하어 성적 흥분을 느끼는 패턴을 오랫동안 지속해 온 사람이다. 신체적·육체적 수단을 포함하는 극단적인 고문을 타인에게 가함으로써 성적 만족을 획득한다. 고문에 대한 피해자의 반응에서 최고의 만족감을 얻는다. 가학적인 성적 판타지 속에서 성적 행동은 지배, 수치심을 주는 행위 및 폭력과 결부되며, 이는 결과적으로 사망을 가져오는 범죄행위로 전환된다.

주요 특징

가학적 살인의 피해자는 분류 131에서 설명한 피해자 분석과 일부 유사하다.

가학성애자는 주로 낯선 성인 백인 여성에게 집중한다. 피해자에는 남성도 포함될 수 있으며, 다수의 공격자가 여성과 남성을 모두 먹잇감으로 삼는다고 알려져 있다. 어린이를 표적으로 삼을 수도 있으나, 어린이만을 공격하는 경우는 많지 않다. 흑인이 공격받는 경우는 더욱 적다.

때로 공격자의 인생에서 중요한 위치를 차지하는 누군가와 피해자 사이에 유사점이 나타나는 경우가 있다.

피해자는 체계적인 스토킹과 감시를 거쳐 선택된다. 공격자는 피해자에게 도움 요청하기나 제공하기, 길 묻기 또는 경찰관 흉내 등으로 접근한다. 속임수가 사용될 수도 있다. 예를 들어, 유망한 모델이나 배우를 찾는 길거리캐스팅인 척하거나 일자리를 약속할 수 있다.

보고된 사례 중에는 한 사건에서 두 명의 피해자가 성적 가학적 고문으로 사망한 사례도 있다.

빈번하게 보고되는 범죄 현장 지표 __ 이 유형의 성적 살인에는 종종 다수의 범죄 현장(최초 조우 장소, 고문 및 사망 현장, 사체 처리 장소)이 수반된다. 고문을 통해 가학성애가 표출되는 범죄는 공격자가 피해자와 함께 장시간 있을 고립되거나 인적이 드문 장소를 필요로 한다. 감금은 몇 시간부터 최대 6주까지 지속될 수 있다. 범죄에 필요한 고립이 충족되는 환경이라면 공격자의 주거지가 사용될 수도 있다. 납치와 고문에 적합하도록 공격자의 차량을 개조할 수 있다. 창문과 문을 열 수 없게 하고, 방음 조치를 하고, 경찰 용품을 설치하기도 한다.

지문을 남기지 않고자 종종 장갑이 사용된다. 고립된 장소는 미리 정해 놓는다. 공격자는 범죄를 꼼꼼히 준비하고, 범죄 현장은 이를 반영한다. 고문대나 특별하게 고안된 고문실이 제작된다. 야외의 경우, 선택한 무기와 고문 기구를 현장에 들고 온 뒤 제거한다.

이 살인에서는 구속이 필요하기 때문에 범죄 현장에는 보통 구속의 흔적이 나타난다. 밧줄이나 쇠사슬 따위의 성적 본디지bondage, 즉 정교한 구속 도구를 사용해 지나칠 정도로 깔끔하고 대칭적으로 구속하거나, 공격자의 성적 취향에 맞게 피해자가 다양한 자세를 취할 수 있게 하는 구속 도구도 발견된다. 특히 고문과 사망 현장에서 맞춤 제작된 고문 도구의 사용이 명백히 드러날 수 있다. 전자기구, 고정용 바이스 그립, 펜치, 삽입용 물체, 채찍이 포함된다. 피해자가 고통을 표현했을 때 성적 흥분을 느낀 가해자의 배설물이 현장에서 발견된다.

통상 시신은 은닉된다. 특히 삽, 석회, 멀리 떨어진 매장 장소 등을 미리 준비한 조직화된 공격자의 경우에 그러하다. 시신을 불태우기도 한다. 하지만 피해자와 가까운 사람들이 보게 될 장소에 두거나 부주의하게 처리하는 등 비일관성을 보이기도 한다. 가끔은 발견 가능성이 높은 장소로 일부러 옮겨 놓기도 한다. 시신이 발견되어 사람들에게 알려질 때 흥분을 느끼는 공격자도 있기 때문이다.

조작 __ 피해자의 정체 은폐 등의 실질적인 이유로 과잉살상 또는 디퍼스널리제이션이 나타날 수 있다. 가학적 성적 살인이라는 1차 동기를 가리기 위해 범죄 현장을 2차 범죄행위로 조작할 수도 있다(강간살인, 강도).

공통된 포렌식 검증 __ 공격자는 사망 전 성행위를 한다. 《성적 가학 범죄자와 그 범죄The Sexually Sadistic Criminal and His Offenses》(Dietz, Hazelwood, & Warren, 1990)에는 피해자에게 가장 많이 강제되는 성적 행위가 열거되어 있다. 항문강간, 강제 구강성교, 성기 강간 및 외부 물체 삽입 등이다. 뒤로 갈수록 발생 빈도가 낮아진다. 공격자 중 다수는 피해자를 상대로 이 행위 중 세 가지 이상을 강제한다. 공격은 사망 전에 이루어진다. 가학적 살인자가 느끼는 일차적 쾌락의 근원이 피해자에게 발생하는 고통에 있기 때문이다.

폭행은 생식기, 성기, 가슴에 집중된다. 가학적 성행위에는 성과 관련된 부위(가슴과 성기뿐 아니라 허벅지, 엉덩이, 목, 복부 등)를 물거나 과잉살상하는 것이 포함된다. 그러나 상처는 팔꿈치 등 고통을 유발하는 곳이면 어디든지 생길 수 있다.

성기 또는 항문에 외부 물체를 삽입할 수 있으며, 이것은 종종 난도질이나 베임 또는 가슴과 엉덩이를 무는 행위와 결합된다. 종종 피해자 신체 구멍과 사체 주변에서 체액이 발견된다. 공범이 있는 경우에는 다른 체액와 음모가 발견될 수 있다. 피해자 위에서 소변을 보기도 한다.

눈가리개와 재갈을 이용해 구속하는 경우가 많기 때문에 흔히 결박의 흔적이 나타난다.

오랫동안 생긴 여러 상처가 여러 치유 단계로 남아 있다면, 그것은 공격자가 피해자와 오랜 시간을 같이 보냈다는 증거이다. 구타로 발생하는 둔력 손상, 고통스러운 삽입, 물기, 채찍질, 가슴 비틀기, 뜨거운 물건이나 전기장치로 인한 화상 자국 등이 포렌식 조사에서 드러날 수 있다.

피해자에게 강제로 대소변을 먹인 경우도 있다. 피해자의 위 내용물에서 관련 성분이 검출되며, 변형된 형태가 나타나기도 한다.

살해 행위에는 종종 강간이 수반된다. 사망은 공격자가 탐닉하는 느리고 정교한 방식으로 이루어진다. 하지만 의식이 없거나 사망한 피해자는 공격자가 추구하는 만족을 줄 수 없기 때문에 쉽사리 피해자를 죽이지 않는 데에 많은 공을 들인다. 이러한 신중함은 다양한 사례에서 입증된다. 가해자는 피해자의 의식을 최대한 유지하고자 특별한 조치를 취하기도 하고, 더 많은 고통을 주기 위해 거의 사망에 이른 피해자를 되살려 내기도 한다.

가장 흔한 사망원인은 교살, 액살, 교수형, 압박사 등 질식이다. 총상, 절단 및 칼로 찌른 상처, 둔력 손상으로 인한 사망은 비교적 빈도가 낮다.

수사 주안점

가학적 성적 살인의 가해자는 대부분 백인 남성이다. 때로 남성 또는 여성 공범이 연루되기도 한다. 《성적 가학 범죄자와 그 범죄》에 따르면, 가해자의 43퍼센트는 기혼이며, 50퍼센트는 자녀가 있다.

대중과 접촉하는 직업을 가진 가해자도 있다. 체포 이력(반드시 성과 관련된 범죄는 아닌)이 있고, 알코올 이외의 약물 사용 및 반사회적 행동 전과가 있을 수 있다. 경찰 '덕후'로 장비와 관련 문헌 및 무기를 수집하기도 한다. 가학성애자 중에는 극단적인 운전 마니아가 많기 때문에, 잘 관리된 차량을 소유하고 있을 가능성이 있다.

공격자는 시신이 발견되었는지를 확인하거나 수사 상황을 점검하러 범행 현장을 다시 찾을 수 있다.

수색영장 제안 사항

가학적 공격자에게 흔히 나타나는 다음 항목들은 반드시 수색영장에 포함시켜야 한다.

- 성적이거나 폭력적인 주제와 관련된 수집품: 포르노문헌, 비디오, 본디지 기구, 형사잡지, 성기구 및 여성용 속옷.
- 총기 수집, 경찰 유니폼, 배지, 가짜 신분증, 법집행 절차가 자세히 기술된 도서.
- 경찰차를 본떠 개조한 차량: 블랙월 타이어, 송수신 겸용 라디오, 베어캣 스캐너, 휩안테나, 적색 경광등, 납치 및 고문용 사이렌, 사용할 수 없는 차문 손잡이와 창문, 방음 처리, 구속 도구, 삽, 석회, 기타 매장 장비, 물과 음식, 예비 연료.
- 고문 기구, 카메라, 녹화 장비, 개인용컴퓨터.
- 범죄행위를 다룬 문서 기록, 손으로 쓴 원고, 일기, 협박 편지, 달력, 스케치, 그림, 오디오테이프, 비디오테이프, 사진, 피해자 소지품 (속옷, 신발, 보석, 지갑, 면허증, 기타 신분증).

사례 연구 **134 가학적 성적 살인_'공구 상자 살인마들'**

배경 __ 샌 루이스 오비스포에 있는 캘리포니아 남성 교도소에서 복역한 마지막 해, 로이 루이스 노리스는 로렌스 지그문트 비태커를 만났다. 두 수감자는 모두 장기간에 걸쳐 상당한 폭력범죄행위를 저지른 전과가 있었다. 가까워진 두 사람은 서로 통하는 주제를 발견했다. 바로 "여성을 지배하고 고문하기", 그리고 "강간하기"였다. 그들은 앞으로 여성들을 성폭행하고 목격자를 남기지 않겠다는 결심을 공유했다.

비태커는 1978년 11월, 노리스는 1979년 1월에 각각 석방되었다. 그들은 이제 감옥에서 공유한 욕망을 실현하기로 했다. 우선 납치하기 편한 차가 필요했다. 비태커가 발견한 슬라이딩 도어에 측면 창이 없는 1977년형 실버 GMC 카고 밴은 희생자 가까이에 차를 세우고 덮치기에 완벽해 보였다.

1979년 상반기에 비태커와 노리스는 나무와 합판, 각종 도구, 옷가지와 쿨러가 있는 트윈 사이즈의 매트리스 등 범행에 필요한 도구들을 마련했다. 범행 장소로는 글렌도라시 위쪽 산 가브리엘산맥의 외딴 지역을 점찍어 두었다. 이 지역은 차단기가 설치된 소방도로로, 비태커는 방해자를 확실히 차단할 수 있게 잠금장치까지 설치했다. 그러면서 20명이 넘는 히치하이커를 태우고 그냥 내려 주며 '그날'을 위한 리허설을 했다.

"그날"은 1979년 6월 24일이었다. 이때부터 같은 해 10월까지 적어도 네 차례에 걸쳐 비태커와 노리스는 최소 5건의 살인을 저질렀다.

피해자 분석 __ 16세 소녀 루신다 섀이퍼는 캘리포니아 토랜스에 할머니와 함께 살고 있었다. 그녀는 고등학교 펠로우쉽 그룹 등 교회에서 적극적으로 활동하는 매력적인 소녀였다. 1979년 6월 24일, 그녀는 레돈도 비치에 있는 세인트 앤드류스 장로교회 펠로우쉽 회의에 참석했다. 그리고 할머니를 부르지 않고 좀 일찍 출발해 퍼시픽 해안

고속도로를 따라 걸어가기로 결심했다.

비태커는 그녀를 발견하고는 "저기 귀여운 금발이 온다"고 했다. 노리스는 밴을 그녀 옆에 붙여 세우고는 집에 태워 줄까, 대마초를 피워 보겠냐고 물었다. 그녀는 거절하고 계속 걸어갔고, 노리스와 비태커는 멀리서 그녀를 따라갔다. 비태커는 그녀 앞에 차를 세웠고, 루신다가 다가올 때까지 노리스는 인도에서 기다렸다. 그녀가 다가오자 잠시 대화를 나누던 노리스는 갑자기 그녀를 낚아채 밴으로 끌고 가 차 안으로 집어던지고 문을 닫았다. 밴이 끼익 소리를 내며 출발했고, 비태커는 루신다의 비명 소리를 감추기 위해 라디오를 크게 틀었다. 차가 소방도로로 가는 동안 노리스는 그녀의 입에 테이프를 붙이고, 손과 발을 묶었다.

범행 장소에 도착한 후, 비태커와 노리스는 대마초를 피우며 루신다에게 가족과 위스콘신에 있다는 남자친구에 대해 물었다. 그리고 지루해지자 그녀를 번갈아 강간했다. 그 다음, 노리스가 루신다의 목을 조르려 했지만 그녀의 눈에서 분노를 보고는 기가 죽었다. 비태커가 루신다를 넘겨받아 그녀가 바닥에 쓰러져 숨을 쉬기 위해 몸부림칠 때까지 목을 졸랐다. 비태커가 누군가의 목을 조르는 것이 TV에서 보는 것보다 더 힘들다고 하자, 노리스가 동의했다. 둘은 코트 옷걸이를 루신다의 목에 단단히 감고 바이스 플라이어로 그녀가 마침내 잠잠해질 때까지 조였다. 그들은 옷걸이가 그녀의 목에 파고들어 흘러내린 피가 밴의 시트에 묻지 않도록 파란색 샤워커튼으로 시신을 감쌌다. 그리고 루신다의 시신을 깊은 협곡 한쪽에 던졌다.

7월 8일, 비태커와 노리스는 다시 한 번 퍼시픽 해안고속도로에서 희생자들을 스토킹하다 히치하이킹을 하던 18세의 안드레아 조이 홀을 발견했다. 비태커가 안드레아를 태웠고, 그녀가 비태커의 등쌀에 밴 뒤쪽 냉장고에서 음료를 집어 들었을 때 노리스가 그녀를 제압했다. 안드레아에 대한 공격은 신디에게 한 공격과 비슷했고, 한 가지 다른 점은 그녀의 경우에는 사진을 찍어 범인들이 그녀의 얼굴에 서린 공포를 회상할 기념품으로 삼았다는 점이다. 이 시점부터 비태커와 노리스는 희생자를 언어적으로, 그리고 신체적으로 고문하는 실험을 할 정도로 여유가 생겼다. 안드레아는 얼음송곳으로 한쪽 귀에서 다른 쪽 귀까지 뇌를 관통당했다. 그 다음에 목이 졸린 후 절벽에 던져졌다.

다음 희생자는 15세의 재키 도리스 길리엄과 13세의 재클린 리 램프였다. 두 소녀는 길을 걷다가 히치하이킹을 했다. 버스 정류장에서 잠시 쉬고 있을 때 옆에 밴이 멈춰 섰다. 그들은 자발적으로 밴에 탔지만, 밴이 해변을 떠나 산 쪽으로 가자 불안해졌다. 리가 밴의 문을 열려고 하자, 노리스는 그녀의 머리를 배트로 내리쳤다. 비태커가 차를 세우고 노리스가 두 소녀를 제압하는 것을 도왔고, 그 다음 샌 디마스로 향했다.

재키와 재클린은 48시간 동안 고문을 당한 후 살해되었다. 노리스는 두 소녀에게 다양한 성적 행위를 시켜 이를 24컷의 스냅사진으로 촬영했다. 재키는 얼음송곳으로 귀를 관통당했고, 손으로 목이 졸린 후 큰 해머로 머리를 강타당했다.

노리스는 13세의 재클린은 성적으로 학대하지 않았다고 주장했다. 비태커는 재클린의 머리를 큰 해머로 잔인하게 내리치기 전에 "너는 처녀로 남고 싶어 했지, 이제 너는 처녀로 죽을 수 있어"라고 했다. 노리스와 비태커는 자신들의 행위를 녹음기에 담아 보존했다.

셜리 리네 레드포드는 1979년 10월 선밸리에서 히치하이킹을 하던 모습이 마지막으로 목격되었다. 비태커와 노리스는 히치하이킹을 하던 그녀를 태우고는 이번에는 다른 방식으로 고문했다. 산악지대에 있는 자신들의 장소로 가지 않고 샌페르난도 계곡 인근을 드라이브하기로 했다. 그들은 셜리의 팔꿈치를 3파운드짜리 대형 해머로 여러 차례 내리쳤다. 비태커는 셜리의 비명 소리가 만족스럽지 않다며, 공구 상자에서 플라이어 한 개와 바이스 플라이어를 가져와 그녀의 양쪽 유두와 질을 집었다. 셜리의 나체는 선랜드 레지던스의 앞마당에 던져졌다. "언론보도가 어떻게 될지" 보려고.

희생자들에 대한 분석 결과, 이 구조화된 범인들이 저지르는 가학적 살인에는 몇 가지 공통점이 있었다. 희생자들은 비태커와 노리스의 성향(기호)에 맞았기 때문에 표적이 되었다. 희생자들은 모두 백인 여성들로 일정한 연령대였고, 범인들과는 비면식이었으며, 히치하이킹을 하는 고위험군에 속했다(루신다는 히치하이킹을 하지 않았지만, 고속도로를 걷는 위험한 행동을 했다).

범죄 현장 지표 __ 비태커와 노리스의 범죄 현장은 전형적인 구조화된 가학적 살인 현장이었다. 그들은 신중히 범행을 계획했고, 희생자들과 대화하며 전체적으로 통제했으며, 구속 도구를 사용하여 희생자들의 신체를 통제했다. 비태커는 자신이 통제하는 희생자들과의 대화를 즐겼다. 그는 대화 자체를 고문 수단으로 사용했다. 희생자들이 목숨을 구걸하도록 하여 본인의 지배감을 인정 받았다.

납치는 밴을 개조하는 단계부터 잘 계획되어 진행되었다. 무기, 즉 공격 도구들은 희생자들을 포획할 때까지는 전혀 문제가 되지 않았는데, 실제 범행 장소는 밴 안이었기 때문이다. 납치 장소에 남은 유일한 증거는 루신다의 신발뿐이었다.

비태커와 노리스는 희생자들을 방해 받거나 발견될 위험이 전혀 없는 먼 곳까지 데리고 갔다. 그럼으로써 충분히 시간을 갖고 희생자들과 접촉하며 가학적 살인 행위를 부추긴 본인들의 판타지와 충동을 충족시켰다. 몇 구의 시신은 사망 장소에서 옮겨져 유기되었다. 노리스의 자백으로 협곡 바닥에 몇 십 미터에 걸쳐 흩어져 있던 재키와 재클린의 부서진 뼈 조각들을 찾을 수 있었다. 비태커와 노리스의 범죄 현장들에서 나타나는 공통된 지표는, 그들이 통제되고 구조화된 범인들이었음을 입증했다.

시신을 감추려는 노력 없이 공개적으로 유기하긴 했지만, 레드포드의 사망과 공격 장면은 여전히 구조화되고 통제된 현장의 영역 안에 있었다. 비태커가 자신의 범죄가 언론에 보도되기를 열망한 것이 범행수법(MO)에 변화를 가져왔다.

포렌식 검증 __ 루신다 새이퍼와 안드레아 홀의 유해는 결국 발견하지 못했다. 재키와 재클린의 부서진 두개골 등 부분적인 유해는 글렌도라 산악지대에서 발견되었다. 재키의 두개골 오른쪽에는 그때까지도 얼음송곳이 꽂혀 있었다.

셜리 레드포드에 대한 부검 결과, 사인은 목에 감긴 철사로 인한 교살이었다. 얼굴과 머리, 양쪽 가슴에는 둔력에 의한 외상이 여러 개 있었다. 그녀의 직장 내벽과 질은 너무 잡아 늘려 찢어진 상태였다. 강간 후에 비태커가 플라이어를 집어넣었기 때문이다. 그녀의 왼쪽 팔꿈치에는 멍들이 있었고, 오른쪽 검지에는 베인 상처, 왼쪽 손에는 찔린 상처가 있었다. 손목과 발목에도 결박흔이 있었다.

셜리의 부검 보고서는 이 사건과 유사한 구조화된 가학적 살인의 지표들을 모두 담고 있다. 성기 부위와 가슴에 대한 집중적인 둔력 공격, 이물질의 외상 삽입, 항문성교, 고문의 증거들(해머와 플라이어). 사망 이전에 성적인 공격 외에 다수의 공격 행위가 있었고, 구속 도구들이 사용되었다. 게다가 긴 시간에 걸쳐.

수사 __ 비태커와 노리스는 이 시기에 가학적 살인 외에도 다른 범죄들을 저질렀다. 강간미수, 강간납치, 철퇴 공격 등 적어도 세 건의 사건이 더 있었다. 두 사람이 체포된 후 또 다른 희생자가 있음을 암시하는, 정체불명 백인 여성들의 사진이 여러 장 발견되었다.

강간당한 후 풀려났던 희생자들 중 한 명이 비태커와 노리스의 인상착의를 확인해 주었다. 두 사람은 강간살인 혐의로 체포되었다. 두 사람 중 노리스가 비태커에게 모든 책임을 전가하며 자백했다.

비태커와 노리스가 저지른 잔인한 살인의 동기는 두 사람을 심문했던 법정신의학자 로날드 마크맨이 가장 잘 설명했다. 두 사람은 옳고 그름은 알지만 신경 쓰지 않는 사이코패스였다(Markman & Bosco, 1989).

결과 __ 1980년 3월 18일, 노리스는 총 5건의 살인에 대해 유죄를 인정하고 비태커에게 불리한 증언을 했다. 수사에 협조한 대가로 그는 30년 후 가석방이 가능한 45년형을 선고 받았다. 비태커는 모든 것을 부인했다. 1981년 2월 5일 열린 재판에서 비태커는 노리스가 1979년 체포된 이후에야 처음으로 그 살인들에 대해 말해 주었다고 주장했다. 배심원들은 2월 17일 유죄를 평결했다. 3월 24일, 배심원단의 권고에 따라 비태커에게 사형이 선고되었다. 판사는 비태커에 대한 사형선고가 종신형으로 감형될 경우 발효되도록 199년 4개월의 대안형을 부과했다. 비태커는 여전히 산쿠엔틴 교도소에서 사형을 기다리고 있고, 노리스는 캘리포니아의 펠리칸베이 교도소에 수감되어 있다(비태커는 2019년 12월, 노리스는 2020년 2월에 감옥에서 자연사했다).

분류 135는 60세 이상의 여성을 대상으로 하는 성적 행위를 주된 동기로 한 살인사건이다. 범행은 대부분 일종의 성행위를 포함한다. 성관계가 있었음에도 정액은 발견되지 않을 수 있다. 성행위와 더불어 이물질 삽입이나 구강성교(가해자 또는 피해자가)를 한다. 본인의 입으로 피해자의 성적 부위를 추행하거나, 손가락을 넣거나, 기타 다른 성적 부위에 집중된 신체접촉 행위를 할 수 있다. 가해자의 연령은 다양하고, 백인과 흑인(히스패닉 가해자는 현저하게 낮음)에서 비슷한 비율로 나온다. 인구학적 집단과 생활 방식 및 행동적 특징에서 유사성이 다수 발견된다. 수사관들에 따르면, 여성 노인 대상 성적 살인의 범인은 보통 피해자보다 나이가 어리고 피해자의 거주지나 그 근처에서 범행을 저지르며, 범행현장 가까이에 사는 피해자가 모르는 인물이다.

주요 특징

피해자 분석 __ 여성 노인은 젊은 여성보다도 범죄에 취약하다. 우선 혼자 사는 경우가 많다. 여성은 남편보다 오래 살 가능성이 높고 기대수명이 길기 때문에 독거노인 인구의 80퍼센트를 여성이 차지한다(Taeuber & Allen, 1990). 나이 든 여성의 취약성은 그들의 체구 및 체력과도 관련이 있다. 즉, 젊은 여성에 비해 물리적 공격을 피하거나 그에 저항하기가 쉽지 않다(Nelson & Huff-Corzine, 1998). 여성은 나이가 들면서 골격, 신경 근육 등 여러 가지 신체 변화를 겪게 되고, 이로 인해 이동에 제약이 생기고 상황 모면이나 자기방어가 어려워진다. 고령의 여성은 보통 배우자와 사별하는 등 아동이나 젊은 여성에게 있는 보호자가 없는 경우가 많고, 따라서 공격자의 손쉬운 먹잇감이 된다. 이러한 취약성 때문에 일부러 여성 노인만 노리는 강간범도 있다. 관련 연구(Safarik and Jarvis 2005)에 따르면, 고령의 여성을 대상으로 하는 성폭행은 성욕 때문이 아니라 단죄, 지배 및 통제 욕구에서 비롯된 폭력범죄가 특히 많다.

노인 대상 성적 살인을 집중적으로 다룬 연구(Safarik, Jarvis, and Nussbaum 2000)를 보면, 피해자의 평균연령은 77세이며, 이중 백인이 86퍼센트를 차지한다. 흑인(9퍼센트)과 히스패닉(4퍼센트)도 포함되어 있으나, 아시아계 피해자는 드물다. 피해자의 96퍼센트는 자신의 집에서 살해당한다. 요양원 및 장기보호기관에도 대부분 여성들이 거주하고 이러한 시설에서 발생하는 성폭행의 피해자도 여성이지만, 시설에서 살인이 발생하는 일은 거의 없다. 여성 노인 대상 성적 살인의 피해자는 대부분 자신의 거주지에서 적어도 10년 이상 거주한 사람들이다. 안타깝게도, 이러한 장기 거주가 자신도 모르는 사이에 범죄 위험도를 높일 수 있다. 흑인이나 히스패닉 가해자가 백인 피해자를 상대로 범죄를 저지른 경우, 해당 지역이 과도기적 상황을 겪는 경우가 많다. 즉, 중산층에서 빈곤층으로 사회적·경제적 변화를 겪고 있는 지역이다. 이러한 변화는 인구통계적 변형을 가져와 사회 무질서나 범죄행위 증가를 야기한다.

고령 여성의 취약성에 일조하는 다른 한 가지는, 대부분의 피해자들이 도어락이나 창문 잠금장치를 제외하고는 가정용 보안시스템을 갖추지 않는다는 점이다. 사인은 교살이 가장 많았고, 그 다음이 둔기 폭행에 의한 사망이다. 총기에 의한 사망은 드물었다.

일반적으로 노인은 범죄 피해자가 될 위험성이 낮은 것으로 분류되지만, 혼자 사는 고령의 백인 여성은 여성 노인 대상 성적 살인 피해자가 될 위험성이 높다. 이는 공격자가 이들의 취약성을 알고 있음을 의미한다. 같은 맥락에서 가해자는 범행 시 자신의 위험도가 낮다고 느낀다. 피해자의 집 안으로 들어가기만 하면 별다른 방해 요소 없이 범죄를 저지를 수 있다. 피해자가 고령이기 때문에 저항이나 방어 및 도주 가능성은 현저히 낮다. 그럼에도 불구하고 피해자는 상당한 신체적 상해를 입는 경우가 많다.

가해자 분석 ＿ 가해자는 백인과 흑인 모두에 균등하게 분포하고 히스패닉계는 적다. 그러나 미국의 인구 구성비를 고려할 때 흑인 남성의 비율이 상당히 높은 것으로 나타난다. 흑인 공격자(히스패닉계와 동일)는 인종에 상관없이 백인과 흑인을 모두 범행 대상으로 한다. 이런 종류의 범죄에서 인종을 가리지 않는 특성은 피해자가 흑인인 경우에만 적용되는 것으로 보인다. 피해자가 백인인 경우에는 범행의 범인종적 특징이 두드러지지 않는다. 백인 공격자는 백인을 대상으로 하는 경우가 많다는 설명이다. 가해자의 거주지와 범죄 현장과의 근접성은 해당 지역의 인종적 단일성 여부에 큰 영향을 받는다. 흑인이 백인을 대상으로 저지르는 타 인종 대상 범행은 다인종이 거주하는 지역에서 더 많이 발생한다. 다인종 거주지역에서 백인이 흑인 고령 여성을 대상으로 성범죄를 저지르는 경우는 거의 없다. 가해자의 약 60퍼센트는 피해자의 집으로부터 6블록 이내에 거주하고, 가해자가 10대인 경우에 절반 정도는 피해자와 같은 블록에 거주한다. 현장으로 걸어갔다가 걸어서 돌아온다.

　나이나 인종 구분 없이 가해자에게는 유사점이 많다. 90퍼센트는 전과가 있고, 이중 절도가 59퍼센트로 가장 높은 비중을 차지한다. 전과가 있는 가해자 중 재산범죄와 강력범죄 비중은 비슷하게 나타났다. 그러나 다섯 명 중 한 명만 성폭행 전과가 있었다. 이 점은 매우 중요하다. 수사관들이 이러한 종류의 사건을 다룰 때 전산 시스템에 등록된 성범죄자를 조사하느라 초반 수사를 허비하는 경우가 많기 때문이다. 꽤 많은 가해자가 전과가 아예 없다는 사실도 고려해야 한다. 특별한 기술이 없고 미취업 상태이며 고등학교 교육을 마치지 못한 경우가 대부분이다. 거의 모두 술, 마리화나, 코카인 등 약물남용 이력이 있다. 마지막으로 절반 이상의 가해자는 체포 후 범행 일체를 자백하고, 나머지 중 19퍼센트는 범죄 관련성을 일부 인정하고 살인에 대한 책임은 부정한다. 인종적 차이점을 보면, 백인 범인의 자백 비율이 흑인보다 두 배가량 더 높은 것으로 나타났다.

빈번하게 보고되는 범죄 현장 지표 __ 범죄 현장이 여러 곳인 경우는 드물다. 피해자와의 조우, 공격, 살인, 사후 범행이 보통 한곳에서 발생한다. 현장으로 무기를 준비해 오는 경우도 드물다. 가해자가 무기를 사용했다면 현장에서 취득한 물건인 경우가 대부분이다. 목을 조르는 데 사용한 끈, 둔기, 칼 등 가해자가 현장에 남기고 간 물건이 피해자 근처에서 발견되는 경우가 많다. 가해자 대부분은 잠기지 않은 문이나 창문으로 들어오거나 속임수를 써서 피해자에게 접근한다. 나머지는 무력을 써서 접근한다. 대부분의 범인은 기습 공격 형태로 갑작스럽고 압도적인 무력으로 상해를 입히며 피해자를 제압한다. 이러한 갑작스런 공격 때문에 피해자의 신체 구속은 거의 찾아보기 어렵다. 사파릭과 자비스의 연구(2005)는 〈살인범죄 상해 척도Homicide Injury Scale〉를 제시하며 이에 따라 상해 정도를 평가하여 정량적 증거 수집을 돕고자 했다. 피해자의 부상 심각도에 따라 범인의 나이 및 피해자와 가해자 거주지 근접도를 파악할 수 있음이 입증되었다. 가해자의 나이와 신체 손상 정도는 반비례 관계로, 피해자를 죽음으로 이끈 손상이 많을수록 가해자는 어리다. 피해자 위치로부터 가해자의 거주지를 판단할 때, 상흔이 심할수록 가해자가 근접한 곳에 살고 있음이 많은 실증적 증거들로 뒷받침되었다.

가해자의 약 75퍼센트는 저녁 8시에서 새벽 4시 사이에 범행을 저지르며, 대부분은 자정 이후 발생한다. 가해자는 피해자의 질과 항문에 삽입강간을 하는데, 질삽입강간의 경우가 항문삽입에 비해 3~4배 많다. 피해자의 체강에 이물질을 넣는 경우는 22퍼센트이고, 이와 같은 행위의 절반 이상이 백인 가해자에 의해 이루어진다. 이물질 삽입 행위의 절반 이상은 24세 이하 가해자에 의해 발생한다. 절반 이하의 사건에서 정액이 발견되고, 이는 나이나 인종과 무관하다. 나머지 경우는 정액이 나타나지 않는 성행위를 의미한다. 성적 부위 추행, 체강 내 이물질 삽입, 성적 부위 노출 자세 연출 등이다. 고문은 일반적으로 구조화된 가해자에 의한 범죄에서 나타나는 특징으로, 여성 노인 대상 성적 살인자에게서는 찾아보기 어렵다. 기습 공격의 형태가 대부분이기 때문에 성폭행과 기타 행위는 피해자가 죽어 가는 동안이나 죽은 후에 발생한다.

가해자는 피해자와 지인도 아니고 완벽한 타인도 아닌, 이 양극단 사이 어딘가에 위치하는 관계이다. 이는 범행 전 둘이 어떠한 관계였는지와 상관없이 가해자가 피해자의 거주지를 알고 있었고 혼자 산다는 점과 취약함을 인지했음을 의미한다. 이런 범죄의 가해자는 보통 단순한 판타지 아래 피상적인 사고를 하고, 범행을 계획하는 경우는 드물며, 행동은 충동적이다. 현장에서 물건이 없어지는 경우가 다반사인데, 이 경우에는 금전적 이익이 원래 범행 의도이다. 이들에게는 피해자의 돈이나 물건이 범행을 추억하는 트로피나 '기념품'이 아니다. 보통 현금이나 보석 같은 귀중품을 가져간다. 피해자와 가까운 곳에 놓인 물건이나 범행 현장을 떠나는 동선에 있는 물건인 경우가 대부분이다.

공통된 포렌식 검증 __ 공격자들은 증거인멸을 염두에 두지 않기 때문에 현장에 주요 포렌식 증거들을 무심코 남겨 두는 편이다. 피해자 몸 위나 근처에 놓아 둔 옷가지를 비롯해 질, 항문, 입에서 정액이 발견된다. 따라서 가슴 부위에 타액반응검사를 해야 한다. 모발, 섬유조직 등 미세 증거와 지문이 피해자 주변에서 다수 발견된다. 많은 가해자가 모자, 반다나(두건), 속옷, 개인 신상이 드러나는 물품 등 자신의 소지품을 현장에 남긴다. 성적 행위를 포함하여 공격자가 저지르는 범행은 대부분 피해자 사후에 이루어진다. 주요 사인은 교살로 단순 교살이거나, 둔기 폭행이나 예기 공격과 혼합된 형태일 수 있다. 여성 노인 대상 성적 살인의 부상 정도는 심각한 수준으로, 이것은 다른 강력범죄와 확연히 구분되는 속성이다.

수사 주안점

비구조화된 범행에서 구조화된 범행에 이르는 스펙트럼을 가지고 성적 살인자들을 분류한 헤이즐우드와 더글러스의 작업(1980)은 큰 의미가 있다. 이 구분에 따르면, 공격자들은 특히 비구조적 유형에서 압도적으로 일관된 특성을 보인다. 성격과 행동적 특성의 기초가 되는 이 분류체계와 공격자와 피해자 간 거주지 거리에 대한 경험적 데이터, 주변 탐문수사는 공격자를 찾아내는 데에 결정적인 역할을 한다. 연령과 인종적 차이를 제외하면, 공격자들은 라이프스타일과 행동 습관에서 동질 집단이다. 주변 탐문수사 시 이러한 특징적 성격, 라이프스타일, 행동 특성을 가진 사람들에게 수사를 집중해야 한다.

전반적으로 공격자들은 사회적 위화감이 있고, 교육 기회가 적었으며, 무직이거나 미숙련 육체노동직인 것으로 나타난다. 거의 모두 범죄 경력이 있는데, 일반적으로 절도 전과가 많다. 이들의 범죄행동은 성적 공격을 포함한 심각한 중범죄보다는 경범죄유형이 많다. 이는 공격자가 관련 데이터베이스에 등록되어 있지 않을 가능성이 크다는 것을 시사한다. 이들 중 다수는 약물을 복용 혹은 남용한다. 대부분이 무직 상태이기 때문에 경제적으로 의존할 누군가와 같이 사는 것이 일반적이다. 70 퍼센트 정도가 미혼이고, 절반 정도는 가족구성원과 함께 거주한다. 평균연령은 27세다.

대부분 현금, 보석류, 값나가는 물건을 가져간다. 애초의 범죄 목적이 성적인 판타지 충족이 아니라 금전적 이득이기 때문이다.

여러 연구들은 상해 정도가 심할수록 공격자의 연령은 낮아지며, 공격자가 피해자와 가까운 곳에 살 가능성이 높다는 점을 보여 준다. 청소년기 공격자들은 더 폭력적이고, 멀지 않은 곳에 거주하며, 사후절단과 외부 물체 삽입을 행하고, 75세 이상 여성을 목표물로 삼는 경향이 있다. 정액을 남길 가능성은 별로 없다.

따라서 체포된 공격자들을 심문할 때에는 범죄의 금전적 이득 측면에 집중할 필요가 있고, (최소한 초반에는) 성범죄적 요소에 집중하지 말아야 한다. 취조는 다수의 심문관이 하기보다는 일대일로 진행되어야 한다. 범행의 극악무도한 특성에도 불구하고, 심문관은 부드럽고 공감하는 접근법을 사용하는 것이 좋다.

수색영장 제안 사항

분류 130의 수색영장 제안 사항 참고.

135 여성 노인 대상 성적 살인

케빈 페이허티 제공

1962년 6월 14일부터 1964년 1월 4일까지, 보스턴 지역의 싱글 여성 13명이 잔혹한 교살로 살해되었다. 지금까지도 해결되지 않는 의문은, 이 연쇄살인이 한 연쇄살인범의 소행이었는지 아니면 여러 명의 살인범에 의한 것이었는지다. 당시에는 이 중 최소 11건의 살인이 한 사람의 소행으로 결론지어졌다. 모든 여성은 본인들의 아파트에서 살해됐고, 성폭행을 당했으며, 그들의 옷으로 교살되었다. 각 사례에서 강제침입의 흔적은 없었으며, 이는 공격자가 피해자들과 아는 사이였거나 피해자가 자발적으로 문을 열어 주었다는 것을 의미한다. 1965년, 앨버트 데살보는 '보스턴 교살범'의 소행으로 알려진 11건의 살인과 추가 두 건의 살인까지 자백했다. 당시 그를 알던 사람들은 그가 그런 범행을 했을 리 없다고 주장했고, 데살보가 무죄라는 주장은 지금까지도 제기되고 있다.

피해자 분석 __ 11건 중 6건은 피해자가 55세에서 75세 사이였고, 나머지 5건은 19세에서 23세 사이에 분포되어 있었다. 연쇄범행일 가능성이 있는 다른 두 건의 피해자는 69와 85세였다. 1962년 6월 14일 오후 7시경, 백베이에 거주하는 55세 여성 안나 셀서스의 시신이 아들에 의해 발견되었다. 안나는 나체 상태로 욕실 바닥에 천장을 보고 누워 있었고, 다리가 벌려진 채 목에 샤워가운 끈이 감겨 있었다. 알 수 없는 물체로 성폭행을 당했다. 피해자의 아파트는 강도가 든 것처럼 연출되어 온갖 물건들이 널부러져 있고 서랍을 뒤진 흔적도 있었지만, 정작 사라진 물건은 없었다.

2주 후 브라이턴의 68세 니나 니콜스의 시신이 같은 자세로 실내 가운과 슬립이 허리까지 올려진 채 발견되었다. 니나는 그녀의 나일론 스타킹 두 개로 교살되었고, 목에 리본 매듭이 져 있었다. 그녀도 성폭행을 당했고, 질과 항문이 파열되었다. 아파트가 난장판이었지만 역시 사라진 물건은 없었다.

같은 날 오전 8시경에는 린에 살던 65세의 헬렌 블레이크가 살해되었다. 나체 상태로 다리가 벌려진 채 침대에 엎드려 있었다. 헬렌도 나일론 스타킹으로 교살당했고, 목에는 브래지어가 리본매듭으로 묶여 있었다. 손가락에 끼고 있던 다이아몬드 반지 두 개가 없어졌는데, 이것은 강도가 발생한 첫 사례였다.

수사관은 여성들이 집 문을 잠그고 낯선 사람들을 경계했다는 사실에 주목했다. 경찰은 성적 공격 전과자들과 폭력적 정신질환 기록이 있는 이들을 조사하기 시작했다. 모친에 대한 증오를 표출하고자 고령의 여성을 찾아다니는 남성이 없는지 추적했다.

그해 8월 중순, 보스턴 서부 끝에서 75세의 아이다 이르가라는 여성의 시신이 발견되었다. 드레스 잠옷이 찢어져 몸이 드러난 채 누워 있었다. 아이다는 출산 자세 같은 기이한 자세를 하고 있었다. 다리가 1.5미터 정도 벌려진 채 각각 다른 의자에 올려져 있었으며, 둔부 밑에 베개가 있었고 베개 커버는 목 주변에 꽉 묶여 있었다. 사체는 앞문 바로 앞에 놓여져 누군가 들어오면 즉시 보이는 위치였다. 다음 날, 도체스터 주민인 67세 제인 설리번이 사망 10일 만에 발견되었다. 욕조 안에서 나체 상태로 엎드린 채 머리는 수도꼭지 밑에, 발은 욕조 반대편 끝에 걸쳐 있었다. 그녀의 혈흔이 발견된 부엌 또는 복도에서 나일론 스타킹으로 교살된 것으로 보였다. 성폭행이 있었을 가능성이 있었으나, 이를 식별하기 힘들 정도로 사체가 부패된 상태였다. 석 달의 휴지기 후 발생한 이 살인사건에서 형사들이 할 수 있었던 건 가능성이 있는 용의자들을 추리는 것뿐이었다.

같은 해 12월, 블랙베이에서 또다시 21세의 흑인 여성 소피 클락이 거실에서 다리가 벌려진 채 나일론 스타킹과 슬립으로 목이 졸려 숨져 있는 것을 그녀의 룸메이트가 발견했다. 성폭행의 증거가 있었고, 처음으로 무릎덮개에서 정액이 검출되었다. 이 교살범이 젊은 여성을 살해한 것은 처음이었다. 같은 건물 주민 중 페인트칠을 확인하러 나갔다가 낯선 남자를 본 여성이 있었다. 그가 여성에게 몸매가 좋다고 해서, 그녀가 조용히 하라고 했다. 남자는 화를 내려 했지만, 여성의 남편이 옆방에서 자고 있다는 말에 서둘러 자리를 떴다. 이 일이 일어난 건 소피가 사망하기 10분 전이었다. 여성은 그 남자가 25세에서 30세 정도에 평균 키, 머리색이 옅었고 어두운 색 바지와 자켓을 입었다고 진술했다.

그달 말, 23세의 패트리샤 비셋이 그녀의 백베이 아파트에서 숨진 채 발견되었다. 스타킹 여러 개와 블라우스를 꼬아 묶어 목이 졸린 상태였다. 이번에는 피해자가 이불을 턱까지 덮고 있었고, 최근에 삽입을 한 흔적이 있었으며 직장이 손상되었다. 이듬해 3월 초에는 68세의 메리 브라운이 로렌스에서 폭행 및 강간과 교살을 당한 채 발견되었다. 두 달 후, 비벌리 새먼스라는 23세 여성이 집 소파에서 뒤로 손이 묶이고 다리가 벌려진 자세로, 옷으로 재갈이 물리고 나일론 스타킹과 손수건으로 목이 졸린 채 발견되었다. 그녀는 목에 난 4개의 자상으로 사망했고, 왼쪽 가슴에는 황소 눈 모양의 자상 18개가 있었다.

그해 여름이 조용히 지나간 후, 살렘에서 58세의 에블린 코빈이 나일론 스타킹과 하의 속옷 두 개로 교살당한 채 발견되었다. 립스틱과 정액이 묻은 티슈들이 침대 주변에 흩어져 있었고, 피해자의 입에서 정액이 발견되었다. 1963년 11월, 조앤 그라프가 교살된 채 발견되었다. 목에는 스타킹 두 개로 정교한 리본매듭이 지어져 있었다. 가슴에서는 치흔이 발견되었고, 질 부분에 열상 출혈이 있었다. 당시 한 이웃은 어떤 남자가 조앤이 그 아파트에 사는지 물었다고 했다. 목격자는 어두운 색 바지를 입은 그 27세 정도의 남성이 아파트로 들어갔다고 했다. 마지막 피해자는 1964년 1월 4일에 발견되었는데, 가장 잔혹하고 기괴했다. 피해자는 역시 스타킹으로 교살되었는데, 두 개의 알록달록한 스카프도 리본매듭으로 묶여 있었다. 피해자는 침대 헤드보드에 등을 대고 앉아 있었고, 걸쭉한 정액 같은 액체가 입에서 맨가슴까지 흘러내려 있었다. 빗자루 손잡이가 9센티미터가량 질에 삽입된 채, 발치에는 보스턴 교살범이 보내는 신년 카드가 놓여 있었다.

수사 __ 당시 검찰총장 에드워드 브루크는 이 사건에 매진할 교살범 수사팀을 꾸리고, 이 사건을 시정 최우선 과제로 삼았다. 법과학 정신감정 전문가들이 피해자들의 연령 차이와 미묘하게 일관되지 않은 범행 현장을 근거로 이 사건들이 다수 살인자들의 소행이라고 주장했지만, 보스턴 경찰은 한 사람을 잡기 위해 나섰다.

이 사건들이 일어나기 몇 해 전, 케임브리지에서 '측정 살인범 Measurement Man'이라고 알려진 범인이 저지른 성범죄가 잇달아 발생했다. 범인은 여성들에게 자신이 모델을 구하고 있는데, 그러려면 신체 사이즈를 측정해야 한다며 피해자들을 속였다. 아파트 무단침입으로 체포된 앨버트 데살보는 자신이 범인이라고 자백했다. 그는 아내와 두 아이가 있는 29세 남성이었다. 그는 성폭행을 포함해 무단침입, 성폭행과 구타 전과가 있었다. 1964년 11월, 한 여성이 사지가 묶인 채 '측정 살인범' 묘사와 일치하는 남성에게 성희롱을 당했다고 신고했다. 데살보가 다시 체포되었다. 당시 코네티컷 경찰은 초록 바지를 입는 특성 때문에 '그린맨'으로 불리던 성적 공격자를 찾고 있었는데, 그린맨 역시 드살보인 것으로 드러났다. 그는 자신이 4개 주에서 수백 명의 여성을 성폭행했다고 주장했지만, 떠벌리기 좋아하는 그의 성격으로 미루어 보아 사실이 아닐 수 있었다. 그는 브리지워터 주병원에 입원했다가 그곳에 수감돼 있던 천재적인 조작꾼 조지 나사와 친구가 되었다. 두 사람은 보스턴 교살범이 되면 책을 내거나 체포에 대한 대가로 얻을 수 있는 금전적 보상이 아주 클 것이라고 보았다. 드살보는 자신은 어차피 평생 갇혀 살 것이라는 걸 알았기에 가족들을 부양하기 위해 돈도 마련하려 했다.

조지 나사의 변호인인 F. 리 베일리는 드살보에게 연락을 했고, 드살보는 13건의 살인을 자백했다. 그는 자신이 피해자들을 살해한 방식, 아파트 구조, 각 사건의 작은 물건과 증거 위치와 생김새 등 세부 사항을 꼼꼼히 진술했다. 하지만 그의 주장에 의문이 제기되었다. 먼저, 드살보는 금전적 동기가 있었는데 그에 상응하는 증거가 없다는 점, 그리고 그의 얼굴 특징과 일치하는 목격자 진술이 없다는 것이다. 결정적으로, 여러 현장에서 살렘 담배가 발견되었는데 드살보는 흡연자가 아니었다.

정신과의사 아메스 로비는 드살보를 검사한 후 두 가지 참조점을 이야기했다. 우선 그는 엄청난 기억력을 가지고 있었다. 단어 하나하나, 모든 세부 사항을 기억하는 능력은 놀라울 정도였다. 두 번째, 그는 줄곧 전설 혹은 거물이 되고 싶어 했다. 따라서 얼마든지 거짓으로 보스턴 교살범을 자처할 수 있다. 결국, 보스턴 교살범 사건의 두 목격자가 병원에 가서 드살보의 외모를 확인한 후에야 이 소동은 끝이 났다. 목격자들은 드살보는 그 살해범이 아니며 차라리 조지 나사의 외모가 비슷하다고 증언했다.

결과 __ 보스턴 사건의 진범은 여전히 붙잡히지 않았다. 앨버트 드살보였을 수도 있고, 그의 친구 조지 나사였을 수도 있으며, 아니면 서로를 모방하는 여러 살인자들의 조합이었을 가능성도 있다. 보스턴 살인이 누구의 범행인지 혹은 얼마나 많은 사람을 죽였는지와 상관없이, 앨버트 드살보는 종신형을 선고 받았다. 그리고 1973년 감옥에서 누군가에게 살해되었다.

Dietz, P. E., Hazelwood, R. R., & Warren, J. (1990). The sexually sadistic criminal and his offenses. Bulletin of the American Academy of Psychiatry and the Law, 18(2), 163–178.

Hazelwood, R. R., & Douglas, J. E. (1980). The lust murderer. FBI Law Enforcement Bulletin, 49(3), 18–22.

Markman, D., & Bosco, D. (1989). Alone with the devil: And other famous cases of a courtroom psychiatrist. New York, NY: Doubleday.

Nelson, C., & Huff-Corzine, L. (1998). Strangers in the night: An application of the lifestyle routine activities approach to elderly homicide victimization. Homicide Studies, 2(2), 130–159.

Safarik, M. E., & Jarvis, J. P. (2005). Examining attributes of homicides: Toward quantifying qualitative values of injury severity. Journal of Homicide Studies, 9(3), 183–203.

Safarik, M. E., Jarvis, J. P., & Nussbaum, K. E. (2000). Sexual homicide of elderly females: Linking offender characteristics to victim and crime scene attributes. Journal of Interpersonal Violence, 17, 500–525.

Taeuber, C. M.,&Allen, J. (1990). Women in our aging society: The demographic outlook. In J. Allen & A. J. Pifer (Eds.), Women on the front lines: Meeting the challenge of an aging America (pp. 11–46). Washington DC: Urban Institute.

9장

극단주의 살인 및 의료살인

범죄 분류 번호 127~128은 개인적 극단주의 살인과 의료살인이다.

때로 이데올로기는 특정 개인이나 단체의 목표와 사상을 더 발전시키기 위해 살인을 저지르는 동기가 된다. 특정 인종, 성별 또는 인종 집단을 공격하는 테러리스트 집단이나 개인이 이 범주에 들어간다. 극단주의 살인은 특정 정치 · 경제 · 종교 · 사회 시스템에 기반한 사고의 총합에서 나온다. 범죄자의 신념은 특정 단체와 연관될 수 있지만, 범죄자가 속한 집단은 이 범죄행위를 제재하지 않는다. 살인은 증오범죄의 범주에 속할 수도 있다. 이 분류는 집단동기 극단주의자들과는 대조적으로 개인동기의 극단주의자들을 위한 것이다.

극단주의 유형

극단주의 살인의 분류에서는 살해 동기가 개인적인 것인지, 아니면 집단적인 것인지 명확히 구분하기가 쉽지 않다. 비록 단독범(집단을 대신하여 행동하지 않는 사람)이더라도, 그 배후에 개인적인 동기뿐 아니라 집단적인 동기도 있을 수 있다.

극단주의 살인의 동기에는 정치적 신념과 종교적 도그마가 혼합된 경우가 많다. 종교에 사회경제 교리가 더해져 극단주의 살인을 촉발할 수 있다. 다음은 극단주의 살인 동기에 대한 일반적인 개요이다.

정치적 극단주의 살인 __ 정부나 그 대표자의 현재 입장에 반대되는 교리나 철학에서 동기를 부여받아 살인을 저지르는 경우이다. 로버트 케네디 암살도 여기에 속한다. 정치적 극단주의 살인은 127.01로 분류된다.

종교적 극단주의 살인 __ 초자연적이거나 비범한 단체의 주장에 근거한 동기, 그 신념 체계에 대한 열성적인 헌신에서 비롯된다. 종교적 극단주의 살인은 127.02로 분류된다.

사회경제적 극단주의 살인/증오범죄 ＿ 특정 민족이나 사회 또는 종교 집단을 대표하는 개인이나 집단에 대한 강한 적대감과 혐오감 때문에 저지르는 살인이다. 127.03으로 분류된다.

주요 특징

피해자 분석 ＿ 극단주의 살인의 피해자는 대개 범죄자의 신념 체계에 반한다는 이유로 피해자가 되므로, 피해자 분석 역시 범죄자의 교리를 근거로 이루어져야 한다. 그러나 교리가 쉽게 드러나는 경우는 별로 없으므로 피해자의 이력이 동기 파악의 필수 단계이다. 피해자의 일상적인 생활 방식뿐 아니라, 사회적·정치적·종교적 활동도 살펴야 한다.

피해자 분석은 보통 가능한 범행 동기를 유추하는 쪽으로 제시되지만, 극단주의 살인은 2차 목표물을 포함할 수 있다. 1차 목표물과 연계되었다는 이유로 피해자가 되는 사람들로, 정치적·사회적·종교적으로 1차 목표물과 관련이 크지 않을 수 있다. 따라서 1차 목표물이 누구였는지를 밝혀내는 것이 범행 동기에 관한 혼동을 차단할 수 있다.

빈번하게 보고되는 범죄 현장 지표 ＿ 극단주의 살인사건의 범죄 현장은 보통 공공장소이다. 예를 들어, 게이바 또는 흑인 동네 근처에 사체를 버리는 것처럼 피해자 유기 장소는 보통 동기를 보여 준다.

범죄 현장은 종종 범행 동기가 개인적인 것인지 아니면 집단적인 것인지를 판단하는 데 도움을 준다. 현장에 특정 집단의 표식이나 상징물이 있더라도, 그것이 곧바로 집단적인 범죄를 추정하는 근거가 되지는 않는다. 범인이 익히 아는 집단의 범행수법(MO)을 모방할 수도 있다.

섬유질, 족적, 지문 등 통상적인 범죄 현장에서 발견되는 표식은 없을 수 있다. 단독범의 범죄 현장은 집단범의 현장보다 덜 구조적이다. 보통 단독범은 피해자 통제에 어려움을 겪는다. 비산혈흔飛散血痕과 방어흔 등이 피해자와의 조우 장소를 벗어나 현장에 넓게 분포한다는 것은 단독범이 피해자 통제에 어려움을 겪었다는 증거이다.

개인적 극단주의 살인자가 자주 사용하는 매복이나 기습 공격 방식도 피해자 통제를 고려한 선택이다. 멀리서 저격을 할 수도 있다(장거리 공격은 음모가 개입되었을 가능성이 있다).

조작 __ 조작은 보통 나타나지 않는다.

공통된 포렌식 검증 __ 극단주의 공격의 피해자들은 종종 다수의 상처를 입는다. 사용되는 무기는 보통 총기나 칼이다. 둔력 손상이나 살인용 폭발물 사용 등 공격자가 자신이 몸담은 특정 집단의 범행수법을 모방하기도 한다.

수사 주안점

보통 극단주의 살인자는 공격 전에 피해자를 감시하고 스토킹한다. 사건 전에 자신이 목표로 하는 대상에 대한 감정을 드러낸다. 예를 들어, 흑인이나 동성애자 일반에 대한 비하 발언을 할 수 있다. 아니면 자신이 경멸하는 집단을 대표하는 개인을 이미 범행 대상으로 점찍어 두었을 수 있다. 그래서 주변 사람들을 탐문해 보면, 공격자에게서 이런 비하나 적개심이 담긴 말을 들은 적이 있다고 한다.

공격자가 공격 전에 주변인과 나눈 대화는 살인에 대한 관심을 반영한다. "인과응보" 같은 말을 하거나, 유사 사건에 대한 언론보도를 스크랩하며 관심을 드러냈을 수 있다.

만약 혐의가 있는 특정 단체 등이 성명서를 보내오거나 발표한다면, 위협평가 조사를 거쳐 그 진정성을 판단해야 한다.

수색영장 제안 사항

극단주의 여부를 판단할 때 가장 흔하게 발견되는 증거는 문헌이다. 팸플릿이나 녹음, 기타 범죄자의 신념 체계에 관련된 책자 등을 찾아야 한다. 그 외 찾아야 할 항목은 다음과 같다.

- 제복, 무장단체용품, 기타 반지나 목걸이 등 신념 체계의 상징물 또는 보석류.
- 일기, 메모, 일지, 일정표, 스케치, 녹음, 사건 관련 신문 스크랩.
- 여행 기록, 모텔 영수증 또는 임대계약서.
- 총기 구매 기록.

사례 연구 **127.01 정치적 극단주의 살인**

배경 __ 조셉 폴 프랭클린은 어린 시절의 학대와 방치로 인생이 실패했다고 여겼다. 어린 시절의 사고로 왼쪽 눈의 시력을 잃으면서 자신이 부족한 인간이라는 감정이 강화되었다. 유년기의 조롱과 체벌, 비난은 그를 파괴적인 비행 청소년으로 만들었고, 지능이 평균 이상이었음에도 불구하고 고등학교도 마치지 못하게 되었다.

프랭클린은 백인우월주의 결사체 KKK, 미국 나치당, 최종적으로는 파시스트 미합중국 권리당에서 자신의 방향을 찾고 이 단체들에 가입했다. 그러나 곧 그는 그만의 목표가 생겼고, 이 조직들은 그 목표 달성에 필요한 전문성과 헌신을 제공하지 못한다고 느꼈다.

흑인을 향한 그의 증오감이 처음으로 폭발한 것은 1976년이었다. 그는 지미 카터 대통령에게 흑인을 비하하는 협박 편지를 쓰고, 철퇴로 흑백 커플을 공격했다. 백인 여성과 같이 다니는 흑인 남성을 타깃으로 하는 그의 행위는 이후 피해자 분석의 특징점이 되었다. 이후 프랭클린은 더 치명적인 공격을 준비했다.

피해자 분석 __ 1977년 10월 7일, 23세 동갑내기 커플 알폰세 매닝과 토니 슈웬은 위스콘신 매디슨의 쇼핑몰에서 오후 쇼핑을 마쳤다. 주차장에서 막 빠져나오던 중 뒤쪽에서 누군가 그들의 차를 들이박았다. 그때 짙은 녹색 차량에서 운전자가 뛰어내려 매닝과 슈웬을 향해 권총을 발사하기 시작했다. 매닝은 두 발을 맞았고, 슈웬은 네 발을 맞았다. 둘 다 이 총격으로 사망했다. 매닝은 흑인이었고 슈웬은 백인이었다.

1979년 7월 22일, 조지아 도라빌에서 29세의 해롤드 맥가이버가 타코 벨 식당 근무를 마치고 매장 앞문으로 퇴근했다. 그가 자신의 차로 걸어가고 있을 때, 약 50미터 떨어진 숲에서 두 발의 총알이 발사되었다. 맥가이버는 치명상을 입었다.

1979년 8월 8일, 버지니아 폴스 처치에 있는 버거킹에서 28세의 레이먼드 테일러가 탁자에 앉아 저녁 식사를 하고 있었다. 오후 9시 50분, 유리가 깨지는 소리와 함께 고속 소총 총알이 건물 동쪽에 있는 커다란 판유리창을 관통했다. 테일러는 알링턴카운티 병원에서 사망 판정을 받았다.

1979년 10월 21일, 제스 테일러와 그와 사실혼 관계였던 부인 마리

앤 브레세트가 세 명의 자녀와 함께 외출했다가 집으로 돌아오는 길에 슈퍼마켓에 들렀다. 부모가 물건을 사는 동안 아이들은 차 안에 있었다. 잠시 후, 부부는 가게에서 나와 주차장을 가로질러 차로 향했다. 테일러가 차에 도착했을 때, 60미터쯤 떨어진 관목 덤불에서 한 발의 총알이 발사되었다. 테일러는 차에 기대어 신음했다. "안 돼, 안 돼, 안 돼!" 두 발의 총알이 더 발사되었고, 그는 바닥에 쓰러졌다. 브레세트는 비명을 지르며 사망한 남편의 머리맡에 무릎을 꿇었다. 그때 또 한 발의 총알이 그녀의 가슴을 관통해 숨통을 끊었다.

1980년 1월 12일, 22세의 로렌스 리즈는 인디애나폴리스에 있는 처치스 프라이드 치킨에서 막 식사를 마친 참이었다. 시각은 밤 11시 10분이었고, 그는 그날의 마지막 손님들이 떠나길 기다리며 앞창에 등을 기댄 채 서 있었다. 리즈는 이 식당의 단골손님으로, 평소 치킨을 먹고 가게 청소를 해 주려고 폐점 시간에 맞춰 오곤 했다. 갑자기 그의 뒤에 있던 창문은 산산조각 났다. 리즈는 앞으로 네다섯 발자국 비틀거리다 쓰러졌다. 그는 저격수가 쏜 한 발의 총알을 맞고 사망했다.

이틀 뒤 밤 10시 50분경, 19세의 레오 왓킨스와 그의 아버지는 인디애나폴리스에 있는 작은 쇼핑플라자 마켓에 도착했다. 왓킨스는 종종 해충 제거 일을 하는 아버지를 돕곤 했다. 왓킨스는 아버지가 그날 밤 사용할 약품을 섞는 동안 앞창 옆에 서서 도로를 내다보고 있었다. 그들은 작업을 시작하려고 마지막 손님들이 떠나길 기다리고 있었다. 왓킨스는 그 자리에 약 5분간 서 있었다. 그때 갑자기 총알 한 방이 그의 가슴 정중앙으로 날아들어 오른쪽 등 윗부분으로 관통했다. 치명상을 입은 그는 가게 앞을 따라 약 9미터를 달려 복도에 들어서자마자 쓰러졌다.

1980년 5월 29일, 인디애나 포트웨인 매리어트호텔에서 내셔널 어반 리그National Urban League(인종차별을 반대하는 비영리조직) 회의가 열려 대표 버논 조단이 참석했다. 그날의 활동이 끝나서, 조단은 참석자들 중 한 명인 마사 콜먼과 저녁 시간을 보냈다. 새벽 2시 10분경, 콜먼은 조단을 다시 호텔로 데려다 주었다. 조단이 콜먼의 차량에서 내린 순간, 약 43미터 떨어진 풀숲에서 한 발의 총알이 날아들었다. 조단은 이 공격자의 공격을 받고 생존한 몇 안 되는 사람 중 한 명이었다. 그러나 신시내티의 13세의 단테 브라운과 14세의 데릴 레인은 그렇게 운이 좋지 못했다. 1980년 6월 6일, 두 소년은 동네에 있는 가게에 걸어가기로 했다. 그들이 기찻길 위 고가도로로 15미터쯤 걸어갔을 때 네 발의 총알이 육교에서 발사되었다. 소년들은 각각 두 발씩 맞았다. 데릴은 즉사했고, 단테는 몇 시간 뒤 사망했다.

1980년 6월 15일, 16세의 캐슬린 미쿨라와 22세의 아서 스모더스는 밖에서 산책을 하고 있었다. 오후 12시 14분, 오하이오 존스타운 외곽의 다리를 건너던 중 스모더스가 먼저 세 발의 총을 맞았다. 미쿨라는 거기서 50미터 떨어진 숲이 우거진 산비탈 쪽에서 동일한 저격수가 쏜 두 발의 총을 맞았다. 둘 다 이 부상으로 사망했다.

18세의 데이비드 마틴은 1980년 여름에 솔트레이크시티 고등학교를 졸업했다. 그는 노스웨스트 파이프라인에서 여름 동안 건물 유지보수 일을 했다. 몇 주 후면 유타대학교에서 학업을 시작할 계획이었지만, 고용주는 계속 일을 해 달라고 했다. 믿을 만한 직원인 마틴을 수업 일정에 맞춰 시간제 직원으로라도 붙잡으려 했다. 마틴은 방과 후 일자리를 위해 고등학교 야구를 포기할 정도로 책임감 있고 성실한 청년이었다. 마틴과 함께 노스웨스트 파이프라인에서 일했던 20세의 테드 필즈 또한 훌륭한 직원으로 칭찬이 자자했다. 1978년 고등학교를 졸업한 뒤 우편물실 직원으로 일을 시작한 그는 이미 데이터 운영 직원으로 승진해 있었다. 두 청년의 미래는 밝아 보였다.

8월 20일, 그들은 두 명의 젊은 여성과 함께 리버티공원에서 저녁 조깅을 하기로 했다. 오후 10시 15분경, 그들은 공원의 서쪽 편에서 나와 피프스이스트와 나인스사우스의 교차로를 건너고 있었다. 그들이 교차로의 중심부로 다가갔을 때, 큰 소음이 들렸다. 필즈가 비틀거리는 듯하더니 바닥으로 쓰러지며 총에 맞았다고 소리쳤다. 나머지 사람들은 그가 농담을 하는 거라 여기고 장난을 그만두라고 했다. 마틴과 다른 여성이 그를 길 건너로 끌고 가려고 할 때, 두 발의 총알이 다시 필즈에게 날아들었다. 도로의 연석에 거의 다다랐을 때 마틴이 총에 맞았다. 마틴은 두 여성에게 자신도 총을 맞았으니 도움을 구하라고 외쳤다. 당시 교차로를 주행 중이던 한 남성은 도로의 동쪽 편에서 총이 발사되었다고 여기고 차를 돌려 추가적인 공격을 막으려 했다. 그가 필즈와 마틴을 도우려 차에서 내리자 총격이 다시 이어졌고, 그는 차 안에 숨을 수밖에 없었다. 그는 필즈와 마틴이 도로 위에 누워 있는 동안 추가로 여러 발의 총격이 발사되는 것을 목격했다. 둘은 모두 병원에 사망한 채로 도착했다. 여성들 중 한 명도 팔꿈치에 총을 맞았지만 심각한 부상은 아니었다. 필즈는 세 발, 마틴은 다섯 발의 총을 맞았다.

프랭클린이 총격한 피해자들은 모든 흑인 남성이었고, 젊은 청년이 압도적이었다. 여성 피해자들은 모두 흑인 남성과 함께 있던 백인이었다. 민권운동과의 관련성이 알려진 유일한 피해자인 버논 조단은 아이러니컬하게도 부상만 입고 살아난 유일한 생존자였다.

피해자들은 흑인끼리 같이 있거나 백인과 함께 있다가 목표물이 되었다. 나이, 인종, 동행자 등 피해자들의 공통점은 명백했다. 그중에서도 창문에 가까이 있었던 사람, 저격수의 과녁에 처음 들어온 사람 등이 공격자 편의대로 희생되었다. 프랭클린은 흑인 거주지역, 흑인들이 자주 다니는 가게 등 '목표물'이 많은 지역을 선택했다.

범죄 현장 지표 __ 대부분의 사건에서 다른 사건과의 상관관계가 발견되었다. 10건의 사건 중 6건이 오후 9시 50분부터 오후 11시 30분까지 두 시간 사이에 모여 있었다. 다른 두 건은 오후 6시 40분부터 7시 사이였고, 한 건은 새벽 2시 10분이었다. 공격자에게는 이 시간대가 중요했다. 어둠을 틈타 백인 남성이 흑인 거주지역에 눈에 띄지 않고 들어갈 수 있었고, 많은 경우 90~140미터 거리에서도 한 방에 살해할 수 있는 유리한 위치를 점할 수 있었다. 프랭클린이 숨어든 언덕, 숲, 작은 둔덕, 골목은 피해자들이 있는 곳과 달리 어두웠다. 사격은 한 건(12미터)을 빼고는 모두 원거리에서 이루어졌다.

모든 총격은 공격자의 위험을 높이는 공공장소에서 이루어졌다. 하지만 사격 거리, 오가는 보행자의 부재, 저녁 시간대와 약한 조명으로 인한 어둠은 이 위험을 중화시켰다. 대부분의 희생자는 주차장이나 도로처럼 실외에서 살해당했다. 실내에서 살해된 세 명의 희생자는 밝은 조명 아래 커다란 창문 옆에 앉아 있거나 서 있었다.

물적 증거의 부족(타이어 자국 한 개, 족적 한 개, 범죄 현장 열 곳에서 나온 소수의 탄피)은 공격자의 정교함을 나타냈다. 살인사건이 일어난 장소가 공공장소였음에도 불구하고 목격자가 없었다는 것 또한 공격자의 침착함과 계획성을 드러냈다.

사건이 일어난 장소들은 대부분 큰 도로 옆이어서 범죄 현장에서 빠르고 쉽게 탈출할 수 있었다. 이는 구조화된 공격자의 조직적인 접근을 반영했다. 큰 도로는 공격자가 재빨리 살인사건에서 빠져나가게 했을 뿐만 아니라, 혼잡한 고속도로 속으로 숨어들게 해 주었다.

포렌식 검증 __ 살인 무기의 선택에는 두 가지 목적이 있었다. 첫째, 공격자가 희생자로부터 멀리 위치할 수 있었고, 둘째, 최소한의 사격으로 최대의 치사율을 제공했다. 30구경 또는 30-06구경 탄이 사용되지 않은 두 건의 살인은 근중거리에서 살인이 일어났다. 이 경우에는 대구경 무기인 357구경 매그넘과 44구경 매그넘이 선택되었고, 이는 동일한 치명상을 입혔다.

대부분의 부상은 가슴 부상으로, 심장과 폐, 간과 가슴 혈관에 치명상을 입혔다. 피해자 중 다수는 단 한 발의 총알로 살해되었다. 주요 장기를 이렇게 정확히 맞추는 것(몇몇 경우에는 스코프 사용)은 능숙하고 노련한 공격자임을 드러내는 또 다른 요소였다. 다발성 부상이 일어난 몇 건의 사례는 피해자의 인종이 섞여 있을 때 일어났다. 프랭클린은 피해자들이 움직이지 않을 때까지 계속해서 사격했다. 그 정확도는 완벽했다. 피해자들에게 발사된 총 32개의 총알 중 단 하나도 빗나가지 않았다.

수사 __ 1980년 9월 25일, 경찰관 한 명이 켄터키주 플로렌스에서 일어난 주유소 강도 사건을 조사 중이었다. 그는 스코틀랜드인 모텔에 주차된 갈색 카마로 옆을 걸어가다 앞좌석에 권총이 있는 것을 발견했다. 면허를 확인한 결과, 유타주 솔트레이크시티에서 차주인 조셉 폴 프랭클린에게 영장이 발급되어 있음이 확인됐다. 그의 차량 안에서 필즈와 마틴에게 쏜 총알이 발견되었다.

유치장에 수감된 직후, 프랭클린은 창문을 통해 탈출했다. 그는 무기와 소지품으로 가득 찬 차량을 버리고 갔다. 차량을 조사한 결과, 그는 유타주 살인사건뿐만 아니라 열 네 명이 사망하고 두 명이 부상을 입은 일련의 저격 사건의 용의자로 판명되었다. 게다가 그는 열두 건의 은행 강도 사건의 용의자이기도 했다.

프랭클린은 신시내티로 도망쳤지만, 플로리다 레이크랜드에 있는 혈액은행에서 체포되었다(그는 돈을 구하러 종종 혈액은행에 가곤 했다). 프랭클린은 유타로 다시 수송되는 동안 FBI 요원에게 심문을 받았다. 그는 여기서 자신의 유죄를 절대 인정하지 않았다. 그러나 24시간 내에 자신의 아내와 감방 동기에게 버논 조단을 제외한 모든 사격에 대해 유죄를 시인했다.

프랭클린은 살인이 일어난 기간 동안 도시의 여러 곳과 접점이 있었다. 자필로 쓴 가명의 호텔 영수증, 구입하거나 판매한 무기, 범죄 현장 인근에서 목격된 그의 차량과 인상착의 등. 게다가 정황상 그는 실제 범죄 현장에 익숙하다는 사실을 스스로 털어놓았다.

프랭클린을 잠식한 뿌리 깊은 증오는 10대 시절부터 분명히 드러났다. 사진 속 그는 만자무늬 완장을 차고 나치식 경례를 자랑스럽게 하고 있었다. 그의 여자 형제는 프랭클린이 나치즘과 인종분리의 신봉자였다고 회상했다.

성인이 된 프랭클린은 어린 시절부터 거부당해 온 소속감과 특별함에 대한 욕구를 빼앗기지 않기로 결심했다. 관심의 부재와 이로부터 생성된 하찮은 존재라는 생각으로 인해, 그는 더욱더 적극적으로 자신의 삶에 가치를 부여하고 인생의 목표라는 것을 설정하고 내달리게 되었다. 그것은 바로 "미국을 청소하기"였다. 프랭클린은 이 메시지를 피로 쓴다면 세상이 이를 진지하게 받아들일 것이라고 결론 내렸다.

결과 __ 조셉 폴 프랭클린은 네 건의 피해자 민권침해, 그리고 두 건의 살인으로 유죄가 확정되었다. 그는 네 건의 종신형을 선고 받았다. 1990년 8월 21일, 프랭클린은 솔트레이크시티 라디오방송국과 인터뷰를 했다. 한 시간 동안 유죄 진술을 거부하던 그는 다시 한 번 살인 사건을 저질렀는지 질문을 받았다. 그는 한숨을 쉬더니 이렇게 대답했다. "대답은 그렇다입니다. 그렇다라는 말 외에는 더 이상 이야기하지 않겠습니다."

사례 연구 **127.01 개인적인 정치적 극단주의 테러리즘**

배경 __ 2011년 1월 8일, 자레드 리 러프너는 택시를 타고 애리조나주 투산의 세이프웨이 마트에서 가브리엘 지포드 의원이 주최한 타운홀 모임 장소로 갔다. 러프너는 여기서 총격을 벌여 지포드 의원을 다치게 하고, 연방판사 한 명과 9살짜리 소녀를 포함 6명을 살해하고 13명에게 부상을 입혔다.

피해자 분석 __ 살해된 6인 중에는 지방판사 존 M. 롤과 지포드 의원의 보좌관 게이브 짐머맨, 아홉 살짜리 소녀 크리스티나 테일러 그린 등이 있었다. 지포드 의원을 제외하고는 모두 우연히 타운홀 모임에 참석한, 특별히 러프너의 표적이 될 만한 사람들이 아니었다.

범죄 현장 지표 __ 범죄 현장은 한곳으로 세이프웨이 마트 전면 주차장이었다. 러프너는 무기를 소지한 채 두 남성에 의해 현장에서 체포되었다.

포렌식 검증 __ 러프너는 33발의 총알이 장전된 9mm 반자동 글록 권총으로 무장했다.

수사 __ 러프너는 지포드 의원에게 다가가 근거리에서 권총을 꺼내어 그녀의 머리를 쐈다. 살해 의도가 명백했다. 마찬가지로 다른 사람들에게도 살해 목적으로 총을 쏘았다고 인정했다.

자레드 러프너는 랜디와 에이미 러프너 부부의 외아들로, 16세가 될 때까지 눈에 띄는 행동을 하지 않는 평범한 아이였다고 한다. 그러다 우울증 증세를 보이기 시작했고, 친구들에게 "이상한 괴짜"로 불리기 시작했다. 그는 자살과 살인을 입에 올리고 관련 영상들을 만들었다. 몇 차례 취직했지만 두 곳에서 해고되었다. 그중 한 곳의 고용주는 러프너가 관리자의 말을 이해하지 못하는 것 같았다고 했다. 러프너는 또 마약소지죄와 신호등 훼손죄로 기소된 적이 있다. 친구들은 러프너가 고등학교 때 여자친구와 헤어진 후 술과 마약을 남용하기 시작했으며, 그때부터 삶이 망가지기 시작했다고 했다. 그는 군대에 지원했으나 대마초 흡연 사실이 알려져 입대를 거부당했다.

2010년, 피마커뮤니티칼리지 학생이던 러프너로 인해 학교에서 한바탕 소란이 일어났다. 그가 대학에 대해 부정적인 언급을 한 유튜브 영상이 캠퍼스 경찰에게 적발되어 러프너는 학교에서 정학을 당했다. 당시 학과 동료는 그가 학교에서 총기난사라도 벌일 것 같다는 생각이 들었다고 했다. 러프너는 많은 시간을 온라인에서 보냈고, 음모론에 강한 흥미를 보였다. '미국: 한 테러리스트에 대한 마지막 추억'이라는 제목의 영상을 올리기도 했으며, 애리조나주의 높은 문맹률에 분노하며 미국 교육부의 조치들을 "위헌적"이라고 비난했다. 러프너의 글들을 분석해 보면 정부에 대한 불신이 가득하다. 한 친구는 러프너가 오랜 기간 가브리엘 지포드 의원에 대한 혐오를 표현했다고 증언했다. 총격을 벌이기 전, 러프너는 인터넷에서 유명한 암살범들과 사형 및 독방 감금 등을 검색했다. 러프너의 집에서 압수된 증거는 그가 2007년 유사한 행사에서 만난 적이 있는 지포드 의원을 살해하기로 계획했음을 보여 준다. 경찰은 그의 집에서 성명서 외에도, 다양한 주제에 대해 상세히 설명하고 암살을 언급한 비디오 녹화 메모리를 압수했다.

러프너는 사건이 있기 몇 달 전부터 점점 변덕스러워져서 주위의 걱정을 샀다. 한번은 개인 온라인 공간에 미국 역사교과서 위에 권총을 얹은 사진을 올렸다. 그는 금본위제, 마인드컨트롤, SWAT팀 등에 관한 횡설수설로 가득 찬 일련의 인터넷 동영상들을 만들었다. 그리고 수업 시간에 이상한 행동을 하여 다른 학생들을 불안하게 만들었다. 러프너가 인터넷에서 검색한 내용을 분석한 결과, 총격이 있기 며칠 전부터 사건 당일 몇 시간 전까지 인터넷으로 범행을 계획했음이 드러났다. 법원 문서에는 그가 과거에 해당 의원과 접촉한 적이 있다고 되어 있다. 또한, 자택 금고에서는 지포드 의원이 2007년에 보낸 후원 행사 참석 감사 편지가 발견되었다. 2011년 지포드 의원을 총격한 바로 그 행사이다.

러프너는 법원 지명 정신과의사에게 지포드가 살아 있다는 것을 믿을 수 없다고 했다. 그는 그녀가 근거리에서 머리에 총격을 받고도 살아남은 것을 그의 삶에 점철된 수많은 실패의 또 다른 증거로 해석했다.

결과 __ 2012년 8월 7일, 러프너는 49명의 대배심 기소에서 19건, 즉 6명의 살인과 13건의 살인미수에 대해 유죄를 인정했다. 정신보건 관료와 연방판사가, 그가 약을 복용하고 있기 때문에 2011년 유권자 모임에서 총격을 가한 데 대한 본인의 책임을 이해한다고 결론 내린 후였다. 정신보건 전문가들은 러프너가 조현병을 앓고 있으며, 1년 이상 감옥에서 강제로 향정신성 약들을 투약했다고 결론 내렸다.

127.02 종교적 극단주의 살인 Religion-Inspired Homicide

종교적 신념이 살인의 동기가 될 수 있다. 과거 종교적 살인에 대한 논의가 대부분 사탄과의 동일시에 초점이 맞춰졌다면, 개인적인 종교적 실천의 방편으로 저지르는 살인도 적지 않다.

영적인 실천은 매우 개인적인 것이어서 주류 종교의 신자들조차 살인을 선택할 수 있다. 다만, 그 실천이 주류에서 벗어날수록 살인은 정신질환과 연관될 가능성이 높아진다.

수많은 주요 정신질환들이 과過종교증hyper-religiosity과 관련이 있다. 조현병의 고유한 특성은 특이한 사고이다. 따라서 종교에 집착하는 조현병 환자에게는 영성이 폭력을 몰고 올 수 있다. 명령에 대한 환상이 살인을 강요할 수 있다. 조증을 겪고 있는 사람은 과대망상이 종교적 성격을 띠면 폭력적인 표현을 일삼을 수 있다.

폭력적인 종교 단체에서 이슬람의 일부 분파들에 이르기까지 살인을 부추기는 종교들에서도 가해자들이 숭배하는 영적 지도자들의 저서나 설교에는 살인을 금하는 문구가 들어 있다. 종교의식적 살인을 충동하는 것은 이데올로기지만, 동기 중 일부는 종교와 전혀 무관한 가해자 본인의 삶에서 마주치는 갈등과 관련되어 있다.

주요 특징

피해자 분석 __ 종교의식의 희생자들은 가해자를 전혀 모르는 사람이거나 지인이다. 가해자의 망상 속에 희생자가 포함되어 있을수록 위험도가 커진다.

가해자와 희생자 사이에 어떠한 갈등 요소도 찾을 수 없다면, 종교적인 동기를 의심해 볼 수 있다. 많은 종교적 살인이 비교적 우발적이라는 점에서 희생자는 우연히 표적이 되는 경우가 대부분이다.

빈번하게 보고되는 범죄 현장 지표 __ 범죄가 종교와 관련이 있다는 증거는 범죄 현장에 남겨진 종교적 상징이나 메시지다. 여기에는 종교적 물건이나 인용구, 시신의 상처 위치나 모양 등이 포함된다. 희생자의 피를 사용해 메시지를 남기거나, 범행과 무관한 다른 물질을 사용하는 등 종교의식이 아니면 '불필요한' 요소들이 없는지 살핀다.

범죄 현장에서 종교의식의 징표는 곧잘 성적 살인과 연결된다. 성적 살인은 비교적 흔하므로 범죄 현장에서 '의식적인' 흔적이 보인다면 성적 살인을 의심할 수 있다. 다만, 성적 살인이라면 배설 흔적이라든가 판타지용 시각적 효과 등이 발견되어야 한다. 또, 검시에서 성기 관련 활동이 검출되어야 한다.

성적 살인의 경우, 살인자가 현장에서 희생자의 소지품을 기념품으로 가져가나 동시에 강도 행각을 벌일 수 있다. 반면에, 종교적 동기에 의한 살인에서는 현장에서 희생자의 물건을 가져가지 않는다. 살인 현장이 성적인 측면 없이 의식적인 특성을 나타낼 때 종교적 동기를 고려해야 한다.

종교적으로 무기는 중요하지 않다. 그러나 무기의 선택이 특정 종교의식과 관련이 있다면 중요한 고려 사항이다. 칼처럼 비교적 흔하지 않은 무기를 사용한 경우, 종교적 상징과의 연관성을 따져 봐야 한다.

이때 이른바 '증오범죄hate crime'와 종교의 이름으로 자행된 범죄를 혼동해서는 안 된다. 범죄 현장 자체가 영적인 의미를 가질 때, 범죄는 그 장소가 대표하는 종교를 표적으로 삼는 증오범죄일 확률이 높다.

조작 __ 종교적 동기 살인은 신과의 의사소통을 위해 신의 이름으로 행해진다. 종교적 동기 범죄자들은 법보다 신이 더 중요하다. 따라서 다른 성격의 범죄를 종교적 동기 범죄로 조작할 수는 있어도, 종교적 범죄를 다른 범죄로 조작하지는 않는다.

수사 주안점

비구조화된 범죄 현장은 범죄의 우발성과 가해자의 스트레스와 비조직성을 반영한다. 종교적 동기, 특히 정신질환의 증거를 찾으면 범인 색출에 더 다가갈 수 있다.

종교에 대한 지식이 풍부하면 범죄의 특성을 알아채는 데 도움이 된다. 현장에서 의식의 흔적과 상징 등을 발견한다면, 살인으로 종교적 의무를 실천하는 가해자를 찾아야 한다. 이때 범인은 독실한 신앙인이 아닐 수 있다. 범인의 집에서 관련 문헌과 테이프, 기타 관련물을 찾아야 한다.

범인은 최근 상실을 경험했거나 거절을 당해 자존감에 상처를 입었을 수 있다. "신"의 이름으로 행하는 행동은 절망과 소외감을 극복하기 어려워하는 사람들이 극적으로 존재감을 회복하는 방법이다. 희생자는 그 소외감과 관련이 있을 수도, 없을 수도 있다. 실제로 일부 종교적 살인자들은 애정 문제에서 좌절감을 느껴 종교를 매개로 전혀 엉뚱한 희생자를 만들어 낸다. 수색영장 제안 사항은 127 참조.

127.02 종교적 극단주의 살인

2012년 8월 15일 오전 10시 45분, 플로이드 리 코킨스 2세가 인턴십 면접을 보러 왔다며 워싱턴 DC 시내에 있는 가족연구회 건물에 들어왔다. 그러고는 "당신네들 정치 행태가 마음에 들지 않는다"며 총을 꺼내 경비원을 쐈다. 당시 경비원이었던 46세의 레오 존슨은 코킨스의 총을 빼앗고 제압했다. 코킨스는 연행되면서 "쏘지 마. 당신이 아니라 이 연구회가 문제야"라고 말했다.

당시 28세였던 코킨스의 가방에는 50발 탄창 두 개와 칙필레 샌드위치 15개가 들어 있었다. 사건 직전에는 워싱턴 DC에 위치한 레즈비언 · 게이 · 양성애자 · 트렌스젠더 등의 소수자 인권 지역센터에서 자원봉사를 하고 있었다고 한다.

버지니아 헌든에서 부모님과 함께 살고 있던 코킨스는 살인 의도를 가진 폭행과 주state 외부 총기 이동 혐의로 기소되었다. 범행에 사용된 권총인 시그 자우어 9mm는 8월 첫째 주에 버지니아주에서 적법하게 구매했다. 코킨스는 판사에게 자신의 통장에 300달러밖에 없음을 알렸고, 이후 국선변호사가 그의 변호를 맡았다.

가족연구회는 전통적 결혼관을 포함한 성서적 가치를 우선시하여, 남부빈민법센터 등이 '혐오단체hate group'로 분류한 곳이다. 동성결혼과 낙태를 강력하게 반대하고, "공공정책 및 공공여론의 믿음, 가정, 자유"의 옹호를 표방하는 이 보수 단체는 강력한 로비를 통해 의회 발언 및 법안 검토에 막강한 영향력을 행사하는 것으로 알려져 있다.

가족연구회가 꾸준히 지원해 온 패스트푸드 체인인 칙필레의 회장도 동성결혼을 완강히 반대하여, 당시 칙필레는 국가적 논쟁의 중심에서 있었다. 코킨스가 일으킨 총격 사건은 이념을 막론하고 모든 단체가 비난했지만, 동성혼과 같은 문화적 쟁점을 두고 여론은 분열됐다. 양측의 과열된 주장 때문에 총격이 발생한 것이 아니냐는 비판도 나왔다. 앨라배마주에 위치한 남부빈민법센터는 혐오 관련 단체들을 추적하고 고소하는 활동을 하는 민권기관으로, 동성애에 반대하는 가족연구회를 2010년 혐오단체로 지정한 바 있었다.

연방수사국(FBI)은 코킨스 총기 사건을 국내 테러 행위로 규정했다.

사례 연구 **127.03 사회경제적 극단주의 살인**

━━━

배경 __ 2012년 6월 23일, 콜로라도의 오로라시에서 24세의 제임스 이건 홈즈는 영화 '배트맨'의 최신작 〈다크 나이트 라이즈〉의 프리미어 상영회 입장권을 예매했다. 당시 영화는 전석 매진되었다. 목격자에 따르면, 홈즈는 영화 상영 중 자리에서 일어나 뒤쪽 출입구로 나갔다가 동일한 문으로 다시 들어와 400명이 넘는 관중을 향해 총을 난사했다.

피해자 분석 __ 배트맨 시리즈의 마지막 편은 많은 사람들의 기대 속에서 금요일 새벽 미국 전역에서 개봉되었고, 모든 좌석은 매진되었다. 이 영화에는 베인Bane이라는 이름의 방탄조끼와 방독면으로 무장한 악당이 등장하고, 예고편에는 축구 경기와 같은 대중적인 행사에서 폭발이 일어나는 장면이 나온다. 그래서 많은 팬들이 자정에 개봉한 이 영화를 제대로 즐기기 위해 비슷한 코스튬을 입고 상영관을 찾았다.

범인이 쏜 총알 중 일부는 벽을 통해 옆 상영관까지 뚫고 들어갔고, 이로 인해 적어도 한 명 이상이 부상당했다. 상영관 안에서 10명이 사망했고, 병원에서 4명이 사망했다. 58명의 부상자가 인근 병원으로 옮겨졌다. 이는 그때까지 미국에서 발생한 총격 사건 중에서 70명이라는 가장 많은 사상자를 냈다.

범죄 현장 지표 __ 범죄 현장은 영화관과 범인의 아파트로 두 곳이었다. 근처 대학교의 대학원생이던 홈즈는 사건 현장인 영화관에 들어가 연막탄 몇 개를 터트린 후 관객에게 총을 쏘기 시작했다.

포렌식 검증 __ 경찰과 폭발물 전담팀은 홈즈의 아파트에서 상당량의 폭발장치 및 트립와이어, 아파트 주변까지 날려 버릴 정도의 인화성 물질과 폭발물을 발견했다. 이 장치는 폭발물 전문가가 출동하여 해체했다.

- 2012년 5월 22일, 최초 무기인 글록 22 구매
- 5월 28일, 레밍턴 M870 구매
- 6월 7일, 학교 구두시험에서 떨어지고 몇 시간 후 스미스앤웨슨의 반자동소총 M&P 15 구매
- 6월 25일, 총기 모임 가입 신청서 송부
- 7월 6일, 두 번째 글록 구매
- 권총 탄약 3천 발, M&P 소총 탄약 3천 발, 엽총용 탄약 350개 온라인 구매
- 7월 2일, 블랙호크 어반 어써트 베스트(특수부대용 방탄조끼), 탄창 홀더 두 개, 칼 한 자루 온라인 구매

수사 주안점 __ 홈즈는 영화관 뒤에 주차된 그의 차량에 발포를 시작한 00시 38분경 체포되었다. 당시 그는 방탄헬멧, 방탄조끼, 방탄레

킹스, 방독면, 장갑 등 완전한 전투복 차림이었다. 그가 소지하고 있던 총기는 세 가지로, 100발 탄창의 AR-15 소총, 레밍턴 12게이지 엽총, 글록 22였다. 네 번째 무기는 차 안에서 발견되었다. 미 주류·담배·화기 단속국(ATF)이 이 무기들의 경로를 추적했다. 경찰에 따르면, 홈즈는 체포 당시 경찰에게 자신이 "조커"라고 했다. 다크나이트 3부작의 두 번째 영화에 등장하는 악당의 이름이다. 그러면서 자신의 아파트에 부비트랩(위장폭탄)이 설치되어 있다고 하여, 경찰들이 아파트 건물을 탈출하는 소동을 벌였다. 한 목격자는 홈즈가 공중으로 최루탄을 던졌고, 이것이 터지자 총을 쏘기 시작했다고 했다. 이후 호흡이 곤란해질 때쯤 번쩍임과 비명이 시작되었다. 혼돈 속에서 사람들은 마구 뛰어 도망쳤다. 또 다른 목격자에 따르면, 영화가 시작되고 20~30분이 지났을 때 연기를 맡을 수 있었다고 한다. 폭죽놀이라고 생각했을 때 사람들이 쓰러지고 총소리가 들렸다. 1~2분 사이에 거의 20~30회의 총소리가 났다. 다른 증언자는 홈즈가 천천히 계단을 오르며 무작위로 총을 쐈고, 사람들은 도망치려 했다고 했다. 지방검사에게 전달된 공개재판 문서에는, 피고인이 2012년 3월 친구와 나눈 대화에서 사람들을 죽이고 싶다며 자기 인생이 끝났을 때 이를 실행에 옮기겠다고 말한 내용이 증거로 포함되었다.

여러 증거를 바탕으로 구성된 범행 동기에 따르면, 홈즈는 6월 대학원에서 치른 구두시험을 망치고는 교수를 위협했다. 이후 덴버 안슈츠 대학교 캠퍼스에 대한 접근금지명령을 받고, 그때부터 "영화관 총기난사에 필요한 총기와 도구를 준비하는 신중하고도 복잡한 계획을 세우기 시작했다."

출처: Sandell, Dolak & Curry, 2012; Sangosti, 2012.

인문학 명예교수인 필립 젠킨스는 피해자를 통해 다수의 사람을 죽인 살인자를 알 수 있다고 한다. 그리고 살인사건 범행의 피해자임이 분명하게 드러나는 죽음이 있는데, 이는 범인이 사용한 살해 방식을 근거로 그 죽음이 살인인지 단순 사망인지를 구별할 수 있음을 의미한다. 예를 들어, 목에 칼자국이 있는 성매매 여성이 발견되면 경찰은 즉시 살인 가능성을 의심한다. 그러나 몇 달에 걸쳐 스무 명의 환자가 동일 시설에서 사망한다면, 이것이 의학적 살인인지 확인하는 데까지는 오랜 시간이 걸린다. 따라서 이런 종류의 범죄는 장기간 진행되는 특성이 있다. 그 결과, 의사와 간호사, 간병인 등이 저지르는 의료살인은 다른 연쇄살인보다 훨씬 더 많은 피해자를 낳는다.

영국에서 발생한 '의료살인계의 슈퍼스타' 해럴드 쉽먼 사건은 알려진 피해자만 200명 이상이다. 이 중 80퍼센트가 여성이었고, 피해사 중 최연소자는 41세 남성이었다. 쉽먼이 저지른 범행의 직간접적 영향으로, 특히 2년에 거친 쉽먼에 대한 조사 결과가 공개된 후 영국의 보건의료 관련 법은 재검토를 거쳐 개정되었다. 쉽먼과 같이 근무했던 검시관 존 폴라드는 2004년 BBC 뉴스 프로그램에 출연해 쉽먼의 범행 동기에 대해 다음과 같이 추측했다. "(범행 동기에 대해) 단 하나의 유효한 설명이 있다면, 쉽먼은 죽음의 과정을 관찰하는 즐거움, 누군가의 삶과 죽음을 결정하는 그 권력을 즐겼을 것"이다. 다른 동기로는 개인사가 거론된다. 쉽먼의 어머니는 43세 때 폐암으로 사망했는데, 당시 쉽먼의 나이는 17세였다. 당시 그는 의사가 처방한 모르핀 같은 약물이 삶의 마지막에서 고통 받는 이들에게 얼마나 도움이 되는지를 목격했다. 그로 인해 새내기 의사 시절 본인에게 모르핀류의 패티딘 약물을 처방하고 중독되어 유죄판결을 받았고, 벌금을 내고 병원에서 해고되었을 것이라는 의견도 있다(BBC, 2004). 2000년 1월 31일, 쉽먼은 15건의 살인에 대한 유죄가 선고되어 종신형을 받았다. 그리고 2004년 감옥에서 목을 매어 자살했다.

의료살인은 일반적으로 위중한 병을 앓고 있는 환자들을 대상으로 한다. 가해자는 거짓자비나 거짓영웅 동기를 들어 자신의 범행을 정당화한다. 예를 들어, 거짓자비 살인은 죽게 해 주는 것이 피해자의 고통을 줄여 준다는 믿음에서 비롯된다. 거짓영웅 살인은 피해자를 죽음에서 구해 주려다가 실패했다고 믿는 살인이다.

주요 특징

피해자 분석 __ 거짓자비 살인과 거짓영웅 살인의 희생자군은 비슷하다. 거짓자비 살인자들은 아픈 곳이 있거나, 나이가 들었거나, 취약한 이들을 노린다. 그들은 주로 병원이나 요양원, 기타 시설에서 지내는 환자들이다. 이들과 공격자는 고객과 돌봄노동자의 관계이다. 피해자가 무작위로 선정되는 경우는 거의 없다. 공격자는 환자를 잘 안다. 피해자의 생활환경과 방식은 위험도가 낮지만, 피해자의 건강상태와 의존적 상태가 위험도를 높인다. 공격자가 부담해야 하는 위험도는 자율성 정도, 감독 체계, 교대근무 여부, 직원 수 등 시설 환경에 따라 다르다. 거짓영웅 살인의 피해자는 심정지 등 의료적 응급 상황으로 상태가 위중한 환자일 가능성이 크며, 이 경우 의심을 사기 어렵다. 태어난 지 얼마 안 되는 영아들도 말을 할 수 없다는 데서 생기는 취약함 때문에 거짓영웅 살인의 피해자가 될 수 있다. 범죄 현장이 보건의료시설인 경우, 피해자는 질병이나 고령으로 위험도가 올라간 우연한 피해자이다. 범죄 현장이

시설이 아닌 경우, 거짓영웅 살인의 피해자는 방화범이 불을 지른 건물이나 응급의료 전문가가 근무하는 구역에 있다는 이유로 우연히 피해자가 된 무작위적 표적이다.

빈번하게 보고되는 범죄 현장 지표 __ 거짓자비 살인자들이 사용하는 살인 도구는 우연히 취득한 것으로, 시설에서 흔히 볼 수 있는 것들이다(약물, 공기 주입용 주사기, 독성물질 등). 저항의 흔적은 아주 미미하거나 찾아볼 수 없다. 시설 환경에서는 보통 약물을 사용하여 의도적으로 위기 상황을 만든다. 주사기나 약병 같은 물건들을 수거해 피해자에게 필요한 약물이었는지, 적정량이 사용되었는지 등 분석을 의뢰해야 한다. 응급 상황을 포함하는 상황에서 거짓영웅 살인자는 태연하게 현장에 머문다. 만약 의심스러운 죽음에 화재가 포함된다면 방화 혐의가 발견될 수 있다.

조작 __ 이 살인 유형에서 조작은 피할 수 없는 중심 요소이다. 거짓자비 살인자는 평화롭고 자연스러운 죽음처럼 보이기 위해 사체를 연출한다. 많은 경우에 자연사처럼 조작되지만, 사고사나 사살로 조작되는 경우도 있다. 피해자의 생명을 위협하는 위기 상황을 만들어 스스로 거짓영웅이 되는 시도는 사실 성공 확률이 그리 높지 않다. 소방관이나 방화범이 스스로 불을 내고 다시 구조에 뛰어드는 것 같은 상황이다. 간호사나 응급의료종사가가 위기 상황을 유도한 후 적절한 대응을 하는 경우도 있다. 피해자는 재난(심장마비 등), 사고(잘못된 배선), 범죄행위(뺑소니, 강도, 방화)의 희생자처럼 조작된다.

공통된 포렌식 검증 __ 사건이 수상하다고 보고되지 않을 수 있기 때문에 세밀한 수사가 필요하다. 종종 사체 발굴과 독극물 분석이 필요하다. 자연스러운 죽음으로 위장되어 부검을 실시하지 않는 경우가 많지만, 추후 혐의점이 발견되어 음독이나 골절 등 기타 수상한 사인死因이 발견되기도 한다.

간 조직검사, 혈액검사, 혈액과 소변에 대한 약물검사, 모발을 이용한 비소 등 약물검사(특히 디곡신, 리도카인 등 서서히 근육을 마비시키는 약물)를 진행해야 한다. 점상출혈이나 X선 촬영으로 갈비뼈 골절 여부를 살펴 질식사 가능성은 없는지 확인해야 한다. 거짓영웅 살인의 경우, 사후검사를 통해 디곡신이나 리도카인, 청산가리 등 주사 약물의 독성을 조사해야 한다.

수사 주안점

사망자 수의 증가 추세에서 조금이라도 미심쩍은 부분이 있으면 거짓영웅 살인을 의심해 볼 수 있다. 의심스러운 사망사건과 용의자 교대 시간, 전담 환자와의 상관관계를 확인해야 한다. 미국 간호학회지 논문에 인용된 9건의 거짓자비 살인사건은 모두 용의자의 근무시간과 의심스러운 사망의 상관관계를 밝혀 대배심원단의 기소를 이끌어 낸 경우들이다.

의학적으로는, 이례적으로 높은 성공 확률의 CPR(심폐소생술)이 이례적으로 높은 사망률과 함께 나타난다면 조사를 해야 한다. 같은 환자에게서 심장 혹은 호흡기 정지가 다수 나타난 경우도 의심해야 한다. 목격자가 없는 대부분의 심폐정지나 심폐정지가 여러 차례 발생한 환자들은 소생술에 반응하지 않는다. 이는 거짓영웅 살인자가 최초 발견자(목격자) 중에 있을 수 있다는 점, 그리고 그 사람이 위기 상황에 대처할 정확한 방법을 알고 있다는 점을 시사한다.

용의자의 고용 기록을 확인하는 것도 중요하다. 이직이 잦지 않았는지, 용의자의 고용 이후 시설의 사망률이 증가하지 않았는지 살펴야 한다. 기타 고려 사항으로는 특정 집단에서 심폐정지 혹은 사망의 증가,

환자의 건강상태와 맞지 않는 심폐정지나 죽음, 특정 교대 근무시간에 편중되는 심폐사, 주입 약물의 독성을 평가할 사후검사 등이 있다.

거짓영웅 살인의 경우, 공격자가 구조 이야기를 자주 하고 실제 구조나 소생 과정에서 과도하게 흥분했다는 동료들의 증언이 나오기도 한다.

수색영장 제안 사항

수색영장에는 공격자의 주거 공간에 있는 약병이나, 공격자의 업무 범위 이상의 약물 관련 문서(내과의사 처방 참고집 등)가 들어가야 한다. 물론 수첩이나 일기, 사진 등도 수색해야 한다. 거짓자비 살인자는 피해자의 부고 문서를 보관하기도 한다. 거짓영웅 살인자에 대한 수색영장에는 과거 구조 사례를 담은 신문 기사와 방화 도구 등이 포함된다. 문서를 조사할 때에는 내용뿐 아니라 밑줄을 치거나 수정한 부분이 없는지 확인해야 한다.

128.01 거짓자비 살인 Pseudo-Mercy Homicide

거짓자비 살인자는 피해자가 고통스러워하므로 그 고통을 없애 주는 것이 자신의 의무라고 주장한다. 그러나 대부분의 거짓자비 살인은 피해자에 대한 공감이나 동정심과는 관련이 없다. 보통 공격자가 살인에서 느끼는 권력과 통제 감각이 진짜 동기다. 다수의 연구들은 이러한 공격자들이 빈번하게 연쇄살인을 저지른다는 것을 보여 준다.

배경 __ 1987년 초, 신시내티 검시관이 오토바이 사고의 피해자에 대한 부검을 실시했다. 그런데 위장을 검사하던 중 아몬드 냄새가 나는 것을 감지했다. 추가 검사 후, 병리학자는 피해자가 청산가리에 중독되었다고 결론지었다.

뒤이은 수사로 35세의 간호조무사 도널드 하비가 조사되었다. 하비는 추가적인 살인, 즉 "자비"살인들까지 자백했다. 하비는 세상의 주목에 신이 나서 피해자 명단을 계속 추가했다. 한때 100명에 달하는 사상자가 있다고 보도되었지만, 하비는 많은 사건을 상세히 설명하지 못했다. 실제 피해자 수는 여전히 불확실하며, 하비의 추가 자백은 의구심을 남겼다.

피해자 분석 __ 하비는 자신의 첫 번째 살인은 1970년대 초, 켄터키주 런던 메리마운트병원에서 시작되었다고 주장했다. 그러면서 1970년부터 1971년까지 1년 사이에 15명의 환자를 살해했다고 자백했다. 그 후에는 신시내티로 건너가 몇 년 동안 공장에서 일하다가 병원에 재입사했다.

하비는 1975년부터 1985년까지 신시내티 재향군인(VA) 의료센터에서 일했다. 이 병원에서 최소한 15명을 죽였다고 한다. 1986년 신시내티의 드레이크 메모리얼병원으로 이직해 계속 간호조무사로 근무했다. 드레이크병원에서 적어도 21명의 환자를 죽였다. 1987년 8월 체포된 곳도 드레이크병원이다.

하비의 먹잇감은 노약자, 병약자, 만성질환자였다. 대부분은 하비에게 돌봄을 받는 환자였다. 확인된 사망자의 대부분은 통상 피해 위험성이 낮은 장소로 여겨지는 기관 시설에서 발생했다. 피해자들은 간병인에게 전적으로 의존해야 하는 쇠약한 상태여서 범죄에 무방비했다. 몇몇 피해자들은 시설 밖에 있었지만, 그들은 거짓자비 살인이 아니라 복수의 대상이 되었다.

범죄 현장 지표 __ 거짓자비 살해와 관련된 범죄 현장은 대부분 병원이다. 살인에 저항한 흔적이나 폭력의 흔적이 전혀 없었다는 것이 하비가 해마다 붙잡히지 않고 살인을 할 수 있었던 이유였다. 그는 주로 범행 장소인 시설에 있는 비닐봉지와 베개, 산소 튜브, 공기가 가득 찬 주사기 등을 살해에 사용했다. 독살을 결심했을 때에는 비소와 청산가리를 가져와 환자의 음식에 섞었다.

포렌식 검증 __ 하비의 피해자들은 다양한 원인으로 사망했다. 그는 피해자의 얼굴에 비닐봉지를 씌운 다음 베개를 사용해 질식시켰다. 환자의 산소 공급을 차단하여 여러 명의 환자를 죽이기도 했다. 한 환자는 하비가 복부에 구멍을 내는 바람에 복막염으로 사망했다. 거동이 불가능했던 환자는 베개에 얼굴을 엎어 놓아 질식했다.

나머지 희생자들은 비소나 청산가리 중독으로 사망했다. 독살은 시체발굴을 통해 입증되었지만, 다른 사건들은 하비의 자백 없이는 입증이 어려운 사건들이었다. 그는 자신의 범행을 소상히 진술했다.

수사 __ 수사 초기 단계에는 자신이 사람들을 고통에서 벗어나게 해 주었다는 주장을 폈다. 하비는 범행 시점에 많은 환자들이 죽어 가고 있었다고 했다. 가족이 없거나 환자를 잊은 상태였기 때문에 방문객이 없었다. 그는 자신이 이 환자들을 외롭고 고통으로 가득 찬 삶에서 해방시키고 있다고 느꼈다. 만약 자신도 그와 같은 상황이라면 누군가가 그렇게 해 주기를 바랐을 것이다. "나는 내가 하는 일이 옳다고 느꼈다."

그러나 재판과 유죄판결 이후 하비는 거짓자비 살인의 진짜 동기를 드러내기 시작했다. 그는 본인이 말한 것 같은 인정 깊은 자비의 천사가 아니었다. 그는 자신이 죽인 환자들을 자연사로 추정하는 의사들을 속이는 데서 큰 만족감을 얻었다. 그러면서 살인을 통해 개인적인 문제, 관계의 종결, 혼자 사는 외로움 등을 배출할 수 있음을 발견했다. 때로는 살인이 직업적 지루함을 해소하는 방편이 되기도 했다. 동성애자였던 하비는 방을 빌려 썼던 남성에게 강간당한 지 2주 후부터 살인을 시작했다고 주장했다. 자신이 정신적으로 문제가 있기 때문에, 무방비 상태의 환자를 침대에서 묶어 놓고 보복했다는 것이다. 그는 곧게 편 옷걸이를 환자의 복부에 밀어 넣어 창자에 구멍을 냈다. 그 남자는 복막염으로 죽기 전까지 이틀 동안 살았다.

심리학자들은 하비를 권력감에 집착하여 살인을 저지르는 강박적인 살인자로 묘사했다. 그러나 하비는 다르게 생각했다. "나를 냉혹한 살인자라고 하지만, 나는 그렇게 보지 않습니다. 나는 내가 매우 따뜻하고 사랑스러운 사람이라고 생각합니다."

하비는 살해 기술을 연구하고 연마한 가학성애자였지만, 그는 그 사실을 들키고 싶지 않았다. 그는 조금도 후회하는 모습을 보이지 않았다. 오히려 살인과 체포를 즐기는 것 같았다.

결과 __ 도널드 하비는 26건의 가중살인 혐의에 대해 유죄를 인정했다. 그에게 사형이 아니라 세 건의 종신형이 선고된 것은 그의 자백 덕분이다. 오하이오주에서 복역하면서 켄터키 당국의 수사에 협조하기로 한 것도 플리바겐의 일부였다.

거짓영웅 살인자는 피해자의 생명을 위협하는 상황을 만들어 낸 뒤 피해자를 구조하거나 소생시키려 하지만 성공하지 못한다. 사망은 의도된 것이 아니나 상습적인 범죄로 이어진다.

사례 연구 **128.02 거짓영웅 살인(죽음의 간호사)**

배경 __ 1981년 9월 21일, 두 명의 간호조무사인 수잔 말도나도와 팻 알베르티는 샌안토니오 메디컬센터의 소아집중치료실(PICU)에서 평소와 같이 밤 11시부터 오전 7시까지 근무한 내용을 보고했다. 그날 저녁 치료실에 있던 네 명의 소아 환자 중 두 명이 사망했다는 소식을 접했을 때, 말도나도와 알베르티는 애써 눌러 온 의구심이 커지는 것을 느꼈다.

휴식 시간에 마주 앉은 두 간호조무사는 각 환자의 이름과 나이, 입원일, 담당 의사와 간호사 등을 기록하는 집중치료실 일지를 들여다보았다. 그 결과, 지난 몇 달간 소아집중치료실에서 사망한 어린이들과 한 인물 간의 연관성을 발견했다. 아이들에게 위급 상황(심정지 및/또는 호흡정지)이 일어날 때마다 한 사람의 이름이 기록되어 있었다. 이는 소름 끼치는 사실을 말해 주었다. 즉, 그 간호사가 믿을 수 없을 만큼 운이 나빴거나, 고의로 아이들을 살해하고 있다는 뜻이었다.

지닌 존스는 메디컬센터에서 중요한 존재로 여겨졌다. 노련하고 침착했으며 환자들에게 헌신하는 간호사였다. 그녀는 소아 치료용 약물을 의사들보다도 더 익숙하게 다뤘다. 그녀의 간호 기술은 심각하게 아픈 아이들을 돌볼 때 탁월했지만, 특히 위기 상황이 닥쳤을 때 빛을 발했다.

그러나 존스는 병원 내에서 사람들의 입방아에 오르내렸다. 그녀를 지지하는 사람들은 분별력 있고 재빠르며 지식이 풍부하고 위급 상황에 잘 대처하는 뛰어난 간호사라고 칭찬했다. 실제로 존스는 자신의 환자들에게 매우 헌신적이었으며, 소생 시도에 실패하면 그 작은 시신들을 직접 영안실로 옮기겠다고 했다. 종종 존스가 사망한 아기를 부드럽게 안아 흔들면서 울며 노래를 불렀다는 목격담이 돌았다. 그녀가 돌보는 아기들 중에 유독 사망자가 많다는 말이 있었지만, 그 열성적인 태도에 아무도 의문을 제기하지 못했다.

존스를 비판하는 사람들은 다르게 이야기했다. 존스가 소아집중치료실에서 위기 상황이 발생하면 자신의 방식을 강요하고 자신의 의견을 받아들이지 않으면 의사와도 말싸움을 한다는 것이다. 그녀는 자신의 권위에 도전하면 짜증을 냈고, 직원들과 보호자 앞에서 공개적으로 의사를 야단쳤다. 어떻게 보면 존스는 아이들이 죽어 나가는 그 위태로운 상황을 즐기는 것 같았다.

동료들이 소아집중치료실 내 사망자 수 증가와, 사망한 아이들과 그녀의 연관성을 눈치채는 데에는 그리 오랜 시간이 걸리지 않았다. 그러나 알베르티 등이 이 사실을 수간호사 등에게 알렸을 때, 그들은 험담을 하지 말라는 질책을 들었다.

피해자 분석 __ 지닌 존스가 간호하는 동안 병원에서 사망한 유아들은 생후 3주에서 2세 사이였다. 예외적으로 열 살짜리 어린이가 한 명 있었는데, 이 아이는 정신지체가 있어 발달연령이 유아 수준이었다.

샌안토니오를 떠난 후 존스는 텍사스 커빌에 있는 클리닉에서 근무했다. 그녀가 온 후 생명의 위협을 받은 아이들은 모두 2세 미만이었으며, 예외적으로 지능 발달이 늦은 7세 아이가 한 명 있었다. 이 어린이들은 모두 존스에게 돌봄을 받았다. 존스는 그들의 담당 간호사로, 위급 상황에 직접 대처했거나 사망 당시 현장에 있었다.

존스의 피해자 선정 기준은 나이 또는 발달장애 때문에 말을 할 수 없거나 육체적 제약이 있는 경우였다. 그렇지 않았다면 우연히 선택된 피해자라고 여겼을 것이다. 존스를 만나면 아무리 짧은 기간일지라도 사망할 확률이 현저히 증가했다.

범죄 현장 지표 __ 범죄 현장은 두 곳으로, 소아집중치료실과 텍사스 커빌의 소아클리닉이었다. 존스는 메디컬센터에서 자격을 가진 간호조무사일지라도 소아집중치료실을 관리할 수 없다는 정책이 만들어진 후 커빌의 클리닉으로 옮겼다. 마침내 한 사건으로 존스는 법정에 서게 되었다.

첼시 매클렐런은 1982년 8월 24일 커빌에 있는 캐슬린 홀랜드 박사의 병원에 왔을 때 14개월 된 밝고 건강한 아이였다. 첼시는 새로운 클리닉에서 만난 두 번째 아이였다. 어머니인 페티 매클렐런은 딸의 코감기 증세가 심해지자 걱정이 되어 병원에 데려왔다.

첼시는 조기 제왕절개로 태어난 탓에 호흡기 문제가 있었다. 생후 6개월 때 한 차례 폐렴 발작이 있었지만, 그 외에는 건강상태가 우수했다. 페티가 홀랜드 박사와 이야기하는 동안, 간호사인 지닌 존스가 가만히 앉아 있지 못하는 첼시를 데려갔다. 그런데 채 5분도 지나지 않아 존스가 다급한 목소리로 홀랜드 박사에게 검사실로 와 달라고 외쳤다. 홀랜드 박사가 검사실에 들어섰을 때 본 것은, 좀 전까지도 힘이 넘치고 잘 웃던 아이가 치료대에 축 늘어져 있는 모습이었다. 존스는 첼시가 갑자기 경련을 일으키더니 호흡을 멈췄다고 했다. 홀랜드 박사가 산소호흡기를 달자, 아이 얼굴에서 푸른빛이 사라지기 시작했다. 아이는 인근 병원으로 옮겨져 서서히 반응을 회복했지만 여전히 근육에 힘을 쓰지 못했다. 집중치료실에 입원한 지 30분 만에 첼시는 유아용 침대에서 일어서서 웃으며 지나가는 간호사들에게 팔을 내밀었다. 아이는 면밀한 검사를 받았지만 발작을 일으킬 이상은 발견되지 않았다. 아이는 9월 2일 퇴원했다. 병원에 입원해 있는 동안 첼시의 침대 곁에는 항상 누군가가 있었다. 가족과 친구들이 10일간 밤을 새며 지켜보는 동안 잠든 아이의 정상적인 움직임 외에는 아무것도 발견되지 않았다. 존스가 일하는 커빌클리닉을 방문하기 전까지 첼시는 어떠한 발작이나 호흡정지도 겪은 적이 없었다.

9월 17일, 페티 맥클레렌은 첼시와 함께 독감에 걸린 아들 카메론을 데리고 다시 커빌클리닉을 찾았다. 홀랜드 박사가 카메론을 살펴보는 동안, 존스는 첼시에게 일반적인 예방접종 두 가지를 주사했다. 존스는 주사를 놓는 동안 엄마를 나가 있게 하려 했으나, 페티는 아이가 주사 맞는 것을 지켜보겠다고 했다. 이때 아이가 존스를 보고 화난 몸짓을 보였다.

이후 페티는 존스가 짜증을 냈지만 자신의 말을 따랐다고 회상했다. 페티가 딸을 안자, 존스는 아기의 허벅지를 알코올솜으로 문지르고 왼쪽 윗 허벅지에 첫 번째 주사 바늘을 찔렀다. 몇 초 만에 페티는 아이가 비정상적으로 행동한다고 느꼈다. 페티는 겁에 질려 존스에게 어떻게 해 달라고 했다. 존스는 아무것도 아니라며 아이가 그저 주사를 맞는 것에 화가 난 것뿐이라고 했다.

페티가 아이가 또 다른 발작을 일으키고 있으니 멈추라고 했음에도, 존스는 다른 주사를 놓았다. 두 번째 주사를 놓자마자 첼시는 호흡을 멈췄고, 분홍빛 뺨이 파랗게 변하기 시작했다. 페티는 아이가 '엄마'라고 하려다가 곧 완전히 축 늘어졌다고 회상했다.

또다시 존스는 홀랜드 박사를 불렀다. 구급차가 오전 10시 58분에 도착했고, 존스가 아이를 데리고 차에 올랐다. 차 안에서 응급의료 전문가가 응급처치를 했다. 홀랜드 박사는 자신의 차를 타고 그 뒤를 따라갔다. 응급실에 도착한 지 25분 만에 아기는 다시 몸부림을 치며 깨어났다.

홀랜드 박사는 첼시를 샌안토니오로 보내어 신경과 의사의 검진을 받게 해야 한다고 결론내렸다. 35분 뒤 첼시는 응급실에서 휠체어를 타고 대기 중인 구급차로 이동했다. 보조장치의 도움으로 호흡하고 있었지만, 아이의 안색은 핑크빛이었다. 홀랜드 박사는 겁에 질린 맥클레렌 부부에게 응급 상황은 지나갔다고 안심시켰다.

이때 존스가 첼시와 함께 구급차 뒷자리에 올라 샌안토니오로 향했다. 한 차에는 홀랜드 박사가, 다른 차에는 첼시의 부모가 타고 그 뒤를 따라갔다. 커빌을 출발한 지 10분도 지나지 않아 첼시의 심장에 부착된 모니터가 경고음을 울리기 시작했다. 존스는 운전사에게 차를 세우라고 소리쳤다. 심정지였다. 존스는 자신의 검은색 가방에서 주사기를 꺼내 아이의 심장에 자극용 약물을 주입했다. 당시 홀랜드 박사는 구급차 안에 있었고, 운전사에게 가장 가까운 병원으로 가라고 지시했다.

35분 뒤, 컴포트 커뮤니티병원 응급실에서 첼시 맥클레랜은 사망 판정을 받았다. 아이의 심장을 되살리려는 모든 시도가 실패하여 아이는 뇌손상 징후를 보였다. 홀랜드 박사는 사망확인서에 확인되지 않은 원인의 발작 때문에 발생한 심폐정지로 인한 사망이라고 기술했다. 존스는 흐느끼는 어머니로부터 죽은 아이를 데려와 커빌에 있는 시드피터슨병원으로 옮겼다. 존스는 아이의 시신을 영안실로 옮기며 흐느꼈다.

커빌클리닉에서 약 한 달 동안에 첼시를 비롯한 두 건의 응급 상황을 포함하여 여섯 건의 호흡정지가 발생했다. 첼시가 사망한 당일 귀 통증 때문에 병원을 찾은 생후 5개월 된 제이콥 에반스도 존스가 보고한 발작으로 인한 호흡정지를 겪었다. 아이는 병원에 입원했고 6일 뒤 퇴원했는데, 어떠한 발작 징후도 보이지 않았다. 샌안토니오의 신경과의는 제이콥에게 광범위한 검사를 실시했지만 발작 원인을 전혀 발견하지 못했다.

이 반복된 위기 상황은 의료계의 관심을 끌었다. 홀랜드 박사는 존스가 없어진 숙시닐콜린 근이완제를 발견했다고 말한 후부터 의심을 품기 시작했다. 홀랜드는 이 약을 사용한 적이 없었기 때문에 왜 이것이 냉장고 안 저장소에 있었는지 의문이 생겼다. 다음 날, 박사는 냉장고 속에 있는 두 병의 숙시닐콜린을 확인했다. 그중 한 병이 플라스틱 봉인이 제거된 채 고무마개에 뚜렷한 바늘 구멍이 있었다. 밀봉된 병과 비교해 보니 내용물의 양에도 미세한 차이가 있었다.

홀랜드는 존스를 불러 해명을 요구했다. 처음에 존스는 응급 상황이 발생했을 때 그곳에 있던 또 다른 간호사가 쓴 것이라고 설명했다. 그러나 지명된 간호사는 이 사실을 부인했다. 존스는 박사에게 그냥 잊어버리라고 했다. 홀랜드 박사는 법적·의학적·윤리적으로 이 일을 덮을 수 없다고 답했다. 그날 오후, 박사는 몇몇 의사들과 병원 관리자들을 만난 뒤 공공안전과에 약병을 제출하고 분석을 의뢰했다. 조사가 진행되는 동안, 존스는 약물을 과다 복용했고 잠시 병원에 입원했다.

존스는 이 모든 일들이 육체적 질병이나 장애가 만들어 낸 응급의료 상황인 양 조작했다. 만약 커빌에서 발생한 여섯 건의 응급 상황 외에, 존스가 근무할 당시 샌안토니오 소아집중치료실에서 발생한 29건의 사망을 모두 분석한다면 이러한 조작의 실체가 드러날 것이었다.

포렌식 검증 __ 뚜껑이 없는 바이알 병의 고무마개에서 여러 번 사용한 흔적이 있는 두 개의 구멍이 발견되었다. 내용물 분석 결과, 80퍼센트 희석된 숙시닐콜린이 담겨 있었다.

1983년 5월 7일, 첼시 맥클레렌의 시신이 발굴되어 독성 분석을 위해 조직 샘플이 채취되었다. 7일 후, 아이의 담낭과 방광, 신장, 간, 양쪽 허벅지에서 숙시닐콜린이 발견되었다는 검사 결과가 나왔다.

수사 __ 아동 사망률과 존스의 상관관계는 소아집중치료실 일지에 가장 잘 설명되어 있다. 업무 일지를 보면 아이들의 사망 시간이 특정 교대 시간에 집중되어 있다. 아이들이 심장마비를 일으켰을 때 그 곁에는 존스가 있었다. 아이들의 심정지 상황을 목격했던 사람들은 그 자리에 있던 존스의 흥분 상태가 거의 오르가슴 수준이었다고 묘사했다. 존스가 관련된 수많은 심정지 상황에서 환자들이 사망했다. 유난히 긴급 상황이 많이 일어났고, 그중 다수가 사망했다. 이러한 상관관계는 거짓자비영웅 살인범의 고유한 특징이다. 이러한 요소들은 가해자가 관심의 중심이 되는 동시에 구조자 역할을 할 수 있는 환경을 제공한다.

1981년 11월 9일부터 12월 7일까지 존스는 가벼운 수술을 받기 위해 병가를 냈다. 그런데 그 기간에 소아집중치료실에서 단 한 명의 아기도 죽지 않았다. 존스가 입원했던 36일 동안 단 한 번의 긴급 상황도 없었다.

일부 사망 사건들은 사건 과정에 대한 의학적 설명이 가능했다. 그러나 대부분의 사건은 수수께끼로 남았다. 아이들은 왜 갑자기 과다 출혈, 심장박동 정지, 갑작스러운 발작과 호흡정지를 일으켰을까. 샌안토니오 메디컬센터의 행정국은 이러한 일들을 수사 대상으로 인식하지 못했다. 의사들이 간호 실수 의혹을 공유하기 시작했지만, 검시관에게까지 통보되지는 않았다. 그래서 존스는 병원의 권고에 따라 커빌로 근무지를 옮겼다.

재판에서 제시된 증거에 따르면, 존스는 커빌 약국에서 숙시닐콜린 세 병을 추가 주문하고 영수증에 홀랜드 박사의 이름을 서명했다. 첼시의 보모는 샌안토니오로 이동하기 위해 구급차에 아이를 태울 때 존스가 정맥주사에 뭔가를 주입하는 것을 목격했다고 증언했다. 무엇이냐고 묻자, 존스는 아이를 진정시킬 약이라고 답했다. 이때 보모는 이상하다는 인상을 받았다. 아이는 이미 조용히 쉬고 있었기 때문이다. 존스가 이완제라고 주장한 약물은 홀랜드 박사나 응급실 의사 중 누구도 지시하지 않은 것이었다.

결과 __ 지닌 존스는 1급살인으로 유죄판결을 받고, 1984년 2월 15일 99년형을 선고 받았다. 1984년 10월 23일에는 소아집중치료실에서 헤파린(혈장 용해제) 과다 투여로 유아에게 중상해를 입힌 혐의로 유죄판결을 받았다. 이 아이는 과다 출혈과 여러 차례의 심정지에도 불구하고 지닌 존스의 치명적인 손길에서 살아남은 몇 안 되는 생존자 중 한 명이었다.

참고문헌

BBC News. (2004). *Harold Shipman: The killer doctor.* Retrieved August 22, 2012, from http://news.bbc.co.uk/2/hi/uk_news/3391897.stm

Sandell, C., Dolak, K., & Curry, C. (2012). Colorado movie theater shooting. *Good Morning America.* Retrieved August 2, 2012, from http://gma.yahoo.com/colorado-batman-movie-shootingsuspect-phd-student-085940589–abc-news-top-stories.html

Sangosti, R. J. (2012, August 24). Court document: Aurora shooting suspect James Holmes discussed "killing people" with classmate. *US News.* Retrieved August 25, 2012, from http://news.mobile.msn.com/en-us/article_us.aspx-?aid=13460395&afid=20

집단동기 살인

공통된 이데올로기를 가진 두 명 이상의 구성원을 포함하는 집단동기 살인은, 그 이데올로기가 한 명 이상의 구성원으로 하여금 어떤 행동을 하도록 지지/인가하여 살인을 초래한다. 컬트살인, 극단주의 살인(준 군사조직 극단주의 살인, 인질 극단주의 살인), 집단흥분 살인으로 분류 된다. 집단흥분 살인은 갱 공격처럼 자체적인 동력과 동료강화효과peer reinforcement로 살인으로까지 치닫는다.

비정통적이거나 사이비로 간주되는 사상, 사물 또는 사람에게 과도하게 헌신하거나 귀의하는 추종자들의 단체로, 성^性과 권력 또는 돈이라는 주된 목적이 일반 회원들에게는 은폐되는 단체를 '컬트^{cult}'라고 한다. 컬트살인은 2명 이상의 컬트 구성원들이 한 개인을 사망에 이르게 하는 것을 말한다.

주요 특징

피해자 분석 __ 사이비종교 살인은 구성원들이 무작위적인 희생자를 타깃으로 삼은 결과이지만, 컬트살인의 사망자들은 대부분 컬트의 구성원이거나 구성원 주변 사람이다. 보통 복수의 희생자들이 발생한다.

빈번하게 보고되는 범죄 현장 지표 __ 범죄 현장에는 정체불명의 가공품이나 이미지 형태로 상징적인 물건들이 있을 수 있다.

시신의 상태는 살해 목적에 따라 달라진다. 만약 살해 목적이 메시지를 널리 퍼뜨리는 것이라면, 시신을 감추려는 시도는 거의 나타나지 않는다. 반면에 컬트 내부의 소집단을 위협하려는 목적이면, 흔히 매장을 통해 은폐된다. 조직적인 집단은 더 정교한 시신 처리 방식을 보인다. 예를 들어, 컬트의 근거지인 농장이나 시골 거주지에는 집단 묘지가 널리 퍼져 있다.

범죄 현장에는 다수의 범죄자뿐 아니라 다수의 대량살상이나 연속살인 피해자의 증거가 남아 있다.

공통된 포렌식 검증 __ 이 유형의 살인에서 가장 흔하게 발견되는 법의학적 관찰은 총기 상처, 둔기 외상, 날카롭고 뾰족한 물체에 의한 상처 등이다. 시신 훼손도 있을 수 있다. 하나의 사건에서 복수의 무기가 발견된다.

수사 주안점

파괴적인 사이비종교 지도자들은 종종 사기 관련 전과가 있다. 그러나 주류나 전통 종교의 분파 집단이라면 그렇지 않을 수 있다. 어느 경우든 그 지도부는 취약성을 이용하여 사람들을 끌어들이고 조종하는 뛰어난 능력을 보인다.

살인에는 명백한 종교적 의미나 의례의식적인 속성이 없을 수도 있다. 살해 후 메시지가 전달될 수 있는데, 대중에게 보내는 메시지인 경우 특히 그렇다.

살해 동기는 종종 집단신앙의 일부로서 총회에서 제시된다. 그러나 지도자의 동기는 결국 통제에 있다. 즉, 살인을 정당화하고 집단에 대한 통제를 강화하거나, 자신의 권위를 위협하는 골칫거리나 덜 헌신적인 추종자들을 제거하는 것이다.

사례 분석 141 컬트 집단동기 살인

배경 __ 1990년 1월 3일, 경찰은 익명의 제보를 받고 클리블랜드에서 동쪽으로 40킬로미터 떨어진 곳에 위치한 헛간의 무른 땅을 파들어가기 시작했다. 그곳은 한때 종교적 컬트 집단의 소유지였다. 이틀에 걸친 작업 끝에 어른으로 보이는 사체 2구, 중간 크기 2구, 어린이 사체 1구 등 총 5구의 사체를 발굴했다.

이곳에 있던 컬트의 명칭은 그 단체의 지도자 제프리 룬드그렌의 성을 딴 '룬드그렌교'로 알려져 있었다. 며칠 후 룬드그렌과 그의 아내, 아들 및 단체 신도 10명이 일가족 5인을 몰살한 혐의로 체포되었다.

피해자 분석 __ 발견된 사체는 데니스 에이버리(49), 아내 셔릴(42), 세 딸 트리나(15), 레베카(13), 카렌(7)으로 밝혀졌다. 가족은 미주리 인디펜던스 지역에서 1987년 무렵 커트랜드로 왔다. 데니스 에이버리는 단기 저임금노동을 하고 있었다. 한 이웃에 따르면 "다른 이들의 도움이 없으면 입에 풀칠하기 힘들" 지경이었다. 가족은 조용하고 나서는 편이 아니었고, 자기들끼리만 지냈다. 룬드그렌의 지지자들이 있는 극단적인 집단에 합류하기 전에는 그 지역에 있는 예수그리스도 후기성도교회 예배에 몇 번 참석했다.

룬드그렌에 합류한 후 가족은 전형적인 컬트 행태에 따라 한층 더 고립되었다. 4월에 그들이 사라지기 전, 가족은 살던 곳의 집세를 내지 못하고 커트랜드에서 매디슨 타운쉽으로 이사했다. 이것이 룬드그렌에서 빠져나오려는 시도였을 수 있다는 점을 고려하면, 이 시도로 인해 희생 제물로 선택되었을 가능성도 있다. 이웃의 증언에 따르면, 에이버리 가족은 마치 "땅이 열려 사람들을 삼켜 버린 듯" 나머지 단체 사람들과 함께 갑자기 사라졌다.

범죄 현장 지표 __ 가족은 6만 제곱미터 규모의 농장에 위치한 헛간 아래 0.7제곱미터 정도의 공간에 매장되었다. 헛간 안에는 1.2미터 높이로 쓰레기가 가득 차 있었다. 입구가 한 군데 있었지만, 쓰레기와 1978년식 볼보가 막고 있어서 경찰은 헛간의 뒤쪽으로 길을 내어 진입해야 했다. 레이크카운티 차량관리부의 기록에 따르면, 1978년식 볼보 차량의 주인은 에이버리 부부였다. 제보자가 작성한 세부 내용대로 매장 장소 위에는 에이버리 가족의 사진이 몇 장 놓여 있었다. 시신은 1.2미터 깊이 아래에 다 같이 매장되어 있었다. 시신 위에는 석회가 흩뿌려져 있었고, 돌과 진흙으로 덮여 있었다. 데니스 에이버리는 비닐로 싸여 있었고, 모든 시신은 옷을 온전히 입은 채로 발견되었다. 모두 손과 발이 테이프로 묶여 있었고, 눈과 입에도 테이프가 붙여져 있었다.

포렌식 검증 __ 피해자들의 사인은 가슴 총상이었다. 레베카 에이버리는 머리에도 총을 맞았다. 사용된 무기는 45구경 콜트 반자동 권총이었다.

수사 __ 에이버리 가족은 처형당한 듯한 방식으로 죽임을 당했다. 손과 발이 테이프로 묶이고, 눈과 입에도 테이프가 붙여진 것이 그 증거이다. 사건의 희생자 수 또한 연속살인이나 대량살인 형태를 띠는 컬트살인과 일치했다. 매장 위치 위에 놓인 에이버리 가족의 사진들은 모르몬교 교리를 왜곡 해석했던 제프리 룬드그렌에게 의례의식적인 의미가 있었을 가능성이 크다.

에이버리 가족 살해 동기를 이해하기 위해서는 룬드그렌교 안의 역학 관계, 특히 그 지도자를 살펴봐야 한다. 제프리 룬드그렌은 미주리주 인디펜던스에서 태어났다. 커트랜드로 옮겨져 커트랜드 템플에서 안내원으로 사역하기 전까지 슬로버파크 복원교회 신자였다. 1970년 앨리스 킬러와 결혼하여 미주리 맥스크릭 지역에 집을 빌려 살았다. 복원교회의 교리로부터 자신만의 종파를 만들기 시작한 시기가 바로 이때이다. 집주인은 룬드그렌이 살다 떠난 집의 방 한곳과 옷장 안에 "강도 높은" 포르노 잡지들이 널려 있는 것을 발견했다. 1986~1987년에 룬드그렌은 커트랜드 템플에서 맡고 있던 안내원

역할을 활용해 교리에 대한 자신만의 해석을 전하고 신자를 모집하기 시작했다. 그의 매니저는 룬드그렌이 복원교회의 가르침을 잘못 전달하고 있다는 방문객들의 항의를 받았다. 방문객 센터에서 드러난 부적절한 행태에 더해 돈을 횡령했다는 의심도 받았다. 1987년 룬드그렌은 안내직에서 제명되었다. 1988년 1월에는 그의 가르침이 교회 교리와 일치하지 않는다는 이유로 변절자로 간주되어 평신도 사제로 강등되었다. 이에 룬드그렌은 교회를 그만뒀다. 교회가 제공해 주던 무료 숙소에서도 나와야 했다. 결국 6킬로미터 떨어진 농장에 자리를 잡았다.

룬드그렌은 신자를 모집하고자 계속 미주리 인디펜던스를 방문했고, 데니스 에이버리를 비롯한 복원교회 신자들에게 자신과 "가족"이 되자고 설득했다. 룬드그렌은 이혼, 경제적 문제, 개인적 어려움으로 인해 정신적인 안식처가 절실한 사람들에게 그럴듯한 "아버지"이자 "선지자"가 되어 주었다. 그는 그들을 지지해 주고, 영적 조언을 해주며, 포용하는 방식으로 소속감을 제공했다. 그는 집단의 종교적 지도자가 되어 신자들이 자신을 신의 대변인이라고 믿도록 만들었다.

얼마 지나지 않아 룬드그렌은 그 열정과 속임수로 단체에서 절대적인 영적 권위를 갖게 되었다. 신에게 받았다는 비전에 따라 공동체 사람들을 혼인시켰다. 신도의 월급은 그의 손에 들어왔고, 전화 통화를 감시했으며, 공동체에 방문객이 오면 그 자리에 합석했다.

신도들은 룬드그렌의 통제에 익숙해졌고, 이 집단은 종교 종파의 성격에서 벗어나기 시작했다. 사격, 이글-2, 탤런-2 등의 코드네임 사용, 군복, 행군 등 준군사 활동이 이루어진다는 소문이 지역 당국에 전해졌다. 커트랜드경찰서에 룬드그렌이 커트랜드 템플 공격을 준비

중이며, 복원 교회 지도자들과 교회 근처에 거주하는 수백 명의 사람들을 살해할 계획이라고 알려졌다. 룬드그렌은 학살을 통해 교회를 정화하고 그리스도 재림의 기반을 마련하려 했다. 마침내 공격일이 다가왔지만, 룬드그렌은 때가 아니라며 실행일을 몇 차례 미뤘다.

FBI와 지역 경찰은 수년간 그를 계속 주시하고 있었다. 1989년 4월 18일, 20여 명의 FBI 요원들은 신도 중 일부가 단체를 벗어나고 싶어 한다는 이야기를 듣고 룬드그렌과 8명의 신도를 3시간에 걸쳐 면담하는 데 성공했다. 그러나 신도들은 탈퇴하지 않았고, 위법행위도 없었기 때문에 체포되는 이도 없었다. 집단의 신도들 중에는 경찰 기록이 있는 사람이 단 한 명도 없었다.

면담이 있었던 그날 밤, 아니면 다음 날 새벽, 룬드그렌 신도들은 커트랜드를 떠났다. 경찰이 바로 전날인 4월 17일에 일어난 끔찍한 사건에 너무 가까이 접근했던 것이다.

1988년 4월까지 룬드그렌과 함께 살았던 한 신도에 따르면, 에이버리 가족은 농장의 다른 사람들과는 달랐다고 한다. 그들은 농장에 거주하지 않고 그 대신에 자주 방문했다. 이 가족은 확실한 믿음이 있는 완벽한 신도가 아니었다. "그 가족은 몸과 정신이 나약했어요. 다들 100개는 하는 팔굽혀펴기를 데니스는 5개, 10개밖에 못 하더라고요." 확실한 점은, 공동체에 헌신하지 않던 데니스 에이버리는 자칭 "신성한 예언자"라는 룬드그렌의 이미지에 모욕적인 존재였다는 점이다. 룬드그렌의 독재에 위협이 되면서 이 가족은 컬트적 희생 제물로 선택되었다. 해당 살인사건은 모르몬교 종교서에 담긴 '라반의 검Sward of Laban'을 찾는 전통과 관련하여 촉발되었다. 룬드그렌은 라반의 검을 찾아 황야로 신도를 이끌 것을 계획했고, 그러려면 우선 정화 제물이 필요했다. 데니스 에이버리와 그의 가족이 바로 이 제물이 되었다.

룬드그렌은 자기 칼에 죽임을 당한 라반의 이야기를 이용해 이 가족의 죽음을 정당화했을 것이다. 에이버리는 45구경 권총에 맞아 사망하기 2일 전 룬드그렌을 위해 해당 권총을 구매했다. 가족은 이 종교를 떠나려 했고, 모르몬교의 '피의 속죄 교리'에 따라 믿음을 저버리는 행위는 죄인의 피를 뿌려서 처벌할 수 있기에 에이버리의 죽음은 정당화되었다. 이와 동시에 룬드그렌은 자신의 교리적 믿음을 충족시키고, 흔들린 권위를 다시 세웠으며, 집단을 떠나려던 다른 신도들을 위축시킬 수 있었다.

4월 17일, 룬드그렌과 에이버리 일가를 포함한 그의 "가족들(추종자들)"은 "최후"의 식사를 하러 차돈로드 농장에 모였다. 저녁 식사가 끝나고 데니스 에이버리를 제외한 모든 남성들이 자리에서 일어났다. 여성들이 데니스를 제외한 나머지 가족을 응대하고 있을 때, 일부 남성들이 데니스를 밖으로 불러내어 헛간으로 데려갔다. 헛간에 들어섰을 때 그는 전기충격기 공격을 받았다.

자신의 가족에 대한 계획을 모른 채 데니스는 협조하겠다고 약속했다. 손, 입, 눈을 테이프로 붙이고 준비된 무덤으로 끌려갔다. 데니스를 구덩이에 세워 둔 채, 제프리 룬드그렌은 데니스의 아내 셔릴이 가족을 주도하도록 내버려 둔 것이 불순하다고 선언하였다. 그리고 해당 죄에 대한 보속(일종의 치유 성사)으로서 45구경 총으로 데니스의 가슴을 쏘았다. 셔릴도 동일하게 테이프로 결박된 채 헛간으로 끌려왔고, 남편의 시체 옆에 무릎을 꿇자 곧 가슴에 총을 맞았다. 아이들도 한 명씩 결박되어 구덩이로 끌려와 가슴에 총을 맞았다. 레베카는 예외적으로 머리에 총을 맞았다.

이틀 후 단체는 짐을 챙겨 그곳을 떠났다. 이들은 웨스트버지니아에서 미주리로 옮겨 갔고, 추수감사절 즈음 해체되었다.

1990년 1월 7일 캘리포니아 내셔널시티에 위치한 모텔 밖에서 룬드그렌과 그의 아내, 아들이 체포되었다. 멕시코로 도망가기 전 어린 자녀들을 친척에 맡기려 했다고 추측되었다. 컬트살인 혐의로 기소된 13명 중 대니 크래프트와 캐시 존슨은 한동안 잡히지 않다가 1990년 1월 10일 체포되었다.

결과 __ 제프리 룬드그렌은 가중살인 5건과 납치로 사형을 선고 받았다. 그의 아들 데이먼 룬드그렌은 가중살인 4건에 유죄가 선고되어 오하이오에서 사형을 기다리고 있다. 앨리스 룬드그렌은 음모, 공모, 납치로 종신형 5회를 선고 받았다. 그들의 추종자 중 9명은 주 전역의 감옥에 흩어져 수감 중이다.

극단주의 살인은 특정 정치 · 경제 · 종교 혹은 사회적 시스템에 기반한 신념이 동기가 되는 살인이다. 이 범주는 집단으로부터 기인한 행위를 하는 단독 또는 다수 공격자가 연루된 모든 사건을 포함한다.

극단주의 집단을 포함하는 살인을 하나의 범주로 분류하기는 어렵다. 집단적 요인이 하나의 분류체계에만 해당되는 경우는 거의 없기 때문이다. 이 장에서 볼 수 있듯이 이 유형에는 하나 혹은 그 이상의 혼합된 동기가 존재한다. 레바논의 헤즈볼라를 예로 들어 보자. 헤즈볼라는 이슬람 종교 확장을 위한 정치적인 목표를 가지고 있다. '신의 정당party of God'이라는 뜻의 헤즈볼라는 1982년 이스라엘의 레바논 침공에 대응하는 조직으로 만들어졌다. 서구 세력에 맞서 이란을 모델로 무슬림 근본주의 국가를 건설하고자 하는 헤즈볼라는, 이스라엘 말살을 표방하는 급진 이슬람 시아파 단체들을 통솔하는 조직이다. 1982년 이후 그 하부 조직이 200건에 달하는 테러 공격을 벌여 800명이 넘는 사망자를 낸 것으로 알려졌다. 전문가들은 헤즈볼라가 레바논의 주요 정치세력 중 하나로서 수천 명의 레바논 시아파인들에게 사회복지 시스템과 학교 운영, 의료 기관, 농업 서비스를 제공하고 있다고 설명한다. 알 마나르라는 위성텔레비전 채널과 방송국도 운영하고 있다.

'CSA'로 통칭하는 미국 내 우파 단체들인 코버넌트Covenant, 스워드Sword, 암 오브 더 로드Arm of the Lord는 종교적 개념에 극단적 인종주의 요소를 결합시켰다. 이 단체들은 자신들만의 성서 해석에 근거하여 흑인과 히스패닉, 유대인에 대한 공격을 정당화한다는 점에서 주류 종교 단체들과 확연히 다르다.

인터넷으로 무장하는 극단주의 집단들

인터넷은 극단주의 집단이 파괴적인 계획을 수립하고 실행하는 데 큰 도움을 주고 있다. 1999년 4월 21일, 미국 콜로라도 리틀턴의 콜럼바인 고등학교에서 발생한 총격은 어떻게 두 10대 소년이 인터넷의 도움을 받아 살인을 계획했는지 보여 준다. 에릭 해리스와 딜런 클레볼드는 콜럼바인고교 학생들 몇 명이 포함된 '트렌치코트 마피아 조직'의 일원이었다. 해리스는 고등학교 습격 계획을 담은 웹사이트를 운영했고, 여기에는 암호로 처리된 다른 두 조직원의 이름도 있었다. 파이프폭탄을 제조 및 폭파하는 실험 정보도 사이트에 올라와 있었다. 두 소년은 인터넷에서 얻은 정보로 파이프폭탄 제조법을 배운 것으로 알려졌다.

극단주의 집단이 공격자들에게 직접 작전을 강요하지 않더라도, 공격자들은 강한 신념으로 범죄를 저지른다. 2001년의 9·11테러도 극단주의 무슬림들이 어떻게 범행에 인터넷을 사용했는지 보여 준다.

2001년 9월 11일 이후 대규모 테러 행위에도 인터넷이 사용되고 있다는 사실이 분명해졌다. 국제 테러리스트들은 여객기를 납치해 뉴욕 국제무역센터 트윈타워로 돌진시키고, 다른 상업항공기로 워싱턴 D.C.의 펜타곤을 공격해 수천 명의 목숨을 빼앗았다. 또 다른 항공기도 펜실베이니아 지역의 들판에 추락해 탑승자 전원이 사망했다. 당시 수사관들은 테러리스트들이 서로 인터넷으로 소통하고 온라인 게시 사진에 비밀 메시지를 숨겨 놓는 등 테러에 사이버공간을 적극 활용한 흔적을 발견했다. 공격자들은 고대 그리스에서 유래한 기술로 알려진 스테가노그라피steganography를 사용했는데, 이는 이미지 뒤에 비밀을 숨기는 심층 암호화 기법이다. 미국 역사상 가장 큰 피해를 기록한 이 테러 이후 FBI는 야후와 아메리카온라인 등에서 관련 기록을 확보하고, 이 테러리스트들이 플로리다와 버지니아에서 사용한 것으로 추정되는 컴퓨터도 확보했다. 그리고 테러리스트들의 온라인 공격에 대응하여 부시 정부는 사이버테러 전담 첨단기술 사무소를 창설했다.

테러 범죄만 문제가 된 것이 아니다. 9월 11일 이후 이 비극을 이용한 각종 신용사기 사건들이 온라인상에서 활개를 쳤다. 사기꾼들은 온라인에 가짜 자선 웹사이트를 개설하여 시민들의 기부금을 가로챘다.

극단주의 집단은 다음 체계로 분류된다.

- **정치적 살인** 정부 또는 그 대표자들을 반대하는 교리 또는 철학이 범행의 동기가 된다.
- **종교적 살인** 정통 종교 관습에 기반한 열정적인 헌신이나 믿음 체계로 촉발되는 살인. 컬트살인은 여기에 포함되지 않는다. 이 분류에 포함되는 종교는 이슬람, 유대교, 기독교 등 주류 종교이다.
- **사회경제직 살인** 특정 민족석·사회적·경제적·종교적 단체를 대표하는 개인이나 단체에 대한 강렬한 적대심에서 비롯된다. 네오나치 스킨헤드나 KKK, 게이와 레즈비언을 공격하는 단체 등이 이 분류에 해당된다.

극단주의 (집단)살인은 단일한 분류로 정의되지 않는다. 분류는 우세한 동기를 기준으로 이루어진다.

주요 특징

피해자 분석 __ 극단주의 살인의 표적이 되는 피해자는 여러 유형이다. 대부분의 피해자는 공격자가 가진 일련의 믿음과 대조되는 쪽을 표방하기 때문에, 피해자 분석도 이 교리나 믿음에 따라 달라진다. 다수의 피해자가 존재하는 경우, 그들의 인종이나 종교적 · 정치적 신념 혹은 사회/경제적 지위에서 유사성을 찾아야 한다. 피해자 선별성은 다양한 수준으로 나타난다. 우연한 피해자이거나 공격자와 잘못된 시점에 우연히 마주친 무작위적 피해자일 수도 있다. 반면에 어떤 피해자는 사전에 치밀하게 준비된 계획적 공격의 희생자일 수 있다.

극단주의 살인의 피해자 분석에는 해당 집단의 목적과 갈등을 빚는 피해자도 포함된다. 이 경우, 피해자에는 정보제공자, 방황하는 구성원 혹은 지도자의 통제나 단체의 통합에 위협이 되는 구성원 등이 있다.

세 번째 유형의 희생자는 단체의 표적이 되는 사람과 관련이 있다는 이유로 살해되는 경우이다. 1988년 24세의 스콧 볼머가 19세 스킨헤드인 마이클 엘로드의 칼에 찔려 사망한 사건이 이 유형에 해당한다. 볼머가 파티에 흑인 친구를 데려오자, 엘로드는 인종차별적인 발언을 하며 소리를 질렀다. 그는 볼머가 흑인 친구를 대신해 상황을 중재하려 하자 칼을 휘둘렀다.

빈번하게 보고되는 범죄 현장 지표 __ 이 유형의 공격은 대부분 조우 장소, 사망 장소, 사체 처리 혹은 매장 장소 등 다수의 범죄 현장이 있다.

범죄 현장 지표는 공격자의 수, 즉 단체를 대표하여 행동하는 공격자가 단독인지 다수인지에 따라 다르다. 일반적으로, 다수의 공격자들은 분명한 현장 지표를 보인다. 각기 다른 무기류가 그 증거가 될 수 있다. 피해자는 대부분 수월하게 통제된다. 이러한 범행 현장에서는 피해자의 탈출 시도 흔적을 거의 찾아볼 수 없다. 그렇지 않고 넓게 퍼진 비산혈흔飛散血痕, 뒤집어진 가구를 비롯한 여타 저항 흔적이 있다면 피해자가 탈출하려 한 시도로 볼 수 있다. 피해자 수가 여럿인 경우도 다수의 공격자가 벌인 소행으로 추정할 수 있다.

공격자가 다수인 경우, 범행 현장은 공격자들의 입장에서 편리하고 위험부담이 적은 곳이 될 것이다. 공격자들은 공격·납치·도주에 대한 사전 계획 수립과 피해자 감시로 위험부담을 낮춘다. 집단 범행의 경우에는 납치와 살인에 더 구조적·계획적으로 접근한다. 단체가 범행 배후에 있을 때에는 사체 처리도 더 정교하고 '안전하게' 진행한다. 여타 개인적인 살인과 마찬가지로, 집단 살인도 정리되지 않은 비구조적 현장부터 능숙하게 구조화된 현장에 이르기까지 그 스펙트럼이 매우 넓다. 현장에 남겨진 물리적 증거와 공격·납치·도주 과정의 능숙함으로 해당 집단의 범죄 숙련도를 추정한다.

단독 공격자는 그 전문성 정도에 따라 현장 통제력과 구조화 능력이 다르지만, 집단 공격보다 피해자 수는 제한될 수밖에 없고 공격 과정을 완벽히 통제하기도 어렵다.

범죄 현장에는 특정 단체의 상징이나 특성이 남겨져 있을 수 있다.

조작 __ 살인은 단체를 대신하여 메시지를 전달하려는 행위이기 때문에 조작은 존재하지 않는다.

공통된 포렌식 검증 __ 다수 공격자의 물적 증거(섬유, 체모, 지문, 족적)는 해당 집단의 구조화 능력에 따라 범죄 현장에서 발견될 수도, 발견되지 않을 수도 있다. 사용한 무기에 따라 각기 다른 구경의 총기, 또는 총기와 칼 같은 무기 조합이 드러날 수 있다.

때로는 법과학 검사를 통해 해당 집단의 고유한 특성이 포착되기도 한다. 예를 들어, 기독교 근본주의를 주장하는 야훼 조직은 사지절단, 그중에서도 참수를 선호하고, 아일랜드공화군은 폭탄공격, 좌익 조직은 총격, 스킨헤드족은 손과 발을 이용한 둔력 손상을 선호한다. 다수의 부상이나 과도한 외상은 집단의 연루 가능성을 보여 주는 또 다른 지표다. 단독 공격자의 공격은 복수 공격자의 공격적 특징을 덜 보인다는 점에서 차이가 있다.

수사 주안점

공격 전에 피해자를 선택하고 감시하고 범행을 계획한 흔적을 찾아야 한다. 탈출 계획을 찾아내면 사전 모의 증거가 된다. 전송장치를 사용하는 폭탄공격의 경우, 한 사람이 차 안에서 폭탄을 터뜨리면 다른 사람이 그로 인한 혼란을 틈타 차를 운전해 현장을 빠져나갈 수 있다.

사후에 제기되는 주장이나 의사소통은 그 진위를 신중히 판단해야 한다. 자기(조직)가 범인이라거나 공범이라는 주장을 쉽게 믿어서는 안 된다. 사건 후에도 또 다른 공격을 모의하고 있다고 예상해야 한다. 모임 장소나 집결지에 접근할 때에는 항상 주의를 기울여야 한다. 많은 극단주의 단체들은 흔히 부비트랩을 사용한다.

수색영장 제안 사항

압수수색영장에는 사전에 공격을 계획한 문서와 컴퓨터, 다이어리, 잡지, 녹음(시청각 또는 오디오), 지도, 피해자 사진 같은 실행 단계의 문서가 들어간다. 집단적인 믿음과 활동, 특히 정치적 암살의 경우에 피해자와 관련된 언론 자료도 유용하다. 기타 총기, 폭발물 장치, 스토킹(여행권이나 영수증 또는 사진)의 증거 등이 포함되어야 한다.

극단주의 단체들은 종종 준군사조직의 체계와 작전을 채택한다. 군복 착용과 훈련용 크림 사용, 계급별 위계, 내부 규율과 행동 규범이 그 증거이다. 매우 구조화된 집단으로, 그들의 신념과 조직 구도와 관련된 문서 자료를 가지고 있다.

주요 특징

빈번하게 보고되는 범죄 현장 지표 __ 준군사적인 극단주의 단체의 범죄 현장은 고도로 구조화되어 있다. 군사 전술과 범행수법(MO)의 활용이 입증 가능하다. 범행 현장뿐 아니라 범행의 모든 요소를 살피는 데 범행수법에 대한 사전 지식은 중요하다. 살인의 목적이 메시지 전달에 있기 때문에 조작은 없을 것이다.

공통된 포렌식 검증 __ 법과학적으로 볼 때 준군사적인 공격의 경우에 과잉살상은 잘 나타나지 않는다. 대개 군사작전을 연상시키는 군더더기 없는 살인 방식을 보인다. 총기와 폭발물이 가장 자주 선택된다.

수사 __ 공격에는 피해자 선정과 감시, 리허설까지 포함될 수 있다. 준군사작전에 관련된 용의자들은 종종 전과가 있다. 이런 종류의 극단주의 단체를 상대로 작전을 펼 때에는 특히 부비트랩을 조심해야 한다.

사례 연구 ### 142.01 정치적 극단주의 살인

1973년 11월 6일, 캘리포니아 오클랜드 교육관구에서 존경 받던 흑

인 교육감 마커스 포스터와 로버트 블랙번 부교육감이 교육위원회 활동을 마치고 건물을 빠져나오고 있었다. 그때 두 명의 무장 괴한이 기습하여 포스터가 사망하고, 블랙번은 부상을 입었다. 포스터를 부검한 결과, 살인범들은 청산가리 결정체로 채워진 총알을 사용한 것으로 밝혀졌다.

지역 라디오방송국에 심바이어니즈 해방군Symbionese Liberation Army(SLA)이 이 매복공격에 책임이 있다는 내용의 편지가 도착했다. 편지에는 포스터와 부교육감이 "국민의 자녀와 삶에 대한 범죄"로 국민에게 유죄판결을 받았다고 적혀 있었다. 편지가 주장한 포스터의 "범죄"에는 학교경찰대 구성 제안, 학생 신분증, 청소년범죄 감소를 위한 교사·보호관찰관·경찰의 조정 노력 등이 포함됐다.

SLA는 1970년대 초 캘리포니아의 흑인 탈주범 도널드 디프리즈가 설립한 좌익 과격파 조직으로, 신문재벌 상속녀 패티 허스트 납치 사건으로 유명해졌다. 1974년 허스트는 이 조직에 납치됐다가 오히려 조직원이 되어 은행 강도 행각을 벌였다.

1974년 1월 10일, 경찰은 캘리포니아 콩코드 근처에서 24세의 러셀 잭 리틀과 27세의 마이클 레미로를 포스터 살해 혐의로 체포했다. 레미로가 소지하고 있던 총이 포스터의 살인과 관련이 있다는 보고를 받은 다음이다. 그런데 직후 인근에 있는 다른 조직원 소유의 주택에 화재가 발생했다. 신고를 받고 출동한 경찰은 그 집에서 총기와 탄약, 폭발물, 청산가리, SLA 팸플릿 등을 발견했다. 거기에는 납치 후 처형된 공무원 명단도 있었다.

결과 __ 1974년 5월 17일, 경찰과의 총격전으로 SLA 조직원 6명이 사망했다. 1975년 9월 18일, 납치 16개월 만에 패티 허스트가 이번에는 조직원으로 FBI에 체포되었다. 잭 리틀과 레미로는 둘 다 SLA 가입 사실을 인정했고, 포스터 살해 혐의로 무기징역을 선고 받았다.

배경 __ 1983년 1월 11일, 멤피스 경찰 R. S. '밥' 헤스터와 다른 두 경찰에게 거짓 신고 전화가 전달되었다. 세 명의 경찰관이 새넌 스트리트 2239에 있는 린드버그 샌더스의 거주지에 들어서자마자, 일군의 공격자들(이후 종교적 광신도로 드러남)이 달려들었다. 두 명의 경찰 중 한 명은 얼굴에 총을 맞고, 다른 한 명은 얼굴과 머리를 심하게 구타당한 뒤에 가까스로 탈출했다.

1월 13일 오전 3시 15분, 멤피스 경찰서 특수작전팀이 뒷문을 통해 집 안으로 진입했다. 헤스터는 이미 사망한 상태였다. 경찰은 헤스터를 인질로 붙잡고 있던 일곱 명의 공격자를 사살했다.

피해자 분석 __ 당시 34세의 헤스터는 멤피스 경찰관이 된 지 10주년을 한 달 앞두고 있었다. 그는 대부분 북부 관할서에서 근무했고, 1977년 근무 중 당구장에서 한 남성에게 공격을 받아 부상을 입은 적이 한 번 있었다.

헤스터 경관은 주요 중범죄 체포 건수가 많기로 명성이 높았고, 여러 표창을 받기도 했다.

범죄 현장 지표 __ 범죄 현장은 마지막으로 알려진 인질 납치 위치와 경찰 진입 장소가 결합되어 있었다. 두 장소는 인질살인의 핵심 지표를 포함한다. 헤스터 경관 인질 사건은 섀넌 스트리트에 있는 조직원 소유 주택의 범위를 넘지 않았다.

포렌식 검증 __ 헤스터 경관의 부검 보고서에 따르면, 그는 다수의 둔력 손상을 입었다. 대부분의 부상은 얼굴과 머리에 집중되었다. 그의 두개골은 헤어라인을 따라 최소 한 군데가 골절되었고, 머리와 얼굴에 많은 찰과상과 열상이 있었고, 사타구니에서 가까운 허벅지 윗부분과 복부에는 타박상이 있었다. 팔꿈치 뒤와 양 무릎 아래에도 열상이 있었다. 오른쪽 다리에는 둔기에 찍힌 상처가 두 개 나타났다. 사망원인은 '구타로 인한 사망'으로 요약되었다. 헤스터의 사망 시각은 경찰이 집을 습격하기 12~14시간 전인 것으로 추정되었다.

수사 __ 친구들에 따르면, '섀넌 스트리트 세븐'의 리더인 린드버그 샌더스는 느긋하고 믿음직한 기술자였다. 그런데 1973년 정신적인 문제로 입원하면서 변화를 보이기기 시작했다. 몇 차례의 입원과 외래 치료 후, 린드버그는 종교적 망상이 있는 조현병 진단을 받았다. 그는 1975년 모든 일을 그만두고, 성경을 읽고 섀넌 스트리트에 있는 자기 집에서 모임을 주최하는 데 시간을 쏟았다. 이 모임에서 소규모의 추종자들이 생겼다. 그들은 주기적으로 함께 모여 단식을 하고 마리화나를 피우며 성경을 읽었다. 샌더스는 돼지고기와 썩은 고기를 먹는 물고기를 먹어서는 안 되며, 색깔이 있는 물만 마실 수 있다고 믿었다. 추종자들은 투명한 물에 머스타드나 쿨에이드, 케첩을 넣어 마셨다.

그런데 어느 시점부터 린드버그의 교리가 불길한 방향으로 나아가기 시작했다. 그는 경찰이 악마의 대리인이며, 반종교적이고 반기독교적이라고 주장했다. 당시 섀넌 스트리트 사건이 촉발된 것은 샌더스가 그 주에 세상의 종말이 올 것이라고 믿었기 때문이다. 그의 무리는 사건 4일 전부터 모여 금식과 기도로써 종말을 준비했다. 샌더스는 자신은 신에게 불멸이라는 선물을 받았다며, 경찰의 총알뿐만 아니라 세상의 종말로부터 빗겨 나갈 것이라고 예상했다.

사건은 1월 11일 당일, 소매치기 사건의 용의자가 샌더스의 거주지에서 대화를 나누자고 전화하면서 시작되었다. 샌더스의 집에 출동한 경찰은 샌더스와 거기에 모여 있던 사람들과 이야기를 나눴다. 샌더스 무리는 샌더스가 예측한 것처럼 월요일에 세상의 종말이 오지 않아서 매우 화가 나 있었다. 경찰은 대화만 나누고 돌아갔다.

그날 오후 9시, 다시 그곳에 출동해 달라는 전화가 왔다. 이때 전화를 받은 사람이 바로 헤스터 경관이었다. 그는 다른 두 경찰관과 샌더스의 집에 갔다가 공격을 당한 것이다. 두 경찰은 부상을 입고 탈출했지만, 헤스터는 빠져나오지 못했다. 협상 전문가들이 이후 24시간 동안 샌더스를 설득하려 했지만 성공하지 못했다. 1월 12일 밤 11시 11분, 집 안의 모든 불빛이 꺼졌다. 30시간의 포위 끝에, 경찰이 최루가스를 터뜨리고 자동무기로 무장한 채 집 안에 진입했다. 이때 샌더스와 여섯 명의 남성이 사망했다. 경찰에 따르면, 헤스터는 이미 몇 시간 전에 구타를 당해 사망한 상태였다.

집단흥분에서 비롯되는 살인은 전염성이 있고, 구조화되거나 구조화되지 않을 수 있다. 집단의 공격성은 그들이 피해자에게 저지른 행동에 비례한다.

주요 특징

피해자 분석 __ 피해자는 처음에는 표적이 된 한 명이었다가, 혼란과 흥분이 고조되면 무작위로 늘어날 수 있다. 처음부터 무작위로 피해자를 고를 수도 있다. 그러면 종종 다수의 희생자가 발생하며, 이 공격에서 살아남은 피해자가 있을 수 있다.

빈번하게 보고되는 범죄 현장 지표 __ 이런 유형의 공격에는 종종 목격자가 있지만 나서기를 주저한다. 공격은 대개 공공장소에서 일어난다. 일반적으로 우연히 획득한 무기, 특히 손과 발 같은 신체 무기를 사용한다. 범죄 현장은 은폐가 전혀 없이 비구조화되어 있으며, 시신을 감추려는 노력이 전혀 없거나 거의 없이 방치된다. 현장에는 지문, 발자국, 섬유, 정액 등 다수 가해자들의 흔적이 있다.

공통된 포렌식 검증 __ 일반적으로 곤봉 구타나 전반적인 둔기 외상으로 인한 과잉살상이 나타난다. 피해자는 광란의 폭행으로 여러 건의 상처를 입는다. 성폭행이 있을 수 있다.

수사 주안점

가해자들은 흔히 마약 및 알코올과 관련이 있다. 공격 시간은 짧고, 범행의 공개성 때문에 목격자가 있다. 지도자가 없는 느슨한 구조의 집단인 경우에는 집단의 약점을 이용할 수도 있다.

수색영장 제안 사항

수색영장에는 사전 범죄 모의 및 집행 단계 관련 문서, 피의자의 개인용 컴퓨터, 다이어리, 일기, 녹음(시청각 또는 오디오), 지도, 피해자 사진 등이 포함된다. 근거지에서 집단적인 신념 및 활동과 관련된 미디어 자료를 찾는 것도 유용하다.

방화/폭탄공격

방화는 피해를 입힐 목적으로 불을 지르는 범죄다. 폐허와 새까맣게 그을린 잔해, 무너진 구조물, 물에 젖은 재, 연기와 악취 등 수사관 입장에서 화재 조사는 그리 하고 싶은 일이 아니다. 다음은 주민 10만 명당 방화율이다.

| 표 11. 1 | 주민 10만 명당 방화율(FBI, 2012)

단위: 퍼센트

2002	2003	2004	2005	2006	2007	2008	2009	2010
32.4	30.4	28.2	26.9	26.8	24.7	24.1	21.3	19.6

2010년 FBI 통합범죄보고(UCR)의 통계는 다음과 같다.

- 2010년, 1만 5,475명의 법집행관들이 12개월간의 방화 데이터와 5만 6,825건의 방화 사건을 보고했다.
- 보고된 방화 중 구조물(주거지, 창고, 공공건물 등)에 대한 방화는 전체의 45.5퍼센트, 동산에 대한 방화는 26.0퍼센트, 다른 재산(농작물, 목재, 울타리 등)에 대한 방화는 28.5퍼센트였다.
- 방화로 인한 평균 손실액은 1만 7,612달러(2천만 원)였다.
- 평균 손실액이 가장 큰 방화는 산업 및 제조 건물 방화였다(1건당 평균 13만 3,717달러).
- 2010년 방화범죄는 2009년 신고 건수에 비해 7.6퍼센트 감소했다.
- 전국적으로 주민 10만 명당 19.6건의 방화가 일어났다.
- 2010년 방화로 체포된 건수는 8,806건(10만 명당 3.7명)이다.
- 구속 수감된 방화범 중 18세 이하가 3,132명, 18세 이상은 4,382명이었다(FBI, 2010).
- 남성은 6,237명, 여성은 1,277명이었다(FBI, 2010).

- 6,592명이 백인이었고, 흑인은 1,978명, 인디언 원주민은 100명, 아시아 및 태평양 섬 출신은 96명이었다(FBI, 2010).

최고의 방화 조사는 훈련된 요원들로 이루어진 팀을 이용해 소방대원에 대한 진술 확보부터 시작한다. 경찰과 보험 수사관 등은 범행 동기와 방법 등을 파악한다. 전기 시스템 조사에는 전기공학자나 시공 기술자 등 전문가의 도움이 필요하다. 과학자들은 가치 있는 역할을 맡는다. 과학자들은 어떤 선입견 없이 화재 현장에 접근할 수 있다. 인내심을 가지고 철저히 그리고 체계적인 방법을 사용한 분석적 접근은 중대하고 필수적인 정보를 드러낸다.

화재 현장에서 수사관의 기본 역할은 두 단계로 나뉜다. 첫 단계는 화재 발화점을 파악한 후 화재 원인을 조사하는 것이다. 조사는 지상에서 또는 현장보다 높은 위치에서 현장에 대한 전체적인 인상을 포착하는 것부터 시작한다. 두 번째 단계는 현장의 다양한 장소에 존재하는 물질, 연료 및 파편들의 상태를 검사하는 것이다.

발화점 수색은 다음과 같은 기본 규칙에 근거한다.

- 불은 위와 밖으로 번지는 경향이 있으므로, 벽을 따라 V 패턴을 찾아야 한다.
- 가연성물질이 있으면 화재의 강도와 범위가 증가하며, 불이 뜨거워질수록 더 빠르게 증가한다.
- 화재가 계속되려면 연료와 산소가 필요하다.
- 화재의 확산은 기류, 벽, 계단 등의 요인에 영향을 받고, 이는 화재 파편과 소방 활동에도 영향을 미친다.

사고에 의한 화재가 아니라면 방화이다. 방화 동기에는 반달리즘, 사기, 보복, 사보타주, 방화벽pyromania 등이 있다. 모든 방화 의심 사건에서는 남아 있는 촉매를 찾고, 샘플을 확보하여 분석하는 것이 최선이다.

국립폭력범죄분석센터(NCAVC)는 경찰과 소방기관의 미해결 방화 사건 수사를 지원하기 위해 방화범 연구를 수행한다. 센터는 이 연구를 통해 범행 동기 파악이야말로 범죄 분석의 핵심 요소임을 알게 되었다. 범행 동기가 파악되면, 이를 통해 분석 가능한 범위 내에서 범인의 개인적 특성과 성격을 파악할 수 있다. '동기'는 특정한 행동을 유도하거나 촉진하는 원인, 이유 또는 유인誘因이 되는 내적 충동이나 욕구라고 정의할 수 있다(Rider, 1980). 다음과 같은 동기 분류는 일관되게 나타나며, 범죄자 특성을 식별하는 데 가장 효과적인 것으로 입증되었다.

- 보복
- 흥분
- 반달리즘
- 이득
- 범죄 은폐

방화: 일반 특징

주요 특징

피해자 분석: 방화 대상

- 범행 동기 판단의 필수 요인
- 무작위 · 우연적 대상 VS 특정 대상

범죄 현장 지표

- 구조화된 범인

  - 정교한 방화 장치 사용(전자 타이머, 촉발제 등)

  - 물리적 증거(족적, 지문 등)가 적음, 강제침입이라면 노련한 범인을 의미

  - 방법론적 접근(트레일러, 다중 세팅, 과도한 촉매제 사용)

- 비구조화된 범인

  - 취득이 가능한 물질 사용

  - 성냥, 담배, 비교적 일반적인 촉매제(라이터기름, 휘발유)

  - 비교적 많은 물리적 증거(필적, 족적, 지문 등)

공통된 포렌식 검증

- 방화 장치: 장치의 부품(촉발제, 타이머 장치, 초, 전자 타이머, 테이프, 전기줄)

- 촉매제: 가솔린, 라이터기름, 혼합물(휘발유, 등유)

- 더욱 정교한 촉매제: 디젤/등유, 수용성 촉매제(알코올)

- 화염병: 유리병 조각의 지문, 천 조각의 섬유 매칭

수색영장 제안 사항

- 방화 장치 증거: 포장, 부품, 폭죽, 현장 증거와 매칭되는 테이프, 관련 서적

야만적인 문화예술 파괴 경향인 반달리즘에서 기인한 방화는 악질적이고 유해한 동기에서 기인한 범죄이다. 반달리즘 방화는 고의 및 악의적 장난(201), 또래/집단 압력 동기 방화(202), 기타 반달리즘 동기 방화(209)로 분류된다.

주요 특징

피해자 분석 __ 교육시설은 반달리즘 방화의 일반적인 대상이다. 교육시설 외에 거주지역이나 경작지(잔디, 덤불, 산림, 목재용 수목지)가 포함된다.

빈번하게 보고되는 범죄 현장 지표 __ 반달리즘 방화는 복수의 범인이 가담하는 경우가 많고, 그들은 대부분 즉흥적이고 충동적이다. 다수의 범인이 있는 경우, 무리 중 한 명이 선동자나 리더 역할을 한다. 일반적으로 현장에는 반달리즘 방화의 특징인 즉흥성이 나타난다. 반달리즘 방화 현장은 비구조화된 현장의 두드러진 특징을 보인다. 범인은 현장에 있는 물건을 사용하며, 족적이나 지문과 같은 물리적 증거를 남긴다. 가연성물질을 사용하기도 한다. 잠겨 있는 구조물의 경우, 창문을 깨고 내부로 진입하기도 한다. 따라서 화염으로 인한 파괴와 구별되는 창문 파괴의 증거가 발견된다. 또한 성냥갑이나 담배, 스프레이 페인트 캔(그라피티)이 발견된다. 칠판 낙서, 현장에서 없어진 물건, 전형적인 시설 파괴 등 반달리즘 방화의 다른 흔적도 있을 수 있다.

공통된 포렌식 검증 __ 반달리즘 방화의 포렌식 증거는 범행에 사용된 가연성물질 분석에 집중된다. 발화용으로 쓰인 폭죽 같은 소형 폭발물도 추가적인 증거가 된다. 방화범들이 창문을 깨뜨려 내부로 들어갔다면 용의자의 옷에서 유리 조각이 나올 수 있다.

수사 주안점

반달리즘 방화범의 전형은, 7~9년 정도 정규교육을 받은 남자 청소년이다. 보통 학교 성적은 좋지 않았고, 무직이다. 미혼이고 부모(혹은 편부모)와 거주한다. 술과 약물은 방화와 관련이 없는 경우가 많다. 경찰은 해당 인물을 이미 알고 있고, 체포 전력이 있을 수도 있다. 범인들 중 적어도 한 명은 학창 시절(혹은 현재)에 문제아로 알려졌을 수 있다.

대부분의 범인은 현장으로부터 1~2킬로미터 이내에 거주하고, 범행 후 즉시 도주해 다시 현장으로 돌아오지 않는다. 만약 돌아온다면, 안전하고 멀리 떨어진 장소에서 화재를 지켜본다.

수사 범위를 좁히고 용의자 수를 줄이려면 학교, 소방서, 경찰서에 도움을 구해야 한다. 해당 청소년 방화범이 과거에 비슷한 행동을 한 적 없는지 정보를 얻을 수 있다.

수색영장 제안 사항

- 스프레이 페인트 캔
- 현장에서 취득한 물품, 특히 학교 방화의 경우
- 폭발장치: 폭죽, 파이어크래커, 포장, 종이 포장
- 가연성물질
- 천 조각, 가연성물질의 증거, 유리 조각(증인 식별용)
- 신발: 족적, 가연성물질의 흔적

사례 연구 **201 고의 및 악의적 장난**

배경 __ 1990년 어느 가을 맑고 시원한 토요일 밤 10시 37분, 한 중학교에서 화재가 발생했다. 도서관과 그 근처 다목적실에서 일어난 화재로 학교는 3억 원 상당의 피해를 입었다. 저소득 지역에 위치한 해당 학교는 보험료 부담을 낮추려 보험 적용 범위 등을 최소한으로 설정한 상태였다. 해당 학구에서도 재정상의 이유로 화재로 소실된 도서관의 책을 채워 주지 못했고, 훼손된 건물 복구비도 지원해 주지 않았다.

피해자 분석 __ 1972년에 지어진 피해 학교는 6학년부터 9학년을 담당했는데, 오랫동안 크고 작고 화재가 있었어도 이처럼 큰불은 처음이었다. 다른 학교들과 마찬가지로 반달리즘이 문제였다. 때때로 가짜 화재 경보가 울렸고, 폭탄 위협을 받았으며, 학교의 곳곳에 그라피티가 있었다. 주기적으로 교내 상점의 물건이나 창문이 돌로 파손되었고, 절도 행위도 발생했다.

범죄 현장 지표 __ 현장을 조사하던 수사관은 소방관들과 면담한 후 학교 안쪽 마당으로 나 있는 도서관 창문이 깨졌다고 판단했다. 창틀 아래쪽으로 떨어진 깨진 유리 조각을 치우고, 티셔츠로 창틀을 덮은 후 침입한 것으로 추정되었다. 학교 건물 내부 벽, 복사기 옆에 있던 쓰레기통에서 발화점이 발견되었다. 서가에 있던 수백 권의 도서가 바닥에 떨어져 그대로 복도에 방치되어 있었다. 책 아랫면이 그을리지 않은 것으로 보아 책들은 화재가 나기 전에 이미 바닥에 떨어진 것으로 보였다. 그러나 연기와 화재 피해가 심해 또 다른 반달리즘 행위가 있었는지는 알 수 없었다. 해당 화재는 방화로 판단되었다.

포렌식 검증 __ 현장에서 가연성물질은 발견되지 않았다. 쓰레기통 안쪽과 주변에 있던 물질에 불이 붙은 것으로 보였다. 용의자의 것으로 추정되는 족적도 발견되지 않았고, 족적이 있었다 해도 화재 진화 과정에서 사라진 뒤였다. 깨진 유리창 반대편 도서관 바닥에서 현무암 조각이 발견되었다. 창틀에 있던 티셔츠는 M사이즈로, 어두운 파란색에 레터링 무늬는 없었다. 진화 과정에서 젖은 셔츠를 건조 후 분석한 결과, 검은 체모가 발견되었다.

수사 __ 방화 대상, 공격 방식, 현장에서 발견된 증거를 바탕으로 수사관들은 학생들이 해당 방화에 연루되었을 것으로 추측했다. 학교 측에 연락해 교감에게 이런 방화를 저지를 만한 학생의 명단을 요청했다. 교감은 상담교사들과 논의 후 23명의 명단을 제공했다. 며칠 후 명단에 오른 학생들을 상대로 면담을 거의 마쳐 갈 즈음, 한 학생의 어머니가 연락을 해 왔다. 자신의 아들이 관련 대화를 들었다는 신고였다. 어느 학생이 다른 학생과 함께 학교에 불을 질렀다고 자랑했다는 것이다. 그 두 학생은 학교가 제공한 명단에 있었고, 두 사람 다 범행을 시인했다.

결과 __ 이 14세 소년들은 청소년과로 보내졌다. 둘 다 경미한 폭력범죄 전과가 있었고, 한 명은 절도 혐의를 받고 있었다. 그들은 비행죄로 주립 청소년시설로 보내졌다. 방화범 부모들은 피해금을 보상할 책임이 있었으나, 가입한 보험도 배상할 능력도 없었다.

흥분 동기 방화범은 불을 지르면서 얻는 흥분을 갈망하여 방화를 저지른다. 이 유형의 공격자가 사람들을 해칠 의도로 불을 지르는 경우는 거의 없다. 이 범주에 해당되는 방화범 종류는 스릴 추구형(211), 관심 추구형(212), 인정(영웅)(213), 변태성욕(214), 기타(219)가 있다.

주요 특징

피해자 분석 __ 방화 대상은 방화 동기를 규명하는 데 도움이 된다. 쓰레기 수거통, 목초지(풀, 덤불, 삼림지, 벌초된 나무 등), 목재 더미, 공사장, 사유 주거지는 흥분방화범들이 일반적으로 선택하는 목표물이다. 공격자는 안전하게 진화와 수사 과정을 살펴볼 수 있는 높은 장소를 선택한다. 빈 건물 안에서 화재가 일어난 경우에는 자원봉사 소방관 등 민간 봉사자들도 용의선상에서 배제해서는 안 된다. 이런 유형의 방화는 공격자가 단독이거나 다수이거나 상관없이 발생한다.

빈번하게 보고되는 범죄 현장 지표 __ 방화 대상이 되는 장소들은 사람들이 놀러 가는 장소이거나 파티가 잦은 곳으로 알려진 야외 지역에 인접한 곳이다. 공격자는 즉시 사용 가능한 물질들을 사용한다. 발화 장비가 사용되는 경우, 시간을 지연시키는 수법을 사용한다. 18세에서 30세 집단의 공격자들은 촉매를 사용하는 경향이 있다. 성냥과 담배는 초목에 불을 붙일 때 많이 사용된다. 변태성욕이 동기가 되는 방화는 흥분방화 중 비중이 크지 않다. 이 범죄 현장에서는 배설물이나 포르노물이 발견되기도 한다. 많은 경우, 당장 사용할 수 있는 것을 써서 작은 불을 지른다.

공통된 포렌식 검증 __ 지문, 차량과 자전거 바퀴 자국 등에 대한 기본적인 감식 외에, 발화 장비 부품의 잔해일 가능성이 있는 것들을 찾는 포렌식 분석이 이루어져야 한다. 변태성욕 동기 방화범이라면, 배설물 등이 중요한 포렌식 증거가 된다.

수사 주안점

일반적인 흥분방화범은 10년 이상의 정규교육을 받은 청소년이거나 젊은 성인 남성이다. 무직 상태이고, 싱글이며, 한 명 혹은 두 명의 부모와 함께 사는 중산층에서 중하위층의 사회적 배경을 가지고 있을 가능성이 크다. 보통 사회에 적응하지 못하고, 특히 연애 관계에 어려움을 겪는다. 이 유형의 방화범들 중에는 연쇄 공격자도 적지 않다.

약물이나 주류의 사용은 어린 연령대보다는 나이가 있는 공격자들에게서 잘 나타난다. 흥분 동기 공격자들은 비행과 일탈로 경찰과 접촉한 기록이 있기 쉽다. 나이가 많을수록 기록도 많을 것이다.

공격자의 거주지와 범행 현장 간의 거리는 공격자가 불을 지른 대상을 분석해 보면 규명된다. 방화 대상과 방화 대상 군집 분석을 통해, 공격자의 이동성을 판단할 수 있다. 흥분 동기의 방화범들 중에는 불이 시작되면 현장을 떠나지 않는 이들도 있다. 그들은 사람들 틈에 섞여서 화재를 지켜보려고 한다. 현장을 떠나는 공격자들은 나중에 돌아와서 자신의 범행으로 인한 손실과 복구 활동을 관찰한다.

수색영장 제안 사항

차량

- 발화장치로 사용되는 장비들과 유사한 물건: 폭죽, 물건 운반 용기, 포장, 전선

- 바닥 매트, 트렁크 패드, 카펫: 촉매 잔여물(결정적 증거는 아니지만 암시적 증거가 될 수 있음)
- 맥주 캔, 성냥갑, 담배류: 현장에서 발견된 브랜드와 동일한 것

집

- 발화장치로 사용되는 장비들과 유사한 물건: 폭죽, 물건 운반 용기, 포장, 전선
- 의류, 신발: 초목 화재의 경우, 촉매 및 토양 샘플
- 맥주 캔, 성냥갑, 담배류: 현장에서 발견된 브랜드와 동일한 것
- 담배 라이터, 특히 피혐의자가 흡연자가 아닌 경우
- 다이어리, 컴퓨터, 일기, 노트, 로그인 기록, 녹음, 화재 사건을 표시한 지도
- 화재를 보도한 신문 기사
- 범죄 현장 기념품

사례 연구 212 관심 추구형

배경 __ 여름을 맞아 작은 도시의 소방서 안에 청소년 자원봉사 소방대원들이 앉아 있었다. 그들은 소방서 책임자가 자신들을 무시한다고 불평했다. 16~17세의 아이들은 평소에 동경해 온 소방차를 탈 수 있어서 감격했지만, 자신들의 역할을 과소평가하는 책임자가 불만이었다. 지루했던 아이들은 앉아서 노닥거리다가 빈집에 불을 지르면 재미있겠다는 이야기가 나왔다. 그건 그들의 실력을 입증할 기회가

될 것이다. 몇몇 아이들은 꺼리는 분위기였지만, 아무도 이의를 제기하지 않았다.

피해자 분석 __ 1년 사이에 열 채의 집에 불이 났다. 집들은 다 비어 있었고, 화재가 발생하기 전에는 사람이 살 수 없는 곳으로 여겨졌다. 보험에 가입한 집은 없었다.

범죄 현장 지표 __ 조사 과정에서 이 화재들이 모두 자원봉사 소방대원들이 근무하는 구역에서 발생하고, 모두 빈집이었으며, 야간에 일어났다는 일정한 패턴이 발견되었다. 모든 집이 전기와 수도, 가스 공급이 끊긴 상태였다.

포렌식 검증 __ 화재가 발생할 수 있는 재료들인 신문지와 판지, 불쏘시개 가 될 만한 종이들이 현장에서 발견되었다. 이 재료들을 건물 안 어딘가에 쌓은 후 성냥이나 라이터로 불을 지른 것 같았다. 가연성물질의 흔적은 발견되지 않았다. 자원봉사 소방대원들이 화재를 진압할 때 남은 족적 외에 다른 족적이나 타이어 자국은 없었다. 강제진입은 필요하지 않았고, 그런 흔적도 없었다.

수사 __ 수사 과정에서 자원봉사자 한 명이 화재 발생 당시 시간과 장소를 상세히 기록한 일기가 나왔다. 이 일기의 작성자는 다른 자원봉사자들의 이름을 말했고, 그들은 다시 다른 이름을 추가했다. 이로써 총 11명의 자원봉사 소방대원이 방화 혐의로 입건됐다. 한 피고인은 항변했다. "우리가 사람들을 다치게 하려고 집을 불태운 건 아닙니다. 소방서는 우리의 고향 같은 곳이에요."

결과 __ 피고인들은 전과가 없었기 때문에, 보호관찰부터 소년구금까지 가담 정도에 따라 형을 받았다.

보복 동기 방화는 가해자가 실재 또는 상상 속에서 인지한 어떤 부당함에 대한 보복이다. 다른 방화 범주보다 잘 계획된 일회성 사건일 수도 있고, 사전 계획 없이 막연히 사회에 대한 보복으로 방화를 저지르는 연쇄방화범일 수도 있다. 많은 방화 동기가 주요 동기 외에 보복성 요소를 가지고 있다. 이 범주에 포함되는 방화 유형은 개인적 보복(221), 사회적 보복(222), 제도적 보복(정부와 반정부적 입장)(222), 집단의 대한 보복(갱에 대한 대응)(222), 협박(223명), 기타(229)가 있다.

주요 특징

피해자 분석 __ 대부분의 다른 방화 범주와 마찬가지로 피해자 분석은 동기를 결정하는 핵심 요소이다. 특히 보복 범주에서는 피해자 분석이 중요하다. 보복방화의 피해자는 일반적으로 대인관계나 직업상 공격자와 갈등을 빚은 이력이 있다. 연인 간 삼각관계, 임대인-임차인 관계, 고용주-고용인 관계가 대표적이다.

일반적으로 보복방화범은 주택 재산과 차량을 주요 대상으로 삼는다. 재산상 목적이 있는 범인은 피해자의 성별에 따라 방화물을 달리 설정한다. 대상이 여성인 경우, 보통 차량이나 개인 소지품 등 피해자에게 중요한 것을 목표로 삼는다. 전 연인에게 보복할 목적의 방화범은 옷가지나 침구 등 개인적인 물건을 태운다. 사회에 대한 보복 성격이 강한 방화범은 무작위로 표적을 선택한다. 교회나 정부기관, 대학이나 기업 등이 공격 받기도 한다.

빈번하게 보고되는 범죄 현장 지표 __ 여성 방화범은 보통 거실 소파나 침실 등 개인적인 의미가 있는 곳에서 불을 지른다. 불을 붙이는 물건은 피해자의 옷이나 다른 개인적 물건이다. 피해자의 차량을 목표로 삼은 경우에는 주로 차 안에 불을 지른다.

남성도 개인적인 영역에서 불을 낼 수 있지만, 그 범위와 피해 정도가 훨씬 넓고 심각하다. 다량의 촉매제와 화염병을 사용하기도 한다.

공통된 포렌식 검증 __ 여성 방화범이 주로 선택하는 촉매제는 가벼운 액체처럼 쉽게 접근할 수 있는 가연성물질이다. 반면에 남성은 가솔린 등의 촉매제를 과도하게 사용하는 경향이 있다. 만일 화염병을 사용했다면 섬유 성분을 비교할 천, 지문을 채취할 유리잔, 촉매제 잔여물 등을 확보해야 한다.

수사 주안점

보복방화범은 대부분 10년 이상의 정규교육을 받은 성인 남성이다. 직업이 있는 경우에는 보통 블루칼라 노동자이다. 보복방화범은 대체로 임대 주거지에 거주한다. 이러한 공격자는 혼자 지내지 않고 가까운 관계를 맺는 경향이 있지만, 그 관계가 장기간 안정적으로 이어지지 않는다. 예외적으로 보복 동기 방화범 중 연쇄방화범은 외톨이가 많다.

많은 경우에 보복방화범은 강도나 절도 또는 반달리즘 같은 범죄로 어떤 방식으로든 법집행기관과 접촉한 전력이 있다. 보복방화 공격 시 술을 마시는 것이 일반적이다. 범죄 도중에 약물을 사용할 수도 있으나, 술의 사용이 더욱 흔하다. 공격자가 범죄 현장에 머무는 경우는 드물며, 일단 불이 붙으면 돌아오는 경우도 거의 없다. 가능한 한 멀리 이동하여 알리바이를 만들어야 하기 때문이다. 보통 공격자는 방화에 영향을 받는 지역 내에 산다. 기동성이 중요한 요소이며, 종종 범죄 현장을 오가는 데 차량을 이용한다. 이는 보복 동기 방화범 중 연쇄방화범이 대부분 도보를 이용하는 것과 대조된다. 방화 후에는 술을 더 많이 마실 수 있다. 술로 자신을 위로하고 만족을 얻지만, 피해자에게는 무신경한 태도를 보인다.

보복방화는 목표가 뚜렷한 공격이므로, 해당 화재로부터 가장 크게 고통 받는 사람이 누구인지 알아내야 한다. 피해자가 원한을 산 일은 없는가? 집주인이라면 최근에 누군가를 내쫓은 적이 있는가?

최근이 아니라, 화재가 있기 몇 달 혹은 몇 년 전에 보복 동기의 방화를 촉진할 만한 사건이 없었는지도 문서 조사를 통해 파악해야 한다. 이를 간과하는 경우가 많다. 초반에 용의자나 눈에 띄는 단서가 불분명하다면 수사를 확대할 준비를 해야 한다.

수색영장 제안 사항

- 연소 촉진제가 사용된 경우: 신발, 양말, 의류, 의류에 있는 유리 입자 (침입이 있었던 경우)
- 버려지거나 숨겨진 의류
- 병, 인화성 액체, 종이성냥
- 천(섬유 대조), 테이프(폭발장치가 사용된 경우)
- 현장에서 가져온 물건
- 액체 촉진제가 사용된 경우, 의류나 신발 (또는 피해자의 혈액, 강도를 시도하던 중 창문이 깨진 경우 유리 조각)

배경 __ 대도시 교외 지역에 위치한 단독주택이 개인적 보복방화의 현장이 되었다. 이 집에 혼자 살던 집주인 남성이 며칠간 집을 비웠다가 돌아왔을 때, 집 내부가 불타고 있는 것을 발견했다. 혼자서 불을 끄려고 보니 불은 두 곳에서 번지고 있었다.

피해자 분석 __ 불이 난 곳은 침실이었고, 거실 소파도 불타고 있었다. 침실 문이 닫힌 덕에 불이 합해지지 않아 크게 번지고 있지 않았다. 거실에 있던 텔레비전 세트가 사라져 있었다.

집주인에게는 종종 남성 방문객이 있었고, 화재가 나기 전에도 남성 친구와 함께 살고 있었다.

범죄 현장 지표 __ 처음부터 수상쩍은 화재였다. 두 개의 불이 따로 발생한 것이 명확했으며, 닫힌 침실 문이 두 불의 합류를 막았다. 사고로 불이 일어날 수 있는 모든 원인을 제거하고 나니 방화만이 유일한 가능성으로 남았다. 침실에 있던 커다란 침대가 완전히 연소되었고, 침대 뒤 벽도 손상을 입었다. 거실에서는 소파와 그 아래 바닥이 속까지 불탔다. 집 전체에 연기 피해가 심각했다.

포렌식 검증 __ 강제침입의 흔적은 없었다. 주인이 돌아왔을 때 집으로 들어가는 문은 모두 잠겨 있었다. 침대와 소파에 뿌려진 라이터 기름 때문에 불의 속도가 빨라졌다. 성냥이나 라이터 같은 것이 인화성액체를 점화하는 데 사용되었다. 불은 가구를 집중적으로 손상시켰다. 주변 장소에 대한 면밀한 조사 결과, 침대와 소파가 발화점으로 밝혀졌다.

수사 __ 피해자는 텔레비전 세트가 사라진 것을 알고는, 최근 자신의 집에서 살다 나간 21세 남성 지인이 그 텔레비전을 갖고 싶어 했으며 이전에도 물건을 훔친 적이 있다고 했다. 곧 룸메이트였던 그 남성의 위치가 확인되었고, 심문 결과 범행을 자백했다.

공격자는 피해자와 몇 달간 같이 살았고, 화재 한 달 전 이사를 나왔다. 그는 집주인의 방문객들이 자신의 소지품을 건드렸고, 집주인이 다른 사람들에게 자신에 대한 험담을 한다고 불평했다. 한번은 손님들이 모두 술을 마시던 중 한 손님이 그를 성적으로 괴롭히기도 했다. 복수심이 든 공격자는 집주인이 집을 비운 틈을 타 가지고 있던 열쇠로 이 집의 현관문을 열었다. 텔레비전을 훔치고 나니 불쾌했던 사건이 떠올랐고, 근처 편의점에서 라이터 기름을 구해 불을 질렀다. 소파에 불을 지른 것은 그곳이 그 일이 일어난 장소였기 때문이다.

결과 __ 공격자는 유죄가 확정되어 징역 8년을 선고 받았다.

이 범주에서 방화는 다른 1차적 범죄를 은폐하기 위한 2차적 또는 부수적인 범죄 활동이다. 은폐 동기의 방화 유형에는 살인(231), 자살(232명), 무단침입(233), 횡령(234), 절도(238), 기록 파괴(236) 및 기타(239) 등이 있다.

주요 특징

피해자 분석 __ 방화 대상은 은폐의 성격에 따라 달라진다. 대상은 사업체, 거주지 또는 차량일 수 있다.

빈번하게 보고되는 범죄 현장 지표 __

- **살인 은폐** 화재는 살인을 감추고, 잠재적 단서가 될 포렌식 증거나 피해자의 인신을 아예 없애려는 시도다. 따라서 화재 발생 당시 피해자가 살아 있었는지, 만약 그렇다면 왜 탈출하지 못했는지를 확인하기 위해 피해자의 자세와 위치를 살펴야 한다. 피해자가 여럿인 경우, 피해자들을 함께 묶으면 한 명의 용의자를 찾을 수 있다.

  범인은 보통 연소 촉진제로 유류를 사용한다. 대체로 발화점은 피해자나 피해자 근처이지만, 많은 경우 화재로 시신이나 기타 증거가 완전히 연소되지 않는다. 가해자는 극도로 비구조화된 행동을 하는 경향이 있다. 따라서 다른 방화 사건보다 더 많은 물리적 증거를 찾아낼 수 있다. 개인화된 것으로 보이는 공격은 단독 범행임을 시사한다. 체액에 담긴 유전자 표지 검출을 우려해 일부러 불을 질러 성폭행 살인사건을 은폐하는 'DNA 토치torch'도 이 범주에 속한다.

- **주거침입강도 은폐** 경험이 부족하거나 정교하지 못한 주거침입강도

사건에서는 보통 아무 물건이나 잡아서 불을 질렀다거나 현장에 복수의 범인들이 있었다는 증거가 남는다.

- **자동차 절도 은폐** 자동차 절도를 은폐할 목적의 방화에서는 지문을 없애기 위해 차량을 사용한 후 분해하고 망가뜨린다. 흔히 다수의 범인이 연루된다.

- **기록 파괴** 기록물을 파괴할 목적의 방화는 자료가 보관된 곳에 불을 붙인다. 이윤 목적의 방화 사건에서도 종종 기록물 또는 자료 뭉치가 발화점이다.

공통된 포렌식 검증 __ 과학수사를 통해 화재 당시 피해자가 살아 있었는지, 왜 탈출하지 않았는지 등을 규명해야 한다. 피해자가 부상을 당했다면 그 부상 원인이 화재였는지 아니면 다른 사람이 입힌 상해였는지, 더 나아가 탈출을 못할 만큼 부상 정도가 심했는지를 판단해야 한다. DNA 토치의 희생자는 성기 주변에 화상이 집중되어 있을 가능성이 크다. 이 경우 높은 확률로 성폭행 발생을 의심해야 한다.

수사 주안점

범죄 은폐 동기의 방화범들은 흔히 술과 기분 전환 약물을 사용한다. 가해자는 경찰이나 소방서에 연행 또는 체포된 이력이 있을 것으로 예상된다. 인근 지역사회에 거주하는 이동성이 큰 성인, 특히 자동차 절도 관련자일 가능성이 높다.

방화로 강도나 자동차 절도를 은닉하는 범죄자는 일상적으로 공모자들과 현장에 동행한다. 이 범주의 범죄자들은 대부분 범행 후 즉시 범죄 현장을 떠나 다시 돌아오지 않는다. 범죄 후에는 술이나 약물을 더 많이 의존하는 경향이 있다.

살인 은폐는 보통 일회성 사건이며 연쇄방화를 수반하지 않는다. 기록 파기 목적의 사건에서는 그 파기로 이득을 볼 사람이 누구인지 추적해야 한다.

수색영장 제안 사항

- 주요 동기를 다루는 분류법 참조
- 휘발유 용기
- 유류 촉진제를 사용한 경우(또는 살인 피해자가 있는 경우), 의류와 신발
- 주거침입 시도 중 창문이 깨졌다면 유리 파편
- 불에 탄 종이 문서

사례 연구 **231 살인 은폐 방화**

이른 아침, 소방관들은 70년 된 2층 주택의 화재 현장에 출동했다. 불은 곧 대응 3단계로 커져서 화재 진압에 1시간 30분 넘게 걸렸다. 소방관들이 잔해를 헤치고 들어가자, 거실의 소파에 앉아 있는 자세로 사망한 채 심하게 불에 탄 시신이 보였다. 시신의 두개골 왼쪽 정면에는 직경 약 5센티미터 크기의 구멍이 있었다.

피해자 분석 __ 희생자는 35년간 이 주택에 혼자 살던 86세 여성으로 확인됐다. 희생자의 세 자매 중 한 명의 말에 따르면, 희생자는 죽기 전 6~7년 동안 아무도 집에 들이지 않았다. 근처에 살던 여동생이 식사를 갖다 주었지만, 현관 이상은 들어오지 못하게 했다.

피해자는 집 여기저기에 많은 상자를 쌓아 두고 그 속에 거액의 돈을

숨겨 두었다. 동네에서도 유명한 구두쇠였다. 여동생들은 피해자가 불을 무서워하여 촛불을 사용하거나 요리도 하지 않았으며, 담배를 피우지 않았고, 난방도 켜지 않았다고 말했다.

희생자는 사망 이틀 전에 집 안에서 침입자를 내쫓을 만큼 당찬 여성이었다. 여동생 말로는 밤중에 일어나 침입자를 발견하고는 당장 떠나지 않으면 "온 몸에 구멍을 내 주겠다"고 소리치며 빗자루 손잡이로 때렸다고 한다. 그러나 경찰에 신고하지는 않았다.

범죄 현장 지표 __ 조사 결과, 화재의 원인은 방화였다. 불은 일반적인 가연성 물건과 가구 덮개에서 시작되었다. 손에 잡히는 대로 불을 붙이는 것은 방화범이 그리 정교하지 않음을 보여 주는 전형적인 현장 지표이다. 화재의 진원지는 피해자의 시신이 발견된 소파 위나 그 근처였다.

살인 은폐 목적의 화재는 대부분 시체를 완전히 훼손하지는 못한다. 집안 내 가연성물질(책, 잡지, 옷 등 방에 1미터 높이로 쌓여 있던 종이 상자들)이 불을 키웠음에도 시신은 온전한 형태로 발견되었다.

시신 근처에서 피와 비슷한 붉은 얼룩이 있는 직물과 종이가 여러 점 발견되었다. 공격자는 뒷문을 강제로 열고 진입했다.

포렌식 검증 __ 부검 결과, 피해자의 머리 주변에 화상이 집중된 것으로 드러났다. 비록 시체가 심하게 불탔지만, 병리학자들은 화재와 무관하게 피해자의 죽음을 초래한 여러 외상을 찾아냈다. 외상은 두개골의 전두엽 측두부에 가장자리가 불규칙한 구멍과 전신에 100개 이상의 자상으로 이루어져 있었다. 상처들 중 두 개는 약 4×3인치 크기로 벌어진 구멍이었다. 사후에 사체를 은폐하려는 의도로 불을 낸 것이 분명했다.

수사 __ 경찰 수사가 시작되자 여러 통의 제보 전화가 쏟아졌다. 신문 배달 소년은 화재 직후에 두 남자가 어떤 계단에서 돈을 세는 것을 봤다고 진술했다. 그들에게 가까이 다가가자, 남자들은 방금 본 것은 잊어버리라고 경고했다. 소년은 그중 한 명의 손등에서 말라붙은 피를 보았다.

경찰은 세 명의 남성을 체포했다. 한 여성이 승용차로 현장에서 이들을 태운 것으로 밝혀졌지만, 여성은 침입과 살인에 직접 가담하지는 않았다. 용의자들은 희생자의 주변 지역에서 가족과 함께 살고 있었다. 이들은 학창 시절에 파괴적 행위를 한 이력과 경찰에 체포된 기록(강도 포함)이 있었다.

세 사람 모두 과음과 약물복용을 했고, 범죄 후 남용이 더 심해졌다고 시인했다. 이들은 불을 낸 뒤 현장에 돌아오지 않았다.

결과 __ 이들은 체포되어 심문을 받았다. 모두 범행 가담 사실은 인정했지만, 살인의 책임은 다른 사람에게 전가했다. 세 명 모두 1급 중범죄살인 및 방화 혐의가 인정돼 최고 26년의 징역형을 선고 받았다.

금전적 이득 동기 방화는 물질적인 이익을 얻고자 직접 또는 간접적으로 불을 지르는 행위다. 상업적 범죄의 일종으로, 방화 범죄를 유발하는 다른 동기에 비해 동기의 강도는 약하다. 금전적 이득 동기의 방화에는 사기 방화(241), 고용 동기 방화(242), 소포통관 동기 방화(243), 경쟁 방화(244), 기타 금전적 이득 동기 방화(249)가 있고, 사기 방화(241)에는 보험사기(241.01), 재산 청산 사기(241.02), 기업 해산 사기(241.03), 재고 목록 사기(241.04)가 포함된다.

주요 특징

피해자 분석 __ 금전적 이득 동기 방화의 대상은 주거지나 회사, 차나 보트 같은 이동 수단을 포함한다.

빈번하게 보고되는 범죄 현장 지표 __ 금전적 이득 동기 방화는 대부분의 경우에 잘 짜인 체계적 접근법을 따른다. 범죄 현장에서는 구조화된 범행의 특성이 드러나며, 방화범 식별을 용이하게 하는 물리적 증거는 적고 정교한 발화장치의 사용이 나타난다. 대규모 사업체가 대상이 된 경우에는 복수의 가해자가 있을 가능성이 크다.

목표 대상을 완벽하게 파손할 의도가 있기 때문에 촉매제를 과도하게 사용하거나 다중 세팅이 명백히 드러난다. 촉매제를 담은 용기가 현장에서 발견될 수도 있다.

금전적 이득 동기 방화에서 강제침입 흔적은 잘 나타나지 않는다. 주변의 물건을 태우는 것보다 발화장치를 사용하는 경우가 훨씬 많다. 발화장치는 타이머, 전기 타이머, 촉발제, 양초 등 상당히 정교한 것이 특징이다.

귀중품이 없어진 경우가 많고, 특히 주택 방화의 경우에 흔하다. 화재 후 그림을 걸어 놓은 못만 발견되었다면 화재 전에 그림이 치워졌다는 뜻이다. 집에 싸구려 가구나 옷가지들을 대신 가져다 놓거나, 가족사진이나 앨범 같은 개인 물건을 미리 치워 놓는 경우도 있다. 특히 여성의 옷장이면 옷걸이의 개수를 세어 보고, 주인이 분실했다고 주장하는 소지품이 현장에 남아 있는지 확인해야 한다. 특정 장소에 발생한 방화가 사고 화재의 패턴과 불일치하는 경우도 방화를 의심해야 한다.

발화점은 가장 중요한 요소이다. 방화범은 일반적으로 방화 대상을 완전히 전소시키고자 하기 때문에 기대한 손실을 가장 효율적으로 발생시킬 수 있는 곳을 발화점으로 선정한다. 만약 구조물 방화라면 다양한 발화점이 있을 수 있고, 물품 방화라면 그 물품을 중심으로 혹은 물품만 타도록 발화점을 설정할 것이다.

공통된 포렌식 검증 __ 금전적 이득 동기 방화의 포렌식 결과에는 정교한 촉매제(알코올 같은 수용성 촉매제)나 혼합 촉매제(휘발유에 디젤연료나 등유를 혼합)의 사용이 나타난다. 이윤 동기 방화에서 발화장치는 흔하게 사용되기 때문에 촉발 장치, 전기 타이머, 타이머, 양초 같은 발화장치의 부품을 추가적으로 발견하면 수사에 도움이 된다.

수사 주안점

해당 분류의 전형적인 1차 가해자는 10년 이상의 정규교육을 마친 성인 남성이다. 교육 정도는 다양할 수 있다. 2차 가해자(피교사범)는 이른바 '청부방화범'으로 25~40세의 무직 남성이다.

상업적 방화의 1차 가해자는 범죄 전력이 없다. 2차 가해자는 절도,

폭행, 공공장소 음주, 방화로 인한 체포 기록이 있을 가능성이 있다.

방화범들은 방화 현장에서 1~2킬로미터 이상 떨어진 곳에 거주한다. 금전적 이득을 추구하는 방화범은 현장에 동행인을 데려오며, 현장을 떠난 후 대부분의 경우에 다시 돌아오지 않는다.

방화 전 방화범이 다른 사람과 나눈 대화에 방화 계획이 드러날 수 있다. 자신의 사업체에 불을 지를 계획을 하는 사람은 화재 전날 직원들에게 개인 소지품을 치우라고 말할 수도 있다. 최근에 소유주가 바뀌었거나 보험에 부쩍 많이 가입했다면 이 또한 혐의점이 있다. 금전적 이득 동기 방화가 의심되는 경우 다음의 재정상 문제를 겪고 있는지 확인해야 한다.

사업체

- 수익 감소
- 생산비 증가
- 기존의 프로세스나 시설을 무용하게 만드는 신기술 등장
- 비싼 임대료
- 수익성이 없는 계약, 주요 고객 탈락
- 감가상각 기록 실패
- 회사에서 지급하는 개인 비용
- 부도수표
- 가상 자산, 자산 유치권, 과다 보험 자산
- 재고 수준: 화재 발생 전 제거, 과다 생산으로 인한 재고 과잉, 손실 과장
- 기업 또는 소유주에 대한 소송

- 파산 절차
- 이중 회계장부 기록
- 전년도 손실
- 보험금 청구 이력
- 중복 판매 송장
- 의심스러운 리모델링
- 화재 이전 잦은 소유권 변경
- 원본 문서가 아닌 사본 사용

개인

- 부도수표
- 고액 임대(또는 임대계약)
- 다수의 연체 고지서
- 현재 공과금 지불 불가능(전기, 가스, 수도, 전화요금)
- 대부 기관에 의한 여신 제한
- 자기앞수표 또는 우편환 어음 지불
- 의심스러운 리모델링
- 특수관계자 간 판매
- 현금 흐름 없이 건전한 재무 상태 지속

수색영장 제안 사항

- **재무 기록 확인** 회계용 워크시트, 대출 기록, 신용 기록, 회계장부, 은행 기록, 소득세 양식, 은행 예금증서, 취소 수표, 수표 기록
- 현장에 연료나 공기 폭발의 흔적(고온으로 기화된 휘발유와 외기外氣의 혼합물)이 있는 경우, 화상으로 응급실을 찾은 환자가 있었는지 확인

(이러한 종류의 폭발은 사고 화재에서 발생하지 않음)

- 최대한 신속하게 가스나 전기 등의 상태를 판단(흔한 화재 발생 원인인 가스를 제거)

사례 연구 **241.01 보험사기**

배경 __ 어느 여름날 새벽, 한 시골집 주인이 차를 타고 이웃집으로 와서 소방서에 연락을 해 달라고 부탁했다. 집에 불이 났는데 전화기가 터지지 않아서 신고를 할 수가 없다는 것이었다. 그러고는 그는 다시 불타고 있는 자기 집으로 돌아갔다.

목격자들은 집주인이 그렇게 이른 시간에 옷을 다 차려입고 있었던 것도 이상하고, 화재가 집을 집어삼킬 정도로 대단했는데 너무 차분해 보였다고 이야기했다. 소방대가 도착했을 때, 집은 화재로 전소되고 남은 것이라곤 우뚝 서 있는 벽난로 굴뚝뿐이었다.

피해자 분석 __ 화재 발생 9개월 전에 구입했다는 주택에는 신탁양도증서가 네 개나 걸려 있었다. 최종 구입가는 27만 1천 달러[2억4천만 원]. 구매자는 이전 소유주에게 현금으로 5천 달러를 지급한 후 한 푼도 더 지불하지 않았다. 구매자는 주택 17만 1천 달러, 주택 내 물건 8만 5천 달러, 화재 시 추가 생활비 2만 4천 달러가 보장되는 보험에 가입한 상태였다.

범죄 현장 지표 __ 현장 감식에서 화재를 촉진할 가연성물질이 사용된 것을 유추해 볼 수 있는 탄화炭火 패턴이 발견됐다. 사고 화재와는 달랐다.

포렌식 검증 __ 집 안 세탁건조기 밑에 깔려 있던 카펫이 연소된 방식을 통해 가연성물질이 기계 밑으로 흘러 들어와 연소되었음을 알 수 있었다. 뿐만 아니라 불에 탄 철골이 발견됐는데, 이는 불이 바닥 주변에서 가장 뜨겁게 탔다는 뜻이었다. 부엌, 거실, 두 개의 침실, 그리고 다용도실에 가연성물질이 뿌려졌다는 결론이 내려졌다.

수사 __ 화재 직후, 화재가 난 집의 주인은 보험사에 보험금을 청구했다. 보험사는 먼저 1만 2천 달러를 지급하고, 담보 소유주들에게 5만 1천 달러, 현장 청소 비용으로 7천 달러를 지급했다.

집주인이 보험사에 제출한 공식 청구서에 적힌 물건들 중 일부는 나중에 두 개의 창고에서 발견되었다. 한 창고에서는 도난 신고된 값비싼 승용차도 발견됐다.

결과 __ 집주인은 체포되었다. 유죄가 선고되어 8년형을 선고 받았다. 그는 전에도 금전적 이득을 노린 방화를 비롯한 다수의 전과기록이 있었다. 특히 메일 사기와 경범죄 전과가 많았다.

극단주의 동기 방화는 사회적 · 정치적 · 종교적 신념을 확장할 목적으로 저질러진다. 이 범주의 방화 유형은 테러리즘(251), 차별(252), 폭동/민간 소요(253), 기타 분류(259)로 나뉜다.

주요 특징

피해자 분석 __ 대상 분석은 극단주의 방화의 세부 동기를 규명하는 데 필수적이다. 이 유형의 대상은 주로 공격자의 믿음에 대립되는 쪽을 표방한다. 동물권 단체에 의한 방화는 연구실이나 도살장 혹은 모피 상점에서, 극단주의 생명권 옹호 단체에 의한 방화는 낙태 클리닉에서, 노조에 의한 방화는 사업체에서 발생한다. 기타 정치적 · 종교적 · 인종적 · 성적 지향에서 다른 신념을 가진 개인 및 단체가 반대쪽 신념을 가진 개인이나 단체를 표적으로 삼는다.

빈번하게 보고되는 범죄 현장 지표 __ 범죄 현장은 공격자의 구조적이고 집중적인 공격을 보여 준다. 이 방화 유형에는 다수의 공격자가 있는 것이 일반적이다. 공격자들은 화염병 같은 발화장치를 사용하고, 이를 통해 공격자 정보와 포렌식 정보를 얻을 수 있다. 공격자들은 현장에 메시지(스프레이로 그린 상징, 슬로건, 그들의 믿음을 나타내는 문구 등)를 남기기도 한다. 상징적인 메시지가 있다면, 공격자의 나이가 비교적 어린 경우가 많다. 언론사에 자신들의 소행임을 알리거나 이를 정당화하는 성명서를 전달하기도 한다.

공격자들이 불을 지르는 과정에서 명백한 과잉살상이 일어났다면, 발화 과정에서 고농도의 인화성 혹은 가연성물질이 사용되었을 가능성이 크다. 폭발하지 않은 발화장치가 현장에서 발견될 수 있다.

공통된 포렌식 검증 ＿ 본 장의 도입부에서 언급한 일반적인 방화에 대한 설명을 보라. 극단주의 방화범은 비교적 능숙한 공격자로, 발화장치를 사용하는 경향이 있다.

수사 주안점

극단주의 공격자의 친구나 가족 및 주변 인물들을 면담해 보면, 공격자가 특정 믿음 체계나 단체에 속해 있음을 모두 알고 있다. 공격자는 사유지 침입, 경범죄, 시민권 침해 등의 문제로 경찰과 접촉하거나 체포된 기록이 있을 수 있다. 범죄 이후의 주장은 평가를 통해 진위 여부를 가려야 한다.

수색영장 제안 사항

- 문건, 저작, 단체 혹은 신념에 관련된 물품, 발화장치가 사용된 경우에는 매뉴얼과 도표(사용법 책자)
- 발화장치 구성품, 이동 기록, 구매 영수증, 신용카드 명세서, 구매 내역을 보여 주는 은행 기록
- 가연성물질 및 액체, 촉매를 현장까지 옮긴 용기

폭탄테러는 지역사회 전체를 협박하려는 의도를 갖는다. 2001년 미국에서 발생한 9·11 테러가 대표적이다. 그러나 지금처럼 테러 위협이 크지 않았던 1950년대부터 이러한 테러는 빈번했다.

국내 테러리즘은 미국인이 미국 국경 내에서 벌이는 극단주의 활동이다. 1995년 오클라호마시티의 연방 빌딩을 폭파한 티모시 맥베이, 낙태 클리닉과 애틀랜타 올림픽을 겨냥한 에릭 루돌프, 연쇄 소포테러범 시어도어 카진스키, 20세기 말에는 다양한 학교 총기난사 사건이 일어났다. 테러 활동은 정치적·종교적·경제적 사상이 그 동기일 수 있고, 단독 또는 복수의 범죄자가 수행할 수 있다.

사례 연구 **251 극단주의 동기 방화, 테러리즘**

크리스틴 무어 제공

배경 __ 온화한 공구 제작자로 알려진 조지 메테스키의 실체는 1940년부터 1956년까지 16년간 뉴욕 시민들을 공포에 떨게 한 "미치광이 폭파범"이었다. 이 기간 동안, 그는 도시에 31개의 파이프폭탄을 조립해 숨겨 놓고 폭파시켰다. 그는 나중에 이 지역의 주요 에너지 공급회사인 컨솔러데이티드 에디슨 컴퍼니(콘에디슨)에 대한 복수 목적이었다고 주장했다. 그는 1931년 발생한 공장 사고로 장애를 입고 결핵 환자가 되었다며 그 모든 책임이 회사에 있다고 주장했으나, 입증되지 않았다.

피해자 분석 __ 메테스키는 자신이 제조한 폭탄은 "신의 손으로" 만들어져 아무도 죽이지 않았다고 주장했다. 그러나 15명이 심각한 중상을 입었다. 현장 분석으로 그의 폭탄이 어떻게 제조되고 범행에 사용되었는지 밝혀졌다. 단서는 범행수법(MO)이었다. 몇 달 혹은 몇 년 간격으로 폭탄을 설치했지만, 그는 항상 추적할 수 없는 물건으로 만든 파이프폭탄을 사용했다. 시간이 지나면서 더욱 정교해진 폭탄을 만들어 그만의 범행수법을 완성했다.

범죄 현장 지표 __ 수사관들은 폭파범의 시그니처 또는 범행수법에 초점을 맞췄다. 범행에 꼭 필요한 행동 외의 특이 행동에 주목한 것이다. 메테스키가 경찰과 언론에 보낸 각종 폭탄에 부착된 편지에는 '페어플레이fair play'를 상징하는 것으로 알려진 "F.P."라는 글자가 있었다. 그리고 그가 폭탄을 만드는 방법이 그의 시그니처가 되었다.

또 다른 지표는, 경찰이 도착하기 전에 범죄 현장을 고의로 변경한다는 것이었다. 수사 대상을 다른 곳으로 돌리거나 피해자를 보호할 목적이었다. 그리고 메테스키의 폭탄테러 현장에는 조작의 흔적이 없었다. 오히려 사건이 사람들에게 알려지기를 원했다. 그는 자신이 콘에디슨의 전 직원임을 분명히 알렸을 뿐만 아니라, 나중에 자기가 부상을 입은 정확한 날짜와 특징을 수사관들에게 공개했다. 뉴욕시 경찰국은 수년간 이 미치광이 폭파범의 위치를 수색했다.

메테스키는 1940년 11월 16일 웨스트 64번가에 있는 콘에디슨 빌딩에 첫 폭탄을 설치했다. 그는 건물 창문턱, 나무 공구 상자에 폭탄을 설치했다. 이 폭탄은 폭발하지 않았지만, 회사 경영진에게 전하는 불길한 메시지는 분명했다. "콘에디슨 사기꾼들아, 이것은 '너'를 위한 것이다." 그런데 폭탄이 터졌더라면 이 메모는 불탔을 것이다. 간단한 조사 후, 회사와 경찰은 사건을 대수롭지 않게 여기고 넘어갔다. 이듬해 9월, 두 번째 폭탄이 콘에디슨 사무실에서 몇 블록 떨어진 곳에서 발견되었다. 범행수법과 시그니처로 보아 이전 불발 사고와 연계가 가능했다. 그러나 다시 한 번 경찰과 언론은 이 사건을 무시했다.

3개월 후 미국은 제2차 세계대전에 돌입했다. 이 테러범이 경찰 본부로 보낸 편지에는 유난히 강하고 남다른 애국심이 담겨 있었다. "나는 전쟁 기간 동안에는 폭탄을 만들지 않겠다. 나의 애국심 때문이다. 나중에 콘에디슨이 재판을 받게 하겠다. 그들의 추잡한 행동에 대한 대가는 치르게 하겠다." 실제로 메테스키는 그 후 9년 동안 어떤 폭탄도 설치하지 않았다. 그러나 그 기간에도 콘에디슨과 경찰, 영화관, 개인에게 수십 통의 협박 편지를 보냈다.

1950년 3월 29일, 세 번째 불발 폭탄이 발견되었다. 폭탄은 뉴욕 여행자들의 중심지인 그랜드센트럴역에서 발견되었다. 수사관들은 재빨리 이 폭탄을 콘에디슨 근처에서 발견된 다른 폭탄들과 대조했다. 그런데 얼마 지나지 않아 뉴욕공립도서관 내부의 공중전화 부스에서 폭탄이 터졌고, 그 다음엔 그랜드센트럴역에서 실제로 폭탄이 터졌다. 미치광이 폭파범은 9년간의 공백기에 폭탄 제조 기술과 범행수법을 완성한 것 같았다.

수사 __ 최종적으로 메테스키가 체포된 공격은 1956년 12월 2일 브루클린의 파라마운트 극장에서 일어난 폭발이었다. 그날 저녁 7시 55분, 극장 안에서 폭탄이 터져 3명이 중상을 입었다. 메테스키는 좌석 아래쪽에 누워 폭탄을 부착한 후 아무도 눈치채지 못하게 극장을 빠져나왔다. 이 공격 이후, 경찰청은 새로운 범인 수색 방법을 시도하기로 했다.

뉴욕 정신건강부의 정신과의사인 제임스 A 브루셀이 폭파범의 범죄 프로파일을 만들었다. 어떤 사람이 이런 범죄를 저지를지, 어떤 동기로 이런 범행을 하게 되는지를 추정하는 것이 그의 임무였다. 브루셀은 범죄 프로파일링 기법을 발전시켜 현대 범죄 수사에 널리 쓰이게 한 장본인이다.

브루셀은 미치광이 폭파범에 대해 다음과 같은 프로필을 만들었다. '깔끔하고 꼼꼼하며 숙련된 중년 남성으로, 콘에디슨에 원한을 품고 있다. 그의 편지들을 보면, 그는 회사에 의해 영구적으로 부상을 당했다고 믿고 복수를 도모하고 있는 전직 직원일 가능성이 가장 크다. 편집증 정신장애를 앓고 있다.'

편집증 장애를 앓는 사람들은 자신이 완벽한 존재라고 믿는다. 자신은 실수도 하지 않고, 미치광이도 아니며, 뭔가 잘못되면 반드시 오류를 일으키는 외적인 힘이 있다고 믿는다. 폭파범의 편지에는 피해의식, 원한을 유지하려는 집념, 비판에 대한 강렬한 분노, 우월감 등 편집증적 성격이 담겨 있다. 이로 미루어 볼 때, 브루셀은 폭파범이 슬라브인이며, 따라서 로마가톨릭 신자일 가능성이 높으며, 코네티컷에서 살았다고 판단했다. 브루셀은 프로이트 이론에 따라 폭파범이 오이디푸스콤플렉스를 앓고 있다고 판단했다. 그는 아마도 미혼이며, 어머니 외에 미혼의 여성 친족과 함께 살고 있을 것이다. 브뤼셀이 폭탄테러범에 대해 내린 최종 결론은 이러했다. "체포했을 때, 그는 의심할 여지 없이 더블 정장을 입고 있을 것이다. 모든 단추를 채운 채."

이 프로필이 언론에 퍼지자, 폭파범 신고가 줄을 이었다. 좋은 의도를 가진 시민들조차 그 묘사에 맞는 친구와 이웃들에게 죄를 뒤집어

씌웠다. 이 기간 동안, 폭파범은 공격 빈도를 높이고 언론에 더 많은 편지를 보내어 자신이 한 일에 대한 평가를 확실히 받고자 했다. 결국 범인의 오만함이 체포 기회를 제공했다. 메테스키는 자신의 집에서 브루셀에게 협박 전화를 걸었다. 통화를 하는 동안, 경찰은 콘에디슨의 과거 직원 이력서에서 브루셀이 만든 범죄 프로파일에 완벽하게 들어맞는 인물을 발견했다.

결과 __ 조지 메테스키는 체포 당시 53세의 미혼으로, 역시 결혼하지 않은 두 명의 누나와 함께 코네티컷주 워터베리에서 살고 있었다. 이웃들은 그가 사람들과 사귀지 않고 직업도 없어 보이는 이상한 사람이라고 했다. 이웃들은 그가 왜 자주 뉴욕으로 여행을 가고, 밤에는 작업장에서 무엇을 만드는지 궁금해했다. 1957년 1월 22일 밤, 마침내 메테스키가 체포되었다. 그는 폭파범임을 조용히 자백하며 이렇게 덧붙였다. "내가 이해할 수 없는 건 왜 신문에서 나를 '미치광이 폭파범'이라고 불렀냐는 것이다. 그건 정말 무례했다." 경찰은 그에게 연행 전 잠옷을 갈아입으라고 요구했다. 놀랍게도, 그는 더블 정장의 단추까지 다 채워 입은 차림으로 집을 나섰다. 그는 범행 동기가 콘에디슨사에 대한 복수였다고 시인했다. 미안함을 느끼냐는 질문을 받을 때마다, 그는 웃으며 이렇게 말했다. "네, 사람들을 다치게 해서 미안합니다. 하지만 내가 그 일을 해서 기쁩니다."

메테스키가 체포 당시에 이미 범행을 자백했기 때문에 재판과 그에 따른 유죄판결에 증언과 감정인이 따로 필요하지 않았다. 판사는 메테스키가 대중을 공포로 밀어 넣었다고 여길 수 있었다. 실제로 그는 도시에 있는 대기업에 보복하기 위해 폭탄을 터뜨려 무고한 사람들에게 심각한 부상을 입혔다. 반면에 애국심에서 테러리스트 활동을

9년간 중단했고, 아무도 죽이지 않았다. 그리고 자신의 행동에 대해 어떠한 후회도 보이지 않았다.

1957년 4월 18일, 메테스키는 정신이상으로 판명되어 매티아완 주립병원에 수감되었다. 그는 치료에 비협조적이었고, 정신과의사들이 음모를 꾸미고 있다고 진심으로 믿었다. 때때로 자신이 왜 그곳에 있는지 혼란스러워했으며, 아무도 죽지 않게 의도적으로 폭탄을 설계했다고 간단하게/빠르게/즉시 설명했다. 그는 1973년 퇴원했다.

반복적으로 불을 지르는 방화범을 연쇄방화범이라고 한다. 국립폭력범죄분석센터(NCAVC)는 충동적인 방화를 대량 방화, 연속 방화 또는 연쇄방화로 분류한다.

연쇄방화범은 세 건 이상의 독립적인 방화 사건에 연루되어 있으며, 화재 사이에 감정적인 휴지기가 있다는 점이 특징이다. 이 기간은 며칠, 몇 주 심지어 몇 년이 될 수도 있다. 연쇄방화는 피해자 선정의 무작위성이 뚜렷하고, 사건 간에 예측할 수 없는 차이가 있기 때문에 가장 심각한 형태의 방화이다. 더군다나 각 방화 사건 중에 연속 방화를 저지를 수도 있다. 연쇄방화는 불을 지르는 데 명료하거나 개별적인 동기가 없다. 오히려 보복, 흥분 또는 극단주의 동기의 방화에서 자주 나타나는 방화 패턴이다.

연쇄방화범은 공동체 전체에 공포 분위기를 조장한다. 공동체 지도자들은 법집행기관에 방화범을 빨리 특정하고 체포하라고 압박하여 문제를 악화시키는 경향이 있다. 방화범이 간혹 수사관의 경험 부족으로 수개월간 체포를 피하기도 한다.

연쇄방화범과 범행수법

연쇄살인범이나 강간범의 범행수법이 발전하듯이, 연쇄방화범의 수법도 진화한다. 방화범의 범행수법(MO)에는 접근과 도주가 용이한 특정 유형의 구조물을 목표로 삼는 것이 포함될 수 있다. 특정한 방화 공간(실내, 실외, 창고 또는 난로 근처) 혹은 특정한 촉매제 및 발화장치를 사용하는 것도 범행수법의 구성 요소이다.

방화범의 시그니처에는 범죄 현장에서 괴상한 행동을 하는 것이 포함될 수 있다. 여성용 속옷이나 싸구려 모조 장신구 같은 특정한 물건을 범죄 현장에서 가져갈 수 있다. 금전적인 가치가 없는 이러한 물건들이 방화범에게는 의미가 있을 수 있다. 범죄 현장에 무언가를 남기는 것도 범행수법이다. 어떤 방화범은 불을 지르기 전 벽에 그림을 그렸고, 대변이나 소변을 보는 방화범도 있다. 특정한 발화 혼합물과 촉매제(등유와 휘발유의 특이한 조합)가 시그니처가 될 수도 있다.

따라서 성폭력이나 살인의 시그니처를 수사할 때와 동일한 원칙을 방화 사건에도 적용해야 한다. 현장에서 발견되는 범행에 불필요한 모든 요소는 범인의 시그니처가 될 수 있으므로 면밀히 분석해야 한다.

주요 특징

피해자 분석 __ 대개 연쇄방화범은 밤 시간대, 주인이 없거나 버려진 부동산 같은 취약한 목표물을 고른다. 종종 목표 선정이 구체적이다.

빈번하게 보고되는 범죄 현장 지표 __ 이 방화 유형의 범죄 현장은 보통 구조화되어 있다. 현장에 남겨진 물리적 증거가 있다 해도 매우 미미하다. 방화범은 정교한 장치를 사용하고, 지능적이고 체포하기가 쉽지 않다.

공통된 포렌식 검증 __ 범죄 현장에서 발견되는 포렌식 성분은 범행의 기저에 깔려 있는 동기와 일치할 수 있다. 예를 들어, 다량의 인화성 액체는 보복 방화 또는 이윤 동기 방화를 암시할 수 있다. 에어로졸 스프레이 페인트 샘플은 반달리즘 동기를 추측할 수 있다. 포렌식 증거가 부족하다는 것은 현장에 있는 재료를 사용했음을 의미한다. 벌판에 불을 지르는 연쇄방화범들은 주로 담배와 성냥을 사용한다.

수사 주안점

이 범주에 속하는 공격자의 전형은 보통 남성이다. 일반적으로 일회성 방화범보다 나이가 많다. 다른 범주의 방화범에 비해 교육수준이 높고 사회적으로 성공한 사람일 가능성이 높다. 일반적으로 대인관계가 좋고 사회성도 충분하다. 비교적 안정된 직업이 있고, 기술도 있다. 많은 경우, 약물남용이나 경범죄로 경찰과 접촉했거나 체포된 이력이 있다.

공격자는 도보로 현장에 가며, 대개 현장에서 1~2킬로미터 이내에 거주한다. 현장에 익숙할 가능성이 매우 크며, 그 장소에 갈 만한 정당한 이유를 만들어 낼 수 있다.

이런 사실을 바탕으로 군집의 중심에 다가서야 한다. 군집이 좁혀질 수록, 주거지나 일터처럼 공격자에게 중요한 장소에 가까워진다.

사례 연구 **260 연쇄방화**

배경 __ 여름과 가을에 걸쳐, 비어 있는 주거지를 대상으로 한 연쇄방화가 중서부 지역사회를 괴롭혔다. 방화범의 화재는 점점 더 파괴적이 되었고, 지역 경찰과 소방 공무원들의 업무에 과부하가 걸렸다. 현지 사법 당국의 지원 요청에 따라 국립폭력범죄분석센터가 이 사건에 참여했다.

피해자 분석 __ 처음에는 도시재생사업 지역으로 표시된 지역의 폐주거지가 대상이었다. 그런데 시간이 지나면서 대상과 범위를 확대하여, 주인이 잠시 비우고 없는 집에 불을 지르기 시작했다. 나중에는 가족이 자고 있는 집에 불이 붙은 경우도 있었다.

범죄 현장 지표 __ 화재는 버려진 건물 내부에서 손에 잡히는 대로 아무 물건이나 사용하여 일어났다. 점유 주거지의 바깥 현관에 불을 붙일 때도 아무 물건이나 사용했다. 근처에 등유 등 발화성 액체가 보이면 그것을 사용하기도 했다. 여러 차례 발자국이 발견되었고, 별다른 피해가 없었던 화재에서는 발화점에서 성냥이 발견됐다. 화재 발생지의 지리적 범위가 상당히 제한되었기 때문에 방화범이 현장에 걸어서 간 것이 분명했고, 모든 화재가 오후 11시에서 새벽 3시 사이에 일어났다.

포렌식 검증 __ 사용 가능한 증거, 특히 거의 피해를 입지 않은 화재에서 수집한 신문지나 판지 같은 종이 물품을 조사하기 시작했다. 몇 개의 쪽지문이 복구되었지만, 범인의 지문이 아닐 수 있었다. 방화범의 것으로 의심되는 발자국들은 사진과 석고본으로 제작되었다.

현지 수사관들은 수십 명의 잠재적 목격자들을 면담했지만 그럴듯한 용의자를 한 명도 찾아내지 못했다. 도움을 요청 받은 국립폭력범죄 분석센터의 방화 전문가들은 현장 지도, 보고서, 사진 등 제출된 모든 자료를 조사하고, 각 사건의 방화 대상과 시간, 지리를 분석했다. 분석 결과, 범인은 19세에서 25세 사이의 백인 남성으로 알코올중독에 실업자 외톨이로 추정되었다. 범죄 현장을 오가면서도 눈에 띄지 않은 것은 그가 이웃과 친숙하다는 뜻이었다. 지리적 군집 분석은 이 범죄자가 사는 지역을 예측하는 '중심점' 위치를 가리켰다. 심리학적으로 방화범은 학교 성적이 좋지 않은 미성년자로, 문제 가정에서 자랐으며, 한부모와 함께 살고 있을 것으로 예측되었다. 경범죄 체포 기록도 여러 건 있을 것이다. 경찰은 외모가 단정하지 않고, 비구조화된 방식으로 행동하는 개인을 찾도록 지시했다. 경찰은 국립폭력범죄분석센터 보고서와 수사 제안을 토대로 용의자를 찾아냈다.

결과 __ 용의자는 최초 심문에서 범행을 자백했고, 23건의 방화 혐의 중 12건에 대해 유죄판결을 받았다. 결과는 30년 징역형이었다.

연쇄 폭탄공격은 보통 기차역, 버스 정류장, 기타 핵심 시설이 있는 공공 장소, 지방이나 국가 관공서를 대상으로 공격을 계획한다. 낙태와 동성 애자 권리, 정부에 대한 증오를 주장했던 에릭 루돌프는 1996년 하계올 림픽 폭탄테러와 기타 폭탄테러로 사형 판결이 유력했으나, 2005년 4월 7일 유죄인정협상에 임해 네 차례 종신형만 선고 받았다.

사례 연구 **270 테드 카친스키, 유나바머**

1998년 5월, 시어도어 J. '테드' 카친스키는 3명이 목숨을 잃고, 23명 부상에 그중 2명이 중상을 입은 16건의 연쇄 폭탄테러에 대해 유죄 판결을 받고 무기징역을 선고 받았다. 카친스키는 1978년 5월부터 1995년 4월까지 모든 폭탄을 우편으로 보내거나 손으로 직접 설치했 다. 그는 처음에 대학 및 항공업계와 관련된 개인들을 표적으로 삼아 FBI의 6자 코드명 "유나밤Unabom"(UNiversity and Airline BOMbing)으로 불리 다가 나중에 "유나바머Unabomber"로 칭해졌다.

유나바머 사건은 범행이 반복되면서 범행수법이 진화하고 그 기술도 향상된 대표적인 사례다. 초기 폭탄은 대부분 성냥 머리와 배터리처 럼 추적 불가능한 흔한 재료로 만든 파이프폭탄이었다.

그런데 아메리칸 에어라인 444편 화물칸 소포에 심어진 세 번째 폭 탄에는 고도계로 제어되는 기폭장치가 장착됐다. 비록 이 폭탄은 불 만 붙고 불발됐으나, 이 폭탄 시스템은 새로운 차원으로 복잡해진 유나바머의 범행수법을 시사했다.

밴더빌트대학에 보내진 여섯 번째 폭탄에는 무연 가루가 들어 있었다. 캘리포니아 버클리대학의 컴퓨터 연구실에 놓아 둔 여덟 번째 폭탄은 그 때까지 보낸 폭탄 중 가장 강력했다. 폭탄에는 질산암모늄과 알루미늄 가루가 들어 있었다. 1985년 12월 11일, 유나바머는 캘리포니아 새크라멘토에 있는 한 컴퓨터 가게 밖에 폭탄을 설치했다. 이 열한 번째 폭탄은 중력 방아쇠와 백업 시스템을 갖추고 있었고, 폭발의 유해성을 높이기 위해 못으로 채워 놓았다. 이 폭탄은 만지자마자 폭발해 그의 첫 번째 치명적 폭탄공격이 되었다.

카친스키에게는 독특한 시그니처가 있었다. 그는 폭탄테러 초기부터 목재(우드)에 빠져 있었다. 그의 희생자 중 한 명은 당시 유나이티드 항공사 사장이었던 퍼시 A 우드였다. '우드'는 아버하우스에서 출판한 책을 소포로 받았는데, 책 안에 폭탄이 숨겨져 있었다. 또 다른 계획된 희생자는 리로이 '우드' 빔슨이었다. 이와 관련해 가장 흥미로운 일은, 1995년 6월 카친스키가 샌프란시스코 크로니클에 반송 주소가 찍힌 편지를 보낸 주소지다. 그 주소는 캘리포니아 우드레이크 우드 스트리트 549번지, 수신자는 프레데릭 벤자민 아이작(아마도 축약하면 FBI) 우드였다. 그의 최종 목표는 캘리포니아 산림조합 본부였다.

그의 강박은 그가 폭탄 제조 수작업에서 고수한 행사의식적인 디테일로 이어졌다. 그는 철물점에서 저렴한 비용으로 살 수 있는 수많은 전기 및 스위치 메커니즘을 맨 처음부터 만들었다. 그리고 폭탄이 담길 나무 틀도 정성 들여 만들었다. 1996년 4월 3일 체포될 때까지, 그가 만든 폭탄 하나에는 적어도 100시간 이상의 수작업이 필요했을 것으로 추정되었다. 그것은 분명히 그에게 자랑거리였다. 카친스키는 워싱턴포스트에 보낸 편지에서, 자신이 폭탄을 얼마나 정확히 그리고 철두철미한 의식 아래 조립하는지를 자랑했다. 보낸 서신 중 일부에는 '프리덤 클럽Freedom Club'의 회원이라고 서명했는데, 이것은 그의 또 다른 시그니처였다. 실제로 'F.C.'라는 글자가 몇몇 폭탄의 잔해에서 발견되었다.

유나바머 사건처럼 복잡하고 혼란스러운 사건에서는 범인의 시그니처를 인지하는 것이 무엇보다 중요하다. 넓은 지리적 범위와 초기의 당황스러운 피해자 선택은 동기 설정을 매우 어렵게 만들 수 있다. 그러한 정보 공백 속에서 시그니처는 범죄와 범죄자를 연결시키는 중요한 나침반 역할을 한다.

Federal Bureau of Investigation. (2010). *Uniform crime reports: Crime in the United States 2010.* Retrieved March 15, 2012, from www.fbi.gov/about-us/cjis/ucr/crime-in-the-u.s/2010/crime-in-the-u.s.-2010/property-crime/arsonmain

Federal Bureau of Investigation. (2012). *Uniform crime reports.* Retrieved March 15, 2012, from www.fbi.gov/about-us/cjis/ucr/ucr

Rider, A. O., (1980). The firesetter: A psychological profile. *FBI Law Enforcement Bulletin,* 49, 6–8.

12장

강간과 성적 공격

법집행관이 다루어야 할 범죄 중 가장 흔하게 벌어지는 포식범죄가 강간이다. 지금도 법집행·보건·여성운동 영역에서는 강간을 단순한 폭력범죄로 분류해야 할지를 두고 논쟁 중이다. 이 범죄를 무엇으로 정의하든지 간에, 그동안 우리가 쌓은 경험과 지식에 비추어 볼 때 강간의 핵심 요소는 통제와 지배 그리고 분노라고 말할 수 있다. 전직 검사인 린다 페어스타인Linda Fairstein은 강간을 "성을 무기로 사용한 폭력범죄"라고 정의한다. 이 범죄에는 다른 범죄에서는 볼 수 없는 성적인 요소가 존재하며, 이는 피해자가 특히 기피하고 두려워하는 부분이다. 그래서 강간은 다른 유형의 범죄자들은 사용하지 않는, 이 유형의 범죄자만 사용하는 무기(수단)와 관련된 범죄이다(Fairstein, 1993).

강간과 성적인 공격은 그 피해자와 피해자의 파트너, 친구, 그리고 그들이 사랑하는 사람들을 깊은 충격에 빠트린다. 따라서 강간과 강간범 유형을 구분하려는 노력을 하지 않는 것은 그 피해자 및 잠재적 피해자들의 고통을 무시하는 처사이다. 예를 들어, 데이트강간이 괴한이 저지른 강간과 다를 바 없다고 말하는 것이 피해자를 더 배려하고 그 고통에 공감하는 것처럼 보일 수 있지만, 사실은 그렇지 않다. 모든 것은 폭력의 정황에 따라 달라진다. 별도의 무기를 사용하지 않고 피해자의 생명에 위협을 초래하지 않은 데이트강간을 칼이나 총을 들이대며 피해자를 잔인하게 구타하는 괴한에 의한 강간과 같다고 주장하는 것은 위험할 정도로 지나치게 상황을 단순화하는 것이며, 다양한 범죄와 가해자 유형에 대한 우리의 방어력을 떨어뜨리는 결과를 초래한다.

모든 성적 공격에는 공통되게 나타나는 요소들이 있다. 그러나 예방전략을 세우고 피해자들의 트라우마 회복을 돕고자 한다면, 각 행위들이 갖는 독특한 요소가 어떤 측면에서는 더 중요하다고 할 수 있다. 성적 공격을 당한 피해자들을 구조할 때에는 의료적 치료 외에 특별한 보살핌과 공감이 필요하다. FBI 통합범죄보고(UCR)의 관련 통계는 다음과 같다(FBI, 2009).

- 2009년, 폭행/협박에 의한 강간 건수는 8만 8,907건으로 추정되었다. 비교해 보면, 2009년의 추정 강간 건수는, 2008년 추정치에 비해 2.6퍼센트, 2005년 추정치에 비해서는 6.6퍼센트, 2000년 수준에 비하면 2.3퍼센트 낮았다. 2009년의 강간범죄율은 여성 인구 10만 명당 56.6명으로, 2008년 추정치인 58.6명에 비해 3.4퍼센트 감소했다.
- 2009년에 신고된 강간범죄의 93.0퍼센트가 폭행/협박에 의한 강간이었고, 신고된 강간 건수의 7.0퍼센트가 강간 시도 또는 강간하려는 공격 행위였다.

반면에 미 법무통계국이 실시한 전미범죄피해자조사(NCVS)의 통계 결과는 다르다(Truman & Rand, 2010).

- 12세 이상 인구 1천 명당 범죄 피해 경험 비율은 0.5명으로, 총 12만 5,910명이었다.
- 2000~2007년까지의 강간 또는 성적 공격 피해 비율은 대체로 안정적이었고, 2007~2009년에는 감소했다.
- 낯선 상대에게 강간/성적 공격 피해를 입은 여성의 비율은 21퍼센트, 가해자가 친밀한 파트너인 경우는 41퍼센트, 친구 또는 지인인 경우는 39퍼센트였다.

| 표 12. 1 | 법무통계국 NCVS : 강간/성적 공격 통계자료(2005)

범인 연령	15~17세: 11퍼센트
	18~20세: 15퍼센트
	21~29세: 26퍼센트
	30세 이상: 45퍼센트
	기타/미상: 3퍼센트
범행 장소	피해자의 집: 36퍼센트
	집 근처: 1퍼센트
	친구/친척/이웃의 집: 24퍼센트
	다른 상업 건물: 1퍼센트
	학교 건물: 8퍼센트
	공동 마당, 공원, 공터, 운동장: 3퍼센트
	집 근처가 아닌 노상: 9퍼센트
	기타: 18퍼센트
경찰에 보고된 강간/성적 공격 행위	전체적으로 38퍼센트만 보고됨
	12~19세의 33퍼센트가 사건 당시 보고
	20~34세의 30퍼센트가 사건 당시 보고
	35~49세의 62퍼센트가 사건 당시 보고
	50~64세의 37퍼센트가 사건 당시 보고
사건 당시 피해자 활동	근무 중이거나 해야 할 일을 하던 중: 11퍼센트
	출퇴근 중: 1퍼센트
	등하교 중: 3퍼센트
	다른 장소로 가거나 다녀오는 중: 4퍼센트
	학교에 있었음: 5퍼센트
	집을 떠나 레저 활동 중: 29퍼센트
	수면 중: 20퍼센트
	집에서 다른 활동 중: 25퍼센트
	기타: 2퍼센트

강간과 성적 공격은 피해자를 물리적으로 강요 또는 물리적 수단이 아닌 다른 수단으로 강요하여 억지로 성적 행위에 참여시키는 형사범죄를 포함한다. 신체적 폭력은 있을 수도 있고 없을 수도 있다. 아동이 (피해자로) 연루된 범죄에는 물리력을 거의 또는 아예 사용하지 않고 피해

자의 협력을 얻는 경우가 많다. 이렇게 아동을 꾀어내는 행위는 성인을 대상으로 한 경우에는 비교할 만한 것이 없다. 이 책에서 강간과 성적 공격은 상호교환적으로 사용되므로 법적 정의로 해석해서는 안 된다. 각 사법관할권마다 법적 정의가 다르다.

강간과 성적 공격의 피해자는 일반적으로 다음 네 종류로 분류된다.

- **성인** 거의 항상 성적인 인지가 있고, 법에서 금지된 성적 행위에 대해 동의 의사를 밝힐 수 있는 최소 18세 이상의 개인
- **청소년** 보통 성적인 인지가 있지만, 법에서 금지된 성적 행위를 할 수 있는 법적 지위가 주마다, 심지어 동일 사법관할권 내에서도 법령에 따라 다른 13세에서 17세의 개인
- **아동** 보통 성적인 인지가 생기기 전이며, 법에서 금지된 성적 행위에 대해 동의 의사를 밝힐 수 없는 12세 이하의 미성년 개인
- **노인** 주로 60세 이상

강간이 우연히 발생한 상황적 동기에 의한 것인지, 선택적 동기에 의한 것인지부터 평가해야 한다. 상황적 동기의 성적 공격은 각성이나 만족에 별도의 범죄적 요소 없이 단순히 성적 욕구를 충족시키기 위해 행해진다(피해자가 마침 그곳에 있고 취약한 경우). 선택적으로 동기화된 성적 공격은 각성이나 만족에 별도의 범죄적 요소가 필요한 성적 욕구를 충족시키기 위해 행해진다(성관계를 거부하는 파트너가 없으면 각성이나 만족을 느끼지 못하기 때문에 강간을 하는 경우).

선택적으로 동기화된 성범죄는 대개 강력한 행동패턴 또는 성적 의식儀式과 관련이 있는데, 이런 행동패턴과 의식은 가해자가 쉽사리 변경하

지 못하는 것이다. 성적 의식은 성적 욕구로 인해 반복되는 특정 방식의 행동이나 일련의 행동을 포함한다. 다른 말로 하면, 성적으로 각성하거나 만족을 얻고자 특정 방식으로만 행동해야 한다. 이러한 성적 의식에는 피해자의 신체적 특성, 연령이나 성별(젠더) 또는 특정한 행동 순서가 해당된다. 특정 물품을 가져오거나 가져가는 행위, 특정 단어나 구절을 사용하는 것 등도 포함된다.

성적 의식은 단순한 범행수법(MO) 이상의 개념이다. 범행수법은 그것이 범인에게 효율적이기 때문에 만들어진다. 반면에 성적 의식을 촉발하는 것은 범인의 욕구이다. 그러므로 범인의 입장에서 범행수법보다 변경하거나 다양화 또는 조정하기가 더 어렵다. 선택적 성범죄자와 상황적 성범죄자 모두 범행수법을 갖지만, 성적 의식은 선택적 성범죄자가 가질 가능성이 더 높다.

따라서 상황적 성범죄자와 선택적 성범죄자 양자의 행동패턴(MO와 의식 행위)을 식별하고 이 둘을 구분하려는 시도는 까다롭지만 가치 있는 수사적 노력이다. 수사적 관점에서 볼 때, 선택적 범죄는 범인의 생각과 계획, 그리고 특정 피해자를 찾아다닌 증거를 남기는 경우가 많다. 상황적 범죄는 피해자가 (누군가에게) 발견되도록 내버려 두거나, 순간적으로 범죄를 결심한 충동적·(우연한)기회적·포식적인 행동 증거를 나타낸다.

아동 피해자에 대한 강간과 성적 공격 사건에서 그 아동이 선택적 피해자인지 상황적 피해자인지 판단하는 것은 특히 중요하다. 그 판단에 따라 보강증거와 추가적인 아동 피해자 여부, 용의자 면담 방법 등이 달라진다. 상황적 아동성범죄자는 아동에 대한 성적 선호가 아니라 접근 가능성부터 범인의 '성적 무능력 인지'에 이르기까지 다양하고 복잡한 이유로 아동에게 성범죄를 시도한다.

반면에 선택적 아동성범죄자는 아동에 대한 뚜렷한 성적 선호가 있는 부류이다. 그들의 성적 환상과 이미지는 아동에 초점이 맞춰져 있다. 선택적 아동성범죄자는 거의 대부분 아동에게 접근하고 다수의 피해자를 대상으로 성적 공격을 하며, 아동포르노 영상이나 사진 등을 수집한다.

선택적 아동성범죄자(특히 소아성기호증, 소아성애)는 다른 성심리 장애, 성격장애, 정신질환을 가지고 있거나, 다른 유형의 범죄행위에 연루되어 있을 수 있다.

소아성애자의 아동에 대한 성적 관심은 다른 성적도착(소아기호증)과 결합될 수 있다. 이러한 성적도착에는 외설적 노출(노출증), 분변기호증, 동물 착취(동물성애증), 배뇨(오줌성애증), 배변(호분증), 결박(신체결박기호증), 아기역할놀이(유아증), 고통(가학증, 피학증), 실제 혹은 모의 사망(시체성애증) 등이 있다. 선택적 아동성범죄자는 아동과의 성관계에 관심을 갖고, 다른 성적도착 행위를 포함하는 경우도 있다. 다양한 성적도착과 연결된 선택적 성범죄자는 접근 가능하거나 취약한 아동 피해자를 선택하는 것으로 상황적 아동성범죄자가 될 수 있다. 선택적 아동성범죄자는 피해자와 다양한 방식으로 접촉하고 집착 수준도 높다.

피해자 접촉

피해자와 상당 기간 긴밀히 접촉하는 범인(고접촉)과, 강간과 성적 공격 외에는 피해자와 시간을 거의 갖지 않는 범인(저접촉)의 차이는, (상황의) 선점 여부이다. 접촉량은 피해자와 (같이) 보낸 시간의 행동 척도이다. 여기에는 성적·비성적 상황이 모두 포함되지만, 피해자가 미성년인 경우에 여기서 부모의 책임과 관련된 접촉(부모가 범죄자임을 모르고 아동을 맡기는 상황)은 제외된다. 고접촉/저접촉의 접촉 구분은 가해자의 집착도에 따라 판단한다. 아동성범죄자의 경우, 그 사람 개인의 소아성애적 관심도를 평가한다.

고접촉의 증거는 직업이나 오락 활동을 통해 피해자와 구조적·비구조적으로 연결되는 것을 포함한다. 이러한 직업이나 활동에는 교사, 버스 운전사, 축제 운영직원, 승마 안내원, 신문 배달원, 스카우트 지도자, 스포츠 코치, 청소년단체 자원봉사자, 목사, 신부, 베이비시터 등이 있다. 이는 관련 전과자의 접촉도를 확인하는 데 도움을 준다. 피해자가 가해자의 집에 정기적으로 방문하거나 가해자가 친구나 친척인 양 행동하는 것도 고접촉의 다른 증거이다. 이 밖에 한 피해자와 반복적으로 성관계(비근친상간)를 갖는 것은 성적 관계를 넘어선 관계로의 발달을 의미한다고 추정한다. 동일한 피해자와 3회 이상 성관계를 갖는 경우는 고접촉 범죄자로 분류한다.

집착

특히 아동성범죄에서 중요한 개념이 집착도이다. 범인의 병적인 소아성애적 관심도를 평가해야 하기 때문이다. 다음 중 하나라도 해당되면 범인의 집착 수준이 높은 것으로 간주된다.

- 피해자와 세 번 이상 성적인 만남을 가졌다는 증거가 있으며, 첫 번째와 세 번째 만남 사이의 기간이 6개월 이상이다. 이러한 만남은

단수 피해자와 수차례 접촉한 것일 수 있으며, 기소된 범죄에만 국한해서는 안 된다.

- 범인이 피해자와 지속적인 관계(부모로서의 접촉은 제외)를 가졌다는 증거가 있다. 성적·비성적, 직업적·비직업적 접촉을 모두 포함한다.
- 범인이 일생에 걸쳐 수많은 상황에서 아동들과 접촉했다.

일반적인 포렌식 증거 수집

강간과 성적 공격 수사에 사용할 수 있는 물적 증거 복구 방법과 절차에는 여러 가지가 있다. 이 방법과 절차는 보통 피해자와 용의자에 따라, 수사 대상이 된 사람의 연령과 성별에 따라 달라진다. 다음은 법과학 증거에 대한 일반적인 설명이다(더 자세한 정보는 헤이즐우드(2009)).

대부분의 (물적) 증거는 피해자에게서 나온다. 의복, 침구, 모발(머리카락과 음모), 면봉 채취(질, 음경, 구강, 항문), 질내 흡입물, 구강 헹굼, 비강 점액, 손톱 조각, 혈액, 침, 여러 종류의 잔해물 등등. 증거가 서로 전이되는 것을 막기 위해 각 증거는 개별 포장해야 한다. 마닐라(물에 강한 마닐라삼으로 만든 질긴 종이) 재질의 내부가 구획된 덮개 달린 포장재나 튼튼한 종이봉투를 사용할 수 있다. 수집 후 분석하지 않은 통제 시료는 별도로 포장하여 보관한다. 병원에서 담당자가 사용하는 강간 및 성적 공격 증거 키트(이른바 '강간키트')에는 검사에 필요한 도구들이 대부분 포함돼 있다.

침구와 피해자가 입고 있던 옷은 모두 확보하여 밀봉 상태로 보관해야 한다. 피해자의 머리카락은 오염되지 않은 모발용 빗으로 빗질하여 빗질에서 나온 물질과 사용한 빗을 함께 포장하여 밀봉한다. 이때 색, 길이, 구획을 정해 각각을 적정량 입수한다. 빗질을 마친 후 모발은 가능한 한 뽑아서 보관한다.

체모가 많은 경우, 별도의 오염되지 않은 빗과 적절한 포장재를 사용하여 혹시 존재할지도 모르는 의류 섬유 같은 미세증거를 수집한다.

질, 구강, 항문은 면봉을 사용해 정액 존재 여부를 탐색한다. 질 내 면봉 채취 외에, 추가적으로 식염수를 사용해 질 내 물질을 흡입해 낸다. 면봉 채취 방법으로 검출하지 못한 정액은 이 방법으로 찾을 수 있다. 검사 대상자의 입안도 식염수로 헹구어 별도의 병에 담아 보관한다.

피해자가 남성인 경우, 피해자의 성기에 있을 수 있는 혈흔이나 기타 증거 물질을 면봉으로 채취한다.

또, 피해자에게 별도의 천으로 코를 풀게 해 비강 점액 시료도 확보한다. 입이나 얼굴에서 침전된 정액이 비강 점액에 포함되어 있을 수 있다. 천의 오염되지 않은 부분이 통제 시료 역할을 할 수 있다.

피해자의 손톱 밑도 적당한 도구로 긁어내어 모발, 섬유, 혈흔, 세포 조직 같은 중요한 증거 물질을 확보한다. 수집물은 그 상태로 보관한다. 각 손가락에서 따로 긁어내어 그 수집물도 개별 포장하는 것이 좋다.

혈액은 포렌식 검사를 위해 검사용 살균 튜브에 넣는다. 가급적 화학적 응고제나 방부제를 첨가하지 않고 최소 5밀리리터는 채취한다.

이 밖에도 확보할 수 있는 증거 물질을 최대한 확보하여 포렌식 검사에 활용한다. 현장에서 피해자나 대상자가 옷을 벗거나 시료 채취에 협조할 때 바닥에 별도의 종이나 천을 깔아 어떠한 증거물도 놓치지 않도록 유의한다.

범죄적 이익 목적 강간은 물질적 이득을 얻기 위한 강제적 성행위, 성적 학대, 성적 공격을 포함한다.

301 중죄 강간 Felony Rape

무단침입이나 강도와 같은 중죄를 저지르는 동안 강간을 하는 것이다. 이 때 강간이 일차적 의도인지, 이차적 의도인지에 따라 분류가 구체화된다.

301.01 일차적 중죄 강간 Primary Felony Rape

일차적 중죄강간의 목적은 강도나 무단침입 같은 성적이지 않은 중죄이다. 피해자는 일차적 중죄 현장에 있다가 성적으로 공격당하는 이차적 피해를 입는다. 피해자가 현장에 없더라도 중죄는 발생한다.

주요 특징

피해자 분석 __ 피해자는 보통 성인 여성이다. 피해자가 근무하는 장소나 피해자의 거주지에서 중죄가 발생한다.

빈번하게 보고되는 범죄 현장 지표 __ 무단침입, 절도, 강도의 흔적이 일차적 중죄 강간에서 확인된다.

공통된 포렌식 검증 __ 본 장 도입부에서 설명한 성적 공격에 대한 일반적 포렌식 증거 모음 참조.

수사 주안점

범죄가 발생한 지역에서 유사한 중죄 범죄가 발생했는지 조사해야 한다. 이 범죄는 보통 비슷한 물품을 훔치고 유사한 범행수법을 사용하는 것으로 알려져 있다. 성적 공격은 상황적으로 동기화된다.

수색영장 제안 사항

용의자의 거주지와 차량에 수색영장을 청구해야 한다. 옷과 모발, 섬유, 끈 등을 압수하여 혈흔 검사를 하고, 유사 범죄에 대한 신문 기사나 도난 신고된 피해자의 물건들을 찾되, 이것들로만 한정해서는 안 된다.

사례 연구 **301.01 일차적 중죄 강간**

레오나드 모건베서 제공

배경 __ 아프리카계 미국인 로버트 그리핀은 1972년 11월 19일 생이다. 그는 4세, 10세, 67세 피해자들을 대상으로 3건의 성범죄 혐의로 법정에 섰고, 그전에 뉴욕주립교도소에서 두 차례 복역한 기록이 있다.

피해자 분석 __ 그리핀의 첫 번째 범죄는 1997년 7월 31일 4세 여아를 납치하여 성적 공격을 한 사건이다. 그는 집에 있던 아이를 납치했고, 이 아이는 수시간 뒤 다른 동네의 진입로에서 발견되었다. 아이의 엄마는 아이가 침대에서 자고 있는 줄 알았다. 엄마는 텔레비전을 보다가 소파에서 잠들었다. 남편이 새벽 1시 10분에 그녀를 깨웠을 때 부부는 아이가 사라진 것을 깨달았다. 집 뒤쪽 창문의 스크린이 없어진 채 창문이 열려 있는 걸 보고 경찰에 신고했다.

새벽 1시 30분경, 도넛 배달원이 잠옷 셔츠만 입고 속옷을 손에 움켜쥐고 있는 네 살짜리 아이를 발견했다. 그는 처음에 아이가 몽유병 증세를 보이고 있다고 생각했다. "아이는 숨으려고 했어요. 누군가가 자신을 잡으러 올까 봐 무서워했어요. 그래서 뭔가 잘못됐다는 걸 알았죠." 어린 피해자는 경찰에게 자신을 데려간 남자가 더러운 흰 피부에 스컹크 같은 냄새가 났고, 어두운 옷을 입었다고 증언했다.

두 번째 강간 피해자는 10세 소녀로, 다음과 같이 증언했다. "초인종 소리가 들렸고 걸어 다니는 소리가 많이 났어요. 남자는 엄마한테 문제가 생겼으니 내가 같이 가야 한다고 말했어요." 그는 아이의 전화기를 뺏고 바지를 벗겨 항문과 질에 강간한 후, 2킬로그램짜리 덤벨로 아이의 머리를 가격했다. "엄청 많이 소리를 질렀고, 그는 조용히 하라고 했어요. 내 목에 칼을 갖다 댔어요." 그가 떠난 후 아이는 911에 신고했다.

1999년 9월, 그리핀의 세 번째 피해자인 67세 여성은 4세 아동이 공격당했던 곳과 같은 지역의 주차장에서 차에 식료품을 싣고 있었다. "어떤 사람이 뒤로 걸어와서는 내 목을 잡고 입을 막았어요. 바닥에 쓰러진 후 공격당했어요."

그리핀이 10세 여아를 강간한 당시, 그는 절도미수로 2급 중죄 선고를 받고 복역 중이었다. 그러나 당시 시행 중인 법률에 따라 비폭력 범죄자로 폭력범죄 전과가 없다는 이유로 노동석방형을 받고 외부 취업 상태였다 (당시 사법부는 1997년 7월 31일에 발생한 납치와 성적 공격에 대해 모르고 이러한 조치를 취했다).

포렌식 검증 __ 이 사건은 포렌식으로 해결되었다. 2000년, 그리핀은 1998년 저지른 절도에 대해 징역형을 받고 가석방 상태였다. 그런데 세 건의 성범죄 피해자들에게서 확보한 증거가 "뉴욕주에서 유죄판결을 받은 흉악범들 DNA 데이터베이스"와 일치한다는 결과가 나와 주립교도소에 재수감되었다. 1999년 주 관할 흉악범죄 데이터베이스가 구축되어 범죄 현장에 남겨진 DNA와 흉악범 DNA를 정기적으로 대조하고 있었는데, 이 사건은 DNA 대조를 통해 미제 사건을 해결한 먼로카운티 최초의 사건이 되었다.

수사 __ 경찰은 포렌식 증거를 확보한 후 사건과 피해자 진술을 재검토했다.

그리핀은 절도를 목적으로 첫 번째 피해자의 집으로 들어갔는데, 개 짖는 소리에 놀라 범행을 포기했다. 그런데 침대에서 자고워 있던 4세 여아를 발견하고는 "빈손으로 떠나기 싫어" 아이를 데리고 나왔다. 그는 아이를 차에 태운 뒤 아이가 잠에서 깨자 아이를 만지고 항문 강간했으며, 모르는 사람의 집 앞에 아이를 두고 가기 전 자위를 했다. 두 번째 피해자에 관해서는, 창문으로 돌을 던지고 10세 여아를 폭행한 후 "아이가 내가 어떻게 생겼는지 기억하지 못하도록" 아이의 머리를 덤벨로 가격하기 전에 코카인을 흡입했다고 했다. 그 집을 고른 이유는 어두웠기 때문이라고 답했다. 세 번째 피해자에 관해서는 "강도짓을 해서 마약을 사려고" 했는데, 마약 때문에 성욕이 "발바닥에서부터 머리 꼭대기까지" 치솟아 여성을 강간했다고 말했다.

결과 __ 그리핀은 중절도와 장물 불법소지죄로 4년에서 8년형을 선고받았다. 세 건의 성 관련 재판에 앞서 유죄를 인정하는 대가로 주립교도소에서 38년간의 복역을 제안했지만, 이를 거절한 것으로 알려졌다.

301.02 이차적 중죄 강간 Secondary Felony Rape

이차적 중죄 강간의 주요 목적은 계획된 이차적 중죄를 수반한 강간이다. 성인 여성이 부재한 경우라도 비성적 공격의 중죄는 발생한다.

주요 특징

피해자 분석 __ 피해자는 보통 성인 여성이다.

빈번하게 보고되는 범죄 현장 지표 __ 무단침입이나 강도의 흔적이 보인다.

공통된 포렌식 검증 __ 일반적인 법과학적 증거 외에, 범인이 범죄 현장에서 강도가 아닌 강간에 초점을 맞추었다는 사실이 포렌식 보고서에서 나타난다. 이차적 중죄는 계획된 범죄로서, 피해자가 그곳에 있다는 것을 알고 행해지며 강간 후에 다른 범행을 실행한다.

수사 주안점

용의자의 거주지와 차량에 대해 수색영장을 청구해야 한다. 혈흔 검사용 옷과 모발 및 섬유, 끈, 유사 범죄 관련 신문 기사, 도난신고된 피해자 물건들 외에 다양하게 있을 수 있다.

사례 연구 **301.02 이차적 중죄 강간**

피해자 분석 __ 오전 5시 30분, 복면을 쓴 범인이 21세 미혼 백인 여성을 집 안에서 맞닥뜨렸다. 그는 욕실의 열린 창문을 통해 아파트로 침입했다. 그는 피해자의 목에 면도칼을 들이대며 바닥에 억지로 눕게 했다. 그리고 피해자의 바지와 속옷을 벗긴 후 탐폰을 빼내어 피해자의 얼굴에 던졌다. 범인은 강제로 구강성교를 시킨 후 피해자를 강간했다. 그런 후 피해사의 물품을 빼앗아 현장에서 달아났다.

범인 특징 __ 범인은 35세의 미혼 흑인 남성으로, 스스로 인종차별주의 백인사회에 살고 있다고 진술했다. 다수의 범죄로 유죄판결을 받앉음에도 불구하고 그는 무고하다고 느끼며, 5건의 강간 기소에 대해 자신은 포주이고 피해자들은 매춘부라고 주장했다. 그는 일곱 형제 중 셋째로, 부모는 그가 8세일 때 이혼했다. 그의 아버지는 엔지니어였고, 어머니는 약사이자 영양사였다. 형제들도 어엿한 직업이 있었다. 범인은 11학년까지 교육을 받았고, 1년 반 동안 군 생활을 했다. 이 사람은 분노강간범으로 분류될 수 있다. 그의 피해자는 낯선 사람 뿐 아니라 사회적 지인도 포함되어 있는 백인과 흑인 여성들이었다. 그의 공격은 폭력적이었고, 공격 수준이 높았으며, 선택적으로 동기화되었다.

결과 __ 범인은 강간 의도를 가진 폭행과 동시에 5건의 강간, 무장강도, 구타, 살해 의도를 가진 폭행, 외설적 폭행과 구타 등의 혐의로 15년에서 20년형을 선고 받았다.

개인적 이유로 동기화된 강간과 성적 공격은, 대인관계와 관련된 공격이 성적 피해자를 발생시키는 것으로 귀결되는 행위를 말한다. 이때 피해자는 범인이 아는 사람일 수도 있고 모르는 사람일 수도 있다. 이러한 공격은 물질적 이득으로 주요하게 동기화되는 것이 아니며, 집단에 승인을 받은 것도 아니다. 그보다는, 정서적 갈등이나 심리적 문제가 근본적인 원인이다. 이 경우도 법적으로는 강간으로 정의되지만, 성적 공격은 넓은 범위의 강요되고 압박 받은 성적 행위를 포괄한다.

성적 만족감을 위해 저지르는 간접적 범죄에는 네 가지 범주가 있다. 고립된/우연한 기회의 범죄, 선택적 범죄, 전이 범죄, 예비 범죄가 그것이다. 간접적 범죄는 무엇보다 피해자와 범인 간의 신체적 접촉이 포함되지 않는다는 특징이 있다. 이러한 범죄를 수사하고 다룰 때에는 예상되는 전체 수사 기간과 우선순위를 고려할 필요가 있다.

특이한 범죄 현장 지표는 발견되지 않는다. 범인과 피해자 간에 신체적 접촉이 없기 때문에 포렌식 증거는 확보하기 어렵다. 용의자가 특정되기 전까지는 수색영장을 청구하기 어렵다.

이 네 가지 범주의 범인들을 조사해 보면, 이들이 이전에 이미 심각한 접촉 성범죄를 저질렀을 수도 있다. 따라서 충분한 시간을 가지고 이들을 면밀히 면담하면 다른 강간이나 성범죄를 해결할 수도 있다.

간접 범죄 피의자들을 조사할 때 고민해야 할 질문은 이들이 위험한가 아닌가이다. 이때 '특정하게 (집중된) 초점'과 '단계적 상승'이라는 두 가지 측면을 평가하는 것이 중요하다.

범죄가 '특정하게 (집중된) 초점'을 가지고 있는가? 어떤 패턴이 계속해서 나타나는가? 범인이 같은 번호로 반복해서 전화를 하거나, 같은 장소에서 지속적으로 자신을 성적으로 노출하는가? 모든 행위에 일정한 패턴이 있다면 신중하게 평가해야 한다. 그중에서도 (특정) 피해자 (대상) 초점이 가장 중요하다. 피해자가 무작위로 선택되는가, 아니면 특정 개인이 표적이 되는가?

'단계적 상승'이 존재하는가? 단순히 밖에서 엿보는 행위에서부터 집안 절도 행위까지 단계적으로 상승했는가? 시간이 지나면서 더 심각한 침입 (관련) 행위를 하는 방향으로 발전하고 있는가?

사소하지만 성적 의미를 가진 범죄는 범인의 배경을 조사하는 것이 중요하다. 범인은 10대 시절 어떠했는가? 수년간 이런 짓을 해 왔는가? 범인의 삶에 다른 어떤 일이 일어나고 있는가? 안정적인 삶을 살고 있는가? 학교에 다니고 있는가? 일을 하고 있는가? 사회적인 역할을 제대로 하고 있는가? 이러한 내용의 면담이 범인을 평가하는 데 도움이 된다.

311.01 고립된/우연한 기회의 범죄 Isolated/Opportunistic Offense

(타인과 감정적으로 연결되지 않은) 고립된/우연한 기회의 범죄는, 개인이 우연히 범죄의 기회를 갖게 되거나 그 자체로 발생하는 고립된 사건을 말한다. 예를 들어, 어떤 사람에게 전화를 걸다가 잘못 걸어서 갑자기 음담패설을 내뱉는다거나, 만취하여 공공장소에서 여성이 지나갈 때 소변을 보고 자신(의 신체 일부)을 외설적으로 노출한다거나 하는 행위다. 우연히 창문 안을 들여다보고 성적인 자극을 받는 것도 이 범주에 속한다.

311.02 선택적 범죄 Preferential Offense

선택적 범죄는 이상성욕異常性慾이라는 정신의학적 진단과 관련이 있다. 문제의 행위는 한 개인의 선택적 행동이다. 대표적으로 관음증과 노출증이 있다. 오랜 기간 동안 충동적 행동 패턴을 키워 온 이들은 특정 행위로부터 성적 만족감을 얻는다. 그러나 창문을 엿보려고 일정한 길로 다니거나 개를 산책시키는 등 그 과정을 공들여 숨긴다. 성적인 관심을 기록하기 위해 비디오카메라를 가지고 다니는 사람들도 있다.

이런 유형의 사건은 사건 해결 가능성이 높기 때문에 증거를 찾는 데 주력해야 한다. 특이하게도 사건 해결의 실마리는, 이러한 행동에는 융통성이 없고 의식적인 패턴이 있다는 바로 그점이다. 범인들은 창문 안을 엿보려고 반복해서 특정 장소로 되돌아오거나 특정 장소에서 자신을 성적으로 노출시킨다. 음란 전화도 반복해서 걸기 때문에 추적하기가 쉽다. 그래서 역설적으로 선택적 패턴을 가진 범죄가 해결 가능성이 높은데도, 경찰에는 접촉 성범죄를 해결해 달라는 요구가 우선순위를 차지하는 경우가 많다.

311.03 전이 범죄 Transition Offense

전이 범죄는 엿보기 같은 상대적으로 '가벼운' 범죄에서 중범죄로 발전하는 범죄이다. 관음이나 노출을 시도해 그 행위에서 성적 만족감을 얻고 나면, 자신의 각성 패턴을 탐구하며 자신감을 쌓고 범죄 실행 능력을 향상시킨다. 이런 범인은 청소년 같은 어린 사람(개인)이 많다. 그러나 가벼운 범죄에서 멈추는 범죄자는 없다. 모든 가벼운 성범죄자가 무거운 성범죄자로 발전하는 것은 아니지만, 그런 경우가 적지 않다.

예비 범인은 접촉 성범죄의 예비 측면이 있는 "사소하지만 성적 의미를 가진 범죄"를 저지르는 개인을 말한다. 범인은 집을 미리 봐 두고 나중에 돌아와서 강간과 성적 공격을 저지르는 페티시^{fetish} 절도범일 수 있다. 이러한 비접촉성 범죄는 다른 심각한 성범죄의 전주곡이다. 예를 들어, 강간범은 창문을 엿보는 사람일 수 있다. 미래에 그 장소에서 강간을 저지를 의도가 있는 범인이 창문을 엿보고 있을 때 운 나쁘게 경찰관과 마주칠 수 있다. 중요한 점은, 어떤 종류의 사소하지만 성적인 의미가 있는 범죄이든지 간에 접촉 범죄의 전주곡일 수 있기 때문에 그 행위를 평가할 필요가 있다는 것이다.

가족관계 내 성적 공격은 가족구성원이나 가구원, 또는 전 가구원 중 한 명이 다른 가구원을 성적으로 공격하는 것이다. 이 정의는 관습법 관계도 포함한다. 강간과 성적 공격은 즉흥적이고 상황적이며, 범인이 부당하다고 인식한 사실이나 최근에 받은 상상적인 스트레스 사건으로 촉발된다. 이는 오랜 시간에 걸쳐 축적된 스트레스의 결과일 수도 있다.

312.01 성인 대상 가족관계 내 성적 공격 Adult Domestic Sexual Assault

성인을 대상으로 한 가족관계 내 성적 공격은 배우자에 대한 공격과, 가해자와 장기간 관계를 맺고 있던 동거 중인 비결혼 동반자에 대한 공격을 포함한다.

주요 특징

피해자 분석 __ 피해자는 범인과 가족 또는 관습법적 관계를 맺고 있다. 보통 과거에 가해자와 학대나 갈등을 겪은 전력이 있다.

빈번하게 보고되는 범죄 현장 지표 __ 보통 범행 현장은 한 곳으로, 주로 피해나 범인의 거주지다. 현장은 폭력의 단계적 상승을 반영할 수 있다. 예를 들면, 논쟁으로 시작된 대립 상황이 물건을 치거나 던지는 행위로 악화되어 결국 강간과 성적 공격으로 끝이 난다.

공통된 포렌식 검증 __ 알코올이나 마약이 관련되어 있을 수 있다. 강간과 성적 공격에 앞서 폭력이 있었다면 피해자의 얼굴과 몸에 외상이 있을 수 있다.

수사 주안점

범죄가 거주지에서 발생한 경우, 가족관계 내 강간과 성적 공격을 고려해야 한다. 다른 가족구성원을 만나 보면, 피해자 및 범인과 관련된 가족 내 갈등을 언급하는 경우가 많다. 외부적 원인(재정적·직업적 또는 알코올)으로 인한 갈등 이력은 가족관계 내 강간과 성적 공격에서 공통되게 나타나는 요소이다. 범죄는 보통 상황에 따라 발생한다. 범인은 과거에 이미 공격성을 표현했을 것이고, 촉발 사건 이후 태도 변화가 있었을 것이다.

수색영장 제안 사항

만일 거주지가 피해자와 다르다면 가해자의 거주지에서 옷이나 무기를 찾아야 한다. 컴퓨터를 압수해 다른 피해자 여부도 확인해야 한다.

사례 연구 ## 312.01 가족관계 내 성적 학대

단테 올랜도 제공

배경 __ 23세의 앤서니 심즈는 친척을 강간한 혐의로 기소된 후 인디애나주 테레호트에서 2009년 4월 체포되었다. 그는 강간과 근친상간으로 기소되었다.

피해자 분석 __ 피해자는 당시 18세였던 앤서니 심즈의 생물학적 여동생이었다. 심즈와 피해자는 같은 부모에게서 태어났고, 다른 가족들과 함께 어머니 집에서 살았다.

범죄 현장 지표 __ 범죄는 한 방에서 일어났다. 가해자는 어느 늦은 밤

여동생의 침실로 침입했다. 범죄는 한 시간 정도 지속됐다. 심즈는 경찰에서 자신과 여동생이 종종 장난을 쳤다고 말했다. 그는 침대 위에서 잠을 자고 있는 여동생의 배를 문지르기 시작했을 때 자신이 "마리화나로 정신이 없었다"고 진술했다. 그렇게 만지는 행위가 성관계로 이어졌으며, 곧바로 심즈의 여자친구가 피해자를 지역 병원으로 데려갔다고 피해자는 진술했다.

포렌식 검증 __ 인디애나 주립경찰서 범죄실험실 전문가가 분석한 DNA 증거에 따라 피해자와 가해자의 혈연관계와 강간 사실이 증명되었다.

수사 주안점 __ 법정에서 공개된 녹화 기록에서, 앤서니 심즈는 여동생과 성관계를 가졌지만 그것이 강간은 아니었다고 주장했다. 그는 또한 그것이 근친상간인 줄 알았지만 불법인 줄은 몰랐다고도 했다. 심즈는 이전에 여동생과 함께 성관계에 대해 "익살을 떤" 적도 있다고 말했다. 그러나 피해자는 심즈가 침대에 함께 있다는 걸 깨닫고 무서웠다고 말했으며, 그 사건이 끝나기 전까지 서너 차례나 "싫다"고 말했다고 했다.

심즈는 성관계가 합의된 것이었으며 강간이 아니라고 주장했다.

심즈는 당시 16건의 청소년범죄 사건 기록과 7건의 성인 전과기록이 있었다. 강간 당시에도 절도로 보호관찰 중이었는데, 보호관찰 규정을 준수하지 않았다.

결과 __ 피고인 측은 가해자와 피해자의 아버지가 동일한지에 의문을 제기하려고 했으나, 여성 8명과 남성 4명으로 구성된 배심원은 근친상간과 강간에 대해 모두 유죄평결을 내렸다. 앤서니 심즈는 근친상간으로 징역 5년, 강간으로 징역 16년을 선고 받았다. 재판관은 수감 중 분노조절 상담을 권고하고, 성범죄자 등록을 명했다.

아동 대상 가족관계 내 성적 학대 Child Domestic Sexual Assault

범죄가 발생한 주에서 일어난 모든 미성년자 가구원에 대한 강간과 성적 공격에 적용된다.

주요 특징

피해자 분석 __ 아동 피해자는 범인과 가족관계에 있다. 과거 범인에 의한 학대 또는 갈등 이력이 있는 경우가 많다. 가족 내 다른 아동이나 청소년 역시 성적 또는 신체적으로 학대 받았을 가능성이 있다.

빈번하게 보고되는 범죄 현장 지표 __ 대개 범죄 현장은 하나이고, 보통 피해자나 범인의 거주지다.

공통된 포렌식 검증 __ 강간과 성적 공격이 일정 기간 발생했다면, 질이나 항문에 흉터 증거가 있다. 그러나 의료적 확증이 없다고 해서 아동이 피해를 입지 않았다는 의미는 아니다.

수사 주안점

이전에 피해자에 대한 학대나 다른 가구원들에 대한 학대가 가족구성원 또는 제3자에 의해 보고되었을 수 있다.

수색영장 제안 사항

특히 가해자인 가족구성원이 아동과 함께 거주하고 있는 경우, 수색영장은 옷과 침구 수사에 사용된다.

범행 동기 규명은 사건 수사와 범인 및 피해자 치료 모두에 중요하다. 다음에 소개하는 매사추세츠 치료센터(MTC)[1]의 〈강간범죄자 분류 3〉은 경험적 실험을 거친 강간범 분류체계이다(MTC: R3; Knight & Prentky, 1990).

우연한 기회의 범죄 동기는, 계획이나 준비가 거의 보이지 않는 충동적 강간범에게 적용된다. 이 강간범은 대개 비사회적 행동 이력이 있으며, 강간은 대인관계 인식 결여 정도를 보여 주는 일종의 지표행동이다. 이러한 강간범은 피해자에 대한 보호나 위로에 전혀 관심이 없다. 그들에게 강간은 성적 환상이나 성적 의식(행사)의 수행이 아니라 즉각적인 성적 만족 행위다. 즉, 지배와 권력을 위한 행위다.

피해 대상은 연령별로 성인, 청소년, 아동, 노인으로 구분된다. 각 그룹 중 하나는 사례 연구로 살펴볼 것이다. 성적 공격과 강간은 구체적으로 우연한 기회, 도구로서의 성 활용(권력 확인 혹은 권리로서의 성 도구화), 만연한 분노, 가학적 (성 공격) 이용 등으로 분류된다. 그 기준을 결정하는 요소는 공격의 양이다. 분류를 결정하는데 사용되는 표현적인 공격성의 증거는 다음과 같으며, 이 증거의 모든 조합이 포함된다.

- 경미한 상처/긁힘/찰과상보다 훨씬 더 큰 부상
- 피해자가 저항한 증거가 없을 때, 때리고 치고 발로 차는 것과 같이 피해자의 순응을 얻어 내려는 정도보다 과도한 물리력 사용

---

[1] 매사추세츠 교정국에서 운영하는 교정단지 내 남성 전용 보안시설로, 성범죄로 유죄판결을 받은 교도소 수감자와 법정에서 성적 위험도가 높다고 평가된 민사 수감자들을 수용한다.

- 공격 시 특정한 행위를 함. 예를 들어, 절단 행위, 화상 입히기, 찌르기, 의식을 잃을 때까지 질식시키기, 물어뜯기, 발로 차기, 항문 삽입 또는 이물질 삽입 등
- 경멸적·모욕적 발언, 대변이나 소변 사용, 피해자 측 남성에게 목격 강요, 항문성교 후 강제 구강성교 흔적 등 피해자를 모욕하려는 욕망이나 시도

MTC〈강간범죄자 분류 3〉의 동기부여 분류는 다음과 같다.

도구로서의 성 활용

모든 성적 공격은 성적인 상황에서 발생하기 때문에, 도구로서의 성 활용은 모든 강간의 구성 요소이다. 그러나 어떤 성적 공격은 다른 공격보다 더 높은 도구적 성격을 보인다. 이는 근본적으로 범죄자가 자신의 성적 욕구를 충족시키기 위해 높은 수준의 집착을 갖고 있음을 의미한다. 성적 집착은 전형적으로 고도로 탐닉적이고, 반복적인 성적(강간) 환상, 잦은 포르노그래피 사용, 통제 불가능한 성적 충동 보고, 성적 욕구를 충족시킬 다양한 대안적 해소 수단 사용(안마시술소, X등급 영화, 섹스클럽, 스트립바), 관음증/노출증/페티시즘 같은 일탈적 성적 행위(이상성욕) 관여 등으로 증명된다. 이러한 범인들은 잘 짜인 사건 순서, 공격 관련 용품 보유, 피해자 조달과 공격 후 도주 계획 등 사전에 공격을 계획하는 경우가 많다.

네 가지 강간범 유형은 높은 수준의 성적 몰입(집착)을 가지고 있다고 가정된다. 네 가지 유형 모두 성폭력에 동기를 부여하고 범죄가 발생하는 방식에 영향을 미치는 장기간의 성적 및 강간 환상이 공통적으로 존재한다. MTC〈강간범죄자 분류 3〉에서는 가학적인 환상이나 행동 유무에 기

초하여 두 개의 주요 하위범주를 두었다. 가학적 집단과 비가학적 집단이
다. 가학적 집단은 두 가지 하위 유형(공공연히 드러내는 유형과 잘 드러나
지 않는 유형)을 포함하며, 비가학적 집단은 두 가지 하위 유형(권력-확인
유형과 자격 유형)을 포함한다. 따라서 이 네 가지 유형은 주로 환상의 내
용과 환상이 행동을 통해 표현되는 방법으로 구별된다.

가학적 유형

가학적 유형은 '공공연히 드러내는 가학성 강간범'과 '잘 드러나지 않는
가학성 강간범'으로 분류된다. 두 유형 모두에서 '성적이며 공격적인 충
동'과 '빈번하게 동시 발생하는 사고와 환상'을 구분해 주는 증거는 별로
보이지 않는다. 겉보기에 공공연히 드러나는 가학적 유형의 공격은, 성
적 공격 행위를 할 때 직접적으로 신체적 손상을 입히는 행위로 드러난
다. 반면에 잘 드러나지 않는 가학적 유형의 공격은, 상징적이거나 실제
로 외적 행동으로는 나타나지 않는 은밀한 환상을 통해 표현된다.

 범인의 행동은 피해자에게 공포나 고통을 주려는 의도를 반영한다. 이
때 공공연히 드러내는 가학성 강간범은 높은 공격 수준을 나타낸다. 가학
증의 특징이 성적 각성과 분노 감정 사이의 상승적 관계이기 때문에, 공격
이 성적 각성이나 최소한 그러한 각성을 억제하지 않는 원인이 된다는 증
거가 존재해야 한다. 두 종류의 감정(성적 각성과 분노)은 각기 다른 쪽을
강화하거나 증가시킬 능력이 있기 때문에, 성적 행위가 공격에 선행하거
나 공격이 성적 행위에 선행할 수 있다. 어느 경우에서든 하나가 다른 하
나를 증가시키도록 귀결되거나 두 감정이 뒤얽히거나 융합된다는 것이
가학적 강간범의 가장 중요한 특징이다. 공공연히 드러내는 가학성 강간
범 집단은 외관상 화가 나 있는 공격적인 사람들로 보이며, 가학증과 더

큰 성적 공격 계획을 빼면 만성적인 분노강간범과 매우 유사해 보인다.

'잘 드러나지 않는 가학성 강간범'으로 분류하려면, 피해자의 공포나 불편감 또는 폭력 환상이 범인을 성적으로 각성시키는(또는 그러한 각성을 억제하지 않은) 역할을 하고, 성적 공격 시 사용된 물리력이 피해자를 순응시키는 데 필요한 정도를 넘어서지 않았다는 증거가 있어야 한다. 가학적 환상의 상징적 표현이 이러한 범인들의 특징이다. 이들은 다양한 형태의 구속 도구를 사용하며, 이물질을 상처가 나지 않도록 삽입한다. 또, 바셀린이나 면도크림 같은 성적 행위를 원활하게 도울 도구를 사용한다. 공공연한 가학증에서 분명하게 드러나는 높은 수준의 표현적 공격은 나타나지 않는다. 언급한 바와 같이, 잘 드러나지 않는 가학성 범인들의 높은 사회적 능력은 공격 면에서 이들의 특이점을 설명해 준다. 잘 드러나지 않는 가학성 강간범들은 사회적 기술을 사용해 공격을 약화시키거나 은폐한다. 일반적으로, 잘 드러나지 않는 가학적 범인은 그들의 가학적 환상과 생활양식 상의 약간 높은 충동성을 제외하고는 사회성이 높은 비가학성 강간범과 유사하다.

비가학적 유형

반면에 성을 똑같이 도구적으로 활용하되 비가학적인 강간범은, 성적 공격과 결합된 사고와 환상이 가학적 유형을 특징짓는 상승 관계로 연결되지 않는다. 실제로 이 유형은 다른 강간범 유형보다 공격성이 낮게 나타난다고 추정된다. 피해자의 저항에 직면하면, 이러한 유형은 피해자를 힘으로 제압하기보다 도망갈 것이다. 그들의 환상과 행동은 성적 각성의 혼합물, 여성과 성에 대한 왜곡된 인식, 사회적·성적 부적절성, 남성적 자아상에 대한 생각을 반영한다고 추정된다. 다른 강간범 유형과 비교해서 이들은 성적 공격 외의 영역에서는 충동 조절 문제가 상대적으로 적다.

보복 동기

보복 동기 강간의 핵심 특징이자 원동력은 여성에 대한 분노이다. 만성적인 분노강간범과 달리, 보복강간범의 분노는 오직 여성에게 배타적으로 향해 있다. 그래서 이들의 성적 공격은 피해 여성을 신체적으로 손상시키고 비하하고 모욕하려는 의도를 보인다. 이러한 여성혐오 공격의 양상은 언어적 모욕부터 잔인한 살인까지 다양하다. 이들은 남성에 대해서는(다른 남성과 싸운다거나 다른 남성을 공격하는 등) 거의 또는 아예 분노를 드러내지 않는다는 점에서 만성적인 분노강간범과 다르다.

　이들의 공격에 성적인 요소가 있기는 하지만, 가학적 유형처럼 그 공격이 성적으로 자극된다는 증거는 없으며 가학적 환상에 집착한다는 증거도 없다. 실제로 이 유형의 성적 공격은 피해자의 품위를 손상시키거나 모욕하려는 일차적 목적을 달성하려는 경우가 많다(피해자에게 억지로 구강성교를 시키는 등). 보복강간범은 일상생활에서 상대적으로 충동성이 낮다는 점에서 만성적인 분노강간범과 공공연히 드러내는 가학성 강간범과 다르다(보복강간범은 삶의 다른 영역에서 충동 통제와 관련된 문제가 상대적으로 적다).

313.01　사회적 지인에 의한 강간 Social Acquaintance Rape

피해자의 사회적 지인이 저지르는 강간의 하위범주는 성인 대상, 청소년 대상, 아동 대상, 노인 대상으로 나뉜다. 이 범죄의 특징은 범인이 이

전에 피해자와 아는 사이였다는 점이다. 피해자와 범인이 맺은 관계는 사회적인 것이며, 성인 대상과 청소년 대상 범죄일 때에는 보통 데이트 중에 공격이 일어난다. 다른 관계로는 학생-교사, 운동선수-코치, 신부-[사제의 시중을 드는] 복사服事와 같은 관계가 있다. 아동 관련 사건에서는 이웃이나 가족의 지인이 이 관계에 포함될 수 있다. 노인 관련 사건에서는 가정 내 간병인이 포함될 수 있다.

주요 특징

피해자 분석 __ 이 유형의 범죄는 피해자에 대한 표현적 공격 수준이 낮으며, 피해자에게 심각한 신체적 손상을 입히지 않는다. 이는 대인관계 차원에서 서로 만남에 동의하고 일이 벌어지기 때문이다.

범인 특징 __ 범인은 사교술이 좋고, 심각한 범죄행위에 연루된 적이 없을 것이다. 보통 성인 대상과 노인 대상 범죄는 상황적이며, 아동 대상 범죄는 선택적이다.

빈번하게 보고되는 범죄 현장 지표 __ 범죄 현장은 주로 피해자나 범인의 거주지다.

공통된 포렌식 검증 __ 피해자가 강간 피해 직후 바로 신고한 경우, 본 장의 도입부에 서술된 일반적인 포렌식 증거 모음 부분 참고.

수사 주안점

사건 발생 전, 가정 내 피해자나 다른 구성원에 대한 학대나 공격이 다른 가족구성원이나 제3자에 의해 신고(보고)되었을 수 있다.

수색영장 제안 사항

강간 발생 직후 신고된 경우에는 용의자의 옷을 압수해 혈액, 모발, 섬유 검사를 진행해야 한다. 그러나 강간 발생 후 상당한 시간이 경과하고 나서 신고한 경우에는 수색영장으로 증거에 접근하기 어렵다.

사례 연구 **313.01 사회적 지인에 의한 강간**

배경/피해자 분석 __ 로즈는 1979년 성적 공격이 발생하기 약 2년 전에 프랭크와 짧은 연애를 하고 나서는 사건 전까지 그를 보지 못했다. 그러던 어느 날 저녁, 친구의 집에 저녁을 먹으러 가는 길에 프랭크의 집을 지나가면서 충동적으로 차를 세워 그에게 인사하기로 했다. 프랭크는 아래층 뒷문에서 목욕가운 차림으로 로즈를 맞이했고, 그녀에게 근처 주류 상점에서 술을 사다 달라고 했다. 그들은 함께 술을 마셨다. 프랭크는 로즈가 술을 다 마신 후에도 계속해서 술을 마셨다. 두 사람은 이야기를 나누며 과거를 회상했다. 그런데 프랭크가 갑자기 항아리에서 약물을 꺼내어 담배에 말아 피웠다.

술과 약물에 취하면서 프랭크는 점점 신체적·성적으로 도발적이 되었다. 로즈의 증언에 따르면, 프랭크는 로즈를 움켜잡고 장식용 칼로 위협하며 담뱃불로 피부를 지졌다. 나중에는 수차례나 그녀를 때리고 발로 차고 주먹으로 쳤으며, 로즈를 침실로 끌고 가 질과 구강에 세 차례나 강간했다.

이후 프랭크는 잠들었고, 로즈는 아파트를 빠져나와 자신의 차로 갔다가 아파트에 물건 몇 개를 두고 온 것을 깨달았다. 그녀가 아파트로 다시 들어갔을 때, 프랭크는 그날 저녁 늦게 데이트를 한 여자친구와 전화 통화를 하고 있었다. 여자친구와 전화를 끊고 격분한 프랭크는 로즈에게 화를 내며 고함을 지르기 시작했다. 로즈가 뒤쪽 계단으로 빠져나가려 하자, 프랭크는 그녀를 발로 차서 계단 아래로 굴러떨어졌다. 이때 계단 끝에 있는 문 유리창이 깨지면서 로즈는 유리조각에 깊이 베였다.

그러나 프랭크는 로즈를 곧바로 병원에 데려가지 않았다. 그녀는 눈이 침침해질 정도로 피를 흘리고 있었지만, 그는 그녀에게 다친 경위를 밝히지 않겠다는 약속을 받아 낸 후에야 그녀를 병원으로 데려갔다. 로즈는 병원에서 계단에서 굴러떨어졌다고 했다. 치료를 받게 한 후 프랭크는 그녀를 자신의 아파트로 데려왔고, 다음날 아침 로즈는 직접 차를 몰아 집으로 돌아왔다.

이틀이 지나서야 로즈는 가까운 지인의 추궁으로 부상을 입게 된 진짜 이유와 프랭크의 강간 사실을 밝혔다. 그리고 병원에 가서 강간 외상 검사를 받았다.

결과 __ 로즈는 즉시 프랭크를 형사고소했다. 그녀의 변호사는 프랭크가 재산을 다른 친척에게 이전시킬 가능성이 있다며 피고인의 부동산 압류를 위한 민사소송을 제기했다.

1980년 3월 프랭크의 모든 혐의에 대해 무죄가 선고되었다. 민사소송에서는 제3자 피고인인 프랭크의 집주인 보험자에게 유리한 평결이 내려졌다가 항소법원에서 원고에 유리한 쪽으로 평결이 뒤집혔다.

권위강간의 하위범주는 성인 대상, 청소년 대상, 아동 대상, 노인 대상으로 나뉜다. 권위강간의 피해자와 범인은 종속과 지위 불균형 관계이다. 고용이나 교육, 연령에서 가해자가 피해자에게 권력을 갖는다. 범인은 이 관계를 범행에 이용한다.

주요 특징

피해자 분석 __ 피해자는 범인이 아는 사람이다. 범인은 피해자에게 권위적인 우월성을 갖는다(교사, 감독자, 관리자나 고용인, 가석방 담당자, 치료사, 의사 등). 통상 이 범죄에서는 피해자에 대한 심각한 신체적 손상이 없고, 공격성을 표현하는 수준도 낮다.

범인 특징 __ 범인은 피해자가 자신에게 갖고 있는 신뢰나 친근함을 이용한다. 선택적 범죄가 많다.

공통된 포렌식 검증 __ 피해자에게 의료적인 성적 공격 검사를 받도록 한다.

수사 __ 범인의 다른 부하 직원 등을 상대로 다른 피해자 발생 여부를 조사하고, 범인의 현재 및 과거 소속을 파악한다.

수색영장 제안 사항

강간 발생 후 즉시 신고된 경우에는 범인의 옷을 압수해 혈액, 모발, 섬유 검사를 진행한다. 강간 발생 후 상당 시간이 경과했다면, 수색영장으로 증거에 접근하기 어렵다.

배경/피해자 분석 __ 1983년 가을에서부터 1984년 가을까지 22세부터 78세 사이의 5명의 환자들이 치료를 담당한 내과의사로부터 성적 공격과 강간을 당했다고 고소했다. 22세의 피해자는 난소낭종으로 추정되는 질환을 진료하면서 의사가 어떻게 성생활에 대해 묻고, 골반검사 도중 장갑을 끼지 않은 손으로 성추행을 했는지 증언했다. 의사는 성관계를 할 때 오르가슴을 느끼는지 묻고, 어떻게 성관계를 해야 하는지 알려 주겠다고 했다. 의사는 피해자의 가슴을 검사하는 동안 피해자에게 기대어 골반을 문질렀다. 왜 4개월이나 지나서 피해 사실을 밝혔느냐는 질문에, 피해자는 뭔가 잘못됐다는 생각만 했다고 답했다.

23세의 또 다른 피해자는 복통으로 3회 진찰을 받는 동안, 해당 의사가 매번 "얼마나 자주 남자친구와 성관계를 갖느냐"고 물었다고 했다. 마지막 진찰에서는 의사가 의자에서 일어나 피해자의 배를 자신의 골반으로 누르기까지 했다.

심한 복통으로 치료를 받고 있던 38세의 청각장애인 여성은, 해당 의사가 장갑을 끼지 않은 손으로 그녀를 진찰했고, 얼마나 자주 성관계를 갖는지와 구강성교를 즐기는지 등등을 물었다고 증언했다. 그런 후 의사는 둘이 어디 가서 해 보면 어떻겠냐고 물었다.

휠체어에 앉아서 증언한 79세 여성은, 의사가 등에 난 발진을 본다고 진찰대 위에 올라가게 한 후 그녀를 강간했다고 증언했다. 이 여성의 84세 남편은 아내가 귀가 후 매우 불안해했고 속옷에서 핏자국을 보았다고 증언했다. 피해자들이 고소장을 접수한 후 해당 의사는 기소되었다.

범인 특징 __ 범인은 광범위한 연령대의 피해자들을 표적으로 삼았다.

범죄 현장 지표 __ 피해자와 범인은 환자-의사라는 종속적인 관계였고, 범인이 통제하는 환경이었다. 범인은 간호사가 없을 때에만 범행을 저질렀다.

포렌식 검증 __ 강간과 강간 신고(보고) 사이에 너무 긴 시간이 경과해 의미 있는 포렌식 증거를 찾을 수 없었다.

수사 __ 범인의 사진이 지역 언론에 실리자, 추가 피해자들이 나타났다. 수색영장은 피해자들의 의료기록과 재판에 사용할 다른 기록을 찾는 데 사용되었다.

결과 __ 이 의사는 성적 공격에 대한 모든 혐의가 기소되어 7년에서 10년의 징역형을 선고 받았다. 유죄판결에 대한 항소는 기각되었다.

313.02.03 권위강간, 아동 대상 Authority Rape, Child

이 범주에 속하는 범인의 주요 목적은 아동과의 성관계이다. 아동과의 성적 활동(유형과 범위)은, 단순한 '몇 가지 행위'에서부터 '일생 동안 유지되는 패턴'에 이르까지 그 유형과 범위가 다양하고 넓다. 이 유형의 범인들은 자기중심적이며, 아동의 안전이나 복지에는 관심이 없다. 성적 행위는 성기에 집중되며(남근중심적), 도구적인 특징이 있다(목표는 삽입과 오르가슴 획득이며, 아동을 자위 도구로 사용). 피해자는 대개 범인과 모르는 사이이다. 범행은 보통 충동적으로, 계획이 거의 또는 아예 없고 신체적 부상은 없거나 최소화된 상태로 발생한다. 범인들은 대개 문란하며, 다양한 연령대에서 많은 피해자들을 발생시킨다. 이 유형의 범죄에 취약한 개인으로는 환자와 장애인, 보육시설 아동 등이 있다.

주요 특징

피해자 분석 __ 피해자는 각 주마다 조금씩 다르게 규정한 미성년자들이다. 아동은 남자아이일 수도 있고, 여자아이일 수도 있다.

빈번하게 보고되는 범죄 현장 지표 __ 범행 시 표현되는 공격성은 낮은 수준(피해자의 순응을 확보하기 위해 필요량 이상으로는 공격하지 않음)이다. 공격성이나 피해자의 두려움이 범죄의 중요한 부분이라거나 성적 각성을 향상시키는 데 필요하다는 증거는 없다. 아동과 관계를 맺거나 아동을 비성적 활동에 끌어들이려는 시도는 없다. 이 유형의 범인들은 포식적이고 착취적인 경향이 있다. 범죄는 보통 선택적이다.

사례 연구 **313.02.03 아동에 대한 권위강간**

제럴드 샌더스키는 펜실베이니아주에서 4년간 미식축구를 했고, 지역 미식축구 프로그램에서 23년간 수비 코디네이터로 활약했다. 그는 1977년부터 결손가정이나 문제가정에서 어려움을 겪고 있는 소년들을 돕는 집단위탁가정 단체 '세컨드 마일Second Mile'을 운영하기 시작했다. 이로써 오랜 기간 동안 소년들을 성적으로 학대할 수 있는 수단과 동기, 기회가 생겼다. 그는 소년들을 선택했다. 그는 미식축구 경기에 그들을 초대해서 자신의 가족들과 함께 시간을 보내고, 펜실베이니아주에서 벌이는 활동에 참석했다. 피해자들은 선물과 여행, 스포츠 행사, 그리고 모든 이에게 사랑 받는 것 같은 남자와 함께 어울리는 매력적인 세계에 빠르게 끌려들었다.

샌더스키는 15년 동안 8명의 소년을 성추행한 혐의를 받았다. 2002년 67세의 코치가 펜실베이니아주 운동시설 샤워장에서 10세 소년을 강간하는 장면이 목격되어 기소되자, 샌더스키는 자신의 자선단체를 통해 위기에 처한 청소년들을 끌어들여 이 소년들의 아버지를 자처했다. 나중에 그는 아이들과 그저 시끌시끌하게 놀았을 뿐이라고 주장했다.

그의 주된 범죄행동 패턴은 교묘하게 접촉 기회를 만든 다음, 끌어안거나 몸을 비비고 샤워 중 성적 접촉을 하는 것이었다.

샌더스키 사건에 대한 〈대배심 보고서Grand Jury Report〉(2011)에는, 제럴드 샌더스키에게 성적으로 학대당한 8명의 소년들의 사례가 열거되었다. 〈표 12.2〉에 성적 학대 패턴이 요약되어 있다. 이 범죄들은 선택적 범죄이며, 샌더스키는 권위범죄자였다.

| 프리 보고서 |

2012년 7월, 루이스 프리Louis Freeh 전 FBI 국장은 펜실베이니아주 아동 성학대 사건에 대해 7개월간 벌인 수사 결과를 공개했다. 한 마디로 요약하면, "샌더스키 사건의 아동 피해자들의 안전과 복지에 대해 펜실베이니아주의 고위 지도자들이 일관되게 무시했다"는 것이었다. 보고서는 이 지도자들이 샌더스키의 피해자들을 대학 이사회와 대학 커뮤니티, 당국에 10년 이상 숨겼고, 피해자들의 고통에 충격적일 정도로 공감하지 못했으며, 아동의 기본 자료조차 확인하지 않았고, 샌더스키에게 이 사실(아동들에 대한 범죄 신고)을 알림으로써 아동들을 추가적 위험에 노출시켰다고 지적했다. 아동에 대한 성적 학대 은폐는 "캠퍼스 커뮤니티 전반의 뿌리 깊은 미식축구 프로그램에 대한 숭배문화"를 이용했다.

전 펜실베이니아주 체육국장 팀 컬리와 사임한 사업재정부 부사장 개리 슐츠에게 위증 및 신고불이행 혐의가 제기되었다. 주 행정관들이 "대학원 조교가 샤워실에서 샌더스키가 어린 소년과 성관계를 하는 것을 봤다고 2002년에 보고한 것"을 무시했다고 검찰은 주장했다. 미국 내 대학 스포츠를 관리하는 전미대학체육협회(NCAA)는 샌더스키의 아동성학대 사건을 부적절하게 처리한 것에 대해 펜실베이니아 주립대학에 6천만 달러의 벌금을 부과했다. 전미대학체육협회의 발표에 따르면, 펜실베이니아 주립대학은 1998년부터 2011년까지의 우승 실적을 모두 박탈당했고, 4년간 포스트시즌 경기에 출전할 수 없게 되었으며, 4개 시즌 동안 매년 지급되는 총 20개의 장학금을 박탈당했다.

출처: www.boston.com/sports/blogs/thebuzz/2012/07 /p~_state_to_l.html

313.03 권력확인형 강간 Power-Reassurance Rape

권력확인형 강간의 하위범주는 성인 대상, 청소년 대상, 아동 대상, 노인 대상으로 나뉜다. 이 분류의 강간은 보통 갑작스럽고 예상치 못한 기습으로 발생한다. 피해자가 미리 표적이 된 것이 아니라면, 대개 상황적 공격이다. 권력-확인이라는 분류는 범인의 역동을 시사한다. 대부분의 경우, 이 유형의 범인은 자신의 능숙함과 남자다움을 시험하려는 목적

| 표 12. 2 | 샌더스키 성학대 피해자들에 대한 대배심 보고서

피해자/연령	기회	동기	목표	결과	결과
#1 11/12 05/06 시작, 2008까지	샌더스키가 운영하는 자선단체 Second Mile 식당, 스포츠 이벤트에 데려감, 선물을 사 줌, 샌더스키의 지하실에서 자고 감	키스, 애무, 구강(성교), 6회 통화, 다리에 손을 올림, 허리를 침	레슬링 중 코치가 목격; 어머니가 학교에 전화	학교 당국에 보고됨	샌더스키에게 펜실베이니아주의 락커를 출입금지 조치
#2 3/1/02			샤워실에서 샌더스키가 어린 소년을 항문강간하고 있는 것을 대학원 조교가 목격	다음 날 아침 페테르노에게 보고됨; 컬리와 슐츠에게 보고; Second Mile에 보고되었다고 이야기됨 / 2010년 대배심 증언에 소환되기 전까지 아무 조치 없었음	락커룸에 샌더스키 출입금지/ PA의 1998년 조사 있었음 / 이동복지국, 샌더스키 1999년 명예직 받음. 스포츠 시설에 접근
#3 12/13 2000	Second Mile, 집으로 초대, 그 후 체육관, 지하실에서 잠	샤워하면서 접촉, 어깨를 문지르고 껴안고 애무		보고된 적 없음	
#4 12/13 1996~1997	Second Mile, 가족 소풍에 초대, 가족과 경기	수영할 때 접촉, 비누 씨움, 구강, 항문 섭입, 머리 화나, 담배를 사 줌	목표된 적 없음		

#5 7/8 1996	Second Mile, 미식축구 경기에 초대함	운전할 때 무릎에 손을 댐, 샤워, 문지름, 저항함	저항한 후 경기나 놀러나 가는 데 초대하지 않음; 목로된 적 없음	
#6 7/8 1995 또는 1996	Second Mile, 미식축구 경기 후 샌더스키 가족과 함께 소풍 초대	"폴란드 축구" 경기한 후 레슬링, 샤워; 뒤에서 꼭 어안음	어머니가 아들의 젖은 머리를 봄. 아동은 샌더스키와 샤워한 것을 말함; 어머니, 대화 경찰에 전화, 수사 진행했으나 아무 일도 일어나지 않음 / 두 번째 소년은 군복무로 해외에 있어 소환되지 않음	형사들이 샌더스키 면담. 아동들과 나체로 샤워를 한 것 인정; 어머니도 만남 / 소년들과 다시는 샤워하지 말 것을 들음
#7 10 1994	펜실베이니아 주립대학 경기에 초대함. 샌더스키 집에서 하룻밤 잠; 샌더스키 '서클' 소년 몇 명과 알고 있었음	끌어안음, 허리를 침. 허리밴드에 손댐. 샤워에 대해서는 모호한 기억	증언하기 전 샌더스키와 그의 아내로부터 전화가 왔으나 다시 전화하지 않음	

으로 강간을 저지른다. 강간은 범인이 느끼는 성적 무능에 대한 보상이다. 여성은 섹스를 좋아하기 때문에 더 할수록 좋아할 것이라는 따위의 환상이 이런 행동을 부채질한다. 그러나 동의 없는 위협적인 삽입 행위는 모두 강간이다.

주요 특징

피해자 분석 __ 피해자는 보통 범인과 모르는 사이다. 안다고 해도, 범인과 같은 동네에 살거나 같은 건물에서 근무하는 등 가볍게 아는 정도이다. 대개 신체적으로 나타나는 표현적 공격성은 낮으며, 피해자에게 심각한 신체적 부상은 발생하지 않는다.

범인이 피해자를 선택할 때에는 일반적으로 동년배나 자기보다 어린 사람을 선택하며, 보통은 동일한 인종이다. 데이트를 한다면, 상대 여성은 범인보다 어리고 덜 세련된 사람일 것이다. 범인은 이런 관계에서만 동등하다고 느끼기 때문이다. 범인은 스스로 무능하다고 느끼기 때문에 단계적인 과정을 밟지 않는다. 피해자를 속여서 순조롭게 아파트 안으로 들어갈 자신감이나 기술이 없기 때문에, 한밤중에 침입하는 등 불시에 통제력을 획득하는 쪽을 택한다.

범인 특징 __ 범인은 피해자와 관계를 맺거나 피해자를 해할 의도가 없음을 확인시키려고 하는 경우가 많다. 일반적으로 범인은 청소년이나 성인으로서 문제가 있다. 범죄는 범인이 그 공격에 대해 생각해 온 정도(환상을 연습)로 계획된다. 이 유형은 성적 집착과 성적 일탈 행위에 대해 다른 유형의 강간범과는 다른 징후를 보인다. 기술적으로 이 유형을 '보상적 강간범compensatory rapist'이라고 한다.

권력확인형 강간범은 스스로 자신이 무능하며 여성들이 자발적으로 관계를 맺을 유형이 아니라고 느낀다. 그래서 이러한 남성적 무능함을 강제 성관계로 보상하려 한다. 그렇게 하면서 자신의 힘과 성적 능력을 확인하려고 한다. 이 유형을 '신사 강간범' 심지어 '비이기적 강간범'으로 분류하는 이유는, 외상을 입혀도 다른 성범죄유형에 비해 그 손상이 경미하기 때문이다. 심지어 공격 도중 사과를 하거나 피해자에게 아프냐고 물을 수도 있다. 범인의 이러한 태도는 피해자에 대한 진심 어린 걱정의 표현이라기보다는, 자신의 능력과 너그러움을 확인하려는 욕구의 발로이다. 따라서 '신사'와 '비이기적'이라는 용어는 강간범 유형이라는 맥락 안에서만 적용 가능하다(Hazelwood, 2009, pp.97-109).

이런 유형은 피해자가 실제로 자신과의 경험을 즐기고, 심지어 자신과 사랑에 빠질 수 있다는 환상을 품는 외톨이 경향이 있다. 그래서 공격 후 피해자에게 접촉해서 데이트를 신청할 수도 있다. 따라서 강간이라는 현실은 그의 환상에 부합하지 않는다. 권력확인형 강간범 대부분은 나중에 피해자와의 성관계를 즐기지 못했다고 인정한다. 그런 경험으로는 기저의 집착을 충족시키지 못하기 때문에, 이후 다른 여성에게 (스스로 성관계라고 여기는 강간범죄를) 다시 시도하게 된다.

이런 유형 범인들의 과거를 파헤치면, 일반적으로 특이하거나 기괴한 자위적 환상들과 만나게 된다. 관음증, 노출증, 크로스드레싱 및/또는 음란 전화 같은 것이다. 성인용 서점이나 성인영화관을 들락거리고, 프로노그래피를 수집한다. 특정 성기능 장애(특히 조루)를 가진 경우, 이는 그가 가질 수도 있는 합의된 성관계에서 드러나며, 이것이 강간의 동기라고 진술한다(물론 그의 관점에서만). 이런 유형은 밤 시간대와 자신의 거주지나 근무지, 다른 말로 매우 전형적인 안전구역을 선호한다. 범죄현장에는 걸어서 간다. 만약 연쇄범죄자라면, 첫 번째 범죄는 특히 그럴 것이다. 이런 유형은 손에 잡히는 대로 무기를 사용하는데, 그 무기는 현장에서 찾아낸 것인 경우가 많다. 범죄 패턴은 일반적으로 일관되며, 피해자를 제압한 시점부터 현장을 떠난 시점까지의 총 범행 시간이 5분이나 10분으로 비교적 매우 짧다. 이 유형은 비속어를 쓰거나 다른 강간범 유형이 하듯 피해자를 비하하거나 모욕하지 않는다. 대신에 자신의 성적 능력을 칭찬하거나 그에 대한 욕망을 표현하는 '대본'을 읊으라고 요구할 수 있다. 일반적으로 피해자의 눈을 가리거나 자신의 외모를 감춘다. 이는 신분이 노출되는 것을 예방하는 자기보호 동기와, 자신이 한 행동이 부끄러운 짓임을 인지할 가능성 모두를 고려한 행동이다. 이 유형은 소심해서 피해자가 허락해야만 한다. 피해자의 옷을 찢거나 옷을 벗도록 강요하기보다는 공격하려는 부위만 노출시킨다.

이 유형의 강간범은 자신의 능력을 자위하기 위해 일기를 쓰거나 신문 기사 또는 자신의 공격을 기록하여 보관하는 경향이 있다. 같은 이유로, 피해자의 속옷 조각 같은 기념품을 챙길 수 있다. 죄책감이나 양심의 가책을 느낄 수도 있으나, 시도해 보고 좋지 않아서 다시는 하지 않기로 결심한 사람이 아니라면, 이런 행위를 반복할 것이다. 이런 유형은 잡히거나 체포되어 구금되거나, 다른 범죄나 사건으로 사망하거나 부상을 입는 등 어쩔 수 없는 상황에 이르기 전까지 계속해서 강간을 저지를 것이다. 이 유형은 혼자 살거나 부모 또는 다른 유형의 의존적 관계인 사람들과 함께 거주하는 경향이 있다. 어머니는 과거나 현재에 매우 지배적인 성향일 가능성이 있다. 이 유형은 자신의 능력 수준에 비해 낮은 수준의 대중과 접촉할 필요가 없는 일을 한다. 신체적으로는 가장 위험 수준이 낮은 강간범이지만, 일련의 공격이 성공하고 나면 자신감이 상승해 신체적으로 더 공격적으로 변할 수 있다. 수치상, 이 유형이 가장 흔한 강간범 유형이다.

사례 연구 **313.03.01 권력확인형 강간, 성인 대상**

배경/피해자 분석 __ 유진의 성범죄 기록은 20대 초반(당시 기혼) 노출
증과 함께 시작되었다. 노출 행위를 시작한 지 4년 후, 그는 2명의 젊은
여성을 공격했다. 성기를 노출한 그가 한 여성을 잡자, 다른 여성이 그
의 뺨을 때렸다. 그는 잡고 있던 손을 풀었고, 두 여성은 도망갔다.

2년 후에 처음으로 강간을 저질렀다. 강둑을 걷다가 조깅을 하며 그
를 향해 다가오는 여성을 쳐다보았다. 그는 그 여성 옆에 멈춰 질문
을 던졌다. 잠시 이야기를 나눈 뒤, 그는 그녀를 움켜쥐고 반복해서
성적인 질문을 던졌다. 오르가슴에 도달한 뒤 그는 떠났다.

두 번째 강간은 1년 뒤 발생했다. 첫 번째 범죄와 유사했다. 걸어가고
있는 사람을 골라서 차에 태워 공원으로 데려갔고, 강간을 하며 그
공격이 즐거운 경험임을 확인하는 질문을 피해자에게 던졌다.

범인 특징 __ 유진은 30세의 이혼남으로, 상대적으로 규모가 크고 결
손이 없는 온전한 가족 출신이었다. 그의 아버지는 집에서 수시간 떨
어진 곳에서 일했고 주말에만 집으로 돌아왔다. 아버지는 집에 있을
때면 대부분 술을 마시며 지냈다. 그러나 아버지가 가족들을 학대했
다는 증거는 없다. 그의 어머니도 일을 했고, 결과적으로 오랜 시간
집을 비웠기 때문에 아이들을 돌보고 양육하는 것은 영어를 거의 하
지 못하는 이민자 출신 친할머니에게 맡겨졌다.

유진은 5명의 형제들과 잘 지내지 못했다. 그는 자신이 골칫덩어리였

다고 말했다. 학교와 관련된 어려움은 3학년 때부터 시작되었다. 그가 떠올리는 가장 이른 학창 시절 기억은 학교를 빼먹고 폐건물의 공공 기물을 파손한 것이다. 명백히 평균 또는 평균 이상의 지능을 가졌지만, 몇 번이나 학년을 다시 다녔고, 결국 10학년을 마치기 전에 학교를 중퇴했다.

그는 입대하여 수년간 복무했고, 복무 기간 동안 징계 청문회 기록이 있다. 제대 직후에 결혼했다. 결혼 생활은 2년간 지속되었고, 아이를 하나 얻었지만 태어나자마자 사망했다. 아이는 자연사로 알려졌지만, 아내와 처가 식구들은 그를 탓했다.

그의 취업 경력은 학교와 군대 기록만큼 불규칙했다. 그는 건설 현장에서 트럭 운전수로 일했고, 물류창고에서도 근무했으며, 경비원 일도 했다. 이삿짐 회사에서도 일했고, 정비공 일도 했으나, 모든 일을 두 달 이내에 그만뒀다.

유진은 유년기, 청소년기, 초기 성인기에 걸쳐 불안정하고 좌절을 감내하는 수준이 낮았으며, (무언가를) 저지르며 일탈 행동을 해 왔다. 이는 그의 충동적 생활 방식을 잘 보여 준다. 그가 저지른 범죄의 보상적 성격은 노출증, 성적 적절성을 확인하려는 시도, 피해자를 안심시키는 차원을 넘어 자기 자신도 안심시키려는 시도에서 충분히 나타난다

결과 __ 유진은 2건의 강간에 대해 유죄를 선고 받았다.

이 강간의 주요 목적은 청소년을 상대로 성적인 (범죄) 관계를 진전시키려는 것이다. 성적 행위는 대인관계적 동기에 비해 부차적이다. 범인에게 피해자는 적절한 사회적·성적 동반자로 여겨지고, 범인은 그 관계가 상호 만족스러우며 피해자에게 어떤 면에서 이익이 된다고 인식한다. 성행위는 보통 애무하거나 어루만지기, 키스하기, 문지르기나 구강성교로 제한된다. 범인은 피해자를 알고 있을 수 있고, 피해자와 범인의 관계는 장기적이거나 수차례 만난 적이 있다. 보통 계획된 범죄로, 충동적이지 않다. 이 유형의 범죄는 폭력적이지 않고 피해자에게 신체적 상해를 입히는 경우는 거의 없다.

사례 연구 **313.03.02 권력확인형 강간, 청소년 대상**
_____

배경/피해자 분석 __ 짐의 전과기록은 1973년 23세의 나이로 시작되었다. 그의 첫 번째 범죄는 18세 여성을 강간한 것이다. 같은 해, 그는 17세 여성을 상대로 유사한 범죄를 저질렀다. 어떤 사건에서도 물리력은 사용되지 않았고, 공격은 강간으로 끝나지 않았다. 1974년에는 19세 여성을 강간했고, 1975년에는 23세 여성을, 1976년에는 15세 소녀를 강간했다. 이 마지막 강간 사건으로 재판에 넘겨지게 되었다. 각각의 사건에서 그의 범행수법은 별다른 차이가 없었다. 히치하이커를 차에 태우고 칼을 휘두르며 위협했지만, 피해자를 굴복시키는 수준 이상의 무력은 한 번도 사용하지 않았다. 처음 두 번의 사건에서 피해자들은 그에게 강간을 그만두라고 설득하기까지 했다.

공격 패턴을 볼 때, 공격의 언어적 그리고 의식儀式적 측면은 짐의 보상적 본성을 암시한다. 짐은 품행장애 이력이 없었다. 범행 당시 피해자를 물색하기 위해 계획을 짰다는 점에서 공격 행위 자체가 사전 계획의 요소가 있었다. 그는 여러 차례 피해자들과 데이트하고 싶다는 의사를 표현했고, 마지막 강간 사건에서는 사건 후 다음 날 저녁 피해자와 데이트를 하려고 하다가 체포되었다. 짐은 보상적인 강간범을 대표하는 유형이다.

범인 특징 __ 짐은 3형제 중 첫째로, 상당히 행복한 어린 시절을 보냈다. 그러나 그의 아버지가 해고된 후 폭음하면서 가정에 불행이 찾아왔다. 짐은 고등학교를 졸업하고 군대에 입대하기 전까지 일반 노동자로 일했다. 군 생활을 마치고는 다시 노동자로 채용되었다. 마지막 강간 사건 당시에는 경비원으로 일하고 있었다. 그는 아내를 군복무중 만나 결혼했다. 3년의 결혼 생활 후 이혼했고, 짐은 세 살배기 아이의 양육권을 갖게 되었다.

수사 __ 경찰은 각 피해자들의 신고를 수사했다. 짐은 여러 차례 피해자들에게 데이트하고 싶다는 의사를 표현했고, 마지막 강간 사건 다음 날 저녁 피해자와 데이트를 하려고 나갔다가 체포되었다. 경찰은 피해자와 함께 가짜 데이트 상황을 만들어 그를 기다리고 있었다.

결과 __ 짐은 납치와 강간으로 유죄판결을 받은 후 1978년 성범죄자 치료를 위해 매사추세츠 치료센터로 보내졌다.

착취강간의 하위범주는 성인 대상, 청소년 대상, 아동 대상, 노인 대상으로 나뉜다. 착취강간에서 표현되는 공격성은 일반적으로 낮으며, 피해자의 순응을 강요하는 데 필요한 수준을 넘어서지 않는다. 피해자에 대한 냉담한 무관심이 분명히 확인된다.

주요 특징

피해자 분석 __ 피해자는 성인, 청소년, 아동, 노인일 수 있다. 피해자는 여성이나 남성으로, 보통은 범인이 모르는 사람이다.

선호하는 피해자는 범인의 연령과 비슷한 경향이 있다. 범인은 피해자를 선택할 기회를 잡으려고 배회하며, 이런 행위는 술집이나 표적으로 삼은 동네에서 일어날 수 있다. 일단 한 여성이 통제 하에 들어오면, 범인의 유일한 관심사는 피해자를 성적으로 복종시키는 것이다. 범인은 거기서 진정한 흥분을 느낀다. 성행위는 성적 만족감을 얻으려는 행위라기보다는 지배와 통제 행위로서 만족을 준다. 일단 굴복시키고 나면 범인이 관심을 갖는 경험은 끝난다. 그러나 성적 조우가 진행되는 동안에 피해자에게 다수의 폭력을 가할 수 있다. 항문 공격이 일반적이다. 마스크를 쓰거나 변장 시도 혹은 얼굴을 가리려는 시도는 일반적이지 않다. 이런 유형의 범인이 저지르는 강간 사건은 하루 또는 한 달, 6개월 등의 간격이 있다. 그러나 권력확인형 강간범과 달리, 이 유형의 강간범은 경찰에 신고하면 보복한다고 피해자를 협박하긴 해도 일단 현장을 벗어난 다음에는 피해자에게 돌아오거나 피해자와 접촉하려 하지 않는다.

범인 특징 __ 범인은 보통 제한된 정규교육을 받고, 직장에서는 근무 성적이 좋지 않으며, 단기간의 불안정한 관계를 맺고 있다. 보통 충동적이며, 청소년기부터 성인기 대부분에 걸쳐 문제를 일으키거나 범죄로 체포된 이력이 있다.

착취강간범의 범죄는 범인이 범행 전부터 가졌던 성적 환상에서 비롯된 것이 아니라, 우연한 기회를 잡음으로써 성립한다. 이를 위해 잠재적 피해자에게 계략이나 속임수로 접근하고, 직접적이고 압도적인 기습 공격을 가할 수도 있다. 권력확인형 강간범과 달리, 이 유형은 피해자의 안전에 전혀 관심이 없다. 이 유형은 언어적·신체적·성적으로 이기적이다. 어떤 형태로든 성기능 장애가 있을 수 있고, 만약 그렇다면 이는 아내나 여자친구 등 파트너와의 관계에서뿐 아니라 무력으로 제압한 피해자와의 관계에서도 명백할 것이다. 특히 사정 지연이나 절정 도달에 어려움이 있는 경우가 많다.

이런 강간범 유형은 몸에 매우 민감하다. 남자다움을 과시하고, 남자 중의 남자로 인식되길 바라기 때문에 몸을 쓰는 직업에 종사할 가능성이 높다. 스포츠에 관심이 있고, 타고 다니는 차량도 그런 이미지를 반영한다. 스포츠카나 고성능 자동차, 사냥용 픽업트럭이 이에 해당한다. 비판이나 권위를 잘 받아들이지 못해 고등학교에서 학업 성취가 높지 않았거나 대학에 진학하지 않았을 것이다. 기혼이라면, 바람을 피우고 아이들에게는 관심이 없다. 이런 유형의 배경을 살펴보면, 대개 범인이 여성을 대하는 방식이 그 아버지가 어머니를 대한 방식과 유사하다는 점을 발견할 수 있다. 권력확인형 강간범 다음으로 흔한 유형이다.

사례 연구 ## 313.04.01 착취강간, 성인 대상

배경/피해자 분석 __ 리처드는 32세의 미혼 남성이다. 첫 번째 강간은 25세 여성을 상대로 저질렀다. 그는 피해자의 목덜미를 쥐고 목에 칼을 들이대며 건물 지하실로 끌고 가 피해자를 여러 차례 강간했다. 피해자를 풀어 주기 전에는 지갑에서 소액의 돈을 훔쳤다. 두 번째 피해자는 27세 여성으로, 길거리에서 붙잡혀 빈집으로 끌려가 강간당한 후 마찬가지로 지갑에서 잔돈을 빼앗겼다. 세 번째 피해자는 25세로, 길거리에서 칼로 위협을 당해 자신의 아파트로 끌려가 반복해서 강간을 당했다. 피해자들은 눈가리개를 하고 있었고, 마지막 피해자는 밧줄로 묶여 있었다. 무기로 다친 피해자는 아무도 없었다.

범인 특징 __ 리처드는 네 형제 중 셋째였다. 그의 아버지는 규칙적으로 일하고 술을 마시는 택시 운전사였다. 바람둥이에다 술에 취하면 폭력적이 되었다고 한다. 그의 어머니는 웨이트리스와 가정부 일을 했다. 어머니는 정기적으로 교회에 다녔고 가족들에게 헌신했다. 여동생이 죽은 직후(당시 6개월), 리처드(당시 2세)는 집을 나가 배회하기 시작했다. 세 살 무렵, 그는 새끼고양이를 냉장고에 가둬 죽였고, 네 살 무렵에는 또래들과 싸워서 주간 탁아소에서 쫓겨났다. 6세 무렵, 여자아이들의 옷을 끌어올리고 자신을 노출했다. 같은 해 리처드는 한 가정으로 위탁되어 이후로 교도시설과 소년원, 위탁가정을 전전했다. 16세 생일이 될 때까지 학교에서는 계속 4학년에 머물러 있었다. 그는 결국 수감 중에 고등학교 졸업장을 받았다. 리처드는 절도, 빈집털이, 무단침입, 차량 범죄, 무장강도, 폭행 및 구타, 강간 등 다양하고 길고 긴 청소년 및 성인범죄 전과기록을 가지고 있었다.

리처드의 프로파일 결과는 전형적인 착취형 고충동성 강간범이다. 공격은 모두 충동적이고 포식적인 행위였다. (표현적 강간범과 비교했을 때) 불필요한 공격을 거의 하지 않았음에도 불구하고, 피해자의 공포나 불편에 대해서 전혀 신경 쓰지 않았다(보상적 강간범과 비교했을 때). 유아기까지 거슬러 올라가는 오랜 행동관리 문제가 있었으며, 이로 인해 성인기의 사회적·직업적·대인관계적 역량이 떨어져 있었다. 이러한 '광범위한 전과기록' 및 '낮은 수준의 사회적 역량을 수반하는 충동적 범행' 패턴이 권력확인형 강간범과 구분되는 점이다(사례 연구 313.03.01 참조).

수사 __ 리처드는 경찰들에게 잘 알려진 인물이었다. 피해자들의 신고 후 담당 형사가 용의자 목록을 작성했는데, 여기서 리처드의 이름은 상위에 있었다. 리처드는 사건 당일 저녁 시간에 알리바이가 없었고, 그의 집을 압수수색한 결과 피해자들의 물품이 발견되었다.

결과 __ 1975년 리처드는 강간, 항문성교, 무장강도, 무단침입, 폭행 및 구타로 유죄판결을 받은 후 성범죄자 치료를 위해 매사추세츠 치료센터로 보내졌다.

분노강간 범주의 성적 공격은 높은 표현적 공격성으로 특징지어진다. 여기에는 정당한 이유 없는 신체적·언어적 공격 또는 피해자를 순응시키는 데 필요한 정도를 넘어서는 무력이 존재해야 한다. 이런 범인의 주요한 동기는 성적 만족감이 아니라 '분노'이다. 이 유형의 범죄는 주로 '충동'에 의한 것이다(마약이나 알코올로 판단력 저하를 수반할 수 있음). 이런 유형의 공격에 사용된 무력 정도는 과도하고 불필요한 수준이다. 과도한 폭력은 행동의 통합된 구성 요소로, 심지어 피해자가 순응할 때에도 나타난다. 피해자가 저항하면 공격성이 커질 가능성이 높고, 심각한 부상이나 사망이 발생할 수 있다. 이 같은 분노는 성적인 것이 아니며, 공격이 (성적) 환상에서 비롯된 것이 아님을 시사한다.

주요 특징

피해자 분석 __ 범인이 피해자를 아는 경우, 피해자에 대한 공격은 범인이 피해자에게 쉽게 접근한 결과인 것처럼 보인다. 피해자는 보통 여성이며 높은 표현적 공격성이 나타난다. 강간의 주요 목적이 피해자에게 상처를 입히거나 품위를 떨어뜨리고 모욕하거나 벌을 주려는 것이라는 명백한 증거를 범인의 행동이나 언어 사용에서 찾을 수 있다(피해자에게 욕을 하거나, 구강성교, 범인이 보기에 품위를 떨어뜨리거나 굴욕적인 행위).

이런 유형의 분노강간범에게, 피해자는 범인이 혐오하는 사람이나 사람들 전체를 대표한다. 그 집단은 어머니, 아내, 여자친구 심지어 여성 전체일 수도 있다. 그러나 그 분노와 원한이 실제적이거나, 반드시 범인에게 자행된 합법적 잘못에서 나온 것은 아니다.

이런 유형이 한 여성과 지속적인 관계를 맺는 것은 드문 일은 아니다. 범인은 분노에 사로잡혀 있기 때문에, 그 공격의 결과는 언어적 학대에서부터 심각한 구타, 살인에까지 이를 수 있다. 그러나 내면의 분노를 밖으로 표출하려는 의식적 또는 잠재의식적 의도는, 아이러니컬하게도 이런 유형의 살인 가능성을 낮춘다. 범인의 공격은 단편적이며, 예측 가능한 간격을 두고 발생하지 않는다. 피해 여성과 관련된 느닷없는 스트레스 요인이나, 범인의 분노가 실제로 향한 여성들에 의해 촉발된다. 거의 모든 경우에 (현장에서 다른 장소로의) 이동은 범인의 공격 중단을 의미한다. 부엌칼이나 주먹 같은 무기를 사용해 알고 있는 다른 사람을 공격할 수도 있다. 범인은 단지 제압이 아니라 표적을 모욕하고자 하기 때문에 항문성교 후 구강성교, 다량의 비속어 사용 등이 있을 수 있다. 피해자의 얼굴이나 옷에 사정하는 등의 행동도 비하 의도이다.

그러므로 DNA 등 결정적 증거는 피해자의 신체와 옷에서 발견될 가능성이 크다. 범죄 증거를 보존하고 피해자의 정서적 안정을 보장하는 두 가지 목표를 다 달성하려면 섬세하지만 철저한 수사를 진행해야 한다.

범인 특징 __ 이 유형의 범인에게서는 분노가 뚜렷하게 드러난다. 가학적인 성적 공격을 보일 수 있으나, 이는 성적 각성이 아니라 벌을 주려는 의도이다.

폭력은 생활상의 특징이며, 남성과 여성에게 모두 향한다. 이런 유형의 강간은 다양한 사회적 환경에서 나타나는 비사회적 공격 행동 이력 중 하나에 불과하다. 앞서 언급한 유형들에 비해 드문 유형으로, 전체 강간범의 5퍼센트 미만이다.

젠더 분노강간 범주는 여성을 혐오하고 강간을 통해 그 혐오와 분노를 표현한다.

사례 연구 **314.01 분노강간, 젠더 관련**

배경/피해자 분석 __ 새벽 2시, 26세의 피해 여성은 아파트 유리문을 주먹으로 깨는 소리를 듣고 잠에서 깼다. 여성이 방 밖으로 나가자, 범인 랜디가 문을 열고 집 안에 들어섰다. 범인은 피해자의 목덜미를 붙잡고 목에 칼을 들이대며 자신의 차로 끌고 갔다. 차 안에서 범인은 움직이면 "잘게 썰어 버리겠다"고 경고했다. 차를 이용해 폐건물에 도착한 범인은 피해자에게 옷을 벗고 나체로 춤을 추게 했다. 춤을 추면서 여성에 대한 음란한 말을 하도록 시켰다. 그리고 피해자의 가슴과 엉덩이를 움켜쥐고, 머리채를 잡고 뺨을 때렸다. 그러면서 계속 여성에 대한 음란한 말을 되풀이하도록 명령했다. 그런 다음 피해자를 항문강간하고 구강성교를 강요하고 강간했다. 공격을 하면서도 내내 계속 욕을 하게 했다. 범행 후 범인은 차를 몰고 떠났고, 피해자는 8킬로미터를 걸어서 도움을 요청했다.

범인 특징 __ 범인 랜디의 아버지는 그가 2살 때 교통사고로 사망했다. 칵테일 웨이트리스였던 어머니는 술고래였으며, 30세에 폐렴으로 사망했다. 아버지 사망 후, 랜디는 양부모에게 보내졌다. 그 후 1년에 최대 여섯 번 어머니를 만났다. 양부모는 잘해 주었으나, 랜디가 13세 때 양아버지가 사망했다. 양어머니 혼자서는 랜디를 잘 돌보기 어려웠고, 얼마 지나지 않아 랜디는 문제를 일으켰다.

17세 때, 랜디는 집을 나가 다른 남성과 같이 살았다. 체포 당시 약혼한 상태였지만 한 번도 결혼한 적은 없었다. 그는 초등학교와 중학교를 여섯 번이나 옮겨 다니다가 17세 때 11학년을 중퇴했다. 중퇴 후 체포되기까지 5년 동안 여러 직업을 전전했다. 주로 접시닦이, 빈 그릇 치우기, 요리사, 점원 같은 일을 했다. 랜디는 16세부터 폭음하기 시작했고, 암페타민과 코카인, 마리화나도 사용했다. 성범죄는 이때가 처음이었으나, 교통법규 위반, 절도, 위조수표 사용, 마약 사건으로 10여 차례 법정에 소환되는 등 이미 화려한 일탈행동 이력이 있었다.

랜디는 고충동 분노강간범의 전형적인 사례다. 강간의 주요 목적이 피해자의 신체와 품위를 손상하고 모욕하여 분노를 표현하는 것이다. 상습적인 행동화 패턴은 청소년 초기부터 시작되었고, 이는 범인의 충동적인 생활 방식을 반영한다. 정신감정 보고서에 따르면, 범인의 행동은 빈번하게 무계획적이며 변덕스럽고 흥분을 지나치게 갈망할 가능성이 있다. 랜디의 충동성은 사춘기가 되어 나타났지만, 이 유형의 범인들 중에는 유년기에 나타나는 경우도 있다.

수사 __ 강간 피해를 신고한 피해자는 자신이 강간당한 지역으로 경찰을 인도했다. 그 폐건물을 찾아내어 증거를 확보했다.

결과 __ 랜디는 1977년 매사추세츠 성범죄자 치료센터로 보내질 당시 22세의 미혼 남성이었다. 그는 유죄, 납치, 무장강도, 위험무기 공격, 비정상적 행위 등으로 유죄판결을 받았다.

특정 나이대를 타깃으로 분노범죄를 저지르는 범인은 보통 노인이나 어린 연령층을 대상으로 한다.

피해자는 60세 이상의 여성이다. 표현적 공격성이 뚜렷하고, 의도적으로 노인 피해자를 선택한다(엄밀히 말해서 우연한 피해자가 아님).

사례 연구 **314.02.01 분노강간, 노인 대상**

배경/피해자 분석 __ 교회에서 돌아온 65세의 미망인이 침실로 들어갔다가 옷장 서랍 몇 개가 열려 있는 것을 보았다. 보석과 돈이 사라진 상태였다. 서재로 들어간 피해자는 불시에 얼굴을 주먹으로 가격당했다. 한 남자가 목덜미를 움켜쥐고는 피해자를 소파로 던졌다. 침입자는 피해자의 옷을 찢고 목을 졸랐다. "죽어, 죽어 버려!" 범인은 피해자를 성적으로 공격했다.

범인 특징 __ 범인은 댄이라는 이름을 가진 25세 남성이었다. 결손가정 출신으로, 6세까지 위탁가정에서 생활했다. 그의 친모는 댄이 3세였을 때 가족을 버리고 떠났다. 아버지가 재혼하자, 댄은 아버지 집으로 갔다. 새어머니는 매우 엄격한 사람으로, 담배를 피우다 들킨

댄의 손가락을 라이터로 지졌다.

댄은 자주 가출했다. 학업에 부진한 댄을 두고 빈번하게 가족 다툼이 있었고 구타 행위도 있었다. 댄은 중등학교 네 곳, 고등학교를 네 군데나 옮겨 다녔다. 고등학교 시절에는 '소년훈련센터'에 머물기도 했다. 14세 무렵에 새어머니를 살해할 생각에 사로잡혀 있었다.

댄은 19세에 입대하여 6년간 복무했다. 복무 기간 동안 위법행위로 약 20회 문책을 받았다. 군 생활 내내 술과 마약에 중독되어 있었다.

댄은 남편이 베트남에서 전사한 여성과 결혼했다. 기혼자에게 주어지는 추가 수당을 나눠 가질 의도였고, 실제로 함께 산 적이 없다고 했다. 실제로 결혼 10개월 만에 이혼했다. 댄은 강간을 저지르는 동안 LSD에 취해 있었다고 주장했다.

수사 __ 피해자 신고를 받고 출동한 경찰은 피해자의 아파트에서 댄의 지문을 발견했고, 댄은 범죄를 자백했다.

결과 __ 댄은 유죄를 인정했고, 징역 5년형을 선고 받았다.

314.02.02 분노강간, 아동 대상 Anger Rape, Child Victim

극단적인 분노를 아동에게 표출하는 유형이다. 그 공격이 성적으로 자극되었다는 증거는 없으며(가학적이지 않음), 그 공격은 아동, 외부 세계, 일반인 또는 특정 개인에 대한 격분이나 분노에 뿌리내리고 있다. 아동의 신체적 상해는 범인이 어설프거나 서툴러서, 또는 피해자가 반항하다가 입은 비의도적인 것이다.

사례 연구 **314.02.02 분노강간, 아동 대상**

배경/피해자 분석 __ 피해자는 9세 소년으로, 교회에서 운영하는 소년시설에 살았다. 16세 범인 브루스는 피해 소년과 만나서 잠깐 이야기를 나누고, 근처 저수지에 뱀과 물고기를 잡으러 가기로 했다. 둑에 앉아 낚시를 하는 동안 브루스는 소년에게 애정과 흥분을 느꼈다. 그는 피해자의 바지 지퍼를 내리고 구강성교를 했다. 그런 뒤 소년의 바지를 벗기고 엎드리게 하자, 피해자가 저항했다. 두 사람은 물속에 빠졌고, 물속에서도 피해자의 저항은 계속되었다. 이때 피해자가 바위에 머리를 부딪혀 의식을 잃었다. 브루스는 소년을 들어 올리려 했지만 놓치고 말았다.

범인 특징 __ 브루스에게는 두 살 많은 형이 하나 있었다. 부모눈 그가 태어나고 얼마 지나지 않아 이혼했다. 브루스의 형은 브루스가 세 살 무렵부터 열한 살이 될 때까지 매일같이 동생을 때렸다. 브루스가 다섯 살 때, 형제와 어머니는 외할아버지 집으로 들어가 살기 시작했다. 외할아버지는 브루스를 사랑해 주었지만, 4년 뒤 외할아버지는 사망했다. 열한 살이 된 브루스는 낚시를 하러 갔다가 한 18세 청년을 만나 숲에서 강제로 구강 및 항문성교를 당했다. 브루스는 소리를 질렀으나 소용이 없었고, 고통과 무력감을 느꼈다.

7학년이 된 브루스는 지능검사에서 높은 점수를 받아 2개 학년 상급반으로 옮겨 갔다. 그는 사회적으로 미성숙했고, 나이 많은 형들 사이에서 매우 외로웠다. 반항적이고 적대적이 된 그는 열두 살 때부터 소년원과 정신치료 시설을 들락거렸다. 절도, 폭행과 구타, 흉기 사용, 교통법규 위반, 14세 이하 청소년 성학대 등 무려 43건의 사건으로 16차례나 법정에 출두했다. 그는 또래 피해자들과 자발적인 연인 사이라고 주장했다.

브루스는 사춘기 초기에 동성애 행위를 시작하여 남성 애인과 함께 살았다. 그러나 6개월 후 이 소년이 자동차 사고로 사망하자, 브루스는 아스피린 과다복용으로 자살을 기도했다. 저수지에서 피해자를 공격한 날은 그 남자친구의 기일이었다.

범죄 현장 지표 __ 저수지에 떠 있는 피해자의 시신이 발견되었다. 시신은 바지가 벗겨져 있었다. 추가 수색으로 피해자의 이니셜이 새겨진 속옷이 발견되었다.

포렌식 검증 __ 피해자 머리에서 여러 개의 혹과, 이마에서 3.8센티미터 길이의 열상이 발견되었다. 피해자의 몸무게는 20킬로그램이었다. 사인 가능성으로 익사로 인한 질식이 언급되었다.

수사 __ 피해 소년의 거주지에서 브루스를 봤다는 사람들이 나타났다. 몇 사람은 피해자가 브루스와 함께 떠나는 모습을 보았다고 증언했다.

결과 __ 브루스는 살인죄로 18년에서 20년형을 선고 받고, 강간죄와 병합되어 18년에서 20년형을 선고 받았다. 성적으로 위험한 인물로 분류되어, 무기형으로 매사추세츠 치료센터에 구금되었다.

314.03 분노강간, 인종 관련 Anger Rape, Racial

'인종' 요인이 강간의 동기가 된 범죄이다.

주요 특징

피해자 분석 __ 피해자들은 범인과 다른 인종이다.

사례 연구 **314.03 분노강간, 인종 관련**

배경/피해자 분석 __ 범인 조는 28세 흑인 남성으로 2건의 범행을 저질렀다. 한 건은 22세 백인 여성, 다른 한 건은 27세 백인 여성이 피해자였다. 각각의 범행은 피해자의 남자친구가 보는 앞에서 벌어졌다. 첫 번째 범행에서 조는 아파트로 들어가는 커플의 뒤에서 그들을 밀어붙여 아파트로 들어갔다. 범인은 피해자의 남자친구를 벽을 보게 세워 놓고 피해자를 강간했다. 두 번째 범행도 수법은 유사했다. 조는 강간을 하면서 인종 비하 발언을 했다.

범인 특징 __ 조는 무단침입, 절도, 차량 관련 범행을 포함해 다수의 비성적 범행을 저지른 이력이 있었다. 그는 도심에서 성장했고, 똑똑하고 매력적이었다. 범행은 교외와 자신이 근무하는 지역 근처에서 벌였다. 10학년 때 학교를 그만둔 그는 단순노동 일을 했다. 결혼은 하지 않았고 여러 명의 성적 파트너가 있었다.

수사 __ 증거는 모두 현장에서 발견되었다. 피해자와 그 남자친구의 신체에서 확보한 지문으로 용의자가 식별되었고, 사진 라인업에서 피해자는 조를 범인으로 지목했다.

결과 __ 범인은 유죄판결을 받고, 매사추세츠 치료센터에 구금되었다. 센터에서 15년간 복역 후, 전문가들의 위험도 판단을 거쳐 석방 여부가 결정될 예정이다.

세상에 대한 분노로 강간을 저지르는 범죄이다. 가학증이나 여성에 대한 분노 같은 특이점 없이, 높은 표현적 공격성을 보인다.

주요 특징

피해자 분석 __ 피해자는 범인이 알지 못하는 사람이다. 보통 피해자에게 중간 수준에서 심각한 수준까지 신체적 공격과 상해가 발생한다.

범인 특징 __ 이 범주의 범인은 충동적이고 행동 문제가 있다. 청소년기에 시작된 일탈행동이 성인기로 접어들며 불법행위로 발전한다. 사회성에 문제가 있어서 남성과 여성을 가리지 않고 언어적 · 신체적 공격을 가한 적이 있다. 보통 범죄는 계획되지 않고 저질러진다.

사례 연구 **314.04 분노강간, 포괄적인 분노**

배경/피해자 분석 __ 범인 스티븐이 차를 몰고 지나가고 있을 때, 17세 여성이 시내 도로를 걷고 있었다. 범인은 여성의 옆에 차를 세우고 어디로 가느냐고 물었다. 여성이 대답하지 않자, 스티븐은 화가 난 태도로 다시 물었다. 여성이 그 상황에서 벗어나려고 몸을 돌리자, 스티븐은 여성이 자신을 무시한다고 느꼈다. 그는 주먹으로 여성의 배를 가격한 후 여성을 억지로 차에 태웠다. 외딴 곳으로 가서 주차한 후 여성을 강간했다. 그리고 신고하면 죽이겠다고 위협한 후 피해자를 차에서 내리게 했다. 얼마 후 스티븐은 체포되었고 곧바로 자신의 유죄를 인정했다.

범인 특징 __ 스티븐은 상대적으로 정상적이고 겉보기에 평범한 가족 출신이었다. 그에게는 누나와 남동생이 하나 있었는데, 둘 다 정상적인 생활을 하는 것으로 보였다. 아버지는 엄격한 규율주의자였고, 어머니는 수동적이고 조용하며 신앙심이 깊은 여성으로, 감정적으로 동떨어진 남편에게 거의 의문을 제기하지 않았다. 아버지는 경력 25년의 베테랑 기계공이었다. 가정생활은 안정적이고 사건이 없는 것으로 묘사되었다. 스티븐은 8학년까지 학교에 다닌 뒤 시간제 일을 하다가 입대했다. 그러나 채 1년도 지나지 않아 불명예 제대했다.

체포 후 진단 면담에서, 스티븐은 사건 당시 자신은 성적으로 흥분한 것이 아니라 격분했다고 했다. 청소년기부터 만나다 말다 하던 여자친구를 보러 갔다가, 여자친구가 현관에서 다른 남자와 껴안고 있는 것을 보고 화가 나서 차를 몰았다고 했다. 차를 운전하면서 자신이 성적으로 공격할 대상을 찾고 있다는 느낌이 들었다. 그의 분노는 외부 세계 전체를 향해 있었다.

스티븐은 활발한 성생활을 했지만, 그가 생각하기에 상대 여성들은 '나쁜' 여성들이었다. 그래서 언제나 그 여성이나 여성의 새로운 남자친구를 공격하면서 폭력적으로 끝났다.

그의 청소년기는 이러한 경험의 반복이었다. 그는 반복해서 문란한 여성들과 관계를 맺었고, 그들의 외도에 직면했다. 그러면서 그의 성적 문란함을 익히 아는 여성들하고만 관계를 맺을 수 있었고, 그 여성들이 그에게는 충실할 것이라는 환상을 품고 있었다.

전반적으로 화가 나 있고 낮은 충동성을 보이는 강간범의 전형적인 사례이다. 진단 보고서에 따르면, 여성에 대한 스티븐의 태도는 "엄청나게 적대적이며 분노에 가까운 상태"였다. 그는 그가 부끄럽고 어리석으며 상처 받는다고 느낄 관계에서 여성과 우위를 다투는 패턴을 보였다. 그는 때로 폭발적으로, 여성에게 공격적으로 반응했다. 그는 이 분노를 해소할 수단을 범죄에서 찾아냈다. 이 공격성이 성적이라는 징후는 없었다.

수사 __ 피해자는 즉시 경찰에 신고했고, 범죄 현장에서 증거가 발견되었다. 스티븐은 사건 발생 후 얼마 지나지 않아 체포되었고, 즉시 유죄를 인정했다.

결과 __ 강간으로 유죄판결을 받은 스티븐(당시 24세)은 1965년 매사추세츠 치료센터에 수감되었다. 다른 전과는 없었다. 그리고 18년간 복역 후 전문가들의 성적 위험도 판단을 거쳐 석방되었다.

가학적 강간범의 폭력 수준은 피해자를 순응시키는 데 필요한 정도를 명백히 넘어선다. 범인의 성적 각성은 피해자의 고통, 공포 또는 불편함으로 작동된다. 행동 증거에는 가짜 가학증(채찍질, 본디지 같은), 피해자 특정 신체 부위에 집중된 폭력(화상 입히기, 자르기, 유방/항문/엉덩이/성기 훼손하기 등), 질이나 항문에 이물질 삽입, 피해자가 의식을 잃은 후 성관계, 대변이나 소변의 사용 등이 포함된다.

가학적 강간범은 여러 측면에서 가장 위험한 성적 포식자이다. 범인의 공격 목적은 원치 않는 피해자에게 자신의 가학적 성적 환상을 실현하는 데 있다. 이 유형은 성적 환상과 공격이 합쳐진다고 하여 '분노-자극 강간범'이라고도 부른다. 공격과 가학적 환상은 서로 상승작용을 일으켜, 공격 수준이 높아지면 각성 수준도 따라서 상승한다. 이 유형의 공격은 앞선 분류에서 살펴본 것처럼 분노에 기초한 것이 아니다. 오히려 표적으로 삼은 먹잇감을 감언이설로 유혹하기 때문에 꽤 매력적이고 유혹적으로 보일 수 있다. 이 유형은 완전히 자기중심적이다. 그가 신경 쓰는 것은 오로지 자신의 쾌락과 만족뿐이다. 그리고 타인에게 해를 입히고 타인을 자신의 권력 아래에 꿇어앉히는 것에서 만족을 얻는다(Hazelwood, Dietz & Warren 2009). 그러므로 이런 유형에서는 다양한 형태의 정신적·신체적 고문과 입, 가슴, 성기, 엉덩이, 직장과 같은 성적으로 중요한 특정 신체 부위에 대한 신체적 고문(의 결과)이 발견된다. 칼을 무기로 선택하는 경우가 많은데, 칼은 피해자에게 정신적인 고통까지 가할 수 있기 때문이다. 또한 피해자의 옷을 자르거나 찢는 경우가 잦은데, 이러한 행동은 피해자와 일(범인의 입장에서)을 끝내고 나면 더 이상 피해자가 필요하지 않다고 생각하기 때문이다. 취향에 따라 매우 변태적인 성행위를 할 수도 있고, 취향이 아예 없을 수도 있다. 예를 들어, 자신의 성기보다 다른 날카로운 물체를 삽입하는 것을 선호할 수도 있다. 이런 유형이 사용하는 언어는 위압적이고 모멸적이며 비인간적이다. 피해자는 단지 범인이 꾸민 드라마 속의 여배우일 뿐이며, 피해자의 역할은 공포를 상연하고 고통에 반응하는 것이다. 이런 면에서 범인이 선호하는 피해자 유형이 있을 수 있다. 노인이나 어린아이, 백인이나 흑인 또는 아시아인, 날씬하거나 뚱뚱할 수 있고, 검은 머리나 금발, 빨간 머리나 갈색 머리일 수 있다.

가학적 강간범은 자신의 범죄를 예측하고 일정 기간 범죄 경력을 쌓으면서 범행수법을 완성한다. 범인의 환상이 진화하고 더 많은 피해자들과 경험을 쌓으면서 성공적인 범죄를 위해 더 많은 시간을 할애한다. 미리 무기를 준비하고, 고문 도구도 미리 제작해 둘 수 있다. 고문 도구는 펜치나 날카로운 도구, 채찍, 수갑, 바늘 등 범인의 환상을 충족시켜 주는 것이면 무엇이든 될 수 있다. 통상 가학적 공격이 장기간에 걸쳐 실행되기 때문에 피해자를 끌고 갈 장소를 마련해 둔다. 이 장소는 범인이 생각하기에 방해 받지 않을 곳이다. 외딴 숲속의 오두막일 수도 있고, 방음장치 등 특별하게 개조된 밴일 수도 있다. 범인은 피해자에게 시키는 대로 하면 해치지 않고 보내 주겠다고 하지만, 이는 피해자를 통제하고 협조를 얻어 내려는 계략일 뿐이다. 범인은 피해자를 괴롭히고 지배하는 행위에서 쾌감을 얻기 때문에, 범행 장면을 사진으로 찍거나 오디오 또는 비디오테이프로 기록할 수 있다. 같은 이유로, 그 경험을 회상하고 '소유' 경험을 자랑하려고 피해자의 옷이나 소지품, 심지어 신체 부위까지 가져갈 수 있다.

공격 자체는 매우 상징적인 경향이 있다. 범인은 피해자를 완전히 비인격화하기 때문에 후회 같은 것은 없다. 심지어 피해자를 인간이라고 생각하지도 않는다. 이 강간 유형은 살인으로 끝나는 경우가 가장 많다. 어떻게 보면 피해자를 살해하는 것은 가학적 환상 시나리오의 필수불가결한 부분일 수 있다. 범인은 심지어 피해자 사망 후 시체와 (성적) 행위를 이어 가기도 한다. 이런 유형에게는 동정심은 없기 때문에 피해자가 아무리 애원해도 범행을 막을 수 없다. 범인은 피해자가 고통 받기를 원한다. 범인의 행위를 누그러뜨릴 수 있는 유일한 예외 상황은, 피해자가 어떻게든 그 비인격화를 돌파하여 자신을 한 인간으로 여기게끔 만드는 것이다. 예를 들어, 어떤 피해자가 남편이 암에 걸렸다고 애원하고 풀려났다. 마침 강간범의 형제도 암 투병 중이어서 공감을 얻어 낸 것이다. 어떤 가학적 강간범은 피해자를 보고 어머니가 떠올라 놓아주었다고 교도소 면담에서 털어놓았다. 그러나 이런 경우는 가학적 성범죄자 사례에서는 매우 드문 사례이다.

통상 가학적 강간범은 백인에 평균 이상의 지능을 가지고 있으며, 대학교육을 받고 어엿한 중산층 직업을 가지고 있다. 지배욕이 있으며, 본디지와 가학/피학적 포르노그래피를 수집한다. 칼이나 총 또는 나치 관련 물품을 수집할 수 있으며, 군사와 법집행 또는 생존에 대한 문건을 즐겨 읽는다. 그러면서 셰퍼드나 도베르만, 로트와일러 같은 공격형 대형견을 키우기도 한다. 지능이 높고 범행을 세밀하게 계획하기 때문에 체포하기도 쉽지 않다. 강간범 유형 중 가장 드문 유형이다.

강간범 유형 비교

인간의 본성은 복잡하기 때문에 모든 강간범을 이 네 유형에 끼워 맞출 수는 없다. 한 유형의 요소가 다른 유형 요소와 혼합되어 나타나는 경우가 많아서 이런 범죄에 직면했을 때 어떻게 행동하라고 조언하기 어렵다. 그러나 대부분의 경우에 지배적인 유형은 존재하며, 해당 유형의 강간범에게 동기를 부여하는 것이 무엇이며 이런 유형이 주로 무엇을 추구하는지 이해하는 것에서 우리의 대응은 시작된다(Douglas & Olshaker, 1998).

범죄(자)의 성격을 논할 때 우리는 어쩔 수 없이 경고와 교훈성 결론에 이르게 된다. 그러나 다음 사례를 보면 왜 강간 같은 포식범죄에서 피해자에게 도움이 될 만한 지침을 주기 어려운지 알 수 있다.

몬티 리셀은 어떤 면에서 특이한 강간살인자였다. 그는 버지니아주 알렉산드리아의 자기 집 근처에서 5명의 여성을 살해했다. 당시 그는 10대였고, 체포된 후 어려서 부모가 이혼하면서 엄마와 함께 산 것이 범죄의 원인이었다고 변명했다. 그는 고등학생 시절에 이미 무면허운전, 강도, 차량 절도, 강간 전과기록이 있었다.

리셀이 저지른 첫 번째 살인은 범인의 행동에 대한 잘못된 해석이 초래하는 위험을 잔인할 정도로 잘 보여 준다. 당시 러셀은 고등학생 신분으로 정기적인 정신과 상담을 전제로 보호관찰 처분을 받았다. 그런데 대학 진학으로 멀리 떨어져 있던 한 살 위 여자친구로부터 이별 통보를 받았다. 이런 성격을 가진 사람에게 이 같은 정서적 촉발 사건은 연쇄 성범죄의 전조가 된다. 리셀은 즉시 차를 몰고 (여자친구가 다니는) 대학으로 가서 여자친구가 새 남자친구와 함께 있는 모습을 발견했다. 그는 상처를 준 사람에게 분노를 표현하지 않고, 차를 몰고 집으로 와 맥주와 마리화나로 마음을 다잡은 뒤 아파트 단지 주차장에 몇 시간이나 앉아 있었다. 그리고 젊은 여성이 운전하는 차량이 주차장에 들어왔다. 순간적으로 리셀은 자신이 잃어버린 것을 되찾기로 결심했다. 그는 자동차

쪽으로 다가가 권총을 들이대며 여성을 한적한 장소로 끌고 갔다.

마침 리셀의 피해자는 매춘부였다. 이는 두 가지 이유에서 중요한 의미가 있다. 그녀는 낯선 사람과의 성관계를 두려워하지 않았고, 위협적인 상황에서도 잘 발달된 생존본능을 발휘했을 것이다. 리셀의 교도소 면담에 따르면 실제로 그러했다. 그녀는 혼자서 무방비 상태였음에도, 자신을 강간하려는 공격자에게 치마를 올리며 어떻게 하는 게 좋은지 물었다. 그건 분명 위험을 분산(완화)시키려는 시도였다. 그러나 피해자의 이런 태도는 범인을 오히려 격분시켰다. 분노형(분노-보복형) 강간범인 리셀은 피해자가 상황을 통제하려 한다고 느꼈다. 그리고 피해자가 자신의 공격을 즐기는 척하자, 이 분노가 폭발했다. 이는 모든 여성이 창녀라는 그의 생각을 강화시켰다. 그래서 피해자를 (살아 있는) 사람으로 생각하지 않을 수 있었고, 피해자가 도망치려 하자 주도권을 되찾고자 피해자를 어렵지 않게 살해할 수 있었다(Douglas & Olshaker, 1995).

일반적으로 권력확인형 강간범의 경우에는 저항이나 몸부림으로 공격을 막거나, 반항하지 않고 순응함으로써 공격 정도를 완화시킬 수 있다. 그러나 리셀 같은 분노-보복형 강간범의 경우에는 그 반대였다. 이 유형은 살인을 저지른 뒤 그 행위에 만족감을 느끼며, 범행 후 현장을 무사히 빠져나가고 나면 연쇄 강간살인범으로 발전할 가능성이 높다. 이런 유형은 외부적인 힘이 제동을 걸 때까지 스스로 멈추지 않는다.

이런 점들을 고려할 때 피해자에게 줄 수 있는 확실한 조언은, 강간범이나 잠재적 강간범의 핵심 행동지표 정도이다. 강간범이 마스크를 썼거나 신분을 위장하려고 한다면, 이는 '좋은' 징조다. 이 경우, 대부분 피해자를 죽이지 않고 자신을 알아보지 못하게 조치한 후 현장을 떠난다. 이와 반대로 범인이 신분 노출을 피하지 않는다면, 이는 '좋지 않은' 신호이다. 시나리오는 크게 두 가지다. 첫 번째는 "될 대로 되라"는 태도로, 이는 범인이 비조직적 사고를 한다는 뜻으로 심지어 범인조차 자신의 행동을 예측하지 못한다. 두 번째 시나리오는 더 끔찍하다. 범인은 범행 후 피해자가 자신을 알아보거나 신고하는 일이 없게끔 확실히 '마무리'하려 할 수 있다. 이 경우, 피해자는 할 수 있는 모든 종류의 저항 을(저항 흔적이) 할(나타날) 것이다. 그러나 대부분의 경우에 이 시도는 수포로 돌아가고, 심지어 더 위험할 수 있다. 범인이 피해자를 차로 납치하거나 이동시킬 때 피해자는 가장 강력하게 저항한다. 왜냐하면 일단 차에 타게 되면 피해자는 완전히 통제력을 상실하고, 범죄 사실을 다른 사람들에게 알리고 도움을 받을 기회를 잃기 때문이다(Douglas & Olshaker, 1998).

315.01 가학적 강간, 성인 대상 Sadistic Rape, Adult

가장 높은 수준의 표현적 공격성이 나타나며, 피해자에게 중간 수준 이상의 심각한 상해가 발생한다. 범인은 담배, 칼, 막대기나 병 같은 고통이나 상해를 일으킬 물품(도구)을 사용한다. '허위' 또는 드러나지 않는 가학성 범죄의 경우, 성적으로 도구화된 공격성(이물질 삽입, 본디지, 채찍질 등)이 분명하게 나타나는데 신체적 상해가 없는 경우도 있다.

주요 특징

피해자 분석 __ 대부분의 경우 피해자는 범인과 모르는 사이지만, 피해자가 가볍게 아는 사람일 수도 있다.

범인 특징 __ 범인은 일반적으로 행동문제가 있으며, 이는 청소년기에 시작되어 성인기에 악화된다. 가학 성범죄자는 "가학적 이미지에 대한 반응으로서 성적 각성을 지속하는 패턴"을 확립한 사람이다(Dietz, Hazelwood, Warren, 1990). 과도한 정신적 · 신체적 수단을 포함한 타인에 대한 고문에서 성적 만족을 얻는다. 지배, 비하, 폭력과 짝을 이루는 성적인 가학적 환상들이 범죄적 행위로 전이되어 강간으로 귀결된다. 보통은 부분적으로 계획되지만, 때로 세세하게 계획되기도 한다.

사례 연구 **315.01 가학적 강간, 성인 대상**

배경/피해자 분석 __ 방과 후 파티에 참석했다가 14세 피해자를 공격한 것이 마틴의 첫 강간범죄였다. 소녀가 그의 접근을 거부하자, 마틴은 소녀의 목을 졸라 기절시켰다. 그는 도움을 청하는 피해자의 외침에 흥분했다. 피해자가 의식을 되찾았을 때, 그는 여전히 피해자 옆에 누워 있었다. 두 번째 범행은 1년 후 마틴이 19세가 되었을 때 일어났다. 그는 30세 여성의 목을 손으로 졸라 살해했다. 마틴에 따르면, 바에서 만난 피해자와 성관계를 하려고 외딴 곳으로 같이 자리를 옮겼다. 마틴은 피해자를 묶고 피해자가 반응하지 않을 때까지 목을 조른 뒤 여성을 버려 두고 집으로 돌아왔다.

범인 특징 __ 마틴은 9형제 중 여섯째였다. 그는 "정서적 · 신체적 학대가 벌어지는 끔찍한" 가정생활로 고통 받았다. 그의 아버지는 집안의 지배자로, 복종하지 않으면 신체적 학대를 일삼았다. 어머니는 소극적이고 순종적인 사람으로, 벌을 줄 만한 사건이나 행동을 남편에게 일러바침으로써 구타 행위에 공모했다. 13세 때 마틴은 상습 비행 청소년이 되어 감화원에 보내졌다. 그의 교육은 산발적으로 지속되다가 10학년 때 퇴학으로 끝났다. 이후 여러 일을 전전했다.

마틴은 폭력 전과는 별로 없었다. 그가 저지른 죄의 대부분은 무단결석, 거짓말 또는 부정행위, 학교 내 분란 같은 가벼운 것이었다. 전과는 대부분 알코올과 자동차 관련 범죄였다. 그는 2건의 폭력범죄를 저질렀는데, 첫 번째가 강간 미수였으나 성추행과 구타로 축소되었고, 두 번째는 살인이었다.

수사 __ 피해자의 시신이 발견되자, 범죄 현장에서 증거 조사가 실시되었다. 현장에서 발견된 지문과 기타 증거들은 마틴과 연결되었다.

결과 __ 당시 25세 미혼 남성이었던 마틴은 법에 정해진 성범죄자 치료를 위해 매사추세츠 치료센터에 수용되었다. 그는 2급살인으로 유죄판결을 받았다. 두 범죄 모두 주요 동기는 분명히 공격적이고 가학적이었다. 피해자 연령에서도 무차별적이었다. 첫 번째 피해자는 아동이었고, 두 번째 피해자는 성인 여성이었다. 그러나 분노를 표출하는 수단으로 섹스를 사용한 것으로 보이지는 않았고, 오히려 공격성이 선행했거나 성적 각성과 동시에 발생한 것으로 보였다. 청소년기 내내 이어진 그의 생활 방식은 충동적 행동화로 특징지어졌다. 어떠한 범행에서도 사전 계획이나 강박 또는 의식(행사)적인 흔적이 없었다.

315.02 가학적 강간, 청소년 대상 Sadistic Rape, Adolescent

범인은 피해자를 고통이나 공포에 빠뜨리는 것에서 성적 각성이나 쾌감을 얻는다. 가학적 행위는 공격적인 항문성교와 이물질 삽입을 포함하며, 폭력은 가슴과 질, 항문에 집중된다. 성적 행위는 폭력과 공격 도중 혹은 이후에 발생한다.

사례 연구 **315.02 가학적 강간, 청소년 대상**

배경/피해자 분석 __ 테리는 청소년범죄 전과는 없었다. 첫 번째 범죄는 제대하고 2년 뒤에 일어났다. 피해자는 17세 남성으로, 테리가 '크루징(섹스 파트너를 찾아다님)'을 하다가 픽업한 사람이었다. 테리는 억지로 구강성교를 시키기 전에 20분간 피해자를 후려치고 주먹질과 발길질을 했다. 그리고 피해자가 성관계를 거부하자, 칼을 꺼내 피해자의 복부를 찔렀다. 칼부림 직전, 테리는 피해자에게 칼로 자해하면서 자위하라고 시켰다. 공격 후, 테리는 구급차와 경찰을 불렀다. 테리는 그 행위가 합의에 의한 것이라 주장했고, 그에게는 어떤 혐의도 적용되지 않았다. 다음 범행은 약 1년 후 발생했다.

테리는 16세 남성 매춘부를 태우고 집으로 향했다. 그런데 집에 도착하기 전 두 사람은 말다툼을 벌였다. 테리가 서비스 요금을 선불로 지급했는데, 피해자가 그 서비스 제공을 거부했기 때문이다. 테리는 피해자를 15차례나 칼로 찔러 피해자의 흉부, 심장, 대동맥이 관통되었다. 그런 후 피해자의 성기를 절단했는데, 성기는 발견되지 않았다. 테리가 먹었을 것으로 추정된다.

범인 특징 __ 테리는 중상류층 전문직 가정 출신이었으나, 정상적인 어린 시절을 경험하지 못했다. 어린 시절부터 청소년기까지, 밤마다 공포심에 떨며 악몽에 시달리고 잠꼬대를 하고 몽유병을 앓았다. 그는 손톱을 물어뜯고, 16세까지 엄지손가락을 빨았다. 친구가 거의 없었고, 또래 친구들이 자신을 좋아하지 않는다고 확신했다. 병적인 수줍음 때문에 어린 시절 내내 방에 틀어박혀 있었다.

그의 어머니는 아들의 외로움이 "매우 끔찍하다"고 느꼈다. 아무리 달래도 아들이 방에서 나오지 않자, 어머니는 비싼 장난감을 사 주었다. 테리는 늘 아팠고, "흐리멍덩한 눈"을 하고 있었다. 그는 자신의 동성애적 성향을 자각하면서 더 소외감을 느끼고 내향적이 되었다. 고등학교를 졸업하자마자 공군에 입대하여 4년간 복무하며 5개의 공로표창을 받을 정도로 우수한 근무 기록을 남겼다. 이 기간 동안 대학에도 다녔고, 학위를 취득했다. 그는 제대 후 영업일을 시작하여 성공을 거두었다("말을 잘하고 예의 바르며 조용하나 확고한"). 체포 당시 테리의 월수입은 6천 달러 이상이었다. 그는 우울증과 알코올중독 증상으로 오랫동안 정신과 치료를 받은 기록이 있었다.

수사 __ 목격자들이 두 남성이 다투는 소리를 들었고, 인상착의를 확인한 끝에 테리가 특정되었다.

결과 __ 테리는 2급살인과 강간으로 유죄판결을 받은 후 성적 위험인물로 분류되어 매사추세츠 치료센터에 수용되었다. 당시 25세 미혼이었다. 성인으로서 테리는 모범적인 삶을 살았다. 대인관계 기술이 좋았고, 학문적·직업적 능력도 상당했다. 동료들은 그를 "상냥하고 매력적인" 사람으로 묘사했다. 그는 충동적이라고 할 만한 행동은 하지 않았다. 첫 범죄 시점까지 전과기록도 없었다. 그러나 그가 저지른 두 건의 공격은 의식화되어 있었고 강박적이었으며 매우 가학적이었다. 그는 잭 더 리퍼 사건*을 따라 했다.

315.04 가학적 강간, 노인 대상 Sadistic Rape, Elder

가학적 강간범죄에서 아동, 매춘부, 노인이 하나의 피해자 범주로 묶인다. 특유의 취약성 때문이다. 아동, 매춘부, 여성 노인은 공격자가 더 위험한 범죄 대상을 노리기 전에 '워밍업'(연습 단계) 상대로 이용할 수 있다. 가령 청소년 강간범은 여성 노인을 표적으로 삼을 수 있는데, 이는 강간범이 감당할 수 있는 상대가 그 정도이기 때문이다. 그래서 연습 범행에 성공하고 나면, 진정으로 선호하는 희생자를 쫓아갈 것이다.

여성 노인은 신체적으로 허약하거나 병약할 뿐 아니라, 집 안 곳곳의 유지 보수와 수리, 심부름과 잡일, 교통수단 제공 등 다른 사람들에게 의존할 일이 많기 때문에 특히 취약하다. 서비스를 받을 일이 많은데, 서비스 제공자는 대부분 잘 모르는 사람들이다. 무엇인가 배달 받거나 수리하려고 낯선 사람을 집 안에 들이는 것은 미래의 공격, 강도, 사기를 예비하는 것일 수 있다. 노인들은 은행에 자주 가기 어려워 상대적으로 집 안에 현금을 보유하는 일이 많고, 이는 젊고 숙련되지 못한 범인에게 매력적인 표적이 된다.

1977년 여성 노인 애나 벌리너가 오리건주 자택에서 살해당했다. 지역 경찰은 임상심리학자의 도움을 요청했다. 피해자가 입은 부상 중에는 가슴에 연필로 깊게 찌른 네 개의 상처가 있었다. 심리학자는 살인죄로 기소되거나 유죄판결을 받은 약 50명의 남성들을 면담했다. 대부분의 검사는 교도소 안에서 이루어졌다. 심리학자는 범인이 교도소에서 상당 기간 복역한 사람으로, 아마도 마약상일 것으로 예측했다. 교도소에서는 날카롭게 깎은 연필이 치명적인 무기로 사용되었기 때문이다.

그러나 관점을 달리 하면 범인은 청소년일 가능성이 높다. 피해자의 연령과 취약성, 과잉살상, 낮 시간(범행), 그리고 비싼 물건이 하나도 없어지지 않았다는 점은 범인이 경험이 별로 없는 청소년임을 암시한다. 연필은 거기에 있다가 우연히 무기로 사용되었을 뿐이다.

실제로 살인범은 16세 청소년이었다. 범인은 걷기 모금행사에 기부금을 요청하러 피해자에 집에 들어갔다.

이 범죄의 특징은, 모든 행동 증거가 범인의 자신감 없음을 암시한다는 것이다. 경험 많은 흉악범이 피해자의 집에서 여성 노인을 공격하는 경우, 범인은 자신감이 넘칠 것이다. 하나의 증거로 전체 그림을 볼 수는 없다. 이것이 노인 대상 범죄를 평가할 때 반드시 유념해야 할 점이다(Douglas & Olshaker, 1995).

이 범죄의 특징은 피해자가 한 장소에서 다른 장소로 강제로 이동된다는 것이다. 강간은 두 번째 장소에서 발생한다.

미국 내 실종, 유괴, 가출, 유기 아동 연구(1989)에서 정의한 비가족구성원에 의한 유괴는 아동을 강제 강압적으로 건물이나 차량에서 6미터 이상 데리고 가는 경우, 아동을 한 시간 이상 감금하는 경우, 범죄를 저지를 목적으로 아동을 유인한 경우이다. 아동이 실종 살해되거나, 80킬로미터 이상 떨어진 곳으로 이동되거나, 몸값을 요구받거나, 가해자가 아동을 영구히 데리고 있으려는 의도를 보이는 사건도 당연히 여기에 포함된다.

사례 연구 **319.03: 유괴 강간, 아동 대상**

재키 태글리어몬트 제공

피해자 분석 __ 1991년 6월 10일, 11세의 제이시 듀가드는 스쿨버스 정류장으로 걸어가는 길에 납치되었다. 새아버지가 두 블록 떨어진 진입로에서 이 장면을 목격했다. 납치 직후부터 수색이 시작되었지만 단서는 나오지 않았다. 제이시는 18년 이상 실종 상태였다가 29세 때 발견되었다.

범죄 현장 지표 __ 제이시의 새아버지는 회색 자동차가 제이시 쪽으로 다가오는 것을 보았다고 했고, 이것이 유일한 범죄 현장 지표였다. 새아버지는 회색 자동차 안에서 남성과 여성을 보았다고 했다.

포렌식 검증 __ 유괴 현장에서 포렌식 증거는 찾지 못했다. 아이가 숨겨 둔 나비 모양의 반지는 18년간 그 자리에 있었다.

수사 주안점 __ 제이시 듀가드가 18년 동안 납치되어 있었던 곳은 캘리포니아주 안티옥에 있는 필립 가리도와 낸시 부부의 집 뒤쪽 창고였다. 2009년 8월 26일, 경찰이 다른 수사를 벌이던 중 제이시를 발견했다. 그 전날, 성범죄로 유죄판결을 받은 필립 가리도가 두 명의 소녀와 함께 UC버클리 교정을 방문했다. 그곳에서 이 세 명이 보인 특이한 행동 때문에 경찰과 가리도의 가석방 담당관이 수사를 시작했다. 나중에 밝혀진 바에 따르면, 이 소녀들은 오랫동안 실종되었던 제이시 듀가드의 아이들이었다.

결과 및 재판 절차와 관련된 법적 문제 __ 전과가 있었던 필립과 낸시 가리도 부부는 제이시를 납치해 270킬로미터 떨어진 곳으로 데려갔다. 부부는 유괴, 강간, 강제감금 혐의로 기소되었다. 재판에서 제이시는 필립이 자신을 강제로 차에 태울 때 전기충격기를 사용했다고 증언했다. 부부의 집에서 제이시는 작고 방음 처리된 빗장식 창고에 수갑이 채워지고 벌거벗겨진 채로 갇혔고, 탈출하려고 하면 공격하도록 훈련된 개들에게 감시당했다. 감금 기간 동안 필립과 (강제로) 자주 성관계를 가질 수밖에 없었고, 순응하지 않으면 전기충격기로 위협당했다. 부인인 낸시가 제이시의 납치와 감금에 전적으로 관여했음이 추가로 밝혀졌다. 제이시의 증언에 따르면, 제이시와 낸시는 함께 텔레비전을 보고 저녁을 먹었으며, 때로 제이시가 험한 일을 겪지 않도록 필립에게 성관계를 제안했다. 감금되어 있는 동안, 제이시는 딸을 둘 낳았는데 2009년 발견 당시 11세와 15세였다. 아이들에게 무슨 일이 일어날까 봐 절대로 도망치려 하지 않았다. 2011년 6월

2일, 필립은 431년의 징역형을 선고 받았다. 낸시 가리도는 36년 종신형을 선고 받았다. 2010년 캘리포니아주는 필립을 제대로 감독하지 못한 교정국의 과실에 대해 제이시 듀가드에게 2천만 달러의 합의금 지급을 승인했다.

사례 연구 **319.04 유괴 강간, 청소년 대상**

2002년 6월 5일 이른 아침, 엘리자베스 스마트는 갑자기 잠에서 깼다. 가슴 위에 손이 올려져 있었고, 차갑고 날카로운 물체가 목에서 느껴졌다. 소리를 내지 말라며, 따라오지 않으면 가족을 죽이겠다는 속삭임이 들렸다. 이후 9개월 동안, 엘리자베스 스마트는 집 뒤편 산악지대에 억류되어 있었다. 그 기간 내내 감금당한 채 폭력적으로 강간당했고, 주 경계를 넘어 캘리포니아주까지 끌려갔다.

피해자 분석 __ 엘리자베스 스마트는 당시 14세로, 집에는 여섯 아이들이 있었다. 가족은 모르몬교를 믿었다. 납치 장면을 목격한 사람은 당시 9세 여동생 캐서린이었다. 캐서린은 부모에게 어떤 남자가 칼을 가지고 들어와서 엘리자베스를 데려갔다고 말했다.

범죄 현장 지표 __ 최초 범죄 현장은 엘리자베스의 침실이었다. 추가적인 범죄 현장은 엘리자베스가 감금되고 강간당한 숲이 우거진 지역이다.

포렌식 검증 __ 납치 현장에서는 DNA 증거나 지문이 검출되지 않았다. 그날 밤, 문은 잠겨져 있었지만 보안 시스템이 켜져 있지는 않았다.

수사 __ 사건은 거의 전적으로 아홉 살 여동생의 증언에 의존했다. 캐서린의 첫 번째 진술은 여러 가지가 뒤섞여 있었다. 납치범의 머리와 팔에 난 모발은 어두운 색이었고, 밝은 색 옷을 입었으며, 언니가 총으로 위협 받으며 끌려갔다고 했는데, 모든 내용에 일관성이 없었다. 4개월 뒤, 캐서린은 엘리자베스의 납치범으로 집에서 5시간 정도 일한 적이 있는 노숙자 이마누엘을 지목했다. 캐서린은 나중에 이마누엘이 검은색 운동복과 운동화 차림으로 엘리자베스를 칼로 위협해 끌고 갔다고 말했다.

이마누엘은 2001년 11월 이 집에서 잠시 일을 하다가 엘리자베스를 처음 보았다. 그는 피해자에게 집착하게 되었고, 수개월 동안 피해자를 스토킹했다. 그는 어두운 옷에 스타킹을 뒤집어쓰고 장갑을 착용해 증거를 남기지 않으려고 하는 등 체계적인 모습을 보였다.

그는 모르몬교에서 파문당한 신도로 근본주의자였다. 그는 하느님에게 엘리자베스를 두 번째 아내(모르몬교 초기에는 일부다처제를 인정했다)로 삼아야 한다는 말을 들었다고 했다. 그는 엘리자베스에게 가짜 결혼식을 강요했다.

범인은 재판 받을 능력(심신미약 여부)이 있음이 판명되기까지 일련의 '심신미약인정 청문 절차'를 받으며 7년의 세월을 정신병원에서 보냈다. 피고인 측 변호사는 이 사실에 근거해 범행 당시 이마누엘이 정신이상이었다고 주장했으나, 검찰은 그가 연방교도소 수감을 피하려고 심신미약을 주장하고 법원을 속일 정도로 교활하다고 지적했다. 다양한 정신과적 진단과 동기화 이론이 재판에 제시되었다.

법원이 지정한 법의정신과의사 리처드 드마이어는 이마누엘이 본인의 형사사건에 대해 이성적인 결정을 내리지 못했다고 했다. 특히 신이 2년 안에 자신을 구해 주리라고 믿는다는 점에서 그렇다고 했다. 의사는 이마누엘이 부분적으로 재판 받을 능력이 부족한 '편집성 조현병'이라고 진단했다. 이마누엘은 스스로 자신이 세상에서 특별한 역할을 부여 받은 인물로, 예수나 신과 동등한 위치에 있다고 믿었다. 법의심리학자 스티븐 골딩은, 이마누엘에 대해 '일탈적 성적 행동과 편집증을 가진 망상장애'라고 결론 내렸다. 심리학 교수인 제니퍼 스킴은 이마누엘이 재판 받을 능력이 부족하고 희귀한 망상장애를 가지고 있다고 결론 내렸다. 반면에 법의정신과의사 마이클 웰너는 '소아성애와 반사회성 및 자기애성 성격장애'를 포함한 다양한 장애를 겪고 있으나, 정신증적이거나 망상적이지 않기 때문에 재판에 임할 수 있는 능력이 있다고 판단했다. 웰너는 이마누엘이 속한 모르몬교에서 신의 계시, 예언자, 예언이 하는 역할과 수용 수준을 연구한 뒤 이마누엘의 행동에 "자신이 상황을 통제할 수 있다는 사실"과 "쾌락이 종교를 능가한 사실"이 포함되어 있다고 말했다. 그러면서 이마누엘이 현대 모르몬교에서 이탈한 다른 일부다처주의자 집단처럼 '은폐'와 '혼미'라는 평행 세계에서 생존/작업하는 데 익숙하다고 지적했다. 결론적으로, 이마누엘의 행동은 "신과 그들과의 관계를 일상적이고 극적으로 왜곡하여" 그들의 성적 행위를 정당화하는 소아성애적 가톨릭 신부들과 비슷하다고 지적했다(Egan, 2003).

강간범이 다수(3명 이상)인 경우에 적용된다. 범인이 2명일 때, 각각은 개인적 원인으로 분류된다. 분명한 집단 역동(전염/전파 효과, 책임 분산)이 있고, 갱 강간을 조장하는 사회적 역동(특정 지역사회나 도시의 고도로 발달된 갱 문화)이 있다고 해도, 각각의 범인을 동기화하는 요인은 다를 수 있다.

형식적으로 조직화된 갱단은 내부 조직구조, (스스로 혹은 외부에서 부르는) 명칭과, 기타 다른 식별 특징(깃발, 휘장, 복장 패턴), 집단 응집성(충성심이 있거나 활동 참여 목적으로 모인 구성원들)으로 특징지어진다. 한마디로, 갱단은 공격보다는 임무나 목적이 있어야 한다.

사례 연구 **331.01 조직화된 갱단의 성적 공격, 단독 피해자**

피해자 분석 __ 1981년, 10대 4명이 대형 원형경기장에서 열린 락 콘서트에 갔다. 중간 휴식 시간에 "The Black Disciplines"라고 적힌 셔츠를 입은 남자 12명이 들어왔다. 10대들은 소음이 더 커지는 것에 겁을 먹고 떠나기로 결정했다. 그들이 중앙 통로로 빠져나가고 있을 때, 남자들 몇 명이 이들 중 한 명을 붙잡고 통로로 던졌다. 젊은 여성의 옷이 뜯어졌다. 남자 다섯 명이 피해자를 둘러싸고 머리를 잡아당기고 강제로 구강성교를 했다. 여섯 번째 남자가 피해자를 바닥으로 내동댕이치고 타이어 지렛대를 피해자의 질에 삽입했다. 보안요원들이 달려와 공격을 중단시켰다. 피해자는 근처 병원으로 이송되었다.

범인 특징 __ 범인들은 그 도시에서 잘 알려진 집단의 소속원들이었다. 범행을 저지른 여섯 명은 체포되어 여러 건의 공격과 강간으로 기소되었다.

결과 __ 가해자들은 기소된 범죄에 대해 사법거래를 제안했다. 9년 후, 피해자는 상당한 합의금을 받았다.

형식적으로 조직화되지 않은 갱단은, 공통의 약탈 목적을 충동적으로 공유하거나 반사회적 행위를 벌이는 느슨하게 구조화된 집단이다. 이 집단에는 한두 명의 리더가 있을 수 있으나 공식적인 조직구조는 없다. 형식적으로 조직화된 갱단을 구성하는 집단이라는 증거가 없는 다수 범죄자 공격은 모두 이 분류에 포함된다.

사례 연구 **332.01 조직화되지 않은 갱단의 성적 공격, 단독 피해자**

피해자 분석 __ 데이먼과 동료 세 명은 차를 몰고 돌아다니고 있었다. 무리 중 한 명이 "여자를 한 명 낚아서 재미 좀 보자"고 했다. 그들은 길에서 히치하이커하던 여성을 차에 태워 차를 운전하면서 교대로 강간했다. 이때 데이먼은 (성기를) 문지르기는 했지만 피해자를 강간하지는 않았다. 피해자는 차 안에서 2시간 동안 반복해서 강간당했다. 이들은 피해자를 폐가로 끌고 가 데이먼을 포함해 남자 넷이 밤새도록 피해자를 강간했다. 이때 얼굴에 권총을 휘둘러 피해자를 제압했다. 다음 날, 이들은 피해자를 집에 데려다 주었다.

범인 특징 __ 당시 데이먼은 21세 미혼 남성이었다. 아버지는 독학한 엔지니어로 심부전으로 급작스럽게 사망하기 전까지 급여를 받았으나, 우울증에 만성적인 술고래였다. 그러나 가족을 학대하지는 않았다. 어머니는 대학교육을 받은 교사로, "엄격하고, 청교도적이며, 매우 신앙심이 깊은, 술은 입에도 대지 않는 사람"이었다. 데이먼의 어린 시절은 안정적이고 상당히 행복했다. 초등학교 때까지도 평균 이상이었던 데이먼의 학업성적은 그가 15세 때 아버지가 사망한 이후 점점 떨어졌다.

그의 가족은 아버지의 죽음 이후 무너지는 것처럼 보였다. 어머니는 심각하게 앓다가 결국 병상에 누웠고, 형은 폭행과 구타 혐의로 투옥되었다. 데이먼은 고등학교 마지막 학년 때 학교를 중퇴하고 군에 입대했으나, 6개월 후 불명예제대를 했다. 데이먼의 문제 행동 때문이었다. 제대 후 데이먼의 고용 기록을 보면 "기분 좋을 때만 훌륭함"이라고 되어 있다. 고용주들은, 그를 무관심하고 신뢰할 수 없으며 소심한 사람이라고 인식했다. 데이먼의 교육, 군대, 직업 기록 등을 통해 사회부적응, 대인관계 미숙, 권위에 대한 적의 등이 진화되는 양상을 볼 수 있다.

군에서 퇴역한 지 두 달 만에 휠 캡을 훔치다 체포되었으나, 이 기소는 취하되었다. 이것이 강간 말고 데이먼이 저지른 유일한 범죄이다. 그는 강간죄로 매사추세츠 치료센터에 수용되었다.

이 범행의 특징은 매우 착취적이라는 것이다. "여자 한 명 낚아서 재미 좀 보자"는 말보다 더 포식적이고 착취적인 방식으로 이 범행을 진술하기는 어렵다.

결과 __ 데이먼은 1967년 강간, 납치, 위험한 무기 폭행으로 유죄판결을 받고 성범죄 치료를 위해 치료센터에 보내졌다. 나머지 피고인들은 강간 혐의로 유죄판결을 받았다.

군대 내 성적 트라우마military sexual trauma(MST)는 진단 용어가 아니라 보훈처Department of Veteran's affairs(DVA)에서 사용하는 성희롱, 성적 공격, 강간, 기타 유사한 폭력 행위를 포함하는 용어이다.

군대 내 성적 트라우마의 통계와 역사를 살펴보면 다음과 같다. 1991년 9월 라스베이거스에서 개최된 해군 조종사들의 테일훅Tailhook〔항공기가 항공모함에 내릴 때 잡아 주는 장치〕협회 연례회의에서 90명의 피해자들이 175명의 장교들에게 폭행을 당했다는 의혹이 불거지자, 군은 처음으로 군내 성적 공격와 성희롱 단속을 약속했다. 1년 반 뒤 국방부가 내놓은 보고서에 따르면, 테일훅 사건은 우발적인 단독 사건이 아니라 "장기간에 걸친 리더십 실패"의 결과물이었다. 그러나 불과 4년 뒤, 메릴랜드의 애버딘 무기시험장에서 또 다른 스캔들이 발생했다. 남성 장교 10여 명이 여성 훈련생들을 성적으로 공격했다는 주장이 제기된 것이다. 2003년 미 공군사관학교는 해당 시설 내에서 발생하는 성적 공격 문제를 조직적으로 무시했다는 비난에 직면했다. 2010~2011년에는 텍사스의 랙랜드 공군기지에서 4명의 남성 교관이 여성 훈련생들과 성관계를 가진 혐의로 기소되었는데, 이 중 한 건은 강간이었다. 공군 교관 한 명이 20건의 강간과 가중 성적 공격으로 유죄판결을 받아 징역 20년형을 선고 받았다.

2012년의 미 국방부 보고서에 따르면, 2011년에 미군 내에서 3,192건의 성적 공격이 보고되었다. 이는 2010년 기록에 비해 1퍼센트 증가한 수치다. 미 국방부는 실제 군대 내 성적 공격 발생 건수는 매년 약 1만 9천 건에 달하고, 이 중 신고 건수는 15퍼센트에 불과할 것으로 자체 추산하고 있다. 현재 군대 내 성적 공격은 군 지휘 계통에 직접 신고 및 처리되고 있다. 군대로서는 고발 사건을 수사할 동기가 없기 때문에 결과적으로 기소되는 사건이 드물다. 이 보고서에 따르면, 입증된 "조치 가능한" 사건의 거의 70퍼센트가 하급 지휘 재량권 단계에서 멈춰 재판에 회부되지 않았다.

333.01 군대 내 성희롱 Military Sexual Harassment

보훈처(DVA)는 성희롱을 본질적으로 위협적인, 반복적이고 원치 않는 성적인 언어적·신체적 접촉으로 정의한다.

333.02 군대 내 강간/ 성적 공격 Military Sexual Assault/Rape

사례 연구 333.02 랙랜드 공군기지 스캔들

배경 __ 2011년 6월, 한 여성 훈련생이 남성 교관 루이스 워커 하사에게 폭행당했다고 고발하면서 드러났다. 이어 랙랜드 공군기지에 근무하는 475명의 교관 중 12명이 31명의 여성 신병들을 상대로 성적으로 부적절한 행동을 한 혐의가 제기되었다. 피소된 교관 중 9명은 같은 비행 중대 소속이었다.

피해자 분석 __ 2009년 공군에 채용된 4명의 여성 신병 훈련생이 워커에게 성희롱과 성적 공격을 당했다고 증언했다.

범죄 현장 지표 __ 피해자들은 워커가 그들의 신뢰를 이용해 그의 사무실이나 아무도 없는 기숙사에서 강제로 입을 맞추고, 만지고, 섹스를 강요했다고 증언했다. 첫 번째 피해자는 워커가 사무실에서 폭행하기 전 외설적인 발언을 했고, 계단에서 껴안고 키스했다고 했다. 다른 여성 이등병은 워커가 사무실에서 그녀를 벽에 밀어붙이고 바지 안에 손을 넣었다고 증언했다. 그리고 이 일을 다른 사람에게 이야기하면 불명예제대를 당할 것이라고 협박했다고 말했다.

포렌식 검증 __ 사건이 곧바로 신고되지 않아 관련 DNA 증거는 발견되지 않았다. 훈련 건물에는 다수의 감시카메라가 설치되어 있었지만, 워커는 카메라가 없는 장소를 골라 범행을 저질렀고, 녹화된 영상은 일반적으로 20일마다 삭제되었다.

수사 __ 피해자들은 군대라는 폐쇄된 조직에서 어떻게 범행 장소로 이동 명령을 받고, 그곳에서 절대 권력을 휘두르는 교관들에게 어떻게 원치 않는 일을 당했는지 증언했다.

검찰은 루이스 워커 하사가 상습적으로 신병들을 표적으로 삼은 연쇄 포식자였다고 주장했다. 워커에게 적용된 28건의 혐의에는 강간 1건과 성추행 및 9명의 여성과의 성적 위법행위가 포함되어 있었다. 이 9명 중 4명은 그와 성관계를 가졌고, 5명은 협박을 받고 성접대를 강요당했다.

증언 __ 5번 이등병은 집에서 나쁜 소식을 듣고 낙담해 있을 때 워커 하사가 격려해 주며 신뢰를 얻었다고 증언했다. 그런데 휴대폰으로 외설적인 문자를 보내기 시작하더니, 비품 창고에 끌고 가 억지로 성관계를 맺었다. 피해자는 워커가 다시 기초훈련을 명령할까 봐 두려워 사건을 신고하지 못했다. 피해자의 진술은 친구의 증언으로 확증되었다.

8번 이등병은, 워커 하사가 자신을 사무실로 불러 가슴을 보여 주도록 압박했다고 했다. 피해자는 다른 신병들에게 이 사건을 이야기했고, 이 이야기가 전해져 워커에게 다시 호출을 받았다. 워커는 이렇게 협박했다. "문제가 있으면 함부로 입을 놀릴 게 아니라 나한테 왔어야지. 명심해, 난 하사고 넌 훈련병이다." 이 피해자 역시 처벌이나 불이익이 두려워 신고하지 못했다.

결과 __ 루이스 워커 하사는 간통, 규정위반, 여성 훈련병에 대한 성범죄 등 28개 혐의에 유죄판결을 받고 징역 20년을 선고 받았다(Dao, 2012).

다른 범주로 분류할 수 없는 공격이다.

Dao, J. (2012). Lackland Air Force Base Instructor guilty of sexual assault. *New York Times.* Retrieved August 26, 2012, from www.nytimes.com/2012/07/21/us/lackland-air-force-base-instructorguilty-of-sex-assaults.html?_r=1&pagewanted=all

Dietz, P. E., Hazelwood, R. R., & Warren, J. (1990). The sexually sadistic criminal and his offenses. *Bulletin of the American Academy of Psychiatry and the Law, 18*(2), 163–178.

Douglas, J., & Olshaker, M. (1995). *Mindhunter: Inside the FBI's elite serial crime unit* (pp. 137–142, 349–350). New York, NY: Scribner.

Douglas, J., & Olshaker, M. (1998). *Obsession* (pp. 358–363). New York, NY: Scribner.

Egan, T. (2003, March 14). In plain sight, a kidnapped girl behind a veil. *New York Times.* Retrieved August 2, 2012, from www.rickross.com/reference/smart/smart11.html

Fairstein, L. (1993). *Sexual violence* (pp. 13–18). New York, NY: William Morrow.

Hammer, Heather, Andrea J. Sedlak, and David Finkelhor. National Incidence Study of Missing, Abducted, Runaway, and Thrown-Away Children. (NISMART), 1999. 2007. ICPSR04566-v1. Ann Arbor, MI: Inter-university Consortium for Political and Social Research [producer and distributor], 2007-07-19. doi:10.3886/ICPSR04566.v1. Retrieved February 21, 2013 from http://www.icpsr.umich.edu/icpsrweb/ICPSR/studies/04566

Hazelwood, R. R. (2009). Analyzing the rape and profiling the offender. In R. Hazelwood & A. Burgess (eds.), *Practical aspects of rape investigation: A multidisciplinary approach* (4th ed., pp. 97–122). Boca Raton, FL: CRC Press.

Hazelwood, R. R., Dietz, P. E., & Warren, J. I. (2009). The criminal sexual sadist. In R. Hazelwood & A. Burgess (eds.), *Practical aspects of rape investigation: A multidisciplinary approach* (4th ed., pp. 463–473). Boca Raton, FL: CRC Press.

Knight, R. A., & Prentky, R. A., (1990). Classifying sexual offenders: The development and collaboration of taxonomic models. In. Marshall, W. L., Laws D. R., and Barbaree, H. E. (Eds.), Handbook of Sexual Assault: Issues, Theories and

Treatment of the offenders (p. 23–52) New York: Plenum Press.

Laws, D. R., & H. E. Barbaree (Eds.), *Handbook of sexual assault*. New York, NY: Plenum.

Sandusky Grand Jury Report (2011). CBS Chicago. Retrieved August 14, 2012, from http://cbschicago.files.wordpress.com/2011/11/sandusky-grand-jury-pre-sentment.pdf

Truman, J. L., & Rand, M. R. (2010). *National Crime Victimization Survey.*, Washington, DC: Department of Justice, Bureau of Justice Statistics.

U.S. Department of Justice, Federal Bureau of Investigation (2009). Crime in the United States. Washington, D.C. Retrieved February 21, 2009 from http://www2.fbi.gov/ucr/cius2009/offenses/violent_crime/forcible_rape.html

비치명적 범죄

범죄행위 중에 비치명적 범죄로 시작되거나 비치명적 범죄인 채로 유지되는 범죄들이 있다. 강도, 협박, 스토킹 같은 범죄들 중에는 신체적 접촉이 없고 피해자가 상처를 입지 않는 경우도 있다. 그러나 이로 인한 심리적 외상은 심각할 수 있으며, 피해자가 일생 동안 두려움 속에서 살아갈 수 있다. 이러한 비치명적 행위는 직접적 물리적 행위 같은 심각한 신체적 상해가 선행하기도 하며, 치명적 범죄로 악화되기도 한다. 비치명적 행위는 그 행위가 치명적인 것으로 악화되지 않도록 방지하는 차원에서 다루어야 하며, 기소 목적의 연구가 더 필요하다. 본 장에서는 비치명적 범죄를 협박, 스토킹, 강도, 절도, 폭행 등으로 크게 분류한다.

의사소통 협박은 위협적 사안으로써 해를 끼치려는 시도로 정의된다. 의사소통 협박은 신체적 접촉은 포함하지 않는다. 그러나 위협적 사안이 신체적 접촉으로 악화되는 경우도 있는데, 이 경우에는 폭행으로 분류된다.

협박 분석을 통해 진위, 실행 가능성, 임박한 잠재적 위험성을 평가한다. 다른 조사와 마찬가지로, 포렌식 분석에서는 일상적인 목표와 대상은 물론이고 법집행관과 협력하여 우선순위를 파악한다. 협박 분석은 다음의 목표를 중심으로 이루어져야 한다.

- 신체적 폭력 또는 상해 위험 수준을 평가하여 생명을 구할 것
- 협박 잠재성(속임수 vs 진실)을 평가하여 불필요한 공포를 줄이고, 적절한 보안 자원을 활용할 것
- 범인과 소통하는 방법, 범인이 스스로를 노출시킬 조사 기술과 전략을 개발할 것
- 협박을 가하는 범인/범인들의 일반적 특성과 그들이 가질 수 있는 또 다른 동기 정보를 제공하여 범인을 특정하고 체포하는 데 도움을 줄 것
- 경찰이 개입하기 전에 몸값이 지불된 경우, 그 금전적 또는 재산상 손해를 회복할 것

테러리스트 협박은 사람이나 자산에 대해 폭력을 포함한 범죄행위를 저지르겠다고 위협하는 행위로서, 피협박자에게 금방이라도 심각한 신

체적 상해를 당할 수 있다는 공포심을 유발하려는 의도이다.

주요 특징

피해자 분석 __ 협박은 특정 개인, 건물, 사업 또는 기관에 공포심을 심어 주려는 행위다. 협박의 동기는 상대방에게 어떤 행위를 강요하려는 욕구도 포함한다.

가장 주요하게 분류해야 할 것은 피해자가 직면한 위험 정도이다. 위험도는 낮음, 중간, 높음, 위험 임박으로 범주화될 수 있다. 협박 행위자가 해당 폭력 행위를 실행할 지식과 능력, 동기, 무기 접근성 등이 있는지를 파악한 뒤 피해자 위험도를 평가한다.

빈번하게 보고되는 범죄 현장 지표 __ 보통 협박은 특정한 범죄 현장을 남기지 않지만, 협박 이유나 동기를 분석하는 것은 매우 중요하다. 협박의 이유는 다양하며, 많은 경우 여러 동기들이 합쳐져 유발된다. 다음은 개인이 개인에게 가하는 대표적인 협박 유형이다.

- 경고: "지금 하는 행위를 멈추지 않으면 후회할 것이다."
- 괴롭힘: "넌 나에게서 벗어날 수 없어."
- 위협: "내 말대로 하지 않으면 후회하게 될 거야."
- 조종: "내 말대로 하지 않으면 아이가 다칠 거야."
- 겁박: "넌 이제 죽었어."
- 놀라게 함: 심야에 헐떡이는 숨소리로 전화

다양한 형태의 협박에 내재된 동기는 다른 범죄행위 유형과 유사하다. 협박을 하는 동기는 갈등, 욕망, 애정, 증오, 복수, 죄책감이나 흥분,

인정욕구, 관심 외에 다른 사람을 벌주려는 의도일 수 있다. 또 다른 명백하고 빈번한 동기는 '금전적 이득 취득' 목적이다. 불법적 수단을 통해 금전적 이득을 취하려는 행위로, 착취나 납치 같은 수단을 사용한다.

조작 __ 범행 현장 조작은 보통 확인되지 않는다.

수사 주안점

협박 의도는 중요하게 분석되어야 한다. 협박은 광범위한 범죄행동을 포함한다. 협박 의사소통(행위)의 의도는 크게 다음의 10개 범주로 분류된다.

① **신체적 폭력 또는 상해를 입히려는 협박** __ 이러한 협박은 선출 혹은 임명된 공무원, 판사, 배우, 가수, 배우자, 전 배우자, 경찰관, 전 고용주 또는 병원 직원(예를 들어 허가를 얻거나 특정 처방전을 받고자)을 대상으로 한다. 예를 들어, 정신과 환자가 흉기를 들고 정신과의사를 찾아가 협박할 수 있다.

② **금전을 갈취하려는 협박** __ 주로 회사 대표이사, 은행원, 유명하거나 부유한 인물, 엔터테인먼트 산업의 종사자를 대상으로 한다. 병원에서는 직원, 방문자 또는 환자에게 음식, 교통수단, 또는 불법 약물구매를 위해 금전을 갈취하려는 목적으로 행해진다.

③ **납치 협박** __ 선출된 혹은 임명된 공무원, 그 가족, 고위 관리, 유명인, 기업 임원들을 대상으로 한다.

④ **폭발물 협박** __ 모든 수준의 개인, 학교, 교회, 유대교회당, 낙태 시술 병원, 법원, 정부기관 건물, 핵시설, 군사기지, 카지노 등을 대상으로 한다.

⑤ **건물 외관 훼손 또는 손상 협박** __ 이런 협박은 학교, 교회, 유대교회당,

낙태 시술 병원, 동물 연구시설, 공익사업 공장 시설, 군사기지, 핵시설 등을 대상으로 한다.

⑥ **행사방해 협박** __ 시/자치도의 기능, 정치 집회, 가두행진, 가두시위, 기념식, 공적 행사, 콘서트, 시민 집회 등을 대상으로 한다.

⑦ **조롱, 괴롭힘, 위협 협박** __ 동요/흥분한 또는 해고된 피고용자, 불만을 품은 소비자, 경쟁자, 전 애인, 전 배우자, 비우호적인 이웃, 정체 미상의 적, 약물중독자, 정신적으로 불안정한 사람, 또는 원치 않는 관심이나 애정을 표현하려는 의도를 가진 개인이 저지른다.

⑧ **상품 훼손 협박** __ 식품, 약품, 화장품, 물, 혈액 관련 수액, 위생 제품 등의 독 살포 및 오염과 관련된다. 민감한 제조시설 조작/훼손 등과 연결된다.

⑨ **사보타주(태업) 협박** __ 군사기지, 탄약 제조자, 선적업자, 항공기 제조공장, 핵시설, 과학 장비 제조업체, 연구개발센터, 제품 기술, 마케팅 전략 등을 대상으로 한다.

⑩ **허위 협박** __ 존재하지 않는 범인에게 음란한 전화나 서신을 받았다고 주장하는 가짜 피해자가 꾸며 낸 허위 협박도 있다.

협박은 그 내용과 양식을 모두 면밀히 조사(검토)해야 한다. '내용 분석'은 단어, 구문, 의미, 문장구조, 문장부호, 구, 핵심 의미, 그리고 협박 메시지의 전체적 요지를 포함한다. '문체 분석'은 필기구, 종이 종류, 봉투, 필기 양식, 여백, 들여쓰기, 자간, 구두점, 그리고 전체적인 문법 능력을 포함한다.

암시적 감정적 어조, 메시지의 구조와 양식, 단어가 사용된 방식, 작성자의 전반적인 표현 방식도 세밀히 조사해야 한다. 예를 들어, 언어적 협박으로 "너에게 복수할 거야"라는 말은 선행 사건, 분노, 복수심을 암시한다.

수색영장 제안 사항

수색영장과 관련하여 거주지, 차량, 서면 협박 사본, 사진, 일정표, 서면 자료를 조사하여 관련 자료를 입수해야 한다.

실질적 협박이든 협박으로 인식된 것이든, 협박은 장황한 이야기의 일부분이나 협박에 포함된 내용을 기초로 여러 유형으로 세분할 수 있다. 구체적으로는 직접적, 간접적, 조건적, 불특정 협박으로 구분된다.

경고 의무 ＿ 또 한 가지 고려할 사항은, '경고 의무'가 있는 협박 관련 문제이다. 자신이 담당하거나 관리하는 환자가 특정인에게 위해를 가할 때, 직분상 이를 미리 알고 있던 자(의사나 치료사)는 제3자에게 이를 미리 경고해야 할 의무가 있다. 이는 '태라소프 대 캘리포니아대학교 이사회' 재판에서 내려진 획기적인 판결의 결과이다. 이 재판에서 캘리포니아주 대법원은, 자신의 환자가 다른 사람에게 현존하는 폭력을 가할 위험이 있다고 판단되거나 (객관적인 기준에 따라) 그렇다고 판단할 때 그 위험의 목표가 되는 제3자를 보호할 합당한 조치를 취해야 하고, 그렇지 않으면 그 책임을(이 경우에는 심리치료사) 물을 수 있다고 판시했다.[1]

---

[1] Tatiana Tarasoff와 Prosenjit Poddar는 1969년 UC버클리 재학생이던 프로젠지트 포다르가 여학생 타티아나 태라소프를 스토킹하여 코웰 메모리얼병원 심리치료사 로런스 무어 박사에게 치료를 받았다. 치료사는 포다르가 태라소프를 해할 위험이 있다고 캠퍼스경찰에 알렸다. 그러나 포다르는 잠시 구금됐다가 풀려났고, 병원 측은 관련 기록을 폐기했다. 1969년 포다르는 태라소프의 집에 찾아가 피해 여성을 잔인하게 살해했다. 피해자의 부모는 치료사와 버클리대학에 소송을 제기했고, 1976년 대법원은 (환자)기밀 유지가 대중의 안전보다 부수적이라고 명시했다.

콜로라도 총기 난사 사건에서 범인 제임스 홈즈는 2012년 7월 20일 밤 오로라 극장에서 〈배트맨〉 신작을 관람하던 12명을 살해하고 58명에게 총기를 난사한 혐의로 기소되었다. 당시 담당 정신과의사는 홈즈의 행동을 매우 염려하여 사건 발생 한 달 전에 콜로라도대학교 위험평가기관에 연락해 이 위험성을 알렸다. 그러나 홈즈가 갑작스럽게 자퇴했다는 이유로 해당 위원회는 어떤 조치도 취하지 않았으며, 관계 당국에도 이 위험을 알리지 않았다.

위험평가기관은 홈즈 문제로 공식 회의를 소집했으나 개입할 기회를 갖지 못했다. 해당 기관은 자퇴한 학생을 제어할 방법이 없다고 믿었다. 이 기관은 범죄를 예방하기 위해 어떤 법적 조치를 취할 수 있었을까? 그것은 상황에 따라 다르다. 정신과의사는 환자 관련 비밀보장 의무가 있어 상담 진료 중에 알게 된 어떠한 정보도 누설할 수 없다.

그러나 이 규정에는 예외 조항이 있다. 특정한 위협이나 범죄(가능성)가 논의되었을 때이다. 만약 정신과의사가 환자의 구체적인 범죄 실행 계획을 알게 된 경우에는 이를 반드시 관계 당국에 알려야 할 의무가 있다. 제임스 홈즈의 담당 의사 린 펜튼은 홈즈의 위험도를 위험평가기관에는 알려야 하나 경찰에 알릴 수준은 아니라고 판단했을 수 있다.

401.01 직접 협박 Direct Threats

직접 협박은, 협박 대상자가 오해할 가능성이 전혀 없는 명백한 협박이다. 직접 협박은 특정 대상(사람이나 기관)을 표적으로 한다. 직접 협박은 어떠한 조건이나 면제 조건, 선택권을 제안하지 않는다. 직접 협박에 사용되는 언어는 직설적이고, 간단하며, 거리낌이 없고 노골적이다. 1996년 7월 26일, 애틀랜타시의 911 전화상담원이 "30분 후 센테니얼공원에서 폭발물이 터질 것"이라는 전화를 받았다.[2]

이 범인은 공포 자체가 강력한 전술임을 일깨웠다. 이 같은 협박자들은 공포를 불러일으키는 데 성공하면 상황을 장악하고 원하는 것을 얻을 수 있음을 안다. 이때 협박자를 확인하고 협박 대상을 중재하는 '협박 분석'은 테러 공포에 맞설 수 있는 전략이다.

401.02 간접 협박 Indirect Threats

모호한 말이나 글로 전달되는 협박이 간접 협박이다. 보통 애매한 메시지와 솔직하지 않은 장황한 언어를 포함한다. 그 메시지나 의도가 간접적 표현이나 상징적 구절에 우회적으로 숨겨져 있다.

예를 들어, 병원을 대상으로 한 협박 사례에서 협박범은 과거 진료를 받은 환자이거나 분노한 가족구성원, 또는 불만을 품은 퇴사자일 수 있다. 실제로 아버지가 수술 후 사망하자, 두 아들이 "너희 살인마가 아버지를 죽였으니 너희에게 되갚아 주겠다"는 편지를 써 보낸 사례가 있다. 조사 결과, 두 사람 모두 과거 폭행과 구타 전과기록이 있었다.

---

2 1996년 7월 제26회 하계 올림픽이 열리고 있던 미국 조지아주 애틀랜타 시내 센테니얼 올림픽공원에서 일어난 첫 폭발 이후 이후 3건의 연쇄 테러가 발생해 2명이 숨지고 150여 명이 다쳤다. 범인은 낙태와 동성애에 반대한 미국인 에릭 루돌프였다.

401.03 조건부 협박 Conditional Threats

피해자에게 지시한 대로 따르도록 강요하는 것이 조건부 협박이다. 조건부 협박은 요구 사항에 대한 피해자의 반응에 따라 우발적·잠정적·제한적·일시적일 수 있음을 의미한다. 협박은 일반적으로 피해자가 해를 입지 않으려면 따라야 하는 일련의 행동 규정으로 구성되어 있다. 일반적으로 "~을 피하고 싶으면", "내 지시를 따르지 않으면 ~"과 같은 단어나 표현이 들어 있다. 예약 없이 찾아온 환자가 담당 정신과의사에게 "무슨 처방전을 주지 않으면 진료실을 부숴 버릴 것"이라고 하는 식이다.

401.04 불특정 협박 Nonspecific Threats

불특정 협박은 대규모 집단이나 기관을 대상으로 한다. 즉, 특정 개인을 대상으로 하지 않는다. 불특정 협박의 표적은 사법부 직원, 전문 의료인, 의회의 의원, 백악관 같은 대상을 포함한다.

402 협박 전달 Threat Delivery

협박 메시지가 어떻게 전달되었는지를 보면 협박 행위자와 그 동기에 관한 중요한 정보를 얻을 수 있다. 이 정보는 시각적 · 언어적 · 상징적 · 물리적 형태로 분류할 수 있다.

402.01 시각적 협박 전달 Threat Delivery, Visual Communication

시각적 협박이란 그림, 몸짓, 신체 움직임 같은 것이다. '행동통제 문제'가 있는 환자가 간호사와 마주칠 때마다 이렇게 인사했다면 시각적 협박 전달에 해당한다. 이 환자는 꼭 간호사와 눈을 맞춘 후 총을 쏘는 손동작으로 간호사에게 총을 쏘는 척했다. 그러면서 간호사에게 단 한 마디도 하지 않았다.

402.02 언어적 협박 전달 Threat Delivery, Verbal Communication

협박 대상과 개인적으로 접촉하는 동안에 언어적 협박을 전달하는 것으로, 대개 정신질환이나 정서적 불안을 겪고 있는 범죄자와 관련이 있다. 이런 경우에 범인은 정체가 알려져 있으며, 위험성 평가와 함께 잠재적인 폭력에 직면하는 것을 예방할 개입 전략이 권장된다.

언어적 협박에서는 종종 전화가 사용된다. 협박은 짧고 간결한 메시지이거나, 길고 복잡한 계획일 수도 있다. 이따금씩 전화를 건 범인이 목소리를 가장해 특정인(협박 대상자)하고만 이야기하겠다고 요구하기도 한다. 미리 녹음된 테이프 메시지를 전화기를 통해 전송하는 경우도 있으며, 지역전화나 장거리전화 또는 수신자부담전화를 사용하기도 한다. 어느 경우이든 전화에서 들려오는 배경 소음과 억양, 사투리, 기타 전화 패턴 등을 분석해야 한다.

언어적 협박은 녹음되어 있을 수 있다. 녹음된 협박도 짧고 간결할 수도 있고, 길고 복잡한 내용일 수도 있다. 이때 전화를 건 협박범이 목소리를 가장하고 있는지, 배경 소음이 추적 가능한지, 녹음테이프가 우편으로 보내진 것인지 전화로만 전달된 것인지 등이 중요하다. 녹음된 메시지는 포괄적인 범인의 숙련도를 반영하는 것으로, 특히 공들인 강탈, 납치 또는 제품 훼손 사례에서 볼 수 있다.

402.03 서면 협박 전달 Threat Delivery, Written Communication

서면 협박은 보통 편지나 이메일로 전달된다. 분석가들에게 전달되는 서면 협박은 대부분 협박범의 정체가 미상이다. 범인의 정체를 파악하려면 협박 전달 방법을 신중하게 평가해야 한다.

어떤 여성이 병원에서 받은 잘못된 처방 때문에 건강이 더 악화되었다는 내용의 편지를 병원에 보냈다. 병원은 그 주장을 반박하는 내용의 답신을 보냈다. 여성은 상원의원에게 편지를 써서 병원에 불이익을 주려 했지만, 편지를 받은 상원의원은 오히려 병원 편을 들었다. 그러자 여성은 법무장관에게 편지를 보내어 해당 병원과 상원의원 간에 유착이 있다고 주장했다. 다른 사례에서는 환자가 자신의 아내, 주치의, 대통령을 살해하겠다고 편지를 쓴 경우도 있다.

건물 외관을 훼손하겠다고 하는 협박은 건물 외벽과 지면을 대상으로 한다. 협박범이 전 파트너 사무실과 인접한 벽면에 음란한 그라피티를 그린 후 협박한 경우가 있다. 특정 직원이 마약 거래상이라는 기호를 건물 외벽에 적어 넣은 경우도 있다.

402.03.01 서신 협박 Letter Threat

서신 협박은 대부분 수기로 작성되지만, 컴퓨터 프린터로 인쇄되거나 위장된 형식으로 작성될 수도 있다. 자르고 붙이는 방법으로 제작하기도 하고, 드물게 (주물) 형판이나 양각 도구를 사용하기도 한다. 모든 사례에서 협박 서신은 그 내용과 문체 특성을 모두 평가해야 한다. 서신 협박은 수사기관에서 다른 서신들과 비교할 수 있고, 관련 연구실에서 다른 법과학적 실험을 진행할 문서 자료가 되기도 한다.

402.03.02 상징적 협박 Symbolic Threat

상징적 협박은 공포를 불러일으키는 의미를 함축한 물건과 관련이 있다. 협박을 당하는 사람은 그 의미를 바로 알아차린다. 어떤 사람은 일주일 동안 매일 아침 출근했을 때 부러진 연필이 다이어리 위에 놓여 있었다. 어떤 심리 상담 환자는 담당 치료사에게 2년 동안 꽃과 선물, 카드를 보내고, 집으로 전화를 걸어 자동응답기에 가명으로 메시지를 남겼다. 치료사가 응답하지 않자, 그 사람은 시든 꽃 한 다발을 보냈다.

402.04 신체적 협박 Physical communication Threats

신체적 협박은 직접 손을 쓰거나 무기를 사용해 협박하는 것이다. 주말 외출을 금지당한 환자가 유리 조각을 직원의 목에 들이대고 출입증을 요구한 사례가 여기에 해당한다.

신체적 협박 전달은 가해자와 피해자가 직접 마주쳤을 때 상황이 심각해진다. 49세 환자와 2명의 나이 든 여성이 병원 앞 버스 정류장에서 버스를 기다리고 있을 때 강도가 나타나 그들을 위협했다. 강도는 돈을 달라고 위협하며 재킷을 들춰 커다란 칼을 보였다. 갑자기 동요한 환자는 강도를 공격해 코를 부러뜨렸다. 강도는 그를 기소했고, 환자는 이 행위가 정당방위였음을 성공적으로 주장했다.

필라델피아 지방검찰청이 전미농구협회(NBA) 스타인 앨런 아이버슨을 테러리스트 협박을 포함한 다수의 죄목으로 기소한 사례가 있다. 펜실베이니아 법에 따르면, '테러리스트 협박'에는 두 종류가 있다. 하나는 대규모 테러리즘과 유사한 것으로, 극장이나 아파트 또는 기타 공공건물에서 사람들을 대피시키게 하는 모든 종류의 협박이다. 전화로 하는 폭탄 협박도 테러리스트 협박이고, 신체적 위협을 병행하며 협박하는 것도 테러리스트 협박으로 간주된다. 신문 기사에 따르면, 아이버슨은 아파트로 들어가 총을 휘두르며 안에 있던 사람들을 위협했다. 아이버슨은 아내를 찾고 있던 중이었다고 변명했다.

협박은 분노와 협박 대상에 대한 눈에 보이는 행위가 존재하는 공격이지만, 스토킹은 범인이 피해자에게 어떤 행동을 취하기 전까지는 은밀하고 비밀스러운 특성이 있다.

스토킹이란 다른 사람을 따라다니거나 관찰하고, 연락을 하거나 위협적으로 움직이는 등의 행위를 말한다. 이런 행위는 결과적으로 상해를 입히겠다는 협박이나 실제 상해 또는 살인으로 악화될 수 있다. 스토커 범죄는 물질적 이득이나 성(과 관련된 목적)보다는 주로 대인관계 관련 공격성에서 동기가 부여된다. 스토킹의 목적(을 구성하는 환상)은 전적으로 스토커의 내면에서 발생하는 것으로, 스토커들은 잘못된 인지적 고착을 가진 충동적인 사람들이다. 스토킹은, 범인이 범행 대상을 스토킹하거나 괴롭히도록 추동하는 근원적인 정서적 갈등의 결과이다. 스토커의 범행 대상은 스스로 걱정과 스트레스, 공포로 가득 찬 환경에 갇혀 있다고 느끼는 경우가 많으며, 스토킹은 피해자의 생활을 극단적으로 변화시키는 결과를 초래한다.

스토킹은 비망상적 행동에서부터 망상적 행동에 이르기까지 다양한 양상(의 연속체)으로 발생한다. 망상적 행동은 정신장애(정신증)의 가능성을 의미한다. 비망상적 행동은 특정 관계에서 중대한 심적 장애를 반영하기도 하지만, 그것이 반드시 현실과 유리되었음을 가리키는 것은 아니다. 이런 차이는 각각의 행동이 갖는 법적인 함의 때문에 중요하다. 이 영역의 행동을 가장 쉽게 구분하는 것은 범인이 범행 대상과 가졌던 관계의 유형과 본질이다.

가장 극단적 망상의 끝에는 보통 실제 관계는 존재하지 않으며, 그 관계란 범인의 생각 속에서만 존재한다. 반면에 비망상의 끝에는 보통 범인과 피해자 사이에 과거의 관계가 있다. 보통은 결혼이나 관습법적 관계처럼 다면적 관계인 경향이 있고, 친밀한 대인관계와 관련된 경우가 많다. 이 양극단 사이에는 다양한 측면의 관계가 존재하고, 스토커는 혼합적 행동을 보인다. 범인은 범행 대상과 한두 번 데이트를 했거나 아예 만난 적이 없을 수도 있다. 범행 대상은 단지 지나가는 길에 미소를 띠며 인사를 건넸을 수도 있고, 사회적으로 또는 직업적으로 알게 된 관계일 수도 있다.

스토킹은 그 행동 양상에 따라 다음의 세 가지 유형으로 나눈다. 가족 관련(비망상적), 비가족 관련(비망상과 망상행동의 혼합), 애정망상 관련(망상적)이 그것이다. 여기서 표적과 피해자라는 용어는 상호교환적이지 않다. 표적은 스토커의 관심을 주요하게 받는 사람이고, 피해자는 반드시 그렇지 않다. 많은 사례에서 볼 수 있듯이, 스토커의 표적 주위에 있던 사람들이 스토커의 행동으로 피해자가 되기도 한다.

주요 특징

피해자 분석 __ 스토킹 피해자는 본인의 신체적 상해는 물론이고, 자신 혹은 가족, 동거인의 죽음이나 재산상 피해를 두려워하고 공포를 느낀다. 스토킹은 스토커나 스토커의 대리인에 의해 자행될 수 있다. 언어적 협박일 수도 있고, 스토커의 지시로 우편, 재산 파괴, 피해자 감시 또는 피해자 뒤쫓기 등의 협박 행위를 할 수도 있다.

빈번하게 보고되는 범죄 현장 지표 __ 스토커는 다음의 행위 중 몇 가지 혹은 모두를 행한다. 피해자나 피해자 가족 또는 동거인을 뒤따라감, 피해자의 재산 파손이나 재산상 손해, 차량 파손, 반려동물에 대한 위해, 피해자 집의 창문 파손, 협박 전화나 협박 우편물, 피해자 집과 사무실 또는 피해자가 친숙한 장소에 출몰하거나 주차하는 행위.

공통적인 포렌식 검증 __ 스토커는 자신의 행위가 피해자나 피해자의 가족 또는 동거인에게 죽음이나 신체적 상해에 대한 공포심을 유발할 수 있다는 사실을 알거나 믿고 있다. 협박은 노골적(피해자를 죽이겠다고 함)이거나 암시적(은근한 협박 또는 반려동물을 다치게 함)일 수 있다. 협박은 특정인을 목표로 하여, 스토커나 스토커의 대리인이 저지른다.

조작 __ 스토킹 범죄에서는 보통 조작은 사용되지 않는다.

수사 주안점

스토커는 위협하거나 겁을 주려는 의도가 있는 행동이나 협박으로 피해자를 통제하려고 한다. 스토커는 피해자가 전혀 모르는 사람이거나, 그냥 아는 정도의 사람, 또는 과거 친밀했던 상대일 수 있다. 스토커의 심리 상태는 강박적 애정부터 강박적 증오까지 다양할 수 있다. 스토커는 불규칙적으로 수일, 수주, 심지어 수년간 피해자를 따라다닌다. 스토커는 피해자와 한 번 이상 접촉했을 수 있다.

이런 행동이 1회 이상 피해자나 그 가족, 동거인에게 직접 행해진다. 1회 이상의 경찰 신고가 필수적인 것은 아니다. 스토킹 행위는 우편이나 전화 협박 또는 피해자의 재산 파손을 포함한다.

수색영장 제안 사항

수색영장에는 스토커의 거주지, 차량, 기타 관련 지역이 포함된다.

가족 관련 스토킹은 전 연인, 전 가족구성원, 전 동거인이 다른 가족구성원을 협박하거나 괴롭힐 때 발생한다. 여기에는 장기간 알고 지낸 관계뿐만 아니라 관습법적 관계(사실혼, 내연녀 등등)도 포함된다. 가족 관련 스토커는 처음에는 관계를 지속하거나 재정립하려는 욕구로 시작되지만, "내가 그녀를 가질 수 없다면 아무도 가질 수 없다"는 태도로 나쁘게 발전할 수 있다.

주요 특징

피해자 분석 __ 범행의 표적이 된 인물은 스토커를 지인으로 여기거나 혹은 스토커가 가족관계 혹은 관습법적 관계에 있는 인물일 수 있는데, 어떤 이유로든 관계를 끝내려고 했을 수 있다. 표적이 된 인물은 스토킹을 인식하고, 접근금지명령을 신청했거나, 이전에 발생한 사건에 대해 경찰의 도움을 요청했을 수 있다. 과거에 스토커에게 고통을 당했거나 갈등을 겪었을 수 있고, 이전 관계에서 압박감을 느꼈을 수 있다.

빈번하게 보고되는 범죄 현장 지표 __ 가족관계 스토킹 사례에서는 표적 인물에 대한 공격이 빈번히 폭력적으로 발생한다. 대개 공격 현장은 하나의 범죄 현장과 관련되어 있는데, 흔히 표적 인물이나 스토커의 거주지 혹은 직장이다. 범죄 현장은 스토커의 정신장애와 충동적 본성을 반영한다. 무기는 주로 현장으로 가지고 가고, 강제침입이나 절도 흔적은 거의 없거나 아예 없다. 범죄 현장은 폭력이 서서히 혹은 빠르게 악화된 모습을 보인다. 언쟁으로 시작된 대립은 때리거나 물건을 던지는 등으로 행위로 격화되며, 결국 표적 인물이 사망하게 된다(이 경우에는 가족살인(122번)으로 분류). 이 과정에서 가족구성원이나 연인 등 다른 인물들이 폭행에 연루될 수 있다. 표적 인물이 스토커의 접근을 막는 조치를 취했다면(전화번호나 주소지 변경 또는 접근금지명령), 스토커가 접근할 수 있는 유일한 방법은 표적 인물의 직장으로 찾아가는 것이다. 이 경우에는 동료나 경비원, 고객 또는 지역민이 피해자가 될 수 있다. 스토커가 설득하려고 표적 인물을 납치하기도 한다.

경찰이나 응급의료 요원이 현장에 도착했을 때 스토커는 현장에 있을 수도 있고, 자살을 시도할 수도 있다. 잘못을 시인하는 진술을 하기도 한다.

공통적인 포렌식 검증 __ 알코올이나 약물이 연루되어 있을 수 있다. 보통 개인(감정)적 유형의 폭행과 일치하는 포렌식 증거가 나타난다. 개인적 유형의 공격에서는 공격자의 분노를 나타내는 안면 구타와 집중된 공격 흔 등 디퍼스날리제이션depersonalization이 자주 나타난다.

수사 주안점

범행이 표적 인물의 거주지에서 발생했다면, 가족 관련 스토킹을 조사해야 한다. 다른 가족구성원들이 표적 인물과 스토커 간의 가정폭력 사실을 증언할 수도 있다. 이 부분은 종종 경찰 보고서로도 확인된다. 외부 스트레스 요인(금전적, 직업적, 알코올)으로 인한 갈등 전력이 가족 스토킹의 공통 요소이다. 스토커는 촉발 사건 이후 태도가 변화하고 개인화된 공격을 보였을 것이다.

수색영장 제안 사항

대부분의 증거는 범행 현장에 있겠지만, 범인의 일기와 금전 기록, 의료

기록을 입수하여 범죄의 계획성 여부를 확인해야 한다.

사례 연구 411 가족 관련 스토커

최근 50세 남편과 별거에 들어간 43세 여성은 남편과 같은 카지노에서 근무했다. 여성이 다른 남성을 만나기 시작한 지 약 한 달이 지났을 때, 남편이 주차장으로 따라오는 것을 눈치챘다. 몇 주 뒤, 남편이 퇴근하던 여성의 뒤를 쫓아와 총으로 위협해 그녀의 차에 탄 후 자기 집으로 가라고 요구했다. 거기서 남편은 아내를 강간하고 구타했다. 피해자는 경찰에 학대를 신고하고 보호명령을 받았으며, 고용주에게도 이 사실을 알리고 근무시간을 변경했다. 한 달 뒤, 남편은 다시 주차장에서 피해자를 납치해 자기 집으로 데려가 강간한 후 그녀를 죽이고 자신도 죽겠다고 협박했다. 구타당하는 동안 남편이 들이대고 있던 칼로 피해자는 이마에 심각한 자상을 입었다. 피해자는 자신을 응급실에 데려다 달라고 남편을 설득했고, 남편은 아내를 응급실에 내려 주고 떠났다. 피해자는 응급실 담당자에게 살해 위협 및 자살 시도에 대해 이야기했고, 이 내용은 즉시 경찰에 신고됐다. 경찰이 남성의 집에 도착했으나, 남성은 집 밖으로 나오기를 거부했다. 여러 차례 총소리가 나서 경찰이 집 안에 진입했을 때, 남편은 스스로 머리에 총을 쏘고 쓰러져 있었다.

비가족 관련 스토커는 개인을 표적으로 삼아 여러 방식으로 표적에게 접촉을 시도한다. 예를 들어, 전화한 후 그냥 끊기, 음담패설, 희롱, 익명의 편지 보내기, 기타 익명 교신, 표적 인물의 거주지나 직장, 쇼핑몰, 학교 캠퍼스 등에 지속적으로 출몰 등등. 스토커는 많은 경우에 표적 인물이 잘 모르는 사람이다. 스토커의 행위가 명백히 진전될 때까지 표적 인물은 자신이 스토킹당하고 있다는 사실을 인지하지 못한다. 스토커가 신체나 서면, 통신 등으로 직접 접촉을 시도한 후에야 피해자는 문제의 심각성을 깨닫게 된다.

주요 특징

피해자 분석 __ 표적이 되는 인물은 보통 여성으로, 종종 스토커와 우연히 마주치고도 스토커를 인식하지 못한다. 그렇기 때문에 스토커가 누구인지 전혀 알지 못한다. 스토커와 표적 인물 간의 관계는 일방적이고, 표적 인물은 결국 성가신 스토커의 실체에 대해 알게 된다.

스토킹의 또 다른 잠재적 피해자는 표적 인물의 배우자나 연인 또는 스토커와 표적 인물 사이를 가로막는 모든 사람이다.

빈번하게 보고되는 범죄 현장 지표 __ 스토킹은 현재진행형으로, 전통적인 의미의 범죄 현장 없이 보통 장기간 지속되는 범죄이다. 스토킹은 표적 인물의 거주지, 직장, 쇼핑몰, 학교 캠퍼스 또는 다른 공공장소에서 발생한다. 받으면 끊기는 전화나 음란 전화, 표적 인물에게 사랑을 고백하거나 표적 인물의 동선을 잘 알고 있다고 주장하는 익명의 편지가 존재한다. 자동차 유리창이나 우편함, 또는 문틈 등에서 쪽지가 발견된다. 이런 쪽지의 어조는 흠모에서 애정, 개인적 접촉을 할 수 없음에 대한 짜증, 결국에는 협박과 위협으로 진전된다.

스토커는 표적 인물과 우연히 접촉할 수 있으며, 이때 언어적 의사소통이 발생할 수 있다. 이때 스토커가 보인 언어적·신체적 표현이 이후 표적 인물을 공포에 떨게 하거나, 협박의 신뢰도를 높이는 데 이용될 수 있다.

수사 주안점

스토커가 남긴 전화 음성 또는 서면 내용에 대해 '위협 분석'을 실시한다. 앞선 의사소통에 대한 신중한 분석은 스토커의 정체를 특정할 수 있는 정보를 제공할 수 있다. 동시에 표적 인물의 직장, 거주지, 쇼핑몰 등을 관찰해야 한다. 의사소통 흔적이 많은 경우, 표적 인물의 차량 내부나 외부에 스토커의 흔적이 남아 있을 수 있다. 최근 쇼핑할 때 마주친 사람이나 방문판매원, 텔레마케팅, 길을 묻거나 전화기를 빌려 달라고 한 사람 등 우연해 보이는 모든 접촉 시도에 대해 표적 인물의 진술을 들어야 한다.

수색영장 제안 사항

수색 시 반드시 찾아야 할 물품은 사진, 인쇄물(뉴스 기사, 책, 잡지 기사), 표적 인물 관련 자료이다. 일정표, 일기, 달력, 일지 등 표적 인물에 대한 집착과 망상이 담긴 증거물을 찾아야 한다. 표적 인물과의 전화 통화 내용을 녹음하여 보관하는 경우도 많다.

전화 기록이나 반송된 편지 등 표적 인물과의 접촉이나 접촉을 시도한 증거도 찾아야 한다. 스토커는 신용카드사용내역, 열차표, 호텔 영수증 등 표적 인물을 쫓아 여행한 흔적을 기념품으로 보관하기도 한다. 컴퓨터 확보는 기본 중의 기본이다.

사례 연구 412 비가족 관련 스토커

피해자 분석 __ 어떤 여성을 스토킹하던 남자가 피해자의 집 밖에서 체포되었다. 범인은 무기를 소지하고, 스타킹 마스크를 쓰고 있었다. 얼마 전, 피해 여성은 자신의 수영복이 자동차 창문에 테이프로 붙여져 있는 것을 발견했다. 그녀의 속옷이 사이드미러에 걸려 있기도 했다. 일주일 전에는 피해자 차량 창문에 권총 탄피가 테이프로 붙여져 있었다.

수사 __ 피해자는 아파트 밖에서 어떤 남자를 목격한 후 경찰에 신고했다. 몇 분 뒤 경찰이 스토커를 체포했다. 범인은 수개월 전에도 피해자 집에 침입했다가 무죄판결을 받은 적이 있었다.

스토커는 피해자의 아파트에서 100미터쯤 떨어진 곳에 자동차를 주차하고 차 안에 앉아 있었다. 수색 결과, 칼과 피해자의 집 열쇠가 발견됐다. 그 밖에 22구경 캘리버 피스톨과 탄약, 스턴건, 곤봉, 카메라, 필름, 쌍안경 2개, 테이프 녹음기 2대, 손전등 2개, 피해자의 집과 차량 사진, 고무장갑, 면장갑, 스타킹 마스크, 커다란 나일론 가방과 갈아입을 옷이 든 가방, 콘돔 몇 개, 누드 사진집, 권총 세척 키트, 얼음과 맥주로 채워진 냉장고가 스토커의 차량에서 발견되었다.

결과 __ 범인은 스토킹에 대해 유죄를 인정하고 2년형을 선고 받았다.

애정망상 스토킹은 스토커의 '집착'이 만들어 낸 범인-표적 인물 관계 망상에서 비롯된다. 이 환타지는 공통적으로 '결합'이라는 형태(스토커가 본인의 인성을 표적 인물의 인성과 섞음)나 애정망상(환타지 기반으로 이상화된 낭만적 사랑이나 영적 결합으로 성적 끌림과 다름)의 형태로 표현된다. 스토커는 종교적 환상이나 특정인을 목표로 하라는 목소리를 들었을 수 있다. 이런 망상에 휩싸여 점점 더 강한 집착을 드러내다 표적 인물을 사망에 이르게 할 수 있다.

표적 인물에게 퇴짜를 맞은 과거부터 표적 인물과의 영적 결합 망상까지 스토킹을 일으키는 동기는 다양하다. 피해자는 미디어에 자주 노출되는 유명인이거나 직장 선배, 혹은 전혀 알지 못하는 타인일 수도 있다. 스토커에게 표적 인물은 항상 더 높은 위상을 가진 인물로 인식된다. 표적 인물은 정치계 인사나 연예인, 미디어에 자주 출연하는 사람이 다수이지만, 피해자가 반드시 공인은 아니다. 가끔은 스토커가 피해자를 방해 요소로 인식하는 경우도 있다.

애정망상이 있고 표적 인물이 미디어에 자주 출연하는 사람(그러나 스토커가 접근할 수 없는)인 경우, 스토커만 알 수 있는 숨겨진 메시지를 통해 표적 인물은 스토커의 상상 속 연인이 된다. 스토커는 이 상상을 통해 정교한 환상을 만들어 낸다. 통상 남성 이상성욕자들은 여성보다 더 강력한 힘으로 이 환상을 실행에 옮기려는 경향이 있다.

주요 특징

피해자 분석 __ 표적 인물은 자주 마주쳤거나 연락(편지나 전화)을 받았기 때문에 스토커를 인식하고 있다. 표적 인물은 미디어에 자주 출현하는 경우가 많다. 많은 경우, 이 접촉은 팬레터 형태로 시작된다.

빈번하게 보고되는 범죄 현장 지표 __ 다른 스토킹 분류와 마찬가지로, 애정망상 스토커의 활동은 장기간에 걸친 편지나 전화 연락, 기타 접근 시도 또는 감시 등이다. 시간이 흐르면서 이 활동은 더욱 격렬해지며, 스토커의 태도는 "내가 가질 수 없다면 아무도 가질 수 없다"는 식으로 변해 간다.

애정망상으로 동기부여된 공격은 대부분 근거리 범위에서 벌어지고, 밀접 조우하는 특징이 있다. 심지어 스토커가 범행 현장에 그대로 남아 있을 수도 있다. 이런 접촉은 대개 즉흥적인 것으로, 표적 인물에게 무턱대고 접근하는 식으로 반영된다. 이런 경우에 증거가 남게 되며, 목격자가 존재할 가능성이 높다. 그러나 그렇다고 해서 스토커가 환상을 갖지 않는다거나, 스토킹을 치밀하게 계획하지 않는다는 의미는 아니다. 이 모든 요소가 스토킹 범죄의 특성이다. 다만, 이 범죄에서는 실제 행위가 대개 우연한 기회에 발생한다는 특징이 있다. 스토커는 기회가 주어지면 표적 인물과 상호작용하고자 이를 이용한다.

공통적인 포렌식 검증 __ 스토커가 가지고 다니는 무기 중 가장 흔한 것은 총기류이다. 특히 멀찍이 떨어져서 스토킹하는 경우에 그렇다. 칼처럼 끝이 날카로운 무기를 사용하는 경우도 있다. 무기의 정교함과 유형을 보면 스토커의 숙련도를 파악할 수 있다. 표적 인물이 살해된 경우, 머리와 가슴처럼 치명적인 장기에 손상을 입은 경우가 대부분이다.

수사 주안점

스토커는 거의 대부분 표적 인물과 접촉하기 전, 그 인물을 조사하거나 스토킹한다. 그러므로 수사할 때 표적 인물의 동선을 파악하고, 그 동선에 접근했던 인물들을 추려야 한다. 표적에게 접촉하기 전, 스토커는 사전 공격을 시도했을 가능성이 높다. 전화 연락, 편지, 선물, 집 또는 직장 방문 등이 '공격'에 해당한다. 공격 과정에서 스토커를 끌어내고자 경찰이나 보안요원이 개입한 일도 있을 수 있다.

　스토커의 대화는 표적 인물에 대한 집착이나 여타 공상을 반영한다. 스토커의 주변 사람들을 면담해 보면, 이 사실을 확인할 수 있다. 스토커는 자신과 표적 인물의 인연을 주장하며, 이를 뒷받침할 이야기를 지어낸다. 수사에도 정신건강 관련 전문가들의 조언과 도움이 필요하다.

수색영장 제안 사항

주요 수색 물품은 사진, 인쇄물(뉴스 기사, 책, 잡지 기사), 지도, 표적 인물이 스토커에게 보낸 편지(표적 인물이 유명인인 경우), 표적 인물을 감시하는 사진, 관련 녹화 자료 등이다. 스토커의 집착이나 표적 인물에 대한 공상을 담은 일정표와 일기도 있을 수 있다.

　표적 인물과 접촉했거나 접촉을 시도한 증거도 찾아야 한다. 전화 기록이나 반송된 편지, 선물, 표적 인물이 갔던 곳을 따라갔음을 유추할 수 있는 각종 영수증, 차량 대여 계약서, 비행기·버스·열차표 등이다. 신용카드사용내역은 기본이다.

사례 연구 ┃ 413 애정망상 스토커

배경 __ 1982년 3월 15일 아침, 47세의 아서 리처드 잭슨은 할리우드 서부에 있는 테레사 샐다나의 아파트 근처에 대기하고 있었다. 샐다나가 LA시티칼리지의 음악 수업에 참석하려고 서둘러 집을 나섰을 때, 잭슨이 접근했다. 샐다나가 자신의 차 문을 열려고 잠시 멈췄을 때, 잭슨은 "실례합니다. 테레사 샐다나 씨인가요?"라고 물었고, 샐다나는 "네"라고 대답했다.

다음 순간, 잭슨은 샐다나를 사냥용 칼로 찌르기 시작했다. 잭슨이 워낙 강한 힘으로 수차례 찔러 칼이 구부러질 정도였다. 샐다나의 비명 소리를 들은 배달원이 달려와 무기를 빼앗았다. 배달원의 개입과 심폐소생술, 긴급 수혈로 샐다나는 생명을 구할 수 있었다.

피해자 분석 __ 당시 테레사 샐다나는 27세의 배우로, 잭슨은 영화를 보고 그녀를 알게 되었다.

범인 __ 아서 잭슨은 1935년 스코틀랜드 애버딘에서 출생했다. 아버지는 알코올중독자였고, 어머니는 정신질환자였을 것으로 추정된다. 잭슨은 어려서부터 광신적인 부분이 있어서 종종 환상에 빠져들었다고 한다. 체포 후 발견된 샐다나 앞으로 쓴 89쪽짜리 자전적 편지에서, 그는 열 살 때 피오나라는 이웃집 소녀에게 집착하게 되었다고 썼다. 13세 때에는 연상의 소년과 성행위를 했다고도 썼다.

그는 편지에서 샐다나에 대한 집착을 이렇게 표현했다. "당신을 향한 내 영혼의 고통스러운 상사병이 내가 늘 꿈꾸던 아름다운 세상(달콤한 낙원의 정원이 있는 궁전들)으로 탈출하고자 하는 필사적인 욕망과 얽혀 있습니다. 테레사, 그 계획은 당신을 위한 것이었고, 먼저 그곳으로 당신이 가 있으면 내가 몇 개월 뒤 따라가려고 했습니다. … 내 돌아가신 어머니의 유골과 테레사 샐다나 당신의 상처를 두고 맹세하건대, 이 특별한 요청과 내 침통한 탄원이 받아들여지기 전까지는 신도 나도 편히 잠들지 못할 것입니다."

잭슨은 17세부터 신경쇠약에 시달렸다. 스코틀랜드 정신병원에서 1년간 치료를 받고 퇴원한 뒤로 대륙을 여행하기 시작하여, 런던에서는 주방 잡역부로, 토론토에서는 동물원 보조원으로, 뉴욕에서는 닥치는 대로 아무 일이나 했다.

그러다가 1955년 미군에 입대했다. 복무 중 동료 군인과 사랑에 빠졌고 다시 신경쇠약에 시달렸다. 그는 워싱턴 DC의 월터리드병원으로 이송되어 정신과 치료를 받았다. 입원 기간 중인 1956년 21번째 생일 기념으로 주말 외출증을 받아, 뉴욕으로 가서 수면제 과다복용으로 자살을 시도했다.

제대 후에는 미국 여기저기를 떠돌았다. 1961년, 미 중앙정보국은 케네디 대통령 위협 혐의로 잭슨을 체포하여 스코틀랜드로 추방했다. 그는 실업수당을 받으며 미망인 어머니와 함께 생활하기도 했으나, 좀처럼 한군데에 정착하지 못했다. 1966년 6개월 방문자 비자를 받아 미국에 재입국했다가 체류 기간 만료로 다시 추방되었다.

잭슨이 샐다나에게 빠진 것은 1979년 애버딘 극장에서 비틀스광을 다룬 영화 〈당신의 손을 잡고 싶어요〉를 관람했을 때이다. 잭슨은 영화에 등장하는 여성들에게 광적인 열정을 품었다. 2년 후 다시 샐다나가 슬럼가에서 어렵게 살아가는 여성 역할을 한 〈반항〉이라는 영화를 보고, 잭슨은 "그녀를 저 세상으로 보내면" 이 배우를 얻을 수 있으리라고 확신했다.

수사 __ 잭슨은 미국에 불법입국한 1982년 초부터 대륙을 횡단하며 일편단심 샐다나를 스토킹하기 시작했다. 처음에는 뉴욕으로 가서 샐다나에게 오는 대본을 미리 검토하는 대리인인 척하며 그녀의 친척과 사업 관계자들을 접촉했다. 그러나 어디에서도 샐다나의 정확한 위치를 파악할 수 없었다. 캘리포니아에서 뉴욕으로 돌아온 후에야 샐다나의 친척 중 한 명을 속여 그녀가 할리우드에 살고 있다는 것을 알아냈다.

샐다나를 스토킹하면서 잭슨은 여러 주에서 권총을 사려고 했으나, 신분 확인을 위해 최소한 운전면허증이 필요한 주법 때문에 총을 구하지 못했다. 잭슨이 손에 넣을 수 있었던 유일한 무기는 사냥용 칼이었다.

할리우드로 돌아온 그는 사설탐정을 고용해 샐다나의 주소를 알아냈다. 잭슨은 경찰 신문에서 살해 동기 질문을 받자 이렇게 대답했다. "내 일기를 읽어 보시오. 모든 게 그 안에 있소." 그는 언제나 배낭에 일기장을 넣고 다녔다.

결과 __ 잭슨은 살인미수와 중대상해죄로 기소되어, 최대 12년형을 선고 받았다. 그는 구류 기간에, 1962년 런던의 한 은행에서 강도를 저지르며 두 사람을 살해했다고 자백했다. 잭슨은 감옥에서도 샐다나에게 계속 글을 썼다.

강도는 폭력이나 협박을 통해 재산을 가로채는 범죄이다. 대부분의 경우에 폭력이 강도 사건의 구성 요소가 되기 때문에, 피해자가 상해를 입거나 살해되기도 한다. 강도는 일반적으로 도시범죄이다. 다른 법률용어와 마찬가지로, 강도의 정확한 정의는 관할권에 따라 다양하다.

무력은 강도를 횡령, 절도 같은 유형의 도난과 구별하는 요소이다. 무장강도는 범죄에 무기를 사용하는 것이다. 노상강도는 실외와 공공장소에서 벌어진다. 차량 탈취는 피해자로부터 차량을 훔치는 행위로, 보통 총으로 위협하여 탈취한다. 은행 강도는 은행 같은 금융기관을 대상으로 하는 범죄행위다.

주요 특징

피해자 분석 __ 강도 사건의 피해자는 개인이나 집단일 수 있다. 사건 장소도 집, 은행, 가게 등 현금이 있는 장소면 어디든 될 수 있다. 강도의 목적은 일반적으로 현금이다.

피해자의 위험 요소는 처한 상황에 따라 다르다. 피해자를 위험에 빠뜨리는 것은 강도의 상황 인식이다. 강도의 입장에서 보면 피해자와의 관계나 범죄에 대한 지식 여하에 따라 위험도가 달라진다.

빈번하게 보고되는 범죄 현장 지표 __ 강도는 보통 범죄 현장에 머무는 시간을 최소화하려 한다. 통상 강도는 무기나 폭탄 같은 위협 물건을 현장에 가져온다. 강도와 피해자 간의 의사소통은 최소한으로만, 구두 또는 서면으로 이뤄질 때도 있다.

조작 __ 조작은 전형적이지 않다.

공통적인 포렌식 검증 __ 은행 강도 사건에서는 분석이 필요한 쪽지가 현장에 남겨져 있는 경우가 있다. 피해자가 결박된 경우에는 구속에 사용된 도구가 있을 것이다.

수사 주안점

강도는 보통 미리 계획된다. 사건 당시는 물론이고 강도가 일어나기 전과 후의 건물 CCTV 테이프나 파일부터 확보해야 한다. 이 자료는 언론 보도나 용의자 몽타주 제작에도 필수적이다. 목격자의 증언도 주의 깊게 확보한다.

수색영장 제안 사항

도난당한 물품에 대한 수색을 진행한다. 은행 강도 사건에서는 옷이나 현장 주변에서 마킹 염료가 발견될 것이다.

은행 강도는 보통 한 명의 범인이 단독으로 은행원에게 총기를 들이대며 구두나 쪽지로 돈을 내놓으라고 요구하는 범죄이다. 은행 강도 중 가장 위험한 유형은 중무장한 여러 명의 갱단 조직원들이 은행 내 모든 사람들의 목숨을 위협하는 탈취강도이다.

미국 최초의 은행 강도 사건은 1831년 3월 19일 뉴욕시 월스트리트에 위치한 씨티은행에서 에드워드 스미스가 24만 5천 달러를 훔친 사건이다. 그는 체포·기소되어 5년형을 선고 받고 싱싱교도소에 수감되었다.

오늘날에는 감시카메라, 잘 무장된 보안요원들, 무음 알람, 폭발형 염료팩, 특수무기와 전술(SWAT)팀 등 현대적 보안 조치들 덕분에 은행 강도의 성공률은 매우 낮다. 장기적으로 볼 때 은행 강도를 끝까지 성공시킨 범인들은 거의 없는데, 이는 범행을 시도할 때마다 정체가 탄로나고 체포될 가능성이 높아지기 때문이다.

오늘날에는 대부분의 조직범죄 집단이 마약 판매나 명의도용, 온라인 신용사기나 피싱 같은 다른 방법으로 자금을 마련하는 경향이 있다.

그러나 은행 강도는 여전히 흔하게 벌어지며 대부분의 강도들이 특정되고 체포되지만, 간혹 성공하는 경우도 있다. FBI 보고서에 따르면, 2001년 은행 강도 사건의 범인 체포 및 해결률은 살인 다음으로 두 번째였다.

배경 __ 이 사건은 1인 이상의 범인들이 저지른 이례적인 은행 강도 사건으로 널리 알려진 사례이다. 1956년 2월 20일생인 캠벨 허스트는 패티 허스트라는 이름으로 더 잘 알려진, '패트리샤 허스트 쇼'로 유명한 아메리칸 신문사의 상속녀이자 사교계 명사이다. 신문재벌 윌리엄 랜돌프 허스트의 손녀로 1974년 떠들썩한 납치 사건의 피해자였으나 얼마 지나지 않아 이것이 자작극임이 밝혀져 충격을 주었다. 그녀는 은행을 털었고, 감옥살이를 했다(이후 대통령 사면).

허스트는 캘리포니아의 샌마테오에서 랜돌프 애퍼슨 허스트의 다섯 딸 중 셋째로 태어났다. 그녀는 캘리포니아 힐스보로에 있는 샌프란시스코 교외의 부촌에서 성장하여 크리스털 스프링스 업랜즈 학교에 다녔다. 그녀는 1974년 2월 4일, 스무 번째 생일 직전에 납치되었다. 납치 장소는 약혼자인 스티븐 위드와 공동으로 사용하던 캘리포니아 버클리의 아파트였다. 그녀를 납치한 범인들은 심바이어니즈 해방군(SLA)이라는 도시 게릴라 테러조직이었다.

허스트를 수감된 조직원들과 맞바꾸려는 시도가 실패하자 SLA는 몸값을 요구했고, 그 결과 허스트 일가는 6백만 달러 상당의 식품을 베이 지역에 있는 빈곤층에 기부하게 되었다. 허스트는 이때까지 풀려나지 못했다.

피해자 분석 __ 피해자는 샌프란시스코 하이버니아 은행의 선셋 지점이었다.

범죄 현장 지표 __ 1974년 4월 14일, 패티 허스트가 하이버니아 은행 선셋 지점에서 강도 행각을 벌이며 돌격용 자동소총을 휘두르는 모습이 촬영되었다. 이후 타냐라는 필명으로 그녀의 이야기가 발표되었고, 그녀는 SLA의 대의를 위해 강도를 저질렀다고 밝혔다. 그녀에 대한 체포영장이 발부되었고, 1975년 9월 다른 조직원들과 함께 한 아파트에서 체포되었다.

포렌식 검증 __ 1976년 1월 15일 시작된 재판에서, 허스트는 눈가리개를 한 채 옷장 안에 갇혀 정신적·성적 학대를 당했으며, 이로 인해 SLA에 가입하게 되었다고 주장했다. 변호인은 허스트의 행동이 심한 스톡홀름증후군 때문이었다고 주장했다. '스톡홀름증후군'이란 인질이 범인에게 심리적으로 동조하는 현상을 가리킨다. 더 나아가, 허스트는 은행 강도에 가담한 것도 강압과 위협에 의한 것이었다고 주장했다.

결과 __ 변호사 F. 리 베일리가 패티 허스트를 변호했다. 그러나 허스트는 3월 20일 은행 강도로 유죄를 선고 받았다. 이 선고는 지미 카터 대통령에 의해 감형되어 허스트는 1979년 2월 1일 출소했다. 그리고 2001년 1월 20일, 빌 클린턴 대통령의 마지막 임기일에 일반사면을 받았다.

출소 이후 이전 경호원이던 버나드 쇼와 결혼하여 코네티컷에서 남편과 두 딸과 함께 살고 있다.

주거침입강도는 차량 탈취를 주거지로 옮겨 온 형태라고 볼 수 있다. 차량 탈취 범죄와 마찬가지로, 대부분의 기관은 주거침입 사건을 별개의 범죄 사건으로 추적하지 않는다. 집에 아무도 없었던 경우에는 거주지 절도, 거주자들이 집 안에 있었다면 강도로 규정된다. 주거침입 범죄는 비치명적 범죄로 시작되지만, 다음 사례에서처럼 폭행이나 살인으로 급변하기도 한다.

범죄 프로파일

주거절도범은 대부분 낮에 활동하며, 이때 거주자는 집을 비울 확률이 높다. 대부분의 절도범은 혼자 움직이며, 조건에 맞는 집과 적당한 기회를 잡고자 주변을 조사하는 경향이 있다. 절도범은 사람과 마주치는 것을 피할 것이며, 누군가 다가오면 보통 도주할 것이다. 대부분의 절도 사건은 범인이 궁지에 몰려 탈출하고자 무력을 사용하지 않는 한 폭력 사건으로 귀결되지 않는다.

이와 달리 주거침입강도범은 보통 집 안에 사람이 있을 확률이 높은 밤이나 주말에 활동하는 경우가 더 많다. 주거침입자가 주택뿐만 아니라 거주민을 표적으로 삼기도 한다. 여성이 홀로 사는 집, 부유한 노인 또는 잘 알려진 마약판매상의 거주지 등을 목표로 삼는다. 강도가 차량이나 보석을 노려 집까지 따라가는 일도 있다. 주거침입 범죄자 중에는 배달원, 설치 기술자 또는 개인주택 수리업자도 있다.

주택 강도범은 혼자 움직이는 경우는 드물고, 처음부터 통제력을 획득하고자 집주인에게 공포심을 유발할 압도적인 신체적 충돌에 의존한다. 보통 침입 직후 거주인과 직면하는 첫 60초 사이에 심각한 폭력이 발생한다. 침입자들은 수갑, 밧줄, 덕 테이프, 총기를 준비해 오는 경우가 많다. 주택 강도 중에는 위협, 지배, 폭력을 즐기는 것처럼 보이는 범인들도 있으며, 범행 시 아드레날린 분출을 경험한다고 하는 범인들도 있다(McGoey, 2012).

위험한 경향

주택 침입 행위는 자동차 탈취와 마찬가지로 폭력의 상승작용을 보인다. 그 이유도 유사하다. 과거 강도들의 목표물이던 편의점이나 패스트푸드 레스토랑 같은 곳은 범죄에 대한 대비가 철저해졌고, 사업장 내에 보관하는 현금 액수도 줄였다. 기술의 발전으로 상업 시설들이 비교적 저렴한 비용으로 비디오감시 시스템과 무음 알람 등 범죄 예방 장비들을 설치하게 되면서, 그에 비해 예방 시스템이 허술한 주택이 범죄자들에게 더 매력적인 선택지가 되고 있다.

주택 침입자들은 오히려 집 안에 사람이 있을 때에는 알람 시스템이나 비디오카메라, 무음 알람 등을 염려할 필요가 없다는 것을 안다. 상업 시설과 달리, 일단 집 안에 들어가기만 하면 '안전'하다는 것을 안다. 일단 주택에 침입해 통제력만 확보하면, 거주자들을 협박해 금고를 열고, 숨겨 둔 귀중품 위치를 확인하고, 가족 소유 자동차 열쇠를 빼앗고, 현큼카드 비밀번호를 알아낼 수 있다. 침입자들은 전화기를 빼앗아 탈출 시간을 벌고, 피해자들을 결박하거나 옴짝달싹하지 못하게 만든 뒤 도망친다. 피해자의 차에 귀중품을 싣고 달아나 버리기도 한다(Mc.Goey, 2012).

범행수법(MO)

가장 흔한 공격 개시 지점은 현관문이나 주차장 창고이다. 간단히 문을 걷어차 열고 집 안에 있는 사람과 마주치기도 한다. 이보다 더 흔한 수법은 문을 두드리거나 초인종을 누르는 것이다. 이때 거주자가 별 질문 없이 문을 열어 주는 것이 베스트 시나리오이다.

간혹 거주자들이 자발적으로 문을 열게끔 책략을 쓰거나 일종의 연기를 하기도 한다. 물건이나 꽃을 배달하는 척한다든지, 주차된 차에 부딪혔다고 거짓말을 하기도 한다. 문이 일단 열리면, 침입자들은 폭발적인 힘을 사용하고 고함을 질러 피해자들의 기를 죽이고 통제권을 획득한다. 거주자들을 제압하고 나면 귀중품을 챙긴다(McGoey, 2012).

드물게는 집주인을 결박해 놓고 수시간 동안 집 안을 뒤지는 경우도 있다. 범행 중에 식사를 하고 TV를 보거나 낮잠을 자는 경우도 있다. 이런 사건에서 피해자들이 느끼는 공포는 강도가 성폭행이나 살인 같은 더 높은 수준의 폭력을 저지를지도 모른다는 불확실성에서 나온다. 개중에는 피해자를 납치하여 ATM 기계에서 현금을 뽑게 하거나, 소규모 상점으로 끌고 가 강도짓을 시키는 경우도 있다.

사례 연구 **422 페티 일가 3중 살인사건**

2007년 7월 22일 늦은 오후, 페티 부인과 그의 딸은 동네 식료품점에 식료품을 사러 갔다. 그들은 두 남자가 자신들을 표적으로 삼고 집까지 따라왔다는 사실을 눈치채지 못했다.

다음 날 이른 아침, 범인들이 집 안에 침입해 보니 페티 박사가 현관

소파에서 자고 있었다. 범인 중 한 명이 야구방망이로 집주인의 머리를 가격하고, 총을 들이대며 위협해 저장실에 가뒀다. 부인과 아이들은 결박해 각자의 방에 가뒀다. 집 안에서 찾아낸 현금 액수에 불만을 느끼던 범인들은 큰 액수가 들어 있는 것으로 보이는 통장을 발견했다. 페티 부인은 아이들을 범인들과 함께 두고 돈을 찾으러 은행으로 운전해 갔다. 부인은 은행원에게 사정을 이야기했고, 은행원은 911에 신고했다. 부인은 다시 집으로 돌아갔고, 페티 박사는 스스로 결박을 풀어 이웃에 도움을 청했으나 부인과 딸들이 강간당한 후 살해된 후였다. 경찰은 페티 일가의 차를 타고 도주하던 스티븐 헤이즈와 조슈아 코미사르옙스키를 체포했다.

헤이즈와 코미사르옙스키는 유죄판결을 받았고, 배심원단은 사형 구형을 권고했다. 코네티컷주 사법기관은 주 사법 역사상 처음으로 3회의 살인 재판에 참여한 배심원들에게 외상후스트레스 지원을 제공했다. 2개월에 걸친 재판 기간 동안 끔찍한 사진 자료를 보고 소름 끼치는 증언을 들어야 했던 배심원들의 정신건강을 배려한 조치였다.

절도는 비대면 재산범죄로 집에 아무도 없을 때 벌어진다. 절도는 그 피해자에게 취약하고 유린당했다는 감정이 들게 한다.

주요 특징

피해자 분석 __ 피해 대상은 재산이다. 주택과 아파트 절도의 대부분이 거주자가 직장이나 학교에 간 낮 시간에 발생한다. 7~8월 여름에 가장 많이 발생하고, 2월에 가장 적게 발생한다.

빈번하게 보고되는 범죄 현장 지표 절도는 쉽게 현금화할 수 있는 작고 값나가는 물건을 찾는 25세 이하 젊은 남성에 의해 가장 빈번하게 발생한다. 그들이 선호하는 물품은 현금, 보석, 총, 시계, 노트북컴퓨터, VCR, 비디오 플레이어, CD 등 작은 전자기기 등이다. 급전의 용처는 생활비나 마약 구매이다.

공통적인 포렌식 검증 __ 절도범의 70퍼센트가 주택 침입 시 무력을 사용하지만, 그들이 선호하는 방법은 열린 문이나 창문을 통해 집 안으로 들어가는 것이다. 스크류 드라이버, 채널락 플라이어, 소형 쇠지렛대, 소형 망치와 같은 평범한 가정용 공구들이 가장 많이 사용된다. 신고된 절도 사건의 13퍼센트 정도만 해결되고, 현장 검거는 거의 없기 때문에 절도는 계속 늘어나고 있다.

특정 범죄로 유죄판결을 받은 흉악범들의 샘플을 포함한 주 DNA 데이터베이스로 성범죄를 저지르는 페티시 절도범들의 데이터가 축적된 상태이다. 체액이 발견되면 통합 DNA 색인시스템(CODIS)으로 분석해야 한다.

수사 주안점

주택 절도 사건은 발생 시에는 무작위적으로 보이더라도, 실제로는 대상 선정 과정과 관련되어 있다. 절도범의 범행 대상 선정 기준은 간단하다. 가장 쉽게 들어갈 수 있고, 훔칠 것이 많으며, 가장 좋은 탈출로를 가진 빈집을 고르는 것이다.

모든 절도는 불법으로 주택에 침입하여 다른 사람 소유의 물건이나 재산을 훔치지만, 그 동기는 절도범마다 다르다. 범죄적 이득을 노리는 절도의 동기는 경제적 이익이고, 페티시적 절도의 동기는 성적인 것이다. 이 두 가지 동기가 모두 작동하는 경우도 있다. 속옷 도둑을 그저 성가신 범인으로 낮잡아 보지 말아야 한다. 그들의 동기는 가벼운 것이 아니라 타인을 성적으로 해하려는 심각한 의도나 동기를 나타낼 수 있다. 페티시 절도범의 동기는 훔친 물품(란제리 속옷이나 가죽 옷)이 전달하는 성적으로 자극적인 이미지와 그런 행위를 할 때 경험하는 생리적 각성으로 구성된다. 페티시 절도범의 동기는 은밀하고 특정한(아마도 성적인) 환상의 내용이나 주제와 관련되어 있다. 일반적인 성범죄자와 유사하게, 페티시 절도범도 경찰이 개입하지 않으면 범죄를 멈출 가능성이 낮다. 동기를 부여하는 자극이 무엇인지 알아내는 것이 해당 범죄와 범죄자를 이해하고 사회에 끼칠 위험을 평가하는 핵심 요소이다.

수색영장 제안 사항

페티시적 물품을 포함한 도난 물품을 수색해야 한다.

미국에서는 주 관할권마다 법적 정의가 다양하지만, 가중폭행은 범인의 의도(살해 또는 강간), 피해자에게 가한 상해 정도, 치명적 무기 사용으로 단순폭행과 구분된다. 가중폭행의 형량은 심각한 상해 정도와 악의적 의도를 반영하여 일반적으로 더 엄격하다.

주요 특징

피해자 분석 __ 피해자는 어린이나 노인, 일반 성인일 수 있다. 범인은 피해자의 신체에 일부러 혹은 무모하게 상해를 입힌다. 이는 피해자에 대한 냉담한 무관심을 보여 준다.

빈번하게 보고되는 범죄 현장 지표 __ 범인은 치명적인 무기를 사용해 신체적 상해를 입힌다.

공통적인 포렌식 검증 __ (손, 주먹, 발과 같은) 신체의 일부인 무기를 사용한 가중폭행범은 26.9퍼센트, 총기를 사용한 범인은 19.1퍼센트, 칼이나 날붙이를 사용한 범인은 18.2퍼센트였다. 그 외 가중폭행에서 다른 종류의 무기를 사용한 비율은 35.9퍼센트였다.

조작 __ 폭행을 사고처럼 보이도록 조작할 수 있다. 아이를 때려 놓고 아이가 넘어졌다고 진술하는 경우이다.

수사 주안점

진술의 진위 파악을 위해 다수의 증인을 신중하게 면담해야 한다. 특히 가족구성원이나 보호자에 의한 폭행, 학대 사례는 더 신중하게 접근해야 한다.

수색영장 제안 사항

피해자 결박에 사용된 밧줄이나 벨트, 피해자 구타에 사용된 벨트 같은
무기를 수색한다. 용의자의 집과 차량을 수색할 수 있다.

신체침해〔구타〕 범죄는 상해나 다른 사람에게 신체적 해를 입힐 가능성이 높은 방식으로 접촉하는 것을 말한다. 이는 그 손상 정도에 따라 단계별로 세분화된다.

- 단순 신체침해는 부상 발생 여부와 무관하게, 합의하지 않은 모든 형태의 유해하거나 모욕적인 접촉을 포함한다.
- 성적 신체침해는 타인의 은밀한 부위를 합의하지 않고 접촉하는 행위다.
- 가정폭력 신체침해는 특정 수준 이상의 관계를 가진 사람들 간의 범위로 한정된다. 이 범죄와 관련된 법령은 가정폭력 문제에 대한 인식이 높아지면서 제정되었다.
- 가중 신체침해는 일반적으로 중죄 수준의 심각한 범죄로 간주된다. 피해자의 사지가 상실되거나, 다른 형태로 피해자가 영구히 신체적 훼손을 입은 경우이다. 가중폭행 범주 안에 포함시키는 경우도 있다.

사법관할권에 따라, 상대방의 허락 없이 신체적 분비물을 다른 사람에게 겨냥하는 것을 신체침해에 포함시키는 지역도 있다. 이것이 자동적으로 가중 신체침해로 간주되는 관할권도 있다.

신체침해와 폭행이 다른 점은, A가 B를 쫓아가 머리에 주먹을 휘두르는 것이 폭행이고, A가 실제로 B를 때리는 행위가 신체침해이다.

대부분의 미국 사법관할권에서는, 신체침해 범죄를 기소하려면 가해자의 정신상태(범의犯意: 죄를 저지를 뜻)에 관한 증명을 제시해야 한다.

사례 연구 **450 신체침해/학대**

배경 __ 아이(캘럽)의 아빠는 의사에게 자기 부부가 8개월간 별거 중이고, 아기는 아빠인 자신과 거의 대부분의 시간을 보낸다고 했다. 그런데 다른 남자의 아이를 임신 중인 아이 엄마가 최근 들어 부쩍 아이를 보고 싶어 했다고 했다. 사건 당일 저녁, 아이는 엄마와 함께 있었다. 아빠는 저녁 6시쯤 아이를 엄마에게 데려다주었고, 그 다음 날 새벽 5시 30분에 데리러 갔다. 아이의 엄마는 어머니와 함께 살았다. 아빠가 아이를 데려다줬을 때 그 집에는 아이 엄마의 새 남자친구가 와 있었는데, 다음 날 아이를 데리러 갔을 때에는 그 남자가 보이지 않았다.

피해자 분석 __ 아이의 아빠가 신체적 학대가 의심된다며 아이를 응급실에 데리고 갔을 때 아이는 16개월이었다.

범죄 현장 지표 __ 아이 엄마의 집에 아이를 데리러 간 아빠는 아이의 왼쪽 뺨에서 붉은 점들을 발견했다. 그것을 음식물이라 여기고 닦아내려 했지만, 닦이지 않았다. 아이 엄마는 아이가 카펫에 알러지 반응을 보였다고 했다. 아빠는 아이를 어린이집에 데려갔다가 아이의 얼굴에서 손자국 같은 흔적을 감지했다. 아빠는 소아과의사를 불렀고, 의사는 아이를 병원으로 데려가라고 했다. 아빠는 의사에게 아이가 걸음마 이후에 자주 넘어지기는 해도 멍이 든 적은 없다고 했다.

포렌식 검증 __ 검진 결과, 점상출혈 부위는 5×10센티미터 크기로, 붉은 선 자국이 여러 개 나 있었다. 손자국으로 보이는 신체적 학대였다. 아이의 전신을 X레이 검사한 결과, 다른 부상은 발견되지 않았다. 아동보호국Child Protective Service(CPS)에 이 사실이 접수되어 경찰로 전달되었다.

수사 __ CPS 사회복지사는 아이를 학대한 사람을 확인하려고 4개월 간 아이의 부모에게 여러 차례 전화를 걸었지만, 통화에 성공하지 못 했다. 사회복지사는 7월에 아이의 부모와 외할머니를 같이 불러 이야 기를 나눴다. 모두 아이 엄마가 아이를 때렸을 거라고 믿지 않았으나 다른 설명을 내놓지 못했다. 사회복지사는 이 일에 아이 엄마의 남자 친구가 관련되어 있고, 아이를 데리고 있을 때 양쪽 부모 모두에게 아이 보호 책임이 있다고 보고서를 작성했다. 아동학대 조사 필요성 이 있었지만, 이 의뢰는 그대로 종결되었다.

12월 27일, 아이 엄마의 남자친구가 911로 전화를 걸어 아이가 숨을 쉬지 않는다고 했다. 구조대원이 출동했으나, 아이는 살아나지 못했 다. 이 남자는 살인으로 기소되었다.

결과 __ 수사 결과, 다음과 같은 사실이 드러났다.

- 아이의 엄마는 남자친구에게 학대당하고 있었다. 아이 엄마는 남 자친구에게 네 차례 학대당했다고 인정했다. 남자친구는 수차례 폭력을 휘둘렀다고 인정했으며, 분노조절 문제가 있다고 했다.

- 남자친구는 성범죄자로 등록되어 있었다. 그는 자신의 주소지를 보고하지 않았고, 보호관찰 명령을 받았다. 이 정보는 아이 살해사 건에 대한 신문 기사에 실렸다.

- 관련하여 남자친구의 범죄 경력이 신문에 보도되었다. 미성년자 약 취, 도난재산 관련 절도, 코카인 판매 준비, 위조 등이었다. 자동차 번호판을 제대로 보이지 않도록 달고 다니다가 걸린 적도 있었다.

- 아이의 엄마는 아이가 사망하기 전 수개월 동안 우울감을 느꼈다 고 인정했다. X레이와 부검을 통해 아이가 사망 약 7~10일 전에 두부에 손상을 입었음이 확인되었다.

- 아이의 두개골에 난 부상 흔적에 일치하는 L자 모양의 무기를 찾고자 아이 엄마의 집을 수색한 경찰은 남자친구 소유의 장전된 총을 발견했다.

이는 CPS와 경찰 사이의 빈틈에서 벌어진 사건이다. 양 기관의 협조와 정보 공유만 잘되었더라면 아동학대를 막을 수 있었다.

사례 연구 **450 신체침해/학대**

배경 __ 범인은 50세 흑인 남성 B로, 그와 동거하던 39세 백인 여성 J가 피해를 신고했다. 당시 10살이던 딸은 출생 시점까지 거슬러 올라간 학대 기록이 있었다. 교사인 아이의 엄마는 경찰에 신고하거나 기관에 학대를 신고한 적이 없었다. 아이 엄마는 최소한 두 차례 동거인의 손자국이 뚜렷한 부상을 입어 출근하지 못했다. 감독자를 포함한 동료들은 멍 자국을 의심했으나 신고를 하지는 않았다.

피해자 분석 __ J는 2004년 7월 심각하게 공격당했으나 5일이 지나도록 병원에 가지 않았다. 동거인인 B가 신고하면 자신의 전과가 줄줄이 나올 것이며, 자기도 J를 사기죄로 신고하겠다고 위협했기 때문이다. B는 최소 한 차례 이상의 가정폭력을 포함한 전과가 있었다. 당시 피해자에게는 딸이 하나 있었는데, B의 딸은 아니었다. 이 사건은 재판까지 갔으나 B는 경범죄로만 유죄를 받고, 기소되었던 여러 건의 중죄에 대해서는 유죄판결을 받지 않았다.

범죄 현장 지표 __ 폭행으로 입원한 당시 J는 다음과 같이 증언했다.

B는 언어적 학대와 신체적 학대를 동시에 가했다. 그는 그녀가 일을 망쳐 버린다며 등과 머리를 때리고, 질책했고, 꼼짝 말고 서서 팔을 아래로 내린 채 있으라고 명령했으며, 복부를 때리고, 누워서 다리를 벌리라고 했고, 공공장소에서 전기선으로 피해자의 다리를 때렸고, 피해자를 죽이고 싶다고 말했다. 학교에서도 피해자의 무능을 알게 되면 직장을 잃을 것이라 했다.

한번은 B가 피해자의 얼굴을 가격해 두 눈에 멍이 들고 잇몸이 부어오른 적도 있었다. 당시 피해자는 할머니를 2주 동안 만나러 간다고 학교에 거짓말을 했다. 피해자는 요리하는 방법이 마음에 들지 않는다고, 셔츠를 제대로 세탁하지 않는다고, 겁쟁이처럼 말한다고 구타당했다. 당시 사정을 들은 의사는 B에게서 떠나라고 조언했다.

그러나 J는 동거인의 행동을 합리화하며 그가 변할 거라고 믿었다. 그녀는 성공하고자 하는 그의 꿈을 망치고 싶지 않았다. J는 딸 때문에 B와 살았고, 딸이 학대 사실을 모르기를 바랐다.

폭행 사건은 7월에 벌어졌다. 그녀가 아이의 과일 그릇을 제대로 씻지 않았다는 이유였다. B는 그릇을 제대로 씻는 방법을 모른다며 J를 구타했다. 바닥에 쓰러진 그녀의 복부를 걷어차고, 바닥 타일에 그녀의 머리를 내동댕이쳤다. J는 그릇을 씻으러 되돌아갔지만, 엄청난 통증을 느꼈고, 눈앞에 섬광을 보았으며, 열이 심하게 났다. 욕실로 가서 수차례 녹색 액체를 토했다. B는 억지로 J를 일으켜 세웠지만, 그녀는 제대로 서지도 못했다. 다음 날에도 J는 계속 토했다. 같은 증상이 수일간 지속됐지만, B는 J가 관심을 돌리려 한다며 아파트를 나가지 못하게 했다. 5일째 되던 날, B가 딸을 데리고 외출한 뒤에야 J는 응급실에 갈 수 있었다. 그녀의 상태는 매우 심각해서 의사는 다른 주에 살고 있던 그녀의 어머니에게 전화해 딸이 목숨을 부지하기 어려울 것 같다고 말했다.

포렌식 검증 __ 췌장 외상과 복막염 진단이 나왔다. J의 췌장은 두 동강이 나 있었다. 괴사된 부분을 제거하고 비장까지 제거했다. J는 수술 후 저인슐린 혈증과 수술 후 감염 치료를 받았다. 입원 후 2주가 지나서야 J는 가정폭력에 대해 병원 직원에게 이야기했다.

수사 __ 아동보호국 CPS는 딸을 검진해 아동학대 가능성을 확인했으나, 멍이나 부상은 발견되지 않았다. B는 살인미수로 체포되었다. J는 병원에서 이 기소를 동의했다. 그러나 퇴원하자마자 B와 자신을 위해 각각 변호사를 고용하고, 검사와의 대화를 거부했다.

결과 __ 증인 불출석으로 시로이스 청문회Sirois hearing*가 열려, 이 사건에서 가정폭력의 요소를 증명할 수 있는지 전문가 증언을 듣고 판단하기로 했다. 담당 판사는 가정폭력 이론과 역동에 대한 연구 근거가 충분한지 확인한 후 재판에서 전문가 증언을 허가했다. 질문을 최소화한 재판에서 J 는 B를 감옥에 보내는 역할을 하고 싶지 않다고 진술했다. 그러나 결국 유죄가 선고되어 B는 10년형을 받았다.

---

* 검사 측 증인이 재판에서 증언할 수 없게 되거나 증언을 거부할 때, 검찰이 이것이 피고인의 위법행위 때문이라고 주장할 때 열리는 법적 청문회. 증인의 불출석 책임이 피고인에게 있음을 입증하면 증인의 이전 진술을 공판에서 소개할 수 있다.

450 신체침해/학대

레너드 모겐베서 제공

피해자 분석 __ 2004년 7월 10일 이른 아침, 73세의 피해 여성은 유리가 깨지는 소리에 잠에서 깼다. 방문을 열자, 한 남자가 침실로 들어와 피해자의 입을 틀어막았다.

범죄 현장 지표 __ 공격자는 스페인어를 구사했다. 피해자는 4월 정원 조경공사 때 만난 사람임을 알아챘다. 남성이 다소 흥분을 가라앉히자, 피해자는 가족사진을 보여 주며 이야기를 나누고 먹을 것을 주었다.

포렌식 검증 __ 남성은 바나나를 먹고 우유를 조금 마신 후 잠들었다. 잠에서 깬 후 옷을 벗고 욕실을 사용하고는 다시 잠들었다. 깨진 유리와 그의 옷뿐 아니라 우유 잔에서도 지문이 채취되었다.

수사 __ 피해자는 욕실에 들어가 문을 잠근 뒤 딸에게 전화를 걸었고, 딸이 경찰에 신고했다. 경찰은 집 주변에 흩어져 있던 공격자의 옷가지를 찾아냈다. 그는 운동복 바지를 입고 있었는데, 주머니에 콘돔이 들어 있었다. 그는 경찰에서 보석을 훔치려 했다고 진술했다.

결과 __ 25세의 불법침입자는 바스퀘즈 가르시아라는 인물로, 2건의 주거 강도로 유죄판결을 받았다. 한 건은 노인을 불법감금한 것이고, 다른 한 건은 노인 학대였다. 두 건의 강도 사건 중 한 건은 78세의 여성이 유사한 사건이 또 일어난 것을 알고 뒤늦게 신고했다. 재판에서 신고자는 가르시아가 2004년 자신의 정원 공사 때에도 똑같이 욕실을 사용한 뒤 알몸을 노출했다고 증언했다.

배심원단은 이 사건이 노인 학대에 해당하는지를 두고 고심했다. 결국 피고인은 4년 4개월 형을 선고 받았다.

McGoey, C. E. (2012). *Home invasion robbery: Protecting your family with a security plan.* Retrieved August 12, 2012, from www.crimedoctor.com/homeinvasion.htm

Tarasoff v. Regents of University of California, 551 P.2d 334 (Cal. 1976).

14장
컴퓨터범죄

컴퓨터 관련 범죄는 새롭게 부상한 범죄 범주이다. 미 연방검찰청의 '컴퓨터 해킹과 지적재산권 부문'은 고도의 기술과 지적재산권 관련 범죄를 기소하고자 신설되었다. 지적재산권 관련 범죄에는 타인의 컴퓨터에 침입하는 행위, 서비스 거부 공격, 바이러스, 웜 확산, 인터넷 사기, 통신 사기 등이 있다.

이제는 컴퓨터가 범죄의 표적이 될 수 있으며, 해당 컴퓨터 사용자가 범죄 피해자가 될 수 있다. 컴퓨터 안에 보관된 정보 역시 표적이 될 수 있다. 오늘날에는 이익을 목적으로 하는 범죄들도 컴퓨터를 사용하며, 범죄자들도 범죄를 저지르기 위해 부수적으로 컴퓨터를 사용한다.

컴퓨터범죄는 범죄의 표적이 컴퓨터인 경우(510), 컴퓨터 사용자가 표적인 경우(520), 이익 목적의 범죄(530), 인터넷을 통한 위협 행위(540) 등 크게 4가지 영역으로 나눌 수 있다. 이익을 목적으로 하는 범죄에서는 컴퓨터가 범죄를 실행하는 무기로 사용되거나 범죄에 부수적으로 활용된다. 인터넷을 통한 위협 행위는 재물을 강탈하는 것뿐만 아니라 스토킹도 포함한다.

컴퓨터가 범죄의 표적이 되는 경우에는 컴퓨터 자체가 범죄의 '피해자'
가 된다. 컴퓨터 전체 혹은 컴퓨터의 부속품(하드드라이브, 모니터, 소프
트웨어)이 도난당하는 경우이다. 이 범죄들은 컴퓨터 자체가 범죄의 표
적이지만 도난이나 절도로 분류되며, 510으로 분류되지 않는다. 컴퓨터
표적 범죄는 컴퓨터의 사용자나 컴퓨터에 저장된 데이터, 컴퓨터의 소
프트웨어 또는 지적재산권이나 컴퓨터 상의 비밀 거래 등이 표적이 된
경우를 가리킨다. 소프트웨어 프로그램이 표적 컴퓨터를 대상으로 개발
되기도 한다. 이러한 프로그램들은 다양한 이름으로 불린다. 바이러스,
웜, 트로이목마, 스파이웨어, 악성 소프트웨어 등은 악성 소프트웨어 범
주에 속한다. 컴퓨터바이러스와 웜, 트로이목마를 개발하고 확산시키는
범죄자들은 해커로 알려져 있다.

주요 특징

바이러스와 웜, 트로이목마와 같은 악성 소프트웨어들은 컴퓨터나 컴퓨터에 설치되어 있는 소프트웨어를 표적으로 컴퓨터를 공격하려는 목적을 가지고 있다.

바이러스는 프로그램이나 이메일 속에 악성코드를 심어 컴퓨터 하드웨어나 소프트웨어를 공격한다.

웜worm 은 컴퓨터 파일과 프로그램을 공격하거나 컴퓨터 속도를 느리게 하는 코드로, 다른 프로그램이나 애플리케이션을 통해 전달된다. 대개는 이메일로 전달된다. 바이러스와 웜은 원래 제거할 수 있는 미디어로 전달되었지만, 최근에는 이메일과 이메일 첨부파일, 인터넷의 무료 프로그램에서도 발견된다. 사진 파일에 심겨 전달되기도 한다.

컴퓨터를 장악할 목적으로 설치되는 트로이목마는 컴퓨터 사용자 몰래 제3자에게 정보를 빼돌린다. 트로이목마는 개인정보 절도(521 참고)를 목적으로 사용된다. 트로이목마에는 사용자의 입력 정보를 빼내어 개인정보와 금융 정보를 검색하는 유형도 있다. 이런 프로그램 유형을 '키(보드) 자동기록기'라고 한다. '키 자동기록기'는 사용자인 척하며 사용자의 계좌번호를 알아내는 데 사용될 수 있다. 또 다른 유형의 트로이목마는 사용자의 시스템을 스팸 발생기로 변환시키는 것이다. 스팸에 감염된 컴퓨터로 (신호가) 전송되면, 컴퓨터에 저장되어 있는 주소록에 있는 모든 이들에게 스팸을 전달한다.

'논리폭탄'이라는 프로그램도 있는데, 이것은 특정 사건이 발생하면 데이터나 캐쉬 시스템을 파괴한다. 초기에 '쿠키 몬스터'라는 폭탄이 있었는데, 이것은 감염되면 컴퓨터 모니터 화면에 "쿠키! 쿠키! 쿠키! 쿠키!"라는 문구가 나타나게 했다. 만약 사용자가 자판으로 쿠키Cookie라는 단어를 빠르게 치지 못하면, 컴퓨터시스템에 있는 파일을 파괴하거나 "먹었다". 프로그래머의 사회보장번호를 검색하다가 검색에 실패하면 컴퓨터 안에 저장된 모든 급여 기록을 파괴하는 폭탄도 있었다.

피해자 분석 __ 피해자는 모든 종류의 컴퓨터로, 특히 인터넷에 연결된 개인용컴퓨터들이다. 악성 소프트웨어는 인터넷을 통해 컴퓨터 디스크, CD롬, 플래시카드 등 다양한 컴퓨터 저장매체에 전염될 수 있다.

공통된 포렌식 검증 __ 표적이 된 컴퓨터는 내장돼 있던 파일이 사라지거나 반응 속도와 운영 속도가 느려지며, 바이러스 치료 프로그램에 접속할 수 없거나 컴퓨터를 아예 시동조차 할 수 없게 된다. 범인의 컴퓨터에는 악성 소프트웨어 프로그램 개발 도구와 악성 소프트웨어의 사본이 있을 것이다. 타인의 컴퓨터에 트로이목마 프로그램을 심은 범인의 컴퓨터에는 바이러스를 성공적으로 심은 주소록이 있을 것이고, 범인의 컴퓨터데이터는 암호화되어 있을 것이다.

수사 주안점

표적이 된 컴퓨터는 다른 컴퓨터나 인터넷 서비스로 악성 소프트웨어 검사를 해야 한다. 범인의 컴퓨터는 플러그를 뽑아 두어야 하며(켜지 않아야 하며, 켜져 있다면 끄지 않아야 함), 검증된 시설로 옮겨 하드드라이브를 꺼내 다른 컴퓨터를 사용해 '특별 소프트웨어'로 드라이브 검사를 실시해야 한다. 이 소프트웨어는 디스크의 실행 프로그램 없이도 디스크에서 1과 0의 패턴을 읽어 낸다. 범인들은 전형적으로 부팅하는 동안(컴퓨터를 켤 때) 작동하는 프로그램을 설치하고, 이 프로그램은 특별한 비밀번호나 절차를 요구한다. 그리고 비밀번호를 잘못 치거나 절차가 제대로 지켜지지 않으면 악성 소프트웨어 개발과 관련된 모든 파일을 삭제해 버린다.

수색영장 제안 사항

사이버범죄 현장은 피해자의 컴퓨터와 잠재적 용의자의 컴퓨터를 포함한다. 증거 수집은 법원 명령에 따라 이뤄져야 하고, 인터넷서비스제공자(ISP)로부터의 증거 수집을 승인하는 영장판사에게 공식 문서를 제출해야 한다. 검색 프로세스의 성공 여부는 특정 ISP의 개인 고객 기록 유지 기간에 달려 있다. 범죄에 관한 정보는 관련자들의 컴퓨터 속에 비트와 바이트의 형태로 저장되어 있다. 정교한 사이버범죄자들은 고난도의 비트와 바이트 조작 기술로 경찰의 추적을 어렵게 한다.

　범인의 거소(위치)에 대한 압수수색영장은 모든 컴퓨터와 모든 형식의 컴퓨터 저장매체를 포함해야 한다. 저장매체에는 디스크, 데이터 CD롬, DVD, 자기테이프, 외장하드, 미니 드라이브(메모리스틱), 플래시메모리 모듈, 프로그래밍 문서, 이메일 주소(악성코드 개발 프로그램의 소스일 수 있는), 컴퓨터와 주변장치, 프로그램 CD롬 등이 있다. 수색영장에는 범인의 인터넷계정도 포함시켜야 한다.

컴퓨터데이터를 표적으로 삼는 범죄란 데이터를 변환시키거나 다른 데이터로 교체하는 행위, 컴퓨터에 새로운 데이터를 생성하는 등의 행위를 가리킨다. 급여 정보, 신용 기록, 주식 정보와 같은 데이터들이 이런 범죄의 전형적인 표적이다. 정상 데이터를 사기성 데이터로 변환·교체·생성하여 기업 정보를 조작하거나, 허위 세금 환급 내역을 조작하는 증권 사기와 송금 사기도 이에 속한다. 이익 목적 범죄(530)로도 분류할 수 있다. 컴퓨터에서 소프트웨어와 지적재산을 절도하는 행위도 컴퓨터데이터 표적 범죄에 속한다. 컴퓨터가 아닌 기타 전자매체로 이런 행위를 하는 경우에는 절도죄나 이익 목적 범죄(530)로 분류된다.

주요 특징

피해자 분석 __ 이 범죄의 피해자는 컴퓨터와 컴퓨터가 저장하고 있는 데이터이다. 특히 인터넷에 연결된 개인용컴퓨터가 주요 범죄 대상이다. 악성 소프트웨어가 인터넷, 이메일, 스팸메일, 컴퓨터 디스크, CD롬, 플래시카드, 컴퓨터 저장매체 등 여러 형식으로 전파될 수 있다.

공통된 포렌식 검증 __ 데이터가 백업되어 있다면, 즉 데이터가 다른 컴퓨터나 CD롬, 컴퓨터 디스크, 자기테이프 등에 보관되어 있다면, 무엇이 바뀌었든지 추적 프로그램을 이용해 컴퓨터데이터의 변경 내역을 찾아낼 수 있다. 데이터 변경 내역은 범인을 찾는 실마리를 제공한다.

수사 주안점

표적이 된 컴퓨터는 하드드라이브를 분리하여 변경 데이터를 추적하기 전에, 트로이목마 등 악성 바이러스 오염 여부부터 검사한다.

수색영장 제안 사항

관련 연구 결과에 따르면, 사이버범죄자들도 다른 범죄자들처럼 자신의 범죄를 기념하는 '기념품'을 남기고 싶어 한다. 사이버범죄자들은 자신의 범행 정보를 개인 문서로 보관하는 경향이 있다. 사진, 웹사이트, 이메일, 저장매체, 소프트웨어, 폴더 등에 이런 자료가 없는지 조사한다. 문서 기록에는 범인이 공격한 피해자 목록과 함께 각 피해자들에게 어떤 공격을 했는지를 부호로 표시한 문서도 있을 수 있다. 만일 정보가 암호화되어 있다면 전문가에게 가져가 해독한다.

범인의 거소(위치)에 대한 압수수색영장은 모든 컴퓨터와 모든 형식의 컴퓨터 저장매체를 포함해야 한다. 저장매체에는 디스크, 데이터 CD롬, DVD, 자기테이프, 외장하드, 미니 드라이브(메모리스틱), 플래시메모리 모듈, 프로그래밍 문서 이메일 주소(악성코드 개발 프로그램의 소스일 수 있음), 컴퓨터와 주변장치, 프로그램 CD롬 등이 있다. 범인의 인터넷계정 역시 수색영장에 포함해야 한다.

사례 연구 **512 표적이 된 컴퓨터데이터**

배경/피해자 분석 __ 올레그 제제브는 블룸버그 LP사*와 회사 고객에 관한 기밀 정보를 훔치려 한 죄목으로 기소되었다. 블룸버그 LP사는 다국적 금융데이터 회사로, 컴퓨터 네트워크를 통해 국제 금융단체 고객들에게 금융 정보와 거래 데이터를 제공하는 회사이다. 제제브는 이 정보를 이용해 블룸버그의 창립자 마이클 블룸버그에게 20만 달러를 내놓지 않으면 이 정보를 블룸버그 고객들과 미디어에 폭로하겠다고 위협했다. 제제브는 카자흐스탄 알마티에 있는 카즈코머츠 증권사에서 일하는 정보기술 수석관리자였다.

포렌식 검증 __ 이 협박 이메일은 제제브가 가짜 이름으로 등록한 핫메일 계정으로 발송되었다. 이 이메일을 역추적한 결과, 제제브가 일하는 카즈코머츠 증권사로 특정되었다. 협박 이메일을 받은 뒤 블룸버그의 컴퓨터 전문가들은 제제브가 어떻게 시스템에 침입했는지 파악하고, 이런 일이 재발하지 않도록 프로그램을 정비했다.

수사 __ 1999년 봄, 블룸버그는 카즈코머츠에 데이터베이스 서비스를 제공했다. 카즈코머츠는 블룸버그의 소프트웨어를 제공 받아 인터넷으로 블룸버그의 서비스에 접속했는데, 제때 비용을 지불하지 않아 이 서비스 접속이 취소되었다.

2000년 3월, 제제브는 블룸버그의 소프트웨어를 조작해 블룸버그 보안 시스템에 침투했다. 미승인 접속으로 블룸버그 컴퓨터시스템에 접속해서 블룸버그의 고객인 척했다. 2000년 3월 11일, 제제브는 블룸버그 컴퓨터시스템에 불법접속해 별도의 시간에 여러 계정에 접속했다. 여기에는 블룸버그의 직원과 고객의 계정뿐 아니라 마이클 블룸버그의 개인 계정도 포함되어 있었다. 제제브는 이 계정들로부터 얻은 정보를 복사했는데, 이메일의 받은편지함 캡처 화면과 마이클 블룸버그의 신용카드 번호, 블룸버그의 내부 기능 캡처 화면 등이 담겨 있었다. 제제브는 블룸버그 직원들만 접속할 수 있는 내부 정보도 복사했다.

2000년 3월 24일 재판에서 제시된 증거에 따르면, 제제브는 마이클 블룸버그에게 '알렉스'라는 가명을 사용해 카자흐스탄에서 이메일을 보냈다. 이 이메일에는 여러 가지 캡처 화면들이 포함되어 있었다. 이 캡처 화면들은 블룸버그 컴퓨터에서 복사한 것들로, 그가 어떠한 계정으로든 시스템에 접속할 수 있다는 물증이었다. 제제브는 돈을 요구하며 이렇게 협박했다. "세상에는 똑똑하지만 비열한 두뇌들이 있어서 당신의 시스템을 파괴하여 세계적 명성에 손해를 끼칠 것이다." 그리고 4월 17일 블룸버그에게 다시 이메일을 보내어 20만 달러를 송금하지 않으면 미디어와 블룸버그 고객들에게 정식 인증 없이도 블룸버그 컴퓨터시스템에 접수할 수 있다는 사실을 폭로하겠다고 협박했다.

마이클 블룸버그는 FBI의 지휘 아래 제제브에게 이메일을 보냈다. 돈을 받고 싶으면 런던에서 직접 만나 자신과 블룸버그 컴퓨터 전문가들에게 블룸버그 컴퓨터에 어떻게 침입했는지 설명하라고 요구했다. 제제브는 블룸버그를 만나러 런던으로 왔다. 2000년 8월 10일, 마이클 블룸버그와 블룸버그의 기술이사인 탐 시컨다, 블룸버그의 경호원으로 위장한 영국의 비밀요원이 제제브와 그의 동료 야리마카를 런던에서 만났다. 이 만남은 숨겨 놓은 비디오테이프로 녹화했다. 이 만남에서 제제브는 자신을 '알렉스'라고 소개했고, 마이클 블룸버그는 자신의 회사를 갈취하지 말라고 했다. 이 만남 직후 제제브는 체포되었고, 미국으로 인도되어 기소된 건에 대해 조사를 받게 되었다.

결과 __ 미국 지방법원에서 3주 이상의 배심원 심리를 거친 후인 2003년 2월 26일, 제제브는 블룸버그 LP 컴퓨터시스템 해킹과 관련해 기소된 4건(재물강요죄, 재물강요미수죄, 재물강요협박죄, 컴퓨터 침입 범죄)에 대해 모두 유죄평결을 받았다. 그리고 맨해튼 연방법원에서 4년 징역형을 선고 받았다.

이 범죄는 컴퓨터 서비스가 표적이 된다. 주로 여러 서비스를 제공하는 인터넷사이트가 이런 공격을 받는다.

주요 특징

피해자 분석 __ 피해자는 인터넷서비스제공자(ISP)(Google, Yahoo, MSN 등)와 온라인 리테일 서비스(Wal-Mart, eBay 등)이다.

공통된 포렌식 검증 __ 표적이 된 사이트가 통상적인 서비스 요청에 응답할 수 없을 때 서비스 거부가 발생한다. 로그기록을 살펴보면, 수많은 에러가 발생하거나 수많은 사이트로부터 동시에 다수의 요청이 접수되고 있음을 볼 수 있다. 범인은 여러 대의 컴퓨터에 트로이목마 소프트웨어를 심어 놓고 특정 시점에 공격을 개시하려고 준비하고 있을 수도 있다. 트로이목마 설치 장소는 주로 대학이나 대학교 컴퓨터 등 사용자 수가 많고 비교적 알아내기 쉬운 비밀번호를 사용하는 사이트들이다. 인터넷에 연결된 개인용컴퓨터도 해킹 공격을 받을 수 있다.

수사 주안점

표적이 된 컴퓨터의 로그정보를 분석해 정보를 보내고 있는 컴퓨터의 인터넷프로토콜(IP) 주소를 알아낸다.

수색영장 제안 사항

범인의 거소(위치)에 대한 압수수색영장은 범인의 인터넷계정 외에 디스크, 데이터 CD롬, DVD, 자기테이프, 외장하드, 미니 드라이브(메모리스틱), 플래시메모리 모듈, 프로그래밍 문서, 이메일 주소(악성 소프트웨어 개발 프로그램의 소스가 될 수 있는), 컴퓨터, 모든 컴퓨터 주변기기, 모든 프로그램 CD롬 등 모든 컴퓨터와 모든 형태의 컴퓨터 저장매체를 포함해야 한다.

사례 연구 513 서비스 거부 공격

배경 __ 필리스 야구팀의 광팬인 앨런 에릭 칼슨은 필리스의 경기 성적이 좋지 않자 이에 대한 복수로 국내 컴퓨터들을 해킹했다. 〈필라델피아 인콰이어러〉와 〈필라델피아 데일리뉴스〉 소속 리포터들의 이메일 계정과 필라델피아 필리스 야구팀의 이메일 계정의 발신인 주소를 알아내어 이 주소들을 도용해 스팸 이메일 공격을 시작했다. 그가 발송한 스팸 이메일 주소에는 수많은 악성 이메일 주소가 포함되어 있었다. 이런 이메일 주소들은 이메일이 수신인 주소에 도착하면 반송 또는 수신 주소, 즉 이메일 주소가 도용당한 사람들에게 되돌아가게 되어 있었다. 그래서 이메일 도용 피해자들은 아주 짧은 시간에 수천 통의 이메일을 받게 되었다.

피해자 분석 __ 피해자는 〈필라델피아 인콰이어러〉, 〈필라델피아 데일리뉴스〉의 리포터들과 필라델피아 필리스 야구팀의 이메일 계정이었다.

수사 __ FBI는 이메일을 도용당한 피해자들의 사무실 목록을 만들어 추적 프로그램으로 서비스 거부 메시지의 발신처, 즉 실제 발신인의 정확한 위치를 파악했다. 칼슨은 79건의 컴퓨터사기와 리포터들의 이메일 주소를 불법적으로 사용한 신분 도용(분류 521)죄로 기소되었다.

결과 __ 칼슨은 79건의 컴퓨터사기죄와 신분 사기죄에 대해 유죄판결을 받아 징역 4년형을 선고 받았다.

컴퓨터 사용자는 명의도용(신용도용), 사기, 스토킹의 표적이 될 수 있다. 명의도용과 사기는 금전적 이득을 추구하는 범죄이고, 스토킹(사이버스토킹)은 범인이 인터넷을 사용해(이메일, 채팅방, 문자 등) 사용자를 괴롭히는 것이다.

사례 연구　**520 컴퓨터 사용자가 표적인 경우**

배경/피해자 분석 __ LA에 거주하는 24세의 제롬 T. 헤컨캠프는 1999년 2월과 3월에 이베이 컴퓨터에 무단으로 접속해 이베이의 웹페이지를 "MagicFX"라는 이름을 사용해 훼손하고, 트로이목마 프로그램(무해한 프로그램처럼 보이지만 악성코드를 포함하고 있는)을 이베이 컴퓨터에 설치했다. 그리고 이 접속으로 확보한 사용자 이름과 비밀번호로 다른 이베이 컴퓨터에 무단접속했다.

헤컨캠프는 1999년 말에도 본인의 위스콘신 매디슨대학 기숙사 방에 있는 컴퓨터로 샌디에이고에 있는 퀄컴 컴퓨터에 무단접속해 여러 개의 트로이목마 프로그램을 설치했다. 이렇게 확보한 사용자 이름과 비밀번호로 다른 퀄컴 컴퓨터들에 무단접속했다.

결과 __ 연방법원은 컴퓨터 무단접근과 하이테크 회사들의 컴퓨터시스템 훼손에 대해 헤컨캠프에게 유죄를 선고했다. 캘리포니아 북부와 남부 지방법원 양쪽에서 중죄로 기소한 결과였다. 2002년 3월 12일, 캘리포니아 북부 지방법원 대배심원은 헤컨캠프에게 제기된 컴퓨터 침입, 불법 전기통신 침해, 목격자 매수 등 16개 죄목의 기소장을 반려했다. 9월 5일, 캘리포니아 남부 지방법원의 대배심원도 컴퓨터 침입과 불법 전기통신 침해에 관한 10개 죄목의 기소장을 반려했다. 이 사건들은 2003년 북부 캘리포니아 지방법원에 통합되었다. 두 지역의 연방 지방검찰청이 참여한 양형 합의에 따라, 헤컨캠프는 기소된 죄목들 중 컴퓨터에 무단접속하여 손해를 끼친 사실에 대해 유죄를 인정했다. 또한 법원이 그에 대한 형량을 결정할 때 엑소더스 커뮤니케이션, 주나이퍼 네트웍스, 라이코스, 시그너스 솔루션즈의 컴퓨터시스템에 대한 무단접속 외에 다른 기소 죄목들에 대한 손해도 고려할 수 있음에 동의했다.

그 결과, 헤컨캠프에게 징역 8월과 전자감시 8개월, 가택연금이 선고되었다. 피해 회사들에 대한 손해배상 금액은 26만 8,291달러로 정해졌다. 법원은 또 이후 3년간 감독조건부 석방을 선고하고, 해당 기간 동안 보호관찰관 승인 없이 컴퓨터로 인터넷에 접속하는 것을 금지했다.

사회보장번호, 신용카드, 은행 PIN 번호 같은 개인의 명의를 훔쳐 사용하고자 인터넷으로 필요한 정보를 사용자의 컴퓨터에서 불법적으로 빼내는 범죄이다. 이 분류는 분실됐거나 우연히 취득한 지갑/신용카드에서 얻은 개인정보를 이용한 명의도용은 포함하지 않는다.

주, 연방정부, 도시 등 미국의 공공기관 웹사이트 중 약 25퍼센트가 집주인, 공무원, 납세자, 기타 사람들의 사회보장번호를 보유하고 있는 것으로 추정된다. 미 국방부 웹사이트도 고위 육군 장교의 사회보장번호를 폐기하지 않고 있다가 다수의 고위층 육군 장교들이 신용카드 사기의 피해자가 되고 난 후 이 관행을 중단했다.

최근에는 '피싱phishing'이라 불리는 새로운 유형의 명의도용 범죄가 등장했다. 이 범죄는 인터넷에서 신용카드와 은행 자료 같은 개인정보를 훔치는 것을 말한다. 컴퓨터 사용자가 사용한 적 있는 합법적 업체로 가장하여 사용자에게 이메일을 보내 사회보장번호나 신용카드 번호, 은행 계좌 정보 등을 요구한다. 로고와 레이아웃 등 시중 은행 웹사이트처럼 보이도록 꾸며 놓고 계좌 정보를 업데이트하라며 개인정보를 요구하는 경우도 있다. 이 경우, 사용자가 해당 정보를 업데이트하지 않으면 등록된 계좌가 취소된다며 마치 긴급한 사안이 발생한 것처럼 꾸민다. 그러면 많은 수의 사용자들이 별 의심 없이 개인정보를 제공한다. 2004년 미국에서 약 5,700만여 명이 '피싱'의 표적이 된 것으로 추정된다. 2004년 6월 한 달에만 1,422건의 '피싱' 공격이 있었다. 2003년보다 약 1,126퍼센트 폭증한 수치다. 메일 수신인의 19퍼센트가 '피싱' 메일을 열고 링크를 클릭했다. 그리고 3~5퍼센트의 수신자가 개인 금융정보를 누설했다.

주요 특징

피해자 분석 __ 피해자는 컴퓨터를 사용해 쇼핑, 인터넷뱅킹, 대금 납부 등의 온라인 활동을 하는 사람들이다.

공통된 포렌식 검증 __ 피해자가 알지 못하는 신용카드 청구 내역, 신용카드 계좌와 미승인 은행 계좌 출금, 피해자의 실제 주소, 불법 계좌 주소지 등을 확인할 수 있다.

수사 주안점

피해자들에게 이용 중인 모든 신용 서비스를 확인하게 한다. 신용카드 청구 내역의 주소지와 위치를 추적하여 범인의 이동 경로를 추적한다.

수색영장 제안 사항

범인의 거소(위치)에 대한 압수수색영장은 인터넷계정 외에 디스크, 데이터 CD롬, DVD, 자기테이프, 외장하드, 미니 드라이브(메모리스틱), 플래시메모리 모듈, 프로그래밍 문서, 이메일 주소(악성 소프트웨어 개발 프로그램의 소스가 될 수 있는), 컴퓨터, 컴퓨터 주변기기, 프로그램 CD롬 등 모든 컴퓨터와 모든 형태의 컴퓨터 저장매체를 포함해야 한다.

사례 연구 521 명의도용

배경/피해자 분석 __ 2003년 6월 18일부터 6월 27일까지, 밴 T. 딘은 Cybertrader.com의 온라인거래 계좌를 통해 시스코 시스템즈Cisco Systems의 보통주에 대한 약 9,120개의 풋옵션 매도계약을 주당 15달

러로 매입했다. 딘이 매입한 매도계약은 2003년 7월 19일 계약 만료일까지 주가가 계약 가격 또는 그 이하로 하락할 경우에 시스코의 보통주 100주를 15달러에 매도할 수 있는 권리를 부여하는 것이었다. 딘은 계약당 10달러씩 총 91,200달러를 지불했다. 계약기간에 시스코의 주가가 단기간 급락한다면 딘은 큰 이득을 볼 수 있었다. 매우 투기적이지만 잠재적으로 수익성 좋은 도박 같은 투자였다.

2003년 7월 7일, 매사추세츠주의 웨스트보로에 사는 Stockcharts. com 주식차트 작성포럼의 한 회원에게 한 통의 이메일이 도착했다. 발신인은 '스탠리 허치'(나중에 딘으로 밝혀짐)였다. 회원은 그 이메일에 답신을 보냈다. 이로써 이 투자자는 본인의 개인 이메일 주소를 딘에게 보낸 것이 되었다. 7월 8일, 그는 개인 이메일 주소로 온 신규 주식 차트 작성 도구의 베타테스트 참여 초대 이메일을 받았다. 발송인은 토니 T. 리처트라는 인물로, 이메일 안에는 다운용 주식 차트 작성 애플리케이션 링크가 들어 있었다. 토니 T. 리처트는 딘의 또 다른 가명이었다.

이 애플리케이션은 사실 위장된 트로이목마로, 인터넷 사용자가 다른 사용자의 키보드 사용을 원격으로 감시할 수 있는 일련의 '키 로깅 프로그램'을 포함하고 있었다. 투자자가 자신의 컴퓨터에 이 프로그램을 설치하자마자, 딘은 침입 프로그램을 사용해 이 투자자의 온라인 'TD 워터하우스' 계좌를 확인하고 해당 계좌의 비밀번호와 로그인 정보를 빼낼 수 있었다.

7월 11일 딘은 해당 투자자의 온라인 계좌 비밀번호와 로그인 정보로 시스코 옵션을 매입하느라 그 계좌에 있던 약 4만 6,989달러를 거의 다 써 버렸다. 피해 투자자의 계좌는 딘의 계좌에서 매도한 7,200

개의 시스코 풋옵션 매입으로 채워졌다. 이 매입 주문 덕에 딘은 3만 7천 달러의 손실을 피할 수 있었다(투자자의 계좌에서 빼낸 4만 6,986달러 중 일부는 커미션으로 사용되었다).

결과 __ 2004년 2월 9일, 밴 T. 딘은 타인의 컴퓨터에 불법접속하여 손해를 야기, 메일과 송금 사기, 고의적인 책략으로 투자자와 관련자들을 속임, 위조와 허위 주장으로 타인의 돈과 재산을 가로챈 혐의 등 8개 죄목으로 기소되어 1년 1개월의 징역과 3년간의 보호관찰 가석방을 선고 받았다. 보호된 컴퓨터에 허가 없이 접속한 점과 투자자 소유의 컴퓨터에 고의로 접근하여 취득한 정보를 사용해 투자자의 온라인계좌로 불법거래를 한 사실에 대해서는 벌금 3천 달러가 선고되고, 8백 달러의 특별과세가 부과되었다. 선고 전에 딘은 피해 투자자에게 본인이 갈취한 4만 6,986달러의 배상금을 지불한 상태였다.

인터넷을 통해 컴퓨터 사용자가 스팸메일을 보내거나, 피해자가 요청하지 않은 성적으로 노골적인 내용을 보내는 범죄이다.

주요 특징

피해자 분석 __ 피해자들은 인터넷 사용자들이다. 새 고객을 모집하려는 목적으로 포르노 스팸메일이 다수의 사이트에 전송된다.

공통된 포렌식 검증 __ 사용자 컴퓨터에서 발신자 주소 외에 포르노 콘텐츠가 발견될 것이다. 대부분의 경우에 이 주소는 사실이 아니다.

수사 주안점

인터넷을 통해 문제의 이메일 전달 경로를 추적하고, 포르노물 제공 서비스에 등록하여 포르노물 발신자를 추적한다.

수색영장 제안 사항

포르노 자료의 발신자 경로를 추적하기 위해 인터넷서비스제공자(ISP) 대상 수색영장을 발급 받을 수 있다. 배포자의 위치가 확인되면 해당 위치로 수색영장을 발급 받는다. 이 수색영장에는 디스크, 데이터 CD롬, DVD, 자기테이프, 외장하드드라이브, 미니 드라이브(메모리스틱), 플래시메모리 모듈, 프로그램 문서, 이메일(악성 소프트웨어 개발 프로그램의 소스가 될 수 있는), 컴퓨터와 모든 주변기기와 프로그램 CD롬이 포함되며, 이를 통해 고객 주소와 포르노 콘텐츠를 찾아야 한다. 범죄자 사이트의 포르노 콘텐츠와 피해자 사이트의 콘텐츠를 비교해야 한다.

스토커가 컴퓨터를 사용해 표적 인물을 추적하는 행위다. 사이버스토킹은 실제 스토킹의 확장 형태이다. 표적 인물을 뒤쫓고 괴롭히고, 요청되지 않은 방식으로 접촉하는 것이다. 간혹 사이버스토킹이 현실 세계로 전이되어 폭력으로 비화되기도 한다.

주요 특징

피해자 분석 __ 인터넷을 이용한 이메일, 채팅방, 메신저로 피해자와 접촉한다는 사실을 제외하면 실제 스토킹과 비슷하다. 피해자는 주로 여성이다.

공통된 포렌식 검증 __ 피해자 컴퓨터에는 발신자의 주소뿐 아니라 전송된 메시지가 있을 것이다. 가해자 주소는 진짜 주소가 아닐 것이다. 가해자가 언제 추가 메시지를 보냈는지 확인한다.

수사 주안점

위치 추적을 위해 발신자가 온라인 접속을 유지하도록 유도한다.

수색영장 제안 사항

스토킹 메시지 발신자의 경로를 추적하기 위해 영장을 발급 받을 수 있다. 영장 대상은 인터넷서비스제공자(ISP)이다. 발신자가 특정되면 그 사람의 거소(위치)로 수색영장을 발급 받을 수 있다. 수색영장은 디스크, CD롬, DVD, 자기테이프, 외장하드, 미니 드라이브(메모리스틱), 플래시메모리 모듈, 프로그램 문서, 이메일(악성 소프트웨어 개발 프로그램의 소스가 될 수 있는), 컴퓨터, 모든 주변기기와 프로그램 CD롬 등 모든 컴퓨터 목록을 포함해야 한다. 추가로, 과거에 피해자가 받은 메시지의 복사본도 영장에 포함시켜야 한다.

1998년 미 법무부의 '소년사법 및 범죄예방정책국Office of Juvenile Justice and Delinquency Prevention'(OJJDP)은 온라인상의 아동성범죄를 '아동에 반한 인터넷범죄Internet Crimes Against Children'(ICAC)로 정의했다. 이 범죄에는 온라인 광고(524.01), 컴퓨터 기반 아동 성착취와 아동포르노(524.02)가 포함된다. 미 법집행기관이 '인터넷 아동성범죄자'를 구분할 때 사용하는 용어는 '트레이더traders'와 '트래블러travelers' 두 가지다. '트레이더'는 아동포르노를 온라인으로 수집하거나 거래하는 사람이고, '트래블러'는 온라인에서 성적인 목적으로 아동과 접촉하여 강요와 속임수를 써서 아동과 직접 만나는 사람이다.

524.01 온라인상의 아동 유혹 Online Solicitation of Children

범죄자가 아동을 직접 만나려고 하는 순간, 그 범죄는 새로운 범죄 흐름(과 구성 요소)을 형성하게 된다. 아동을 직접 만난다면 그 사람은 아동성범죄자 중에서도 '트래블러'가 된다. 트래블러는 통상 성적 관심의 범위가 넓다. 성인 남성이 남자 어린이를 찾는 사례를 살펴보자. 앤서니 그레이라는 31세의 옥스포드 대학원생이 두 건의 성폭력으로 유죄판결을 받았다. 그중 한 건의 피해자가 인터넷 게이 채팅방에서 만난 14세 소년이었다. 배심원단은 신학대 대학원생이 어떻게 채팅방에서 자신의 나이를 속이고 피해 소년과 20회 이상 대화를 나누었는지 들여다보았다. 그레이는 이 소년을 설득하여 호텔에서 하룻밤을 보내기로 했다. 배심원단은 그레이를 즉시 성폭력범죄자 명단에 올리고 소년을 성폭행한 죄로 5년을 선고했다.

여성도 '트래블러'가 될 수 있다. 에이드리언 로운 스미스라는 30세 여성은 1건의 3급 성폭행과 2급 폭행으로 기소되었다. 경찰 발표에 따르면, 스미스는 인터넷 채팅방에서 만난 남자 청소년을 만나러 호텔로 운전해 갔다. 아들이 실종되었다고 생각한 소년의 엄마는 스미스에게 온 이메일 메시지를 컴퓨터에서 찾아내어 경찰에 신고했다. 엄마는 그 이메일이 다른 10대 소녀에게 온 것이라고 믿었다. 그래서 메시지 밑에 있던 번호로 전화를 걸어 전화를 받은 남성에게 딸과 통화하고 싶다고 했다. 그러자 그 남성은 "내 딸이 아니고 부인"이라고 했다.

국제적인 트래블러의 경우, FBI가 연관된 사건일 가능성이 크다. 실제로 FBI가 함정수사를 편 끝에 체포한 스코틀랜드 대학 강사는 인터넷에서 알게 된 소년을 만나러 미국으로 왔다가 7년형을 선고 받았다. 데이비드 슈타인하이머라는 이 38세 남성은 성적으로 노골적인 이메일과 본인의 포르노 사진으로 13세 소년을 유혹했다. 미국 연방법은 용의자가 '소아성애자'임을 확인하고 실제 범죄 발생을 막는 데 위장 및 함정수사를 할 수 있도록 FBI에 허용했다. 다만, 이 과정에서 무고한 구경꾼들까지 피해를 입을 수 있어 용의자가 먼저 만남을 제안했다는 사실을 입증해야 한다. 이와 관련해 영국의 '경찰 및 형사 증거법the Police and Criminal Evidence Act'은 함정수사가 경찰을 바람잡이로 만들 수 있다며 이 수사 기법을 금지하고 있다.

FBI가 개입하더라도 다른 나라의 사법권이 관계된 형사사건은 작전이 실패할 수 있다. 35세의 남성 프란츠 콘스탄틴 배링은 플로리다에 사는 14세 소녀를 자신이 사는 그리스로 오도록 유혹했다. 둘의 관계를 알게 된 엄마가 통화를 금지한 이후에도 배링은 소녀와 통화하고 편지를 보내고 이메일을 주고받았다. 그리고 어느 날, 집에서 소녀가 사라졌다. 엄마의 신고를 받은 경찰은 14세 소녀가 어떻게 여권도 없이 그리스에 갈 수 있는지 의심했지만, 메신저 대화에 등장하는 그리스 테살로니키에서 소녀를 찾아내고 배링을 구속했다.

당시 배링은 소녀가 성적·정서적 학대를 당하고 있다고 속여 조력자들로 하여금 소녀를 공항까지 데려오게 했다. 그리고 온라인에서 만난 다른 아동성폭력 범죄자의 협조를 얻어, 소녀를 변장시키고 이 범죄자의 18세 딸의 여권을 사용해 그리스로 갔다. 결국 이 일로 인해 이 조력자는 컴퓨터를 수색당해 아동포르노 소지 혐의로 체포되었다. 그리고 다른 아동 강간죄로 85년형을 선고 받았다. 알고 보니 이 남자의 18세 딸도 학대의 희생양이었다.

배링은 자신은 학대당하는 아동을 도왔을 뿐 아동포르노 거래 혐의는 사실무근이라고 주장했다. 그는 자신이 아동포르노를 반대하는 단체의 일원이라고 주장했다. 그러나 배링이 언급한 단체에서 배링을 아는 사람은 없었다. 소녀의 엄마도 배링에 대해 증언하고자 그리스로 건너갔으나, 그리스 법원은 피해 당사자의 증언 없이는 재판을 열 수 없다는 규정을 고수했다. 소녀의 엄마는 다시 딸을 데리고 그리스로 갔다. 소녀는 배링이 어떻게 자신을 성적으로 학대했는지 자세하게 설명했지만, 동시에 그를 사랑하고 있다고 말했다. 배링은 소녀의 엄마가 소녀에게 약물을 투약하고 세뇌하여 자신에게 불리한 증언을 하게 했다고 주장했다. 결국 배링은 유죄판결을 받았지만 고작 8년형이었고, 그나마 보석금과 모범적인 생활로 경감 받아 3년 만에 출소했다.

수십 년 전까지만 해도 아동포르노를 포함한 포르노는 지하 공간이나 성인용 서점, 매춘 지역 같은 '어두운 세계'에서만 접할 수 있는 희귀품이었다. 그러나 그런 시대는 끝났다. 인터넷은 가장 금기시되는 성적 주제를 개인의 주거 공간과 작업용 컴퓨터로 가져왔다. 어린이를 성적으로 대상화한 가학/피학성 사이트, 강간 등 성폭력 형태의 비디오들이 이제는 키보드를 한 번만 두드리면 닿을 수 있는 거리에 있다.

벌거벗은 채 앞이나 뒤로 손이 묶이고, 벨트로 발목이 고정된 채 천장에 거꾸로 매달려 있는 5~6세 아이들의 사진이 온라인에 떠다닌다. 1990년대 중반까지 인터넷에는 5천 개의 아동포르노 사이트가 있다고 추정되었다. 이러한 영상을 만들고 전송하는 사람들이 그 출처와 수신인을 감추는 능력은 가히 천재적이다. 이메일에 첨부된 디지털 사진은 스웨덴, 일본, 터키를 거쳐 캘리포니아에 도착한다. 이 모든 과정과 거래는 극비에 부쳐져 추적이 거의 불가능하다.

이뿐만이 아니다. 과거에 가장 금기시되던 주제인 소아성기호증이 인터넷을 통해 지지 기반을 넓혀 가고 있다. 아동학대에 흥미 있는 사람들이 네트워크를 형성 중이다. 관련 사이트들은 포식자들을 부추길 뿐만 아니라, 그들에게 어떻게 아동에게 몰래 접근하고, 아이들을 유혹해 빼돌릴 수 있는지 그 구체적인 기술을 가르친다. 전 세계를 영토로 삼은 완전히 새로운 범죄왕국이 건설된 것이다.

1996년 벨기에에서 포르노 사업과 관련해 몇몇 아이들이 살해되었다. 그 다음 해에는 스페인에서, 같은 해에 프랑스에서 아이들이 강간 및 고문당하는 비디오를 소지하거나 판매한 일당 250명이 체포되었다. 1998

년 독일 경찰은 인터넷에서 영국 · 러시아 · 이스라엘 · 미국 등지에 아동포르노 사진을 판매한 일당을 체포했는데, 그들이 소지한 사진은 단련된 수사관들조차 충격을 받을 만큼 잔인했다.

미국 연방법의 아동포르노 정의는 여러 차례 개정을 거친 끝에 진짜 아동의 명백한 성행위 영상은 물론이고, 컴퓨터로 합성된 '진짜와 구별할 수 없는' 묘사까지 모두 포함하게 되었다. 일반인이 보기에 진짜 아동처럼 보이면 아동포르노 범죄로 분류된다.

아동포르노 범죄는 소지 · 유포 · 제작의 3개 하위범주로 나뉜다.

524.02.01 아동포르노 소지 Possession of Child Pornography

매매 목적으로 미성년자 성착취 관련 콘텐츠를 소지하는 것이다. 미성년자 성착취와 관련된 콘텐츠를 소지하면 모두 이 분류에 속한다.

주요 특징

피해자 분석 __ 피해자는 사진 속의 아이들이다. 국립실종착취아동센터(NCMEC)를 통해 아이들이 누구인지 확인을 거쳐, 피해자 진술로 범죄자의 형량이 선고된다.

공통된 포렌식 검증 __ 범죄자의 컴퓨터, CD롬, DVD, 백업 하드드라이브 등 모든 형태의 디지털 미디어에서 전체 또는 조합 형식으로 포르노가 발견된다.

수사 주안점

수색영장을 집행할 때에는 법으로 정해진 컴퓨터 압수 절차를 지켜야 한다. 켜거나 끄지 말고, 데스크탑은 플러그를 뽑고, 노트북은 배터리를 제거한다. 과학수사연구소에서 컴퓨터의 모든 부속을 제거한다.

사례 연구 **524.02.01 아동포르노 소지**

패트릭 대니얼스(당시 34세) 사건은 캐나다에서 인터넷으로 아동포르노를 수입·소유한 죄로 기소된 최초 사례이다. 주로 아동들과 단독으로 작업하는 심리학자였던 그는 1995년 봄부터 캐나다, 미국, 멕시코 당국의 강도 높은 연계 수사를 받고 유죄판결을 받았다. 그러나 그에게 내려진 처벌은 30일간의 가택구금이 전부였다. 당시 판사들은 그가 대중에게 위험을 주지 않는다고 판단했다.

524.02.02 아동포르노 유포 Distribution of Child Pornography

미성년자 성착취 콘텐츠를 거래하는 행위다. 미성년자 성착취 콘텐츠를 수급·운반·발송·광고·구매하는 모든 행위를 포함한다.

주요 특징

피해자 분석 __ 피해자는 사진 속 아이들로, 국립실종착취아동센터

(NCMEC)의 확인을 거쳐 피해자 진술로 범죄자의 형량이 정해진다.

공통된 포렌식 검증 __ 범죄자의 컴퓨터, CD롬, DVD, 백업 하드드라이브 등 모든 형태의 디지털 미디어에서 전체 또는 조합 형식의 포르노를 찾는다. 고객 명단과 아동포르노 출처를 찾아야 한다.

수사 주안점

524.1과 같음.

사례 연구 **524.02.02 아동포르노 유포**

당시 21세의 너대니얼 레비는 아동 성행위를 부추긴 혐의로 학교 기숙사에서 체포되었다. 심리학을 전공하고 유치원 교사를 희망했던 이 학생은 35개의 아동 성행위 사진을 인터넷으로 전송했으며, 그중 일부는 18개월 미만 아기였다. 레비는 인터넷으로 비디오테이프와 사진을 교환하자고 연락한 잠복 수사관에게 덜미가 잡혔다. 그는 아동포르노 소지죄로 기소되어, 5년형을 선고 받았다.

524.02.03 아동포르노 제작 Production of Child Pornography

성적으로 명백한 시각적 자료를 제작하고자 미성년자를 성적으로 착취하는 행위다. 미성년자에게 명백히 성적인 행위를 하도록 허락하는 보호자, 미성년자를 상대로 제작 참여를 광고하는 사람도 이 범주에 든다.

주요 특징

피해자 분석 __ 제작에 동원되는 아동은 범죄자가 구한, 심지어 범죄자 본인의 자식일 수도 있다. 범죄자는 다른 아동 관련 범죄로도 기소된다.

공통된 포렌식 검증 __ 포르노 제작 스튜디오에서 사용하는 물품이 있을 것이다. 유포용 복사본을 만드는 데 사용되는 원본도 있다. 범죄자의 컴퓨터, CD롬, DVD, 백업 하드드라이브 등 모든 형태의 디지털 미디어에서 전체 또는 조합 형식으로 포르노가 발견될 것이다. 컴퓨터를 수색하여 고객 명단과 아동포르노 출처를 찾아야 한다.

수사 주안점

범죄자 수사뿐 아니라, 제작에 동원된 아동들이 누구인지 파악해야 한다.

사례 연구 524.02.03 아동포르노 제작

IT회사에서 테크니컬 라이터로 일하던 당시 32세의 하이디 위스크니프스키는 캐나다에서 인터넷 아동포르노 범죄로 기소된 최초의 여성이다. 회사 동료가 회사 컴퓨터에서 포르노 자료를 발견하자, 회사는 하이디를 해고하고 경찰에 신고했다. 경찰은 컴퓨터와 플로피디스크에서 많은 파일을 압수했다. 일부 사진은 3~4살 정도의 어린 아이들로 보였다.

이익 목적의 범죄가 화이트칼라 범죄, 컴퓨터 이용 돈세탁, 전자통신수단 사기, 아동포르노 그리고 컴퓨터를 활용한 여러 유형의 사기 등에서 현재 실행되고 있다.

화이트칼라 범죄

수표사기도 인터넷에서 증가하고 있다. 유명 회사들의 홈페이지에서 로고를 스캔해 가짜 어음에 붙인 뒤, 이것으로 월급 수표를 발행하고 지역 편의점에서 현금화한 집단의 사기 행각이 미 중서부 지역을 발칵 뒤집어 놓은 일이 있었다. 이들은 짧은 시간에 여러 지역에서 최대한 많은 수표를 현금화했다. 이들이 하루 동안 현금화한 금액이 1만 달러에 달했다.

인터넷 상의 금전사기는 지역 사기나 소규모 사기에 국한되지 않는다. 2000년 봄 미 연방검사국은 유명 범죄조직 조직원을 포함한 120명을 사기 혐의로 기소했는데, 이들은 주식 투자자들을 상대로 피해액만 5천만 달러가 넘는 사기를 쳤다. 발표에 따르면, 용의자들은 인터넷에서 가짜 언론을 동원해 특정 주식을 과대광고하여 자신들이 소유한 유가증권의 가격을 올렸다. 그리고 주가가 오르자마자 해당 주식을 팔아치웠다.

사례 연구 **530 이익 목적의 범죄**

배경 __ 러시아의 알렉세이 이바노프는 전자통신수단을 이용한 8건의 사기, 2건의 강탈, 4건의 무단 컴퓨터 침입, 1건의 온라인은행 사

용 목적의 사용자 이름과 비밀번호 소지로 기소되었다. 그 혐의는, 미국 전역에 있는 수십 대의 컴퓨터를 러시아에서 해킹한 이바노프(당시 23세)와 기타 몇몇의 활동에서 비롯되었다. 그들은 사용자 이름과 비밀번호, 신용카드 정보, 기타 재정 자료를 도용해 컴퓨터를 해킹한 뒤 컴퓨터 자료를 삭제하고 시스템을 파괴하겠다고 컴퓨터 사용자들을 협박했다.

수사 __ FBI는 피해 회사들과 공조수사를 편 끝에 이바노프와 그 파트너인 바실리 고르치코프를 시애틀에서 체포했다. 두 사람은 시애틀에 있는 컴퓨터보안회사에 구직 면접차 입국했는데, 이 회사는 사실 FBI가 두 사람을 잡고자 내세운 위장회사였다.

결과 __ 이바노프는 48개월 수감에 3년간의 보호관찰형을 선고 받았다. 그는 다수의 음모와 강탈, 컴퓨터 침입, 컴퓨터사기, 신용카드사기, 전자통신수단을 이용한 사기죄를 인정했다. 선고에서 지방판사는 이바노프를 '컴퓨터 자료와 금융 정보, 신용카드 번호의 복잡한 조작을 포함하여 타인 재산에 대한 고의적인 침해와 수많은 사기, 강탈에 관여한' '전례 없이 광범위하게 조직된 이익 목적 범죄'의 '관리자 혹은 감독자'로서 그의 역할을 묘사했다. 지방판사는 이바노프가 입힌 총 손해액을 대략 2,500만 달러(295억 원)로 추산했다.

돈세탁은 불법 자금을 합법적인 자금처럼 바꾸는 범죄이다. 조직범죄 계정에서 1만 달러 이상의 거래가 발생하면 이를 의무적으로 FBI에 알려야 하는 은행 규제를 피해, 은행 프로그램을 조작하고 돈을 받은 프로그래머가 하나의 사례이다. 또 다른 돈세탁 사기는 범죄자들이 통제하는 기업을 위해 거짓 수익을 창출하는 프로그램을 만드는 것이다.

주요 특징

피해자 분석 __ 피해자는 일반인과 국세청이다.

공통된 포렌식 검증 __ 가짜 이익은 컴퓨터 프로그램이나 사용자 항목에서 생성된다. 얼마나 많은 금액이 세탁됐는지를 알아야 하기 때문에 실제 수익도 컴퓨터 안에 있다.

수사 주안점

일단 합법적인 매출 규모부터 파악해야 그것을 넘어서는 돈세탁 규모를 파악할 수 있다. 가령 식당이 돈세탁에 이용되었다면, 진짜 매출은 실제로 제공된 식사 횟수로 정해진다. 이를 컴퓨터로 생성된 식사 횟수와 비교하면 돈세탁된 금액이 나온다.

수색영장 제안 사항

모든 컴퓨터, 컴퓨터 저장장치, 컴퓨터 프로그램, 인터넷 계좌를 포함한다. 컴퓨터의 다중 금융거래 목록은 암호화되어 있을 가능성이 크다.

524와 같음.

범죄자들은 신용카드 사기, 은행계좌 사기, 위조 여권을 만들 때도 컴퓨터를 사용한다.

사례 연구 **533 인터넷 사기**

배경/피해자 분석 __ 범인들은 캘리포니아에 있는 대규모 전자유통회사에서 1천만 달러어치 이상의 컴퓨터 장비를 훔치려고 했다.

법과학 __ 범인들은 루마니아에 거주하는 칼린 마테이아스가 이끄는 6인의 남자들로 구성된 조직으로 나머지는 미국에 거주했다. 마테이아스는 1999년 피해 회사의 온라인 주문 시스템을 해킹하기 시작했다. 불법적인 해킹 활동으로 얻은 정보를 사용하여 피해사의 온라인 보안을 우회하여 합법적인 고객인 양 컴퓨터 장비를 루마니아로 주문했다. 그러나 이를 수상히 여긴 피해사가 루마니아행 선적을 중단시켰다. 마테이아스는 인터넷 채팅룸에서 미국 내 운반책을 모집하여, 이번에는 그들의 주소로 컴퓨터 장비를 주문했다. 미국의 운반책들은 이렇게 배송 받은 장비를 재포장해서 루마니아로 보내거나 아예 판매해서 그 돈을 보내기로 모의했다. 그러나 이 시도 역시 피해사의 기지로 중간에 차단되었다.

수사 __ 피해사는 기존의 주문 패턴과 다른 일관성 없는 주문에 의심을 품고 FBI, 루마니아 당국과 공조하여 거짓 주문을 추적했다.

결과 __ 6명의 피고인 모두 사기 주문으로 컴퓨터 장비를 강탈하려

한 범죄에 공모한 혐의로 기소되었다. 마테이아스 외에 4인에게는 전자 사기 혐의가 추가되었다.

배경 __ 주주 지앙은 뉴욕에서 인터넷 원격연결 사이트를 해킹해 15명의 사용자들의 계좌에 접근하려 했다. 지앙이 해킹한 사이트는 개인이 인터넷과 연결된 다른 컴퓨터를 이용해 자신의 컴퓨터에 원격 접근할 수 있도록 해 주는 사이트였다. 지앙은 사용자들의 비밀번호와 이름을 알아내어 그들의 컴퓨터에 접속, 저장된 신용카드 정보 등을 빼냈다.

피해자 분석 __ 지앙의 사기는 해당 원격연결 사이트의 한 이용자가 집에 머물고 있던 중 본인이 아무런 명령을 내리지 않았는데 저절로 컴퓨터가 켜지고 커서가 조작되는 것을 목격하면서 덜미가 잡혔다. 피해자의 컴퓨터는 이어서 온라인 결재 서비스 웹사이트에 접속하여 피해자 명의의 계좌에 접근했다. 깜짝 놀란 피해자는 수동으로 컴퓨터를 제어한 후, 컴퓨터를 끄고 해당 웹사이트 사무실에 이 사실을 알렸다.

수사 __ 연방 수사 당국은 피해자 컴퓨터에서 원격연결 사이트 로그인 기록을 찾아 IP 주소를 추적했다. 그 결과, 최소한 9명의 고객들의 계좌가 하나의 의심스러운 컴퓨터에서 사용되었음을 알아냈다. 수색 영장을 받아 지앙의 집에 찾아간 수사관들은 그곳 침실에서 4대의 데

스크탑컴퓨터와 1대의 노트북이 작동하고 있는 것을 보았다. 그리고 은행 계좌번호가 적힌 노트와 신용카드 영수증, 해킹 관련 책 등 방 이곳저곳에 디지털 사기의 증거들이 흩어져 있었다.

결과 __ 지앙은 원격연결 사이트 이용자들의 계좌에 불법접근하려고 한 컴퓨터사기죄로 체포되었다. 그는 27개월의 실형, 3년간의 보호 관찰 조건부 석방, 그리고 20만 1,620달러(2억 3,500만 원)의 벌금을 선고 받았다.

533.01 은행 사기 Bank fraud

타인의 은행 계좌에서 돈을 인출하여 다른 은행 계좌로 이체하는 범죄이다. 범죄 대상 계좌에 접근하는 것부터 범행이 모두 인터넷을 통해 이루어진다. 특히 인터넷 무선연결은 사용자 확인을 어렵게 한다.

수사 주안점

(범죄) 대상이 된 컴퓨터의 하드드라이브를 제거하고, 특별한 컴퓨터 소프트웨어로 변경된 자료를 확인해야 한다. 그전에 트로이목마 소프트웨어가 있는지부터 확인한다. 트로이목마 소프트웨어가 있다면 데이터를 분석하기도 전에 파괴할 것이다. 모든 컴퓨터 로그인 기록을 분석하고, 해당 컴퓨터를 이용한 모든 인터넷 활동을 점검하여 불법적 접근이나 메시지가 없었는지 확인한다.

수색영장 제안 사항

범인의 거소(위치)에 대한 수색영장은 범인의 인터넷 계좌 외에 디스크, 데이터 CD롬, DVD, 전자기테이프, 외장하드, 미니 드라이브(메모리스틱), 플래시메모리 모듈, 프로그램 문서, 이메일 등 범인의 컴퓨터 및 모든 형태의 컴퓨터 저장장치를 포함한다.

533.02 인터넷 사기 거래 Fraudulent Internet Transactions

구매자가 인터넷 거래로 돈을 송금하고 물건을 구매했으나 구매한 물건을 받지 못하는 범죄이다.

다른 유형의 인터넷 사기 거래로 일명 '쇼핑카트 사기'로 불리는 웹사이트 사기가 있다. 이 범죄는 합법 사이트와 비슷한 URL로 유사 사이트를 만들어 놓고 송금을 유도하는 것이다. 잘못된 웹사이트에 접속하면 사기를 당할 가능성이 높다.

사이버범죄는 국경과 경계를 넘나든다. 컴퓨터 한 대만 있으면 폭력범죄부터 전자상거래까지 인터넷을 이용한 다양한 범죄가 가능하다.

주요 특징

컴퓨터 사용자가 인터넷으로 협박을 당하는 것이다. 협박은 이메일, 메시지, 스팸메일 등으로 전달된다.

피해자 분석 __ 피해자는 협박을 당하는 컴퓨터 사용자이다. 협박의 내용은 사용자나 사용자의 가족 또는 친구들에게 해를 입히겠다고 하거나, 사업이나 직업상 위해를 가하겠다고 한다.

공통된 포렌식 검증 __ 범죄 대상이 된 사용자의 컴퓨터에 로그인 기록과 협박 메시지 복사본이 남아 있을 것이다. 범죄자의 컴퓨터는 또한 사용자 컴퓨터 주소, 이메일 그리고 IP뿐만 아니라 협박에 대한 복사본이 있을 것이다.

수사 주안점

범죄 대상이 된 컴퓨터의 로그인 기록을 분석해 협박을 보낸 컴퓨터 IP 주소를 추적한다.

수색영장 제안 사항

범인의 거소(위치)에 대한 수색영장은 범인의 인터넷 계좌 외에 디스크, 데이터 CD롬, DVD, 전자기테이프, 외장하드, 미니 드라이브(메모리스틱), 플래시메모리 모듈, 프로그램 문서, 이메일 등 범인의 컴퓨터 및 모든 형태의 컴퓨터 저장장치를 포함한다.

배경 __ 매사추세츠주에 사는 청소년이 여러 곳의 인터넷 및 전화서비스 제공회사들의 사이트를 해킹했다. 개인정보를 훔치고 그것을 인터넷에 올렸다. 그리고 플로리다주와 매사추세츠주에 있는 고등학교에 폭탄테러 협박을 했다. 이 모든 일이 15개월 사이에 발생했다.

피해자 분석 __ 이 범죄의 피해자는 플로리다주의 학교, 대형 전화서비스 제공회사, 매사추세츠주의 고등학교, 학교 비상대응 부서와 연결되어 있는 지역 응급서비스 센터이다. 피해자들은 1백만 달러의 손해를 입었다.

수사 __ 범행은 범인이 플로리다주의 한 학교로 폭탄 협박을 보낸 2004년 3월에 시작되었다. 이 협박으로 학교는 2일간 휴교했고, 폭탄처리반, 폭탄탐지견, 소방서, 응급의료진이 소집되었다.

8월에는 대형 인터넷서비스 제공업체의 직원 컴퓨터에 설치해 둔 프로그램을 사용해 회사의 인터넷 시스템에 로그인했다. 범인은 직원의 컴퓨터를 원격으로 조종하여 인터넷제공서비스(IPS) 내부 네트워크 컴퓨터에 접근, 인터넷제공서비스 작동 정보 일부를 입수했다.

2005년 1월, 범인은 대형 전화서비스 제공회사의 내부 컴퓨터시스템에 접근하여 고객들의 계정 정보를 검색했다. 범인은 이 전화서비스를 사용하는 특정인에 대한 정보를 알아내고자 시스템에 접속, 그 사람의 개인 휴대폰에 저장된 정보를 빼내어 인터넷에 게시했다. 뿐만 아니라, 범인은 전화회사 컴퓨터시스템을 해킹해 자신은 물론이고 친구들 명의로 다수의 전화 계정을 설정했다. 물론 계정 비용은 단 한 푼도 들이지 않았다.

2005년 1월, 범인의 친구가 수백만 명의 개인정보를 보유한 회사에 계정을 만들었다. 범인은 이를 타고 들어가 수많은 사람들의 신상 정보를 불법열람했으며, 본인이 인터넷에 게시한 개인정보 피해자의 계정 정보를 멋대로 설정했다.

2005년 봄, 범인은 휴대용 무선 인터넷 접속기를 사용해 매사추세츠주에 있는 학교와 지역 비상센터에 폭탄테러 협박을 했다. 그전에 한 명 이상의 친구와 함께 학교 비상대응 부서의 경보 송신을 조작하여 학생들이 대피하는 소동을 두 건 일으켰다.

2005년 6월 범인의 친구가 사기로 사용하던 전화가 정지되자, 범인은 다른 전화서비스 회사에 전화를 걸어 자신에게 회사 컴퓨터시스템에 접근할 권한을 주지 않으면 디도스 공격으로 웹사이트를 마비시키겠다고 협박했다. 디도스 공격이란, 특정 웹사이트에 한꺼번에 다수의 서비스 요청을 보내어 다른 사용자들의 이용을 막는 공격이다. 협박을 받은 회사가 요구를 거절하자, 범인은 10분 후부터 다른 공범들과 함께 디도스 공격을 벌여 해당 웹사이트를 마비시켰다.

수사 __ 범죄 대상이 된 회사의 로그인 기록을 분석한 결과, 컴퓨터 공격을 보낸 IP 주소가 확인되었다. 실제 인터넷 주소를 찾아 범인의 집에 가서 수색영장을 집행하고 범인을 체포한다.

결과 __ 비공개 법정에서 청소년 범인은 지방법원이 기소한 9건의 청소년범죄에 대해 유죄를 인정했다. 법원은 11개월간의 청소년시설 구류와 보호관찰 가석방 2년을 선고했다. 구류와 보호관찰 기간 동안 범인에게는 컴퓨터와 휴대폰, 인터넷 접속이 가능한 전자기기의 소유와 사용이 금지되었다.

인터넷은 범죄자들이 의심 받지 않고 피해자를 물색하는 새로운 장소가 되었다. 실제로 인터넷은 범죄 대상 물색에 최적의 조건을 갖추고 있다. 자판만 한 번 누르면 채팅방에 접속해 협박이나 속임수, 유혹의 말로 잠재적 피해자를 만들 수 있다. 따라서 인터넷이라는 가상 세계에서 만난 사람을 실제로 만나는 것은 스스로 불확실한 상황에 뛰어드는 위험천만한 일이다. 2002년 보석상 릭 챈스는 온라인에서 알게 된 여자를 호텔에서 만났다. 그는 호텔에서 여성에게 1백만 달러 가치의 보석을 보여 주었다. 다음 날, 챈스는 가슴에 총을 맞고 발견되었고 보석과 여자는 사라졌다.

웹사이트에 광고를 내어 피해자를 물색하기도 한다. 미국의 온라인 벼룩시장 크레이그리스트Craiglist는 범죄자들이 희생자를 물색하는 단골 장소이다. 다음은 크레이그리스트가 범죄 통로가 된 사례들이다.

- 미네소타주 새비지에 사는 마이클 존 앤더슨이 2007년 10월 캐서린 앤 올슨을 살해한 혐의로 기소되어 2009년 유죄가 확정되었다.
- 2009년 의과대생 필립 마크오프는 매사추세츠주 보스턴에서 줄리사 브리스먼을 살해한 혐의로 기소되었다.
- '크레이그리스트 살인광'으로 불린 뉴욕 롱아일랜드 연쇄살인범은 크레이그리스트 사이트를 통해 최소한 4명의 매춘부를 살해한 것으로 알려져 있다.
- 존 카테히스는 크레이그리스트를 통해 만난 라디어 뉴스 리포터 조지 웨버를 살해했는데, 웨버는 몸이 묶인 채 50차례나 칼에 찔려 살해되었다.

미셸 가글리아 제공

배경 __ 엄마와 새아빠 슬하에서 형과 함께 성장한 필립 마크오프는 2004년 고등학교를 졸업할 당시 학교에서 전국 명예학회 회원으로 선출되었으며, 역사 동아리와 청소년법원 회원이었고, 학교 볼링팀과 골프팀에서 활동하는 모범생이었다. 2007년 예비 의대생으로 뉴욕주립대 올바니를 졸업한 마크오프는 2009년 4월 체포 당시 보스턴 의대 2학년생으로, 그해 8월 다른 예비 의대생과 결혼 예정이었다.

피해자 분석 __ 마크오프의 첫 번째 희생자인 29세의 트리샤 레플러는 네바다 라스베이거스의 여행 가이드 일을 하고 있었다. 크레이그리스트 사이트가 제공하는 '이국적인 서비스' 코너에서 그녀를 발견한 마크오프는 시간당 2백 달러에 희생자를 꼬여 냈다.

두 번째 희생자인 줄리사 브리스먼은 25세의 활기찬 뉴욕 출신 모델로, 크레이그리스트의 '이국적인 서비스' 코너에서 마사지 광고를 했다. 광고에서 줄리사는 술을 끊고 이미지 변신에 성공한 전직 매춘부로, 이국적인 마사지를 제공한다고 광고했다.

세 번째 희생자인 코린 스타우트 역시 같은 서비스 코너에서 개인 랩댄스를 광고한 라스베이거스 스트립퍼였다.

범죄 현장 지표 __ 2009년 4월 10일, 마크오프는 보스턴에 있는 한 호텔에서 레플러를 만났다. 그는 검은색 가죽 장갑을 끼고 총으로 위협하여 레플러를 바닥에 엎드리게 한 후 케이블 타이로 묶었다. 그리고 희생자의 휴대폰에서 자신의 전화번호를 지우고 신용카드와 직불카드, 현금 800달러를 훔쳤다. 그는 호텔방 전화선을 잘라 화장실 손잡이에 레플러를 묶고 입에 테이프를 붙인 뒤 속옷을 벗겨 주머니에 넣고 자리를 떴다. 2009년 4월 14일, 보스턴 호텔에서 범인을 만난 브리스먼은 최대한 저항했지만, 머리를 총신으로 맞고 가슴에 총알 3발을 맞았다. 2009년 4월 16일, 로드아일랜드 호텔에서 스타우트를 만난 마크오프는 역시 총을 들이대며 강도 행각을 벌였다. 앞선 두 사건에서처럼 케이블 타이로 희생자를 묶어 놓고 도망쳤다.

포렌식 검증 __ 브리스먼 사건에서 마크오프는 희생자를 묶을 때에는 가죽 장갑을 꼈지만, 그녀의 전화기에서 자신의 전화번호를 지울 때에는 장갑을 벗어 지문을 남겼다. 또한 희생자의 입에 테이프를 붙일 때에도 장갑을 끼지 않았다. 결정적으로, 호텔 감시카메라 속 영상과 희생자와 주고받은 이메일 주소가 있었다. IP 주소를 추적한 경찰은 메세추세츠주 퀸시에 있는 마크오프의 아파트를 특정했다.

사건 두 달 전인 2월, 마크오프는 가짜 신분증으로 뉴햄프셔에서 총을 구입했다. 경찰은 마크오프의 아파트에서 희생자들의 속옷과 비디오테이프 상자 속에 숨겨진 총을 찾아냈다. 검사 결과, 이 총과 브리스먼 살해에 사용된 총알이 일치했다.

수사 __ 마크오프는 겉보기에 완벽한 사회 구성원이었다. 똑똑하고 매력적인 의대생으로, 대학 시절부터 연애해 온 여성과 약혼한 상태였다. 노트북을 조사한 결과, 그는 '성적으로 모험적인' 웹사이트에 자주 방문했고, 복장도착과 순종적인 파트너 역할에 관심이 있었다.

전형적인 이중생활자였던 마크오프는 실생활에서는 좀 서툰 괴짜 의대생으로 성실히 생활하고, 온라인에서는 익명의 누군가를 만나려고 서성였다. 이중인격과 이중생활의 유혹에 빠진 현대판 '지킬과 하이드'였다.

결과 2010년 8월 15일, 범행을 저지르지 않았다면 결혼 1주년이 되었을 날의 다음 날, 필립 마크오프는 보스턴 내슈아교도소에서 자살했다. 이전에도 세 차례 자살 시도를 했다. 칼로 손목과 다리 대퇴부 동맥을 끊고, 머리에 쓰레기봉투를 뒤집어쓰고 목구멍에 휴지를 쑤셔 넣은 채 발견되었다. 그는 자살 전에 약혼녀의 사진을 주변에 놓고, 자신의 피로 감옥 문에 약혼녀의 이름을 썼다. 사인은 질식사였다. 1급살인과 납치 및 무장강도로 기소된 마크오프는 무죄를 주장했지만, 법정에서 약혼녀가 증언하는 수치스러운 상황을 피하려고 자살을 선택한 것으로 추정된다.

543 사이버범죄조직 은행 강도 Cybergangs

인터넷은 인터넷의 가장 어두운 곳을 돌아다니는 사이버갱들을 조직했다. 갱들은 기술적으로 매우 능숙해서 다른 사람의 컴퓨터에 접속하여 그 사람의 비밀번호와 집 주소, 전화번호를 긁어 올 수 있다. 재무 기록을 훔치고 하드드라이브에 있는 파일을 파괴하여 생성 및 저장된 모든 것을 파괴할 수 있다. 이 갱들이 온라인 세계에서 활동한다는 것이 밝혀지자마자, 소프트웨어 회사들은 그들을 막을 방화벽을 만들기 시작했다. 새로운 정보를 허용하는 컴퓨터 포털을 차단하는 방화벽이 뚫릴 때마다, 더 뚫기 어려운 새로운 장벽이 세워진다. 인터넷의 모든 것은 가능한 것의 경계를 넓히는 경쟁이다.

더 발전된 사이버범죄 조직은 세계와 인터넷에 퍼져 있는 분리된 무리의 사람들에게 더 세밀하고 더 고립된 임무를 부여한다. 따라서 특정 집단은 오직 하나의 기능만 수행하고, 전체 범죄 활동에서 자신이 맡은 역할에 대한 정보만 알고 있을 가능성이 높다. 이러한 유형의 사이버갱 범죄는 동일인이나 집단이 일반적으로 처음부터 끝까지 사기 과정에 책임지는, 과거에 신분 도용범이 저지르던 이른바 '치고 빠지는 사기'와 다르다.

사례 연구 ## 543 사이버범죄조직 은행 강도

6개국 ATM을 이용해 하루에 1,300만 달러를 인출한 대규모 은행 강도 사건이 일어난 것도 공조된 사이버범죄 네트워크 덕분이었다. 플로리다주 잭슨빌에 본사를 둔 피델리티 내셔널 인포메이션 서비스사(FIS)를 타깃으로 한 이 공격은 2011년 5월 5일 그 실체를 드러냈다. 공격자들은 FIS 네트워크에 침입해 허가 받지 않은 데이터베이스 접근권을 얻었다. 그 데이터는 선불직불카드 고객의 잔고 데이터였다. FIS 선불직불카드는 카드 잔고가 소진되면 카드에 돈을 충전할 때까지 사용할 수 없는 것은 물론이고, 카드 소유자가 24시간 동안 ATM에서 인출할 수 있는 액수를 제한하는 사기방지정책을 실행했다. 범인들은 22개의 합법적 카드를 만들어 낸 뒤 카드의 인출 한도를 없애고 카드를 복제하여 그리스·러시아·스페인·스웨덴·우크라이나·영국의 공범들에게 보냈다. 선불 한도가 낮은 카드는 간단히 원격으로 한도를 높였다. 5월 5일 토요일 영업시간 종료 시까지 범인들은 6개국 ATM에서 돈을 인출하기 시작했다. 일요일 저녁에 집계된 불법 인출액은 1,300만 달러(155억)였다.

Armagh, D. S., Battaglia, N. L., & Lanning, K. V. (2000). *Use of computers in the sexual exploitation of children* (Portable Guide No. NCJ 170021). Washington, DC: U.S. Department of Justice.

Bell, M. (1997, February). *Local woman charged in child pornography case*. Retrieved June 15, 1999, from http://www.monitor.ca/monitor/issues/vol4iss7/fidocop.html#7

"Child Porn Seeker," The Buffalo News (Buffalo, NY) July 2, 1997.

Kalfrin,V. (1999a, January 1).Adult woman arrested for sexwith boy:Relationship began on Internet. Retrieved August 30, 1999, from http://www.apbnews.com/newscenter/breakingnews/1999/01/01/kidsex0101_01.html

Kalfrin, V. (1999b, February 12). Molester accused of seeking sex via library computer: Ex-con went online in search of underage victims, cops say. Retrieved August 30, 1999, from http://www.apbnews.com

Liebowitz, M. (2011). How a cyber crime gang steals $13 million in one day. *Security News Daily*. Retrieved August 24, 2012, from www.msnbc.msn.com/id/44291945/ns/technology_and_science-security/t/how-cyber-crime-gang-stole-million-day/

McAuliffe, W. (2001a, March 12). FBI nets Scottish Web paedophile. Retrieved October 3, 2002, from http://news.zdnet.co.uk

McAuliffe, W. (2001b, February 21). Oxford scholar used Net to lure schoolboy. Retrieved October 3, 2002, from http://news.zdnet.co.uk

McLaughlin, J. F. (2000). *Cyber child sex offender typology*. Retrieved August 8, 2000, from http://www.ci.keene.nh.us/police/Typology.html

Office of the Law Revision Counsel. (2009). *Child pornography*. Retrieved March 8, 2010, from http://uscode.house.gov/uscode-cgi/fastweb.exe?getdocþus-cviewþt17t20þ1029þ39þþ%28child%20pornography%29%20%20%20%20%20%20%20%20%20%20

Office for Victims of Crime. (2001). OVC bulletin: Internet crimes against children. Washington, DC: U.S. Department of Justice, Office of Justice Programs.

Petri, A. (2011). *Why the Craigslist killer matters*. ComPost. Retrieved August 24, 2012, from http://voices.washingtonpost.com/compost/2011/01/why_the_craigslist_killer_matt.html www.ojp.usdoj.gov/ovc/publications/

Roberts, P. (2001, April 6). "Chatroom sex" controls urged. Retrieved October 22, 2002, from http://news.bbc.co.uk/1/hi/uk/wales/1262298.stm

Spencer, S. (2002). Web of seduction. CBS 48 Hours. Retrieved on February 21, 2013, from http://www.cbsnews.com/8301-18559_162-625934.html

15장

점증하는 범죄의 국제화

슈테판 R. 트레퍼스

기술의 진보와 세계무역 확대에 기여한 세계화를 촉진한 것은 교통과 통신비 절감이었다. 점증하는 글로벌 연결망 덕분에 공동의 번영을 목표로 상품, 서비스, 지식의 끊임없는 교환이 가능해졌다(Viano, 2010). 그러나 한편에서는 개인에게 기본적인 생계 필수품조차 주어지지 않는 불평등과 박탈감이 높아지는 가운데, 세계자본주의는 일부 집단에게 노동할 기회조차 주지 않아 경제적으로 취약하게 만드는 변화를 만들어 냈다. 결국 이러한 소외된 인구(집단)는 새로운 삶의 기회를 찾아서 점점 더 제한적인 이주 및 정착정책을 펴고 있는 선진국으로의 이주를 모색하고 있다(Aas, 2007). 그 결과, 이주민들은 밀입국(밀입경)과 밀수, 심지어 인신매매 조직을 통한 불법이민으로 내몰리고 있다.

세계화의 메커니즘은 기술혁신, 통신 발전, 이동성 증대의 혜택을 역설적이게도 불법 활동을 하는 집단이 누리게끔 했다. 조직화된 범죄 집단은 동맹과 네트워크를 형성하고 자본을 세탁하고 연구개발에 투자하며, 현대화된 회계 시스템에 글로벌 정보 네트워크를 사용하여 추적의 위험으로부터 스스로를 보호함으로써 시장 메커니즘을 성공적으로 모방했다(Mittelman & Johnston, 1999). 이 조직들은 또한 국경선이 중첩되고 사법기관의 관할권이 중복되는 탈지역화 추세의 이점을 교묘하게 이용하고 있다. 게다가 북미자유무역협정(NAFTA)과 같은 협정에 따라 약품이나 무기, 기타 합법/불법 제품이 과거보다 자유롭게 국경을 넘나들 수 있게 되었다.

다른 한편으로, 세계화는 국제 여행을 확대하여 테러 공격에 대한 여러 국가들의 취약성을 증가시켰다. 통신의 증가 덕에 대규모 네트워크

(다크웹 포함) 개발이 가능해지면서, 테러 조직의 모집과 자금 지원도 용이해졌다. 신기술 개발은 공익 목적뿐 아니라 테러리스트들이 사용하는 무기와 폭발물 · 감시 장비, 화학/생물학 물질까지 한 단계 높은 수준으로 발전시켰다. 세계화는 테러리즘 문제에서도 정치적 논쟁거리다. 나사르(2009)는 "세계무역센터 건물은 미국의 주도 하에 성장한 글로벌 자본주의를 상징했다"며, "펜타곤은 미국의 힘과 그 힘이 미치는 세계적 범위를 상징했다"고 지적했다. 테러와의 전쟁을 위해 국가들이 협력과 지식 공유를 늘린 곳에서 대테러 전략도 세계화되었다.

601.01 자발적인 이민 출입경 Autonomous Migrant Entries

2000~2003년 미국 남부 텍사스 코리더South Texas Corridor(STC) 지역에서 벌어지는 멕시코인들의 비밀 출입경出入境〔국경을 넘나든다는 의미에서〕은 전문 밀입국 조직을 통하지 않고 국경을 넘는 이민자들의 사회문화적 모습을 잘 보여 준다. 비밀 출입경은 보통 합법적인 통로 사이에서, 국경 순찰대의 눈을 피할 수 있는 지점에서 일어난다. 멕시코 북부국경 이주조사(EMIF)에 따르면, 비밀 출입경자의 95퍼센트는 기혼자로 멕시코에서 가장 역할을 하고 있고, 90퍼센트가 40세 미만에 대부분 미국의 고등학교에 해당하는 멕시코 학교 중퇴자들이었다(Spener, 2009). 미국의 경제적 기회에 자극 받은 국경 출입경자들은 미국에서 농업이나 건설업 같은 저임금 육체노동에 종사한 것으로 보인다. 미국에서 돌아온 이주민들은 같은 노동이라도 멕시코에서 일하는 것보다 텍사스에서 최대 6배의 수입을 벌었다고 밝혔다(Spener, 2009).

이러한 형태의 출입경이 특별히 여성이라고 해서 어려울 것 같지 않지만, 관련 데이터를 보면 이 기간에 비밀 출입경을 한 사람들은 대부분 남성임을 확인할 수 있다. 스페너(2009)는 남성과 여성이 다른 이민 형태를 보인다고 지적하면서, 여성은 남성보다 합법적으로 미국에 입국할 가능성이 높거나 서류 위조 등으로 합법적인 출입경을 시도할 가능성이 크다고 주장했다. 게다가, 여성은 미국으로 '편도' 이동할 가능성이 크다(Spener, 2009).

국경을 넘는 이주민들은 보통 나이가 많고 경험이 풍부한 이주민이이끄는 소규모 집단으로 이동했다. 이주민들은 음식과 최소한의 옷, 가벼운 담요, 몸을 누일 수 있는 플라스틱 방수포 등의 물자를 가지고 움직인다. 국경을 넘어 남부 텍사스로 갈 때에는 보통 적발 위험이 큰 육지가 아닌 미국과 멕시코 국경을 따라 흐르는 리오그란데강을 이용했다. 이주민들은 배를 타거나 수심이 얕은 건널목을 찾아, 또는 밤에 타이어튜브를 끼고 강을 건넜다. 이때 옷은 비닐 봉투에 담아 젖지 않게 했다. 강을 건너면 바로 검문소를 우회해서 사막 같은 텍사스 가시밭길을 통과해야 했다. 이 지점들은 합법적인 입국 지점과 멀리 떨어진 미국 내륙에 위치해 있다. 일부 이주민들은 국경 지역에서 미국 내 친척이나 친구, 아는 사람을 만나 빠져나가는데, 이는 조력자로서는 체포를 감수한 위험한 모험이다. 강 주변 지역에 더 많은 감시 인력을 배치하는 '리오그란데 작전' 이후 국경 지역을 넘는 일은 점점 어려워졌다. 또한, 1996년 제정된 '불법이민 개혁 및 이민 책임법'으로 미국과 멕시코 국경 전체를따라 멕시코에서 미국으로의 불법입국을 주도하는 밀입경 조직들에 대한 감시와 처벌이 한층 더 강화되었다(Spener, 2009).

601.01 인신매매 Human Trafficking

역사적으로 선진 산업경제의 성공은 이주노동력의 큰 움직임에 의존해 왔다. 이주노동에 대한 수요는 미국과 같은 선진국에서 이민을 자극하는 요소로 강하게 유지되고 있다(Aas, 2007). 게다가 제3세계 출신의 이주민들은 더 나은 삶과, 미디어와 문화에 매료된 서구의 소비자 중심 생활 방식에 동참할 기회를 꿈꾼다. 그러나 최근 다수의 선진국이 이주 및 정착에 제한을 두고 있어 불법이민이 증가하는 데다, 선진국의 국경 통제로 제3세계 이주민들은 더 위험한 루트를 강요 받고 있다. 이 루트에는 종종 인신매매 조직 네트워크가 포함되어, 다른 나라에서 새로운 삶을 시작하려는 희망으로 돈과 신뢰를 투자하는 절박한 사람들을 속이고 착취한다.

이민자 밀입국과 인신매매는 종종 동의어로 취급되기 때문에 정확한 구분이 필요하다. 이민자 밀입국은 "이주민들의 완전한 동의 하에 거래가 이루어지고 그 과정이 끝나면 자유롭게 떠날 수 있는 경우"를 말한다 (Aas, 2007). 반면에 인신매매는 위협, 강요, 납치, 사기, 속임수, 착취를 목적으로 하는 다른 형태의 학대와 강요를 포함한다. 은밀히 진행되는 인신매매 특성상 사법기관이 책임 집단을 찾아내어 검거하는 데 어려움을 겪는다. 인신매매 행위가 발견되더라도 유죄판결 확률은 상대적으로 낮다(Aas, 2007). 아아스Aas(2007)는 이민자 밀입국과 인신매매를 구분하기 어려운 점, 남성 위주 경찰문화에 뒤따르는 낮은 우선순위, 경찰에 대한 두려움과 불신으로 인한 피해자들의 협력 저조 등을 인신매매 범죄행위에 대한 낮은 유죄판결 이유로 본다.

착취

이주민에 대한 착취는 단지 "마약 밀매, 구걸, 매춘, 불법 또는 무허가 untaxed(불법체류)노동과 같은 일탈적 시장에서의 노동"만이 아니다(Di Nicola, 2005, p. 182). 유엔에 따르면, "착취는 최소한 다른 형태의 성착취, 강제노동 또는 서비스, 노예제도 또는 유사 노예제, 또는 장기 제거(적출)와 유사한 관행을 포함한다"(Di Nicola, 2005, p. 183). 학술 연구와 미디어를 통해 개발도상국 사람들이 선진국으로 이동할 때 벌어지는 인신매매 이야기가 폭로되지만, 그 내용을 들여다보면 실상은 더 복잡하다.

인신매매는 개발도상국인 미얀마 · 캄보디아 · 베트남 · 인도 · 말레이시아 · 파키스탄 · 태국 등지에서 성적 착취의 대상이 되는 여성과 아이들을 대상으로 발생한다. 추정해 볼 수 있는 이유는 두 가지다(Nicola, 2005). 첫째는 다른 나라가 더 매력적으로 보이는 생활수준 차이 때문이다. 둘째는 태국 등지에서 활성화된 성관광산업이 이주 목적지 국가의 수요를 부채질하기 때문이다(Di Nicola, 2005). 물론 인신매매는 반드시 초국가적 요소를 필요로 하지 않기 때문에 한 국가 안에서도 얼마든지 가능하다(Logan, Walker, & Hunt, 2009).

비자발적인 가정 내 노예를 목적으로 착취되는 피해자들의 대다수는 여성과 소녀들이다. 이러한 종류의 노동은 적발하기 어렵고, 심지어 피해자들이 탈출하더라도 비자발적인 가정 내 노예를 인신매매 형태로 여기지 않는 나라가 많아서 보호 받기가 어렵다(Cullen-DuPont, 2009). 모리타니아, 파키스탄, 서아프리카 지역 등에서 강제노동을 하는 사례는 대개 가족이 진 빚 독촉에서 비롯된다. 이 밖에도 강제노동을 목적으로 여러 나라에서 인신매매가 벌어지고 있다. 이 과정에서 피해자들은 생명의 위협뿐만 아니라 다양한 종류의 악랄한 상황과 (경제적) 박탈을 경험한다. 일부 국가에서는 '장기이식 관광' 관련 산업이 발전하면서 장기 밀매도 극성이다. 부유한 사람들은 신장 등을 받는 대가로, 그것을 거절할 선택권이 없는 사람들에게 돈이나 필수품들을 제공한다. 일부에서는 피해자의 동의도 받지 않고 수술 중에 장기를 무단 적출하는 극단적인 경우까지 있다(Cullen-DuPont, 2009).

(이민자) 인신매매 유형

한 번에 한두 명씩 소규모로 사람을 수송하는 개인 기업가나 아마추어 이민자 밀입국업자들은 이민자 밀입국 과정에서 가장 위험한 부분인 운송 파트를 담당한다. 이들의 작전 유형은 "자발적·불법적·비조직적·비정교한 이민자 밀입국"으로 분류되거나, 범죄조직에 고용되어 쉽게 대체 가능하다. '파쇠르Passeurs'라 불리는 이탈리아의 밀입국 안내원이나, 육로를 통해 멕시코 이주민을 미국으로 들여보내는 밀입국 브로커 '코요테'가 그 예다(Di Nicola, 2005).

아마추어 이민자 밀입국업자에서 더 발전된 형태가 소규모 범죄 기업이다. 이들은 조직 수준이 광범위하고 새로운 이주민 수송로를 개설하고 시험하는 등 더 조직적으로 접근한다. 이들은 다른 조직과 일부 협업할 수도 있으며, 소수의 국가에서는 무역도 한다. 디 니콜라Di Nicola(2005)에 따르면, 이 그룹은 다른 국가 조직의 관련자 또는 지역 하청업체 역할을 할 수 있다. 유럽을 돌아다니며 여성을 매춘 시장에 팔아넘기는 소규모 갱단이 있다(Di Nicola, 2005).

밀입국 분야에도 대기업이 있다. 중견기업과 대기업은 훨씬 더 정교하게 사업을 진행하고, 두 나라 이상의 더 큰 지리적 영역에서 활동한다. 밀입국뿐만 아니라 고도의 전문성을 갖춘 다양한 범죄행위에 참여한다. 러시아, 몰도바, 우크라이나에서 헝가리, 세르비아, 몬테네그로, 크로아티아, 슬로베니아, 이탈리아까지 여성을 밀매한 슬로베니아 범죄집단이 이에 해당한다. 그들은 아시아계 범죄조직의 하청 작업에도 참여하여 같은 경로를 이용해 중국에서 방글라데시로 사람들을 수송했다(Di Nicola, 2005). 다국적기업은 수천 마일 이상으로 사람들을 운송할 수 있는 능력을 갖춘 그룹이다. 그들은 다른 지역에도 그들이 운영하는 본부가 있다. 중국 삼합회나 일본 야쿠자가 이에 해당한다(Di Nicola, 2005).

디 니콜라Di Nicola(2005)는 이민자 밀입국과 인신매매와 관련하여 몇 가지 중요한 동향을 파악했다. 여행 거리가 길고 경유하는 나라가 많을수록 그 이동을 관할하는 집단은 더 정교하고 조직적일 수밖에 없다. 특히 노동착취를 목적으로 이주민을 밀거래하는 데에는 이민자 밀입국보다 더 고도의 전문 지식이 필요하며, 결과적으로 대규모 범죄조직 같은 다른 집단과 연계할 수 있는 조직적인 집단이 주로 일을 맡는다. 이민자 밀입국 기업은 대개 전문적이고, 우연한 기회에 의존하지 않는다는 점에서 소규모 밀매 집단과 구별된다. 그들은 우연한 기회에 성장하여, 분야를 다양화하면서 하나의 불법행위에서 다른 불법행위로 옮겨 갈 수 있는 인신매매 잡범 범죄자들과 다르다(Di Nicola, 2005).

인신매매 전개 과정

인신매매의 첫 단계는 송출국에서 이주민을 모집하는 것이다. 인신매매 범죄자들은 해외에서 일하기를 원하는 사람들을 적극적으로 찾는다. 신문이나 인터넷 광고에서 여행사나 인력고용업자, 재능 있는 에이전시로 위장할 수도 있다. 여성 착취를 전문으로 하는 일부 인신매매 범죄자들은 지역 나이트클럽에서 일하는 성매매 여성들을 집중적으로 찾거나, 무용수나 모델, 가정부, 여종업원, 항공업 종사자로 해외에 나가 일할 여성을 찾는다는 광고를 낼 수 있다. 일부 범죄자들은 결혼을 약속하거나 드물게 유괴를 벌이기도 한다(Di Nicola, 2005). 거짓 일자리 약속과 상대적으로 높은 임금 보장은 사정이 어려운 피해자들에게 매력적인 조건이다. 특히 가난과 박탈감, 갈등, 억압을 경험한 사람들은 이런 제안에 취약하다. 인신매매 범죄자들에게 설득당하는 이들은 그만큼 다른 나라에서의 새롭고 더 나은 삶을 갈구하는 사람들이다(Di Nicola, 2005). 일단 피해자가 이 과정에 동의하면 인신매매 범죄자들은 피해자의 협조에 구속력을 부여해 피해자가 마음을 돌리기 어렵게 만든다. 발레스와 리즈(2005)는 "피해자가 사회문화적으로 고립돼 있고, 채용 당시 돈이 전혀 없는 상태라면 매매당할 수밖에 없다"고 설명했다. 범죄자들은 피해자를 강력히 통제하고 의존성을 확보하기 위해, 피해자의 신분증과 여행 서류 등을 빼앗는다(Bales & Lize, 2005).

피해자를 목적국까지 이동시키는 '운송자'는 최종 목적지에 도착하기까지 여러 국가에 걸쳐 길고 복잡한 여행을 한다. 여행은 비행기, 자동차, 기차, 배, 모터보트를 포함한 다양한 수단으로 연결된다. 인신매매 또는 밀수된 사람들은 목적지로 이동하기 전 중간 기착국에 일정 기간 머무르기도 한다(Di Nicola, 2005). 피해자는 주거 환경이 열악한 가옥에 갇혀 신체적 구속과 협박 등 가혹한 처우를 받는다. 이 감금 기간은 "피해자를 혼란스럽게 하고, 의존도를 높이고, 공포와 복종을 확립하고, 지배력을 획득할" 목적으로 유지되는 것이 특징이다(Bales & Lize, 2005).

여행 경로는 대개 이미 검증된, 위험성이 적은 국경과 유사시 보호 수단이 마련된 길일 것이다. 이주민으로 위장하고자 흔히 허위 서류를 사용하는데, 가짜 근로계약서를 만들어 두면 합법적인 근로허가서를 얻을 수도 있다. 다른 방법으로는 관광비자를 취득하거나 국경에서 정치적 망명을 주장하는 경우도 있다(Di Nicola, 2005). 이때 개발도상국 정부 당국의 부패가 인신매매 범죄를 예방하거나 처벌하기는커녕 오히려 인신매매 범죄를 촉진할 수도 있다(Logan et al., 2009). 경찰을 포함한 부패 공무원들의 협력은 인신매매 범죄자들의 위험성을 낮추는 데 기여한다.

목적지에 도착한 인신매매 피해자들은 강제노역, 매춘, 구걸 등의 형태로 착취에 직면하거나 이미 착취당하는 상태이다. 그들은 목적지에 도착해서야 운송비 외에 기타 비용에서 발생한 부채의 존재를 알게 되며, 이를 갚으려면 무슨 일이든 해야 한다. 허위 채무는 피해자가 일을 거부할 때 인신매매업자에게 폭력을 사용할 근거를 제공한다(Bales & Lize, 2005). 베일즈와 리즈(2005)는 정신적으로 혼란한 상태의 피해자에게 책임을 지우고 빚을 감당하게 하는 데 심리적 '조작' 측면이 있다고 지적한다. 피해자가 빚을 갚아 나가지만 부채가 얼마나 줄어드는지에 대한 투명성 결여, 터무니없는 요금 가산과 이자율 산정을 통해 결국에는 빚을 갚을 수 없게 만드는 심리적 구속이다. 게다가 매일 추가되는 음식값, 임대료, 약값, 콘돔 비용 때문에 빚을 갚는 것은 극복할 수 없는 일로 묘사된다(Cullen-DuPont, 2009). 이 착취는 피해자 가족에 대한 폭력과 위협의 사용으로 촉진될 수 있다. 피해자 출신지에 가족에게 해를 끼칠 수 있는 사람이나 단체가 있다고 말하는 인신매매 범죄자들의 협박은 거짓처럼 보이지 않는다. "심리적 학대와 그로 인한 추락" 수법은 본인의 상황을 가족이나 대중에게 노출시키는 행동(인신매매 조직으로부터의 탈출)에 대한 대응책으로, 피해자들을 위협하는 행동이다. 이는 인신매매 범죄자들이 사용하는 일반적인 전술이다(Logan et al., 2009). 피해자들은 범죄자들에게 현지 경찰이 체포하거나 잔혹하게 대할 것이며, 발견되면 바로 추방될 것이라는 말도 종종 듣는다(Bales & Lize, 2005). 그래서 도망칠 기회가 와도 쉽게 도망치지 못한다. 그 밖에 마약이나 술을 사용하거나 의도적으로 고립시키거나, 신분 확인용 법률 서류를 가로채는 방법 등으로 피해자를 올가미에 가둔다(Logan et al., 2009). 다른 선택권에 대해 잘 모르는 피해자들은 자신에게 도움이 될 서비스의 존재도 잘 모를 수 있다. 자신에게 일어나고 있는 일이 범죄라는 것을 모르는 피해자들은 계속 덫에 걸려 인신매매범에게 의존할 수 있다(Logan et al., 2009). 이는 피해자들의 부족한 언어능력으로 악화되며, 이는 그들을 더욱 고립시킨다.

601.01.01 이민자 인신매매 Trafficking Migrants

주요 특징

피해자 분석 __ 인신매매 피해자들은 대부분 어느 정도의 박탈감과 가난을 경험한 사람들이다. 비록 모든 피해자들이 반드시 가난한 배경 출신은 아니지만, 더 나은 삶에 대한 욕구가 있기 때문에 그 욕망을 충족시켜 준다고 하는 사탕발림에 취약하다. 피해자들의 교육수준은 다양하다. 어느 정도 교육을 받은 사람들도 더 나은 환경에서 삶을 꾸려 가고자 하는 욕구로 피해자가 된다. 그러나 피해자 대부분은 교육수준이 낮은 사람들임을 통계로도 확인할 수 있다. 집단 내 지위나 계급적 차별을 경험한 사람들도 새로운 세상을 꿈꾸다 인신매매 범죄를 당할 가능성이 높았다(Bales & Lize, 2005).

로건이 제출한 보고서에 따르면, 인신매매 범죄에 대한 취약성이 높은 사람들의 특징은 다음과 같다.

합법적인 권리나 도움을 받는 방법을 잘 모르고, 인신매매를 가능하게 하는 문화적 요소, 심지어 인신매매를 수용하는 문화적 태도를 갖고 있다. 젊고, 강하고, 건강한 것이 오히려 취약성을 증가시키는 것으로 나타났다(Logan et al., 2005). 유엔 마약범죄사무소에 따르면, 가장 빈번한 인신매매의 희생자는 물론 여성이다. 인신매매범들은 피해자에게 집 관리인, 레스토랑, 모델 등 해외 일자리를 제공하기도 하고, 피해자의 남자친구 행세를 하기도 한다. 인신매매범들은 여성들에게 휴가를 보내 준다고 속이거나 도주용 계약결혼만 시킨 후 다른 인신매매범에게 팔아넘기거나, 다양한 수단을 동원해 매춘을 강요한다. 범죄자들은 '정서적 강압'이라는 심리적 기법을 활용해 누군가에게 사랑 받고 싶어 하는 소녀들(젊은 여성들)의 욕망 또는 심리적 의존성을 이용한다(Cullen-DuPont, 2009).

인신매매범들의 주요 거래품인 아이들은 매춘을 위해 납치되거나 가족들의 동의 아래 매춘에 끌려가기도 한다. 극심한 가난에 고통 받는 가정들은 인신매매범들에게 설득당해 아이들을 취업생, 견습생, 정규교육생 명목으로 해외로 보낸다. 태국에서는 부모가 딸의 매춘에 동의하고 그 수익금을 받는 경우도 있다. 이렇게 어린 소년소녀들이 본인들의 의지와는 무관하게 부모들이 품은 "익명성의 약속이나 환상"에 속아 성산업의 피해자가 된다(Cullen-DuPont, 2009).

이 피해자들에게는 인신매매범들이 꼬일 만한 특징이 있다. 그들에게는 일이 필요하고, 특히 일을 찾아 이주할 필요성이 있다. 게다가 사회적으로 고립되어 있어 공동체와의 연계가 약하고, 그 결과 다른 나라에서 일하는 조건을 더 쉽게 받아들인다. 인신매매범들은 거래하는 노동의 종류에 맞춰 피해자를 고른다. 문화마다 성적 매력의 개념이 다르고, 성 구매 국가에서 선호하는 외모적 특징이 있어 성적 착취 대상이 되는 피해자층은 정해져 있다(Bales & Lize, 2005, p. 21).

디 니콜라(2005)에 따르면, 성산업에 유입되는 인신매매 피해자에는 3가지 유형이 있다. '착취 피해자'는 이전에 성산업에 종사한 적이 있는 여성으로, 매매범에게 속아서 노예제도 같은 조건으로 다른 나라에 가게 된다. '사기 피해자'는 서비스나 연예 분야 등 다른 나라에 취업시켜 준다는 말에 속아 성매매에 내몰리는 경우이다(Di Nicola, 2005). '납치 피해자'

는 인신매매범들이 그들의 욕망을 이용해 순응시키는 경우로 그리 흔하지 않다(Bales & Lize, 2005).

빈번하게 보고되는 범죄 현장 지표 __ 인신매매 목적으로 사용되는 가옥은 피해자의 여권을 빼앗고 위조물로 대체하는 범죄 장소이다. 일반적으로 합법적인 사업장과 연결되어 있다. 비용 문제로 제대로 관리되는 경우가 드물다. 이 가옥은 금융거래 사이트, 여권 사진 제작, 돈세탁, 기타 인신매매 피해자를 거래하는 접선 장소 등 다양한 기능을 수행한다(Leman & Janssens, 2007).

조작 __ 해당되지 않음.

포렌식 검증 __ 인신매매 피해자에게서 살펴볼 할 중요한 징후는 상처, 멍, 부러진 뼈, 우울증 징후, 외상후스트레스, 영양실조, 약물남용, 기타 장기적인 건강 문제들이다(Cavanaugh, 2011).

수사 주안점

수사 초기 과제는 다른 피해자와 목격자의 증언이나 물적 증거를 확보하는 것이다. 추가 피해자와 과거 피해자를 확인하면 해당 인신매매 범죄자를 처벌할 강력한 근거를 세울 수 있다. 무시Moossey(2009)는 "피해자 한 명의 증언은 그것만으로는 설득력이 낮아 보여도, 인신매매범의 강요와 사기 행각을 뒷받침하는 여러 명의 누적된 증언은 판사와 배심원들을 움직인다"고 지적했다(Moossey, 2009, p.7).

인신매매 기업을 일망타진하려면 사전에 가능한 한 많은 증거를 은밀히 확보해야 한다. 밀매 활동의 범위, 활동 장소 및 기타 관련자에 대한 정보가 필요하다. 그러나 즉각적이거나 지속적인 위해의 증거 또는 어린이에 대한 착취가 드러나면 곧바로 개입해야 할 수 있다(Moossey, 2009).

그간의 사례 연구는 인신매매 수사의 경우에 관련 법집행기관 종사자들에 대한 특화된 교육이 필요하다는 것을 보여 준다. 인신매매를 다루는 법집행관들은 예민하게 인신매매 징후를 포착하고, 피해자들을 섬세하고도 효과적으로 대해야 하며, 효율적인 피해자 면담을 위해 적절한 언어 능력을 갖추어야 한다(Bales & Lize, 2005).

통상 피해자들은 경찰이나 관련 기관에 자신에 대한 정보를 알려 주지 않으려 한다. 인신매매범들이 경찰서에 가면 체포되거나 추방된다고 주입시키기 때문이다. 또한, 범죄자들은 경찰에 정보를 제공하면 피해자 본인이나 가족을 죽이겠다고 협박한다. 그래서 피해자를 확보하고도 그릇된 정보를 얻는 경우가 있다. 무시(2009)는 법집행기관이 이를 미리 예상하고 피해자의 신뢰를 얻을 방법을 찾아야 한다고 조언한다(Moossey, 2009). 확보한 증거를 제시하며 진위를 확인하기 전에, 피해자와 친분을 쌓고 처음에는 덜 민감한 정보부터 차근차근 접근하여 피해자가 받을 정신적 충격을 최소화해야 한다(Moossey, 2009).

일부 피해자는 인신매매범에게 다른 피해자를 감시할 권한을 부여받았을 수도 있다. 피해자들을 따로 수용하고 면담하는 것은 물론이고, 피해자들 간의 상호작용도 관찰해야 한다(Moossey, 2009).

목격자나 증인은 피해자의 진술을 입증할 중요한 증거를 제시할 수 있다. 단서를 폭넓게 파악하여 피해자와 접촉한 사람을 찾아야 한다(Moossey, 2009). 성공적인 기소로 연결된 수사를 보면, 그 뒤에는 모든 증거를 뒷받침할 단서를 성실히 추적한 검사가 있다.

수사와 기소가 장기화될 가능성이 큰 범죄의 특성상 재판에서 증언할 피해자들을 꾸준히 관리하여 연락이 끊기는 일이 없도록 해야 한다(Moossey, 2009).

심각한 신체적 · 심리적 피해를 경험했을 피해자에 대한 지원 및 돌봄 서비스도 지원해야 한다. 피해자가 이용할 수 있는 서비스를 알리고, 해당 기관과 연결해 주는 것도 잊지 말아야 한다(Bales & Lize, 2005).

수색영장 제안 사항

일반적으로 성매매 사건의 피해자가 거주하거나 상업적 성행위를 한 장소에는 가장 중요한 확증 증거가 남아 있다. 부채와 소득 대장, (매출)집계 서류, 전화번호 목록, 은행 기록, 피해자 일기, 자극적인 옷, 전화기와 노트북의 디지털 증거, 성 관련 물품 등이다. 각종 주소와 전화번호를 확보해 두면 향후 피해자와 대리인 관련 기타 장소에 대한 수색영장을 발급 받거나 갱신할 때 도움이 된다(Moossey, 2009).

이 밖에 피해자들이 수용된 장소에 대한 사진과 필름은 피해자들이 자발적으로 그곳에 있고 싶어 하지 않았음을 증명하는 증거가 된다. 보통 피해자들의 거주지는 좁고, 비위생적이며, 거의 감금에 가까운 상태이기 때문이다.

이민자 밀입국

이민자 밀입국은 몇 가지 점에서 인신매매와 다르다. 두 과정 모두 이익을 목적으로 사람들의 이동을 수반하지만, 밀입국의 경우에는 합의된 목적지에 도달하면 양측의 관계가 종결된다는 점에서 노동착취가 이어지는 인신매매와 다르다(Bales & Lize, 2005; Logan et al., 2009). 인신매매 피해자들은 목적지 도착 후 부채의 속박과 그에 따른 노동착취에 직면한다. 두 용어를 구분하는 또 다른 차이는 이민자 밀입국의 초국가적 요소로, 밀입국은 정의상 불법적인 국경횡단 또는 입국 방법을 포함한다(Bilger, Hofmann, &

Jandl, 2006). 자국 내에서 인신매매를 당하는 경우라도 반드시 인신매매 사건이 되는 것은 아니다(Logan et al., 2009). 마지막으로, 이민자 밀입국은 독립적인 계약자 네트워크를 특징으로 하는 서비스산업으로 개념화되었다는 점에서 위계적 구조로 개념화된 범죄조직과 다르다(Bilger et al, 2006).

'코요테'의 국경횡단 지원 __ 미국 내 불법이민을 주선한 개인과 조직은 수도 없이 많지만, 멕시코-미국 간 불법이민에서 가장 맹활약하는 곳은 '코요테'라는 불법이민 주선조직이다. 코요테는 조직원들이 여러 가지 다른 역할을 맡으며 개인 또는 운송기업으로 운영된다. 그러나 '링ring'(느슨한 형태의 범죄조직으로 갱의 하위개념) 형태의 대규모 밀반입 조직이라는 언론 기사와 달리, 코요테는 작전의 특정 부분을 수행하는 독립적인 계약자 네트워크를 개발한다는 점에 주목해야 한다. 불법이민을 주관하는 상업용 운송회사는 5명 정도의 인원으로도 운영 가능하다(Spencer, 2009). 실제로 소규모 코요테들은 이주민이나 다른 코요테에게 뗏목, 패들보트 또는 기타 튜브를 이용해 강을 건너는 독점적인 서비스를 제공한다.

일부 코요테들은 여권, 거주 카드나 플라스틱으로 포장된 일명 '레이저 비자laser visa'로 불리는 국경 통과 문서를 판매 또는 임대하여 생계를 유지한다. 여유가 있는 의뢰인에게는 미국 영사관에 제시할 수 있는 서류까지 제공해 비이민비자(국제여행자 비자) 자격을 얻도록 돕는다. 이렇게 코요테의 조력을 받은 개인은 육로로 국경을 넘는 힘든 여행은 피할 수 있을지 몰라도, 적발될 경우 불법입국 및 중범죄 사칭 등 더 높은 처벌을 받을 수 있다. 코요테는 교통이 혼잡하고 국경이 혼잡한 시간대를 골라 허위 서류를 가진 이주민을 합법적인 입국 지점에 데려다준다(Spener, 2009). 이 과정에서 코요테에게 협력한 멕시코 주재 미국 영사관의 이민관리관, 비자 판매 담당자 등이 적발되었다(Spener, 2009).

좀 더 조직화된 네트워크는 국경 마을에 이주자들을 모아 놓고 트럭 등에 태워 검문소를 통과하기도 한다. 코요테는 탐지견을 피하고자 이주민들에게 목욕을 시키고 새 옷을 입힌다. 국경에서 불법횡단을 적발하는 감마선 기계는 교통량이 많을 때 잠시 중단되는데 코요테들은 이때를 노린다. 그리고 혹시 멕시코로 송환되더라도 다시 국경을 넘게 해줄 테니 출입국 관리들에게 협조하지 말라고 독려한다. 미국에 입국하는 다른 방법으로는 합법적인 입국 지점 주변의 육로 통로가 있다. 이 통로로 국경을 넘으려는 멕시코 사람들은 밀입국 비용을 낼 가족이나 친구들이 있는 가까운 마을로 이동하고, 그렇지 않은 사람들은 비용을 낼 지인에게 연락이 닿을 때까지 대기자용 가옥으로 보내진다(Spener, 2009).

미국에 있는 중국 이민자 밀입국 단체 __ 멕시코 코요테의 실제 구조와 조직은 불법 밀입국 조직에 대한 언론 분석의 미흡함을 보여 주었다. 언론에 소개된 중국 이민자 밀입국 조직도 코요테와 유사한 성격으로 운영되는, "전통적인 삼합회와는 상당히 동떨어진(Zhang & Chin, 2002, p.738)" 조직으로 관측되었다. 그러나 장과 진(2002)의 연구에 따르면, 중국 출신의 전문 밀입국 주선자 일명 '사두蛇頭 snakehead'는 개인 네트워크를 이용해 중국인을 수송하여 돈을 벌 기회가 많은 개인이라고 한다. 대규모로 사업을 벌이는 대사두大蛇頭는 언제든지 중국을 들락날락할 수 있고, 정부기관과 연줄이 있으며, 환승국에 연락처를 구축하고, 꾸준히 영업을 유지할 목적으로 사업에 더 많이 투자하는 개인이다. 그러나 소사두小蛇頭들은 보통 송출하는 지역사회나 그 근처에 거주하는 개인으로 여행 능력에 한계가 있다(Zhang & Chin, 2002). 장과 진(2002)이 관찰한 이민자 밀입국 네트워크는, 일반적으로 최종 이익에 대한 약속을 근거로 서너 명이 사업적으로 연합하는 형태를 취했다. 조직의 회원, 동료, 고용자에게는 채용담당자, 코디네이터, 트랜스포터, 문서 판매업자, 가이드, 집행관, 채무징수관, 협력 공무원 등 다양한 역할과 책임이 부여된다. 이들이 사용하는 밀입국 전략은 크게 ⓐ멕시코나 캐나다를 통한 미국 국경 통과, ⓑ항공로 이용, ⓒ어업용 화물선을 이용한 미국 항구 입항 등 세 가지가 있다(Zhang & Chin, 2002).

601.01.02 이민자 밀입국 Human Smuggling

주요 특징

피해자 분석 __ 최근에 연구자들은 이민자 밀입국을 조직범죄의 한 형태가 아닌 초국가적인 서비스산업으로 개념화했다. 따라서 이를 이용하는 이주민들도 시장 서비스를 이용하는 소비자 또는 고객이 된다. 그러나 밀입국업자들이 폭력이나 속임수 등의 학대를 행사하면 이 고객들은 피해자가 될 수밖에 없는 구조이다. 다만, "고객에 대한 시스템적인 학대는 사업의 성공 여부를 좌우하는 밀입국업자들의 평판을 심각하게 해칠 수 있기 때문에" 상대적으로 흔하지 않다(Bilger et al, 2006, p 80).

스페너(2009)에 따르면, 코요테 서비스를 이용해 국경을 넘어 텍사스로 온 고객들은 대부분 정규교육을 거의 받지 못한 젊은 노동자계층 멕시코인들이다. 중유럽과 동유럽의 국경관리 단체들의 자료를 보아도, 2004년에 가장 많이 체포된 이민자들은 20~40세의 미혼 남성들이었다. 체포된 이주민의 5분의 1은 여성이었다(Janndl, 2007).

빈번하게 보고되는 범죄 현장 지표 __ 이주민들의 경험담을 들어 보면, 밀입국 서비스와 접촉하는 장소는 예상과 달리 일반적으로 알려진 장소나 인근 지역이었다. 중개업자나 모집인은 난민촌에서 밀입국자와 협력하는 이주자나 지인, 개인들에게도 그 정체가 철저히 감춰진다(Bilger et al, 2006).

소규모 밀입국업자나 자영업자는 대개 단거리 밀입국업에 수시로 가담하며 직접 작전에 참여한다. 그러나 규모가 큰 밀입국 네트워크는 각기 다른 위치에서 다른 책임을 맡는 구조로 되어 있다. 조직원들은 밀입국 조직 전체의 관리자로 활동하며 대개 고객과 접촉이 거의 없거나 아예 없다. 중개업자는 조직과 거래처 사이에서 중재자 역할을 하며 밀입국 이행을 책임진다. 때로 중개인이 모집자 역할도 맡고, 어떤 경우에는 이주민이 돈을 벌고자 독립적인 모집자로 나서기도 한다. 보통 현지 환경을 잘 아는 가이드는 고객을 동반하고 국경 통과를 수행하는 일을 담당한다. 결과적으로, 체포 위험이 가장 크다. 그 외에 작전에 간간이 가담하는 망보기, 운전사, 연락책이 있고, 그 외에 협력 공무원, 국경 경찰, 개인주택 소유자 등 외부 구성원들이 있다(Bilger et al, 2006).

보수를 지불하는 방법은 다양한데, 여행의 특정 부분이 완료되면 부분지급 또는 단계별 지급을 할 수도 있다. 다른 밀거래 사기와 달리, 밀입국은 실패에 대비한 보험과 도착 보증까지 해 주는 비교적 신뢰할 수 있는 작전이다. 물론 인신매매 조직이 이주민들의 신뢰를 얻으려고 이러한 특징을 모방할 수도 있다. 그러나 밀입국 시장에서는 이주민 네트워크에서 얻는 평판이 가장 중요한 광고가 된다는 점에서, 경쟁이 치열한 시장에서 살아남으려면 소비자들의 선택과 변경 등 인센티브와 보증을 제공할 수밖에 없다(Bilger et al, 2006).

밀입국업자와 그 고객이 맺는 관계는 세 가지 상호작용 유형으로 구분할 수 있다(Van Liempt·Doomernik, 2006). 첫 번째 유형은 이주자에게 완전한 선택권과 통제권을 주고 밀입국업자는 그저 촉진자 역할을 한다. 두 번째 유형은 밀입국업자가 결정권자로 최종 목적지를 결정한다. 세 번째 유형은 최종 목적지의 가격과 선호도 협상을 포함한다(Van Liempt & Doomernik, 2006).

밀입국에 사용하는 가옥은 흔히 수용자를 감독하는 밀입국업자가 공동으로 임대한다. 이 가옥에 밀입국업자들이 계속 거주하거나 안가에서 생활하는 것은 흔한 일이다. 이주민들은 빚을 갚을 때까지 이 가옥에 수용될 수 있다(Leman & Janssens, 2007). 대부분의 경우, 친척이 송금해 주면 해당 이주민은 가옥을 떠난다(Spener, 2009).

중유럽과 동유럽의 국경 당국에 따르면, 밀입국에 사용되는 허위 문서들이 점점 더 정교한 장비로 제작되어 진위를 파악하기가 더 어려워졌다. 가장 흔한 수법은 다른 사람의 여권 사진을 바꿔치기하는 것이다. 그 외에도 만료일 수정, 비자 스탬프 위조, 국경횡단 비자 제거 등의 방법으로 여권을 위조한다(Jandl, 2007).

육로 횡단 수송에는 임대한 택시, 밴, 미니버스, 트럭, 냉장 트레일러 등을 이용한다. 공식 도로를 이용할 때에는 이주민을 숨길 공간이 있는 트럭과 화물칸을 많이 이용한다. 새벽이나 안개 낀 날 외에도 혼잡시간대에는 열 감지나 이산화탄소 감지 장치로 밀입국자를 찾아내는 데 한계가 있다(Jandl, 2007).

이주민들이 선호하는 밀입국 목적지는 국경 통제가 느슨하고, 접근이 쉬우며, 밀입국에 대한 처벌이 낮고, 망명 신청이 쉬운 국가이다(Van Liempt & Domernik, 2006).

도허티(2004)는 코요테와 불법이민자들이 자주 건너는 국경 인근 사막

지대의 무수한 발자국과 타이어 자국을 묘사하며, 불법이민자들이 코요테 픽업 장소로 이동하기 전에 만나는 장소를 표시하고자 울타리를 파괴하고 주변에 많은 양의 쓰레기를 버리고 있다고 지적했다(Dougherty, 2004).

조작 __ 코요테 행세를 하며 이주민들을 고립된 지역으로 끌고 가 폭행하고 강탈하는 사람들이 있다(Spener, 2009).

공통된 포렌식 검증 __ 여행 서류를 위조하는 가장 흔한 방법은, 다른 사람의 여권 사진을 교체하는 것이다. 그 밖에 만료일 변경, 비자 스탬프 위조, 국경횡단 스탬프의 화학적 제거 등이 사용된다(Jandl, 2007).

수사 주안점

슈페너(2004)에 따르면, 체포된 이주민들은 특히 밀입국업자에게 학대 받지 않은 경우에는 경찰과 법집행에 쉽게 협조하지 않는다. 이는 밀입국업자 확인과 체포를 어렵게 만든다. 미 이민국(INS)이 흔히 사용하는 밀입국업자 체포 방법은 그 가족이나 친구들의 관심과 걱정을 이용하는 것이다. 밀입국 이주민이 여행에 소요된 비용을 친척 등의 도움으로 완전히 탕감할 때까지 이주민들을 가옥에 가둬 두는 경우가 흔하다(Spener, 2004).

수색영장 제안 사항

스페너(2004)는 총기가 회수된 경우에 밀입국업자들은 보통 무기를 휘두르거나 사용하지 않는다고 했지만, 가옥에서 벗어나면 발각되고 처벌될 것이라는 공포와 협박으로 이주민들의 이동을 통제할 가능성이 크다.

견인 트레일러와 철도 차량에서 탈수, 저체온증, 질식사 등으로 이주민들이 사망한 사례가 있으므로 의심스러운 차량(공간)에 대한 검사와 수색영장 발부가 중요하다(The Victoria Advisor, 2003).

미 국토안보부는 비자가 만료된 후에도 미국에 체류하는 사람들을 확인하고, 그에 대한 합당한 처분(추방)을 집행하는 데 공을 들이고 있다. 2001년 9·11 테러 당시 19명의 납치범 중 5명이 불법체류자로 확인되면서 불법체류가 테러 활동으로 이어지지 않을까 우려한다(GAO, 2011). 그래서 미국 세관국경보호국(CBP), 미국 이민세관집행국(ICE), 미국 방문 및 이민 현황지표기술프로그램(US-VISIT) 등 다른 연방기관과 연계하여 출입국 프로그램 심사 및 초과체류자 적발에 공을 들이고 있다. 비이민비자는 출장, 여행, 관광, 치료, 교환학생 프로그램으로 발급 받을 수 있다. 비이민자는 입국 시 생체인식 자료뿐 아니라 생물학적 자료를 제출해야 하고, 이를 세관국경보호국이 심사하여 입국 여부를 결정한다. 초과체류로 판명되면, 불법체류 기간에 따라 3~10년 동안 미국 입국이 불가능해진다. 미국에는 불법체류자 수가 어마어마하기 때문에, 대테러 및 범죄추적팀(CTCEU)은 국가안보와 공공안전에 높은 위험을 초래할 수 있는 불법체류자 색출에 심혈을 기울이고 있다(GAO, 2011).

602.01 **담배 밀수** Cigarette Smuggling

역사적으로, 담배 밀수는 캐나다와 미국의 국경 지역에서 가장 활발했다. 1990년대에 시가와 담배에 부과되는 세금이 캐나다에서 현저하게 높아서 담배 밀수는 마약 밀매에 버금가는 이윤을 창출했다. 그 결과, 정교한 유통망이 구축되고 범죄 집단과의 협업 시스템이 발전하는 등 밀수가 캐나다 전역으로 확산되었다. 온타리오주의 원주민 범죄자들이 캐나다 서부의 원주민 사회에서 유통과 밀반입 작전을 전개하고 있다는 증거가 공개되기도 했다(Beare, 2002).

오늘날에도 담배는 세계에서 가장 널리 밀수되는 합법적인 소비재이다. 합법적으로 수출된 담배의 3분의 1 이상이 밀반입되고, 그중 일부를 초국가적인 조직범죄 및 국제테러리즘 관련 불법기업(연 매출 수십억 달러)이 담당하고 있는 것으로 추정된다(Madsen, 2009). 가짜 담배를 생산하는 지하시장도 생겨났고, 재포장 시설과 새로운 유형의 담배 공급원도 성업 중이다. 유럽사기범죄수사국(OLAF)은 전체 밀수 담배의 약 65퍼센트가 위조품이며, 절반 이상이 중국에서 생산된다고 추정했다(Madsen, 2009). 담배회사들도 나중에 캐나다로 밀반입될 엄청나게 많은 양의 담배를 고의로 수출함으로써 상당한 이익을 축적했다는 주장이 제기되었다.

주요 밀수 방식 __ 캐나다산 담배는 미국에 면세 수출되고, 캐나다 내에서도 면세점과 대사관 등에서 판매되고 있다. 미국 도매상들에게 면세 수출된 담배는 다시 프랑스령 세인트섬을 통해 캐나다로 밀반입된다. 캐나다산 담배가 미국에 갔다가 뉴펀들랜드 해안이나 온타리오, 퀘벡, 뉴욕의 캐나다–미국 국경을 따라 원주민보호구역에 있는 피에르와 미켈론으로 이동하는 것이다(Beare, 2002). 이렇게 이동한 담배는 조직화된 네트워크를 통해 도매상, 소매상, 노점상 등에 판매용으로 유통된다. 미국산 담배도 같은 동선을 따라 밀반입된다. 원주민보호구역 안에서 원주민들만 사용할 수 있는 면세 담배도 캐나다의 주요 도시로 운송된다. 이때 마땅히 내야 할 연방소비세가 포탈된다(Luk, Cohen, & Ferrence, 2007). 캐나다 국내에서 생산되는 담배는 주로 조직범죄 집단이 운영하는 소규모 공장이나 원주민 단체인 퍼스트네이션First Nation 지역사회 내 대규모 공장에서 만들어진다. 이 담배들은 투명한 비닐 봉지에 싸인 채 주로 원주민보호구역 내 비밀창고를 통해 유통된다(Luk et al., 2007).

밀수의 결과 __ 담배 밀수는 잠재적인 세금 손실 외에도, 조직적인 밀수 활동을 막고자 공권력이 투입된다는 점에서 재정적으로도 큰 부담을 주고 있다. 관계자들의 말에 따르면, 공권력에 적발된 이들은 취약하고 경험 없고 미숙한 개인과 집단뿐이다. 가장 우려되는 조직적인 범죄집단은 오히려 활동 범위를 넓히며 공권력을 피해 가고 있다. 그 가족들까지 범죄 활동에 가담하며 조직 간의 경쟁과 폭력 가능성이 커졌고, 실제로 그런 사건이 일어나고 있다(Beare, 2002). 담배 밀수에 대한 상대적으로 낮은 벌금과 사업의 잠재적 이익에 비추어 볼 때, 한때 우연한 기회에 일회적으로 저지르던 밀수 범죄가 이제 더 정교한 조직범죄로 발전하고 있다는 것은 놀라운 일이 아니다. 이렇게 벌어들인 막대한 이윤은 경찰 수사를 피하는 고급 기술 개발에 투여되어, 돈세탁(불법 수익) 목적의 무기 구매, 카지노 운영, 정치계 로비 활동 등으로 순환하고 있다(Beare, 2002).

사례 연구 **아크웨사스네 커뮤니티의 국경횡단 범죄**

북미 5대호와 대서양을 연결하는 세인트로렌스 수로 부근, 캐나다와
미국 국경에 있는 아크웨사스네*의 모호크[북아메리카 인디언] 공동체
는 아예 밀수와 이민자 밀입국용 국경횡단 통로를 구축한 조직범죄
의 흥미로운 사례이다. 이 지역은 지리적으로 미국과 캐나다의 가격
차이로 수익을 거두기에 편리한 입지에 있고, 실제로도 그런 활동을
해 왔다. 1970년대에 아크웨사스네 지역에서 값싸게 팔린 휘발유는
뉴욕 북부 주민들을 끌어들였다(Jamieson, 1999). 1990년대 중반부터 캐
나다 정부는 이 지역에서 일어나는 술과 담배 등의 불법거래에 주목
했다. 캐나다에서 생산된 담배가 미국 도매상들에게 면세품으로 수
출되었다가 다시 캐나다로 밀반입되는 과정에서 큰 수익이 발생했을
것으로 추정됐다. 캐나다 연방정부가 금연 공공보건 캠페인을 진행
하며 담배 제품에 대한 소비세를 높이면서 이러한 사업이 가능해졌
다(Jamieson, South & Taylor, 1998).

그러나 법집행기관이 '밀매'로 식별한 활동을 아크웨사스네의 모호
크족은 정반대로 인식했다. 그들은 담배 밀수가 자신들에게 법적으
로 허용된 국내무역 활동이라고 여겼다. 퍼스트네이션에 소속된 북
아메리카 원주민은 비원주민이 만든 국경을 자유롭게 넘나들 수 있
는 권리가 있다고 생각하는 것이다(Jamieson, 1999). 아크웨사스네 모호
크 공동체는, 위트레흐트조약(1713)과 제이조약 제3조(1794) 등 각종 조
약으로 인정 받은 국경횡단 권리 외에도 자신들의 영역에 대한 주권

---

* 원주민보호구역 성격의 정치체.

적 권리 인식을 공유한다. 그들은 "모든 국경을 넘을 수 있는 권리가 식민 권력에 정복당한 적도 없고, 그 권리를 양도한 적도 없는 항구적인 주권을 가진 국가로서 그들이 가진 지위로부터 나온다"고 믿는다(Dickson-Gilmore, 2002, p. 15). 지역사회 내의 정치적 · 법적 관할권이 모호하고, 불법 밀수 행위를 저지하려는 법집행이 조정을 수반한 분쟁을 일으킨다는 점이 문제를 더 복잡하게 만들고 있다. 아크웨사스네 공동체는 "놀랍게도 일련의 지방, 주, 캐나다, 미국 연방법을 따르고 있으며, 이 지역에는 적어도 7개의 법집행기관이 치안 활동을 하고 있다"(Dickson-Gilmore, 2002, p. 13).

합법적 경제활동 기회가 제한된 이 지역에서, 불법으로 국경을 넘나드는 활동은 몇 안 되는 수익성 있는 사업의 원천이다(Dickson-Gilmore, 2002). 그런데 동일한 통로를 통해 총기류나 불법 마약류까지 이동하면서 다른 조직범죄 집단까지 끌어들인다는 점이 문제이다. 실제로 비교적 소규모로 시작된 원주민 밀수가 술과 마약, 이주민 밀입국과 관련된 아시아 조직범죄 집단의 활동으로 확대되었다(Dickson-Gilmore, 2002). 1994년 캐나다 연방정부는 '밀수 저지 국가행동계획'에 따라 담배 소비세 인하 계획을 발표했다. 이 계획에는 더 강력한 규제를 위해 캐나다 세관의 인력 증원과 향후 5년간 새로운 보안 감시기술 자금 지원을 포함하는 밀수방지 계획이 포함되었다. 담배 제조업체에 대한 감시도 강화되었다(Jamieson et al., 1998). 이후 프로그램 평가에서 이 계획 시행 이후 담배 밀수가 상당히 감소했지만, 같은 기간 캐나다 정부의 담배세 인하가 담배 밀수에 가장 큰 영향을 미친 것으로 추정되었다(Schneider, 2000, p.3). 밀수 집단 해체에 초점을 맞춘 다른 조치와 법집행은 조직화된 범죄 집단의 활동에 대한 강력한 억제책이 되지 못했다는 것이다. 오히려 이 계획의 실행 이후 밀수 집단들이 다른 지역으로 옮겨 가 새로운 밀수 및 은닉 방법과 루트를 개발하고, 범죄 활동이 더 치밀해졌다(Schneider, 2000). 이에 2004년 캐나다 정부는 새로운 조직범죄 개념을 도입하여 범죄조직의 정의를 단순화하고, 압수·몰수 조항 적용범위를 넓히는 등 조직범죄 관련 법률을 개정했다.

602.02 국경횡단 무기 밀수 Cross-Border Smuggling of Weapons

무기 판매 및 소유와 관련해, 이미 많은 시민이 총기를 소유한 미국이 상대적으로 멕시코와 캐나다보다 관련 규제도 약하고 값싸게 무기를 공급받을 수 있다(Cook, Cukier, & Krause, 2009). 관련 자료를 보더라도, 캐나다와 멕시코에서 범죄에 사용된 무기의 대부분이 미국에서 건너온 것으로 밝혀졌다. 이러한 불법 무기는 다양한 범죄 집단에 흘러들고 있다. 가장 주목할 곳은, 미국과의 밀수 경로를 두고 경쟁하는 멕시코 마약 카르텔들이다(Miller, 2010). 이들의 폭력이 다양한 종류와 크기의 무기를 손에 넣게 되면서 고조되었다는 것은 의심의 여지가 없다. 이 무기를 근거로 마약 카르텔들은 국가적인 차원의 권위를 행사하게 되었다. 실제로 이들의 무장 수준이 경찰보다 높다는 것은 여러 분쟁에서 확인된다(Cook et al., 2009). 캐나다에서는 전반적인 살인율이 감소하고 있지만, 갱 관련 살인 사건은 총기 관련 사건이 다수 발생하면서 증가하고 있다(Cook et al., 2009).

미국에서 무기를 구하는 방법은 여러 가지다. 규제 수준이 가장 높은 판매는 연방면허대리점(FFL)에서 구매하는 것이다. 대리점들은 판매 전에 고객의 신분을 확인하고, FBI의 범죄이력조회시스템(NICS)의 조회를 거친 후 판매 기록을 보관한다. 전과자, 불법체류자, 입원 정신질환자, 미성년자는 무기 구입이 금지된다. 면허를 취득한 딜러들의 활동도 주류·담배·화기 단속국(ATF)의 규제를 받는다. 그러나 무면허 판매업자나 허가 받은 업자라도 자신의 개인 소장품을 판매할 때에는 이 사항들을 준수하지 않기 때문에 범죄에 사용된 무기의 마지막 구매자를 추적하기가 어렵다. 특히 무면허 판매업자는 고객이 무기를 구매할 수 있는 자격이 있는지 거의 알지 못할 수 있다(Miller, 2010). 허가 받은 판매자라도 무자격자에게 총기를 팔거나 밀수 목적으로 판매한 경우에는 어떤 자료도 남지 않는다. 자격자가 총기를 구매하고 그것을 무자격자에게 넘기는 중간상 역할을 할 수도 있다. 미국 전역에서 개최되는 총기 전시회는 멕시코로 밀반입되는 무기의 주요 공급원이다. 전체 총기 거래의 30~40퍼센트가 총기 전시회에서 무허가 판매자를 통해 이뤄지는 것으로 추정된다(Cook et al., 2009). 총기를 구매하는 밀수업자들은 돈세탁 목적으로 어떤 구매 자료도 남기지 않고자 현금을 사용하는 경우가 많다(Miller, 2010). 단기간에 많은 양의 총기를 획득하는 또 다른 방법은 절도나 강도이다. 허가 받은 딜러, 국내 유통업체, 제조 공장, 합법적 수출 및 육군 잉여(군수품) 저장소도 이들의 범죄 대상이다(Cook et al., 2009).

미국에서 입수한 무기를 다른 나라로 밀매하는 방법도 여러 가지다. 미국에서 캐나다로 무기를 밀매 운송할 때에는 거짓 신고, 거짓 문서화, 기타 은폐 방법을 사용한다(Cook et al., 2009). 쿡이 예로 든 것은, 미국에서 캐나다로 가는 도중에 발각된 사냥용 소총으로 '잘못' 표기된 중국산 AK-47 소총이다(2009). 이처럼 미국-캐나다 노선에는 장부에서 고의로 누락된 채 화물트럭과 나프타(NAFTA)〔1994년 체결된 미국·캐나다·멕시코 간

자유무역협정) 통과 철도를 이용해 국경을 넘는 화물이 많다(Miller, 2010). 반면에 미국-멕시코 밀수는 스페인어로 '트라피코 오르미가tráfico hormiga', 일명 '개미 행렬'로 작은 묶음을 만들어 육로 경계를 넘는 경우가 많다. 무기 출처가 다양하지 않고 일정한 것은, 비공식 시장에서 갱들에 의해 대규모로 유통되기 때문이다. 무기 운송자들은 부패한 세관원과 경찰의 비호 아래 다른 물품 밀수용으로 개발된 경로를 이용한다(Cook et al., 2009). 멕시코로 들어가는 무기의 대다수가 미국에서 오지만, 엘살바도르·니카라과·과테말라 등 내전 당시 다수의 무기를 수입했던 중앙아메리카도 빼놓을 수 없는 무기 출처이다(Cook et al., 2009).

미 주류·담배·화기 단속국(ATF)은 멕시코 내 총기 밀수를 줄이고자 허가 받은 딜러와 총기 전시회에 대한 규제를 강화했다. 또, 미국산 무기가 조직범죄의 손에 넘어가는 것을 막고 멕시코에서 총기 관련 폭력을 줄이고자 전담 인력을 늘리는 '건 러너Gun Runner 프로젝트'를 도입했다. 이 프로젝트는 멕시코 법집행요원들에게 검사 장비 사용 및 총기 밀매업자 식별 훈련을 제공한다. 이외에도 합법적인 총기 구입 장소에서 팔린 무기의 경로를 추적하는 시스템을 도입하여 미국-멕시코 간 밀수 패턴을 식별하고 있다(Cook et al., 2009).

그러나 ATF의 노력에도 불구하고, 미국의 무기 구매 및 판매에 관한 법률 변경 없이는 총기 밀수가 멕시코의 국경 폭력을 계속해서 악화시킬 가능성이 크다. 미국 법률상 별다른 증빙 없이도 개인이 무기를 판매할 수 있기 때문에 불법거래 증거 확보와 유죄판결이 어렵다(Miller, 2010). 무기 판매를 규제하고, 구매 시점부터 불법거래를 방지하는 강력한 법률을 포함해 총기 밀수를 저지할 다각도의 방안이 필요하다(Miller, 2010).

미국에서 무기를 입수할 수 있기 때문에 멕시코 국경에서 폭력 사건이 증가한 것처럼 보이지만, 미국 입국 경로를 놓고 치열한 경쟁이 형성된 근본적인 이유는 좀처럼 줄지 않는 마약에 대한 수요이다. 멕시코 정부와 경찰 당국도 불법적인 마약 이동을 차단하고자 인력을 충원하고 최신 기술을 사용해 마약 카르텔과의 전쟁을 선포했기 때문에 폭력 사태는 오히려 확대되었다. 마약 카르텔은 적응력이 뛰어난 데다 기술적인 효율성과 이동성까지 향상되어 그들의 밀수 작전은 점점 더 교묘해지고 있다(Payan, 2006).

멕시코에서 미국으로 밀수되는 마약의 대부분은 멕시코 국경도시의 특정 지역을 독점해 온 마약 카르텔 조직원들이 밀수하는 것이다. 그러나 이 카르텔에 속하지 않는 밀수업자들도 몸이나 옷 속에 마약을 숨기고 국경 검문소를 넘는 것으로 알려져 있다. 국경을 넘나드는 밀수업자들 대부분은 초보자이거나 삼류 마약상들이 고용한 사람들로, 보통 마리화나 운반에 집중한다. 코카인과 필로폰 같은 마약 운반은 체포 위험성이 크기 때문에 상대적으로 위험부담이 적은 마리화나를 운반한다(Payan, 2006). 규모가 큰 밀수 작전은 운송하는 마약의 양도 많기 때문에 자동차나 밴, 픽업트럭 같은 차량을 이용한다. 흔히 차량의 연료탱크, 계기판 뒤, 스페어타이어, 자동차 차체에 마약을 숨긴다. 은박지나 랩 또는 다른 포장재로 마약을 감싸고, 석유나 기름 또는 향수를 뿌려 냄새를 감춘다(Payan, 2006).

마약을 감춘 차량들이 국경선을 넘는 전략은 여러 가지다. 그냥 운에 맡기기도 하고, 가장 혼잡한 시간대를 택하거나 특정 탐지 형태를 사용하기 어려운 날씨를 고르기도 한다(Spener, 2009). 한 대가 아니라 여러 대의 차량을 동시에 보내어 한 대만 탐지되도록 하는 작전을 쓰기도 한다. 발각되는 역할을 맡은 운반책은 검문소 직원들의 주의를 분산시켜 다른 차량들이 수월하게 국경을 통과할 수 있게 한다. 국경 검문 패턴을 파악하거나, 검문이 허술한 구역을 찾아내고자 일부러 차량을 보내기도 한다. 물론 가장 효과적인 전략은 뇌물이나 가족관계를 이용해 국경선에서 근무하는 경찰관들을 매수하는 것이다. 차량 한 대당 1~2만 달러의 추가요금을 내면 검문 없이 국경을 통과할 수 있다(Payan). 나프타(NAFTA) 체결 후에는 무관세 물품 수송용 화물트럭도 마약 운송에 자주 사용된다. 미국과 멕시코 국경을 지나다니는 수백만 대의 트럭 중 철저한 검사를 받는 트럭은 극소수이기 때문이다(Payan 2006).

국경 보안을 강화하고 마약 밀수를 퇴치하려는 당국의 작전은 일부 소규모 마약상 검거에서만 성과를 거두었다. 대규모 마약 카르텔들은 법집행기관 전술 변화에 유연하게 대처한다(Payan, 2006). 마약 조직범죄를 막으려는 출입국관리소와 국토안보부의 진짜 적은 만연한 부패이다.

공기·음식·물을 통해 간접 확산되거나, 동시에/혹은 별도의 직접접촉으로 확산되는 박테리아·생물학적 독소·바이러스 등을 전파시키는 생물학적 공격은 장기간 탐지되지 못하다가 특이한 질병 패턴이 확인된 다음에야 확인된다(Homeland Security Office of Intelligence and Analysis and FBI, 2008).

전염성 박테리아 감염은 직접 혹은 간접접촉으로 다른 사람에게 전파될 수 있다. 박테리아는 유해한 독소를 생성하여 다양한 질병을 일으키고 숙주 조직까지 손상시킬 수 있다. 미국 질병관리본부(CDC)는 페스트균(전염병)을 국가안보에 위협이 될 수 있는 고위험(우선순위) 물질로 분류했다. 바이러스는 전염병의 잠재적 원인이기도 해서, 숙주세포에 침입해 세포 DNA를 복제하고 복제 후에는 숙주세포를 파괴하여 살아 있는 조직에 손상을 입히기도 한다. 테러리스트 공격에는 천연두 바이러스와 에볼라 바이러스 등이 사용된다(Homeland Security Office of Intelligence and Analysis and FBI, 2008).

이 밖에 탄저균(탄저병의 원인 인자), 보툴리눔 독소, 림프절 페스트(전염형·폐렴형 생성 가능), 야토병 등이 비감염성 생물학 무기로 사용될 수 있다. 2001년 탄저균이 담겨 있는 우편물이 미국 내 여러 지역으로 발송되어 5명의 사망자가 발생했다. 과거로 거슬러 올라가면, 1939~1940년에 일본군이 전염병에 감염된 벼룩과 전염병균이 뿌려진 쌀을 풀어 중국 저장성 인구 수천 명이 사망한 적도 있다(Homeland Security Office of Intelligence and Analysis and FBI, 2008). 트리코테센 미코톡신 곰팡이독(T2), 아플라톡신, 보툴리누스균과 같은 독소들은 로켓, 공중투하 폭탄, 살수 탱크로 살포될 수 있다.

이제는 농업 시스템도 세계화되어 가축과 농작물을 감염시키면 전 세계로 병원균을 확산시킬 수 있다. 이른바 '농업테러agroterrorism'이다. 지금까지 알려진 병원균으로는 수백만 달러의 손해를 초래하는 조류독감, 구제역, 곡물 시듦병 같은 질병이 있다. 2007년 무려 57개 국가가 영향을 받았던 조류독감은 동물에서 사람으로 전염될 수 있는 동물원성 감염증 병원체이다(Homeland Security Office of Intelligence and Analysis and FBI, 2008). 이외에 탄저균, 클로스트리듐 보툴리늄 독소, 작은와포좌충, 쥐장티푸스균은 음식과 상수도를 오염시킬 수 있는 잠재적 생물학적 물질이다.

603.01 생물학적 공격 Biological Attacks

주요 특징

피해자 분석 __ 사람이 많이 모이는 곳은 생물학 물질 살포의 표적이 될 가능성이 높다. 피해자들의 특징은 다양할 수 있으나 어린이와 노인이 가장 취약한 피해자이다.

빈번하게 보고되는 범죄 현장 지표 __ 생물학적 테러와 관련된 질병 패턴부터 규명해야 한다. 이때 공기전염성 병원균을 감시하는 조기경보 시스템이 도움이 될 수 있다. 해당 병원균이 생물학적 공격을 수행할 수 있으려면 병원성 박테리아나 전염성 질병을 일으킬 바이러스를 가지고 있어야 한다. 이런 물질은 실험실에서 훔치거나 자연 재료에서 추출할 수 있다. 매개체와 전파 매커니즘도 맞아떨어져야 한다. 이런 물질을 습도, 바람, 자외선으로부터 보호하고자 연기나 수증기를 통해 밀폐된 공간에 살포할 수 있다. 환기장치, 에어컨, 난방장치 등이 생물학적 공격 물질이 살포될 수 있는 공격 포인트이다. 해당 물질이 사람이나 동물에게 전해지면 무생물 접촉 방식으로 직간접적으로 사람들을 전염시킬 수 있다 (Homeland Security Office of Intelligence and Analysis and FBI, 2008).

조작 __ 특정 지역에 자생하는 매개체를 사용해 자연적으로 발생한 것처럼 물질을 방출할 수 있다.

공통된 포렌식 검증 __ 포장물, 무기, 매개체, 관련 자료 혹은 전통적인 포렌식 증거(모발, 섬유, 지문)들을 분석한다. 은밀한 공격은 증거가 제한적일 수 있어 의료기록과 진단 내용, 피해자로부터 추출한 분리균 등이 필요할 수 있다. 미생물 법과학자들은 다양한 방법으로 증거를 분석해 병원균의 특징을 파악하고 출처를 알아낸다(Budowle et al., 2007).

수사 주안점

생물학적 테러 사건에 대해 대응은 각 주마다 다를 수 있지만, 사건 발생 원인을 파악하고 공격행위로 발생할 수 있는 피해를 줄이려면 법집행기관과 공공보건기관 간의 협력이 필수적이다. 미국에서는 FBI가 주도적으로 미국 내 생물학 테러리즘 수사를 맡는다. 사건 발생 직후 FBI는 공격의 잠재적 위협을 평가하고 보건복지부 · 질병관리본부 · 농무부 등 관련 기관 전문가들과 학계 · 산업계 전문가들과 협의를 진행한다. 동시에 미생물 포렌식 분석으로 생물학 물질의 출처를 확인하고 범죄 현장을 재구성한다(Budowle et al., 2007). 의료 종사자 및 역학 전문가들은 다음과 같은 단계와 방식으로 조사 과정에 참여한다(Dembek, Pavlin, & Kortepeter, 2007).

① 필요한 대응 요소(인력, 장비, 실험실 등)을 준비한다.
② 진단을 확인하고 발생 사실을 공식화한다.

③ 발생을 정의하고 역사적 · 임상적 · 역학적 · 실험적 출처에서 수집된 정보를 바탕으로 확정적 진단을 모색한다.

④ 사례 건수뿐만 아니라 질병의 공통된 특징을 포함한 사례 정의를 확대한다.

⑤ 사람, 장소, 시간에 대한 정보를 포함한 언론 공개 자료를 확대한다.

⑥ 지속적 평가를 통해 통제 수단을 시행한다.

⑦ 질병의 발생과 전파 방법, 비감염자들에게 끼치는 잠재적 위험에 대한 가설을 세운다.

⑧ 가설 분석 연구를 평가하고, 필요 시 가설을 수정한다.

⑨ 질병의 성격과 노출 경로에 대한 결론을 도출한다.

⑩ 적절한 기관에 연구 결과를 전달한다.

법집행기관은 감염자과 면담을 진행하고 생물학적 · 임상적 표본증거를 수집한다.

수색영장 제안 사항

2001년 탄저균 공격 당시 발부된 수색영장에 따르면, 물리적 수색과 함께 다음 항목에 대한 포렌식 봉인 작업이 실시되어야 한다(FBI, 2008).

- 결합 혹은 결합되어 있지 않은 생물학적 위협물질 또는 무기
- 생물학적 위협물질을 생산하거나 복제하는 데 사용된 실험 장비
- 개인 보호 장비
- 생물학 무기 이송에 사용된 품목
- 공격 계획, 청사진, 구매 영수증, 교육 출판물, 지도, 보관된 통신과

관련된 것 등을 포함하는 문서

- 활동 자금 지출과 관련된 은행 서류
- 보관 시설과 관련된 열쇠와 문서 기록
- 진본 혹은 허위 신분증명서

종합 목록은 다음 링크 참조.

www.fbi.gov/ about-us/history/ famouscases/anthrax-amerithrax/ 08-429SW AffAttach07524.pdf

---

사례 연구 **1995년 사린 공격**

'옴' 또는 '알레프'로도 불리는 일본의 사이비종교 옴진리교는 1984년 아사하라 쇼코가 창설했다. 2009년 기준으로 일본에는 약 1,650명, 전 세계에 4만 명의 신도가 있는 것으로 알려져 있다. 이 단체의 신념 체계는 불교 · 힌두교 · 기독교의 교리와 종말론에 대한 강한 집착으로 이루어져 있다. 1990년 초, 이 단체는 적어도 9건의 생물학적 공격을 시도했다. 그중에는 세균성 독극물인 보툴리눔 독소를 개조한 배달용 밴으로 살포하는 계획도 있었다. 이 사이비종교 집단은 탄저균, 콜레라, 큐열Q fever 등 다른 생물학적 독소도 실험했는데, 일본 내 빌딩과 거주지역, 미군기지 주변 지역을 포함한 공공장소에서 이 실험을 감행했다. 그러나 생물학 공격이 별 소득을 거두지 못하자, 옴진리교는 화학전으로 돌아섰다. 1995년 옴진리교 회원들은 일본 역사상 가장 심각한 국내 테러 행위로 알려진 도쿄 지하철 테러를 감행했다. 일본 정부를 전복시키고 세계대전을 일으키려는 더 큰 음모의 일부분으로 지하철 차량 안에 신경물질인 사린을 살포한 것이다.

1995년 3월 20일 아침, 옴진리교 교인들은 출근 시간에 맞춰 2개 지하철 노선의 5대의 차량 안에서 액체 형태의 사린을 살포했다. 범인들은 독극물을 담은 봉투를 우산 끝으로 찔러 사린을 독성가스로 증발시켰다. 목격자들은 통근자들이 코와 입에서 피를 쏟으며 바닥에 쓰러졌다고 진술했다. 이 공격으로 12명의 사망자가 발생하고, 약 6천 명의 피해자들이 치료를 받아야 했다. 이후 조사에 따르면, 옴진리교는 연간 수천 킬로그램의 사린 생산시설을 갖추고 가스 살포용 군용 헬리콥터까지 장만했다고 한다. 옴진리교 교주인 아사하라 쇼코를 포함한 12명의 옴진리교 교인들은 지하철 공격으로 사형을 선고 받았다. 2012년 6월 15일, 아사하라의 전 경호원인 타카하시 카츠야를 체포하면서 일본에서 벌어진 최장기간 도주범 추적은 마침내 막을 내렸다.

화학적 공격에는 대규모 질환자와 사상자를 발생시킬 의도로 화학작용제뿐 아니라 독성을 띤 상업적·산업적 화학물질을 사용하는 것도 포함된다. 화학물질들은 다양한 수준의 독성을 띠며 액체·기체·고체 등으로 확산된다. 테러리스트들은 용도에 따라 대상 물질을 정하고 절도, 구매, 생산을 통해 화학물질을 확보한다. 이라크에서는 도난당한 염소(가스)가 차량을 이용한 반란군의 폭발물로 사용되었다. 화학물질의 확산은 습도, 온도, 바람과 같은 다양한 조건에 영향을 받는다. 밀폐된 공간에서는 이런 요인들이 완화되지만, 난방장치나 통풍장치, 에어컨 등은 강한 공기흐름을 만들어 화학물질을 빠르게 확산시킬 수 있기 때문에 범죄의 표적이 될 가능성이 높다(Homeland Security Office of Intelligence and Analysis and FBI, 2008).

604.01 화학적 공격 Chemical Attacks

주요 특징

피해자 분석 __ 테러리스트들은 특정 집단의 사람들보다는 특정 지역을 표적으로 삼기 때문에, 화학적 공격의 피해자들은 그 구성적 특징이 다양하다. 인구가 많거나 많은 인구가 유입되는 밀폐된 장소는 테러 공격의 잠재적 표적이 된다. 역사적으로 1995년 도쿄 지하철에서 벌어진 사린가스 공격은 일본 정부의 본거지가 있는 역들을 통과하는 열차들을 표적으로 삼은 공격이었다. 대량의 화학물질을 생산하고 보관하는 장소도 파괴되면 엄청난 피해를 가져올 수 있다. 미 의회 회계감사원(GAO)

은 화학 시설이 인근 주민들에게 큰 피해를 입힐 수 있기 때문에 (공격자들에게) 잠재적으로 좋은 표적임을 확인했다. 133개의 화학 시설들은 (시설에 문제가 생길 경우) 수백만 명의 사람들이 유독가스에 노출될 수 있는 최악의 시나리오가 가능하다는 것을 보여 준다(Lippin et al., 2006).

빈번하게 보고되는 범죄 현장 지표 __ 신경작용제, 미란성독가스나 수포작용제(머스터드 가스 같은), 폐활제(염소와 포스진), 시안화물 독소 같은 화학물질들은 잠재적으로 테러리스트 공격에 사용될 수 있다(Henretig, Cieslak, & Eitzen, 2002). 비소, 벤젠, 시안화물, 다이옥신, 납, 수은, 살충제, 탈륨과 같은 화학물질도 음식이나 상수도를 오염시키는 데 사용될 수 있다(Homeland Security Office of Intelligence and Analysis and FBI, 2008). 봉투나 소형 폭탄, 폭발 용기 같은 포장재를 무기로 이용해 확산시킬 수 있다. 에어로졸 스프레이 캔과 진공 밀봉된 비닐봉지도 일반적인 확산 장치다(Nance, 2008).

조작 __ 해당 사항 없음.

공통된 포렌식 검증 __ 피해자의 혈액 표본 분석으로 어떤 화학물질에 노출됐는지 확인할 수 있다. 혈중 콜린에스테라아제의 감소는 신경가스 노출을 확인해 주는 지표다. 일본에서 지방법원 판사 살해 시도 후 나뭇잎들에서 사린 가스가 검출되어, 가수분해로 플루오르화 수소산이 생성되었음이 밝혀졌다(Seto, 2001). 일반적으로, 화학적 공격을 입증하는 자료는 소변 대사물질과 DNA 및 화학물질 간의 화학적 결합 같은 생물학적 표지자 분석으로 확보할 수 있다. 환경 표본 분석과 화학물질의 분해산물은 화학적 공격에 대한 강력한 증거를 제공한다. 황머스타드 가스 같은 물질은 오래 남아 있기 때문에 해당 물질의 존재 여부를 확인하기 쉽다. 그러나 사린 신경가스는 빠르게 증발하여 환경과 인체 내에서 쉽게 분해된다(Seto, 2001). 표본의 화학물질 농도는 질량분석으로 확인할 수 있다(Black & Read, 2007).

수사 주안점

수사 시 채취한 표본 유형, 채취 시간, 목격자 진술, 정확한 의학적 증상과 사상자 수 등에 유의해야 한다(Black & Read, 2007). 사린 같은 화학물질이 쓰인 사건에서는, 신경작용제가 잔류하는 시간이 상대적으로 짧기 때문에 사건 발생 직후 신속하게 표본을 채취해야 한다.

수색영장 제안 사항

보호복, 오염 제거 키트, 방독면, 유독가스 검출기, 화학물질 용기, 실험용 동물, 보존 시스템, 화학적 확산 장비 등을 찾아야 한다(Nance, 2008).

605 인질극 Hostage Taking

인질극은 특정 행동이나 약속의 이행 혹은 불이행을 보장 받고자 사람을 상해 또는 살해, 억류하는 행위다. 1968년부터 2005년까지 일어난 테러리스트 사건 중 인질 사건이 15퍼센트를 차지한다(Brandt · Sandler, 2009). 인질극은 이념적 · 금전적 · 정치적 목적 달성에 사용된다. 2004년 러시아 베슬란의 한 학교를 급습했던 32명의 체첸 테러리스트처럼, 죄수 석방이나 철군 같은 정부에 대한 요구와 관련이 있을 수도 있다(McDaniel & Ellis, 2009). 인질극은 테러리스트 입장에서도 가장 위험하고 실패 가능성이 높은 범죄지만, 그로 인해 얻는 홍보 효과가 커서 빈번히 일어난다(McDaniel & Ellis, 2009). 베슬란의 인질극 사례에서처럼 테러리스트들이 특정 목표를 위해 기꺼이 자신을 희생하려는 순교자들일 수도 있다. 이 경우, 테러리스트들은 그들의 요구가 받아들여질 것이라고 기대하지 않는 대신에 국제사회 여론에 호소하려는 의도가 있을 수 있다(McDaniel & Ellis, 2009).

미국처럼 다른 나라들도 인질극에 대해선 무관용 정책을 채택하고 있다. 인질범의 요구를 들어주면 이후 인질극이 빈발할 것이라고 믿기 때문이다. 무관용 원칙을 포기하는 순간, 테러리스트들의 기대행동도 달라진다는 것이다(Brandt & Sandler, 2009). 인질 상황을 해결하는 방법은 크게 3가지다. ⓐ인질범이 포기함. 우연히 발생한 인질극에서 일어날 가능성이 높음(시간 지연 방법이 유용) ⓑ무력 해결 ⓒ협상 해결(Wilder, 1981).

주요 특징

피해자 분석 __ 피해자들은 다양하다. 외교관, 세계적인 기업의 임원, 사법부 종사자, 정치적 주요 인물 등이 표적이 될 수 있다.

빈번하게 보고되는 범죄 현장 지표 __ 바리케이드로 포위된 인질범들은 대부분 무장 상태로, 폭탄을 사용하겠다고 협박한다.

조작 __ 해당 사항 없음.

공통된 포렌식 검증 __ 인질극에서는 법과학이 물리적 증거 분석보다는 인질범을 평가하고 심리학자나 정신건강 전문가들을 활용하는 데 중요한 역할을 할 수 있다. 위기협상팀을 운영하는 기관의 30~58퍼센트가 정신건강 전문가를 자문위원, 통합팀 구성원, 1차 협상가 또는 1차 통제관(지휘관)으로 활용하는 것으로 추정된다. 정신건강 전문가들이 담당하는 가장 일반적인 역할은 조언자이다. 조언자로서 심리학자는 용의자의 동기(부여), 용의자와의 대화에서 집중해야 할 당면 과제agenda, 용의자의 심리적·행동적 취약성 등을 프로파일하고, 상황을 완화시킬 일련의 대화법을 제안한다(Hatcher, Mohandie, Turner, & Gelles, 1998).

수사 주안점

수사팀은 다음 사항을 준수해야 한다(MacWillson, 1992).

- 발생한 모든 사건events을 기억해야 함.
- 인질범의 범인상과 동기를 머릿속에 확립해야 함.
- 행동 방침에 따라 경찰관들을 지원하고 조언해 주어야 함.
- 초기 관련자를 중심으로 관련 정보를 모두 기록하여 사건 기반 정보 체계를 구성함.
- 모든 관련자를 면담하고 심문함.
- 증거를 보존함.
- 결론적 내용을 포함하여 보고서를 준비함.

수색영장 제안 사항

영장발부 요건은 대법원이 밝힌 '급박한 상황' 요건에 부합하는 경우에 생략된다. "특정 장소에 있고, 수색영장을 받을 시간이 없다는 상당한 근거를 확립한" 경찰관은 영장 없이 수색을 진행할 수 있으며, 경찰관의 출입이 거부되거나 출입을 허가할 사람이 부재한 경우에 강제진입을 허가 받을 수 있다. 이는 "경찰관이나 다른 사람들의 신체적 위험, 증거 파괴 위험, 음주운전, 긴급추적 상황, 구조가 필요한 개인을 포함한" 상황에 적용된다(Harr & Hess, 2006).

사례 연구 베슬란 학교 인질 사태

2004년 9월 사흘 동안 러시아 북오세티아 베슬란에서 1,100명(아동 777명 포함)이 넘는 사람들이 인질로 잡혔다. 인질극을 일으킨 범인들은 대부분 중무장한 잉구시와 체첸 이슬람 무장 세력으로서, 제2차 체첸전쟁의 종식과 체첸공화국에서의 러시아군 철수를 요구했다. 인질 대부분은 폭 10미터, 길이 25미터 넓이의 체육관에서 음식과 물, 약을 공급 받지 못한 채 52시간 동안 억류되었다. 무장 세력은 시체를 치우는 것조차 거부했다. 대치 3일째, 러시아 보안군이 탱크와 소이로켓탄 등 중무기를 동원해 건물을 기습했다. 폭발로 화재가 발생하여 건물이 화염에 휩싸였고, 인질범들과 러시아 보안군 간에 총격전이 벌어졌다. 이 과정에서 아동 186명을 포함하여 인질 334명이 사망한 것으로 추정되었고, 수백 명의 사람들이 부상당하고 여러 사람들이 실종되었다. 그나마 목숨을 건진 부상자들도 베슬란에 하나

밖에 없는 병원에서 침상과 약품, 수술 장비 부족으로 사망했다. 이 사건 이후 러시아 정부의 대대적인 테러리스트 검거 작전으로 1만 명 이상이 적법한 절차와 문서 없이 억류되고, 테러 관련 법률과 법집행 기관 권한이 강화되었다. 러시아 정부의 권력이 강화되고 선거제도 가 바뀌었으며, 러시아 대통령의 권한이 막강해졌다.

606.01 폭발물 공격과 테러리즘 Explosive Attacks and Terrorism

주요 특징

피해자 분석 __ 테러리스트 사건이 일어나면 폭발성 장치와 폭발 물질의 사용 비율이 70퍼센트를 넘기 때문에 폭발물 테러는 여전히 실제적이고 위험한 공격이다. 폭탄테러의 표적은 예측하기 어렵다. 군대나 대사관 같은 정부기관이 주요 표적이지만, 식당이나 사무용 빌딩, 인구 밀집 지역도 표적이 될 수 있다. 미국 내에서 발생한 테러 사건 중 다수가 폭탄 테러, 방화, 기타 공격과 관련이 있었고, 사건 발생 전 위협이 있었던 경우는 33퍼센트에 불과했다(Burke, 2007).

빈번하게 보고되는 범죄 현장 지표 __ '폭발'은 유출된 고압가스가 기계적 수단으로 점화되어 발생하는 '물리적 폭발'과, 연료나 폭발 물질이 화학적 반응으로 압력이 생성되어 발생하는 '화학적 폭발'로 나뉜다. 폭발이 일어나려면 보통 화학적 산화제 역할을 할 산소가 필요하다. 연료 형태의 가연성물질과 점화장치, 또는 연료와 산화제가 함께 밀폐된 형태 등이 주로 사용된다. 폭발물 중에는 도화선(니트로글리세린, TNT)으로 연결되어 2차 폭발을 일으키는 전기 점화 폭발물도 있다. 열이나 충격을 받아 폭발하는 폭발물도 있다. 이 경우, 폭발로 충격파가 발생하여 급작스럽게 가스가 생성되면서 폭발 물질이 즉각 분해(뇌산수은)된다. 고성능 폭발 물질이 사용된 경우에는 충격파와 폭발압력 외에 파편이 만들어져 사방으로 튀어 나간다. 폭발반응은 음속보다도 빠른 속도로 발생한다.

폭발 발생 시 그 소리를 듣기도 전에 폭발 장면을 목격하고 충격파를 느끼는 것은 이 때문이다. 저성능 폭발물은 음속보다 느린 속도로 자동연소되지만, 세계무역센터 폭탄테러 사례에서 볼 수 있듯이 저성능 폭발물로도 대규모 폭발을 일으킬 수 있다(Burke, 2007).

　세계무역센터와 오클라호마시 폭발 사건에서는 폭발 물질을 타이머나 원격 촉발장치와 연결·장착하는 데 운송 수단을 사용했다(Burke, 2007). 세계무역센터 폭탄테러 당시 폭발물을 숨기는 데 사용된 운송 수단에는 약 540~680킬로그램의 사제 우레아나이트레이트와 압축 수소가스 용기가 가득 차 있었다. 테러리스트들은 보통 파이프폭탄을 이용하는데, 파이프폭탄은 제조하기 쉽고 필요한 전구체를 철물점에서도 구할 수 있다. 손전등은 잠재적인 파이프폭탄 설치 도구이다. 손전등에 화약이나 플라스틱 폭발물을 채워 백팩에 숨길 수 있다. 비료 형태로 구할 수 있는 질산암모늄은 화학적 산화제로 사용되거나, 폭발성 혼합물을 만들 때 연료와 섞어 쓸 수도 있다. 흑색화약은 가장 흔한 파이프폭탄 충전제 중 하나이다. 다이너마이트는 폭발 위험이 크고 열과 충격에 매우 민감한 니트로글리세린으로 만들어진다. 요즘에는 인터넷, 서적, 비디오테이프를 보고 얼마든지 따라서 사제폭탄을 만들 수 있고, 흑색화약의 공통 성분인 질산칼륨을 제조할 수도 있다. 사제폭탄은 위장하기도 쉽고 거의 모든 물체와 결합될 수 있기 때문에 탐지가 쉽지 않다. 폭발장치는 화학물질·생물학 물질·핵물질 등과 결합하여, 또는 소이제와 함께 사용되어 구조물과 사람에게 더 큰 피해를 입힐 수 있다(Burke, 2007).

조작 __ 해당 사항 없음.

공통된 포렌식 검증 __ 1993년 세계무역센터 폭탄테러를 준비할 때 사용된 뉴저지에 위치한 알카에다의 가옥은 사건 수사 시 유용한 증거를 제공했다. 가옥에는 폭발물 조립에 사용된 각종 산과 화학물질이 가득 들어차 있었고, 카펫과 천장에서 니트로글리세린과 유레아니트라레이트 흔적이 발견되었다. 니트로글리세린 용기뿐만 아니라 (불꽃놀이를 할 수 있는) 취미용 도화선, 질산과 시안화나트륨을 담은 1갤런들이 용기도 발견되었다(Nance, 2008).

수사 주안점

다음은 미 국방부가 제시한 법집행기관이 보고하거나 조사가 필요한 상황들이다(2007 Burke 연구 자료에서 인용).

- 집단을 나타내거나 극단주의 메시지를 전달할 수 있는 위협적 성격의 익명 정보나 전화, 메모
- 공무 수행 중인 연방 사무소나 직원에 대한 감시
- 관공서 내부나 근처에 남겨진 정체불명 혹은 주인 없는 패키지나 캔 등의 용기
- 미허가 혹은 부적절한 장소, 특히 건물이나 다른 구조물과 인접한 장소에 주차된 주인이 없거나 사람이 타지 않은 차량
- 뚜렷한 이유 없이 연방 건물이나 관공서가 입주한 건물의 청사진이나 공법 사양 등을 묻는 행위
- 그곳에 있을 뚜렷한 이유가 없는 신원 미상인이 비보안 구역에 접근
- 불명의 발신자가 보낸 우편물이나, 특이한 냄새나 형태의(명확한 반송 주소가 없는) 소포나 무거운 봉투
- 공무를 수행하는 연방 공무원에게 특히 공격적이거나 적대적인 사람
- 집단, 회사, 정부기관에 복수를 다짐하는 위협적이거나 폭력적 행동

수색영장 제안 사항

용의자의 은신처 같은 장소에 대한 수색영장 집행은 범죄와 관련한 중요한 정보를 수집하고 추가적인 범행을 막는 데 결정적이다. 임대료를 지불하는 사람과 실제 거주자가 다른 경우에는 재정 출처를 추적해 범죄의 연결고리를 찾아야 한다. 무기 외에 비정상적으로 많은 양의 군사용 탄약, 제조하거나 구입한 화학물질, 질산암모늄 비료, 고옥탄 연료, 연료유, 폭탄 제조법 책자 등이 발견될 수 있다(Burke, 2007).

사례 연구 오클라호마시 폭탄테러

1995년 4월 19일 오전 9시 02분, 오클라호마시에 있는 앨프리드 P. 뮤러 연방빌딩은 폭탄으로 갈기갈기 찢어졌다. 이 공격으로 168명의 사망자와 5세 미만 어린이 21명을 포함한 500명 이상이 부상을 당했다. 범인인 27세의 티모시 맥베이는 약 2,300킬로그램의 질산암모늄과 자동차 연료인 니트로메탄으로 만들어진 폭탄을 싣고 건물 앞으로 임대한 트럭을 몰았다. … 맥베이는 폭탄테러로 유죄판결을 받고 사형을 선고 받았다.〔다음은 Douglas와 Olshaker(1999, pp. 261-269)의 허가를 받아 수록함〕

우리는 폭파범의 동기, 그 자질과 특성, 범죄 분석이라는 세 가지 필수 요소를 고려하여 폭탄테러에 대한 수사를 시작한다. 방화범에게는 권력이 일차적 동기 중 하나이다. 폭탄을 조립하고 배치하는 행위에서 전율을 느끼고 대단히 중요한 이유를 변명거리로 떠올리는 순전히 임무지향적인 사람들이 있다. 디자인의 우아함에서 만족감을 얻는 기술자가 있는가 하면, 착취자 혹은 이익추구형 폭파범과 관계된 범죄사업이 있다. 방화와 마찬가지로, 폭탄도 정치적·인종적·종교적 분쟁 혹은 노동쟁의 현장에 주로 설치된다. 복수하려고 폭탄을 설치하는 사람도 있고, 극적인 자살 수단으로 폭탄을 사용하는 사람도 있다. 여러 동기들은 혼합될 수 있다. 티모시 맥베이는 권력, 임무지향적, 정치적, 그리고 복수 유형의 분류에 적절히 들어맞을 수 있다. 본질적으로 폭탄이 왜 제조·설치되었으며 폭발했는지를 이해하는 것이 중요하다.

일반적으로 폭파범의 개인적 자질과 특징부터 유추한다. 그러나 우리는 조사 및 면담 자료에서 추론된 기본 가정에서 출발한다. 폭파범은 백인 남성으로, 평균 혹은 평균 이상의 지능을 가지고 있을 가능성이 크다. 그는 성취도는 낮지만, 꼼꼼한 음모자이자 기획자이다. 그는 비겁하며(암살범보다 더) 위협적이지 않으며, 운동신경이 떨어지는 외톨이로, 스스로 부적응적 성격에 사교성이 낮다고 생각한다. 이 프로파일은 맥베이에 꽤 잘 들어맞으며, 실제 폭탄 제조 과정에 다가갈수록 더욱더 프로파일에 일치하였다.

최종 핵심 고려 사항은 범죄 분석이며, 이것은 폭파 장치 자체에 대한 비판적 평가를 포함한다. 이 장치는 어느 정도의 전문성이나 훈련 수준을 시사하는가? 고유한 구성 요소나 제작 기술 또는 설계 요소가 있는가? 시간설정형, 리모컨 조작형, 부비트랩형 폭발물이었는가? 장치와 범죄의 상관관계를 살펴볼 때, 폭탄 설계자와 폭탄 설치자가 동일인인가 아니면 둘 이상인가?

피해자 분석은 어떠한가? 피해자(또는 피해자들)는 우발적인 대상이었는가 표적이었는가? 무작위적이었는가 아니면 예측 가능했나? 피해자들이 특정 장소와 특정 시간에 가졌던 위험 요인은 무엇인가? 폭탄을 제조하고 설치하는 데 범인은 어느 정도의 위험을 감수하였는가? 표적이 된 물리적 부동산은 접근하기 쉬웠는가 아니면 멀리 떨어져 있는가? 개인, 기업, 정부 등 누구 소유인가? 폭탄은 그곳에 피해자들이 있을 것이라고(또는 없을 것이라고) 하는 예상에 맞춰 타당한 시간에 설치되었는가? 단독 사건인가 아니면 일련의 사건 중 하나인가?

이 모든 질문이 범인을 결정하는 데 도움이 된다. 그 이유에 대해서도 그렇다. 티모시 맥베이는 증오와 분노가 강한 동기가 있었다. 많은 사람을 살해하고 다치게 할 정도의 폭탄을 설치할 만큼 그 동기가 강했다. 그러나 기술에 기반한 범죄적 기교에는 약했다. 그는 현장에서 120킬로미터 떨어진 곳에서 번호판 없는 낡은 차에 앉아 있다가 이를 수상하게 여긴 주경찰관의 불심검문에 걸려 테러 발생 후 한 시간 반 만에 체포되었다. 차 안을 들여다본 경찰관은 총을 발견했고, 그를 체포하여 유치장으로 데려갔다.

폭탄테러 날짜에는 의미가 있었다. 그날은 애국의 날(독립전쟁인 콩코드전투 기념일, 민병대들이 소중히 여기는 기념일)로, 텍사스 웨이코에서 벌어진 다윗교 포위작전이 끔찍하게 종식된 지 2년째 되는 날이었다. FBI는 폭탄 배달에 사용된 트럭의 잔해에서 등록번호를 복구하여 해당 렌터카 회사를 추적했다. 렌터카 회사 직원들은 해당 차량을 빌린 사람에 대해 설명했고, FBI 소속 화가들이 그린 몽타주가 지역 전체에 배포되었다. 한 모텔 소유자가 몽타주를 보고는 맥베이의 이름을 요원들에게 알려 주었다. 요원들은 국가정보 컴퓨터로 달려가 용의자가 유치장에 갇혀 있고 곧 풀려날 것임을 알게 되었다. 맥베이의 옷을 조사하자, 그의 셔츠에서 폭탄 잔여물이 발견되었다.

607 공중납치 Aerial Hijackings

공중납치는 다양한 형태로 발생할 수 있다. 가장 흔한 형태는 비행기나 선박의 공중납치다. 역사적으로 '스카이재킹skyjacking'이라고 하는 항공기 공중납치 사건은 1960년대 쿠바행 탈출에서 성공 사례를 찾을 수 있다. 1960년대 말에는 팔레스타인해방전선(PFLP)이 이스라엘에 억류된 조직원과 교환할 목적으로 항공기를 공중납치하는 일이 잦았다(Minor, 1975). 1971년에 발생한 유명한 D. B. 쿠퍼 사건은 스카이재킹을 강탈 수단으로 사용한 성공 사례이다.[1] 그가 몸값을 받아내고 탈출하는 데 성공하자, 이듬해 유사한 스카이재킹이 19건이나 유행처럼 발생했다(Gladwell, 2001). 이 기간에 보안이 강화되어, 정교한 기술을 가졌거나 목숨을 건 대의명분을 가진 사람들만이 이 범죄에 도전하게 되었다. 9·11 사건으로도 증명되었듯이, 여객기는 협상과 요구를 위한 지렛대라기보다 특정 표적을 파괴하는 무기가 되었다. 공중납치의 형태와 동기는 다양하다. 억류 목적인 경우에는 비행기 탑승객들을 장악하고 자신들의 요구에 따르도록 위협하는 행위를 포함한다. 보통 납치범들의 목적은 본질적으

---

1 1971년 11월 24일 포틀랜드 국제공항에서 댄 쿠퍼Dan Cooper라는 이름의 남자가 비행기 납치 후 인질 석방 대가로 받은 20만 달러를 몸에 두른 채 낙하산으로 비행기를 탈출한 사건. 미제 사건으로 남았다.

로 정치적이며, 대중에게 심리적 영향을 끼치려는 의도이다. 테러범들은 승객을 인질로 잡고 있는 동안에는 비행기를 이용해 출입국이 제한된 지역으로 들어가거나 나갈 수 있다. 파괴를 위한 공중납치는 특정 표적을 파괴하는 무기로 항공기를 사용하기 때문에 비행기 탑승객도 모두 사망하게 되어 손실이 극대화된다. 이 경우 항공기에 직접적 조치를 취하는 방법은 로켓추진식 수류탄 발사장치, 대전차 유도미사일, 중화기 총기류 같은 항공기 외부에 작용하는 폭발장치나 무기를 사용해 공중에서 항공기를 파괴하는 것이다(Arasly, 2005).

주요 특징

피해자 분석 __ 승객들은 항공기를 공중납치하는 테러리스트들의 목표에 정치적 의미를 부여하는 피해자들이다. 텔아비브에서 출발한 219편은 대부분 이스라엘 국적의 승객들을 태우고 있었고, 이들을 정치범과 교환하려는 팔레스타인해방전선(PFLP) 테러리스트들에게 공중납치되었다. 외교적 건물도 대규모 파괴 의도가 있는 사람이나 집단이 항공기를 이용해 크루즈미사일을 쏘는 표적이 될 수 있다. 사람들을 많이 수용하는 대규모 건물이나 세계금융을 상징한 세계무역센터 같은 상징적 의미가 있는 건물들도 표적이 될 수 있다.

빈번하게 보고되는 범죄 현장 지표 __ 특정 표적을 파괴하고자 사용되는 항공기는 화물항공기, 글라이더, 헬리콥터, 상업적 여객기, 개인 소유 항공기 등이다. 테러리스트들은 창의적인 방법으로 무기나 폭발물을 기내에 밀반입하고, 이를 사용해 항공기의 통제권을 장악한다(Homeland Security Office of Intelligence and Analysis and FBI, 2008). 1988년 12월 서독에서 출발했다가 1차 경유지인 영국 상공에서 기내 폭탄이 터지는 바람에 추락해 로커비 마을

주민을 포함해 270명이 사망한 팬암 103편 폭파 사건 등 기내 폭탄테러 사례를 조사한 결과, 체크인 후 탑승하지 않은 승객들이 있었다는 것이 밝혀졌다(Nance, 2008).

조작 __ 해당 사항 없음.

공통된 포렌식 검증 __ 로커비 폭파 사건 당시 법의학 수사관들은 셈텍스 Semtex〔불법폭탄 제조에 쓰이는 강력한 폭약〕가 사용되었다는 결론을 내렸다. 이처럼 파편 조사를 통해 폭발물의 흔적을 밝혀낼 수 있다. 당시 폭발로 손상된 의류를 포렌식 검사한 결과, 사제폭탄 근처에 있었던 의류 상표와 원산지가 드러났다. 특정 바지 제조자는 몰타에 있는 개인 소유의 소매점으로 추적되었고, 이곳에서 그 바지를 사간 사람이 누구였는지 조사되었다(Ushynskyia, 2010).

로커비 상공에서 폭발한 항공기 동체에 뚜렷하게 나타난 폭발성 고온 가스로 인한 작은 구멍들처럼, 항공기의 구조적 손상은 정확한 폭탄 위치를 가리킨다. 폭탄의 위치를 확인하면 어느 공항에서 폭탄이 실렸는지를 알 수 있다. 이어서 가스 크로마토그래프 기술로 파편 조각의 화학 성분을 분석해 보니 몇몇 품목에서 고농도 폭탄 잔여물이 발견되었다.

수사 주안점

포렌식 조사는 우선 치아와 유전자 물질을 검사하여 피해자들의 신원 파악에 집중한다. 그 후 비행 기록 분석, 파편 분석, 구조적 손상, 감시 보고서를 통한 공중납치범의 신원 파악 등이 진행된다. 로커비 폭탄 테러 당시, 수사관들은 폭발한 항공기의 조립과 폭발성 손상을 보인 여행 가방에 대한 포렌식 분석을 의뢰했다. 그 결과, 플라스틱 폭발물인 셈텍스의 흔적이 발견되고, 폭탄의 회로판 조각과 폭탄을 담았던 용기가 발견되었다(Marquise, 2006).

수색영장 제안 사항

공중납치범을 탐지하는 중요한 지점은 분주하고 혼잡한 공항이다. 납치범들은 수천 명의 승객을 꼼꼼히 살펴야 하는 보안검색대의 혼잡을 이용해 공항에 들어가려 한다. 미국 대 먼로Moreno 사건에서, 판사들은 미국의 항공기 납치의 심각성을 인식하고 공항을 영장 없이 수색할 수 있는 제4차 법개정 예외 지역으로 제안했다. 공항보안 담당자들은 적절한 근거가 있을 때에는 항상 "몸수색"을 해야 한다고 믿는다(Moreno v. United States, 1973). 이로써 "승객이 일단 공항 보안지역에 들어서면 선별수색이 동의 없이 진행되어도 이는 합헌이라는 법적 결론은 대법원 판례와 승객, 항공사 직원, 일반 대중의 안전에 대한 정부의 관심에 확고히 기초한다"는 대법원 판례가 확립되었다(Aukai v. United States, 2007). 이는 탑승 전 일반 수색에도 적용되며, 공항 내 검색에 동의하는 경우에 여기에는 공항 밖 공공장소에서 전통적으로 허가되는 철회 권한이 적용되지 않는다(Reid, 2010).

참고문헌

Aas, K. F. (2007). *Globalization & crime*. London, England: Sage.

Arasly, J. (2005). Terrorism and civil aviation security: Problems and trends. *Connections: The Quarterly Journal, 4*(1), 75–89.

Aukai v. United States, 04-10226 (2007).

Bales, K., & Lize, S. (2005). *Trafficking in persons in the United States, final report to the national institute of justice.* Retrieved on August 2, 2012, from www.ncjrs.gov/pdffiles1/nij/grants/211980.pdf

Beare, M. (2002). Organized corporate criminality: Tobacco smuggling between Canada and the U.S. *Crime, Law & Social Change, 37*(1), 225–243.

Bilger, V., Hofmann, M., & Jandl, M. (2006). Human smuggling as a transnational service industry: Evidence from Austria. *International Migration, 44*(4), 59–93.

Black, R. M., & Read, R. W. (2007). Environmental and biomedical sample analysis in support of allegations of use of chemical warfare agents. *Toxin Reviews, 26*(1), 275–298.

Brandt, P. T.,&Sandler, T. (2009). Hostage taking: Understanding terrorism event dynamics. *Journal of Policy Modeling, 31*(1), 758–778.

Budowle, B., Beaudry, J. A., Barnaby, N. G., Giusti, A. M., Bannan, J. D., & Keim, P. (2007). Role of law enforcement response and microbial forensics in investigation of bioterrorism. *Croation Medical Journal, 48*(1), 437–449.

Burke, R. (2007). *Counter-terrorism for emergency responders* (2nd ed.). Boca Raton, FL: Taylor & Francis Group.

Cavanaugh, S. (2011). On the lookout for human trafficking. *Canadian Nurse, 107*(2), 24–25.

Cook, P. J., Cukier, W., & Krause, K. (2009). The illicit firearms trade in North America. *Criminology & Criminal Justice, 9*(3), 265–286.

Cullen-DuPont, K. (2009). *Global issues: Human trafficking.* New York, NY: Infobase.

Dembek, Z. F., Pavlin, J. A., & Kortepeter, M. G. (2007). Epidemiology of biowarfare and bioterrorism. In Z. F. Dembek (ed.), *Textbooks of military medicine: Medical aspects of biological warfare.* Washington, DC: Borden Institute.

Department of Justice Canada, Evaluation Division. (2004). *Measures to combat organized crime: Mid-term evaluation.* Policy Integration and Coordination Section.

Di Nicola, A. (2005). Trafficking in human beings and smuggling of migrants. In P. Reichel (ed.), *Handbook of transnational crime and justice.* Thousand Oaks, CA: Sage.

Dickson-Gilmore, E. J. (2002). *Communities, contraband and conflict: Considering restorative responses to repairing the harms implicit in smuggling in the Akwesasne Mohawk Nation.* Retrieved on August 9, 2012, from www.rcmp-grc.gc.ca/pubs/abo-aut/contrabandcontrebande-eng.pdf

Dougherty, J. (2004). *Illegals: The imminent threat posed by our unsecured U.S.-Mexico order.* Nashville, TN: WND Books.

Douglas, J., & Olshaker, M. (1999). *The anatomy of motive.* New York, NY: Scribner.

Federal Bureau of Investigation. (2008). *Amerithrax investigation: Release of affidavits/ search warrant.* Retrieved August 10, 2012, from www.fbi.gov/aboutus/history/famous-cases/anthraxamerithrax/08-429SWAffAttach07524.pdf

Government Accountability Office (GAO). (2011). *Overstay enforcement: Additional mechanisms for collecting, assessing, and sharing data could strengthen DHS's efforts but would have costs.* Report to the Committee of Homeland Security and Governmental Affairs, U.S. Senate.

Gladwell, M. (2001). *Safety in the skies: How far can airline security go?* Retrieved on August 9, 2012, from www.gladwell.com/pdf/safetysky.pdf

Harr, J. S., & Hess, K. M. (2006). *Constitutional law and the criminal justice system.* Belmont, CA: Wadsworth.

Hatcher, C., Mohandie, K., Turner, J., & Gelles, M. G. (1998). The role of the psychologist in crisis/hostage negotiations. *Behavioral Sciences and the Law, 15,* 455–472.

Henretig, F. M., Cieslak, T. J., & Eitzen E. M. Jr. (2002). Biological and chemical terrorism. *Journal of Pediatrics, 141*(3), 311–326.

Homeland Security Office of Intelligence and Analysis and Federal Bureau of Investigation. (2008). *Potential terrorist attack methods: Joint special assessment.* Retrieved on August 9, 2012, from www.gwu.edu/nsarchiv/nukevault/ebb388/docs/EBB015.pdf

Jamieson, R. (1999). Contested jurisdiction communities and cross-border crime: The case of Akwesasne. *Crime, Law & Social Change, 30*(1), 259–272.

Jamieson, R., South, N., & Taylor, I. (1998). Economic liberalization and cross-border Crime: The North American Free Trade Area and Canada's border with the U.S. Part I. *International Journal of Sociology of Law, 26*(1), 245–272.

Jandl, M. (2007). Irregular migration, human smuggling, and the eastern enlargement of the European Union. *International Centre for Migration Policy Development, 41*(2), 291–315.

Leman, J., & Janssens, S. (2007). The various "Safe"-house profiles in East-European human smuggling and trafficking. *Journal of Ethnic and Migration Studies, 33*(8), 1377–1388.

Lippin, T. M., McQuiston, T. H., Bradley-Bull, K., Burns-Johnson, T., Cook, L., & Gill, M. L. (2006). Chemical plants remain vulnerable to terrorists: A call to action. *Environmental Health Perspectives, 114*(9), 1307–1311.

Logan, T. K., Walker, R., & Hunt, G. (2009). Understanding Human Trafficking in the United States. *Trauma, Violence, & Abuse, 10*(1), 3–30.

Luk, R., Cohen, J. E., & Ferrence, R. (2007). *Contraband cigarettes in ontario.* Toronto: Ontario Tobacco Research Unit, Special Report Series.

MacWillson, A. C. (1992). *Hostage-taking terrorism: Incident-response strategy.* New York, NY: St. Martin's Press.

Madsen, F. G. (2009). *Global institutions: Transnational organized crime.* New York, NY: Routledge.

McDaniel, M. C., & Ellis, C. M. (2009). The Beslan hostage crisis: A case study for emergency responders. *Journal of Applied Security Research, 4*(1), 21–35.

Marquise, R. A. (2006). *Scotbom: Evidence and the Lockerbie investigation.* New York, NY: Algora.

Miller, B. J. (2010). Fueling violence along the southwest border: What more can be done to protect the citizens of the United States and Mexico from firearms trafficking. *Houston Journal of International Law, 32*(1), 163–199.

Minor, W. (1975). Skyjacking crime control methods. *Journal of Criminal Law and Criminology, 66*(1), 94–105.

Mittelman, J. H., & Johnston, R. (1999). The globalization of organized crime, the courtesan state, and the corruption of civil society. *Global Governance, 5*(1), 103–126.

Moossey, R. (2009). Sex trafficking: Identifying cases and victims. *National Institute of Justice Journal, 262*, 2–11.

Moreno v. the United States, 475 F.2d 44 No. 72-2484 (1973).

Nance, M. W. (2008). *Terrorist recognition handbook: A practitioner's manual for predicting and identifying terrorist activities* (2nd ed.). Boca Raton, FL: Taylor & Francis Group.

Nassar, J. R. (2009). *Globalization & terrorism: The migration of dreams and nightmares* (2nd ed.). Lanham, MD: Rowman & Littlefield.

Payan, T. (2006). The drug war and the U.S.—Mexico Border: The state of affairs. *South Atlantic Quarterly,* 105(4), 864–880.

Reid, P. (2010). *U.S. airports a "Constitutional Twilight Zone."* CBS News. Retrieved on August 10, 2012, from www.cbsnews.com/2100-201_162-7082555.html

Schneider, S. (2000). Organized contraband smuggling and its enforcement in Canada: An assessment of the anti-smuggling initiative. *Trends in Organized Crime, 6*(2), 1–31.

Seto, Y. (2001). *The sarin gas attack in Japan and the related forensic investigation.* Organisation for the Prohibition of Chemical Weapons. Retrieved on August 9, 2012, from www.opcw.org/news/article/the-sarin-gas-attack-in-japan-and-the-related-forensic-investigation/

Spener, D. (2004). Mexican migrant-smuggling: A cross-border cottage industry. *Journal of International Migration & Integration, 5*(3), 295–320.

Spener, D. (2009). *Clandestine crossings: Migrants and coyotes on the Texas—Mexico border.* Ithaca, NY: Cornell University Press.

Ushynskyia, S. (2010). Pan Am Flight 103 investigation and lessons learned. *Aviation, 13*(3), 78–86.

Van Liempt, I., & Doomernik, J. (2006). Migrant's agency in the smuggling process: The perspectives of smuggled migrants in the Netherlands. *Institute for Migration and Ethnic Studies, 44*(4), 165–189.

Viano, E. (2010). Globalization, transnational crime and state power: The need for a new criminology. *Rivista di Criminologia, Vittimologia e Sicurezza, 3–4*(1), 63–85.

The Victoria Advocate. (2003, August 28). *Safehouses in immigrant smuggling chain identified.* Retrieved on August 2, 2012, from http://news.google.com/newspapers?nid=861&dat=20030828&id=CXpTAAAAIBAJ&sjid=pYUDAAAAIBAJ&pg=6883,7169874

Wilder, S. H. (1981). International terrorism and hostage-taking: An overview. *Manitoba Law Journal, 4*(1), 367–376.

Zhang, S., & Chin, K. (2002). Enter the dragon: Inside Chinese human smuggling organizations. *Criminology, 40*(4), 737–768.

16장

대량 및 연쇄살인

대량살인
연쇄살인

다중피해자살인Multi-victim homicides은, 별도의 코드 그룹 없이 기존 분류표로 분류될 수 있다. 1994년 뉴욕주 뉴워크밸리에서 47세 여성 와네타 호이트가 1966년 1월 26일부터 1971년 7월 28일까지 5년 6개월에 걸쳐 자신의 다섯 아이를 살해한 것으로 기소되었다. 호이트의 범죄는 〈122.02: 조작된 가족살인, 연쇄살인〉으로 분류된다. 가족살인은 희생자와 가해자 사이가 친밀한 관계였음을 의미한다. 5건의 살인은 모두 갑작스러운 영아돌연사증후군(SIDS)인 양 조작되었다. 첫째와 셋째는 아기침대에서 사망한 채로 발견되었는데, 사망의 이유는 알 수 없었다. 둘째는 쌀로 만든 시리얼을 먹고 질식한 것처럼, 넷째와 다섯째는 지속적인 호흡정지가 이어지다가 늦은 밤에 영아돌연사증후군이 일어난 것처럼 조작되었다. 호이트의 범죄는 연쇄살인의 범주 안에서도 두 명 이상의 희생자를 오랜 시간에 걸쳐 다양한 현장에서 살해한 사건이다.

이 장에서는 다중동기살인multiple motive homicides을 다수의 희생자가 발생한 대량살인mass murder과 연쇄살인serial murder으로 분류해 살핀다. 앞에서 살펴본 살인 유형들과 중복되는 사례가 많을 것이다. 대량살인은 4명 이상의 희생자를 한 장소 또는 범죄 현장에서 살해하는 것이다. 연쇄살인은 하나 이상의 장소 또는 범죄 현장에서 2명 이상을 살해하는 것이다. 범행 당시 범인의 정신상태, 동기화, 체포 방식을 비교해 보면 연쇄살인과 대량살인의 차이점을 알 수 있다.

대량살인Mass Murder

대량살인자는 하나의 단일 범죄 현장(혹은 단일 현장으로 인식되는)에서 희생자들을 살해한다. 살인 장소는 공개된 거리나 집, 건물 내부 또는 학교, 극장, 우체국 등이다.

대량살인과 연쇄살인 간에는 심리적 그리고 범죄학적 불일치가 있다. 대량살인자는 그 동기가 물질적인 경우와 세간의 관심을 끌려는 경우를 제외하면, 필사적으로 체포를 피하려고 하지 않는다. 경찰과 총격전을 벌일 수도 있으나 결국 체포될 것임을 안다. 그리고 결국 자살하거나 '경찰에 의한 죽음'을 선택한다. 대량살인은 총기, 화재, 폭발물을 포함하는 행위에 집중하는 범죄이다. 성적도착이나 일탈적 성행위는 비교적 드물다. 희생자들은 가족구성원인 경우가 연쇄살인보다 많다.

2006년 3월 26일, 애런 카일 허프(28세)는 총 2자루와 탄약 300개, 야구방망이, 검은색 벌채용 칼을 소지하고 하우스파티장으로 걸어 들어갔다. 그리고 14세부터 32세 사이의 참석자 6명을 총으로 쏴서 살해했다. "총알은 충분해." 그는 총을 쏘면서 그렇게 말했다. 희생자들은 사건이 일어나기 몇 시간 전에 좀비 분장을 하고 좀비 락파티장("Better Off Undead")에서 허프를 만나 파티에 초대했다. 허프는 사건 당일 오전 7시에 좀비 파티장을 떠났고, 몇 시간 후 탄약띠를 차고 12게이지 장총과 권총을 들고 되돌아왔다. 그는 파티 참석자들에게 30발을 발사했다. 그리고 출동한 경찰과 대치하다가 자살했다.

살인자가 희생자를 살해하려고 한 장소 이상을 찾아다니면, 대량살인이 '연속살인spree-type murder'〔연쇄살인과 구분〕과 결합될 수 있다. 다음에 살펴볼 찰스 휘트먼의 사례가 이에 해당한다. 그는 부인을 살해하고 다른 장소에서 엄마를 살해했다. 그리고 그 다음날 아침에 세 번째 장소인 텍사스대학교 타워로 가서 다수의 사람을 살상했다. 휘트먼은 연쇄, 연속, 대량살인자로 분류될 수 있다. 살인에 사용한 방법도 여러 가지다.

엄마는 질식사시켰고, 부인은 칼로 살해하고, 대학에서는 총을 쏘았다.

사례 연구 **찰스 휘트먼**

캐스린 A. 리보울 정리

1966년 찰스 휘트먼은 그렇게 노력했음에도 어느 분야에서도 성공하지 못하고 사람들에게도 존중 받지 못한다고 느꼈다. 7월, 휘트먼은 스펙 살인사건 뉴스를 접했다. 시카고의 한 학교 기숙사에서 8명의 간호사를 살해한 리처드 스펙 사건은 당시 큰 화제였다. 이 사건에 관심을 가진 휘트먼은 살인사건이 일어난 건물을 방문하기까지 했다. 사실 그는 그전부터 관심을 받을 일을 궁리 중이었다. 텍사스대학의 '타워'에서 사람들에게 총을 쏘겠다고 한 적도 있다. 그의 이력상 그건 어려운 일이 아니었다. 그는 해군에 근무 당시 명사수로 인정 받았다. 어린 시절부터 총기 사용에 익숙했고, 군대에 있으면서 사격은 더 정교해졌다.

총격까지의 타임라인 __ 총격 발생 몇 달 전, 휘트먼은 친구들에게 '타워'에 올라 사람들에게 총을 쏘겠다고 했다. 그러나 어느 누구도 그 말을 심각하게 여기지 않았고, 일종의 '징후'라고는 상상조차 하지 못했다.

휘트먼은 스스로 정신과에 도움을 청했다. 1966년 3월 29일, 그는 텍사스대학 정신과의사 모리스 D. 히틀리에게 진료를 받았다. 휘트먼은 히틀리 박사에게 부모의 별거로 매우 화가 났으며, 삶에 주눅이

들어 있다고 말했다. 그는 자신의 "비이성적 사고"가 불만이며, "자신에게 무슨 일이 일어나고 있으며, 자신이 자신처럼 보이지 않는다"고 털어놓았다. 아내를 두 차례나 폭행해서 아내가 자신을 두려워한다고도 했다. 그는 자신이 해군이었으며 대련 무술을 연마했다고 했다. 박사는 휘트먼과의 면담 보고서에, 그가 최소한의 도발에도 쉽게 압도적인 적대감을 가지며 스스로 이를 인정한다고 적었다. 휘트먼은 강한 적대감을 드러냈다가 갑자기 흐느끼기도 했다. 결정적으로 "'타워'에 올라가서 사슴 사냥용 총으로 사람들에게 총격을 가하는 생생한 생각"을 하고 있다고 했다.

범죄 예비 행동들 __ 1966년 7월 마지막 주는 매우 더웠다. 7월 28일 목요일과 7월 29일 금요일, 학교와 직장에서 휘트먼을 만났던 사람들은 그가 좋아 보였다고 말했다. 7월 31일 저녁에 그를 본 사람들은 특별히 침착해 보였다고 했다.

금요일 밤, 휘트먼은 세상을 향해 자신의 행동을 설명하는 편지를 썼다. 범행 전이었지만, 이미 아내와 어머니를 살해한 것처럼 편지를 썼다. 그때 친구들이 문을 두드렸다. 휘트먼은 침착한 태도로 많은 주제에 대해 평범하게 이야기했고, 세 사람은 아이스크림을 먹으러 외출했다. 귀가 후에는 퇴근하는 아내를 픽업하러 나갔다.

그날 저녁에 주목할 만한 행동은 없었다. 부인은 친구와 대화를 나누었고, 휘트먼은 심지어 장인 장모와 전화 통화를 했다. 모든 것은 정상적이었다. 휘트먼의 모친은 친구의 집에 놀러와 있다고 아들에게 전화했다. 휘트먼은 밤에 잠깐 들러도 되느냐고 엄마에게 물었다. 모친은 곧장 귀가했고, 휘트먼이 모친의 집에 갈 때 그의 아내는 자고 있었을 것이다.

피해자 분석 __ 휘트먼은 자정이 몇 분 지난 시간에 어머니의 집에 도착했다. 부검은 하지 않았지만, 호스로 어머니를 질식시키고 머리 뒷부분에 치명상을 입힌 것으로 보인다. 어머니 살해 후, 휘트먼은 '언두잉undoing'(79쪽 참고) 행동을 했다. 어머니를 침대에 눕히고 머리까지 이불을 덮었다. 발견 당시, 모친은 자고 있는 것처럼 보였다. 그리고 그는 메모를 썼다. 아버지를 향해 독설로 가득 찬 장황한 글을 쓰고, 어머니를 지구상의 고통에서 벗어나게 한다고 썼다.

범죄 현장 증거 __ 모친 살해 후, 휘트먼은 집으로 돌아와 조용히 침실에 들어갔다. 이불을 끌어내려 아내의 가슴을 드러나게 하고 다섯 차례 찔렀다. 그 아내는 아마도 깨어나지 못한 채 즉사했을 것이다. 휘트먼은 이불을 당겨 아내의 몸을 덮었다.

집을 떠나기 전, 그는 아내 옆에 메모를 놓고 카펫으로 바닥의 피를 가렸다. 이렇게 범죄의 다음 단계를 향해 한 발짝씩 나아가며, 가사도우미에게 아내가 쓴 것처럼 '오전에 방해하지 말아 달라'고 요청하는 메모까지 남겼다. 그는 자신을 위한 시간을 좀 더 확보했다.

다시 어머니의 아파트에 간 그는 로비에서 경비원에게 처방 받은 약병을 가지러 왔다고 했다. 그리고 약병을 가지고 집으로 향했다.

초저녁에는 다시 친구들이 방문했다. 그는 쓰고 있던 메모를 가져왔다. 거기에는 "친구들이 방해. 8-1-66 Mon 3:00 a.m. 둘 다 사망"이라고 씌어 있었다. 이후 그는 형제들에게 그리고 아버지에게 글을 썼다. 아버지에게 보낸 편지는 공개되지 않았다. 형제들에게 쓴 편지는 짧았으며, 어머니가 그들에게 느끼는 감정을 설명하려 한 것 같다.

휘트먼은 큰 여행용 가방에 필요한 물건을 채웠다. 경찰 기록에 따르면, 물품 목록만 총 5페이지에 달했다. 음식과 풋파우더, 물 등 그가 생각하기에 '타워'에 머물 때 필요한 물품들과 총, 칼 등 사람들을 대량 학살할 탄약들이었다.

휘트먼은 아내 회사의 상사에게 전화하여 아내가 아파서 결근한다고 말했다. 이렇게 대량살인 계획을 수행할 시간을 다시 벌었다. 가방은 무거웠다. 그는 2.04달러를 주고 바퀴 두 개짜리 작은 손수레를 빌렸다. 두 장의 수표를 현금화했고, 철물점에서 탄약과 다른 권총을 샀다. 상점을 떠났다가 탄약 클립을 돌려주려고 곧 되돌아온 것으로 볼 때, 그가 계획한 끔찍한 범행이 그를 침착하고 꼼꼼하게 만든 것으로 보인다. 그는 총포사에 가서 더 많은 탄약과 총기 손질용 세정제, 자동엽총을 샀다. 그리고 어머니의 직장에 전화하여 결근으로 의심을 사지 않도록 조치했다.

모든 짐을 다 꾸렸을 때, 그에게는 소총 세 자루와 자동엽총, 리볼버 (회전식 연발총), 권총 두 자루가 있었다. 이 무기들 중 가장 정밀한 것은, 조준경이 부착된 6mm 레밍턴이었다. 250미터 거리에서도 정확히 조준할 수 있는 조준경이었다. 아무래도 70미터('타워' 위 관측소 데크의 높이. 휘트먼이 실제 사격을 한 장소) 거리에서는 자동엽총의 정밀성이 떨어졌을 것이다. 소총과 권총을 준비했다는 것은 근거리 사격도 준비했음을 의미한다. 탄약의 양은 깜짝 놀랄 정도이다. 사격을 멈춘 후에도 9박스 가득, 총량으로 7백 발의 총알이 남아 있었다.

그는 의심을 사지 않으려 작업노동자처럼 차려입고 손수레 위에 트렁크를 싣고 '타워' 꼭대기로 향했다. 엘리베이터 안에서 누구도 그에게 말을 걸지 않았다. 마침내 28층에 도착했을 때, 아마도 접수인이 무슨 손수레냐고 물었을 것이다. 휘트먼은 여성을 쏘았다. 당시 2명의 남녀가 있었으나 이 사실을 알아차리지 못하고 '타워'를 내려갔다.

그리고 한 가족이 관광차 올라왔다가 2명이 살해당했다. 그는 문을 다시 막았다.

스나이퍼 총격 __ 휘트먼은 계획에 따라 움직이기 시작했다. 그는 대학 '타워' 관람대에 요새를 만들고 지상의 사람들에게 총격을 가하기 시작했다. 첫 번째 희생자는 산모 배 속에 있는 태아였다. 그는 산모를 죽이지 않고 아기를 죽였다. 그런 후 아기 아빠를 죽였다. 휘트먼은 13명이 죽고(5일 후 1명 추가 사망) 31명이 부상당할 때까지 계속 자신의 분노를 표출했다.

휘트먼은 희생자를 두 번 이상 쏘지 않았다. 그는 (빗물) 홈통 사이로 사격하여 방어막을 유지했다. 그리고 한 발 쏘고 재빨리 뒤로 물러섰다. 당시 경찰에게는 동일한 무력과 사정거리의 무기가 없었고, 그런 거리에서 정확하게 쏠 수도 없었다. 아이러니컬하게도 최고의 무기를 가진 사람들은 텍사스 시민들이었다. 많은 시민들이 자신의 고성능 화력 무기를 챙겨 들고 정체불명의 저격수를 처치하고자 캠퍼스로 달려갔다.

휘트먼의 분노는 그가 두 명의 경찰관에게 사살되고 나서야 끝이 났다. 그는 96분 동안 캠퍼스를 인질로 삼고 있었다. 모친을 살해한 지 약 12시간 만이었다.

피해자 유형 __ 휘트먼 사건에는 세 가지 유형의 피해자가 있었다. 첫 번째, 가정폭력의 피해자인 그의 어머니와 부인이었다. 두 번째 피해자는 제3자로서, 휘트먼이 생각하기에 타워 총격을 방해한다고 여긴 접수인과 관광 온 가족이었다.

그러나 휘트먼이 마주친 모든 사람이 총격의 대상이 된 것은 아니다. 휘트먼은 접수인을 살해하고 마주친 두 명의 남녀는 무사히 타워를 떠났다. 그의 목표에 방해가 되지 않아 총격을 가할 필요를 못 느꼈을 수 있다. 그들은 또한 희생자가 될 가능성을 낮추는 행동을 했는데, 친절했고 질문을 던지지 않고 재빨리 휘트먼의 동선에서 물러났다. 그들의 태도, 행동, 동선 선택이 극도의 위험 공간에서 그들의 목숨을 구했다.

휘트먼과 마주쳤을 때, 그들은 미소를 지으며 "안녕하세요?"라고 했다. 그들은 그가 쥐고 있는 2개의 소총에 대해 언급하지 않았고, 바닥의 얼룩이 피라는 것을 깨닫지 못했다. 마침 현장 바닥은 어두운 색이었고, 얼룩이 눈에 잘 띄진 않았을 것이다. 여성은 남성에게 뭔가를 밟지 말라고 경고했고, 옆으로 쓰러져 있는 의자를 보고도 아무말도 하지 않았다. 휘트먼의 변장 때문에 속은 것일 수도 있다. 그가 작업복을 입고 있었기 때문에, 얼룩과 뒤집힌 의자에서 위협을 느끼지 않았을 것이다. 깔끔한 외모의 작업복 차림 젊은이가 비둘기라도 퇴치하러 왔나 여겼다.

휘트먼의 세 번째 희생자는, 당연히 그가 타워에서 조준하여 총을 쏜 그와 어떤 상관도 없는 사람들이다.

피해자의 위험 수준 __ 8월 1일 피살된 모든 사람들 중에서 휘트먼의 아내는 가정폭력 살인의 피해자가 될 위험성이 가장 높았다. 그녀는 친정 부모에게 남편에게 죽임을 당할까 두렵다고 말해 왔다. 실제로 남편에게 공격당한 적도 있고, 무기를 능숙하게 사용하고 좋아하며 따로 창고까지 가진 폭력적인 남자와 살았기 때문이다. 휘트먼은 아내를 "나의 가장 소중한 소유물"이라고 표현했는데, 그건 그가 아내를 소유물로 생각한다는 뜻이다. 떠나거나 이혼을 요구하는 것은 폭력 위험을 증가시켰다. 사건 발생 4개월 전 부모가 별거한 것이 그의 의심을 강화시켰는지도 모른다. 별거 또는 별거 협박은 학대 관계에서 희생자가 살해될 위험을 높인다.

 3월 29일 히틀리 박사가 기록한 보고서에는, 휘트먼이 아내가 전보다 자신을 덜 두려워한다고 진술한 내용이 있다. 자신이 아내에게 화를 내지 않으려고 애쓰고 있기 때문이라는 것이다. 이는 전형적인 자기중심적 해석이자 망상적 경향이다. 오늘날에는 이를 학대 가해자가 피해자를 살해하기 전에 나타나는 경고등으로 이해한다.

휘트먼의 모친은 중간과 고위험 사이의 희생자이다. 모친의 존재 자체가 스트레스를 잘 받고 다혈질적인 아들의 긴장을 가중시켰기 때문이다. 아들은 과도한 양의 각성제까지 사용하고 있었다. 살해되기 전, 모친은 아들과 남편이라는 이중의 위험에 포위되어 있었다. 남편도 이전에 그녀를 공격한 적이 있었다.

세상에 보내는 마지막 메모에서, 휘트먼은 아버지에 대한 강력한 증오를 거듭 표명했다. 휘트먼은 과거의 관계를 회복하도록 도와 달라는 아버지의 요청을 필사적으로 거부하고 있었다. 그런데 그는 정작 자신이 가장 증오하는 사람을 죽이지 않았다. 이는 그의 아버지가 느낄 가장 큰 두려움, 즉 부인의 부재에서 고통을 느끼도록 만들려는 아들의 의도를 보여 준다.

휘트먼의 3차 희생자들(타워 접수원과 가족 여행객)은 잘못된 시간과 공간에 있었던 낮은 위험군의 희생자들이다. 그들은 위험한 직업군이나 위험한 행동 때문에 사망한 것이 아니다.

휘트먼이 살해하거고 상해를 입힌 사람들도 휘트먼과 관계가 없는, 대부분 낮은 위험군의 희생자들이었다. 정오의 대학 캠퍼스였다. 희생자들은 주로 수업과 식사 등을 위해 오가는 학생과 교직원 또는 교수였다. 대부분 10대 20대 30대였다. 일부 사람들은 방어 총격을 시도하거나 부상자를 구하려는 행동으로 위험도를 높였다. 사망한 경찰 빌리 스피드는 직업상 휘트먼의 사격선 내에 있었다.

휘트먼의 죽음 __ 휘트먼이 자신의 죽음을 예견한 것은 명백하다. 메모에도 마지막 유언처럼 보이는 글이 있다. 그는 부검을 요청했고, 화장해 달라고 부탁했다. 기르던 개는 장인 장모에게 맡겨 달라고 요청했다.

그는 뒷일들을 하나씩 해결했다. 자신의 사진도 인화해 달라고 했는데, 미래에 비슷한 일이 반복되지 않도록 자신의 행동을 설명한다고 썼다. 나중에 자신이 직접 설명할 기회가 없을 거라고 생각했음을 알 수 있다. 휘트먼은 아내의 시신 옆에 그 노트를 남겼다. 노트에는 그의 정신상태가 최근 악화되었다는 내용도 담겨 있었다. 두 형제와 아버지에게도 글을 남겼다. 이렇듯 모든 것을 세심하게 계획했지만, 탈출 계획은 없었다.

휘트먼은 냉정한 판단 아래, 죽음을 유발할 행동을 하기로 선택했다. 즉, 자살이다. 결국 경찰관의 총격으로 사망했지만, 그는 분명 자신의 죽음을 계획했다. 타인에 의한 자살이었다.

부검 __ 찰스 휘트먼에 대한 부검이 실시되었다. 부검 전에 시신이 방부처리되었고, 혈액과 소변검사를 하지 못했기 때문에 제대로 된 부검은 아니었지만, 의미 있는 결과가 나왔다. 사건 전 휘트먼은 자기 머리에 문제가 있는 것 같다고 했다. 실제로 그랬다. 뇌종양이 발견되었다. 대략 피칸 열매 크기의 종양이 그의 시상하부 백질에서 발견되었다. 이 종양이 그의 범죄에 영향을 끼쳤는지는 논란의 여지가 있다. 일부에서는 종양이 극단적인 행동을 야기했다고 했지만, 종양과 범죄는 무관하다는 주장도 있었다. 종양이 상당한 고통을 유발했을 것이며, 적어도 부분적으로는 그의 행동과 두통을 설명할 수 있다는 주장도 제기되었다. 그런 점에서, 휘트먼의 두개골 두께가 2~4밀리미터로 매운 얇았다는 점은 흥미롭다.

휘트먼 사건은 미국 경찰이 특수무기와 전술팀(SWAT)을 발전시키는 계기가 되었다고 평가된다. 당시 경찰에게는 고층에 있는 휘트먼에게 사격할 무기가 없었음이 분명하다. 만일 경찰이 범인에게 더 빨리 접근할 수 있었다면 사상사 수가 더 적어졌을 것이다. 1966년 8월 1일의 사건이 지금 다시 일어난다면, 그때와는 다른 대응과 결과가 나올 것이다.

연속살인 __ '연속살인spree murder'은 '연쇄살인serial murder'의 하위 범주이다. 연속살인자는 무작위로 희생자를 선택해 짧은 시간에 다수의 살인을 저지른다. 붙잡히거나 자수할 때까지 그들은 일종의 살인기계처럼 행동한다. 보통은 자살을 하거나 경찰에 의한 자살을 선택한다.

연속살인자는 범행 당시의 개인적 욕구를 만족시킬 희생자를 고른다. 즉, 돈이나 성적 욕구 때문에 또는 배가 고프다는 이유로 살인을 한다. 연속살인이 일어나면, 경찰은 누구를 찾아야 할지를 안다. 연속살인자는 살인자의 정체성을 갖는다. 편안함을 느끼는 장소로 도망칠 수도 있다. '철로 살인자'로 알려진 엔젤 마투리노 렌데즈(라파엘 라미레즈)는 트랙에 집착했다.

사건 발생 간격이 짧은 연속 연쇄살인범의 경우에는 피해자들의 공통점을 찾기 어려울 수도 있다. 일종의 대량살인 에피소드의 확장판이다. 그러나 이들은 대량살인자처럼 한 장소에 바리케이트를 치고 사건을 벌이는 것이 아니라, 장소를 이동하며 범행을 저지른다. 이런 연속살인의 지속성은 웨스벡커(9분)처럼 짧을 수도 있고, 찰스 스타크웨더나 크리스토퍼 와일더(몇 주 또는 몇 달)처럼 길 수도 있다. 이들은 '임무 수행형' 공격자로서 도주 계획이 없다. 경찰과 대치하다가, 또는 필사적인 저항 끝에 자기 손으로 죽음을 택한다. 그렇지 않고 체포되어 재판정에 서는 공격자는 다른 범죄자들처럼 유죄를 인정하고 형을 감량 받거나 정신이상을 내세워 무죄를 주장한다.

사례 연구 앤드류 커내넌

다니엘 에스포지토 제공

1997년 대낮에 플로리다주의 한 현관문 앞에서 유명 디자이너 잔니 베르사체를 총으로 쏘기 전부터, FBI는 앤드류 커내넌을 두 달 사이에 4명을 살해한 용의자로 지명수배자 명단 상위 10위 안에 올려놓고 있었다.

피해자 분석 __ 커내넌은 베르사체를 살해하기 전에 4명을 죽였다. 맨 처음 살해한 사람은 개인적으로 알고 지내던 2명의 남자였다. 친구였던 제프리 트레일은 1997년 4월 27일 미네소타주 미네아폴리스시에서, 그의 연인이었던 건축가 데이비드 매드슨은 1997년 4월 29일 미네아폴리스 외곽에서 둘 다 머리에 총상을 입은 채 발견되었다. 경찰은 연관성을 인지했다. 트레일의 시신이 매드슨의 미네아폴리스 아파트에서 발견되었기 때문이다. 집중적인 인간사냥이 시작됐음을 알 수 있었다.

두 건의 살인 후 커내넌은 시카고로 운전해 가서 1997년 5월 4일 유명한 부동산개발업자 리 미글린(72세)을 살해했다. 커내넌은 미글린의 차로 뉴저지 펜스빌의 핀포인트국립묘지로 도망쳤고, 5월 9일 거기서 관리인 윌리엄 리스(45세)를 살해했다. 관리인이 타고 다니는 픽업트럭이 필요해서다. 트럭 때문에 인간사냥이 재개됐지만, 네 번째와 다섯 번째 살인 전 몇 달간 커내넌은 플로리다주 마이애미 해변에서 숨어서 지냈다. 그리고 7월 15일, 앤드류 커내넌은 아침에 귀가하는 잔니 베르사체를 미행했다. 베르사체 뒤에서 그가 열쇠로 문을 여는 사이에 머리 뒷부분을 겨냥해 쏘고, 베르사체가 땅에 쓰러지자 두 발을 더 쏘았다.

범죄 현장 지표 __ 범죄 현장은 실내와 실외에 여러 곳 있었다. 최초 피해자 트레일의 시신은 매드슨과 함께 천으로 감아 매드슨의 아파트에 감추었다. 그리고 커내넌과 매드슨은 매드슨의 차로 미네아폴리스를 빠져나갔다. 미네아폴리스에서 72킬로미터 떨어진 곳에서, 커내넌은 차를 멈추고 매드슨의 머리에 3발을 쏘았다. 그 다음에 왜 미글린이 목표가 되었는지는 알려져 있지 않다. 커내넌은 미글린을 살해하는 데 사용된 무기와 여권을 벤츠 차에 남겼고, 경찰이 찾을 다른 증거도 남겨 두었다.

포렌식 검증 __ 트레일은 날카로운 해머로 30회 이상 구타당했다. 미글린은 묶인 채 끔찍하게 고문당하며 살해됐다. 한 쌍의 전지가위로 가슴을 관통당하고 실톱으로 목이 잘렸다. 그것으로도 부족해 커내넌은 벤츠차로 미글린의 몸을 들이받았다.

수사 __ 커내넌의 마지막 살인은 사전에 계획된 것으로 보인다. 베르사체를 쏜 커내넌은 도망쳤지만, 목격자가 그를 추격했다. 경찰은 근처 주차장에서 커내넌의 트럭을 발견했다. 트럭 안에는 커내넌이 방금 입었던 옷, 또 다른 여권, 그리고 그의 살인을 다룬 신문 기사가 발견되었다.

커내넌은 근처 마이애미 주택용 보트 안에서 발견되었다. SWAT(경찰 특수부대)가 진입했을 때, 커내넌은 침대 헤드 안쪽에서 짧은 바지만 입은 채 희생자들을 쏘는 데 사용한 총으로 자살한 상태였다.

결과 __ 커내넌은 자신의 살인을 설명하는 어떠한 기록도 남기지 않았다. 그저 그의 성장 배경과 성격을 통해 살인 동기를 추론해 볼 뿐이다.

앤드류 필립 커내넌은 1969년 8월 31일 베트남전쟁에서 해군으로 복무한 필리핀 출신 아버지와 우울증을 앓는 어머니 사이에서 태어났다. 아버지는 자신이 집을 비운 사이에 아내가 바람을 피워 아이들조차 자기 자식이 아닐지 모른다고 생각했다. 어머니는 앤드류가 태어난 뒤로 우울증이 심해져 아기를 제대로 돌보지 못해, 아버지가 아이들을 다 키웠다고 주장할 정도였다.

부부 관계는 시간이 지날수록 더 나빠졌고, 어린 커내넌은 비뚤어진 가족관을 갖게 되었다. 커내넌은 친구들에게 가족이 부자라고 떠벌였고, 그 결과 병적인 거짓말쟁이로 알려졌다. 열세 살에 커내넌은 첫 게이 경험을 했다. 그는 자아도취적이었고, 언제나 관심을 받고 싶어 했다. 게다가 폭력적이고 반사회적으로 변해 갔다. 커내넌은 가명을 쓰고 외모를 과감하게 바꾸곤 했다. 그러면서 돈이 많아서 자신에게 비싼 것을 사 줄 수 있는 늙은 남자와 데이트하기 시작했다. 정리하자면, 앤드류 커내넌은 준수한 외모에 지적이고 상냥하며 남의 기분을 잘 맞추고 화려한 외향적 성격의 사기꾼이었다.

베르사체를 살해가기 2달 전, 커내넌은 마이애미 호텔에 가명으로 투숙하고 야간에 활동했다. 그는 거의 본능에 가까울 정도로 미친 듯이 변장에 집착했다. 외모를 바꾸고 범죄를 저지르는 것을 즐기는 것 같았다. FBI에도 다양한 변장 사진이 있었다. 베르사체를 살해한 당시에도 변장을 한 채 위험한 행동을 하다가 경찰에 쫓기고 있었다. 아마도 마이애미의 고급 바에서 베르사체를 찾은 것으로 추정된다.

앤드류 커내넌의 살인 동기는 결국 밝혀지지 않았다. 커내넌은 샌프란시스코의 은밀한 게이문화에 빠졌고, 마약을 했고, 인기 있는 성노예로 살았다. 다수의 포르노영화에도 출연했다. 그는 가학성-피학성 성욕에서 즐거움을 찾고, 은밀한 세계에서 자신이 차지하는 위치를 진정으로 즐겼다. 일찍부터 그의 인생과 판타지의 한 축은 '부모로부터의 도피'였다. 이를 위해서 그리고 이로부터 그의 머릿속에는 유명인사들과의 관계에 기반한 상상된 지위와 자기중심적인 망상이 생겨났다.

커내넌의 성향 중 빼놓을 수 없는 특성은 질투였다. 트레일과 매드슨은 그가 결코 닿을 수 없는 세계에 속했다. 즉 그들은 전문직이었고, 계속 발전 중이었다. 반면에 그는 정체된 채 가족으로부터도 외면 받고 있었다. 이 질투심이 베르사체 살인에도 크게 작용한 것 같다. 커내넌은 베르사체를 게이 커뮤니티의 상징으로 본 듯하다. 베르사체는 커내넌이 되고 싶어 하는 모든 것을 상징하는 사람이었다. 부유한 명사에 성공한 동성애자. 커내넌이 베르사체를 목표로 삼은 것은 이전의 살인들로는 얻지 못한 세계적인 악명을 노린 것이 아닐까 싶다.

커내넌의 살인 동기는 둘 중 하나였다. 그 사람에게 무언가를 요구하거나(예를 들어 트럭), 그 사람이 되고 싶어 하거나. 그의 동기는 필요와 질투 근처에서 전개되지만, 살인까지 하는 데에는 더 깊은 무언가가 정신세계에 자리하고 있었을 것이다.

커내넌 성격 보고서는 사이코패스의 행동적 특징을 다수 담고 있다. 그는 입심이 좋고, 경찰에 대한 우월감을 과시했고, 세상이 자기 위주로 전개될 거라 확신했다. 그는 변장과 속임수에 능했다. 완벽한 카멜레온에다 지능 높은 사기꾼이었다. 살인을 저질러도 자책이나 죄책감 같은 것은 느끼지 않았다. 그는 다른 사람들의 감정에 신경 쓰지 않았다. 사람들은 그저 소모품이었다. 그는 데이트했던 부유한 사람들에게 기생해서 살았고, 자신의 아파트도 꾸준한 직장도 없었고, 장기적인 목표도 책임감도 없었다. 그는 13살부터 난잡하게 살았고, 그가 쓰는 돈은 부모나 애인 또는 매춘에서 나왔다. 사람들은 그를 부드럽게 말하고 주제넘지 않으며 지적이고 가치 있는 사람 또는 눈부신 파티보이로 회상했다. 그는 모든 사람들을 속이고 잘 회피했으며, 사람들에게 끊임없는 궁금증을 불러일으켰다. 파국에 이를 때까지 줄곧 이렇게 행동했다.

연속살인인가? 연쇄살인인가? __ 전문가들은 커내넌의 살인이 어떤 유형인지 숙고했다. 그가 살인을 저지르고 도주하자, 어떤 전문가도 그의 다음 살인을 예측하지 못했다. 누구를 어디서 죽일지 어떤 패턴이나 시그니처도 드러나지 않았다. 그의 살인 방법은 칼과 총이었다. 연쇄살인범은 본인의 삶 속에서, 그 주변에서 살인을 저지르는 경향이 있다. 반면 연속살인자는 감정적인 냉각기 없이 열정적으로 행동한다. 그렇게 보면 커내넌은 연속살인범에 가깝다. 이런 판단의 가장 중요한 근거는, 베르사체를 제외하고는 희생자들이 우연한 기회에 선택된 것처럼 보인다는 것이다.

연쇄살인Serial Murder

그 정의상 연쇄범죄는 성공적인 범죄다. 검거를 피하면서 동일한 범죄를 계속 저지르다 보면 당연히 범행수법(MO)도 세련되게 진화한다. 특히 구조화된 범죄를 기획하는 연쇄살인범들은 유난히 영리한 편이다. 하지만 성공적인 발각·검거 회피는 범죄자가 판타지와 계획 수립, 범죄 평가에 들인 엄청난 시간과 에너지 때문일 수도 있다. 이 책의 저자 중 한 명(JED)은 10대 시절 농장에서 인턴으로 근무하며 안전 울타리 안에서 돌아다니는 소들을 보며 그런 생각을 했다고 한다. 만일 소가 사람들이 생각하는 것처럼 머릿속에 아무 생각이 없다면, 아무리 오래 걸렸다고 해도 소는 모든 정신적 자원을 오직 길을 찾는 데 쏟았을 거라고 말이다. 마치 자신의 시간과 지성, 감정적 자원을 범죄에 과도하게 쏟아붓는 '포식성 성범죄자'처럼.

이런 이해를 전제로, 각 포식성 성범죄자의 차이도 이해하려는 노력이 필요하다. 그렇게 했을 때 비로소 우리는 범인을 특정한 개인으로서 평가하고, 희생자들에게 원조와 지원을 제공하고, 그 범인의 기소를 돕고, 향후의 폭력 가능성을 예측할 수 있기 때문이다. 실제로 범죄가 행해지는 방법과 방식은 범죄자의 성격 유형과 직접 관련이 있다.

성과 폭력은 연쇄살인범의 성장 배경에서 어린 시절부터 뒤엉키며, 일정 시간에 걸쳐 발전한다. 살인범이 하루아침에 일어나서 사람들을 죽이러 가지는 않는다. 모두 진화 발전 과정이 있다.

연쇄살인범은 전형적으로 자신의 모든 능력을 동원하여 (경찰과 총격을 벌이는 것이 아니라) 경찰의 레이더에 노출되는 것을 피하려고 한다. 일반적으로 연쇄살인은 대량살인보다 성적도착과 성적인 일탈을 더 많이 드러낸다(확실히 여성 연쇄살인범은 덜하다). 연쇄살인범은 낯선 사람들을 범행 대상으로 삼는 경향이 있다. 일반적으로 낯선 사람을 대상으로 삼지만, 피해자들의 성별이나 나이, 직업에는 공통점이 있다. 연쇄살인범은 특정한 외모, 배경을 선호하지만, 의도한 대상을 찾지 못한다면 다른 피해자로 대체할 수 있다.

어떤 특정 기간에는 미국에 약 35명에서 50명의 연쇄살인범이 있었는데, 이마저 보수적 추정치였다. 매년 12명 정도의 연쇄살인범이 체포되고 있다.

매춘, 마약, 가출, 길거리 노숙자 등이 판치는 지역은 연쇄살인범에게는 비옥한 땅이다. 문제를 더 복잡하게 만드는 것은, 미국에 있는 약 1만 7천 개의 경찰 기관 중 일부 기관은 한정된 기술과 정보 공유 부재로 취약하다는 점이다. 사건들을 연결시켜 볼 능력이 없으면, 자신들의 관할구역에 연쇄살인범이 있다는 것조차 알 수 없다. 주 경계를 넘나드는 범인의 이동성에 압도되면, 살인을 하고도 버젓이 돌아다니는 범인을 보게 된다.

사례 연구 **그린리버 살인자**

마이클 마달레니 제공

배경 __ 여성들을 살해하여 등산로(둘레길)에 유기한 이 사건은 1980년대 초반에 시작되어 약 20년간 시애틀 전체를 공포에 떨게 했다. 1982년 워싱턴주 그린리버 근처에서 첫 피해자가 발견되어 "그린리버 살인자"라고 불리게 되었다. 미국 역사상 가장 장기간 이어진 이 연쇄살인범 수사는, 그 수사 범위도 매우 넓었다.

2001년 마침내 그놈이 붙잡혔다. 범인의 이름은 개리 리지웨이. 그는 사형을 피할 수 있게 도와줬다는 논란을 일으킨 유죄인정협상으로 48명의 여성에 대한 살인 유죄를 인정했다. 리지웨이는 가석방 없는 종신형을 받아 워싱턴주 왈라왈라 주립교도소에 구금되었다.

피해자 분석 __ 1982년 8월 12일, 젊은 여성의 시신이 강둑에 절반쯤 걸쳐진 채 강을 둘러보던 한 노동자에 의해 발견되었다. 3일 후 같은 강에서 뗏목을 타던 한 남자가 물속을 보다가 물속에서 그의 얼굴을 응시하는 것 같은 아프리카계 여성을 발견했다. 주변을 둘러보니 물속에 또 다른 시신이 있었다. 이렇게 발견된 3명의 여성들은 퍼시픽 하이웨이에서 스트립을 하던 매춘부로 드러났다.

그 이후 20여 년 동안 여성들의 시신이 인근 8개 지역의 덤불 지역에서 발견되었다. 시신들은 모두 옷이 벗겨진 채 모욕적인 자세로 유기되었다.

범죄 현장 지표 __ 피해자와의 최초 조우 장소, 강, 고립된 쓰레기장 등 범죄 현장은 여러 곳이었다. 피해자 대부분은 매춘부이거나 가출자들로 물가, 진흙 지대 또는 반경 48킬로미터 이내 산림지대에 버려졌다. 일부는 시애틀터코마국제공항 근처 쓰레기 더미와 대형 쓰레기통에서 발견되었다.

포렌식 검증 __ 3명의 여성은 목 졸림에 의한 질식사로 판정되었고, 시신 2구에서 정액이 발견되었다. 그러나 1982년에는 DNA 자료나 기술이 없어 범인을 특정하지 못했다. 또, 시신 2구에는 삼각형 모양의 돌이 자궁에 끼워져 있어서 제거 수술이 필요했다. 삼각형 돌에 대한 자세한 정보는 발표되지 않았고, 경찰만 시그니처로 제시했다. 현미경으로 볼 수 있는 작은 페인트 샘플이 있었고, 몇몇 살인에서 트럭 제조사와의 연관성을 추적했다.

수사 __ 첫 번째 시신은 옷이 벗겨지고 얼굴을 바닥으로 향한 채 물에서 0.9미터 거리에 놓여 있었다. 시신의 발, 무릎, 엉덩이, 어깨는 돌로 짓눌려 있었다. 두 번째 시신은 상류로 3미터 위치에서 얼굴은 위로 향한 채 물에 잠겨 있었다. 풀어진 브래지어를 제외하면 알몸이었다. 이 시신의 오른 다리와 엉덩이, 왼쪽 발목, 어깨도 돌로 고정되어 있었다. 세 번째 시신은 다른 시신들 근처 관목 숲에서 발견되었다. 경찰은 같은 살인자가 여성들을 모두 살해했고, 시신들을 은폐하는 데 많은 시간을 들였다고 가정했다. 그리고 그 남자는 시신을 차에서부터 미끄럽고 가파른 강둑으로 옮길 정도로 힘이 좋은 사람이라고 '프로파일링' 했다. 경찰은 곧바로 다른 매춘부 및 포주들을 면담 조사하기 시작했다. 5구의 시체가 발견되자, 그린리버 살인자(GRK) 수사와 체포에만 집중하는 그린리버 사건 수사본부가 꾸려졌다. 수사관 밥 케펠은 단독 연쇄살인범의 소행으로, 희생자들은 질식사(끈의 일부가 현장에서 발견)당한 후 몸이 더럽혀진 채 성적으로 수치스러운 자세로 유기됐다는 '시그니처'를 제공했다. 희생자 몸 안에 위치한 돌들은 동일한 성적 적대감의 과장된 표현으로 이해되었다.

이 살인자를 추적하는 수사는 집중적이었고 에너지 소모가 높았다. 많은 용의자가 수사되었으나 여성들은 계속 사라졌고, 더 많은 시신이 다양한 모습으로 발견되었다. FBI 연쇄살인 프로파일러와 수사관이 파견되었다. 그들은 희생자 다수가 서로 아는 사이며, 매춘 경험이 있다고 지적했다. 이 사실로부터 경찰은 여성을 혐오하며 광신적 종교의식에 빠진 용의자를 추적했다.

그때 스트립쇼장에서 일하던 매춘부 마리가 짙은 색 픽업트럭에 탄

후 돌아오지 않는다는 신고가 접수되었다. 신고자는 마리를 감시하던 포주였다. 그 트럭은 어떤 집 앞에서 발견되었고, 문을 열고 나온 남자는 자신을 게리 리지웨이라고 말했다. 리지웨이는 백인에다 30대 중반의 중간 체격 등 마리를 차에 태운 용의자와 일치했다. 리지웨이는 그 트럭이 자신의 것이 맞지만, 경찰이 무슨 소리를 하는지 모르겠다고 말했다. 그의 집에는 여자가 없었고, 그는 8월 30일 밤 스트립쇼에서 아무도 데리고 나오지 않았다.

그렇게 1년이 지났고 새로운 시신이 발견되었지만, 수사에는 진전이 없었다. 1983년 9월 18일, 스타 레이크 로드 근처 늪지대에서 발견된 얼굴을 아래로 한 유골의 원형 복구 작업이 진행되었다. 몇 주 후 또 다른 유골이 발견되었다. 그린리버 매립지로부터 고속도로로 40킬로미터 이상 떨어진 곳이었다. 유골은 너무 잘 숨겨져 있어 범인이 무작위로 이 장소를 선택했다고 보는 것은 불가능했다. 어떤 뼈는 사과 농장 근처에서 발견되었다. 피라미드 모양의 돌이 자궁이 위치한 골반뼈 사이에 얹혀 있었다. 이는 그린리버 살인자와의 연관성을 확신하게 했다. 1983년 11월 1일, 시신의 총합은 12구가 되었다. 12명뿐만 아니라 최소한 29명의 소녀들이 실종됐다는 신고가 접수되었다. 이렇게 많은 시신들이 발견되었지만, 발견된 증거는 놀랍게도 적었다. 경찰은 범인 추적에 필사적이었다. 1984년 3월 중순, 시애틀 시내에서 4백 명의 시민이 "밤을 돌려 달라!"는 시위를 벌였다. 그린리버 특수수사대에게는 점점 늘어나는 시신 수와 함께 여론의 압박까지 더해졌다. 그 다음 두 달 동안 11구의 시신이 쓰레기 매립지에서 추가 발견되었다. 3월에는 시애틀공항 근처에서 4구의 시신이 발견되었다. 며칠 후 경찰은 스타 레이크 로드를 따라 또 다른 시신 매립지를 찾아냈다. 여기서 발견된 세 번째 시신 근처에 두 번째 뼈대가 있었다. 그러나 그 뼈는 인간의 것이 아니었다. 매우 큰 개의 뼈로, 인간 시신의 머리와 개의 머리가 맞대어 있었다. 이해하기 어려운 이상한 배치였다. 4월에 나무 그루터기에서 추가 발견된 2구의 시신은 탈색된 인간의 두개골로 치아와 턱뼈가 완벽히 보존되어 있었다. 이는 쓰레기장보다는 더 많은 정보를 주었다. 살인자는 여기서, 시신들 주변에서 시간을 보냈다. 당시 발견된 시신은 총 23구였다.

1984년 5월, 매춘부로 일하던 레베카란 여성이 경찰에 연락해 왔다. 20달러를 주고 구강성교를 제안한 남자를 만났는데, 그 남자가 발기에 실패하고는 도리어 레베카가 자신의 성기를 물었다고 욕하면서 그녀의 목을 졸랐다는 것이다. 레베카는 겨우 빠져나왔다. 그녀는 공격자의 픽업트럭에서 그 남자의 사원증을 보았는데, 그 남자는 트럭 제조회사에서 일하는 게리 리지웨이라고 했다.

경찰은 마지막 조력자를 찾아갔다. 시애틀에서 범죄를 저지른, 세계에서 가장 악명 높은 연쇄살인범 중 하나와 인터뷰하기 위해서였다. 경찰이 잭슨빌 맥스시큐리티 감옥으로 찾아가 만난 살인범은 테드 번디였다. 경찰은 지푸라기라도 잡는 심정으로, 번디가 가진 연쇄살인범의 정신세계를 이용해 그린리버 살인자의 정신세계에 침투해 보려 했다. 그렇지만 번디가 말한 내용은 대부분은 쓸모가 없었다. 다만, 일부 유용한 통찰을 제공했다. "시신에 대한 성적 욕망은 저항하기에 너무 강하다." 그의 말에 따라 시신을 그대로 두고 그 근처에 잠복할 필요가 있었다. 번디는 또한 미확인범이 아마도 폭력적인 포르노를 즐길 테니, '스너프' 필름이라고 불리는 영화 축제를 주시하라고 했다. 그 조언에 따라 경찰은 해당 축제 참석자의 차량 번호판을 전부 기록했다. 얼핏 미친 짓 같지만, 테드 번디는 경찰이 생각할 수 없었던 통찰을 주었다. 1985년 중후반기 이 시점에는 수사가 조금 느슨해졌다. 사건에는 실마리가 없었고, 경찰이 했던 모든 수사는 막다른 골목을 향하고 있었다. 사건은 신문 머리기사에서 서서히 사라져 갔고, 사람들도 관심을 잃어 갔다. 이때 두 가지 중요한 일이 발생했다. 오레곤주 경찰이 그린리버 살인자와 연관되어 보이는 시신 한 구를 발견했다. 이것은 FBI가 사건에 개입하기 전에 살인자가 주 경계를 넘나들었다는 것을 의미했다. 두 번째 사건은 스타 레이크 로드 근처 마운틴뷰 묘지 근처에서 또 다른 희생자 매립지를 발견한 것이다. 한 시신의 다리뼈는 너무 멀리 벌어져 있어 탈구된 것처럼 보였다. 이는 살인자에 대한 다른 통찰을 주었다. 그는 살해 후 되돌아와 사체와 성교를 했을 것이다! 범인의 프로파일은 꾸준히 발전했지만, 그의 정체는 점점 더 미궁에 빠졌다. 1986년 여름이 끝나 갈 무렵, 관련 희생자 시신은 36구에 이르렀다.

공식적으로 시애틀 지역에서 더 이상 새로운 실종은 없었고, 대중은 끝도 없고 해결책도 내놓지 못하는 수사에 점점 흥미를 잃어 갔다. 사건 담당 인력도 줄어들었다. 경찰서 사람들조차 그린리버 살인자가 이주했거나 죽었거나 뭐든 얻고자 하는 것을 얻었다고 믿었다. 그러나 수사관 데이브 라이처는 살인자가 경찰서 밖 어디엔가 있다고 믿었다. 비록 인력도 줄고, 수사 지원금도 삭감됐지만 말이다.

희생자 수만큼 용의자 수가 늘어나지 않아서, 수사팀은 옛 용의자 명단을 다시 들여다보기로 했다. 대표적 용의자는 게리 리지웨이로, 그는 디모인 트럭회사의 페인트공으로 젊은 매춘부를 공격한 전력이 있었다. 수사팀은 몇 가지 증거를 가지고 수사를 시작했다. 첫 번째 증거는 사건 발생 당시인 1983년 리지웨이가 3주간 파업 중이었다는 것이다. 검시 결과에 따르면, 희생자 중 3명이 그 시기에 살해당했다. 또 다른 증거는, 리지웨이가 트럭에 희생자들 중 한 명을 태우고 있다가 경찰을 발견하고는 갓길에 차를 세웠다는 사실이다. 당시 경찰은 그런 그를 보고도 이상한 점을 발견하지 못하고 그냥 보냈다. 이후 2년간 경찰은 주의 깊게 게리 리지웨이를 주시했다. 그를 미행하기도 했고, 그와 가까운 사람들을 면담하기도 했다. 그의 과거 부인들은 리지웨이가 전직 군인으로, 거친 성적 만남에 빠져 있다고 말했다. 마침내 경찰은 수색영장을 받아 리지웨이의 차를 압수하고 경찰서에도 불러냈다. 이 자리에서 리지웨이는 기꺼이 거즈 형태의 씹는 담배뿐만 아니라 머리카락도 제출했다. 이때 그의 혈액형을 알아냈을 것이다. 리지웨이 가택 수사는 아무런 성과가 없었다. 그러나 데이브 형사와 수사팀은 게리 리지웨이가 무죄라고 확신할 수 없었다.

1980년대 중반에 그린리버 피해자로 볼 수 있는 8명 이상의 실종 여성이 있었지만, 당시에는 그 누구도 확신할 수 없었다. 1989년이 되자 그린리버 살인자를 찾아야 한다는 압박은 희미해졌고, 수사팀 구성원들도 새로운 임무를 맡았다. 주경찰 형사인 데이브 라이처도 1990년 4월 2일 새로운 위치에 임명되었다. 그와 팀원들은 이제 수사에서 손을 떼야 한다는 사실을 알았지만, 살인자를 두고 쉽게 발길이 떨어지지 않았다. 10년간 많은 일이 일어났다. 사람들은 나이 들고, 은퇴하고, 이동해 갔다. 그렇게 21세기가 되었고, DNA 분석이라는 과학수사의 새로운 전기가 드디어 열렸다.

2001년 9월 10일, 그린리버 살인사건 담당 경찰관 톰 젠슨이 손에 3개의 봉투를 들고 회의실로 들어왔다. 그중 한 개는 첫 번째 피해자에게서 발견된 정액이었고, 두 번째는 다른 피해자에서 발견된 정액이었고, 세 번째 봉투에는 용의자 중 한 명에게서 얻은 DNA가 들어 있었다. 젠슨이 하나씩 꺼낸 DNA 프로파일은 완벽하게 일치했다. 바로 게리 리지웨이였다. 형사들은 리지웨이가 씹었던 거즈 껌에서 추출한 DNA와 피해자로부터 얻은 정액을 보존하고 있었다. 연결선이 찾아졌다. 이제 최초 피해자 3명의 살인자는 찾아졌고, 나머지 야만적 살인들을 저지른 살인자만 찾으면 되었다.

리지웨이는 20년간 요리조리 피해 온 덫이 다가오고 있음을 알아차리지 못했다. 2001년 11월 30일 토요일 아침, 그는 평상시처럼 출근했다. 그리고 오후에 퇴근하는 그에게 두 명의 경찰관이 다가왔다. 그들은 리지웨이에게 킹 카운티에서 다수의 여성들을 살해한 혐의로 체포한다고 말했다. 리지웨이가 보인 유일한 반응은 "좋아요"였다. 모든 사람이 그가 모든 피해자들의 살인자라고 믿었지만, 안타깝게도 증거가 완벽히 일치하는 것은 3건뿐이었다. 이제 나머지 시신들에 대한 그의 책임을 입증할 유일한 길은 자백뿐이었다.

사건을 담당한 놈 말렝 지방검사는 리지웨이에게 끝까지 사형을 구형하겠다고 고집했다. 그러나 곧 공익을 위해 물러서야 한다는 것을 깨달았다. 리지웨이의 변호사가 협상안을 들고 찾아왔다. 감옥에서라도 목숨을 부지할 수만 있게 해 주면, 모든 살인을 인정하고 나머지 시신을 찾는 데 협조하겠다는 것이었다. 말렝 검사는 처음에는 거절했지만, 남은 실종자 가족들을 생각하고 거래에 동의했다. 리지웨이는 실종자들의 시신을 찾아 주는 대가로 종신형을 받게 되었다.

결과 __ 질문들은 여전히 남아 있다. 게리 리지웨이는 누구인가? 그는 어떤 계기로 그런 악마가 되었나? 왜 그토록 여성을 혐오하나? 그 강렬한 성적 원동력은 어디에서 오는가?

사법 거래의 조건대로 리지웨이는 경찰을 대동하여 실종자 매장지를 알려 주었다. 그는 이를 "현장 답사"라고 불렀다. 그에게는 감옥 밖으로 나갈 수 있는 유일한 기회였다. 문제는 리지웨이가 거짓말을 한다는 것이었다. 그는 여성에게서 빼앗은 기념품(보석)을 모두 한 장소에 두었다고 말했다. 경찰이 몇 시간이나 수색했지만 아무것도 찾지 못했다. 실종자 매장지에 가서도 비슷한 일이 벌어졌다. 리지웨이는 의도적으로 경찰에 거짓말을 하고 있었다. 리지웨이는 무의식으로 사형당하기를 원하면서도, 자신이 덜 괴물처럼 보이기를 바라는 것 같았다. 그는 자신이 좀 더 긍정적으로 더 강하고 멋지게 묘사되기를 바랐고, 피해자들에 대한 통제력도 유지하고 싶어 했다. 한편으로는 그는 단지 하고 싶어서 살인을 저질렀다고 하면서 말이다.

리지웨이와의 면담은 그가 유년기에 직면했던 심각한 문제들을 드러냈다. 리지웨이는 고질적인 오줌싸개였다. 그의 어머니는 그를 화장실로 걸어가게 한 후 15분 넘게 차가운 욕조에서 그를 씻기고 성기와 고환을 건조시켰다. 엄마가 그렇게 하는 동안 종종 발기가 됐다고 한다. 엄마는 반 누드 상태로 그를 씻겼고, 그 모습을 보고 그는 성적으로 각성했다. 어머니와의 목욕 행태 중 일부가 매춘부들과의 성관계에서도 반복되었고, 희생자들을 살해한 후 강에서 시체와 같이 목욕하는 것으로 나타났다.

리지웨이는 시체성애적 흥미가 있었다. 아버지가 영안실에서 일했을 때 시체와 성교하는 남자를 목격한 이야기를 해 주었다고 한다. 죽은 사람과 성교하면 상대는 이미 죽은 상태이기 때문에 아무것도 느끼지 못할 것 아닌가.

리지웨이 어머니의 양육 스타일은 자극과 굴욕, 협박의 혼합이었다.

그의 머릿속에서는 엄마와의 성교 욕망이 사라지지 않았고, 내면에서는 억압된 폭력과 분노가 자라났다. 엄마가 그를 정신지체 학생들이 다니는 학교로 보내겠다고 협박한 후에는 엄마의 목에 부엌칼로 상처를 내는 상상을 했다. 이 폭력성은 유년기에 현실이 되었다. 어린 시절에 몰래 새를 잡아 죽였고, 급기야 집에서 키우던 고양이까지 죽였다. 이 행동이 가족에 대한 분노를 줄여 주었다. 리지웨이는 좌절감 때문에 불도 질렀다. 이 모든 행동이 어린 리지웨이가 무언가 잘못되고 있다는 경고등이었다.

10대 시절에 리지웨이는 6살 소년을 숲속 깊이 유인하여 아이의 배를 칼로 찔렀다. 배에서 피가 뚝뚝 떨어지자 도망쳤다. 리지웨이는 누군가를 죽이는 것이 어떤 느낌인지 알고 싶었다. 수사팀은 그 소년을 찾아냈다. 이제 성인이 된 그는 리지웨이가 얼마나 일찍 성적·폭력적 상상에 사로잡혔는지 증언했다.

연쇄살인범 유형에 속하는 리지웨이는 사이코패스적인 특성을 다수 지녔다. 피해자의 얼굴과 이름은 잘 떠올리지 못해도, 그들을 어디에 묻었는지는 정확히 기억했다. 살인에서 전율을 느꼈으며, 피해자들은 그저 그의 즐거움을 위해 쓰고 버릴 수 있는 존재라고 여겼다. 살인을 작정하고 집을 나서고도 현장에 도착할 때까지는 희생자를 선택하지 않았다. 매춘부를 고른 이유는 접근하기 쉽고, 실종 신고도 하지 않을 것 같아서였다. 살해 후 행동에서 그는 연쇄살인범의 또 다른 행동 유형을 보여 주었다. 그는 시신들을 근처에 몰아서 묻기를 좋아했는데, 그 지역을 운전해 가면서 범행을 기억할 수 있어서였다. 살인에서 느낀 즐거움을 음미했다는 점에서 연쇄살인범의 특징이 드러난다. 전부인 중 한 명의 증언에 따르면, 리지웨이는 야외에서 성교하기를 좋아했고 쓰레기 매립지에서도 성교를 했다고 한다.

리지웨이는 수사관에게 매춘부 살인은 그의 '경력'이며, 그가 잘하는 일이라고 말했다. 그는 여자들이 그에게 힘을 발휘한다고 느껴 여자를 증오했다. 살인은 그가 통제력을 얻고 유지하려는 충동이었다. 그는 여자를 대상으로 보았고, 그 어떤 동정이나 배려도 하지 않았다. 시체성애 행위도 통제욕과 관련이 있었다. 쓰레기 매립지에서 희생자의 유해가 발견될 때마다 마치 무언가가 그에게서 빠져나가는 것처럼 느꼈다고 한다.

성인이 된 리지웨이는 잠시 해군에 근무한 시기를 빼면 고향을 떠나지 않았다. 그는 여러 번 결혼했고, 아들이 하나 있고, 꾸준히 애인을 만들었다. 페인트 가게에서 일하며 교회에 다니는 전형적인 마을 주민이었다. 그는 그가 해외에 있는 동안 첫 번째 부인이 바람을 피웠고, 결국 매춘부가 되었다고 했다. 그의 전 연인들은 리지웨이가 성에 집착했으며, 하루에 몇 번씩 성교를 요구했으며, 항문성교와 본디지를 즐겼고, 야외에서 하는 것을 좋아했다고 증언했다.

첫 이혼 후 리지웨이는 본디지에 집착하며 자주 매춘부를 찾았다. 두 번째 결혼 중에 리지웨이는 이미 살인을 했거나 준비를 하고 있었다. 이혼한 두 번째 부인은 당시 리지웨이가 이상한 행동을 했다고 증언했다. 집 안에서 소리 없이 걷는 것을 연습했고, 점프해서 한 팔로 그녀의 목을 조르곤 했다. 방수포와 담요를 차 뒷좌석에 가지고 다녔고, 차고 근처에 오지 못하게 했다. 예배를 하며 종종 울었으며, 한밤중에 성경책을 펼치고 앉아 있었다. 이혼 직후에 첫 번째 희생자가 발견되었다.

이런 성적 집착과 분노, 폭력의 치명적 조합이 연쇄살인범을 만들었다. 리지웨이는 1982년부터 여자들을 죽이기 시작했다. 매춘부는 손쉬운 대상이었다. 살인을 시작했을 때, 그는 죽어 가는 희생자들의 얼굴 때문에 자신이 방해 받는다고 느꼈다. 그래서 기술을 개선해, 성적으로 이용한 후에 뒤로 다가가 한 팔로 목을 조르거나 끈을 사용해 죽을 때까지 질식시켰다. 살인은 끝이 아니었다. 그에게 시신은 일종의 포상이었다. 그는 시신을 차에 싣고 매립지로 가서 강간했다. 필요하면 구더기를 쓸어 버리면서까지. 저항한 희생자에게는 더 가혹한 짓을 했다. 마리라는 이름의 희생자는 너무나 저항해서 팔을 도려 냈다. 그리고 다른 희생자들과는 멀리 떨어진 곳에 묻었다. 그녀는 저항하지 않았던 여자들 옆에 묻힐 자격이 없었기 때문이다. 시신마저 성적 소유물로 보고 희생자들이 죽은 후에도 완벽히 통제하려 한 리지웨이의 특성이 드러난다.

일단 살인을 시작한 다음부터는 살인이 그를 소비했다. 살인에 몰두할 때에는 밤에 겨우 몇 시간만 자고 희생자를 순찰하러 나갔다. 그는 통제하기 쉽다는 이유로 더 어린 여성들을 골랐다. 어린 여성들은 살려 달라고 더 목청껏 애원했는데, 그게 좋았다. 한번은 아예 (시체) 매립지로 매춘부를 불러 성교 후 살해하여 바로 매장했다. 살인이 거듭되면서 수법도 진화했다. 일부러 둘이 있는 여성들을 골라 차에 태워 신뢰를 쌓고, 나중에 한 명만 있을 때 범행하는 식이었다. 심지어 아들의 사진을 이용해 여자들의 호감을 사기도 했다. 그러면서 '사냥'에 알맞은 정신상태를 준비했다. 바로 침착함과 느긋함이었다.

2003년 12월 크리스마스 일주일 전, 리지웨이에게 발언할 기회를 얻은 피해자 가족들이 법정에 모였다. 수십 명의 피해자 가족들이 자기 순서를 기다려 리지웨이에게 증오의 말을 퍼부었다. 쓰레기, 동물,

테러리스트, 겁쟁이…. 그 와중에 놀라운 일이 벌어졌다. 리지웨이에게 끔찍하게 살해당한 오팔 밀스의 어머니가 리지웨이를 이미 용서했다고 말한 것이다. 다들 놀라는 와중에 피해자 린다 룰의 아버지가 한 말은 리지웨이를 부들부들 떨며 울게 만들었다. 린다 룰은 1982년 16세의 나이에 실종되었다. 린다의 아버지는 "여기에는 너를 증오하는 사람들이 있다. 나는 그렇지 않다. 나는 네가 한 짓을 용서한다. 너는 내가 믿는 대로 사는 것을 힘들게 했다. 그러나 신은 용서하라고 하셨다. 하나님은 단지 어떤 사람들만 용서하라고 하지 않으셨다. 그는 모두를 용서하라고 하셨다. 그래서 나는 너를 용서한다. 너는 용서 받았다."고 했다.

리지웨이의 마지막 진술은 다음과 같았다. "나는 내 행위의 끔찍함을 안다. 나는 오랜 시간 이 생각들을 머릿속에서 지우려고 노력했다. 더 이상 여자들을 죽이지 않으려고 노력했다. 내 부인, 아들, 형제들, 가족에게 미안하다. 그들이 나를 용서할 방법을 찾길 바란다. 아직 시신을 수습하지 못한 모든 분들에게 죄송하다. 그들이 평화롭게 쉬기를 바란다."

리지웨이가 진술을 마치자, 재판장은 그가 살해한 모든 희생자의 이름을 크게 호명했다. 그리고 그들 각각을 살인한 죄로 리지웨이는 종신형을 살 것이라고 말했다. 게리 리지웨이는 48회 연속 종신형을 선고 받았다. 리지웨이가 법정을 떠나기 전, 재판장은 리지웨이에게 돌아서서 방청객을 보라고 명령했다. "감옥에서 인생의 나머지를 보내면서, 당신이 이 자유 세상에서 갖는 마지막 생각이 그들의 얼굴이기를 바란다. 당신이 한 조각의 감정이라도 가지고 있다면, 당신은 나머지 인생을 불안하게 살 것이다."

이로써 20년간 이어진 세계 최악의 연쇄살인마 사건 하나가 종지부를 찍었다.

Gudjonsson, Gisli H. (2003). *The psychology of interrogations and confessions: A handbook*. West Sussex, England: Wiley.

Prothero, M., & Smith, C. (2006). *Defending Gary: Unraveling the mind of the Green River Killer*. San Francisco, CA: Jossey-Bass.

Reichert, D. (2004). *Chasing the devil: My twenty-year quest to capture the Green River Killer*. New York, NY: Little, Brown.

Rule, A. (2004). *Green River, running red: The real story of the Green River Killer, America's deadliest serial murderer*. New York, NY: Free Press.

Smith, C., & Guillen, T. (1991). *The search for the Green River Killer*. New York, NY: Onyx.

17장

무기로 쓰이는 독극물과 생물학적 매개체

아서 E 웨스트비어 | 존 P. 자비스
카를 J. 젠슨 | 앤 M. 버거

독극물 공격

독극물 살인은 흥미롭지만 설명이 부족한 현상이다(Greene & Ferslew , 2009). 몇몇 유명한 역사적인 사례 말고는, 독살자(가해자)와 희생자의 특성에 대한 기록이나 연구가 거의 없다(Westveer, Trestrail & Pinizzotto, 1996). 국제 법과학 문헌을 검토해 봐도 독살자에 대한 범죄수사 분석이나 심리학적 프로파 일을 다룬 연구는 찾아보기 어렵다.

통합범죄보고(UCR) 프로그램은 범죄 수준의 변동을 찾고, 범죄학자 들에게 연구용 통계자료를 제공해 왔다. 이 자료를 토대로 분석된 보충 적 살인보고서Supplemental Homicidal Reports(SHR)는 미국에서 벌어지는 살인 행위의 성격과 범위에 대해 경험적으로 알려진 사실 외에 많은 부분을 밝히고 있다.

1990년부터 1999년까지 미국에서 보고된 18만 6,971건의 보충적 살인 보고서 중 346건(0.19퍼센트), 즉 전체 살인사건 10만 건당 1.9건이 '1명 의 피해자와 1명의 가해자이거나, 혹은 1명의 피해자와 알려지지 않은 숫자의 공격자'가 포함된 독극물 사건이었다. 이는 1980년대에 보고된 292건의 유사 독극물 살인과 비교된다. 결과적으로 1990년대 들어 18퍼 센트 정도 독극물 살인 신고가 증가했다. 일반적으로 효과적인 살인사 건 수사, 특히 독극물 살인사건에 대한 효과적인 수사는 피해자 인구통 계, 가능한 범죄자 특성, 사건의 지리적 · 시간적 특징, 사건 고유의 속 성 등 많은 요인에 달려 있다.

이 장의 저자들인 웨스트베어, 자비스, 젠슨은 보충적 살인보고서 데 이터를 분석하고 다음과 같은 결론을 내렸다. 지난 10년간 독극물을 이 용한 살인의 발생은 통계 데이터의 일부에 불과하다. 현재의 수사망에는 독극물 살인 가해자가 빠져나갈 구멍이 많기 때문이다. 여전히 규명되지 않은 채 남아 있는 독극물 살인사건이 얼마나 될까?

지난 10년 동안 일어난 전반적인 살인과 비교해 볼 때, 독극물 살인 가해자들의 인구통계는 대부분 알려지지 않았다는 점도 강조되어야 한다. 즉, 독극물 희생자는 확인됐는데 가해자를 규명하지 못했다는 뜻이다. 살인사건 수사와 관련된 오래된 격언 중에 이런 말이 있다. "모든 죽음은 다른 사실이 증명될 때까지 살인이다." 지금까지 살펴본 사례들과 통계 분석에서 알 수 있듯이, 이 격언은 다음과 같이 수정하면 더 독극물 살인사건에 부합한다. "외상 징후가 보이지 않는 모든 사망은 다른 사실이 증명될 때까지 독극물 살인이다."

독극물 살인 범죄자를 식별하는 요인들은 무엇인가? 가해자의 사회 경제적 수준, IQ, 교육수준, 직업훈련, 성격(내성/외성), 민족성, 전과, 부부관계 안정성, 심리 상태 등이다. 이러한 요인들은 보충적 살인보고서로는 설명되지 않는다. 실제 사례를 둘러싼 상황에 대한 심층적인 연구를 통해서만 밝혀낼 수 있다.

1999~2005년 미국에서 발생한 '중독 사망'에 대한 연구가 있다. 그린 & 퍼슬루(2009)는 중요한 통계자료와 함께 중독 사망의 추세 분석을 연구에 이용했다. 1999~2005년에 일어난 상해 의도를 가진 '살인'과, 그 매커니즘으로서 '독극물 살인' 개념을 사용하여 '국가 사망률 통계 데이터베이스'를 인용했다. 그리고 인구통계학적 데이터와 ICD-10[1] 코드를 사용

---

1 질병 및 관련 건강 문제 국제 통계 분류(ICD) 10차 개정판. 세계보건기구에서 질병과 증상에 따라 특정 전염병 및 기생충병(A00~B99)부터 특별 목적을 위한 코드(U00~U99)까지 총 22장에 걸쳐 질병 코드를 분류해 놓았다. 본 책과 관련이 있는 부분은 XIX장 상해, 중독 및 외부 원인에 의한 특정 결과(S00~T98)와 XX장 질병이나 사망의 외부적 원인(V01~Y98)이다.

하여 하위범주군에 대한 빈도와 비율을 구했다. 그 결과, 1999년과 2005년 사이에 전반적인 중독 사망률은 낮게 나왔다. 가장 흔한 종류의 독극물은 약물이었다. 특히 영유아 등 극단적 연령대와 흑인 등 취약 인구에서 상당히 높은 비율로 관찰되었다.

이제부터 살펴볼 연구는 수사 경험과 결합될 때 범죄수사 분석에 활용할 수 있는 근거를 제공하여 법집행관들이 독극물 가해자에 대한 더 선명한 그림을 그릴 수 있도록 도울 것이다. 이 연구는 독극물 살인이라는 개별 사건에 초점을 맞췄지만, 독극물 살인 패턴의 중요성은 과거보다 지금 훨씬 더 커졌다. 이제 독성물질을 대량살상무기로 사용할 가능성은 실질적인 위협이 되었다. 노인 인구의 증가로 자연사로 위장된 살인을 계획하는 사람들도 독극물 살인에 관심을 가질 것이다. 여기서 제공하는 독극물 살인 가해자의 속성을 이해한다면, 살인 예방과 수사에 도움을 받을 수 있다.

독극물 살인은 여전히 적발하기 어렵고 기소하기도 어려운 범죄로 남아 있다. 중독은 가시적인 징후를 보이지 않기 때문이다. 원인을 규명하기 어렵고, 중요한 범죄 증거가 희생자와 함께 묻히기 때문에 빈번하게 희생자의 죽음은 자연사로 잘못 처리된다. 피해자의 유해를 발굴하여 구체적인 독성학적 분석을 실시해야만 독극물 살인을 탐지할 수 있다.

사례 연구

연방수사국(FBI)과 경찰 자료, 공공 출처 법원 문서 등에서 가려 뽑은 다음 사례들은 초기 중독의 징후적 특징들이 탐지되지 않았거나, 수사관이 오판한 사건들이다. 이런 경우 초기 사망원인은 우발적이거나 자연적인 것으로 분류되지만, 끈질긴 법적·수사적 노력을 통해 독극물 살인으로 최종 판명된다.

사례 1

작은 시골 마을에 살던 백인 남성이 갑작스럽게 발병했다. 가족은 폐렴이라고 주장했다. 현지 병원에 입원하자마자 항생제와 진통제 치료를 받았으나, 남성은 증상 발현 후 열흘 만에 사망했다. 남성의 아내는 불륜 관계에 있던 애인과 결혼하려 했다. 그녀가 과수 재배자에게 독성 강한 제초제를 빌려 갔다가 돌려주자, 이를 수상히 여긴 과수 재배자가 경찰에 신고했다. 조사 결과, 피해자의 아내가 남편의 사망으로 5만 5천 달러의 돈을 챙겼고, 애인은 결혼을 압박하고 있었다. 경찰이 피해자의 시신을 발굴해 검사한 결과, 독성 강한 화학물질인 파라쿼트가 검출됐다.

아내는 남편을 살해한 혐의로 체포되어 기소되었다. 유죄판결을 받고 5년의 징역형과 정신병원 치료를 선고 받았다.

사례 2

1999년 어느 날 새벽 3시 30분, 한 주택으로 출동한 경찰은 숨을 멈춘 것으로 보고된 생후 8개월 아기를 발견하고 병원으로 이송했다. 아기는 그날 아침 늦게 사망했다. 갑작스러운 유아돌연사증후군으로 추정되었다. 부검 결과, 아기의 혈중 에탄올 수치가 0.12(120mg/dL)로 매우 높게 나왔다. 조사 결과, 아기의 아버지가 아기에게 페퍼민트 슈나프라는 독성물질을 투여한 것으로 밝혀졌다.

아기 아버지는 알코올중독을 이용한 과실치사 혐의로 체포되어 기소되었다.

사례 3

33세 여성이 물침대에서 숨진 채 발견됐다. 입과 코 주위에서 검은 물질이 발견되었다. 수사관은 비슷한 증거가 나온 12년 전 사건을 떠올리며 시안화물 중독 가능성을 의심했다. 부검 과정에서 시안화물 독약에 공통적으로 나타나는 특유의 쓴 아몬드 같은 악취가 감지됐다. 실험실 검사 결과, 피해자의 혈액에서는 시안화물이 검출됐지만 위 속 내용물에는 없었다. 피해자는 시안화수소를 가스 형태로 흡입했을 것으로 추정되었다. 조사해 보니 피해자의 남편이 시안화수소를 쉽게 구할 수 있는 해충박멸업체에서 일했다.

결혼 생활과 재정에 문제가 있었던 남편은 체포되었다. 검찰은 1급살인죄로 기소, 종신형을 구형했다.

사례 4

배경 __ 1929년 1월 9일 캘리포니아에서 도로테아 헬렌 그레이로 태어난 도로테아 푸엔테는, 1993년 64세에 살인 유죄판결로 끝난 소란스러운 삶을 살았다. 1988년 체포되기 전까지 푸엔테는 여러 종류의 범죄를 저질렀고, 보호관찰에서 벗어나 도망치느라 몇 년을 보냈다.

피해자 분석 __ 그녀의 집 마당에는 총 7명의 피해자들이 묻혀 있었다. 55세에서 78세 사이의 여성 4명과 남성 3명이었다. 시멘트 슬래브 아래에서 발견된 시신들은 대부분 심하게 부패되어 사인을 확인하기 어려웠다. 64세에 사망한 베라 페이 마틴은 발굴 당시에 여전히 시계를 차고 있었다. 푸엔테의 정원을 수색했을 때 나무뿌리인 줄 알았던 다리뼈는 푸엔테가 기소된 살인사건의 피해자 3명 중 한 명인 리오나 카펜터(78세)의 것이었다. 베티 파머(78세)는 앞마당에 있는 '아시시의 성 프랜시스 성상' 아래에 묻혀 있었다. 잠옷 차림에 머리와 손, 아랫도리가 유실되어 있었다. 7명의 피해자 중 알코올중독자로 알려진 2명 중 도로시 밀러(64세)는 덕트테이프로 팔이 가슴에 고정된 채, 벤자민 핑크(55세)는 박서 반바지를 입은 채 매장되었다. 모든 죽음이 자연사에 가깝거나 자살일 수 있었지만, 희생자들의 복장은 그들이 대부분 밤에 그것도 계획적으로 살해되었다고 강력히 추정하게 했다.

푸엔테는 또 다른 2건의 살인사건으로 기소되었는데, 피해자는 먼로라는 여성과 한때 그녀의 남자친구였던 에버슨 길머스였다. 푸엔테는 1982년부터 1985년까지 강도죄로 복역할 당시 길머스에게 편지를 썼다. 그는 출소하는 푸엔테를 마중 나와 차로 데려갔다. 푸엔테는 그를 고용하여 각종 잡일을 시키고, '쓰레기'를 채운다며 가로 190센티미터에 세로 60센티미터짜리 나무상자를 만들게 했다. 그녀는 그 상자에 길머슨을 넣고 강에 떨어뜨렸다. 사건이 일어난 지 석 달이 되지 않은 1986년 1월, 2명의 어부가 어떤 나무상자를 발견했다. 그러나 상자 안에 있던 유골이 너무 부패하여 노인이라는 사실 외에는 규명되지 않았다.

범죄 현장 지표 __ 실종 신고가 여러 건 있었다. 주요 범죄 현장은 푸엔테의 집 뒷마당과 시신 매장지다.

포렌식 검증 __ 푸엔테는 기회가 있을 때마다 수면제 '달마네'를 처방받아 이를 과다복용시키는 방법으로 피해자들을 살해했다. 푸엔테의 집 뒷마당에서 발견된 7구의 시체에서 모두 이 약물이 검출되었다. 그녀는 피해자들을 살해한 후 묻었다. 독성학, DNA, 치과 기록은 이 사건들을 규명할 중요한 포렌식 증거였다.

수사 __ 1982년 봄, 61세의 루스 먼로가 새크라멘토 F 스트리트 1426 번지에 있는 푸엔테의 집에 이사 온 직후 약물 과다복용으로 사망했다. 두 사람은 지인 사이였다. 이 사건이 푸엔테가 저지른 첫 번째 살인으로 추정된다. 먼로는 타이레놀과 코데인을 과다복용한 것으로 확인되어 자살로 결론났다. 푸엔테를 따라다니는 의심스러운 기록에도 불구하고, 그녀가 살인을 저지를 만큼 욕심이 많다고 생각하는 사람은 아무도 없었다. 몇 달 지나지 않아 푸엔테는 노인 4명에게 진정제를 먹여 약효가 도는 사이에 그들의 재산을 강탈한 죄로 기소되었다. 그녀는 5년 형기 중 3년만 복역하고, 노인들에게 접근하지 않고 어떤 종류의 수표에도 손대지 않는 조건으로 가석방되었다. 불행히도 이 가석방 조건은 그 후 수년간 푸엔테가 살인 혐의를 부정하는 근거가 되었다. 석방된 지 불과 3년 만에 푸엔테는 사회복귀훈련시설의 후원을 받으며 적어도 7명을 집으로 유인해 살해하고, 현금화가 허가된 사회보장수표를 훔쳤다.

푸엔테가 저지른 범죄 중 가장 유명한 것은 F 스트리트 집에서 발생했는데, 푸엔테는 이 집 2층에 거주하며 노인들을 상대로 하숙을 운영했다. 1988년 11월부터 이웃들이 그녀의 정원에서 악취가 난다고 불평했다. 그리고 두 명의 형사가 그녀를 찾아왔다. 푸엔테의 세입자로, 담당 사회복지사가 실종 신고를 한 발달장애인 알바로 버트 몬토야를 찾기 위해서였다.

푸엔테는 실종 신고를 할 가족이 거의 없거나 없는 사람들을 세입자로 애써 찾아다녔다. 그리고 방을 세놓기 전에 들어올 사람의 사회보장혜택을 조사하고 하숙비를 선불로 받았다. 세입자들에게는 2회 식사를 포함해 방 한 칸에 월세로 350달러를 청구했고, 세입자가 사라져도 이웃이 의심하지 않도록 누가 기분이 좋지 않다거나 떠나 버렸다는 등의 이야기를 자주 했다.

푸엔테는 세입자들이 부엌에 들어가거나 전화를 하거나 우편물을 만지지도 못하게 했고, 그들의 사회보장 수표를 현금으로 바꿀 권리를 본인에게 양도시켰다. 주택 2층에 전용 바를 마련해 두고도 세입자들에게는 술을 한 방울도 허락하지 않았다.

이웃과 친구들은 본인도 모르는 사이에 푸엔테의 범행을 도왔다. 택시 운전사 일을 하는 지인은 푸엔테가 비료와 시멘트를 가지러 갈 때 운전을 해 주었다고 했다. 권리 양도 서명을 하지 않은 한 세입자는 결국 쫓겨났지만, 자신도 모르게 희생자의 무덤을 파야 했다.

결과 __ 푸엔테는 과거에도 위조, 사창가 생활, 방랑, 강도, 살인 등 5가지 범죄로 유죄판결을 받은 전력이 있었다. 첫 형사 유죄판결은 1948년 옷가지를 사려고 친구의 수표를 훔쳤을 때이다. 복역 후에는 보호관찰 규정을 위반하고 마을을 떠났다. 12년 후 푸엔테는 사창가에 거주한 죄로 유죄판결을 받고 새크라멘토 감옥에서 60일을 보냈다. 부랑 혐의로 다시 유죄판결을 받고 60일간 복역한 그녀는, 1978년 새크라멘토 사회복귀시설 세입자들을 상대로 34장의 수표를 위조하다가 다시 검거되었다.

푸엔테의 성장 배경 __ 푸엔테는 부모가 모두 알코올중독자인 가정에서 태어나 떠들썩한 어린 시절을 보냈다. 여섯 번째 아이였던 그녀는 8살 때 아버지를 결핵으로 잃고, 1년 후에는 어머니마저 오토바이 사고로 잃었다. 17세 때 혼자 워싱턴으로 이사를 간 뒤부터 푸엔테는 범죄로 이어지는 병적인 거짓말로 점철된 삶을 살았다. 푸엔테는 자신의 나이와 배경에 대해 끊임없이 거짓말을 했고, 비싼 물건과 옷에 집착했다. 결혼도 여러 차례 했는데, 그 상대는 대개 그녀가 통제할 수 있는 훨씬 젊거나 나이 든 남자들이었고, 14년간이나 이어진 악셀 존슨과의 결혼 생활은 폭력의 연속이었다고 한다.

범죄 분류 __ 도로테아 푸엔테는 계획적인 살인자였다. 그녀는 주로 술집에서, 죽음이 머지 않은 희생자들을 목표로 접근했다. 이는 무의식적으로 죄의식 없이 살인을 더 쉽게 저지르게 했다. 그녀는 '좋은 할머니'라는 가면 뒤에 숨어 희생자들을 속이고, 이웃에게도 거짓말을 일삼았다. 마당에서 악취가 난다고 이웃이 항의하면, 하수구 문제라거나 지하실에 죽은 쥐가 있다고 받아넘겼다. 그녀는 시체들을 단단한 땅에 묻어 부패시키는 방법으로 대부분의 살인사건을 은폐했다.

푸엔테는 금전적 이익을 노린 연쇄살인범이었다. 그녀를 아는 모든 사람이 비싼 것에 대한 그녀의 강박을 증언했다. 푸엔테는 마당에 묻은 7명의 세입자들에게 약 5천 달러를 빼앗았고, 에버슨 길머스가 사라진 후에도 길머스의 연금을 계속 받았다.

푸엔테의 범죄는 이익추구 살인으로 분류되며, 그 무기는 독극물이었다. 푸엔테의 방에는 값비싼 향수병과 디자이너 옷으로 가득 찬 거대한 옷장이 있었다. 범죄 현장은 조직화되었다. 푸엔테의 집은 그녀에게 익숙한 지역에 있었고, 그녀는 범죄 현장에 대한 절대적인 통제권을 쥐고 있었다. 그녀는 언변이 뛰어난 베테랑 범죄자로, 피해자들을 쉽게 통제했다.

푸엔테의 살인을 막을 기회는 없었을까? 푸엔테는 1982년 첫 살인사건으로 기소되기 전에도 위조와 매춘과 부랑죄로 복역했고, 강도죄로 5년형을 선고 받았으나 3년 만에 조기 석방됐다.

무기로서의 생물학적 매개체

전쟁에서 생물학 무기를 사용하는 것은 새로운 일이 아니다. 과거 역사에도 심심치 않게 등장한다. 미생물의 성질을 온전히 이해하기 훨씬 전부터 시체와 질병의 연관성은 잘 이해되고 활용되었다. 고대 로마인은 죽은 동물로 적들의 우물을 오염시켰고, 14세기 타타르군은 크림 해안의 전략 항구인 카파(현재 우크라이나의 페오도시아)의 도시 성벽 위로 림프절 페스트 희생자들의 유해를 던져 넣었다. 15세기 스페인 군인 피사로는 천연두 바이러스에 오염된 의복을 남미 원주민들에게 주었고, 프랑스와 아메리카원주민 전쟁(1754~1767) 당시 영국의 제프리 암허스트 경은 천연두 병원에서 가져온 담요를 프랑스에 충성하는 아메리카 원주민들에게 주었다(Lewis, 2002). 일본은 1932년부터 중국 만주 하얼빈시 외곽의 731부대에서 각종 세균으로 인체 실험을 벌여, 적어도 11개 중국 도시가 탄저균과 콜레라, 시겔로증, 살모넬라균, 페스트 공격을 받아 최소한 1만 명이 사망했다.

전염 방식은 다양했지만, 그 의도는 똑같았다. 즉, 질병을 일으키는 유기체를 의도적으로 적들 사이에 퍼뜨리는 것이다. 초기 가해자들은 자연 전염병을 이용했지만, 과학과 인터넷 기술이 발전한 오늘날에는 생물학적 병원균에 접근하는 것이 훨씬 용이해졌다. 2001년 세계보건협회는 무기로서의 생물학 작용제의 개발이 생명공학 분야의 세계적 진보와 보조를 맞춰 왔다고 결론 지었다. 역사는 과거의 신기술들이 평화적인 목적뿐 아니라 적대적인 목적에도 이용되었다는 것을 증명한다. 한때 생물학 매개체는 일부 군대의 관심사였지만, 이제는 이를 민간인 살상 무기로 활용하는 것이 현실이다.

미 질병통제예방센터(CDC, 2001)는 생물테러리즘을 죽음이나 질병을 발생시킬 목적으로 인간 또는 동물이나 식물에 생물체로부터 추출한 바이러스 · 박테리아 · 곰팡이 또는 독소를 의도적으로 방출하는 것으로 정의한다. 생물무기는 질병을 일으키는 유기체나 독소를 의도적으로 퍼뜨리는 장치다.

생물학적 매개체가 무기로서 갖는 장점은 여러 가지다. (첫째) '가난한 사람의 원자폭탄'이라 불릴 만큼 재래식 무기에 비해 현저하게 적은 경제적 지출로 생산 가능하다. (둘째) 최소한의 운반수단으로 다수의 사상자를 발생시킬 파괴력이 있다. (셋째) 살아 있는 유기체로 구성되어 있기 때문에 통제하기 어렵고, 생물이 어떻게 반응하고 돌연변이를 일으킬지 예측하기 어렵기 때문에 화학무기보다 더 위험한 무기로 간주된다. 헐버트(1997)는 생물학적 독소가 지금까지 알려진 독성 물질 중 독성이 가장 강한 물질에 속한다고 보고했다. 예를 들어, 'i'라는 글자의 점 속에 들어 있는 것만큼의 보툴리늄 독소량은 제대로 전달되면 사람 10명을 사망시키기에 충분하다. 그런데 천연두 바이러스를 제외하고, 자연 상태에서 치명적인 생물학 작용제들을 만들어 내는 미생물 작용제들을 전문적인 훈련을 받지 않은 개인도 실험실에서 배양할 수 있는 시대가 되었다.

작용제를 무기화하는 것은 좀 더 어려운 일이지만 얼마든지 가능하다. 물론 고품질의 군용 생물무기와 신뢰할 수 있는 보급 수단을 생산하려면 기술적인 전문 지식이 필요하다. 그렇지만 테러리스트들이 사용하는 공격 방식은 그렇게 고난도의 기술을 요하지 않는다. 그들이 사용하는 작용제와 그 운반체는 쉽게 은폐 가능하고, 은밀히 배출되어 멀리서도 공격할 수 있고 발병 전에 사라질 수도 있다. 즉, 행위와 결과를 분리시킬 수 있다. 방출 직후 곧바로 작용하는 화학물질과 달리, 생물학적 물질의 효과는 잠복기가 있어 며칠에서 몇 주 동안 나타나지 않을 수 있다. 그러나 사례들이 보여 주듯이 전염체에 노출된 사람들이 병원을 찾으면, 재전염 과정을 거쳐 여러 영역으로 분산 전염될 가능성이 높다. 조기에 탐지하려면 신중한 예찰이 필요하다.

질병통제예방센터(CDC)는 공중보건에 미치는 영향과 전달 가능성, 작용제의 안정성, 특별한 준비 조건 및 공포 발생력 등 다면적인 기준에 근거해 무기로 사용될 수 있는 생물학적 작용제들에 대한 위험평가분류를 실시했다(2000). A범주로 분류된 A급 매개체는 가장 위험도가 높은 매개체로, 쉽게 전파되거나 사람에서 사람으로 전염될 수 있고, 잠재적으로 공중보건에 중대한 영향을 미치며 다수의 사망자를 일으킬 수 있어 특별한 조치가 필요하다. 이 장에서는 A급 생물학적 매개체 중 상위를 차지하는 탄저균, 천연두, 보툴리즘, 페스트에 대해 논한다.

탄저균

탄저균은 인류에게 알려진 가장 오래된 생물학 무기 중 하나이다. 탄저균이라는 명칭은 그리스어로 '석탄anthrakis'이라는 말에서 유래되었다. 이 병에 걸리면 피부가 검은 석탄처럼 변하기 때문이다. 고머(2001)는 탄저균이 그리스인과 로마인에게 잘 알려져 있었고, 수천 년 동안 유럽에 널리 퍼졌다고 보고했다. 이 병은 구약(출애굽기 9:1-7)에 신이 이집트에 내린 10대 재앙 중 다섯 번째 재앙으로 나와 있다. 모세는 불에서 재를 거두어 파라오의 군사와 가축들에게 피하탄저균 증상을 일으켰다. 그러나 가축을 소각하는 것만으로는 탄저균 포자를 죽일 수 없다는 것을 우리는 안다. 시슬락과 에이트젠(1999)은 탄저균을 단일 균으로는 최대의 생물학전 위협 물질이라고 규정했다. 탄저균에 대한 연구는 80여 년 전에 시작되어, 오늘날 적어도 17개국이 탄저균을 이용한 생물무기 프로그램을 보유한 것으로 추정된다(Inglesby et al., 1999).

탄저균은 포자성형 박테리아인 '바실러스 무연산염'이 일으키는 급성 전염병이다. 토양에서 자연발생하는 이 박테리아는 거의 모든 대륙에 널리 분포하지만, 개발도상국이나 수의(동물) 공중보건 프로그램이 없는 나라들에서 더 자주 볼 수 있다. 탄저균은 동물에서 사람으로 전염될 수 있는 인수공통감염병이다. 모든 포유류는 탄저균에 취약하다고 알려져 있지만, 특히 소, 양, 염소 등 풀을 뜯어먹는 동물에서 더 자주 발견된다. 포자이기 때문에 차선의 조건에서도 여러 해 동안 생존하며, 흙에서 60년까지 생존하는 것으로 알려져 있다. 유기질(pH 6.0 이하)이 풍부하고 가뭄이 장기화되거나 강수량이 많아지는 등 급격한 기후변화가 일어나면 탄저균 포자로 더 심하게 오염되는 토양이 생겨난다. 미국에서는 1800년대 소떼가 휩쓸고 지나간 길과 매우 유사한 경로로 탄저균이 발생했다(Cieslak & Eitzen, 1999).

탄저균에 감염된 사람은 그 감염 부위에 따라 피부 감염과 호흡기 감염, 소화기 감염의 세 가지 형태로 분류된다. 자연적으로 발생하는 탄저균은 보통 감염된 동물이나 그 가죽, 양모, 뼈 또는 음식물 등 오염된 동물제품과 접촉하여 전염된다. 가장 흔한 감염 경로는 피부 감염이지만, 피해가 가장 큰 것은 탄저균 포자를 흡입하는 호흡기 감염이다. 역사적으로 탄저균 전염은 농업이나 산업 등 인간의 노동 형태와 관련이 있다.

한때 탄저병은 '양모병'이라고 불릴 만큼 양모와 양가죽을 다루는 노동자들에게서 자주 발생했다. 20세기 미국에서 가장 대규모로 발생한 흡입성 탄저병 사례는 1957년 말 뉴햄프셔주 맨체스터의 암스 직물공장에서 일어난 집단감염이다. 10주에 걸쳐 5건의 호흡기 탄저병과 4건의 피부 탄저병이 발생하여 호흡기 탄저병 환자 4명이 사망했다. 당시 공장에서는 탄저균 백신도 실험 중이었는데, 백신을 접종한 사람은 병에 걸리지 않았다(Belluck, 2001). 자연적으로 감염된 탄저균은 대개 항생제 치료에 취약하다. 미국에서 직업상 탄저균에 감염된 환자의 사망률은 89퍼센트로, 이들 중 상당수는 중환자실이나 항생제가 개발되기 전에 발병했다(Inglesby et al., 1999).

1944~1994년 사이에 미국에서는 224건의 피하 탄저병 사례가 보고되었다. 매년 세계적으로 보고되는 건수는 약 2,000건으로 추정된다(Inglesby et al., 1999). 탄저균 포자가 피부에 침투하면 팔과 손, 얼굴, 목 등 피부 노출 부위가 가장 영향을 받으며, 찰과상이나 절단 부위가 있으면 더 취약하다. 약 7일(1~12일)의 잠복기가 지나면 가려운 적색 상승 발진이 나타나는데, 처음에는 거미에 물린 자국이나 여드름처럼 보인다. 발진 발생 후 1~2일 안에 주변 부위가 붓고 통증이 없는 수액으로 채워진 복막염으로 발전한다. 피부 탄저균 감염과 갈색 은둔거미 물림을 구분하는 중요한 차이는 통증 유무이다. 탄저병은 무통이다. 5일에서 7일 사이에 음낭이 마르고 검은 딱지가 형성되어 1~2주 안에 떨어져 나간다. 궤양과 함께 열, 두통, 림프절 부어오름 등이 동반된다. 완치까지는 최대 6주가 걸리며, 보통 영구적인 흉터는 없다. 진단은 탄저균에 감염된 조직이나 혈액을 현미경으로 관찰하여 이루어진다. 피부 탄저병이라도 항생제 치료를 받지 않으면 사망률이 20퍼센트에 이른다. 항생제 치료가 궤양 형성이

나 치료 과정을 변화시키지는 않지만, 전신 감염으로 진행될 확률을 감소시킨다(Inglesby et al., 1999).

소화기 탄저균은 흔하지 않으며, 일반적으로 덜 익힌 오염된 고기를 섭취해서 감염된다. 증상은 섭취 후 1~7일 후 두 가지 형태로 나타난다. 포자가 위장관으로 침전되면 혀 밑 부분에 궤양이 나타나면서 목이 아프고 림프절이 부어오른다. 포자가 위장 밑에 쌓이면 메스꺼움과 구토를 동반하며, 피비린내 나는 설사가 뒤따를 수 있다. 피하 탄저균과 마찬가지로 심하면 패혈증이 올 수 있다(Inglesby et al., 1999).

흡입성 탄저균은 가장 심각한 질병을 일으킨다. 항생제 치료 없이는 90~100퍼센트, 치료를 하더라도 75퍼센트의 사망률을 나타낸다. 2001년 9·11 사건[2] 전까지는 100년간 미국에서 보고된 흡입성 탄저균 사례는 18건에 불과했다. 일반적으로 포자를 흡입하고 1~5일 후에 증상이 발생한다. 노출 후 60일이 지나서 발병한 사례도 있다. 포자가 침입하면 인체 면역체계는 일부 포자를 파괴하지만, 나머지 포자들은 가슴 림프절까지 이동하여 그곳에서 증식한다. 박테리아가 발아하면서 독소가 생성되어 혈류로 방출된다. 이후 독소가 출혈과 괴사를 일으키며 질병이 급속도로 진행된다.

---

2 9·11 테러 당시 국방성과 세계무역센터 공격 후 1개월이 지난 10월 초 63세의 신문사 사진기자가 탄저균에 감염되어 3일 만에 사망한 것을 시작으로 한 달간 총 17명이 감염되고 4명이 사망한 것으로 확인되었다. 그 외에 37명의 코 등에서 탄저균이 검출되어 보균자로 판명되었으며, 보균자 중 연방의회 관계자가 28명이나 되었다. FB는 탄저균이 든 우편물 3통을 공개했는데, 모두 9월 11일자로 소인이 찍혀 있었다. 오사마 빈 라덴 세력의 공격으로 의심하여 대대적인 수사를 벌였으나 미제 사건으로 남았다. 이후 케냐와 파키스탄, 인도, 유럽에서도 탄저균 우편물이 발견되었다.

천연두

천연두는 1만 2천 년 전에 아프리카 북동부나 아시아 남부 인더스 계곡에서 처음 나타난 것으로 추정된다. 역사를 통틀어 천연두는 전 세계적으로 발생했고, 전 세계적인 백신 프로그램으로 근절되었다. '바리올라 바이러스'가 일으키는 천연두는 오늘날 '바리올라 다수종'과 좀 더 약한 '바리올라 소수종'의 두 가지 임상적 형태로 흔하게 존재한다. 바이러스이기 때문에 특별한 치료법이 없고 예방접종이 최선이다. 백신이 개발되기 전까지 매년 수백만 명의 사람들이 천연두에 걸렸다. 생존자들은 눈이 멀거나 신체가 손상된 채로 살아야 했다. 미국에서는 1949년 마지막으로 감염 사례가 보고되었다(CDC, 2001). 그러나 1972년 천연두 백신의 잠재적 위험 때문에 백신 접종이 중단됐고, 이후 더 이상 발견되지 않았다.

현재 5백 개 이상의 천연두 바이러스 샘플이 연구 목적으로 미국과 러시아 연구센터에 보관되어 있다. 그런데 러시아 연구소에 대한 재정 지원이 축소되면서, 일부 생물학 테러 전문가들은 천연두 샘플과 관련 기술이 테러 세력의 손에 들어갔을 수 있다고 우려하고 있다(Hagman, 2001).

천연두는 사람에서 사람으로 퍼지거나, 오염된 옷이나 섬유 등을 통해 전염된다. 2주간의 잠복기 후 고열과 두통, 몸살, 복통 등의 전구증상들이 나타난다. 이어 입과 목, 얼굴과 팔뚝에 작고 붉은 반점이 생기고, 이후 몸통과 다리로 번진다. 반점은 입안 염증으로 발전하고, 일반적으로 열은 떨어진다. 하루 이틀 사이에 발진이 돋고, 작은 물집(소낭)들이 나타난다. 이 소낭들은 중심부가 움푹 패이는 특징이 있다. 다양한 단계를 보이는 수두와 달리, 이 물집들은 같은 모양으로 손바닥과 발바닥에도 나타난다. 발진이 생길 때부터 마지막 딱지가 사라질 때까지 전염력이 유지된다(Henderson et al., 1999). 역사적으로, 감염자의 약 3분의 1이 사망했다. 바이러스 노출 후 감염 관리와 예방 목적으로 백신을 접종할 수 있고, 항바이러스 연구가 진행 중이다.

보툴리눔

보툴리눔은 알려진 독소 중 가장 독성이 강한 물질로, 약 60년 전부터 생물학 무기로 개발되었다. 수인성 보툴리눔은 보고된 적이 없지만, 토양과 해양 환경에서 자연적으로 발견되는 포자성형 혐기성 세균이다(Amon et al., 2001). 보툴리눔 독소는 A에서 G까지 7가지로 구분된다. 위장 계통이나 흡입, 상처를 통해 체내에 흡수되는 이 독소들은 아세틸콜린 분비와 신경 시냅스를 가로지르는 자극의 전도를 막는다. 모든 독소 유형은 쌍방향 하행성 마비, 눈꺼풀 처짐, 이중 시력, 삼키기 어려움, 호흡곤란 등 동일한 증상을 일으킨다. 증상은 노출된 양과 경로에 따라 다르다.

조기 탐지 여부는 집중된 예찰 여부에 달려 있다. 실험실 확인에는 며칠이 소요되므로 임상 진단이 중요하다. 동일한 항독소를 투여하면 질병의 심각성을 최소화할 수 있다(Amon et al., 2001). 보툴리눔 마비는 몇 주간 지속될 수 있으며, 인공호흡기와 영양 지원 같은 보조 치료법이 필요하다.

페스트

페스트는 한때 50~60퍼센트의 인구 손실을 가져올 정도로 세계 역사에 큰 영향을 끼쳤다(Center for Civil Biodefense Strategies, 2000). 그람 음성 박테리아 '예르시니아 페스티스'가 일으키며, 감염된 벼룩이나 동물 조직, 물방울에 직접 접촉하여 감염된다. 감염 경로에 따라 임파선종(환자의 75~90퍼센트)이나 패혈증, 폐렴 등으로 나타난다. 오스트레일리아를 제외한 모든 인구 밀집 대륙의 설치류와 벼룩에서 발견된다(Inglesby et al., 2000). 미국에서는 1947년부터 1996년까지 390건의 페스트가 보고되었다. 이 중 84퍼센트가 임파선종 페스트였으며, 캘리포니아·뉴멕시코·애리조나·콜로라도에 집중됐다. 인간 전염의 마지막 사례는 1924년 로스앤젤레스에서 보고되었다.

자연적으로 발생하는 페스트는 보통 감염된 벼룩이 물어서 전염시킨다. 2~10일 잠복기를 거친 뒤 발열, 오한, 무력감과 함께 국소 림프절이 붓는다(임파선종 페스트). 치료하지 않으면 패혈증으로 진행될 수 있으며, 사망률은 40~60퍼센트이다. 박테리아가 혈류로 직접 침전되는 드문 경우에 임파선종을 건너뛰고 1차 패혈성 페스트에 걸릴 수 있다. 점상출혈과 반상출혈은 수막염균혈증과 비슷하다.

박테리아를 흡입하면 폐렴 페스트가 발생할 수 있다. 노출 후 2~3일 후 발열, 기침, 심한 가슴통증, 기관지 경증, 청색증, 혈전증 등이 나타날 수 있다. 흉부 엑스레이를 촬영해 보면, 폐포 내에 공기 대신 고름이나 혈액 같은 삼출액이 가득 차 있다. 미국에서는 거의 볼 수 없다. 조기 진단과 치료가 필수적이다.

페스트는 콜레라·황열병과 함께 국제 보건 규제를 적용 받는 격리 가능한 질병으로, 세계보건기구(WHO)에 보고해야 한다. 매년 전 세계에서 1천~3천 건의 페스트 감염 사례가 보고된다.

전망

2001년 탄저균 우편물 사건 후 세계보건기구는 각국 정부에 생물학 및 화학테러 대비를 촉구하며 1970년 제정된 생물학 및 화학무기 기술 가이드라인을 서둘러 개정했다. 또한, 전 세계적인 감염병 발생과 보고를 지속적으로 감시하고자 글로벌 발병 및 대응 네트워크를 출범시켰다. 글래스와 쇼크 스파나(2002)는 이 네트워크를 확대하고 일반 대중을 유능한 파트너로 영입하는 대응 전략을 수립해야 한다고 강조했다. 생물학 매개체에 대한 대중적 지식과 인식은 생물학 무기라는 새로운 위험에 대응하는 첫 번째 방어선이다. 위험을 이해하고, 정확한 정보를 제공하는 것은 두려움을 줄이고 효과적인 대응책을 마련하는 출발점이다. 이와 관련해 현재 미생물학계는 발생 원인의 규명보다는 분자역학 기법으로 증거를 확립하는 '생물학 테러리즘 포렌식'이라는 새로운 과학을 수립 중이다. 생물학 테러가 발생했을 때 어떤 증거에 법적 구속력을 부여할지 논의 중이다(Evans, 2002).

Altman, L. K. (2001, December). *First challenge in anthrax case: Not missing it.* Retrieved January 2002, from http://www.ph.ucla.edu/epi/bioter/firstchallengeanthrax.html

Arnon, S. S., . . . Tonat, K. (2001). Botulinum Toxin as a Biological Weapon: Medical and Public Health Management, *JAMA 285*(8), pp. 1059–1070.

Belluck, P. (2001, October 21). The epidemic: Anthrax outbreak of '57 felled a mill but yielded answers. *New York Times.* Retrieved January 2001, from http://www.ph.ucla.edu/epi/bioterr/anthraxoutbreakNHmill.html

Center for Civilian Biodefense Strategies. (2000). *Plague.* Retrieved March 2002, from www.hopkinsbiodefense.org/pages/agents/agentplague.html

Centers for Disease Control and Prevention. (2000, April 21). *Biological and chemical terrorism: Strategic plan for preparedness and response.* Recommendations of the CDC strategic planning workgroup (RR-4). Retrieved January 2002, from www.cdc.gov/mmwr/PDF/RIMR4904.pdf

Centers for Disease Control and Prevention. (2001). *Smallpox overview.* Retrieved February 2002, from www.bt.cdc.gov/agent/smallpox/overview/disease-facts.asp

Cieslak, T. J., & Eitzen, E. M. (1999). *Clinical and epidemiological principles of anthrax.* Retrieved February 2002, from www.cdc.govinciod/EID/vol5no4/cieslak.htm

Evans, G. (2002, August). *Bioterrorism forensics: If the bug does not fit you must acquit.* Retrieved August 2002, from www.findarticles.com/cf0/mOKHU/4_9/84396010/print.jhtml

Glass, T. A., & Schoch-Spana, M. (2002). Bioterrorism and the people: How to vaccinate a city against panic. *Clinical Infectious Diseases, 34,* 217–223. Retrieved March 2002, from http://www.journals.uchicago.edu/CID/journal/issues/v34n2/011333/011333.text.html

Gorner, P. (2001, October 21). From the Bible to battlefield, anthrax has widespread past. *Chicago Tribune Online Edition.* Retrieved October 26, 2002, from www.chicagotribune.com/news/showcase/chi-0110210054oct21.story?coll¼cials-hed

Greene, S., &Ferslew, B. (2009). Homicidal poisoning deaths in the United States

1999–2005. *Clinical Toxicology*, 47, 342–347.

Hagman, M. (2001). WHO helps countries prepare for bioterror attacks. *Bulletin of the World Health Organization, 79*(11), 1089.

Henderson, D. A., Inglesby, T. V., Bartlett, J. G., Eitzen, E., Jahrling, P. B., Layton, M., et al. (1999). Smallpox as a biological weapon: Medical and public health management. *Journal of the American Medical Association, 281*(22), 2127–2137.

Hurlbert, R. E. (1997). *Biological weapons: Malignant biology.* Retrieved August 2002, from www.slic2wsu.edu:82/hurlbert/micro101/101biologicalweapons.html

Inglesby, T. V., . . . Tonat, K. (2000). Plague as a Biological Weapon: Medical and Public Health Management, *JAMA 283*(17), pp. 2281–2290.

Inglesby, T. V., Henderson, D. A., Bartlett, J. G., Eitzen, E., Friedlander, A. M., Hauer, J., . . . Tonat, K. (1999). Anthrax as a biological weapon: Medical and public health management. *Journal of the American Medical Association, 281*(18), 1735–1744.

Lewis, S. K. (2002). *History of biowarfare.* Retrieved March 2002, from www.pbs.org/wgbh/nova/bioterror/history.html

Westveer, Arthur E., Trestrail, John H., and Pinizzotto, Anthony J. (1996). Homicidal poisonings in the United States: An analysis of the Uniform Crime Reports (UCR) from 1980–1989. *American Journal of Forensic Medicine and Pathology, 17*(4), 282–288.

3부

법적 사안들

18장

심문, 면담, 자백

그레고리 M. 쿠퍼 | 마이클 P. 내피어
칼 J. 얀센 | 수잔 H. 애덤

"피고인 본인의 자백은 아마도 피고인에게 불리하게 작용할 가장 입증 가능하고 해로운 증거일 것이다."_ 대법관 바이런 화이트, 〈브루턴 대 미합중국 사건〉(1968)

범죄자의 유죄를 판단하는 데에 자발적인 자백보다 더 죄질이 나쁘고, 비난을 사며, 결정적인 증거는 없다. 물론 집요한 심문이 진실을 끄집어내는 것이지만, 자백 안에서 범죄자가 진실에 무릎 꿇을 때 심문은 가장 성공적인 최후를 장식한다.

어떤 물적 증거와 목격자 증언도 범인이 자책하며 내뱉는 "내가 그랬어!"라는 말보다 가치 있지 않다. 자백은 그 자체로 유죄를 입증한다. 열 마디 인증, 증거 무결성, 과학적인 검사, 증언, 추론, 해석이 한 마디 자백에 미치지 못한다.

검사의 무기

목격자

목격자 증언은 성공적인 기소에는 필수적이지만, 언제든 쉽게 깨질 수 있다는 허약함이 있다. 증인은 무슨 일이 일어났는지 보거나 듣거나 설명하는 데 문제가 있을 수 있다. 증인에게는 악의적으로 사실을 잘못 전하거나, 고의적이지는 않더라도 편견 때문에 사실을 바꾸어 말할 수 있다. 사건에 관여하는 것을 두려워하고 꺼릴 수도 있다. 그래서 재판 전에 연락처나 주소를 변경하거나 건망증이 생기거나 다른 관할지로 옮겨 갈 수 있고, 심지어 죽을 수도 있다.

같은 사건을 목격하더라도 목격자 진술이 크게 다를 수 있다는 것은 잘 알려진 사실이다. 관련 연구들은 이를 잘 보여 준다. 실험심리학의 데이터들은 다음과 같이 안전한 결론을 유지한다. 두 개인은 어떤 복잡한 (사건) 발생을 전혀 다른 방식으로 관찰한다. 관찰을 유지하고 회상하는 개인들의 능력은 각기 다르다. 보존하고 회상하는 요소들은 과거의 경험과 태도에 영향을 받는다. 관찰하고, 보존하고, 유지한 것을 표현하는 개인의 능력과 기억력 또한 매우 다르다. 모든 증인의 관찰은 일정 정도, 일정 상황 안에서 결함이 있기 때문에 전적으로 신뢰할 수 있는 증인은 없다(Loevinger, 1980).

목격자의 진술은 사건을 증명하는 데 큰 위력을 발휘하지만, 과대평가되어서는 안 된다. 시간의 영향, 인간 인식의 한계, 기억, 편견, 탐욕 등 인간의 모든 감정이 인식에 영향을 미친다.

물적 증거

물적 증거도 불완전하다. 증거 수집, 보존, 분석, 도입 방법에 의문이 제기될 수 있다. 증거 오류로 재판에서 진 중요 사건들이 얼마나 많은가. 여전히 효과적인 기소의 필수 부분이기는 하지만, 물적 증거가 힘을 가지려면 다른 무기들과 완벽하게 결합해야 한다.

유죄인정협상

정의의 실현을 효율성과 상대적인 가치판단에 연계시키는 것을 받아들이기 어려울 수도 있다. 그러나 미국 사법 시스템 유지에 들어가는 막대한 비용과 세금의 효율성을 고려할 때, 유죄인정협상은 협상을 이끌어내는 지렛대로 받아들여야 한다.

예를 들어 1급살인이냐 2급살인이냐를 두고 협상하는 것은 검사로서는 용납하기 어려운 접근법이다. 수사 내용을 보면 더 심각한 혐의가 추정되는데 형량이 과실치사로 낮아진다면 정의롭지 않다는 불만이 생길 수 있다. 반면에 변호인은 일부 기소 사항의 약점을 효과적으로 공략하여 범죄자가 어떤 법 위반에도 걸리지 않게, 심지어 사법정의의 측면에서도 결함이 없는 상태로 만들 수 있다. 그러나 이러한 한계와 모순에도 불구하고, 해당 범죄자에게 추정되는 최고 혐의와 그에 따른 처벌을 뒷받침할 증거가 충분하지 않을 때 유죄인정협상은 효과적인 해결책으로 유지되어야 한다.

자백: 최고의 무기

유죄판결은 법 위반자를 찾아 기소하고 처벌하려는 공동체의 강렬한 관심을 실현하는 데 필수적이다(Moran v. Burbine, 1986).

자백은 그 자체로 다른 모든 형태의 증거들을 능가하고, 진실에 대한 강한 지지를 확인시켜 준다는 독특한 지위를 갖는다. 자백은 재판으로 갈지 아니면 유죄인정협상으로 갈지 각각의 장단점을 즉각 판단하도록 압박할 것이다. 만약 재판으로 간다면 유죄를 증명할 증거를 제시해야 하는 기소자 입장에서는 자발적이고 인정 가능한 자백은 가장 중요한 증거가 된다. 법률적으로 인정된 자백은 목격자 진술과 물적 증거의 진실성을 강화하는 동시에, 검사가 준비하는 '무기'에 시너지 효과를 부여할 것이다. 자백에 대한 미국 법률의 설명은 다음과 같다.

"피고인이 자신이 범법 행위를 저질렀거나 범법 행위에 참여했다는 것을 (자신이 무슨 말을 하는지 충분히 인지하면서) 인정한다. 이 인정은 피고인에 대한 소송을 제기하는 데 필요한 모든 요소를 이해할 수 있을 만큼 충분히 광범위해야 한다."(제임스 대 미합중국, 1952)

이 설명에 따르면, 자백은 ⓐ법령에 정의된 범죄행위의 모든 요소를 포함하기에 충분한 ⓑ범죄행위에 대한 허용이나 참여에 대한 인식으로 구성되어야 한다.

자백이 법적인 효력을 가지려면 그전에 범죄가 입증되어야 한다.

입증 책임

범죄 수사관은 합리적인 의심을 넘어 유죄를 입증해야 하는 검찰의 책임을 대신 짊어진다. 피의자를 기소하려면 기소하는 범죄의 모든 요소를 입증해야 한다. 증거 제시 없이는 기소할 수 없다. 그 증거는 수사관이 발견·조직·평가한 뒤 검찰에 최종 제출한다. 유죄판결을 확보하는 성공적인 기소는 생산적이고 치밀하며 강도 높은 수사의 결과물이다. 검찰이 합리적 의심을 넘어 범죄의 모든 요소를 입증하지 못하면, 피고인에게는 낮은 범죄에 해당하는 유죄가 선고된다. 검찰이 유죄를 입증할 충분한 증거를 수집하고도 이를 기소에 도입하지 못하면 무죄가 선고되거나 더 심각한 범죄를 덜 심각한 범죄로 축소할 수 있다(Klotter, 1990).

범죄행위요건

실제로 일어난 일이 범죄인지 아닌지를 판단하기 전에 규명해야 할 몇 가지 있다. 이를 범죄행위요건이라고 한다.

- **범죄행위**Actus reus 범죄로 유죄를 선고하고 처벌하기 전에 검찰은 해당 사람(주범, 종범, 공범 등)이 법령에 규정된 범죄행위를 저질렀다는 증거를 제시해야 한다. 법으로 규정된 범죄 요소를 범죄행위를 성립시키는 범죄자의 행위 안에서 적절하게 제시해야 한다. 어떤 행위를 범죄라고 명명하는 데 필요한 첫 번째 조건이다.
- **범죄 의도**Mens rea '범죄를 저질렀다'는 말(공식)은 범죄 의도를 입증하는 증거 없이는 불완전하다. 범죄가 구성되려면 범죄행위와 범

죄 의도가 결합되어야 한다. 피고인이 범죄 의도가 없었다는 것을 변호인이 입증하면 범죄가 성립되지 않는다.

법령에 특별한 규정이 있는 경우를 제외하고는, 범죄 의도가 수반되어야 한다. 만약 법률이 정한 범죄 의도와 동등한 것으로 간주될 만한 부주의하고 무모한 행위가 수반되었다면, 범죄 의도가 충족되었다고 본다(Klotter, 1990). 이 개념은 다음과 같은 공식으로 표현될 수 있다.

범죄행위actus reus+ 범죄 의도mens rea = 범죄 유죄판결.

- **인과관계**Causation 해당 범죄에 대한 유죄판결을 이끌어 내는 공식은 행동과 결과 간의 인과관계를 논리적 · 연역적으로 추론함으로써 완성된다. 즉, "누군가가 죄를 짓기 위해서는 그의 행위나 부작위가 바로 근접한 원인이어야 한다"(Klotter, 1990). 보통 인과관계를 입증하는 데에는 거의 어려움이 없다.

범죄행위요건을 요약하면, 검찰은 다음을 입증해야 한다.

- 특정 당사자 또는 당사자들이 참여했다.
- 법률에 따라 구성된 범죄행위가 자행되었다.
- 마음속에 범죄 의도가 존재했다.
- 그 행위는 범죄의 근접한 원인이었다.

범죄행위요건(범죄행위, 범죄 의도, 인과관계)이 자백과 무슨 관계가 있을까? 자백과 검찰의 입증 책임은 어떤 관계일까?

자백에 대한 법적 설명을 상기해 보면, 범죄를 구성하는 데에는 각 요소에 대한 인정과 포괄적인 책임이 필요하다.

유감스럽게도, 심문(취조)은 많은 이유로 수사관 본인도 모르는 사이에 성급하게 마무리된다. 1차 기준(범죄행위 가담) 충족에 집중적인 노력을 기울이느라 3차 기준(범죄 의도)을 간과하거나 오판할 수 있다. 가해자의 시인은 범죄행위요건의 범죄행위 및 인과관계를 충족시킬 수 있지만, 2차 기준인 범죄 의도는 입증되지 않는다.

범인의 자백은 범죄행위 가담 사실(범죄행위)과 그 행위가 범행의 직접적인 원인(인과관계)임을 드러낸다. 그러나 행위와 성격이 서로 관련되어 있을지라도 그 행위는 단지 범죄의 성격만을 드러낸다. 범죄 의도와 기타 세부 사항은 심문(취조)를 통해 밝혀내야 한다. 심문은 수사관 본인의 사고 과정을 추출하고 풀어낼 기회이자 범죄자의 범죄 의도를 밝힐 기회를 제공한다.

범죄 의도

범죄행위를 포괄적으로 이해하려면, 우선 피의자의 마음부터 이완시켜야 한다. 이는 특히 범행 당시 피의자의 심리 상태에 따라 범죄의 경중이 나뉠 때 중요하다. 자백은 피의자가 '나쁜' 일을 저질렀다는 것을 반영해야 할 뿐만 아니라, '나쁜' 의도가 있었음을 보여 줘야 한다. 이 구분은 범죄의 심각성과 처벌 정도를 결정하는 데 필수적이다. 피의자의 폭력 성향과 재범 가능성을 평가할 때에도 이를 고려할 수 있다.

자백은 가해자가 범죄를 재연할 심리적 환경을 제공한다. 자백은 피의자가 범행 당시 했던 행동적 역할actus reus을 다시 체험하고, 그때 작동한 심리적인 역할mens rea을 보여 주는 계기가 된다. 잘 준비된 심문관은 심문을 통해 피의자가 저지른 범행의 각 단계를 재점검하고 최종 대본을 작성할 수 있다. 심문자는 피의자의 범행을 미리 머릿속으로 재현하며 각 장면이 이어지도록 피의자를 인도한다. 심문자는 피의자를 재촉하며 피의자의 말을 기록하는 서기 역할을 맡는다. 피의자가 정신적으로 범죄로 돌아갈 수 있도록 피의자의 모든 행동을 지시하고, 생각과 감정을 자극한다. 그 결과, 피의자가 자신의 입으로 당시의 멘스 레아(정신상태)를 설명하면 범죄 의도가 드러난다.

자백에서 다음의 세 가지 질문을 기초로 범행 당시 피의자의 정신상태를 구성한다면 범죄 의도를 효과적으로 증명할 수 있다.

① 미리 계획했는가?
② 고의였는가?
③ 사전에 악의를 품었는가?

이 세 가지 질문은 피의자의 생각과 행동(습관 포함), 피의자가 범행 전과 범행 중, 범행 후 경험한 감정을 끄집어내는 질문 틀을 제공한다. 심문자는 피의자의 과거 이력이나 행적에 제한을 두지 말고 가능한 한 오래전 일부터 질문해야 한다. 자백 내용이 피의자의 고의적인 비행을 명백히 보여 준다면, 이로써 피의자가 자신의 범죄행위를 불완전하게 이해했다고 주장하는 것을 배제할 수 있다. 심신미약이나 심신상실로 빠져나가려는 피의자의 방어 전략 자체를 흔들 수 있다.

자백에 범죄 관련 내용을 모두 포함시킬 특별한 방법은 없다. 그러나 범죄를 해결하지 못할 때 발생할 상황을 고려할 때, 편의적인 방법이라고 배척할 자백 유도법은 없다.

규격화된 심문 준비하기

규격화된 심문은, 심문 절차에서 법집행 노력을 보완하는 도구이다. 규격화된 심문은 심문자가 심문의 실효성을 높이기 위해 적용할 수 있는 단계를 깊이 인식하는 기회도 제공한다. 향상된 심문 기법 및 기술은 미닉 대 미시시피Minnick v. Mississippi(1990) 사건에서 대법원이 내린 결정에 비추어 볼 때 특히 적합하다. 당시 법원은 용의자가 변호인을 요청한 이후에는 법집행관들이 용의자를 재접촉해선 안 된다고 6대 2로 결정했다. "변호인이 요청하면 면담은 중단되어야 하며, 피고인이 변호인과 상의했는지 여부와 관계없이 변호사가 출석하지 않으면 법집행관(담당자)은 면담을 재개할 수 없다." 따라서 법집행기관이 피고인을 심문할 수 있는 기회는 단 한 번이라고 가정하는 것이 최선이다. 그러므로 심문자는 철저한 준비로 공적인 관심사 해결에 집중해야 한다. 자백으로 종결되지 않는 심문은 아쉬움과 부담을 남긴다.

성공적인 심문을 이끌어 내는 첫 단추는 심문 환경에 맞는 철저한 '준비'다. 준비 단계는 4단계로 나눌 수 있다.

① **자료 수집** 종합적이고 꼼꼼한 자료 수집 시스템에 근거해 범죄의 각 단계를 재구성해야 한다. 특정한 형법 조항에 부합하는 요소들로 각각의 범죄행위를 구성해야 한다.
② **평가** 수집한 자료의 범죄 관련성을 평가한다. 자료의 가치를 객관적으로 판단하여 범죄 요소, 즉 해당 정보가 범죄행위요건에 기여하는지를 판단해야 한다.
③ **분석** 준비 과정을 완료하려면 그전에 자료가 분석되어 있어야 한다.

단순히 각 범죄 요소가 존재한다는 사실만 확인해서는 안 된다. 정보를 정리하고 분류하여 복잡한 거미줄처럼 연결돼 있는 범죄 요소들을 따로 떼어 들여다보아야 한다. 예를 들어, 눈앞에 있는 여러 계단 중 한 층만을 그냥 '볼' 수도 있지만, 정확히 16개의 층계가 독특한 색과 질감의 카펫으로 덮여 있다는 것을 "관찰"할 수도 있다. 더 들어가면, 카펫이 장난감과 옷가지로 어수선하게 어질러져 있어 특정 연령대의 아이들이 있다는 것을 추정할 수 있다. 카펫의 상태와 어수선함은 집주인의 청소 습관과 심지어 경제적·사회적 계층을 암시할 수도 있다. 이 단계에서 범죄행위와 행위자에게 의미와 실체가 부여된다. 이렇게 강화된 이해로 무장한 채 마지막 단계로 넘어간다.

④ **가설 구성** 가설의 구성은, 범죄를 저지르는 사고 과정의 기초가 되는 동기를 파악하고 범죄를 재구성하는 난제를 가정한다. 이 단계에서 범죄자가 본인의 범죄와 행동을 정당화하려고 사용하는 정신적으로 얽힌 실타래나 생각의 흐름을 연역해 내어야 한다.

준비 과정이 고될수록 심문자가 범죄자의 심리 상태를 공감하는 능력이 상승하고, 범죄자의 생각과 합리화에 대한 이해가 촉진된다.

성공적인 심문에는 철저한 준비 단계가 있다. 이 원칙을 대신할 다른 방법은 없다. 결코 편의상 간과되는 부분이 있어서는 안 된다. 범죄의 심각성에 따라 이 원칙이 일부 변형되어 적용될 수 있으나, 사형 판결이 날 수도 있는 중죄의 경우에는 준비 단계에서 '성공' 여부가 결정된다.

범죄 분류

범죄 분류는 심문의 모든 준비 단계를 통합한다. 이때 가해자를 인간화하고 그 사고 과정을 밝힌다. 수사 단계에서 분석을 목적으로 취합한 자료를 축적하고 상호 동질화시키는 것도 범죄 분류 단계에서다. 분석자는 각종 보고서와 관련 사진, 지도, 스케치, 현장 사진, 피해자 분석 등 사건 관련 자료를 모두 검토·분석하여 범죄 성격 프로파일을 작성한다. 부검과 포렌식 증거, 초기 및 후속 보고서, 신문 스크랩 등도 빠질 수 없는 자료이다. 각종 자료에서 추출한 정보를 세밀히 분석하여 범인의 행동 특성에 대한 윤곽이 잡히면 성격 특성도 실체를 드러낸다.

분석자가 범죄자의 성격 특성을 추적하는 과정은 법의학자의 부검 과정과 유사하다. 법의학자는 부검을 통해 물적 증거를 살펴 사망 원인과 방법을 둘러싼 요소를 규명한다. 범죄수사 분석가는 관련 보고서와 서류를 모두 검토하는 '행동 부검'을 실시한다. 이 과정은 범죄의 원인이나 동기를 제시하고, 범행 방법이 말해 주는 범죄자의 성격 함의를 제공한다. 범죄자의 행동 패턴에 대한 평가는, 범죄자가 표출한 감정적 결핍과 욕구가 드러내는 마음속 깊은 곳에서의 사고 흐름을 포착한다. 이 정서적 결핍과 욕구에 대한 향상된 이해와 통찰력이 심문의 탄탄한 기초가 된다. 이 기초에 근거해 맞춤형 접근 방식 등 적절한 전략을 구사해 범인을 압도할 수 있다.

예를 들어, '비구조화된 성적 살인' 분석으로 추출된 용의자의 성격 특성을 머릿속에 넣고 해당 용의자를 심문한다면 다음을 고려해야 한다.

- 평균 지능과 고등학교 또는 대학교 중퇴 여부
- 실업자, 블루칼라, 미숙련 직업 여부

- 지배권을 행사하려는 여성에 대한 재정적 의존 여부
- 폭행 관련 범죄 전과기록
- 관음증 활동 가능성
- 포르노물에 대한 관심 및 수집 가능성
- 행동에 나타나는 알코올 또는 약물 성향
- 환상에 민감하게 반응하는 감각
- 계획된 활동을 수행할 능력 여부
- 여성과의 개인적 관계를 장기간 유지하기 어려움
- 관계를 지배하고 통제하려는 욕구
- 성적 미숙함
- 성적 부적절함
- 결혼한 적이 없거나 기간이 짧고 폭력적인 부부 관계
- 가학적인 성향
- 마음속의 분노나 증오, 억제된 공격성
- 혼란스러운 사고 과정
- 양심의 가책이나 죄책감 없이 자기 행동에 정당성 부여
- 권위에 도전
- 낮은 자존감
- 삶에 대한 빈약한 통제력에서 오는 좌절감
- 폭발적인 기질
- 충동적
- 깊은 불안감

심문자는 기초 수사로 취득된 전기적·서술적 정보를 확인하는 한편

으로, 위의 사항들을 중심으로 피의자를 관찰한다. 그 과정에서 피의자의 특정한 성격적 특성과 정서적 결함을 인식하고 이를 심문에 이용할 수 있다. 범죄자의 행동, 사고 과정, 그에 따른 감정을 충분히 예상하면서, 범죄자의 성격에 맞춰 다양한 접근법을 설계할 수 있다.

과거의 전통적인 접근법과 미리 준비한 접근법에만 의존해서는 안 된다. "망치를 잘 쓰는 사람은 모든 것을 못이라고 생각하는 경향이 있다"(Abraham Maslow). 그런데 사각형 못은 둥근 구멍에 맞지 않는다. 심문자는 심문 과정에서 자신의 세계에서 벗어나 피의자의 영역으로 들어가야 한다. 협조를 결심한 피의자는 자신의 입장에서 자신의 결정을 정당화한다. 피의자의 의사결정 과정에서 중요한 참고자료는 단 한 가지, 바로 자기 자신이다. 피의자가 순응하도록 심문자가 영향력을 행사한다면, 그것은 피의자의 영역에서 동맹관계가 형성되었기 때문이다. 범죄자가 순응할 때는 개인적 이익이 시각화(현실화)될 때이다. 범죄자와 같은 언어를 구사할 수 있는 능력을 키워야 최상의 증거(자백)를 추출할 수 있다.

범죄수사 분석 과정은 피의자의 감정적 강점과 약점, 일반적인 행동 특성을 진단할 수 있게 한다. 이 정보에 기반해 심문자는 피의자의 특성에 맞는 효과적인 면접 방식을 채택해야 한다. 다음은 이때 고려할 사항들이다.

- 심문을 누가 수행할지 특정
- 심문이 진행되는 장소 특정
- 특정한 접근법을 사용하기에 어떤 환경이 가장 적합한가?
- 접근 방법 또는 감정적 호소를 어떻게 구성해야 하는가?
- 어떤 감정적 호소가 가장 효과적인가?

미지의 영역으로 적을 잡으러 가는 추적자는 여행 전에 해당 지역의 지형, 기후, 환경 등 알려진 모든 내용을 최대한 입수한다. 그래서 임무 수행에 필요한 생존 도구 유형과 기술을 알아낸다. 범인은 범행을 저지른 순간부터, 아마도 그전부터 죄를 감추려고 준비해 왔을 것이다. 그래서 자신의 죄를 드러내려는 모든 공격에 대항하고 그것을 분쇄하고자 모든 전술을 동원할 것이다. 적을 아는 것이 최선의 전략이다. 그리고 그러려면 시간과 헌신, 그리고 고된 노력이 필요하다.

1989년 1월 사형집행일 오전, 악명 높은 연쇄살인범 테드 번디는 국립폭력범죄분석센터(NCAVC) 소속 FBI 특수요원에게 "큰 물고기를 잡으려면 깊은 물에 들어가야 한다"고 말했다. "그와 같이 있어야 그를 잡을 수 있다."

비록 규격화된 심문이 자백을 얻는 만능열쇠는 아니지만, 공동체의 편에서 정의의 균형을 유지하는 데 사용할 수 있는 비교적 정확한 수단인 것은 맞다. 규격화된 심문은 심각한 중범죄자들의 마음속 동굴로 우리를 안내하고, 그들의 비밀을 드러내고, 그들이 한 행동의 결과를 폭로하도록 설득하는 법집행기관의 노력을 강화시킨다. 부디 이 방법을 성공적으로 사용하여 정의의 명분을 증진시키고 재범을 노리는 범인들을 효과적으로 억제할 수 있기를 바란다.

자백에서 해결되어야 하는 문제들[FBI, 2002]

법집행 기법에 대해 비평(비판)하는 사람들이 있다. 자백의 법적 능력에 의문을 표하고, 피고를 변호하는 쪽에서 증언한 소수의 사회심리학자들이 그들이다. 이 장에서는 그들을 '비평가'라고 칭한다. 일부 비판은 심문관들이 생산한 가치 있는 상품인 자백을 보호할 실질적인 절차를 수사관들에게 상기시켜 주기도 했다(Napier & Adams, 1998. 1998).

비평가들은 심문과 면담 전술을 강압적인 용어로 묘사하며, 그것이 강압적인 자백을 초래한다고 주장한다. 그러나 강요를 통해 얻은 자백이 얼마나 되는지는 비평가들도 모른다(Cassell, 1997). 수사 과정에서 피의자를 추궁하여 (거짓)자백을 받아내는 것은 여전히 필수적이며, 거짓 자백과 진짜 자백을 구분할 방법을 찾아내는 연구도 여전히 필요하다(Jayne & Buckley, 1998). 일부 거짓 자백이 정말로 기만적이었다고 해도, 매년 행해지는 수백만 건의 용의자 심문이라는 전체 틀에서 보면 거짓 자백의 발생 비율은 통계적으로 미미하다. 반면에 비평가들은 거짓 자백이 너무 많이 발생한다고 보고 있다.

법집행기관의 심문 전술에서 해결해야 할 문제는 다음의 5가지로 분류할 수 있다. 다음의 심문 원칙은 심문 스타일과 기법에 단순하고 적절한 조정을 요구하지만, 비평가들이 제기하는 비판을 상당 부분 해소시켜 준다. 이 원칙들을 적용하면 용의자의 면담 과정을 강화하고 자백의 효력을 강화시킬 수 있다. 이 원칙들만 현장에서 제대로 지켜진다면, 용의자를 식별하고 헌법이 허용하는 자백을 받아 내려는 법집행기관의 선의의 노력이 빛을 발할 것이다.

범주 1: 행동

(해결되어야 할) 문제: 용의자 행동 읽기

경찰 절차에 대한 비난 가운데 심문 공간에서 용의자의 행동을 관찰하고, 더 강도 높은 수사 대상을 자의적으로 선택한다는 것이 있다. 무언가를 숨기는 용의자는 직접적인 눈 맞춤을 피한다 같은 수사관들의 비과학적인 해석 능력이 무고한 사람을 가해자로 만들고, 잘못된 용의자에게 한정된 자원을 집중시켜, 결과적으로 진짜 범인이 빠져나갈 길을 터 준다는 주장이다(Leo & Ofshe, 1997). 비판자들은 경찰이 지나치게 육감에 의존하고 과학적으로 타당하지도 신뢰할 수도 없는 방법을 사용하여 언어적·비언어적 특성을 한번에 읽어 내려 한다고 지적한다. 경찰이 사용하는 심문 기법은 무언가를 숨기고 속이려고 하는 심리 상태에서 오는 스트레스 반응과 고발을 당해서 심문에 임해야 하는 심리 상태에서 오는 스트레스 반응을 구분하지 않기 때문에, 엉뚱한 사람에게 수사 초점을 맞출 수 있다(Ofshe & Leo, 1997a). 수사관이 부적절하게 해석한 행동은 (선입견이 작동하여) 증거로서의 무게를 갖게 된다.

(해결 방안으로서의) 심문 원칙: 진실을 따라가기

어떤 사건은 해결의 길을 따라갈 명확한 증거라는 선물이 애초에 존재하지 않는다. 이 경우에 수사관들은 알려진 사기꾼이나 유죄를 받은 사람들이 보인 반응을 길잡이 삼아 본인의 수사 경험과 일화적인 교훈에 의존하게 된다. 법집행관은 본능보다는 수사로 드러난 증거에 의존해야 하며, 이렇게 드러난 사실의 맥락 안에 '육감적인 직관'을 배치해야 한다. 수사 기법에 따라 추가 용의자를 가려낼 모든 단서를 조사하고 잘못 식별된 용의자를 제거하면, 특정 개인에 대한 과도한 집중을 피할 수 있다. 육감이나 추정이 사실과 일치하지 않을 때에는 항상 사실을 따라야 한다.

범주 2: 기질

(해결되어야 할) 문제: 개인의 취약성 특정하기

비평가들은 사람들 중에는 기질적으로 경찰의 면담 기법에 지나치게 민감하게 반응하는 사람이 있어 강압적인 자백으로 이어진다고 지적한다(Ofshe & Leo, 1997b). 보통 나이가 어리고, 경계선에 있거나 낮은 지능지수(IQ), 정신적 장애, 심리적 부족, 사별 경험, 언어 장벽, 술이나 마약 금단현상, 문맹, 무력감, 사회적 고립, 형사사법제도 미경험 등이 이러한 기질에 포함된다(Gudjonsson, 1992). 이러한 기질은 용의자의 의사결정 과정, 정신적인 각성, 피암시성 등에 충분히 영향을 미칠 수 있다.

(해결 방안으로서의) 심문 원칙: 용의자 알기

가장 생산적인 심문은 미리 계획된 것이다. 긴급한 상황을 제외하고, 유능한 수사관들은 사건 초기에 정보 수집 과정에 긴 시간을 투자한다(Vessel, 1998).

처음에는 낮은 심문 단계를 설계해 용의자의 언어적 · 비언어적 반응에 대한 정보를 얻는다. 이를 통해 용의자의 교육수준 및 생활수준, 언어 능력 등 기초 정보를 수집한다. 이렇게 용의자에 관한 기본 정보부터 생활 환경, 습관 등 세부 사항을 단계적으로 학습해 두면 이후 실수를 줄이고 체계적인 심문을 진행할 수 있다.

예를 들어, 특정 피의자의 IQ가 낮다고 판단된다면 학교생활기록부는 물론이고 사회적 활동 능력까지 보고 듣는 노력이 필요하다. 비록 지능은 평균 이하지만, 거리에서는 똑똑하다는 평판을 받고 있지 않은가? 어떤 언어 수준에 반응하는가? 언어적 장애는 없는가? 약물 사용 패턴은 어떠한가? 실생활에서는 어떻게 생활하고 어떤 역할을 했는가? 한 심문 전문가가 지적한 바와 같이, 비록 용의자가 평균 이하의 지능을 가졌더라도 "사회지능에서는 박사로 불릴 만큼" 영리할 수 있다(Holmes, 1995).

효과적이고 공정한 수사를 위해 "나는 왜 그 수사 기법을 선택했는가"를 끊임없이 묻고 그에 대한 일종의 방어용 자료를 만드는 것도 방법이다. 삶의 여러 측면에서 용의자를 검증하고 각 정보 출처를 기록한 증인 목록이 그것이다. 법집행관은 정신장애 또는 인격장애 주장을 곧이곧대로 받아들여서는 안 된다. 용의자를 잘 아는 증인을 찾아 구체적인 사례와 예외까지 기록해 두어야 한다. 또, 어떤 취약한 특성이 있다고 용의자를 심문에서 배제해서도 안 된다. 취약한 정신 능력과 압박감, 사별 경험, 정신질환, 나이, 기타 피암시성을 증가시킬 개인적 기질은 주의 깊은 질문 기법으로 피해 갈 수 있다. 용의자의 취약점을 수사의 맥락 안에 배치하고, 수사적 접근법을 수정하고 이를 문서화하면 된다. 본격적인 심문 전에 특정한 단어들을 면담지에 배치하여 용의자가 이를 이해하는지 확인해야 한다. 용의자의 언어 수준을 모르고서는 심문을 진행할 수 없다. 다른 범죄자들이 통상적으로 이해하는 언어를 해당 용의자도 이해한다면, 이 사실을 문서화하여 심문 과정에서 용의자를 언어적으로 압도하거나 용의자의 취약성을 이용하지 않았다는 증명을 남긴다.

사례 연구

10세 소녀가 가게 심부름 도중 갑자기 길에서 사라졌다. 29세 남성이 용의자로 지목되었다. 경찰 조사 결과, 그는 10년 전에도 비슷한 사건의 용의자로 지목되었다. 용의자는 어려서 지적장애인으로 등록됐지만, 주의 깊게 수집된 배경 정보에 따르면 그는 혼자 사는 데 아무 문제가 없었다. 이 정보를 바탕으로 수사관들은 심문 과정에서 사용하는 언어의 수준을 조정하지 않았다. 여러 증언에 따르면, 용의자는 수사관의 질문을 잘 이해하고 적절히 대응했다. 이로써 강압 수사 및 자백 주장은 기각되었다. 현재 이 용의자는 사형수이다. 두 살인사건에 대한 유죄판결은 그의 자백에 근거한 것이다.

범주 3: 진술

(해결되어야 할) 문제: 오염된 자백

비평가들은 경찰이 범죄 현장 자료와 수사 결과가 포함된 질문에 의존하여 무심코 자백을 오염시킨다고 주장한다(Gudjonsson, 1992). 심문 과정에서 범죄 현장 사진이나 수사 사진을 이용하는 것은 이러한 우려를 증폭시킬 수 있다. 이는 용의자가 강도 높은 심문 압력을 피하려고 수사관의 질문 내용을 단순 암기하여 제공하는 식으로 용의자를 사실상 '교육'할 수 있다(Zulawski & Wicklander, 1998). 그 결과로 용의자는 유효한 자백을 한 것처럼 보이게 된다.

(해결 방안으로서의) 심문 원칙: 증거 보존하기

용의자에게 불필요한 수사 정보를 노출하여 자백을 오염시키지 않도록, 수사관은 용의자에게 유도성 혹은 함정성 질문을 피하고 개방형 질문만 던져야 한다. 개방형 질문은 "~에 대해 묘사해 보세요", "~에 대해 말해 보세요", "어떻게 했는지 설명해 보세요" 같은 형식으로 이루어진다. 이 질문들은 용의자가 수사관의 질문에 단순히 동의하는 차원을 넘어, 그가 아는 사건 버전에 전념하도록 이끈다. 그리고 용의자에게 수사 정보와 지식을 유출하지 않는다. 개방형 질문을 받은 용의자는 자유로운 서술형 형식으로 답변하게 되어 풍부한 정보를 제공하고 거짓말을 하기 어렵게 된다(Gudjonsson, 1992). 만약 용의자가 거짓말을 한다면, 공개적인 질문은 연설 후 질문과 토론이 이어지는 일종의 포럼이 된다. 이 경우 용의자가 한 거짓말은 나중에 용의자의 방어용 답변과 충돌하는 부메랑이 될 수 있다는 점에서 열린 질문 기법이 수사관에게 도움이 될 수 있다(Zulawski & Wicklander, 1998).

수사관은 어떠한 유형의 판단이나 반응, 방해 없이 개방된 질문을 하고 그에 대한 답변을 받아야 한다. 용의자가 방해 받지 않고 자신의 이야기를 하면 심문의 기본 목적은 달성한 것이다. 정보를 얻을 목적으로 용의자를 특정 장소에 데려가는 것(Holmes, 1995)도 그것이 범죄 현장이나 피해자와의 연관성을 제공하는 정보가 될 수 있어 피해야 한다.

열린 질문으로 심문을 시작하면 질문이 오염되지 않는다. 개방형 질문을 던지고 그에 대한 서술형 답변을 듣고, 다시 추가 개방형 질문을 던지는 식으로 심문을 이어 간다. 당연히 용의자에게 범죄의 세부 사항이나 수사 내용은 말하지 않고 증거만 보존한다. 직접적이고 폐쇄적인 질문은 이 과정이 완료된 다음이다.

자백을 얻기 전에 용의자에게 범죄 현장 사진을 보여 주는 것은 큰 소득이 없다. 물론 용의자에게 범죄의 세부 사항을 보여 줌으로써 그 자백에 실체를 부여하는 정보를 얻을 수 있다. 현장 사진에는 자백의 유효성을 확인시켜 주는 정보가 포함될 수 있다. 그러나 심리학적으로 볼 때, 본인의 소행일지라도 범행의 끔찍한 결과를 보고 충격을 받아 자백하는 용의자는 별로 없다.

13세 소녀가 강간 후 목이 잘려 살해되었다. 16세 소년이 용의자의 알리바이 증인으로 조사를 받았다. 그런데 조사 과정에서 소년의 범행 개입이 의심되었다. 수사관은 소년을 상대로 범행을 세부적으로 묘사하고, 소년이 살인과 참수에 직접 관여했음을 나타내는 범행 현장 세부 사항을 끈질기게 지적했다. 소년은 자신이 어떻게 범죄 관련 내용을 알게 되었는지 설명했는데, 당시 소년을 조사하던 수사관은 그 자리에서 특정 사진을 찾으려고 범죄 현장 사진을 분류했다. "그 사진들은 즉시 (나에게) 인식되었다. 나는 수사관들이 사진을 가지고 질문하기 전에, 그 사건이 어떤 것인지 (사진을 통해) 보았다. … 시체가 어디 있었다고 생각하나? 그 수사관이 사진 위치를 바꿀 때 나는 시체가 어디에 있는지 보았다. 수사관은 머리 부분이 어디에 있느냐고 물었다. … 화장실 주변에 쳐진 노란색 테이프를 보면 누구나 그것이 어디에 있는지 알 수 있을 것이다. 나는 '맞아, 바로 저기야'라고 말한다." 이 소년의 IQ는 70이었다. 이 사건의 원래 용의자에게 유죄가 선고되고, 무기징역 판결이 났다. 알리바이 증인에 대한 기소는 취하되었다.

범주 4: 다양한 선택지

(해결되어야 할) 문제: 거짓된 현실 만들기

비평가들은 경찰이 용의자가 다른 대안을 고려하고 추론하는 능력을 제한하여 거짓 현실을 만들어 내게끔 하는 기술을 사용한다고 지적한다 (Ofshe & Leo, 1997a). 일각에서는 용의자가 사용할 수 있는 증거나 선택지가 여러 개 있을 때, 그중 경찰에 유리한 것만 의도적으로 제시한다고 주장한다. 용의자가 그렇게 제시된 좁은 선택지를 받아들이면, 범죄를 일부러 사고라고 묘사해서 계획살인 혐의를 빼 주는 것 같은 막연한 인상을 주어 자백을 강요한다. 경찰이 제안한 방향의 '경미한 대안'을 수용함으로써 용의자가 얻을 수 있는 명백한 이득은, 경찰에 기소될 수 있다는 두려움을 피하는 것이다. 그러한 사소한 이득 때문에 그 사람은 나중에 거짓 자백을 강요당하게 된다.

(해결 방안으로서의) 심문 원칙: 도덕적 책임감 조정하기

심문에서는 용의자에게 질문만 해야지 법률 자문을 제공해서는 안 된다 (Caplan, 1985). 유죄가 확실한 용의자에게 범죄 연루 사실을 감출 수 있는 선택지를 제공해선 안 된다. 경험이 풍부한 수사관은 자백의 다음 측면을 이해한다(Holmes, 1995).

- 자백은 쉽게 주어지지 않는다.
- 완전한 자백은 사소한 (사실) 인정(시인)에서 비롯된다.
- 죄를 범한 용의자는 거의 모든 것을 말하지 않는다.
- 범죄자 대부분은 그들의 폭력을 자랑스러워하지 않으며 그것이 잘

못되었다는 것을 인식한다.

- 죄를 범한 용의자는 자신을 가혹하고 비판적인 시각으로 볼 수 있는 범죄의 세부 사항을 생략한다.
- 범죄자들은 대개 스스로 생각하기에 자신에게 유리하다고 믿는 위치를 얻기 위해 자백한다.

빈틈없는 면접관은 (심리 기법 중) 합리화, 투영, 최소화 등을 이용하여 자백 획득을 가로막는 장벽을 제거한다(Napier & Adams, 1998). 용의자들이 자신의 양심을 속이고 혐오스러운 행동을 정당화하고 감추려고 사용하는 심리를 수사에 이용하는 것이다. 이 심리 기법들은 두 가지 목적에 부합한다. 수사관은 유죄를 입증하여 공동체의 안녕에 기여하고, 용의자는 자존감을 무너뜨리지 않고 자백하는 것이다.

이 기법들의 공통점은, 용의자 본인이 저지른 도발적인 행동을 생략하거나 최소화하거나 다른 사람을 비난하거나 하여 수사관 등 타인이 그 과실을 과소평가하게 하는 것이다. 물론 어떤 범죄는 우발적이라고 추정할 만한 근거가 있다(Jayne & Buckley, 1998). 범죄라는 것 자체가 피해자의 도발에 의한 예기치 않은 사건의 결과라고 추정할 필요도 있다. 기본적으로 수사관은 용의자의 시인을 얻어 내려고 하거나, 현장 가까이에 혹은 피해자와 함께 용의자를 배치하려고 한다. 경험 많은 수사관들은 수사 초기에 피의자의 시인을 끌어 내는 것에서부터, 사건과 관련된 모든 사실을 이용해 초기 피의자 인정의 결함과 불충분함을 찾아내어 해당 범죄행위에 대한 더 완전하고 정확한 묘사를 얻고자 노력한다. 숙련된 심문자는 수사 초기에 받아 낸 시인을 쐐기 삼아 추가 유죄 진술의 문을 연다.

특정 살인 사건에서 특정 용의자가 살인을 계획적으로 저질렀는지 우발적으로 저질렀는지를 가리기 위해 수사관들이 용의자의 유죄 인정을 방해한다는 추정은 비현실적이다. 사건 관련 사실들과 실험실 결과는 가장 개연성 높은 사건의 전모를 제공한다. 노련한 수사관은 심문은 전체 수사의 일부에 불과하다는 사실을 안다.

범주 5: 결론

(해결되어야 할) 문제: 강압적인 최종 편익 약속하기

흔히 수사관들은 자백을 하면 얻을 수 있는 최종적인 편익을 명확하고 실질적으로 피의자에게 알려 주고, 명백하게 강압적인 영역으로 이동한다. 강압적이라는 것은, 수사관들이 용의자에게 침묵을 지키면 더 큰 처벌을 받을 수 있지만 자백하면 보상을 받을 수 있다고 약속하기 때문이다(Ofshe & Leo, 1997b). 용의자에게는 본인의 행동을 해석할 능력(법적 책임에 대한 혹은 범죄 구성적인)이 부족하다는 점을 이용해, 수사관이 가장 심각한 혐의와 처벌로 압박할 수도 있다(Ofshe & Leo, 1997a). 실제로 심문 과정에서 사형 대 무기징역 또는 무기징역 대 20년 징역처럼 피의자의 예상 형량을 언급하는 경우가 적지 않다. 용의자가 경찰의 시나리오를 거부하면 그 아내나 형제, 자녀 등 제3자를 수사 또는 기소하겠다고 위협하기도 한다. 비평가들은 이러한 전술이 사람들로 하여금 자신이 저지르지 않은 범죄를 자백하게 할 만큼 강압적이라고 비판한다.

(해결 방안으로서의) 심문 원칙: 강압이 아닌 심리 이용하기

미국에서 가장 널리 사용되고 현장에 적응된 심문 및 면담 시스템은 법원의 명령 외에 사회의 윤리적 통념이 정한 한계를 따른다(Inbau, Reid, Buckley, & Jane, 2001). 미국 법원은 용의자 심문 과정에서 수사관들의 폭넓은 창의성을 허용하지만, 일부 강압적인 수사 기법은 전문가들이 보기에도 공격적이고 부적절하다. 성공적인 심문은 강압적인 기술에 의존하지 않는다. 능력 있는 수사관은 생산적이고, 허용 가능하며, 심리적으로 효과적인 방법을 구사한다. 특히 형량이 낮은 혐의조차 인정하지 않는 용의자를 상대할 때 최악의 상황을 묘사하며 압박하는 기법은 강압적이고 불필요하다. "만일 협조하지 않으면, 당신 동생이 이번 살인 사건에 개입돼 있다는 걸 증명하겠다." 이러한 진술은 분명히 강압적이고, 합리화·투영·최소화라는 심리 기법보다 효과가 떨어진다.

물론 '노골적인 진술'을 선택하느냐, 해석이 필요한 '미묘한 언급'을 선택하느냐는 용의자의 몫이다. 용의자는 본인의 인생 경험에 따라, 형사 사법 시스템에 대한 친숙도에 따라, 합리화·투영·최소화라는 검증된 심리 과정에 따라 이 모든 것을 통합하여 거취를 선택할 것이다. 그들은 범죄의 이유를 설명하거나(합리화), 타인을 비난하거나(거부), 죄가 덜 되거나(소형화) 미해결(소형화)되어도 양심의 가책을 표할 수 있다. 죄를 범한 용의자들은 자신이 저지른 범죄행위를 일반인이 이해할 수 있는 수준으로 묘사하려 하는데, 이는 어떻게든 멋있게 보이도록 자신을 위치시켜 관대한 처벌을 받고자 함이다. 만약 용의자가 자신을 합리화하고자 자신의 죄에 대해 구구절절 설명하고자 한다면, 수사관으로서는 굳이 말릴 이유가 없다. 용의자가 원하는 바를 얻으려면 먼저 자신의 잘못부터 인정해야 하기 때문이다.

자백을 이끌어 내되 수사의 기본을 지키며, 범죄의 실체에 맞는 진술을 얻어 내야 한다. 단순히 "내가 그랬다"는 정도의 자백을 뛰어넘어야 한다. 범죄와 관련된 세부 사항들을 압박해 용의자(피의자)를 범죄 현장과 연결시키고 적극적인 범행 가담 사실을 밝혀야 한다.

확증은 자백을 끌어내는 가장 확실한 토대이다. 용의자는 자신이 저지른 악행의 실체가 드러날까 봐 범죄 연루 사실을 뒷받침하는 정보를 제공하지 않으려 한다. 그럴 때는 소수의 사람만 아는 세부 사항으로 압박한다. 시신의 위치, 흉기, 범죄 이익 등을 연결한 증거는 자백의 철회나 법정에서의 이의 제기를 성공적으로 막아 준다.

개인의 존엄성

심문 과정 전체를 관통하는 최종 원칙은 인간에 대한 존중과 인간 존엄성 개념을 담고 있다. 모든 사람은 개인의 존엄성과 자기 가치를 유지할 권리가 있다. 흉악범죄를 저지른 자들도 자신을 존중하고 인간으로서의 가치를 인정해 준 수사관에게 자백할 가능성이 더 크다(Zulawski & Wicklander, 1998). 불리한 상황에서도 용의자가 품위를 유지할 수 있도록 해 주면 자백할 가능성이 높아진다. 한 노련한 수사관은 특히 심각한 범죄 용의자를 심문할 때 기억해야 할 원칙을 조언했다. "기억해, 그는 자기 자신과 계속 살아가야 해"(Holmes, 1995).

이제는 많은 수사관들이 자백을 영상으로 촬영하여 기록한다. 변호인과 배심원도 그 자백을 볼 수 있다. 심문 과정을 투명하게 공개함으로써 수사관들이 거둔 성과를 공유한다는 측면도 있지만, 이 영상을 보고 비판이 제기될 수도 있다. 영상물 촬영은 수사관이 범죄의 성격과 상관없이 용의자를 하나의 인격체로 존중하도록 상기시킨다.

결론

법집행관은 눈에 보이지 않는 조직의 논리 체계에 지배된다. 조직(의 외형)은 밑바닥부터 쌓아 올리지만, (조직원의 행동 여하에 따라) 조직의 가치는 양방향(좋은 쪽으로도 나쁜 쪽으로도)으로 움직인다. 전문적인 방향으로도, 전문적이지 않은 방향으로도 수사관의 전문성 개념은 기본적인 의무에서 시작하여 법적 책임으로, 윤리적 · 법적으로 획득한 증거를 법정에 제공하거나 공개하는 것으로 이어진다.

수사관이 심문과 면담에 접근하는 방식은 해당 부서가 갖는 전문적 가치의 궁극적인 반영이다. 전문적이지 않은 평범한 가치관은 전문적이지 않은 평범한 태도로 나타난다. 심문 공간에서 전문적이지 않은 평범한 가치관을 노출하면 시인이나 자백을 얻어 내기 어렵고, 이는 모든 법집행 단계에도 반영된다. 법집행의 모든 측면에서 최상의 치안 유지 가치와 경계심이 반영되어야 하지만, 심문 공간이나 심문을 통한 수사 결과 제시만큼 이 가치와 경계심이 중요한 곳은 없다.

참고문헌

Bruton v. United States, 391 U.S. 123 (1968).

Caplan, G. M. (1985). Questioning Miranda. *Vanderbilt Law Review, 38*, 1417.

Cassell, P. G. (1997). Symposium on coercion: An interdisciplinary examination of coercion, exploitation, and the law, and coerced confessions: Balanced approaches to the false confession problem. A Brief Comment on Ofshe, Leo, and Alschuler. *Denver University Law Review, 74*, 1127.

Federal Bureau of Investigation. (2002). Challenges to confessions. Copyright © 2002 by ProQuest Information and Learning. All rights reserved. Copyright United States Federal Bureau of Investigation, Nov. 2002. Reprinted with permission.

Gudjonsson, G. (1992). *The psychology of interrogations, confessions, and testimony.* Hoboken, NJ: Wiley.

Holmes, W. D. (1995). Interrogation. *Polygraph, 24*(4), 241.

Inbau, F. E., Reid, J. E., Buckley, J. P., & Jayne, B. C. (2001). *Criminal interrogation and confessions* (4th ed.). Gaithersburg, MD: Aspen.

James v. State, 86 Georgia App. 282, 71, S.E.2d 568 (1952).

Jayne, B. C., & Buckley, J. P. (1998, Winter). Interrogation alert! Will your next confession be suppressed? *Investigator*, pp. 11, 12.

Klotter, J. C. (1990). *Criminal law.* New York, NY: Anderson.

Leo, R. A., & Ofshe, R. J. (1997, May 30). *The consequences of false confession: Deprivations of liberty and miscarriages of justice in the age of psychological interrogation.* Paper prepared for the Annual Meetings of the Law and Society Association, St. Louis, MO.

Loevinger, L. (1980). Preface. In J. Marshall (Ed.), *Law and psychology in conflict.* Indianapolis, IN: Bobbs-Merrill.

Minnick v. Mississippi, 111 S. Ct. 486 (1990).

Moran v. Burbine, 89 L. Ed. 2d 410 (1986).

Napier, M. R., & Adams, S. A. (1998, October). Magic words to obtain confessions. *FBI Law Enforcement Bulletin*, pp. 11–15.

Ofshe, R. J., & Leo, R. A. (1997a). The social psychology of police interrogation: The theory and classification of true and false confessions. *Studies in Law, Pol-*

itics, and Society, 16, 241.

Ofshe, R. J., & Leo, R. A. (1997b). Symposium on coercion: An interdisciplinary examination of coercion, exploitation, and the law and II. Coerced confessions: The decision to confess falsely: Rational choice and irrational action. *Denver University Law Review, 74*, 998.

Vessel, D. (1998, October). Conducting successful interrogations. *FBI Law Enforcement Bulletin*, 1–6.

Zulawski, D. E., & Wicklander, D. E. (1998, July). Special Report 1: Interrogations, interrogation: Understanding the process. *Law and Order*, p. 87.

19장

부당한 유죄 선고
원인과 해결책, 사례 연구

피터 셀럼

1980년대 후반에 고급 DNA 검사법이 등장한 뒤로 지금까지 잘못된 선고로 판명된 유죄판결의 증가 추세를 살펴보지 않고서는 폭력범죄 연구의 성과를 논하기 어렵다. 진실 규명을 업으로 삼는 수사관이라면 더 그럴 것이다. 유죄판결을 받은 살인범이나 강간범이 DNA나 기타 증거로 무죄가 입증되어 교도소에서 풀려날 때마다, 법집행기관의 치부가 드러나고 사법제도의 기틀이 붕괴되는 느낌이다. 여기서 가장 중요한 대목은, 당시 체포와 기소에서 빠져나간 진범들은 다시 재판에 회부되지 않을 것이라는 점이다.

이러한 사례들의 증가는 자타공인 세계 최고의 사법제도를 자랑하는 미국 사법제도 전반에 충격을 주고 있다. 배심원들은 더욱 회의적이 되고, 심각한 범죄인 경우에는 더 확실한 증거를 요구하고 있다. 그러나 정부와 법집행기관이라고 이 문제에 손 놓고 있는 것은 아니다.

이와 관련해 가장 극적인 파장을 일으킨 사건은, 2003년 1월 퇴임을 앞둔 일리노이 주지사 조지 라이언이 유죄판결에 이의를 제기하던 사형수 4명을 사면하면서 사형수 171명 전원을 종신형으로 감형해 준 일이다. 한때 확고한 사형제도 지지자였던 라이언 주지사는, 사형수 13인의 사면 결정을 내렸다. 그가 법률 개정 전까지 사형집행을 중단하기로 결정한 데에는 일리노이주에서 내려진 사형선고의 절반 이상이 항소심 이후 뒤집혔다는 통계자료도 한몫했다. 2004년 1월 20일, 라이언에 이어 주지사가 된 로드 블라고예비치는 사형제도 최종 개혁안에 서명했다. 이 새로운 법률은 일리노이주의 사형제도가 안고 있던 심각한 결함을 건드렸다.

2004년 미 연방 하원은 연방 기결수들의 DNA 검사 접근권(검사를 요청할 권리)을 허용하고, 사형수들이 더 나은 변호를 준비할 수 있도록 하는 '모두를 위한 정의 법률the Justice for All Act'을 통과시켰다. 이 법은 또한 최대 보상금을 인상하여 부당하게 유죄판결을 받고 사형수로 복역한 사람에게는 매년 5천 달러에서 10만 달러, 사형 이외의 판결은 5만 달러를 연방정부가 매년 지급하도록 했다.[1] 피고인이 DNA 검사에 접근할 수 있도록 허용하는 법률이 이미 시행 중인 주들도 있고, 다른 주들도 해당 법률을 준비 중이다. 이렇게 되면 사면 건수가 크게 늘어날 것이다. 관련해 수백만 달러의 소송이 진행되자, 일부 주에서는 부당하게 유죄판결을 받은 수감자들에게 복역한 기간만큼 보상금을 지급하는 법률을 제정했다.

이 문제와 사례를 연구할 위원회도 조직되었다. 2002년 노스캐롤라이나 주대법원은 몇 차례의 무죄판결 사례를 계기로 '무죄검토위원회innocence commission'를 조직하였다. 1년 후 코네티컷주는 미국 최초로 '무죄검토위원회'를 법령으로 제정하였다. 미 전역의 로스쿨과 언론대학에서는 '무죄 프로젝트innocence projects'가 다수 출범했다.

사형제도 반대자들에게 이미 사형이 집행된 무고한 피고인들은 '성배' 같은 존재이다. 그들은 이 무고한 사람들의 진실이 증명되면 사형제도가 폐지될 것이라고 믿는다. 2005년 이와 관련해 1995년 6월 21일 미주리주에서 사형이 집행된 래리 그리핀의 사례가 주목을 받았다. 그리핀은 1980년 6월 26일 범죄가 만연한 지역에서 자동차를 타고 가면서 19세 마약상에게 총격을 가해 살해한 혐의로 유죄판결을 받았다. 이 피해자는 약 6개월 전 그리핀의 동생을 살해한 당사자였다. 피해자는 기소

---

1 http://frwebgate.access.gpo.gov/cgi-bin/getdoc.cgi?dbname=108_cong_public_laws&
   docid=f:publ405.108.pdf

되었으나 증거불충분으로 석방되었다. 전미유색인지위향상협회National Association for the Advancement of Colored People가 1년에 걸친 조사 끝에 동일한 총격 사건에서 부상을 입은 남성을 찾아냈는데, 그는 단 한 차례도 증인으로 소환되지 않았다. 그는 그리핀이 이 총격에 연루되지 않았다고 말했다. 이 사건의 핵심 증인은 광범위한 범죄 경력을 가진 경찰 측 정보원으로, 그는 경찰이 그리핀의 사진을 보여 주며 그리핀이 범인이라고 말했다고 밝혔다.[2]

그로스 등의 연구(Gross, Jacoby, Matheson, Montgomery, Patel et al., 2005)에 따르면, DNA 검사가 광범위하게 활용된 1989년부터 2003년까지 미국 전역에서 340건의 유죄판결이 무죄로 뒤집혔다. 남성 327명과 여성 13명 중 절반이 10년 이상 수감되어 있었고, 80퍼센트는 5년 이상 수감되어 있었다. 이 연구는 또한 1989년부터 1994년까지 평균 12건이던 면죄 사건이 2000년 이후 평균 42건으로 급증했음을 보여 주었다. 2002년과 2003년에는 평균 44건이나 유죄판결이 뒤집혔다.[3]

대부분의 무죄 프로젝트는 장기형을 선고 받은 살인이나 강간 유죄판결 사례를 대상으로, 그중에서도 생물학적 증거를 검사에 사용할 수 있는 사건만 재검토한다. 전문가들은 다른 범죄 기결수 집단에서도 부당한 판결의 비율이 유사하게 나타날 것이라는 데 동의한다. 이렇게 볼 때 본 장에서 살펴볼 일부 사례는 이 기준에 부합하지 않을 수 있다. '사형판결정보센터'는 무죄 증거 또는 재심 판결로 사면되어 석방된 사형판

---

2 www.stltoday.com/ stltoday /news/ special/srlinks.nsf/story/9270DD9B25C367FB8625703B007 B8C70? OpenDocument

3 www.law.umich.edu/NewsAndinfo/exonerations-in-us.pdf

결 사례만을 제공하는데, 1973년부터 2005년까지 총 121건이었다.[4]

그로스 등의 연구에 따르면, 면죄 사례의 96퍼센트가 살인과 강간 사건이었다. 강간 사건에서는 목격자의 범인 식별 오류가 강도 사건에 비해 2배 더 발생했다. 만일 DNA 검사처럼 강도 사건의 부당 판결을 확인할 방법이 있다면 강도 유죄판결 사건에서는 강간 사건보다 더 많은 면죄 사례가 생길 것이다.

부당한 유죄판결에는 패턴이 있다. 살인의 경우에는 위증이 주요한 원인이다. 경찰의 위증, 교도소 내 밀고자의 위증, 진짜 살인범의 위증, 사건 관계자와 목격자의 위증…. 위증뿐만 아니라 허위자백도 적지 않은 비중을 차지한다. 특히 취약 집단인 청소년 집단과 발달장애 혹은 정신질환자 집단에서 허위자백으로 죄를 뒤집어쓴 경우가 많다(Gross et al., 2005).

킹 사건에서는 경찰이 유죄판결을 얻어 내고자 가짜 지문을 만들어 냈다. 피고인 셜리 킹은 뉴욕주에서 일가족을 잔인하게 살해한 사건에 가담한 혐의로 22년에서 60년의 징역형을 선고 받았다. 킹은 2년 반을 교도소에서 보낸 후 뉴욕주를 고소했다. 살인 후 방화에 사용된 가스통에서 킹의 지문을 발견했다고 했던 경찰관 데이비드 하딩은 7건의 사건에서 증거를 조작한 사실을 인정하고 4년에서 12년의 징역형을 선고 받았다. 하딩에 대한 기소에는 그의 동료와 감독관, 다른 경찰관 3명이 포함되어 있었다. 이들은 살인, 절도, 강간, 마약 등 40건의 범죄 사건에서 거의 일상적으로 지문을 조작했음이 드러났다. 하딩은 CIA 입사 면접을 보며 이러한 사실을 떠벌였고, 검찰은 광범위한 부패 사실을 간파했다.

---

4 www.deathpenaltyinfo.org/article.php?scid=6&did=110

하딩은 ABC 뉴스 인터뷰에 출연해 강력범죄를 해결하라는 강한 압박감이 문제라고 주장했으나, 사건 담당 검사는 하딩의 주장을 "나태함, 자존심, 자화자찬"이라고 일축했다.

분명하게 말하지만, 직업적 압박을 느끼고 조작과 거짓말을 일삼는 경찰은 극소수이다. 그러나 정직한 경찰이더라도 부실한 증언과 허위자백, 부패한 정보원에 의존했다가는 언제든 잘못된 길로 들어설 수 있다. 과학을 악용하거나 맹신하는 것도 위험하다. 한 가지에만 몰두하면 시야는 좁아지게 마련이다. 지나치게 열성적인 검사와 서툰 변호인도 부당한 유죄판결에 영향을 준다.

노스웨스턴 법률전문대학 부설 '부당유죄판결연구센터'의 법률이사 스티븐 드리진은[5] 경찰이 의도와 달리 잘못된 유죄판결이 일어날 수 있는 시나리오를 만들어 낼 수 있다고 말했다. "경찰이 어떤 사람을 용의자로 특정한 이유가 분명히 있을 때에는 무고의 증거를 무시하거나 의미 없는 것으로 치부하기 쉽다. 이때부터는 전체적인 수사 방향이 그 사람이 유죄라는 믿음을 확인하는 과정이 된다." 이 믿음이 사건에 대한 '이론', 일종의 '사건 시나리오'가 되어 수사관들의 눈과 귀를 가린다.

사설탐정으로 500건이 넘는 살인사건을 수사한 전직 경찰관 출신 스탠리 고체누르는 수사의 골격을 만드는 수사관의 역할을 강조한다. "무고한 시민에게 유죄판결이 내려지는 일이 없도록 사법제도는 수사 단계에서 적극적인 진실 추구를 허용한다. 형사들은 그들이 받은 교육과훈련, 경험을 활용하여 진실에 접근한다. 그리고 그 진실을 기소 전문가에

---

5 www.law.northwestern.edu/wrongfulkonvictions

게 넘긴다. 검사들은 승리에 관심이 많은 전문가들이다. 반면 형사는 실체적 진실을 추구하는 분석가여야 한다. 현 미국의 사법제도는 표면적 진실을 다루는 변호사들의 과장된 변호와 실체적 진실을 수호하려는 형사들의 독립성에 의존하고 있다."

벤자민 카르도조 법학대학원의 무죄 프로젝트 연구[6]에 따르면, 부당한 유죄판결의 가장 일반적인 원인이 범인 식별 오류임을 밝혀냈다. 연구에 협조한 157명 중 75퍼센트 이상이 전반적 혹은 부분적으로 목격자 증언 때문에 유죄판결을 받았다.

펜실베이니아주 포인트파크대학교의 '무죄 연구소Innocence Institute[7]'는, 2005년 실시한 연구에서 펜실베이니아 내 경찰서 대부분이 목격자들을 상대로 용의자 라인업을 진행할 때 연방 지침을 따르지 않고 있다고 결론 내렸다. 1999년 발행된 국가형사정책연구원의 지침서는, 목격자 반응에 영향을 줄 가능성을 차단하고자 목격자들에게 사진을 배열해 보여 줄 때 수사에 참여하지 않은 경찰관을 시키는 이중 블라인드 방법을 권고하고 있다. 목격자에게 머그샷을 보여 줄 때에도 한 번에 하나씩만 보여 주고, 그 사진들 안에 용의자가 없을 수도 있음을 고지하라고 권고한다.[8]

잘못된 유죄판결로 옥고를 치른 로드니 니콜슨의 경우, 두 건의 강도 사건으로 복역하다가 역시 유죄 선고를 받고 복역 중이던 다른 강도의 증언으로 풀려났다. 니콜슨은 1998년 12월 펜실베이니아 중부에 있는 슈퍼마켓 계산대에 줄을 섰다가 체포되었다. 그곳은 11월에 두 차례

6 www.innocenceproject.org/about/ index.php
7 www.pointpark.edu/defaultaspx?id=1511
8 www.ncjrs.org/pdffiles1inij/178240.pdf. Eyewitness Evidence: A Guide for Law Enforcement.

나 강도를 당했는데, 당시 사건을 목격한 직원이 경찰에 전화하여 니콜슨이 그 강도라고 신고한 것이다. 니콜슨과 일대일로 대면한 다른 직원들도 이 주장을 지지했다. 니콜슨의 광범위한 전과기록도 악영향을 미쳤다. 니콜슨은 앞선 두 건의 강도 사건 피의자로 기소되어 유죄평결을 받고 선고를 기다리고 있었다. 그때 유죄 선고를 받고 복역 중이던 다른 강도가 니콜슨의 변호사에게 연락했다. 근처 약국에서 강도를 저지르다 비번이던 경찰관에게 총격을 가해 20년에서 50년 징역형을 선고 받고 복역 중이던 루이스 그린리가 그 슈퍼마켓 강도 사건도 자신이 저질렀다고 자백한 것이다. "옳은 일을 하고 싶다"는 그린리의 주장에 검사들은 회의적이었다. 긴 형량에 몇 년 더 보탠다고 큰 손해는 아니기 때문이다. 그러자 그린리는 그 강도 사건이 발생한 직후 현장 근처에서 교통사고에 연루되었던 증거를 제시했다. 조사를 마친 검사들은 기소를 취하하고 니콜슨을 석방하는 데 합의했다. 니콜슨이 이미 15개월을 교도소에서 보낸 뒤였다.

특히 아동이나 다른 사람의 말에 취약한 목격자들을 면담할 때에는 주의가 필요하다. 1980년대 초에 성적 학대와 관련된 보육 관련 사건이 다수 발생했다. 그러나 많은 사건들이 나중에 뒤집혔는데, 이는 아동들을 반복적으로 강도 높게 심문했기 때문이다. 대부분 한 명의 고소인으로 시작했다가 집단적 학대로 번진 사건들이었다. 그중에는 법률 개정을 이끈 사건도 있었다. 마거릿 켈리 마이클스 사건 이후 뉴저지주 대법원은 학대 사건 발생 시 아동 면담에 대한 새로운 기준을 마련했다. 마이클스는 피츠버그 출신 대학 4학년생으로, 뉴저지주 메이플우드에 있는 아동돌봄기관에 고용되어 일했다. 그녀는 그곳에서 근무한 7개월 동안 돌보던 아이들 수십 명을 성추행한 혐의로 100건이 넘는 학대죄에 대한 유죄를 선고 받아 징역 47년을 받았다. 5년 뒤 항소심 법원은 당시 검찰이 아동들을 상대로 부적절한 면담 기술을 사용했다며 1심 결과를 뒤집고 마이클스를 석방했다. 당시 수사관들은 아동들을 반복 심문하며 유도심문 기술을 사용했다. 긍정적 반응은 강화시키고, 부정적 반응은 무시했다. 심지어 아이들에게 경찰 배지를 주며 마이클스를 교도소에 가둘 수 있도록 도와주면 "어린이 형사"가 될 수 있다고 했다. 이 모든 내용이 면담 기록 테이프로 드러났다.

뉴저지주 대법원은 피고인이 면담(심문)의 편향성을 입증하는 증거를 제시하면, 검찰이 이를 입증할 책임이 있다고 판결했다. 전문가들이 증인의 신뢰성을 증언하는 것은 허용되지 않았지만, 정신의학 전문가들이 면담 기술과 그것이 아동의 진술 신뢰성에 미치는 영향에 관해 의견을 제시하는 것은 허용되었다. 검찰은 마이클스에 대한 재심을 포기했다.

허위자백

자백은 범죄로 기소된 사람에게 불리한 가장 강력한 증거이다. 무고한 사람이 심각한 범죄를 인정할 리 없다고 생각할 것이다. 그러나 이런 일은 놀라울 정도로 빈번하게 일어난다. '부당한 유죄판결 연구센터Center on Wrongful Convictions'에 따르면, 1970년부터 기록된 42건의 부당한 살인사건 유죄판결의 59.5퍼센트가 피고인 혹은 공동피고인 중 한쪽의 전면적 혹은 일부 허위자백 때문이었다.

프로젝트 연구자들은 피고인이나 용의자가 허위로 자백한 사례를 100건 넘게 확인했으며, 발달장애나 정신장애가 있는 용의자들과 관련된 사례는 그보다 훨씬 많았다. 피고인 중 2명은 교도소에서 수년간 복역하다가 사형집행일 불과 몇 주 전에 무죄가 밝혀졌다.

가장 악명 높은 허위자백 사례는, 1989년 뉴욕시에서 청소년 5명이 센트럴파크에서 조깅하던 증권인수업자를 잔인하게 강간하고 구타한 혐의로 유죄판결을 받은 사건이다. 영상촬영된 그들의 자백은 물적 증거와 일치하지 않았지만, 혼수상태에 빠졌던 피해자는 공격자들을 식별할 수 없었다. 2002년, 여성 1명을 살해하고 3명을 강간하여 33년형을 선고받고 복역 중이던 성범죄자가 자신이 센트럴파크 사건의 진범임을 자백했다. DNA 증거는 자백을 입증했다. 그러나 유죄판결을 받은 10대들 대부분은 이미 형기를 마친 상태였다.

예상할 수 있듯이 미약한 압박도 견디지 못하는 정신쇠약자들이 허위자백에 많이 연루된다. 반면에 경찰의 위법행위로 인한 허위자백도 적지 않다. 자백을 하지 않으면 무거운 처벌을 받을 것이고, 자백을 하면 선처를 약속하겠다! 경찰은 용의자가 하지도 않은 행위에 대한 증거를 가지고 있다고 말한다. 그리고 용의자들이 지칠 때까지 몇 시간이고 심문을 이어 나간다. 모두 합법적인 방법이지만, 주의해서 사용해야 한다.

사실상 발생하지도 않은 사건으로 수감된 빅토리아 뱅크스 사건을 보자. IQ가 40이라고 알려진 뱅크스는 앨라배마주 버트너에 있는 촉토카운티 교도소에 수감되어 있었다. 1999년 5월, 뱅크스는 자신이 임신을 했으며 곧 출산할 예정이라며 임시출소를 요청했다. 그녀를 진찰한 교도소 의사는 임신 사실을 의심했지만, 다른 의사가 태아의 심장박동 소리를 들었다고 하여 뱅크스는 보석금을 내고 석방되었다.

8월 재수감된 뱅크스에게는 아이가 없었다. 처음에는 유산했다고 했으나, 당국의 강도 높은 심문을 받은 후 뱅크스와 별거 중인 남편 메델 그리고 뱅크스의 여동생 다이안 벨 터커는 아기를 살해했다고 자백했다. 그들은 영아살해 죄목으로 기소되었다. 사형이 선고될 가능성에 직면한 세 사람은 모두 과실치사 혐의를 인정하여 징역 15년을 선고 받았다. 그러나 뱅크스는 1995년 불임수술을 받아 임신이 불가능했다. 버밍험에 있는 앨라바마 의과대학의 마이클 스타인캠프 교수가 2001년 빅토리아를 검진했다. 불임수술은 여전히 유효했고, 뱅크스는 신체적으로 임신이 불가능하다는 결론이 내려졌다.

이러한 증거에도 불구하고, 검찰은 적극적으로 항소를 준비했다. 뱅크스의 여동생인 터커는 이 사건에 대해 더 이상 항소하지 않기로 합의한 후 2002년 7월 17일 석방되었다. 항소심 법원은 뱅크스의 남편인 메델 뱅크스 사건에서 "명백한 부당함"이 발생한 것을 확인하고 사건을 하급심 법원으로 돌려보냈다. 메델 뱅크스는 2003년 1월 10일, 증거 조작 유죄를 인정하기로 합의하여 두 번째 재판이 시작되자마자 석방되었다. 심문 기록 테이프에는 메델 뱅크스가 처음에는 아기에 대해 모른다고 하다가 심문 몇 시간 뒤엔 아기 울음소리를 들었다고 인정하는 내용이 고스란히 담겼다. 빅토리아 뱅크스는 항소하지 않았다.[9]

경찰 심문관들은 용의자들을 정신적으로 무너뜨리기 위해 사용하는 방법들 때문에 심문 장면 녹음이나 녹화를 꺼리지만, 이런 문제를 예방하는 차원에서 구금 면담 시 반드시 비디오나 오디오 기록을 요구하는 주들도 있다. 알래스카와 미네소타주 대법원은 피고인에게는 심문 장면을 기록해 둘 권리가 있다고 판결했다. 일리노이주 하원은 2003년 살인

---

9 www.justicedenied.org/ choctawthree.htm

사건 용의자의 전자기록물 제출을 요구하는 법안을 통과시켰다. 자체적인 기록 규정을 시행 중인 경찰서도 있다. 전문가들은 자백 과정을 비디오로 촬영하면 이것이 법정에서 지금보다 큰 역할을 담당할 것이고, 경찰의 조작도 막을 수 있다고 말한다. 여기서 핵심 문제는, 경찰이 범죄자만이 알 수 있는 중요 범죄 정보를 제공하여 용의자에게 영향을 주는 행위다.

반면, 모든 면담(심문) 녹화가 용의자에게 도움이 되는 것은 아니다. 1990년 28세의 윌리엄 켈리 주니어는 펜실베이니어주 해리스버그 외곽에 있는 쓰레기 매립지에서 시신으로 발견된 여성을 살해했다고 자백했다. 평균 아래의 경계성 지능을 가진 켈리는 반복해서 범행을 자백했고, 수사관들을 살해 현장으로 데려가 나뭇가지로 어떻게 피해자를 죽을 때까지 폭행했는지 설명했다. 그는 3급살인 유죄를 인정하고 10년에서 20년의 징역형을 선고 받았다.

그런데 2년 후 경찰은 피해자가 살해당한 방식과 2명의 피해자를 같은 쓰레기 매립지에 유기한 연쇄살인범 조셉 밀러의 살인 방식이 유사하다는 사실을 발견했다. 켈리가 살해했다는 여성이 살해당한 현장에서 나온 DNA는 밀러의 것과 일치했다. 결국 밀러는 범행을 시인했고, 켈리는 석방되었다. 당시 수사관들이 켈리를 용의자로 특정한 것은, 목격자들이 피해자가 살해당하기 전 술집에서 켈리와 함께 있는 것을 봤다고 했기 때문이다.

켈리가 밀러보다 훨씬 키가 컸지만 생김새가 약간 비슷했고, 둘 다 언어쟁애가 있었다. 켈리를 면담한 정신과의사는, 알코올성 블랙아웃과 정신장애의 조합이 심문 때 경찰의 말을 그대로 믿게끔 만들었다고 했다. 켈리는 녹화된 자백을 하기 훨씬 전부터 경찰의 심문을 계속 받고 있었다.

부당유죄판결연구센터의 스티븐 드리진은 이는 불법을 피한 편법이라고 말한다. 경찰은 자백만 기록하고, 그에 앞서는 심문 과정은 기록하지 않는다. "자백에 앞서 존재한 심문을 녹화하지 않으면, 경찰관이 자백을 유도하기 위해 속임수, 사기, 협박, 관대한 처분 약속 등을 사용했는지 알 길이 없다. 범죄자만 알 수 있는 구체적인 내용이 용의자에게 제공된 것인지 용의자에게서 나온 것인지도 알 길이 없다."

그렇다면 켈리는 어떻게 경찰을 범죄 현장에 데려갔을까? 이런 의문이 제기되는 동안에도 허위자백 사건이 이어졌다. 배리 래프먼은 경도 발달장애인으로, 85세 친척을 강간하고 살해한 혐의로 16년간 수감되었다가 2004년 DNA 증거로 석방되었다. 사건 당시 24세였던 래프먼은 펜실베이니아주 게티스버그 근처 자택에서 발견된 가까운 친척 에드나 래프먼을 살해한 혐의로 기소되었다. 피해자는 상체는 침대에, 발은 바닥에 댄 채 가슴 위에 브래지어만 걸친 나체로 발견되었다. 얼굴 위로 드레스가 던져져 있었고, 피해자는 오른손에 약병을 쥔 채 입 안 가득 알약을 물고 있었다. 현장에는 피해자의 소지품을 샅샅이 뒤진 흔적이 있었다. 말보로 담배가 침대 옆 의자에 있었고, 4개의 꽁초와 말보로 상자 뚜껑이 추가 발견되었다.

부검 결과, 피해자는 구타를 당했고 자신을 방어하려 했던 것으로 드러났다. 뒤통수를 가격당하고 팔, 다리, 코는 멍으로 뒤덮여 있었으며, 알약으로 질식했다. 열상으로 그녀가 강간당한 것이 밝혀졌고, 체내에는 정액이 남아있었다. 피해자는 죽어 가는 동안이나 사망 후 성적 공격을 당한 것으로 분석되었다.

배리 래프먼의 가족과 동료들이 배리가 정신장애가 있고 심문을 받으면 심하게 긴장할 것이기 때문에 범인으로 보일 수 있다고 했음에도, 전 펜실베이니아주 경찰 잭 홀츠는 래프먼을 유력한 용의자로 지목했다. 당시 피고인들이 석방된 논란 많은 사건들에 연루되어 있었던 홀츠는 재판에서 피해자의 팔에 난 3개의 멍 자국과 새끼손가락을 사용하지 못하는 배리의 손가락 자국이 일치한다고 주장했다.

홀츠는 심문에서 와상문 지문이 담배상자 뚜껑에서 발견되었다며, 그런데 너의 지문도 와상문 유형의 지문(전체 지문의 25~35퍼센트)이라고 지적했다. 그는 배리에게 범죄를 저질렀다는 것을 알고 있으니 진실을 이야기하라고 했다. 다른 경찰관이 동석해 홀츠가 질문하는 동안 메모했다. 배리는 피해자의 시신이 발견되기 전날 그 집에 침입했다고 시인했다. "에드나의 집에 들렀어요. 그녀가 집에 있는 걸 알고 있었고 난 섹스를 하고 싶었어요. 집 앞 창문을 통해 집 안으로 들어갔어요. 그녀는 브래지어를 입고 있었는데, 부엌을 향해 달리기 시작했어요. 나는 그녀를 뒤쫓아 가서 뒤통수를 손전등으로 내리쳤어요. 그녀를 쓰러뜨리고 침대 쪽으로 질질 끌고 갔어요. 난 브래지어를 위로 올렸어요. 팔로 끌어안고요. 섹스를 해도 되냐고 물었더니 싫다고 했어요. 어쨌든 난 했어요. 그녀의 입에 알약을 넣고 난 뒤에 섹스했어요. 알약을 입에 쏟아 넣자 그녀는 숨 막히는 소리를 냈어요. 알약 한 병을 다 그녀의 입에 털어 넣고 그녀의 코를 쥐고 있었어요. 그 다음 그녀의 목을 쓰다듬었어요."

홀츠는 재판에서 래프먼이 살인범만이 알 수 있는 세부 사항을 제공했다고 말했다. 그러나 16년 뒤 도출된 DNA 검사 결과를 볼 때 그랬을 리 없다. 경찰은 근처에 다른 남자가 숨어 있었다고 한 목격 증거와, 배리가 그녀를 살해했다고 한 날 다음 날 아침까지 에드나가 생존해 있었다고 한 목격 증거를 무시했다.

카운티 형사로 일하고 있던 펜실베이니아 주립경찰 소속 미제 사건 수사관 프랭크 도넬리가 래프먼의 석방을 도왔다. 그는 자백 평가에서 가장 중요한 것은 '확증이 되는 사실'이라고 말했다. "자백도 일종의 증거일 뿐이다. 일단 자백을 확보하면 할 일이 끝났다고 보는 경찰관들이 많다. 때로 자백은 시작일 뿐이다. 차를 수리하는데 제대로 수리했다면 부품이 제자리에 들어맞아야 한다. 부품을 그냥 쑤셔 넣으면 잘못된 부품을 끼우거나, 잘못된 위치에 끼우게 된다."

엉터리 과학

법정에서 전문가들은 다른 목격자에게는 주어지지 않는 특권을 얻는다. 바로 자신의 의견을 제시하는 것이다. 그들의 증언은 정당함을 입증하거나 사건을 해결하기도 한다. 비평가들은 포렌식 전문가들의 엉터리 과학도 잘못된 유죄판결의 원인이 된다고 지적한다. 검사 결과의 그릇된 해석, 무죄 증거 은폐, 통계자료의 과장, 일관되지 않은 증거에 대한 무조건적 신뢰, 추측에 근거한 이론, 노골적인 검사 결과 조작…….

범죄 증거 분석실은 독립적이어야 한다고 주장하는 전문가들도 있지만, '무죄 프로젝트'는 분석실이 최소한 사설 실험실만큼의 관리감독을 받아야 한다고 권고한다. 텍사스와 뉴욕주에는 실험실들을 감독하는 '법과학위원회'가 있다. 증거 분석실에 대한 숙련도 검사와 인가 취득도 권고 사항이다. 또, 분석실 결과를 검찰 측에서 사용하는 경우, 피고인 측에서도 독립적인 검사를 시행할 수 있도록 자금 지원을 해 주어야 한다고 권한다.

요크카운티의 도버타운십에 살던 레이 크론은 1991년 바텐더인 킴 안코나 살인 혐의로 유죄판결을 받아 10년간 수감되어 있다가 DNA 증거로 석방되었다. 크론이 유죄판결을 받은 근거는 전문가 증언이었다. 그런데 교흔(깨문 자국) 분석에 과학적 결함이 있었다.

검찰은 유명 치과 전문가가 피해자 몸에 난 교흔이 크론의 치아와 일치한다는 의견을 거부했다는 사실을 숨겼다. 교흔 증거 전문가라고 주장하는 치과 교정 전문의가 크론의 특이한 치아 구조를 본뜬 틀을 안코나의 젖꼭지 교흔 위에 눌러 해당 교흔이 크론의 것인 것처럼 보이게 했다는 사실이 드러났다. 경찰이 크론에 주목한 것은 안코나의 개인 전화번호부에 그의 전화번호가 있었기 때문이다. 공군 재향군인으로 우체국 직원이던 크론은 이 사건 전에는 전과가 없었다. 그는 유죄판결과 사형을 선고 받았지만, 재심 판사는 배심원들의 권고를 뒤집고 그를 살렸다. 교흔 주변의 침에서 추출된 DNA는 통합 DNA 색인시스템(CODIS)에 입력되었고, 이는 안코나가 살해된 바에서 몇 백 미터 떨어진 곳에 살고 있던 성범죄자 케네스 필립을 가리켰다. 필립은 크론과 같은 교도소에서 복역 중이었다. 크론은 10년간 복역 후 2002년 석방되었다.

배리 래프먼은 재판에 회부되기 전에 그를 석방시켰어야 했던 증거가 왜곡되어 도리어 그에게 불리하게 쓰였다. 피해자의 체내에서 발견된 정액과 대조하기 위해 경찰은 래프먼의 혈액 샘플을 채취했다. 정액은 A형 사람의 것이었다. 배리의 혈액형은 B형이었다.

검찰이 래프먼에게 사형판결을 구형하려고 했던 재판에서, 펜실베이니아 주립경찰 소속 화학자 재니스 로드캡은 다른 이론들을 끌어다가 이 불일치를 설명했다. 박테리아가 B항원을 공격했을 수도 있다. 에드나의 혈액형은 A형이지만, 그녀의 질 분비액이 배리의 혈액형을 덮어 버렸을 수 있다. 혹은 피해자가 요로감염 때문에 복용하고 있던 항생제가 혈액형을 바꿔 버렸을 수도 있다. 로드캡은 래프먼의 혈액형이 B형으로 확인된 후에야 검사가 잘못됐을지도 모른다고 인정했다. 그녀는 보고서 여백에 유리병에 넣은 면봉이 건조되지 않아 촉촉했으며, 그로 인해 B항원의 붕괴(오염)가 일어났을지도 모른다고 썼다.

다른 혈청학 전문가들은 이 설명 중 과학적으로 근거 있는 설명은 하나도 없다고 지적했다. 만일 주장한 대로 생각했다면 추가 검사를 위해 샘플을 보유했어야 했지만, 로드캡은 샘플을 주립경찰서로 반환했고, 거기서 샘플은 변질되었다. 담당 판사는 바로 이 점을 사형 평결을 한 배심원들에게 제기했다. 판사는 가석방 없는 종신형을 선택했다. 나중에 래프먼은 인권침해로 주립경찰과 홀츠, 로드캡을 고소하여, 2007년 8월 미공개 금액으로 합의를 보았다.

화학자 재니스 로드캡이 그릇된 분석으로 공분을 산 사건은 이것이 끝이 아니다. 스티븐 크로포드는 13세 친구 존 에디 미첼을 살해한 죄로 28년간 수감됐는데, 이 판결의 주요 근거가 로드캡의 증언이었다. 수년 후 이 증언이 분석실에서 작성한 기록과 다르다는 사실이 밝혀졌으나, 재판이 세 차례나 열리는 동안에도 이 사실이 크로포드의 변호사에게 전해지지 않았다.

살인사건 당시 14세였던 크로포드는 출소 후 로드캡과 검찰의 기소의견 작성에 도움을 준 주립경찰 지문 전문가들을 상대로 소송을 제기했다. 주정부는 크로포드의 고발이 사실이라면 피고소인들이 고용 범위를 벗어난 행위를 한 것이기 때문에 도움을 줄 수 없다고 밝혔다.

존 에디 미첼은 1970년 9월 12일, 신문 배달을 하던 중 사라졌다. 다음날 근처 차고에서 한 이웃이 피 묻은 망치를 발견한 후, 펜실베이니아주 해리스버그에 있는 크로포드의 집 뒤쪽 차고에서 미첼의 시신이 발견되었다. 시신은 크로포드 가족이 소유한 판자로 만든 차고 안에 주차되어 있던 1952년형 녹색 쉐보레 아래에 있었다. 그 옆에 가까이 주차되어 있던 1957년형 흰색 폰티악 스테이션 왜건은 미첼의 피로 얼룩져 있었다. 미첼은 두개골을 함몰시킨 둔기로 최소 세 차례 두부를 가격당한 것으로 드러났다. 이마에는 자상과 덜 심각한 골절상이 있었고, 앞니 두개는 빠져 있었다. 가슴에는 2회 찔린 상처가 있었고, 그중 하나는 척추에 5인치의 자국을 남겼다. 사망 추정 시각은 전날 오후 1시였다. 미첼이 배달을 하면서 수금한 32달러는 사라진 상태였다.

이 범죄는 4년 동안 미제로 남아 있었다. 그 사이 크로포드는 차량 절도와 빈집털이로 소년원에 수감되었다. 알리바이에도 불구하고, 그가 현장을 수색하는 경찰에게 가족 소유의 차고에는 낡은 차 두 대 외에는 아무것도 없다고 이야기했기 때문에, 경찰은 이 사건에서 크로포드가 모종의 역할을 했을 거라고 확신했다. 4년 후 크로포드가 18세가 되자 경찰은 그를 체포했다. 수사관들은 스테이션 왜건에서 크로포드의 장문〔손바닥 손금 무늬〕 3점을 확인했다고 말했다. 이 장문 일치를 만들어 내는 데 2년이나 걸렸지만, 크로포드가 자주 차고에서 놀았기 때문에 법정에서는 이에 대한 이의가 단 한 차례도 제기되지 않았다.

주립경찰 지문감식관인 존 발쉬는 지문 식별 가루에서 미세한 붉은 얼룩을 발견했다. 이 지문은 로드캡에게 전달되었고, 그녀는 혈액과 반응하면 파랗게 변하는 시약을 사용하여 혈액 유무를 확인했다. 3회에 걸친 재판에서 로드캡과 발쉬, 그리고 다른 형사는 지문 능선에서 일어난 화학반응이 혈액 검출로 표시되는 것을 관찰했다고 증언했다.

이것이 이후 이 사건을 설명하는 범죄 현장 시나리오가 되었다. 혈액이 지문의 능선에서만 발견되고 움푹 패인 곳에서는 발견되지 않았기 때문에, 존재하는 지문 위로 피가 무작위적으로 뿌려지거나 피 위에 지문이 남겨진 것이 아니라 피가 자동차에 닿는 순간, 그 사이에 (자동차 표면에 밀착된) 크로포드의 손이 있어 그 위에 묻은 것이다.

이 실험과 관련해 재판에서 크로포드의 변호인에게 전달된 문서는 "지문 제공자에게서 채취된 지문에 혈액이 존재함을 나타냄"이라고 적힌 단 두 문장짜리 보고서뿐이었다. 전문가 증언에 힘입어 이 결과는 피가 차에 묻었을 때 크로포드의 손이 자동차 위에 있었던 것으로 추론되어 확정되었다.

크로포드는 1974년, 1977년, 1978년 세 번의 재판에서 유죄판결을 받았다. 이 사건은 당시 사건을 담당했던 형사의 서류가방이 이웃에 사는 두 청년에게 발견된 2001년 가을까지 수년 동안 지지부진한 상태였다. 가방 안에는 로드캡의 원본 수기 기록이 들어 있었고, 기록은 검사와 동시에 작성된 것이었다. 기록에는 "지문의 움푹 패인 곳에서도 수많은 양성반응이 나왔다"고 적혀 있었다. 크로포드의 변호인들은 이 자료에 따르면 크로포드의 지문은 피가 흩뿌려질 당시 이미 차 위에 찍혀 있었다는 의견을 뒷받침했을 것이라 주장했다. 주립경찰 보관소에서 꺼낸 원본 자료에는 이 부분이 검게 지워져 있었다.

검사들은 이 기록이 크로포드의 무죄를 증명하지는 않는다고 주장했지만, 크로포드가 공정한 재판을 받지 못했음은 인정했다. 그리고 추가 유죄판결 가능성이 적어 기소를 취하했다. 2006년 6월 19일, 주정부는 크로포드와 미공개 금액으로 합의하였다.

지나치게 열성적인 검찰

검사는 유죄판결이 아니라 정의를 추구할 의무가 있다. 그러나 전장의 열기 속에서 피고인이 유죄라는 믿음 때문에 눈이 멀기도 한다.

1992년 9월 18일, 펜실베이니아주 대법원은 검사와 주립경찰의 "지독한" 행위를 언급하며 영어 교사였던 수잔 라이너와 두 어린 자녀를 살해한 죄로 사형선고를 받았던 전 고등학교 교장 제이 스미스를 석방했다. 이 악명 높은 사건은 베스트셀러 작가이자 전직 경찰관인 조셉 웜보의 《어둠속의 메아리Echoes in the Darkness》(1987)를 바탕으로 한 두 권의 책과 TV 미니시리즈를 탄생시켰다.

법원 판결은 펜실베이니아주의 일사부재리 원칙을 바꿔 놓았다. 검사가 유죄판결을 받아 내려고 지나친 행동을 할 때, 법적으로는 공소 기각이 정답일지라도 꼭 새로운 재판이 해결책은 아니라고 결정했다. 법원은 교도소 내 정보원과의 거래를 피고인에게 숨기고, 피고인에게 도움이 될 수 있었던 물적 증거가 재판 기간에 전달되지 않았다고 지적했다.

존 플라어티 판사는 "이 기록은 의심할 여지없이 검찰의 불성실을 규명하는 것으로, 이보다 더 지독한 검찰 측 전술은 상상하기 힘들다"라고 견해서에 썼다. 판결 당시에는 널리 알려졌으나 법원 견해에는 언급되지 않은 것은, 스미스 체포와 재판을 조건으로 수사 진행에 대한 정보를 주는 대가로 웜보가 이 사건의 선임 수사관이던 잭 홀츠에게 5만 달러를 약속했다는 것이다. 이 거래의 증거는 그해 초 한 고물상이 홀츠의 다락방 쓰레기를 치울 때 드러났다. 법정 증거물로 제시된 것으로 추정되는 빗과, 그의 증언과 반대되는 기록을 포함한 다른 증거가 홀츠의 쓰레기 속에서 발견되었다.

스미스는 어퍼 메리온 교구의 또 다른 영어 교사인 윌리엄 브래드필드 주니어와 공모하여 라이너를 살해한 혐의로 유죄판결을 받았다. 라이너는 1979년 해리스버그의 한 모텔 주차장에 버려진 자동차 트렁크 안에서 구타당한 흔적이 있는 나체 시신으로 발견되었다. 스미스와 브래드필드는 시신이 발견되지 않은 라이너의 두 아이를 살해한 혐의도 유죄를 받았다. 라이너의 약혼자였던 브래드필드가 라이너 명의의 생명보험금 75만 달러를 수령한 날, 스미스는 해리스버그의 한 법정에서 강도 사건으로 기소되어 교도소로 이송되고 있었다. 브래드필드는 스미스가 라이너를 살해하고 뉴저지 해안에서 알리바이를 만들 계획을 세웠다고 친구와 동료들에게 이야기했다.

먼저 체포된 브래드필드는 그가 스미스를 모함하려 한다는 검찰의 주장으로 재판을 따로 받게 되었다. 예비군 휘장이 새겨진 스미스의 빗이 라이너의 (나체로 구타당한) 시신 아래에서 발견되었다. 라이너의 딸의 것으로 확인된 머리핀이 스미스가 수감되고 몇 개월 뒤 그의 자동차 안에서 발견되었다. 스미스는 희생양 같았다. 미군 예비역 대령이자 엄격한 고등학교 교장인 스미스는 이중생활을 했다. 그는 마약 투약과 엽기적 성행위에 연루되어 있었고, 백화점을 털려고 경비원 분장을 한 혐의로 유죄판결을 받았다. 그는 라이너 살인사건 7년 전에 흔적도 없이 사라진 헤로인 중독자였던 딸과 사위를 살해한 혐의도 받았다.

법원이 스미스를 석방시킨 근거는, 몇 알의 모래가 묻은 고무주걱이었다. 은퇴한 주경찰관은 재판에서 피해자의 발가락에 묻은 모래를 제거하는 데 경첩형 시료 채취 도구를 사용했다고 증언했다. 이 증언은 브래드필드가 뉴저지 해안가에서 피해자를 살해했을 거라는 피고인 측 주장을 강화하는 것이었기 때문에, 담당 검사 리처드 구이다는 반대 심문에서 이 경찰관의 신뢰성을 공격하고 위증 조사에 착수했다. 이 채취 도구는 다른 경찰관에 의해 주립경찰서 증거품 보관소에서 발견되었는데, 재판 마지막 날 선임 수사관 잭 홀츠에게는 전달되었으나 유죄판결이 나고 거의 2년이 지날 때까지 피고인 측에는 전달되지 않았다. 조사를 마친 검사들은 채취 도구를 표시한 잉크가 재판이 진행되기 7년 전인 1979년 부검 당시의 것이라면서도, 피고인 측이 고용한 사설탐정이 주립경찰서 증거보관소에 이 도구를 넣었을 가능성이 있다고 주장했다.

검찰은 확고부동하게 레이먼드 매트레이와의 거래를 부인했다. 매트레이는 절도범으로 수감된 후 검찰의 교도소 내 정보원이 되었으며, 이 재판에서 스미스가 살인을 자백했다고 증언했다. 매트레이는 가석방 자격이 주어지기 1년 전에 석방되었고, 홀츠는 수사를 받는 동안 사직했다. 홀츠가 범인을 잡아 유죄판결을 받은 사건 중 몇 건은 이후 판결이 뒤집혔는데, 그중 최소한 한 건 이상이 고물상이 발견한 메모가 결정적인 증거가 되었다. 스미스가 석방될 때쯤 담당 검사였던 구이다는 코카인 유통 혐의로 연방교도소에 수감되어 있었고, 브래드필드는 복역 중 사망했다. 스미스는 사형수로 6년간 복역한 후 석방되었지만, 사람들은 여전히 그가 살인에 연루되었다고 믿고 있다.

사례 연구 **아만다 녹스**

메러디스 커처는 영국 잉글랜드주 서리의 컬스던에서 온 리즈대학교의 교환학생으로, 이탈리아로 유학 온 지 불과 2개월 만인 2007년 11월 2일 페루자시 꼭대기 마을 집에서 목이 베인 채 발견되었다. 살해

당한 날 저녁 8시 30분경 친구의 집을 나서는 모습이 마지막이었다. 그녀가 가지고 있던 휴대전화 2대, 신용카드 2장, 현금 300유로가 도난당한 것으로 확인되었다.

마찬가지로 페루자에서 유학 중이던 21세의 아만다 녹스는 커처의 룸메이트였다. 그녀의 남자친구 라파엘 솔레치토는 26세로, 컴퓨터 공학과 학생이었다. 그들은 커처의 방에 들어갈 수 없다며 이탈리아 군사경찰을 불렀다. 연락을 받은 쪽은 일반 경찰이 아니라 우편경찰로, 그들은 살인이 아닌 인터넷사기와 전화기 분실 등을 수사하는 경찰이었다. 커처의 방문을 강제로 열고 들어가자, 방 안에 그녀의 시신이 있었다.

경찰은 커처의 고용주인 패트릭 루뭄바가 커처를 살해했다는 가설을 세웠다. 그리고 녹스에게 이탈리아어로 된 자백서에 서명하도록 했는데, 그것은 루뭄바가 커처를 찌른 집까지 녹스가 동행했다는 내용이었다.

녹스와 솔레치토, 루뭄바 모두 체포되었다. 그러나 포렌식 검사 결과, 범죄 현장에서 채취한 DNA 증거와 지문이 이들의 것과 일치하지 않았다. 증거가 가리키는 사람은 제4의 인물, 루디 구에드였다.

2009년 12월 5일, 이탈리아 법원은 음주 후 성폭행을 하다 커처를 살해한 혐의로 아만다 녹스에게 징역 26년형, 라파엘 솔레치토에게는 징역 25년형을 선고했다. 두 사람은 항소했다. 항소심 평결이 나기 전, 이 책의 저자 중 한 명인 존 더글러스는 인터뷰에서 이 사건을 다음과 같이 분석했다.

아만다 녹스와 라파엘 솔레치토 __ 사건을 분석하려면 먼저 사건에 대한 모든 정보를 알아야 한다. 아만다 녹스 사건은 현장 증거 수집 테이프가 있었다. 다음은 존 더글러스가 미국 기자 크리스타 에릭슨에게 전한 녹스 사건 분석이다(Squires, 2011).

더글러스가 만든 프로파일에는 녹스와 솔레치토의 행동적 또는 포렌식 증거에 대한 언급이 없었다. 그들의 배경에는 폭력이나 정신질환 관련 기록이나 경험이 없었다. 이 사건은 연쇄살인범이나 냉혈한 살인마가 저지른 사건이 아니었다. 그들은 마리화나를 사용했지만, 그것이 성격을 바꿀 만큼 강력하다고 말하긴 어렵다.

일반적으로 유죄를 암시하는 행동증거는 도망이다. 구에드만 도망쳤다. 그런 행동 중에는 초조함, 약물 사용 증가나 성격의 경직성 증가 등이 있는데, 녹스와 솔레치토는 속옷을 사러 나갔다 오고 키스하는 것이 목격되는 등 행동에서는 별다른 유죄 징후가 보이지 않았다. 녹스와 솔레치토가 끔찍한 범죄를 저지르고 수시간 뒤 범죄 현장으로 돌아왔다는 것도 잘 들어맞지 않는다. 이들은 무슨 일이 일어났는지 잘 이해하지 못한 두 명의 어린 친구들이었다. 사건이 너무 비현실적이어서 이리저리 거닐며 정의가 승리할 것이라 믿은 것이다. 그러나 사건은 그렇게 흘러가지 않았고, 정의는 승리하지 못했다.

살인범의 수 __ 범죄 현장은 커처가 살해된 방에 세 명이 아니라 오직 한 사람만 있었다는 것을 보여 준다. 피해자에게 저지른 행동과 범죄가 발생한 방식은 세 사람의 소행이라고 볼 수 없다. 이는 DNA 검사 결과 없이도 결론 내릴 수 있다.

행동은 성격을 반영한다. 그리고 이 행동은 오직 루디 구에드에게만 들어맞는다. 구에드에게는 전력이 있다. 그는 경험 많은 범죄자였고, 동기가 있었으며, 모든 증거가 그를 가리켰다. 사건은 잔인하고 피가 낭자한 살인사건으로, 이는 그의 성격을 반영한다. 그 성격이 범죄 현장에 드러나 있다. 현장은 그의 '캔버스'이고, 범죄 결과는 대상(피해자)을 이용한 그의 '작품'이다.

캔버스는 꼭 살인 현장일 필요는 없다. 이 사람의 배경에는 폭력적인 과거가 있을 것이고, 그것을 찾아내야 한다. 구에드는 강도를 몇 건 저지른 것으로만 알려져 있으나, 아마도 더 많은 미제 사건에 연루되어 있을 것이다.

동기 __ 주요 동기는 절도이다. 여기에 범인이 우연히 마주한 기회가 있다. 그 우연한 기회라는 것은 커처가 귀가했을 때 생겼고, 그녀는 그 기회의 피해자가 되었다. 커처의 시신을 이불로 덮은 것은 살인범이 여성임을 증명하는 행위라고 주장하는 사람들이 있다. 시신을 덮는 행위에는 여러 가지 이유가 있다. 범죄를 없었던 것으로 되돌리려는undo 감정이 있다. 구에드는 범행 후 현장을 바로 떠나지 않았지만, 피해자를 보고 싶지 않았다. 이는 자신이 저지른 행위로 기분이 나빠졌다는 뜻이 아니다. 그는 폭력적 과거를 지닌 가학 성향의 인물이다. 구에드가 담요로 피해자를 덮은 이유는, 아파트 안을 돌아다니면서 그녀를 보고 싶지 않았기 때문이다.

이는 전형적인 '보행자 살인pedestrian murder', 즉 "범죄에 대한 생각 없이 걷다가 우연히 마주치는 피해자에게 범죄를 저지르는 형태"이다. 그것은 커처라는 아름다운 여성의 삶을 앗아 가려는 의도가 아니었다. 그렇게 복잡하지 않았다. 범죄란 복잡한 것이 아니다.

무엇이 잘못되었나? __ 초동 단계에서 수사관들은 잘못된 길(수사선)로 들어섰고, 자신들이 무엇을 다루고 있는지 몰랐다. 증거 수집과 보존이 잘못된 방식으로 진행되어 결국 오염되었다. 범죄 현장 비디오는 모든 실수를 기록한다.

언론은 처음부터 이 사건에 관심을 보이며 관여했지만 수사에 해를 끼쳤다. 언론은 사람들의 의견을 형성할 수 있다. 맥락에서 벗어난 사진 한 장이 우리에게 막대한 영향을 줄 수 있다. 수사관들 역시 정보를 유출해 언론과 대중의 의견을 조작할 수 있다.

첫째, 사건 현장인 작은 공간 안에 사람들이 너무 많았다. 녹스와 솔레치토를 비롯한 관계자와 수사팀을 제외한 사람들을 모두 내보내고 테이프로 막았어야 했다.

그런데 증거 수집 영상을 보면 수사관들이 증거를 건네주면서 그것을 땅에 떨어뜨리고, 동일한 핀셋을 이용하고 장갑을 바꿔 끼지 않으며, 머리카락이 떨어지는 것을 방지하는 보호용 모자도 착용하지 않았다. 전문가라면 누구나 이러한 오류를 인식할 수 있다. 보호복과 장화를 착용하고 있어서 제대로 하는 것처럼 보이지만, 증거의 '교차오염' 가능성이 명백하다. 범죄 현장에 드나든 모든 사람들이 남긴 DNA와 지문이 미세하게 전이되어 증거를 오염시켰을 것이다.

솔레치토의 DNA는 커처의 브래지어 후크에서 발견되었다고 한다. 녹스의 DNA는 살인 무기인 칼의 손잡이에서 발견되었고, 커처의 DNA는 칼날에서 발견되었다고 한다. 그러나 그 칼은 살인 무기가 아니었다. 살인 무기는 발견된 적도 없고, 아마도 절대 발견되지 않을 것이다. 경찰이 수집한 칼은 침대 시트에 찍힌 흔적이나 커처의 몸에서 발견된 상처와 들어맞지 않는다. 심지어 12월 18일자 증거 수집 영상에는 솔레치토의 집에서 무작위로 칼을 골라 그것을 실험실로 보내는 장면이 나온다.

11월 2일자 영상을 보면, 브래지어 후크가 범죄 현장 바닥에 놓여 있는 것이 매우 선명하게 보인다. 현장을 16차례나 반복 감정한 후인

12월 18일자 영상에도 그 후크는 여전히 그곳에 놓여 있다. 중요한 증거가 6주 동안이나 바닥에서 발로 차이고 이리저리 굴러다니고 있는 것이다!

둘째, 솔레치토의 것이라고 알려진 DNA의 양이 매우 의심스럽다. 수집·분석된 증거가 얼만데 거기서 검출된 DNA가 고작 극소량의 2점이었던 것이다.

쥐어짜낸 녹스의 자백 __ 녹스는 오전 10시부터 저녁 6시까지 심문을 받았다. 그들은 교육수준이 높은 사람들이 아니었다. 그들을 무너뜨리는 데 10명이 넘는 수사관들이 필요하지도 않았을 것이다. 5일이 넘는 기간 동안 이런 식이었다면, 이를 버틸 수 있는 사람은 아무도 없을 것이다.

루뭄바에 대한 녹스의 고발 __ 경찰은 범죄 현장에 흑인의 머리카락이 있었다는 것을 알았다. 녹스는 전날 밤 구에드와 같이 아프리카 혈통의 패트릭 루뭄바와 문자를 주고받았다. 루뭄바는 녹스가 웨이트리스로 일하던 바의 주인이었다. 그는 녹스에게 그날 밤은 일할 필요가 없다고 했다. DNA 결과가 없는 상태에서 수사관들은 그 머리카락이 루뭄바의 것이라고 성급히 결론 내렸다. 그리고 녹스를 심문했다. 수사관들이 사용한 전술은 녹스로 하여금 경찰이 원하는 바를 말하게 하는 것이었다. 심리적으로 압박하여 자백을 끌어낸 것이다.

검찰은 처음부터 '특정한 범죄 현장 시나리오'(theory)을 가지고 있었고, 다른 것을 가리키는 사실들이 드러나도 그것을 유지했다. 그들은 자신들의 시나리오를 뒷받침하지 않는 증거는 깎아내렸다. 그들의 시나리오는 3인조 살인이었다. 검찰은 증거를 무시하면서 그 시나리오를 밀고 나갔다. 검사는 구에드의 존재를 알기 전에 "섹스게임"이란 것을 추정으로 만들어 냈다. 이 말을 어디선가 들은 이상, 그때부터 그것은 추정이 아닌 사실이 되어야 했다.

실제로 그 다음부터, 사건의 부장검사는 "두 사람 모두에게 불리한, 거대하고 강력하며 깨지지 않는 정황증거가 있다"고 했다. 정황증거란 증거 중에서도 가장 취약한 증거다. 증인들은 매수되거나 다른 목적의 호의가 작동할 수도 있다. 증인의 기억이 꼭 믿을 만하다고 할 수도 없다. 처음에는 직감이나 범죄 현장 시나리오가 있을 수 있지만, 확실한 증거가 나오면 모든 것은 폐기되어야 한다. 이 사건에서는 압도적으로 많은 양의 증거가 나왔고, 그것은 전혀 다른 방향을 가리키고 있었다.

그런데도 검사들이 그렇게 무모할 정도로 동기화(동기를 가공으로 만들어 내는 것)된 이유는, 그들이 믿고 싶은 진실이 사실이나 수치에 들어맞지 않더라도 무슨 수를 써서라도 승리해야 하기 때문이다.

이런 일은 이탈리아에서만 벌어지지 않는다. '웨스트멤피스 트리West Memphis Three' 사건에서는 검사들이 법정에서 웅장한 연극적 장면을 연출하기도 했다.* 검사는 피해자에게 부상을 입힌 무기가 바로 그런 종류의 무기임을 증명하려 법정에서 칼로 자몽을 찔렀다. 그들은 배심원들에게 영향을 주려 했고 실제로 의도한 결과를 얻었다. 그러나 항

---

* 1993년 미국 아칸소주 웨스트멤피스에서 3명의 소년을 살해한 혐의로 3명의 청소년이 유죄판결을 받았다. 데미안 에콜스는 사형, 제시 미스켈리 주니어는 종신형과 20년형 2건, 제이슨 볼드윈은 종신형을 선고 받았다. 재판 과정에서 검찰은 청소년들이 사탄 의식으로 아이들을 살해했다고 주장했다. 그러나 모호한 증거와 법정에서 드러난 편견으로 논란을 불러일으켜 여러 다큐멘터리가 만들어졌다. 2007년 현장에서 회수된 DNA 대부분이 피해자들의 것이라는 새로운 포렌식 증거가 제시되었다. 2010년 아칸소주 대법원은 새로운 DNA 증거와 잠재적 배심원 위법행위로 유죄인정협상을 명령했고, 2011년 피의자 3명은 석방되었다.

소심에서 피해 소년들의 몸에 난 상처는 칼로 인한 것이 아니라 거북이도 한 입에 물 수 있는 악어에 소행이었음이 밝혀졌다!

검사들은 증거를 분석한 결과를 받아 보고는 당황했다. 증거는 모두 구에드를 가리켰다. 그러나 그들은 증거를 받아들이지 않고 계속 범죄 현장으로 되돌아갔다. 심지어 6주 후에도 현장에 갔다. 이는 무엇을 의미하는가? 왜 검사들은 되돌아가야만 했을까? 무엇을 빠뜨렸을까? 새로운 단서를 발견하러? 그들은 그들의 견해에 들어맞는 증거를 어떻게든 찾아내려고 현장에 돌아갔던 것이다.

당시 이탈리아 검사들은 증거보다는 자기 확신으로 가득 찬 '범죄 현장 시나리오'에 따랐다. 배심원은 유죄평결을 내렸지만, 그것은 제시된 증거에 따른 결정이었을 뿐이다. 증거는 없었고, 지금도 없다.

죄 없는 두 사람이 유죄판결을 받았다. 언론은 아만다 녹스를 냉혈한 살인범으로 묘사했다. 기소 사실도 놀라운데, 유죄판결이라니. 항소심은 잘못되었다. 구체적인 증거가 없기 때문이다. 포렌식 증거도 없고 행동증거도 없었다. 그들의 유죄를 입증할 증거가 전혀 없었다. 경찰은 피해자를 죽인 진짜 범인을 알고 있었다! 바로 구에드, 오직 구에드뿐이다.

이로써 세 명의 피해자가 생겼다. 커처가 그날 밤 목숨을 잃은 것은 끔찍하지만, 아만다 녹스와 라파엘 솔레치토 역시 목숨을 잃을 뻔했다. 결국 판사와 배심원들이 정신을 차렸지만, 아만다 녹스와 라파엘 솔레치토는 4년의 시간을 잃었다.

2011년 10월, 아만다 녹스와 라파엘 솔레치토에 대한 유죄판결이 배심원 6인과 판사 2인으로 구성된 패널에 의해 기각되었다. 유죄판결을 기각한 근거를 밝힌 공식 성명서에서, 판사들은 유죄평결을 뒷받침할 "물적 증거 부재"를 언급했다. 항소심 재판관들은 솔레치토, 녹스, 구에드 간의 연관성에 대한 검찰 측 '범죄 현장 시나리오'에 대해 "어떤 증거로도 확증되지 않았"으며, "가능성과는 거리가 멀다"고 명시했다(Squires, 2011).

결론

다른 사람을 체포할 권위는 우리 사회에서 가장 엄청난 권력에 속한다. 따라서 여기에는 엄청난 책임이 수반된다. 때로 사법 당국은 그들이 생각하는 범인상에 딱 들어맞는 범인을 잡고, 유죄판결을 받아 내려고 무슨 일이든 한다. 유력한 반대 증거에도 불구하고, 자신들의 주장을 물리지 않으려 한다. 그러나 사법부나 법집행관이라고 정의의 이름으로 사실을 합리화할 권한은 없다. 법집행과 사법제도의 신성함을 무너뜨리는 것은 거짓말이다. 지금도 억울한 옥살이를 한 사람들의 이야기가 소설과 드라마에 등장한다. 이것이 과학기술이 발전했다고 하는 21세기의 현실이다. 이를 막는 것도 사법 당국의 몫이다.

Gross, S. R., Jacoby, K., Matheson, D. J., Montgomery, N., & Patel, S. (2005). Exonerations in the United States, 1989 through 2003. *Journal of Criminal Law and Criminology, 95*(2).

Squires, N. (2011, October 4). Amanda Knox freed: Tears of joy as four-year nightmare is over. *Daily Telegraph*. Retrieved August 24, 2012, from www.telegraph.co.uk/news/worldnews/europe/italy/8807836/Amanda-Knox-verdict-as-it-happened-October-4.html

Wambaugh, J. (1987). *Echoes in the Darkness*. New York: Bantam.

편집자 소개

존 더글러스 John E. Douglas 교육학 박사. 미 공군에서 4년간 복무한 후 1970년 FBI에 입사했다. 디트로이트와 밀워키 현장 사무실에서 폭력 범죄 수사 경험을 쌓고 인질 협상가로도 활동했다. 1977년 FBI아카데미의 행동과학부서(BSU) 강사로 임명되어 인질 협상과 응용 범죄심리학을 가르쳤다. 1990년 FBI의 국립폭력범죄분석센터(NCAVC)의 부서장이 되어 폭력범검거프로그램(VICAP)Violent Criminal Apprehension Program, 범죄수사분석프로그램(CIAP)Criminal Investigative Analysis Programme, 방화 및 폭파 수사서비스프로그램Arson and Bombing Investigative Services Program을 전반적으로 감독했다. 연쇄살인범에 대한 FBI의 첫 번째 연구프로그램의 공동참여자로, 이 연구를 바탕으로 《성폭행: 패턴과 동기Sexual Homicide: Patterns and Motives》를 공동 저술했다. 연구의 학문적 우수성을 인정 받아 버지니아대학교에서 제퍼슨상을 받았다. 1992년 형사사법시스템과 학계에서 사용할 기술과 용어를 정의하고 표준화한 최초의 폭력범죄 연구서 《범죄분류매뉴얼Crime Classification Manual: CCM》 초판을 공동저술했다. 이 연구와 책으로 다시 제퍼슨상을 수상했다. 더글러스는 시애틀의 '그린리버 살인자', 캔자스 위치타의 'BTK 교살자', O. J. 심슨 민사사건, 존베넷 램지 살인사건 등의 수사에 참여했고, 사례 분석, 면담 및 심문 기술, 조사 전략, 기소 전략 및 전문가 증언 등 전 세계에서 수천 건의 사례를 컨설팅했다. 1995년 FBI 은퇴 이후에는 경찰과 폭력범죄 피해자에게 무료 컨설팅을 지원하고, 뉴욕타임스 베스트셀러 《마인드헌터Mindhunter》, 《어둠 속으로의 여행Journey Into Darkness》 등의 픽션과 논픽션 책을 공동 저술했다. 이 밖에도 《Obsession》, 《Anatomy of Motive》, 《Cases That Haunt Us》, 《Everyone You Want Me to Be》, 《Broken Wings》, 《Inside of BTK》 등 다수의 저서가 있다. mindhuntersinc.com

앤 버제스 Ann W. Burgess 간호학 박사. 보스턴칼리지 코넬간호대학의 정신과 정신건강 간호 교수. 보스턴대학교에서 학사와 박사학위를 받았고, 매릴랜드대학교에서 석사학위를 받았다. 1970년대 중반 린다 리틀 홈스트롬과 함께 보스턴시립병원에 강간 피해자를 위한 최초의 병원기반 위기개입프로그램을 공동설립했다. 이후 FBI아카데미의 특수요원과 팀을 이루어 성적살인, 강간 및 아동 성범죄를 연구하며 범죄 영역으로 전문 분야를 확장했다.
17년 동안 펜실베이니아대학교 간호학교에서 반 아메링겐 교수로 재직했고,

1994년부터 성폭행 간호사 검사관(SANE)으로 일하며 대학에서 해당 교육 프로그램의 공동책임자로 일했다. 미 국립정신건강연구소의 강간 방지 및 통제를 위한 국립센터의 첫 번째 자문위원회 의장을 역임했다. 1984년 미국 법무장관 가정폭력 태스크포스에 합류했고, 1985년에는 군의관 폭력에 관한 심포지엄 기획위원회, 1986년에는 국립보건원의 간호연구센터 국가자문위원회에서 일했다. 1996년 여성 상대 폭력에 관한 국가연구위원회의 태스크포스 의장, 2003년 보스턴 아동보호위원회 회원, 시릴 웰트 법의학 및 법률연구소의 회원 등을 역임했다. 다수의 연구 프로젝트의 수석 조사관을 맡았고, 정신과 간호 및 위기 개입 분야의 교과서와 범죄 피해자 영역에 관해 다수의 논문을 저술했다. 피해자학 분야에서 160개 이상의 기사와 논문을 공동 저술했고, 30개 이상의 주에서 형사 및 민사소송에 전문가로서 참여했다. 2000년 보스턴칼리지 무임기 교수로 임명되었다. 시그마 세타 타우 국제 오드리 햅번 상 등 수많은 상을 수상하고, 시그마 세타 타우 국제 간호사 연구원 명예의 전당에 올랐다.

앨런 버제스 Allen G. Burgess 데이터베이스 관리자. 매사추세츠 공과대학과 보스턴대학을 졸업하고 공군 복무 후 국가안보국에 임명되었다. 허니웰정보시스템에서 30년 동안 근무하며 4개의 컴퓨터 시스템을 디자인했다. 레이온사로 옮겨 컴퓨터 및 디스플레이 실험실 관리자로 일했으며 군용 컴퓨터 설계를 감독했다. 컴퓨터 제조업체인 세콰이아 시스템, 1984년에는 데이터 인테그리티를 설립했다. 산업계 경험 외에도 노스이스턴대학교에서 부교수로 재직했다. 현재 보스턴칼리지 법의학 연구실에서 학생들을 가르치고 있다. 대화형 디지털 포렌식 시뮬레이션 학습 코드 설계자이다.

로버트 레슬러 Robert K. Ressler 범죄학자이자 법의학 행동서비스의 공동이사를 맡아 교육, 강의, 상담, 전문가 증언 등을 하고 있다. 강력범죄, 특히 연쇄살인 및 성범죄 분야의 전문가. 범죄학, 범죄자 성격 프로파일링, 범죄 현장 분석, 살인, 성폭행, 위협 평가, 직장 폭력 및 인질 협상 분야의 전문가이다. 베트남전 시대에 미군에서 10년간 복무하고, 육군 CID 사령부에서 헌병과 범죄수사관을 역임하고 대령으로 은퇴했다. FBI에 20년간 근무하며 행동과학부서에서 감독특수요원으로 16년간 복무했다. 1985년 FBI의 폭력범죄체포프로그램의 첫 번째 프로그램 관리자로 1990년 은퇴했다. FBI아카데미에서 범죄학 강사, 미시간 주립대학교 형사사법대학 조교수, 버지니아대학교의 겸임교수, 펜실베이니아대학교의 연구원 및 겸임교수를 역임했다. 1991년 미국 정신과 및 법 아카데미에서 아미쿠스상을 수상하고, 1995년 미국 법의학 아카데미 정신의학 및 행동과학 부문 특별상, 1986년과 1988년 버지니아대학교에서 제퍼슨상을 받았다. 미국산업보안학회, 국제 및 미국 법의학 아카데미, 형사사법 과학아카데미, 국제경찰청장협회, 국제살인수사관협회 회원으로, 36명의 연쇄살인자와 성범죄자에 대한 데이터를 수집 및 인터뷰했고, FBI 강력범죄 범죄자 연구프로그램을 개설해 두 개의 교과서 《성적 살인: 패턴 및 동기》(1988)와 《범죄분류매뉴얼》(1992)을 공동집필했다. 공동집필한 책으로 《Whoever Fight Monsters》(1992), 《Justice Is Served》(1994), 《I Have Lived in the Monster》(1997) 등이 있다. 레슬러의 책과 삶의 경험은 서스펜스 작가 매리 히긴스 클락과 《레드 드래곤The Red Dragon》, 《양들의 침묵Silence of the Lambs》, 《카피캣Copycat》, 〈X파일The X Files〉 등 다수의 책과 영화에 영감을 주었다.

기고자 소개

수잔 애덤 Susan H. Adam Ph. D. FBI 근무. 워싱턴DC Adams and Associates 커뮤니케이션 컨설턴트.

앤 버거 Anne M. Berger Ph.D. 매사추세츠주 보스턴어린이병원 간호시스템 연구 책임자.

그레고리 쿠퍼 Gregory M. Cooper M.P.A. FBI 근무. 캘리포니아주 오렌지카운티 Cristando House 컨설턴트.

로런 더글러스 Lauren K. Douglas J. D. Hoffman Co 부사장 겸 법률고문.

존 자비스 John P. Jarvis Ph. D. 버지니아주 콴티코에 있는 FBI아카데미 행동과학부서의 범죄학자이자 FBI 경찰미래실무그룹 회장.

칼 얀센 Carl J. Jensen III Ph.D. FBI 근무. 미시시피대학교 정보 및 보안연구센터 소장.

마이클 내피어 Michael R. Napier B.S.E., FBI 근무. 콴티코 FBI아카데미.

슈테판 트레퍼스 Stefan Treffers BHSc, 캐나다 제약연구회사 연구원. 범죄학, 사회학, 법학 전공.

에릭 위치그 Eric W. Witzig M.S. FBI 근무. 워싱턴 DC의 감독정보 분석가.

마이클 웰너 Michael Welner M.D. 뉴욕시 법의학 패널 의장, 뉴욕대학교 의과대학 정신과 임상 부교수, 펜실베니아 피츠버그 듀케인대학교 법학 겸임교수.

FBI 범죄 분류 매뉴얼

2021년 11월 20일 초판 1쇄 발행

2022년 4월 10일   2쇄 발행

지은이 ┃ 존 더글러스·앤 버제스·앨런 버제스·로버트 레슬러

옮긴이 ┃ 배상훈·김지민·변정인·성가경·우주연·이미라·최민지·최영희

펴낸이 ┃ 노경인·김주영

펴낸곳 ┃ 도서출판 앨피

출판등록 ┃ 2004년 11월 23일 제2011-000087호

주소 ┃ 우)07275 서울시 영등포구 영등포로 5길 19(37-1 동아프라임밸리) 1202-1호

전화 ┃ 02-336-2776   팩스 ┃ 0505-115-0525

전자우편 ┃ lpbook12@naver.com

블로그 ┃ blog.naver.com/lpbook12

ISBN 979-11-90901-65-9